WordPress 5

Das Praxisbuch

Uwe Kraus

Markt+Technik

ISBN 978-3-95982-199-5

Produktmanagement Christian Braun, Burkhardt Lühr
Herstellung Jutta Brunemann
Korrektorat Alexandra Müller
Covergestaltung David Haberkamp
Coverfoto © Leewarrior - Pixabay.com
Fotos © Uwe Kraus, S. 177, 181
Satz inpunkt[w]o, Haiger (www.inpunktwo.de)
Druck mediaprint solutions GmbH, Paderborn
Printed in Germany

Vorwort

WordPress hat sich mit einem Marktanteil von über 60 % zum beliebtesten Content-Management-System weltweit entwickelt. Der Anteil der mit WordPress erstellten Webseiten liegt bereits bei über 30 %.

Mittlerweile liegt die Version 5.0 mit gravierenden Änderungen vor. Das neue Theme *Twenty Nineteen* und der neue Editor mit dem Namen *Gutenberg* sind dabei die wichtigsten Neuheiten. *Gutenberg* wurde entwickelt, weil der klassische Vorgänger nicht mehr zeitgemäß war.

Damit die Leser meines letzten WordPress-Buches beide Bücher nutzen können, habe ich in diesem Buch neue und vor allem mehr Beispiele aus der Praxis beschrieben. Der wichtige Bereich SEO wird ausführlicher behandelt, und auf den Datenschutz gemäß DSGVO gehe ich ebenfalls umfassender ein.

Zwei Dinge haben sich allerdings nicht geändert. Erstens empfehle ich Ihnen nach wie vor, sich einen Anbieter für WordPress-Hosting zu suchen, denn das erspart Ihnen viel Stress und Zeit. Zweitens ist das Buch weiterhin besonders für Anfänger und Fortgeschrittene geeignet, jedoch genauso für Profis als Nachschlagewerk.

Den Inhalt des Buches habe ich leicht verständlich gehalten und Fachbegriffe so weit wie möglich vermieden.

Die Hauptnutzer von WordPress sind Blogger, jedoch nutzen auch Firmen vermehrt das CMS-Tool.

Für alle rechtlichen Hinweise, die in diesem Buch wesentlich umfangreicher sind als im letzten, übernehme ich keine Garantie. Darauf möchte ich vorsorglich hinweisen. Im Medienrecht ändert sich ständig etwas, oder es kommt regelmäßig etwas Neues hinzu. Auf der sicheren Seite sind Sie, wenn Sie bei Unklarheiten einen Fachanwalt für Medienrecht kontaktieren.

Dieses Buch kann unmöglich alle Fragen zu WordPress beantworten. Ich habe die wichtigsten Themen mit vielen praxisnahen Beispielen beschrieben. Sollte trotz hoher Sorgfalt das eine oder andere Thema fehlen, bitte ich um Ihr Verständnis.

Das Buch dringt nicht in die Tiefe des Systems ein, sondern führt zu schnellen Ergebnissen. Vorkenntnisse in WordPress sind nicht nötig. Sie benötigen auch keine HTML-Kenntnisse.

Im Buch beschreibe ich die Erstellung von Blogs zu verschiedenen Themen, dabei kann nicht jede Einzelheit zu jedem Blog beschrieben werden. Mit dem Wissen aus allen Blogs zusammen in diesem Buch können Sie aber jederzeit einen eigenen guten und interessanten Blog gestalten.

Anregungen und Kritik zu diesem Buch sind jederzeit unter folgender E-Mail-Adresse erwünscht: krausnet@outlook.de.

An dieser Stelle möchte ich mich noch bei den folgenden Personen und Firmen für die Unterstützung bei diesem Buch bedanken:

Bei der Firma IONOS (www.ionos.de) für die Genehmigung, Screens aus ihrer Webseite in diesem Buch zu veröffentlichen.

Bei Thomas Bluhm für die Erlaubnis, Screens aus seinem Blog www.got-big.de in diesem Buch zu veröffentlichen.

Bei Annette Wagner von der VG WORT für die Informationen über die Verwertungsgesellschaft.

Bei Sandra Freischem, Rechtsanwältin bei der VG Bild-Kunst, für rechtliche Auskünfte und Sabine Thies für Informationen über Anmeldung und Meldungen bei der VG Bild-Kunst.

Beim Markt+Technik Verlag, der mir bereits zum zweiten Mal das Thema WordPress anvertraut hat.

Ein besonderer Dank gilt meiner Frau, weil sie immer Verständnis und Geduld hatte, wenn ich beim Schreiben dieses Buches nicht ansprechbar oder mit den Gedanken abwesend war.

Darüber hinaus bedanke ich mich bei den Entwicklern und Betreibern von WordPress, die dieses Programm pflegen und immer wieder verbessern und mit der Version 5.0 wieder eine neue interessante Version liefern.

Bei der Lektüre des Buches wünsche ich Ihnen viel Spaß und hoffe, Sie werden viel Wissen in Form von Tipps und Infos aus dem Buch ziehen können.

Ihr
Uwe Kraus

Webseite: www.redaktion-kraus.de
Blog: www.pullandpush.de
E-Mail: krausnet@outlook.de

Inhaltsverzeichnis

1. Infos über den Blog

In diesem Kapitel lernen Sie die wichtigsten Dinge über einen Blog kennen. In der späteren Praxis werden Sie dieses Wissen benötigen. Doch jetzt erst mal zur Theorie.

1.1 Ein Blog – was ist das überhaupt?

Die korrekte Bezeichnung für einen Blog lautet eigentlich **Weblog**, abgeleitet von World Wide **Web** und **Log**, was zusammengesetzt so viel wie Internet-Tagebuch bedeutet. Blogger schreiben normalerweise in der Ich-Form und teilen ihre persönliche Meinung mit. Firmen präsentieren Produkte und Preise oder Neuheiten.

Ein Blog unterscheidet sich eigentlich nicht großartig von einer Webseite. Er enthält zu einem bestimmten Thema unterschiedliche Artikel, wobei die neuesten immer an oberster Stelle des Blogs stehen. Neue Artikel werden regelmäßig veröffentlicht.

Der neueste Artikel steht oben

Ein Blogger hält stetig Kontakt zu seinen Lesern und kommuniziert mit ihnen über Kommentare. Ein Austausch von Neuigkeiten ist dadurch kein Problem. Blogs existieren in verschiedenen Formen. Es gibt Blogs über Fitness, Reisen, Bücher oder Musik. Sportler schreiben über Ihr Training, Reisende berichten über ihre Erfahrungen in bestimmten Ländern, Autoren schreiben über ihre Bücher, und Musiker stellen ihre neuen Titel vor.

Blogs könnten auch als Tagebücher bezeichnet werden, allerdings nicht als normale Tagebücher, denn sie sind im Internet jedem zugänglich. Viele Blogs werden nur von einer Person betrieben, die ihre Erlebnisse oder Erfahrungen ins Netz stellt. Sie veröffentlicht Trainingspläne, Reisetipps, Buch- oder Musikrezensionen – oder etwas anderes.

1.2 Der Aufbau eines Blogs

Ein Blog ist in der Regel eine Sammlung von Artikeln, die nach Veröffentlichungsdatum und nach Themen sortiert sind. Ein Blog ist relativ einfach aufgeteilt und deswegen auch sehr übersichtlich. Er enthält Archive, Kategorien und Schlagwörter. Dadurch finden Sie schnell einen bestimmten Artikel. Viele Blogs haben Millionen von Lesern. Sie können sich dabei selbst aktiv durch Kommentare an den Texten beteiligen. Inhalte eines Blogs sind hauptsächlich Texte, Bilder und Links, die zu anderen Artikeln oder anderen Seiten führen.

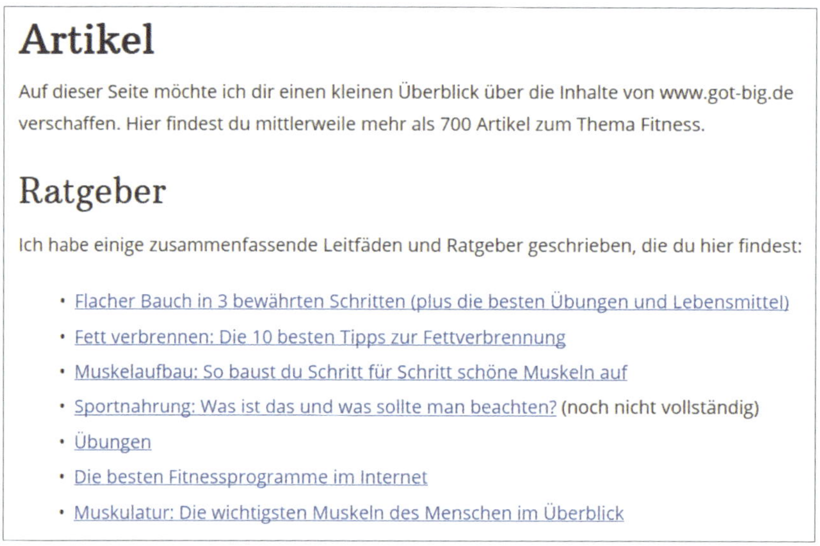

Eine Sammlung von Artikeln

Die technische Seite des Blogs

Wer seinen Blog veröffentlichen will, benötigt eine Domain. Wenn Sie WordPress selbst auf Ihrem PC installieren und die Verwaltung dafür übernehmen wollen, muss sich einen Anbieter suchen, der Webspace auf seinem Server anbietet. Bei ihm können Sie sich auch eine Domain sichern. Gute Kenntnisse in HTML sind ebenfalls von Vorteil, und Sicherheit im Umgang mit Servern ist wichtig.

Wesentlich einfacher ist es, bei einem Anbieter alles in einem Paket für einige Euro im Monat zu mieten. Dann lässt sich ein Blog in relativ kurzer Zeit einrichten. Bei einem Hoster bekommen Sie eine professionelle Domain, viel Speicherplatz, haben die volle Kontrolle über das Hosting, und der Blog gehört Ihnen. Bei kostenlosem Hosting haben Sie wenig Speicherplatz zur Verfügung, kaum Erweiterungsmöglichkeiten, und der Blog ist nicht Ihr Eigentum. Zudem ist Ihr Domainname ewig lang und nicht besonders ansprechend.

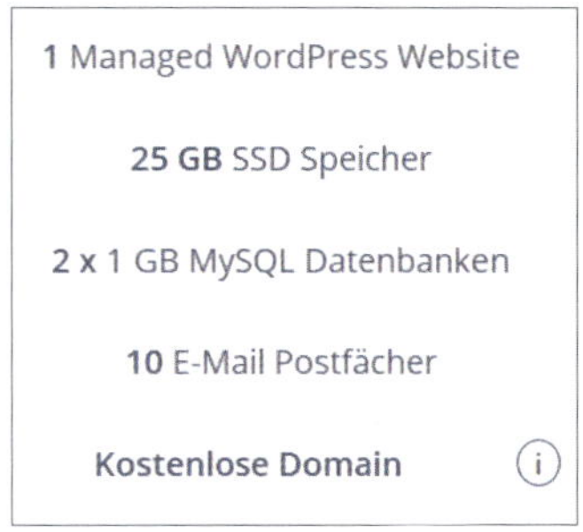

Mieten Sie Domain und Speicherplatz an

Blogname und Domain

Der Blogname und die Domain sind wichtige Bestandteile eines Blogs. Damit werden Ihre Leser als Erstes konfrontiert. Daher sollten Sie den Blog- und auch den Domainnamen sorgfältig auswählen, denn eine spätere Änderung ist nicht ganz einfach. Den Blognamen können Sie zwar noch leicht ändern, aber bei der Domain wird es da schon wesentlich schwieriger. Domains werden in Deutschland von DENIC vergeben und verwaltet, dies gilt nur für Domains mit der Endung *.de*, die sogenannten Second-Level-Domains.

Bei der Auswahl eines Blognamens sollten Sie sich am Thema Ihres Blogs orientieren, daher ist es ideal, wenn der Blogname bereits signalisiert, worum es in Ihrem Blog geht. Der Blogname darf nicht zu konkret gewählt sein, denn dann können Sie später keine ähnlichen Themen einfügen. Halten Sie den Namen für Ihren Blog möglichst kurz, im Idealfall unter zehn Zeichen, maximal fünfzehn, in Ausnahmefällen bis zu zwanzig. Vermeiden Sie Fachbegriffe und Fremdwörter. Der Name muss leicht zu merken sein.

So könnte Ihr Blog z. B. »Fit und Gesund« heißen, und damit wird bereits signalisiert, dass es in diesem Blog um Fitness und Gesundheit geht. Auf diese Weise erfahren Ihre Leser bereits beim Lesen des Blognamens, womit sich Ihr Blog beschäftigt, und Sie können den Blog mit ähnlichen Themen ausweiten. Dies alles gilt allerdings nur für Fachblogs, bei privaten Blogs können Sie auch den eigenen Namen oder einen Fantasienamen verwenden.

Einen idealen Domainnamen zu finden, ist heutzutage ziemlich schwierig, vor allem wenn er die Endung *.de* haben soll. Die Domain ist das Vorzeigeteil Ihres Blogs. Diese sehen Besucher als Erstes. Nehmen Sie sich genügend Zeit für die Wahl Ihres Domainnamens. Er muss in Verbindung mit dem Inhalt stehen und den Lesern in Erinnerung bleiben.

Der Name Ihrer Domain sollte dem Blognamen ähnlich sein. Blogger in Deutschland wählen am besten die Endung *.de*. Dies signalisiert den Lesern, dass es sich hier um einen deutschen Blog handelt. Direkt an zweiter Stelle stehen die Endungen *.com* oder *.net*. Weitere gängige Domainnamen sind *.org*, *.online*, *.co* und *.eu*. Neue modernere Endungen lauten auf *.app* oder *.blog*.

Verwenden Sie keine Marken- oder Städtenamen und keine Zahlen, mit Ausnahme von 24 oder 360 am Ende des Namens, etwa mein-blog24.de oder meine-domain360.de. Verzichten Sie auf die Übernahme von Buchtiteln und die Namen von Menschen in Domains, außer Ihrem eigenen, und nutzen Sie diesen nur, wenn es sich um einen privaten Blog handelt.

Ansonsten wählen Sie einen Namen, der zum Thema passt. Dieser sollte kurz und prägnant sein und maximal zwei bis drei Keywords enthalten, damit sich die Besucher Ihres Blogs den Domainnamen leicht merken können.

Der Blogname »Wie baue ich Masse und Kraft auf?« ist sicherlich interessant, jedoch viel zu lang. Das wichtigste Keyword sollte auf jeden Fall im Domainnamen enthalten sein, um eine gute Suchmaschinenpositionierung zu erreichen. Außerdem sollten die Besucher bereits anhand des Namens erahnen können, welche Themen sie in Ihrem Blog erwarten.

Allerdings wird es sich schwierig gestalten, heutzutage einen Namen zu bekommen, der in Kurzform den Inhalt des Blogs beschreibt. Oft ist es auch sinnvoll, dem Blog und der Domain den gleichen Namen zu geben, der Leser kann sich dies leichter merken. Aber Sie sollten auf jeden Fall beides ähnlich betiteln.

Setzen Sie wegen der besseren Lesbarkeit maximal zwei Bindestriche zwischen die einzelnen Wörter der Domain. Meist sind Namen mit Bindestrichen auch noch eher verfügbar als Namen ohne Bindestriche. Wenn Sie sich aufgrund der besseren Lesbarkeit für die Variante eines Domainnamens mit Bindestrich entscheiden, sichern Sie sich auch die ohne Bindestrich, damit Sie keine Konkurrenz bekommen. Verwenden Sie keine Fremdwörter oder Fantasienamen.

Ein paar Beispiele dazu:

- masse-und-kraft.de – Keywords: masse und kraft
- pop-und-rock.de – Keywords: pop und rock
- autor-und-buch.de – Keywords: autor und buch

Übersetzen Sie den Namen auch mal ins Englische. Oft klingt der englische viel besser als der deutsche Name. Oder würden Sie nicht auch lieber *musclehall.de* verwenden als *muskelhalle.de* oder *pull-and-push.de* statt *ziehen-und-drücken.de*? Beim zweiten Beispiel ist übrigens das Einfügen eines Bindestrichs sinnvoll.

Falls Sie einen bereits vergebenen Domainnamen unbedingt haben wollen, checken Sie, ob der Inhaber ihn nutzt, und falls dies nicht der Fall ist, versuchen Sie, ihn zu kaufen. Wenn Ihnen absolut kein Name einfällt, nutzen Sie einen Generator für Domainnamen. Davon finden Sie etliche im Internet. Diese schlagen nach der Eingabe eines oder mehrerer Begriffe eine Auswahl an Namen vor.

Die Headline

Die Überschrift Ihres Blogs sollte sofort das Interesse des Besuchers wecken. Mit ihr wird der Leser als Erstes konfrontiert, und er wird entscheiden, ob der Artikel für ihn interessant ist. Lenken Sie also bereits in der Überschrift die Aufmerksamkeit des Besuchers in Richtung Artikel, indem Sie andeuten, worum es geht.

Fassen Sie den Inhalt in der Überschrift zusammen. Sprechen Sie den Leser direkt mit »Du« oder »Sie« an, so fühlt er sich persönlich angesprochen. Blättern Sie in Zeitschriften und sehen Sie sich die Überschriften an. Dort können Sie sich Inspirationen holen und ähnliche erfinden.

Nutzen Sie starke Wörter wie »großartig« oder »sensationell« oder andere interessante Wörter wie »sicher«, »endlich« oder »einfach«.

Innerhalb eines Blogs sind die Überschriften ebenfalls wichtig, besonders bei Artikeln mit viel Text. Diese Artikel werden von vielen Lesern oft nur überflogen, um schnell etwas Interessantes zu finden. Jede einzelne Überschrift muss aus diesem Grund interessant sein und die Neugier des Lesers auf mehr wecken.

Ein weiterer wichtiger Faktor für Überschriften ist die Suchmaschine. Daher muss das wichtigste Keyword des Artikels in der Überschrift enthalten sein. Google durchsucht die Blogs nach Überschriften und Keywords und wertet diese aus. Die Headline wird dann in den Suchergebnissen angezeigt. Das wird sich sicherlich zugunsten der Klicks auf Ihren Blog auswirken und Ihnen mehr Besucher verschaffen.

Halten Sie die Headline kurz und prägnant, dadurch wirkt sie wesentlich besser auf den Leser ein. Zahlen wirken in Überschriften sehr gut, z. B. »Die 10 besten Tipps zum Muskelaufbau« oder so ähnlich. Fragen wie »Wollen Sie jetzt endlich abnehmen?« oder Versprechen wie »10 Pfund Fett verlieren in 10 Wochen« regen den Leser an. Aussagekräftige Wörter wie »geheim«, »problemlos« oder »kostenlos« wecken ebenfalls die Neugier der Besucher. Die Headline sollte aktiv formuliert sein. Gut wäre »So nimmst du leicht ab!« anstelle der Formulierung »Wie man leicht abnimmt!«.

Manche Blogger schreiben zunächst ihren Artikel und dann erst die Überschrift, andere wiederum leiten aus der Headline ihren Artikel ab. Den richtigen Weg für sich müssen Sie selbst finden. Im Folgenden finden Sie einige Beispiele für den Beginn einer guten Headline:

- Muskeln aufbauen ist einfach!
- So bauen Sie 10 Pfund Masse in 10 Wochen auf!
- Ein Dutzend Gründe, um ins Fitnessstudio zu gehen
- In 30 Minuten zum eigenen Blog
- Einen professionellen Blog erstellen

Die Überschrift ist der wichtigste Teil Ihres Artikels. Lassen Sie sich Zeit, um eine zu finden, die Aufmerksamkeit erregt. Denken Sie sich verschiedene Überschriften aus, und entscheiden Sie sich dann für die Ihrer Meinung nach beste. Dieser Zeitaufwand wird sich lohnen und später die Zahl der Aufrufe Ihres Artikels steigern.

Kommentare in den Blogs

Kommentare sind für den Austausch von Informationen gedacht. In den Kommentaren erfahren Sie, was den Lesern gefallen hat und was nicht und ob Ihr Artikel ihnen weiterhelfen konnte.

So sieht ein Kommentar mit einer Antwort aus

Um Kommentare zu erhalten, sind Fragen im Artikel meist hilfreich. Sprechen Sie dabei den Leser direkt an. »Was tust du, um abzunehmen?« oder »Wo hast du deinen schönsten Urlaub verbracht?« oder »Wie bereitest du dich auf einen Marathon vor?« sind ideale Fragen. Je nach Thema des Artikels natürlich. Und wenn Sie die ersten Kommentare haben, lassen weitere bestimmt nicht lange auf sich warten, und Sie bekommen neue Leser für Ihren Blog. Fordern Sie den Leser zu etwas auf wie: »Schreiben Sie mir Ihre Meinung zu dem Artikel!« oder »Schlagen Sie ein interessantes Thema für einen Artikel vor!« Bitten Sie den Besucher, Lob und Kritik zu äußern oder Fragen zu stellen. Weisen Sie in Ihren Artikeln immer auf die Möglichkeit von Kommentaren hin.

Der Inhalt eines Blogs

Um einen Blog mit Text zu füllen, müssen Sie kein Experte auf einem bestimmten Gebiet sein, mehr als der Leser sollten Sie allerdings schon wissen, besonders wenn es sich um einen fachlichen Blog handelt. Schreiben Sie über eigene Erfahrungen und Ihre eigene Meinung in Ihren Blogs, und berichten Sie vor allem über das, was Sie selbst interessiert. Selbst wenn Sie viel Wissen zu einem Thema haben, wird es immer jemanden geben, der mehr weiß oder es besser weiß. Bezeichnen Sie sich aus diesem Grund nie als Experten, es sei denn, Sie sind wirklich einer. Im Lauf der Zeit werden Sie vielleicht von Ihren Lesern als Experte angesehen, und sie suchen Ihren Blog deswegen immer wieder auf, um neue Artikel zu finden oder etwas nachzulesen.

Von Blogs über News würde ich eher abraten, denn Sie müssen ständig aufpassen, dass Sie keine Neuigkeiten verpassen, denn News gibt es immer. Über News zu berichten, ist aufwendig und anstrengend. Sie können nie komplett abschalten, müssen schnell sein und einer der Ersten, der die Neuigkeiten veröffentlicht, sonst haben Sie keine Chance.

Schreiben Sie besser zeitlose Artikel, die immer interessant sind. Für derartige Beiträge bekommen Sie neue Leser, und frühere Leser greifen darauf zurück. Zeitlose Artikel helfen Ihnen dabei, eine längere Pause zu überbrücken, also Zeiten, in denen Sie nichts schreiben. Allein mit zeitlosen Artikeln lässt sich ein Ruf als Experte aufbauen. Warum? Weil es in einem zeitlosen Blog meist um fachliche Themen geht, und diese haben in der Regel immer oder zumindest lange Bestand.

Fehler in Blogs

Machen Sie sich keine großen Gedanken über Fehler in Ihrem Blog. Aus Fehlern können Sie nur lernen. Lernen Sie auch aus den Fehlern anderer. Sie werden in der Zeit des Bloggens viele Fehler begehen. Diese prägen sich jedoch ein, und Sie werden sie in Zukunft vermeiden. Fehler sind nicht schlimm, stehen Sie ruhig dazu. Denken Sie trotzdem immer daran – das Internet vergisst nie, und Fehler werden schnell bestraft.

1.3 Trolle – die Plagegeister der Blogger

Trolle sind diejenigen Nutzer, die ständig auf Streit aus sind. Sie schreiben nur Kommentare, um andere zu beleidigen oder um Unruhe zu stiften und zu provozieren. Gegen Kritik ist normalerweise nichts einzuwenden, aber es kommt immer auf die Art der Kritik an.

Wenn ein Kommentar persönlich wird oder der Troll etwas behauptet, was nicht stimmt, sollten Sie ruhig bleiben, denn der Troll wartet nur auf eine Antwort. Ignorieren ist hier die beste Lösung. In der Regel verschwinden Trolle schnell von Ihrem Blog, wenn ihnen keine Beachtung geschenkt wird, bis auf ein paar ganz hartnäckige. Diese sollten Sie blockieren.

Wenn ein Kommentar beleidigend wird, können Sie ihn auch ruhigen Gewissens löschen. Als der Betreiber eines Blogs haben Sie auch die Möglichkeit, Kommentare manuell freizuschalten, das kostet jedoch viel Zeit, denn Sie müssen jeden Kommentar erst lesen. Die Faustregel im Internet lautet:

»Don't feed the trolls!« – Die Trolle nicht füttern.

1.4 Das Logo – Markenzeichen eines Blogs

Für Ihren Blog sollten Sie ein Logo nutzen, denn erfahrungsgemäß merken sich die Leser das Logo, wenn es ansprechend ist. Das Logo muss nicht unbedingt ein Kunstwerk sein. Sie können noch einen kurzen Satz darunter platzieren, der sich in das Gedächtnis des Lesers einprägt. Dieser Satz sollte sich auf den Blog beziehen. Das Logo sollte auch farblich zur restlichen Seite passen.

Ein einfaches Logo für Ihren Blog

1.5 Besonderheiten eines Blogs

Blogs gibt es mittlerweile in Massen, und es gibt sicherlich auch kein Thema mehr, zu dem es keinen Blog gibt. Aber trotzdem macht ein weiterer Blog zu einem bestimmten Thema durchaus Sinn, vor allem, wenn sich Ihr Blog aus dieser Masse abhebt. Um dieses Ziel zu erreichen, sollten Sie auf keinen Fall einen anderen Blog kopieren, denn wer will sich schon einen Blog anschauen, den es bereits gibt? Normalerweise werden die Leser hier das Original bevorzugen.

Sie können sich aber einen bestimmten Blog zum Vorbild nehmen und diesen verbessern. Er sollte auf jeden Fall optisch anders aussehen und das Thema auf ganz andere Art und Weise beschreiben. Ihr Blog darf nicht als Kopie bei den Lesern gelten. Durchsuchen Sie den Blog auf Dinge, die fehlen oder nicht ausführlich oder verständlich genug erklärt sind.

Schauen Sie sich alle Teile des Blogs genau an, und überlegen Sie, was Sie besser gestalten können. Ihr Blog muss besondere Dinge zeigen, die bei anderen Blogs nicht zu sehen sind. Wenn Sie heutzutage mit einem Blog erfolgreich sein wollen, dann muss dieser auffällig sein und sich positiv von den anderen Blogs unterscheiden.

1.6 Infos über die Seite

Wenn von einer Seite gesprochen wird, ist eigentlich eine Webseite gemeint. Diese wiederum enthält verschiedene Seiten, die beliebig erweiterbar sind. Der Unterschied zu einem Blog ist folgender: Eine Seite hat verschiedene Menüs, ist ziemlich umfangreich und beinhaltet oft einen Blog.

Die Webseite von IONOS

Was ist unter einer Seite zu verstehen?

Als Seite wird alles bezeichnet, was keinen Beitrag oder keinen Artikel darstellt. Seiten sind im Gegensatz zu Blogs nicht nach Datum sortiert. Typische Beispiele für eine Seite sind die Über-mich-Seite, das Impressum oder die Kontakt-Seite.

Seiten können nicht mit Schlagwörtern versehen werden und erscheinen nicht im Blog. Auf einer Seite zeigt eine Firma ihre Produkte oder eine Privatperson Dinge aus ihrem Leben, z. B. Urlaubsfotos etc. Eine Webseite setzt sich aus mehreren Einzelseiten mit einer Navigation zusammen.

Wie ist eine Seite aufgebaut?

Den Aufbau einer Seite möchte ich Ihnen am Beispiel der Ionos-Startseite erklären. Eine Webseite enthält eine Kopfzeile, die in der Regel den Namen der Seite enthält. Darunter finden Sie das Menü mit den einzelnen Menüpunkten.

Die Kopfzeile von IONOS

Das Menü von IONOS

Über die einzelnen Menüpunkte gelangen Sie zu weiteren Seiten. Durch eine Seite können Sie bis zum Ende scrollen. Dort stehen die allgemeinen Informationen, etwa das Impressum, das ebenfalls zu einem Internetauftritt gehört.

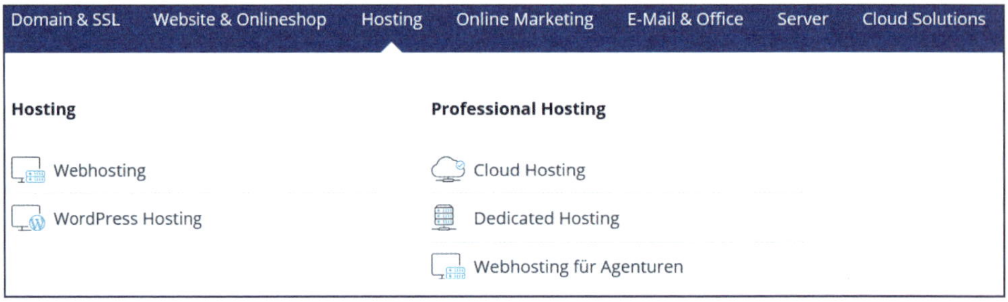

Ein Link zu anderen Seiten

Die allgemeinen Infos von IONOS

2. Blogger-Tools für die Bildbearbeitung

Ganz wichtig sind auch Tools, die für Blogger im Internet bereitstehen und hilfreich sind. Doch welche Tools sollte man wirklich nutzen? Auf jeden Fall eines für die Bildbearbeitung. Nicht jeder kann oder will sich Photoshop leisten, doch es gibt günstige oder sogar kostenlose Alternativen.

Photoshop Elements bietet für unter 100 Euro umfangreiche Tools zur Bildbearbeitung mit dem Hauptaugenmerk auf der Fotobearbeitung. Es enthält zahlreiche Funktionen für professionelle Arbeiten. Für die meisten grafischen Aufgaben ist das Programm gut geeignet.

GIMP ist ebenfalls ein interessantes Programm. Es ist kostenlos und bietet viele wichtige Funktionen für Blogger wie Animationen, das Retuschieren von Fotos und Effekte.

Unbedingt erwähnenswert ist IrfanView, das ebenfalls kostenlos angeboten wird und als gute Alternative zu Photoshop gilt. Es bietet eine große Anzahl von Funktionen. Das Programm gibt es bereits seit 20 Jahren, und es wird ständig weiterentwickelt. Es unterstützt rund 90 Dateiformate, und ein schnelles Blättern durch Grafiksammlungen ist möglich. Fotos lassen sich als Diashow mit Musik anzeigen. Durch eine Stapelverarbeitung werden mehrere Bilder in einem Arbeitsgang konvertiert und optimiert.

IrfanView enthält zahlreiche Plug-ins, um die Funktionen zu erweitern. Das Programm ist außerdem leicht zu bedienen.

2.1 Bilder mit IrfanView zuschneiden

Zur Bearbeitung eines Bildes öffnen Sie es über den Menüpunkt *Datei/Öffnen*. Klicken Sie mit gedrückt gehaltener linker Maustaste auf das Bild, eine gestrichelte Linie erscheint. Das Bild lässt sich nun zuschneiden, indem Sie mit weiterhin gedrückt gehaltener Maustaste einen Rahmen für den gewünschten Bereich aufziehen. Nachdem Sie den Bereich markiert haben, lassen Sie die Maustaste wieder los und klicken in den markierten Bereich, um diesen anzuzeigen. Speichern Sie das Bild für die weitere Bearbeitung in einem Ordner ab.

Speichern Sie das Bild im JPEG-Format ab. Durch das Zuschneiden des Bildes hat sich die Speichergröße zwar um über die Hälfte verringert – beim Beispielbild waren es vorher 4,72 MB, nun sind es nur noch 2,12 MB –, es ist jedoch eine weitere Reduzierung des Speicherbedarfs nötig. Die momentane Größe ist immer noch zu speicherintensiv. Bei Hunderten von Bildern werden Sie dies beim Speicherbedarf und in der Geschwindigkeit relativ schnell feststellen.

Der Arbeitsbildschirm von IrfanView

Das Bild vor dem Zuschneiden

Der Bildausschnitt wurde markiert

Das Bild nach dem Zuschneiden

Die Größe eines Bildes sehen Sie übrigens, wenn Sie außerhalb von IrfanView ein Bild mit der linken Maustaste anklicken und in dem angezeigten Fenster auf *Eigenschaften* klicken. In einem weiteren Fenster wird Ihnen die Größe der Datei in Megabyte und Byte angezeigt.

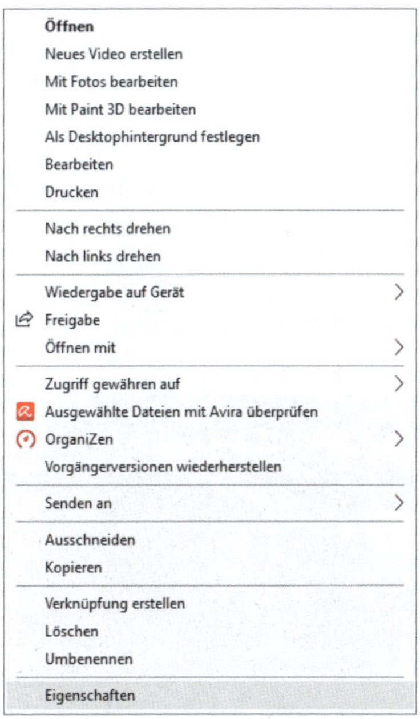

Schauen Sie sich die Eigenschaften an

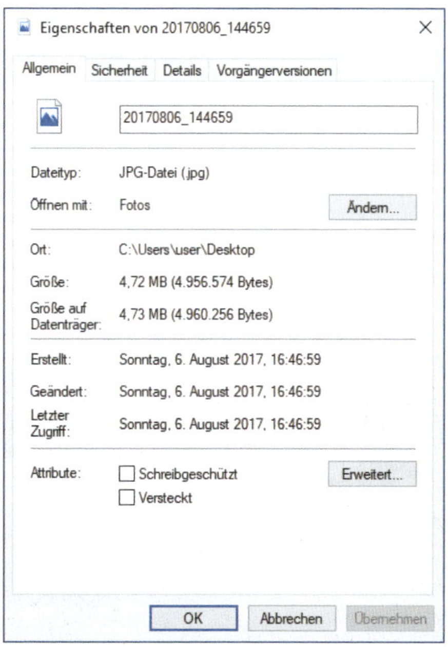

Hier sehen Sie die ursprüngliche Größe des Bildes

Für eine Verkleinerung von Bildern bietet sich das JPEG-Format an, das sich sehr stark komprimieren lässt. Allerdings gibt es da leider ein Problem: Die Bildqualität wird umso schlechter, je stärker es komprimiert wird.

2.2 Bilder mit IrfanView verkleinern

Falls Sie nichts aus einem Bild ausschneiden wollen, können Sie die Dateigröße auf einem schnelleren Weg verkleinern. Rufen Sie dazu das gewünschte Bild auf und wählen Sie im Menüband *Bild/Größe ändern*. Das Fenster *Größe ändern* wird angezeigt.

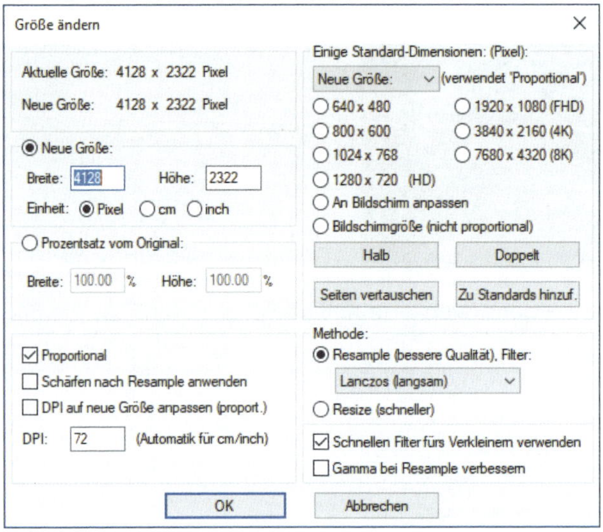

Wechseln Sie zur Größenänderung und legen Sie eine neue Größe fest

Klicken Sie auf der rechten Seite des Fensters oben unter der Auswahl *Einige Standard-Dimensionen: (Pixel):* die Größe *640 × 480* an, um das Bild zu verkleinern. Allerdings wird sich nicht genau diese Größe ergeben, weil das Bild proportional nach der bisherigen Größe angepasst wird. Beim Beispielbild wurde die ursprüngliche Dateigröße von 3,2 MB auf 63 KB reduziert.

Das Bild in der Originalgröße

Das Bild nach der Verkleinerung

2.3 Bilder mit IrfanView skalieren

Für die Veröffentlichung auf Blogs ist es oft wichtig, Bilder zu skalieren. Das ist mit IrfanView einfach möglich. Wählen Sie dazu im Menü *Datei* den Eintrag *Batch(Stapel)-Konvertierung/Umbenennung*.

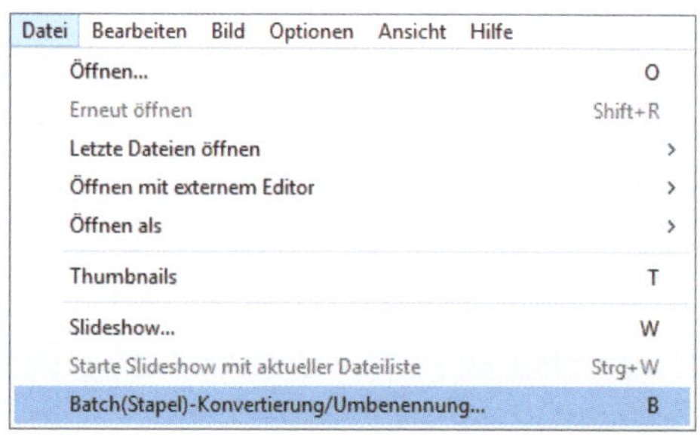

Der Weg zur Skalierung

Das Fenster *Batch/Stapel-Konvertierung* wird angezeigt. Die Option *Batch-Konvertierung* ist bereits ausgewählt. Das passt, um Fotos nur zu skalieren. Das Zielformat ist schon auf JPEG eingestellt. Setzen Sie ein Häkchen bei dem Eintrag *Spezial-Optionen aktiv*. Suchen Sie im rechten oberen Bereich des Ordners im Fenster *Suchen in* den Ordner aus, aus dem Sie Bilder skalieren wollen. Jedes einzelne wird unten links als Vorschau angezeigt.

Wählen Sie die Bilder zur Skalierung aus, indem Sie auf das jeweilige Bild klicken und es mit gedrückt gehaltener linker Maustaste in das leere Feld unten im Fenster ziehen. Wenn Sie alle Bilder ausgewählt haben, klicken Sie anschließend auf *Setzen*, um das Fenster *Operationen für alle Bilder:* zu öffnen.

Damit im Internet in einer Galerie alle Bilder die gleiche Größe haben, ist es empfehlenswert, einen Wert bei *Lange Seite setzen:* oder bei *Kurze Seite setzen:* einzugeben. Im unteren linken Bereich des Fensters muss in diesem Fall die Option *Proportional* aktiviert sein. Für das Erzeugen einer guten Bildqualität sollte die Option *"Resample"-Funktion verwenden* ebenfalls aktiviert sein.

Nach einem Klick auf *Starten* beginnt IrfanView mit der Skalierung. Die Dateien werden verarbeitet und in ein neues Verzeichnis kopiert. Merken Sie sich dieses, um Ihre konvertierten Bilder wiederzufinden.

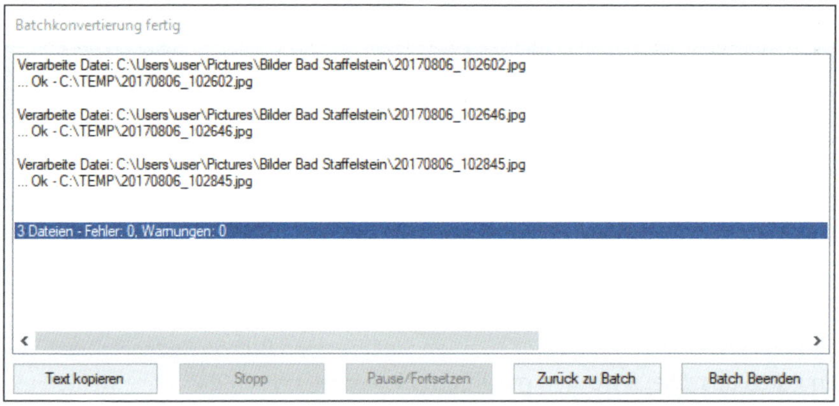

Die ausgewählten Bilder wurden konvertiert

Vor der Konvertierung betrug der Speicherbedarf der Bilder über 12 MB, danach nur noch 450 KB. Das ist eine Reduzierung um 96 %. Wie Sie sehen, wirkt sich der Vorgang bei vielen Bildern enorm auf den Speicherplatz aus.

2.4 Panorama-Foto mit IrfanView erstellen

Eines gleich vorweg: Echte Panorama-Fotos, bei denen sich Bilder überlappen, lassen sich mit IrfanView nicht erstellen. Es handelt sich lediglich um das Aneinanderreihen mehrerer Fotos. Diese Funktion bieten Ihnen nur Profi-Bildbearbeitungsprogramme. Für das Zusammenstellen eines Panoramas, das aus mehreren Fotos besteht, ist es allerdings eine praktische Funktion, etwa für ein Banner unter einer Headline.

Wenn Sie einen Bildstreifen erstellen wollen, ähnlich einem Negativ von Bildern, rufen Sie im Menüband unter *Bild* die Auswahl *Panorama-Bild erstellen* auf.

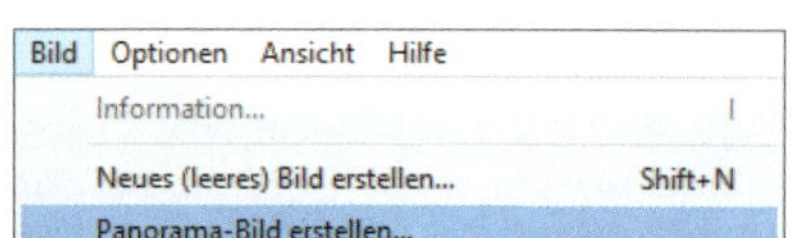

Der Weg zum Panorama-Bild

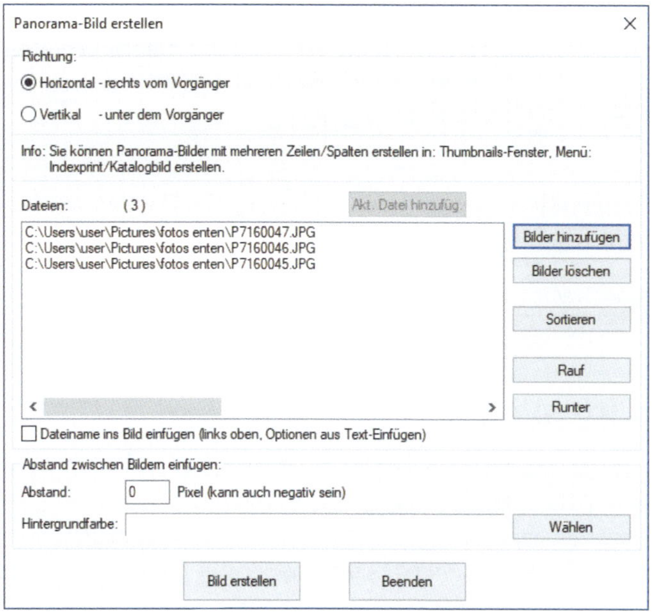

Die Fotos für das Panorama-Bild wurden ausgewählt

Das gleichnamige Fenster wird angezeigt. Wählen Sie über den Button *Bilder einfügen* die gewünschten Fotos aus. Diese werden mit Ihrem Zielverzeichnis in das leere weiße Feld übernommen. Sie können Bilder wieder löschen oder sortieren. Mit den Buttons *Rauf* und *Runter* ändern Sie die Platzierung der Bilder. Im Bereich *Abstand* lässt sich der Zwischenraum der Bilder verändern. Wenn Sie alle Bilder ausgewählt haben, klicken Sie auf *Bild erstellen*. Das Panorama-Bild mit den zusammengefügten Fotos wird angezeigt. IrfanView bringt alle Fotos auf die gleiche Größe. Speichern Sie Ihr Panorama-Bild ab.

Das erstellte Panorama-Bild aus drei einzelnen Fotos

Sie können die Bilder auch untereinander zusammenfügen. Dazu müssen Sie im Fenster *Panorama-Bild erstellen* lediglich die Option *Vertikal – unter dem Vorgänger* aktivieren. Dies ist interessant, wenn Sie die Bilderkette neben einem Text platzieren wollen.

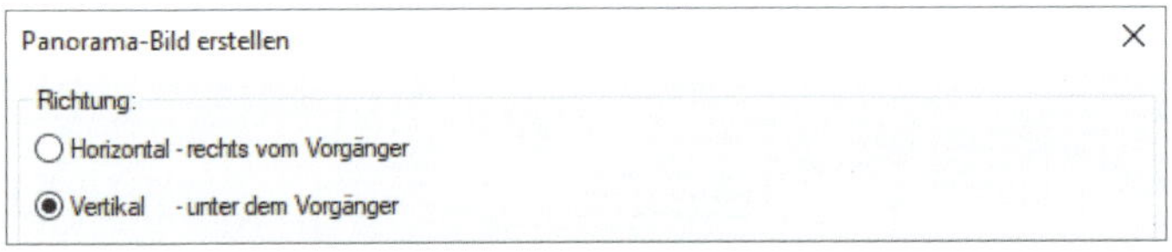

Die Fotos sollen untereinander platziert werden

2.5 Thumbnails mit IrfanView erzeugen

Thumbnails sind Miniaturansichten von Bildern. Sie werden besonders gern dafür genutzt, Speicherplatz zu verkleinern. Bei einer Seite mit vielen Produkten sind diese kleinen Bildchen sinnvoll und übersichtlicher als die großen. Thumbs lassen sich in IrfanView erzeugen. Wählen Sie im Menüband *Datei/Thumbnails*, um das Fenster *IrfanView Thumbnails* zu öffnen.

Suchen Sie den Ordner, aus dem Sie Bilder in Thumbnails umwandeln wollen. Klicken Sie dann auf *Datei/Selektierte Thumbnails als Bild speichern*. Speichern Sie die Thumbnails in einem neuen Ordner ab und schauen Sie sich das Ergebnis an. Thumbnails beanspruchen sehr wenig Speicherplatz – in diesem Fall insgesamt gerade mal 14,7 KB.

Eine Auswahl von Bildern als Thumbnails

Ich kann Ihnen in diesem Buch nur die wichtigsten Funktionen des Programms, die in Bezug zu einem Blog stehen, vorstellen und leider nicht auf alle Details eingehen.

3. Der ideale Einstieg in WordPress

Vor der Erstellung eines Blogs sollten Sie einige Überlegungen anstellen. Nur durch eine genaue Planung erhalten Sie einen Blog, der auch bei den Lesern Aufmerksamkeit erregt.

3.1 Die optimale Planung

Jeder Blog muss gut geplant werden. Hier stellt sich zuerst die Frage, wann denn der Blog eigentlich starten soll. Die Antwort ist einfach: »Jetzt«. Denken Sie nicht lange nach, legen Sie einfach los, sonst werden Sie den Start Ihres Blogs für Wochen oder Monate verschieben oder nie starten. Das ist Zeitverschwendung. Probieren Sie etwas aus – frei nach dem Motto: »Learning by doing«.

Je eher Sie Ihren Blog starten, desto schneller kommen Sie im Ranking bei Google nach oben. Der Aufstieg bei Google wird Monate dauern und es bedarf vieler Artikel, um dort ziemlich weit oben zu landen. Aber ohne ein gewisses Maß an Planung sollten Sie nicht beginnen, denn das kann sich später als Nachteil erweisen. Denken Sie gut über das Thema Ihres Blogs, den dazugehörigen Domainnamen und über den Inhalt nach. Dann kann es losgehen, viele Dinge können Sie auch noch während des Schreibens entscheiden.

3.2 Das Thema

Wenn die Veröffentlichung eines Blogs geplant ist, gibt es in der Regel bereits ein Thema, sei es ein Blog über die Familie, ein Titel im Sport oder ein fachliches Thema. Sie können über Städte, Berge oder Seen bloggen, über Ihr Training, Bücher oder Kochrezepte. Die Auswahl ist riesig. Überlegen Sie genau, wen Sie mit Ihrem Blog ansprechen wollen.

Die Stoffsammlung

Um das ideale Thema für Ihren Blog zu finden, setzen Sie sich in einer ruhigen Stunde, in der Sie ungestört sind, an Ihren Schreibtisch. Notieren Sie stichwortartig alles auf einem Blatt Papier, was Ihnen zu einem Blog einfällt. Berücksichtigen Sie dabei Ihre Interessen und Hobbys. In diesen Dingen sollten Sie sich gut auskennen. Entscheiden Sie nach den Notizen und deren Sichtung, welches Thema Ihrer Meinung nach genügend Stoff für einen Blog bietet – und das über Jahre hinweg. Haben Sie nach reiflicher Überlegung das passende Thema gefunden, notieren Sie den Begriff in der Mitte eines leeren Blattes. Überlegen Sie sich Unterbegriffe zu diesem Thema und schreiben Sie dazu weitere Stichpunkte auf. Sie werden sich wundern, wie schnell Ihre Stoffsammlung anwächst, denn während des Aufschreibens fallen Ihnen garantiert weitere Begriffe ein, die Ihnen nur durch reines Nachdenken vermutlich nicht eingefallen wären.

Lesen

Grundvoraussetzung für das Schreiben eines Blogs ist das Interesse daran, viel zu lesen. Sie müssen viele Informationen aufnehmen, um Artikel schreiben zu können. Lesen Sie täglich Artikel in Zeitungen oder Zeitschriften und in Büchern. Dadurch erweitern Sie Ihren Wortschatz, können sich besser ausdrücken und Dinge besser erklären.

3.3 Layout

Auch über das Layout Ihres Blogs sollten Sie sich einige Gedanken machen, denn ein neuer Besucher entscheidet in wenigen Sekunden, ob ihm der Blog gefällt. Wenn Sie einen professionellen Blog gestalten wollen, muss auch dessen Aussehen professionell sein.

Wie soll ein Blog strukturiert sein?

Ein Blog zeigt zuerst immer ein grundlegendes Muster seines Aussehens. Dies kann aber jederzeit verändert werden. Im Folgenden finden Sie einige unterschiedliche Strukturen für Blogs. Das erste Muster zeigt die Variante, bei der die Banner oben auf der Seite stehen. Im zweiten Beispiel ist es genauso, aber hier gibt es zwei Reihen von Bannern. Auf diese Variante können Sie zugreifen, wenn Sie viele Menüs benötigen. Theoretisch wäre auch noch eine dritte Reihe möglich, aber das wird für den Besucher schnell unübersichtlich. Die unteren beiden Beispiele zeigen ein Menü, das bündig mit dem linken oder rechten Rand steht.

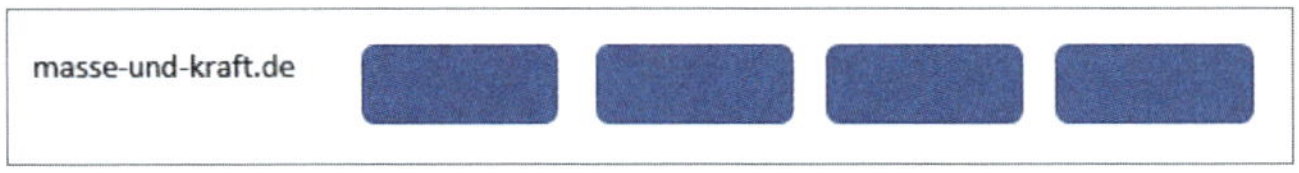

Blog mit den Menüs oben und in einer Reihe

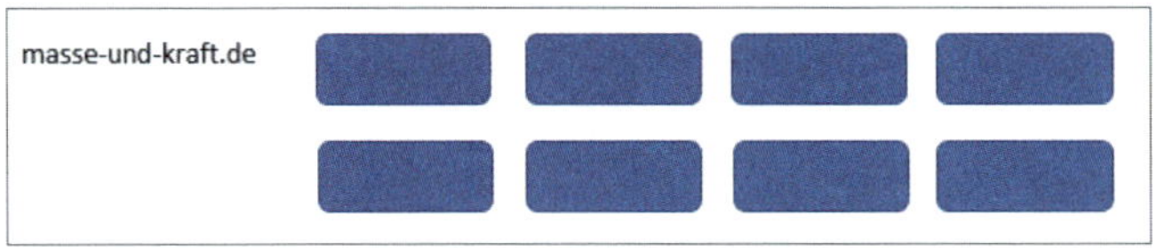

Blog mit den Menüs oben und in zwei Reihen

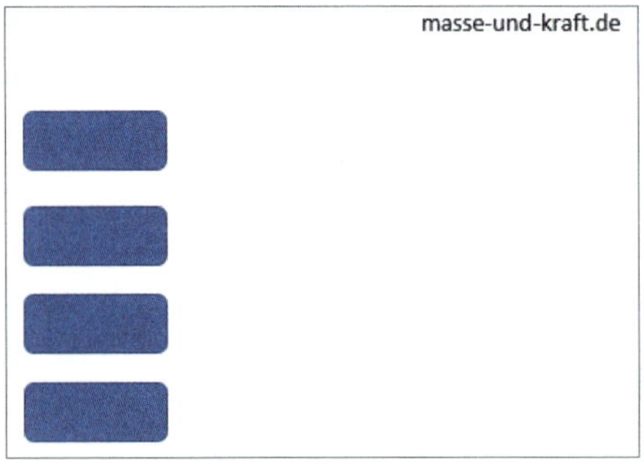

Blog mit den Menüs am linken Rand

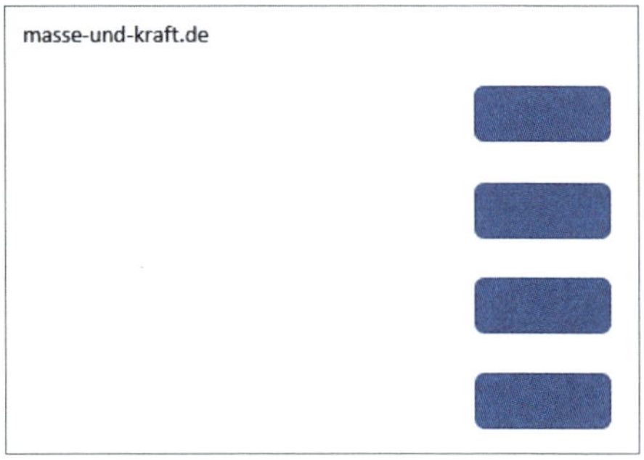

Blog mit den Menüs am rechten Rand

Bei den Varianten mit den Menüs am Rand können Sie die Banner nach unten erweitern. Dabei sollten Sie nicht zu weit nach unten gehen, damit der Leser Ihres Blogs die Banner auf seinem Bildschirm noch sehen kann, ohne nach unten zu scrollen.

Wie soll eine Seite strukturiert sein?

Eine Seite ist immer nach einem bestimmten Muster aufgebaut. Die Navigation und die Menüführung müssen für den Besucher übersichtlich sein. Wenn er sich nicht innerhalb kürzester Zeit zurechtfindet, haben Sie ihn verloren. Wenn er nicht mit wenigen Klicks zum Ziel kommt, geht er auf eine andere Webseite.

Alle wichtigen Inhalte, die der Besucher sofort sehen soll, gehören auf die Startseite. Untermenüs sollten Sie möglichst vermeiden, aber auf bestimmten Seiten sind sie unabkömmlich. Jede Seite sollte eine Home-Seite und eine Kontakt-Seite haben. Eine E-Mail-Adresse darf auch nicht fehlen, ebenso wenig das Impressum. Am Beispiel der Seite von Markt+Technik zeige ich Ihnen, wie eine mustergültige Seite aussehen sollte. Das Menü ist übersichtlich gegliedert und besitzt sinnvoll aufgeteilte Untermenüs. Hier findet sich der Besucher schnell zurecht.

Ein übersichtlich gestaltetes Menü mit aussagekräftigen Menüpunkten

Ein Untermenü

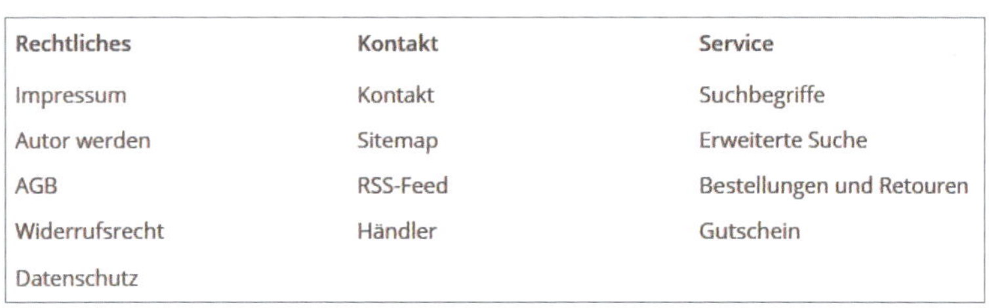

In der Fußzeile finden sich weitere wichtige Links

4. Die Installation von WordPress

Sie haben weiterhin die Möglichkeit, WordPress kostenlos aus dem Internet herunterzuladen. Von Werbung werden Sie nach dem Installieren und dem Erstellen eines Blogs allerdings nicht verschont bleiben. Außerdem müssen Sie sich um technische Dinge wie Datenbank, Backups und Sicherung kümmern. Das ist nicht einfach und erfordert viel Wissen und Geduld.

Allein die Erstellung einer Datenbank setzt viel technisches Wissen und Zeit voraus. Sie müssen WordPress in die Verzeichnisse kopieren, die Sie vorher angelegt haben, eine Verknüpfung und einen Zugang zu einer Datenbank erstellen, die benötigten Felder in der Datenbank generieren und das ausgewählte Theme konfigurieren.

Um sich eine aufwendige Installation von WordPress mit komplizierten technischen Vorgängen zu ersparen, sollten Sie WordPress inklusive Domain über einen Webhoster mieten, der viel Speicherplatz bietet, da dieser selbst bei manchen bezahlten Hostings relativ gering und die Auswahl an Plug-ins sehr eingeschränkt ist. Bei einem Webhoster kostet das Mieten von Webspace nur wenige Euro im Monat und erspart Ihnen eine Menge Stress.

Der Hoster kümmert sich dann auch um Updates sowie um die Sicherheit. Er bietet außerdem in der Regel eine 1-Klick-Installation an, die einfach und schnell vor sich geht und in wenigen Minuten erledigt ist.

Wählen Sie bevorzugt ein Managed-WordPress-Paket aus, da dies meist mehr Leistung und eine bessere Performance bietet. Themes und wichtige Plug-ins sind bereits vorinstalliert. Ein spezieller Server steht für schnellere Ladezeiten zur Verfügung. Die Installation läuft bei allen Anbietern ähnlich ab, doch genau gleich wird es sicher nicht bei jedem sein. Nach der Installation ist WordPress dann jedoch bei allen gleich.

4.1 Die Domain

Für jeden Blog benötigen Sie eine Domain. Dabei haben Sie die Auswahl aus verschiedenen Endungen, die gängigste ist *.de*. Zusätzlich stehen Ihnen einige andere zur Verfügung. Geben Sie den gewünschten Domainnamen ein und klicken Sie auf *Prüfen*.

Ist der Domainname verfügbar, erhalten Sie eine entsprechende Meldung. Falls nicht, müssen Sie es mit einem ähnlichen versuchen oder eine andere Endung verwenden, wovon ich allerdings abrate.

Wählen Sie einen Domainnamen

4.2 Die 1-Klick-Installation

Wenn Sie sich bei Ihrem Webhoster angemeldet haben, bekommen Sie eine Bestätigungsmail mit einer Kundennummer von ihm und können sich nun mit dieser Kundennummer und einem Passwort, das Sie noch vergeben müssen, einloggen. Suchen Sie dann WordPress auf der Seite des Anbieters und starten Sie die Installation – in diesem Fall über den Button *Jetzt starten*.

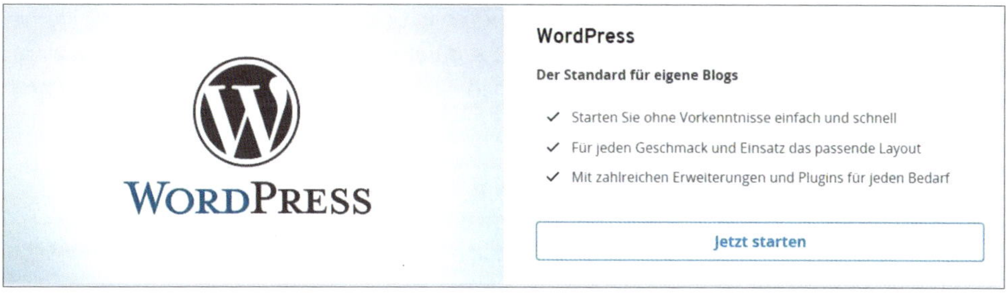

Hier geht es zu WordPress (Quelle: 1&1 IONOS SE, Montabaur)

Im nächsten Bereich werden Sie aufgefordert, einen Namen für Ihre Seite zu vergeben. Kommen Sie dieser Aufforderung nach und geben Sie den gewünschten Namen ein. Dieser Name ist nur für die Bearbeitung Ihrer Seite gedacht, es muss nicht der Domainname sein. Im rechten Bereich des Fensters sehen Sie ein Muster, das zeigt, wie Ihre Webseite aufgebaut ist. Links sehen Sie die Felder für die einzelnen Menüs und im rechten Bereich eine Zeile für die Blogüberschrift, darunter den Texteingabebereich und ein leeres Feld. Links unten finden Sie die Version von WordPress und einige Erklärungen zum Programm. Klicken Sie auf den Button *Website erstellen*.

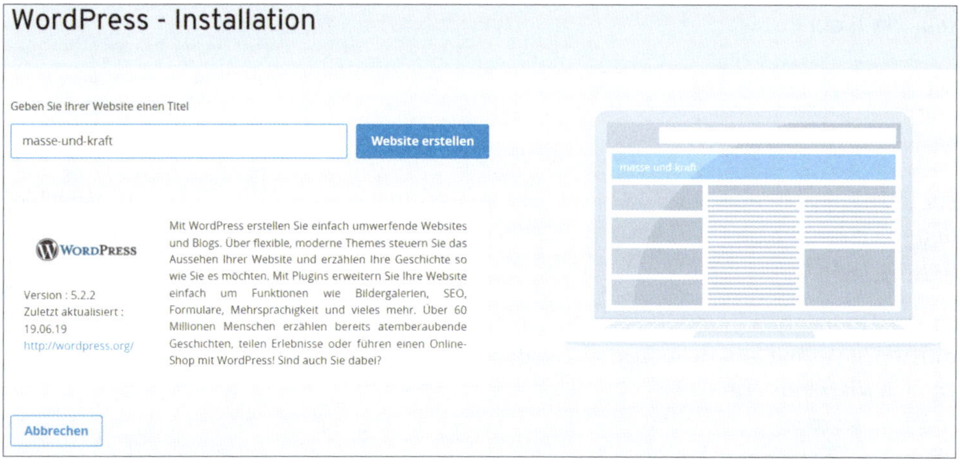

Im Installationsfenster legen Sie den Namen der Seite fest (Quelle: 1&1 IONOS SE, Montabaur)

Im nächsten Schritt müssen Sie einen Benutzernamen für den Administrator eingeben. Der Administrator sind Sie selbst. Es versteht sich von selbst, dass Sie hier nicht den Namen *Administrator* eingeben. Der Name sollte auch dem Ihrer Seite nicht ähnlich sein. Denken Sie daran: Der Name, den Sie hier eingeben, wird später nach einer Veröffentlichung in jedem Beitrag angezeigt. Sie können einen Fantasienamen verwenden. Überlegen Sie sich einen und notieren Sie ihn irgendwo.

Ich würde jedoch empfehlen, vor einer Veröffentlichung den eigenen Namen zu nutzen, denn so weiß jeder, wer den Artikel geschrieben hat, und in der Regel sind das bei kleineren Blogs ja meist Sie selbst. Außerdem wirkt ein echter Name seriöser auf den Leser als ein erfundener. Wie Sie Ihren eigenen Namen in einem Beitrag anzeigen lassen, beschreibe ich im nächsten Kapitel.

Nun benötigen Sie noch ein Passwort. Dafür sollten Sie möglichst viele Zeichen verwenden, ideal ist eine Verbindung von Groß- und Kleinbuchstaben mit Zahlen und Sonderzeichen. Es ist empfehlenswert, sich auch das Passwort zu notieren, denn selbst wenn jemand Ihr Passwort knacken sollte, kommt er nicht auf Ihre Seite, wenn ihm der Benutzername nicht bekannt ist. Verwenden Sie das Passwort auf keinen Fall irgendwo anders im Internet.

Das Passwort ist 100 % sicher

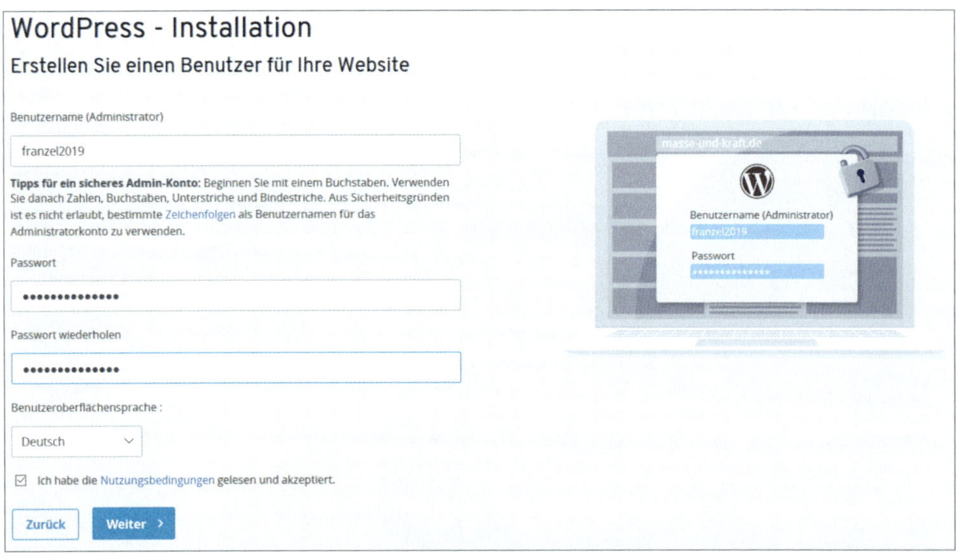

Hier legen Sie den Administrator an (Quelle: 1&1 IONOS SE, Montabaur)

Geben Sie das Passwort ein und wiederholen Sie die Eingabe nochmals im zweiten Feld. Im Auswahlbereich *Benutzeroberflächensprache* ist *Deutsch* bereits voreingestellt. Im rechten Bereich sehen Sie eine Abbildung, die nochmals den Benutzernamen und das verschlüsselte Passwort zeigt. Bestätigen Sie durch ein Häkchen die Nutzungsbedingungen und klicken Sie auf *Weiter*.

Nun werden Ihnen zwei Installationsarten von WordPress angeboten. Ich würde Ihnen *Managed WordPress* empfehlen, da sich hier der Provider um die Updates kümmert und täglich updatet. Themes mit Plug-ins, die die wichtigsten Anforderungen erfüllen, sind auch bereits enthalten. Das spart Ihnen viel Zeit und auch Nerven.

Außerdem erhalten Sie bei dieser Variante eine kostenlose SSL-Verschlüsselung. Es gibt auch einen speziellen Server für schnellere Ladezeiten Ihrer Seite. Klicken Sie auf *Weiter mit Managed WordPress*. Die Installation startet, die Datenbanken werden eingerichtet und in wenigen Minuten ist alles erledigt.

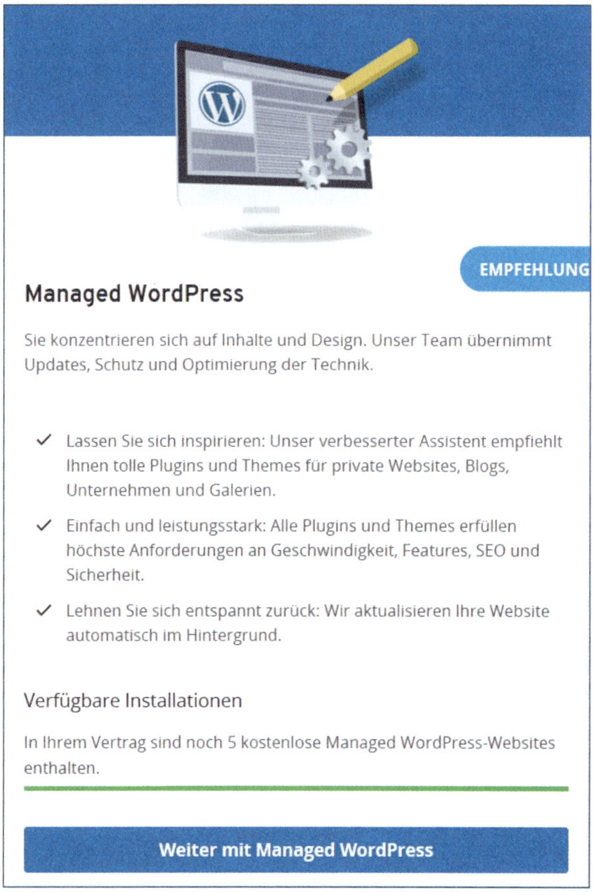

Managed WordPress wird installiert

Sie gelangen in die Auswahl der Designs. Hier entscheiden Sie, welche Art von Seite Sie erstellen wollen. Sieben verschiedene Varianten werden Ihnen angeboten. Für unser Beispiel wählen wir den Blog. Klicken Sie auf die Auswahl *Blog* in der Liste am linken Bildschirmrand und wählen Sie eines der Designs aus. Im Moment ist es egal, welches, denn wir werden es gleich wieder ändern. Klicken Sie nach der Auswahl auf *Installieren*.

Einige Designs stehen zur Auswahl (Quelle: 1&1 IONOS SE, Montabaur)

4.3 Die SSL-Verschlüsselung

Bevor Sie mit der Bearbeitung Ihrer Seite beginnen, sollten Sie die SSL-Verschlüsselung aktivieren. Diese Verschlüsselung bietet Ihnen viele Vorteile: Eine Datenübertragung ist abhörsicher, und alle Daten, die mit Besuchern ausgetauscht werden, sind geschützt. Das SSL-Logo in der Adresszeile Ihres Browsers zeigt die hohe Sicherheitsstufe der Seite an. Eine Seite mit SSL-Verschlüsselung wird von den Suchmaschinen bevorzugt und besser platziert.

Wählen Sie unter dem Link *Meine Produkte* die Auswahl *Sicherheits-Lösungen*. Verschiedene Lösungen werden Ihnen angezeigt. Links sehen Sie ein Fenster für die SSL-Zertifikate. Im oberen Bereich dieses Fensters sehen Sie den Eintrag *1 Domain ist nicht geschützt*. Diese Aussage werden wir jetzt ändern.

Um die Aktivierung von SSL zu starten, klicken Sie auf den Button *SSL-Zertifikat einrichten*, den Sie unten im Fenster finden. Im nächsten Fenster klicken Sie auf den Button *Jetzt aktivieren*.

Rufen Sie das Produkt auf und richten Sie eine sichere Verbindung ein (Quelle: 1&1 IONOS SE, Montabaur)

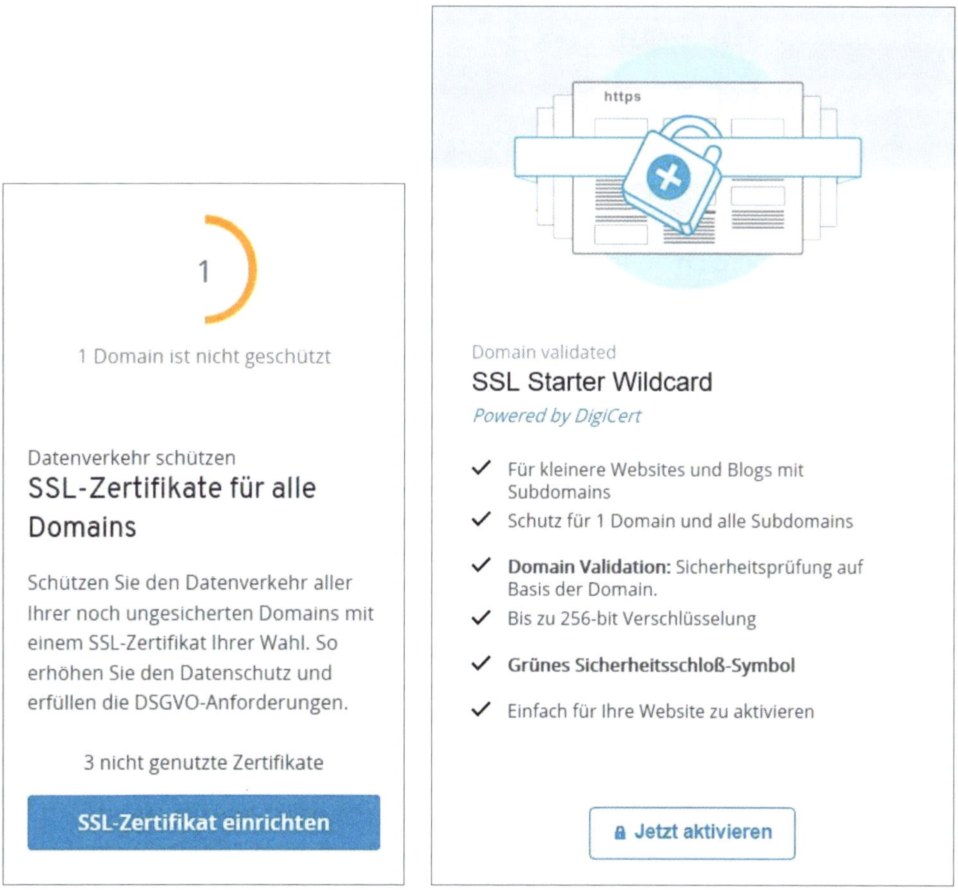

Die Domain ist noch nicht geschützt. Starten Sie die SSL-Aktivierung (Quelle: 1&1 IONOS SE, Montabaur)

Sie gelangen in den Bereich *Domainzuweisung*. Hier wird Ihnen nochmals die Domain gezeigt, der Sie das Zertifikat zugewiesen haben. Setzen Sie ein Häkchen bei den Nutzungsbedingungen und klicken Sie auf den Button *SSL-Zertifikat einrichten*. Nach einigen Sekunden erhalten Sie den Hinweis auf den erfolgreichen Abschluss des Vorgangs.

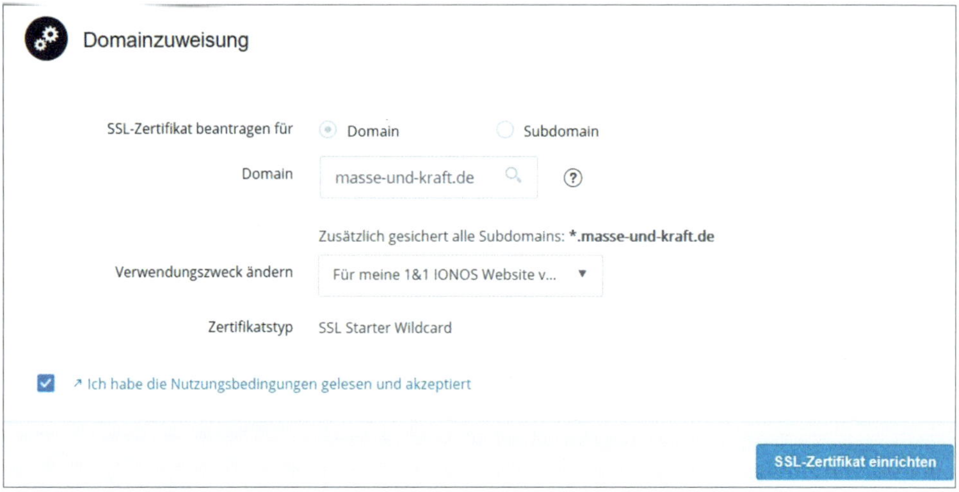

Die bisher erstellte Domain

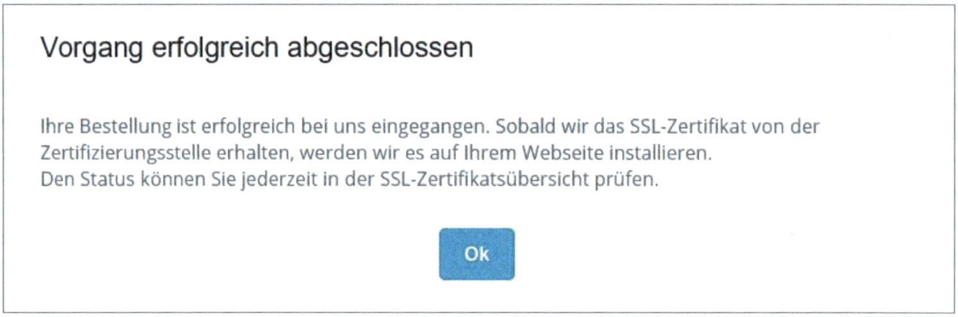

Nun müssen Sie auf das Zertifikat warten (Quelle: 1&1 IONOS SE, Montabaur)

Wenn Ihr Anbieter das Zertifikat von der Zertifizierungsstelle erhalten hat, wird er es auf Ihrer Seite installieren. Der aktuelle Status wird mit Domainnamen, Zertifikatstyp und Gültigkeitsdauer angezeigt. Innerhalb von 24 Stunden bekommen Sie das SSL-Zertifikat zugewiesen, und im Bereich für die Sicherheitslösungen sehen Sie, dass alle Domains geschützt sind – in diesem Fall die vorher erzeugte.

Der Stand der Dinge (Quelle: 1&1 IONOS SE, Montabaur)

Wechseln Sie über *Produkt auswählen* wieder zur Anzeige der verschiedenen Bereiche und klicken Sie auf *Websites & Shops*.

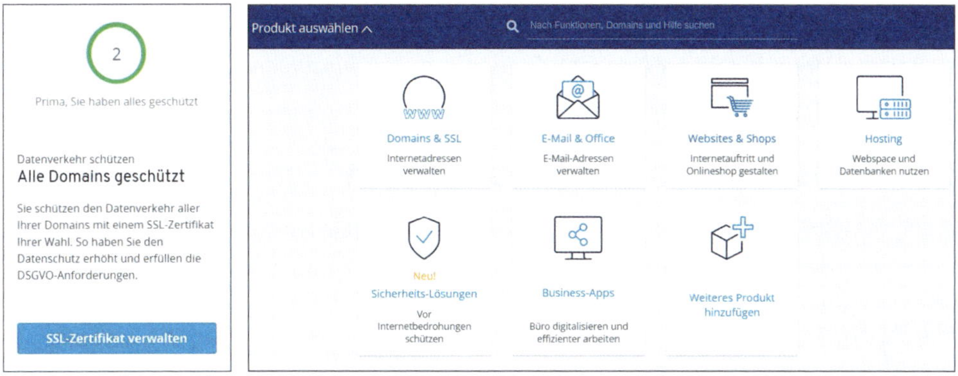

Hinweis auf die Installation und eine Übersicht über Ihre Produkte (Quelle: 1&1 IONOS SE, Montabaur)

Ihre vorhandenen Produkte werden angezeigt. Klicken Sie in Ihrem WordPress-Produktfenster auf *Website verwalten* und im nächsten Fenster auf *Website bearbeiten*.

Die Domain wurde registriert. Hier geht es zur Bearbeitung der Seite (Quelle: 1&1 IONOS SE, Montabaur)

Sie haben nun ein professionelles CMS-Programm installiert, eine Domain angelegt und SSL aktiviert.

5. Der Administrationsbereich

Den Administrationsbereich von WordPress erreichen Sie über das Menü *Benutzer*. Hier stehen drei Untermenüs zur Auswahl: *Alle Benutzer*, *Neu hinzufügen* und *Dein Profil*.

5.1 Die verschiedenen Benutzerarten

Beginnen wir mit dem Untermenü *Alle Benutzer*. Nach Anklicken dieses Menüpunkts kommen Sie in den Bearbeitungsbereich für Benutzer. Hier können Sie aus der Drop-down-Liste *Rolle ändern in ...* sechs verschiedene Benutzerarten aussuchen: *Translator*, *Abonnent*, *Mitarbeiter*, *Autor*, *Redakteur* und *Administrator*.

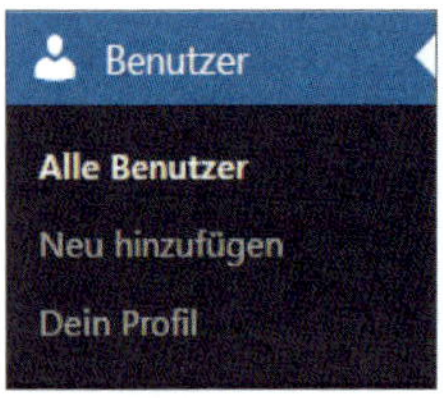

Das Benutzer-Menü

Hier entscheiden Sie über den Benutzer

Die wichtigste Person in dieser Liste ist der *Administrator*. Er hat die volle Verantwortung und kann alles tun: Seiten bearbeiten, Themes und Einstellungen ändern. Er hat auch den Zugriff auf die Plug-ins. Der *Redakteur* kann ebenfalls Seiten bearbeiten, aber die Zugänge des Administrators sind ihm nicht erlaubt. Der *Autor* kann seine Beiträge selbst veröffentlichen und hat auch Zugriff auf die Mediathek, um Dateien hochzuladen. Der *Mitarbeiter* kann Beiträge schreiben und auch zur Revision vorlegen, veröffentlichen darf sie aber nur der Administrator oder der Redakteur. Der *Abonnent* hat in der Regel nur Zugang zu den Beiträgen und erhält Newsletter. Der *Translator* übersetzt Beiträge in andere Sprachen.

In dieser Liste werden alle angelegten Benutzer angezeigt

5.2 Neue Benutzer anlegen

Über den Menüpunkt *Neu hinzufügen* legen Sie neue Benutzer an. Sie können ihnen ihre Aufgabe zuweisen. Dafür benötigen Sie drei Informationen: den Benutzernamen, die E-Mail-Adresse und ein Passwort. Der Benutzername kann nur vom Administrator geändert werden, die E-Mail-Adresse und das Passwort auch vom Benutzer selbst.

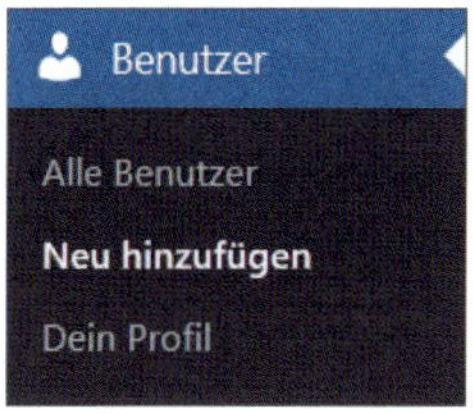

Der Link zum neuen Benutzer

Beim Anlegen eines neuen Benutzers ist es nicht unbedingt notwendig, die Felder *Vorname*, *Nachname* und *Website* auszufüllen. Diese Daten können die Benutzer auch hinterher selbst eintragen.

Mit einem Klick auf den Button *Neuen Benutzer hinzufügen* weisen Sie jemandem die neue Rolle zu. Falls Sie ein Häkchen bei der Option *Passwort senden* gesetzt haben, wird ihm dieses auch gleich gemailt. Der neue Benutzer wird in die Liste übernommen.

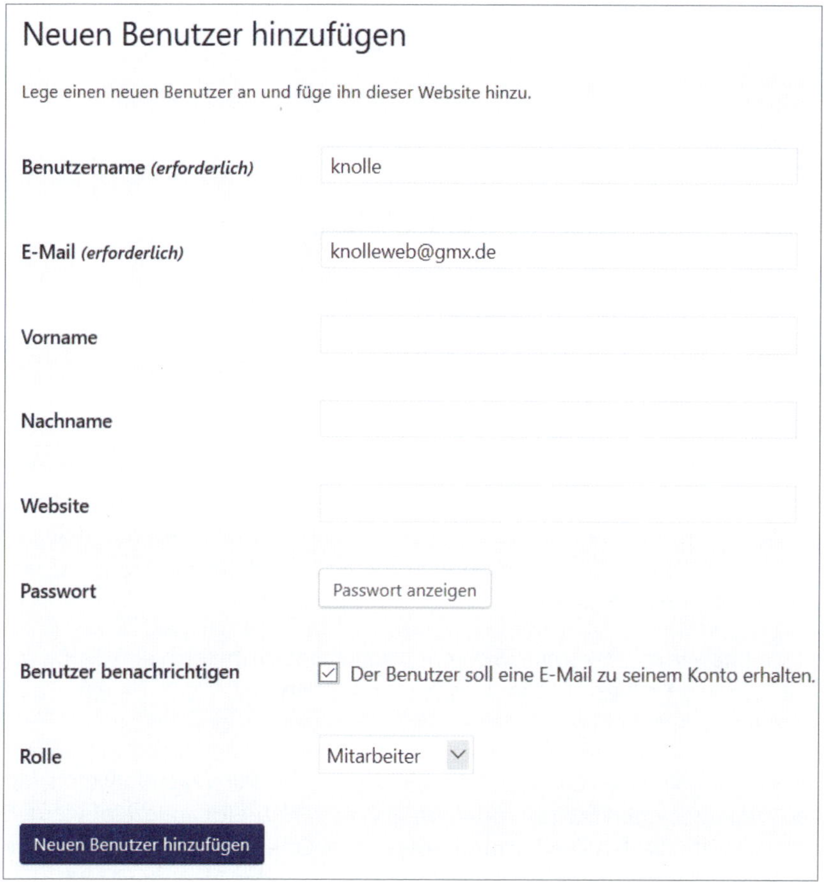

Ein neuer Mitarbeiter wurde als Benutzer angelegt

5.3 Benutzer löschen

Wenn Sie einen Benutzer löschen wollen, bewegen Sie den Mauszeiger auf dessen Namenseintrag, um verschiedene Optionen anzuzeigen. Klicken Sie auf *Löschen*, um den Benutzer zu entfernen.

Hier löschen Sie einen Benutzer

Falls Sie mehrere Benutzer haben, die gelöscht werden sollen, aktivieren Sie bei jedem einzelnen das Kontrollkästchen links neben dem Namen durch Mausklick und klicken anschließend im Pull-down-Menü *Mehrfachaktionen* auf die Auswahl *Löschen* und dann auf den Button *Übernehmen* rechts daneben. Nun müssen Sie das Löschen noch bestätigen, um die Aktion abzuschließen.

Der Link zum Löschen

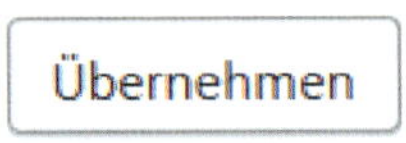

Es wird gelöscht

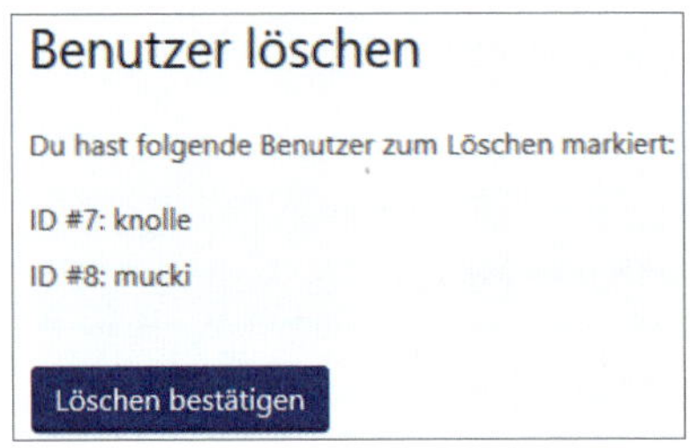

Das Löschen wird bestätigt

5.4 Das Profil

Zu Ihren Profileinstellungen gelangen Sie über das Menü *Benutzer/Dein Profil*. Hier finden Sie verschiedene Möglichkeiten, um das Profil anzupassen. Wenn Sie die Option *Visueller Editor* mit einem Häkchen versehen, wird dieser beim Erstellen von Beiträgen und Seiten nicht mehr angezeigt. Da Sie in diesem Editor aber genau das sehen, was Sie schreiben, sollten Sie ihn lieber nicht deaktivieren.

Im Bereich *Farbschema verwalten* können Sie dem Administrationsbereich eine Farbe zuweisen. Dies hat keinerlei Einfluss auf das Aussehen Ihrer Webseite. Wenn Sie eine Farboption anklicken, ändert sich nur das Aussehen des Administrationsbereichs.

Wenn Sie gern Tastaturkürzel nutzen, sollten Sie die Option *Tastaturkürzel* aktivieren. Mit der Option *Werkzeugleiste* legen Sie fest, ob diese auf Ihrer Webseite angezeigt werden soll. Da Ihnen diese Leiste die Arbeit erleichtert, sollte diese Option aktiviert sein. Mithilfe des Drop-down-Menüs *Sprache* legen Sie die Sprache Deutsch oder Englisch fest oder belassen es bei *Website-Einstellung*, dann wird die Sprache dargestellt, in der Sie geschrieben haben.

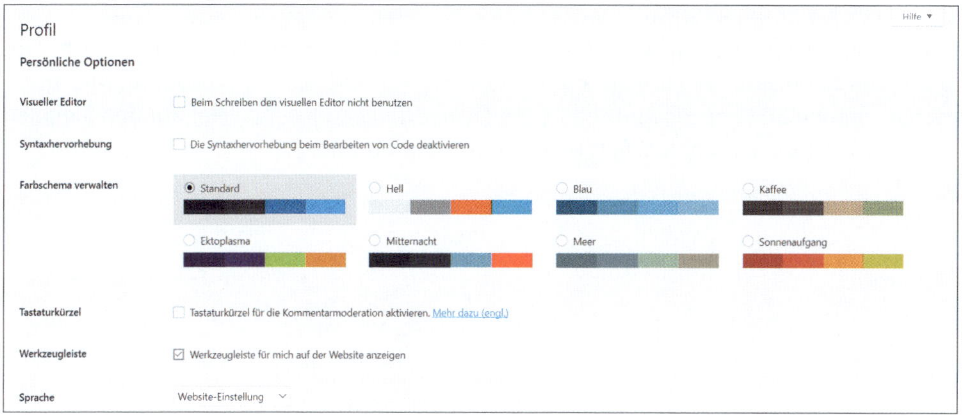

Einige Einstellungsmöglichkeiten für das Profil des Benutzers

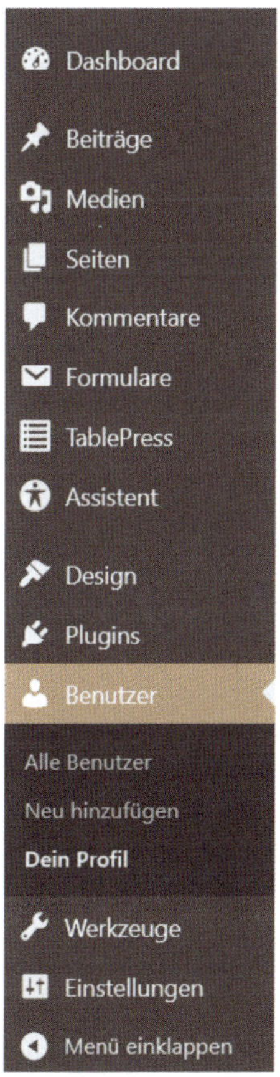

Von Kaffeefarbe ...

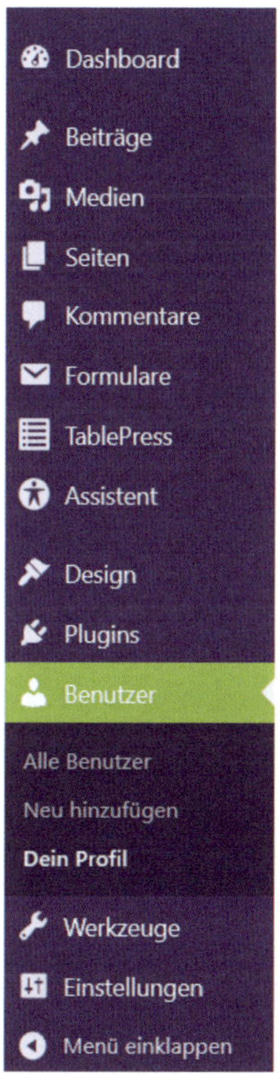

über Ektoplasma ...

und Meer bis zu ...

Sonnenaufgang

Im Bereich *Name* legen Sie fest, wie Ihr Name bei einem Beitrag angezeigt wird. Verwenden Sie auf keinen Fall den Benutzernamen als Spitznamen, da Sie diesen ja auch zum Einloggen benutzen. Sie müssen also den Eintrag im Feld *Spitzname* ändern. Alle Spitznamen werden im Drop-down-Menü *Öffentlicher Name* angezeigt. Hier können Sie auch den gewünschten auswählen, falls mehrere vorhanden sind.

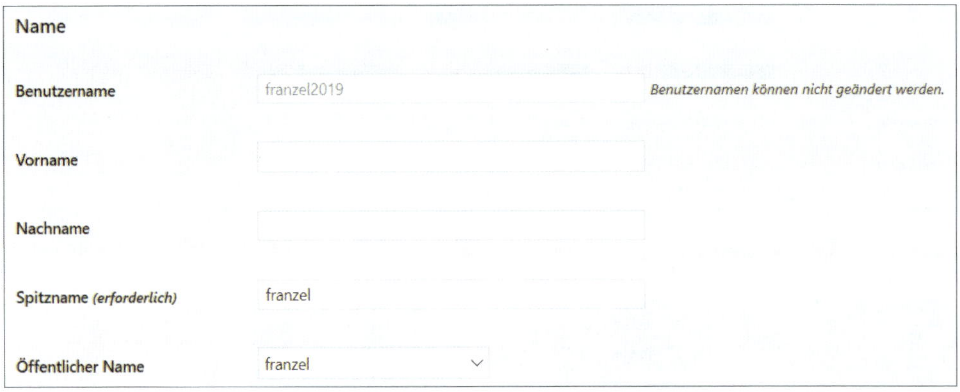

Die Einstellungen für den Namen

Beim Anlegen Ihres Blogs haben Sie einen Benutzernamen angegeben. Dies war ein Fantasiename. Dieser Name wird nach der Veröffentlichung eines Beitrags angezeigt, und dadurch kann ihn jeder sehen. Dies wirkt nicht gerade seriös. Deswegen sollten Sie diesen Namen ändern. Das ist schnell erledigt. Öffnen Sie im Dashboard nochmals den Bereich *Benutzer/Dein Profil*, und geben Sie in das Feld *Vorname* und *Nachname* Ihre Daten ein.

Nach der Eingabe öffnen Sie das Drop-down-Menü. Hier stehen Ihnen vier Variationen für Ihren Namen zur Auswahl. Es beginnt mit dem Vornamen, dann folgt der Nachname, und es gibt noch die beiden Möglichkeiten, den kompletten Namen anzuzeigen, und zwar erst den Vornamen und dann den Nachnamen oder umgekehrt.

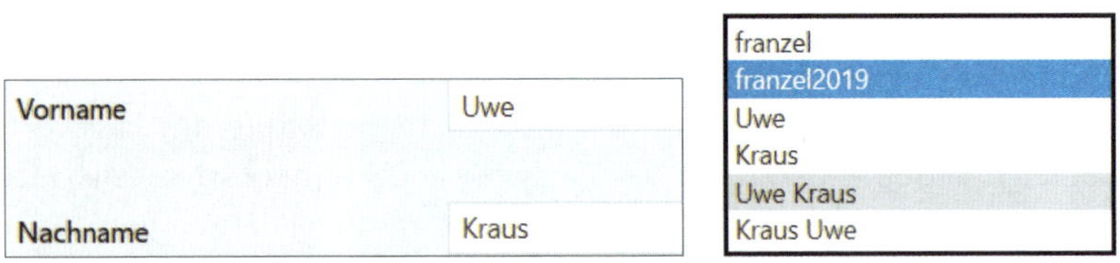

Geben Sie Ihren Vor- und Nachnamen in die leeren Felder ein. Wählen Sie einen der Namen aus

Falls Sie einen Firmennamen anzeigen wollen, geben Sie diesen in das Feld *Spitzname* ein und wählen ihn dann aus dem Drop-down-Menü aus. Bevor Sie den Profilbereich verlassen, müssen Sie Ihre Änderungen über den Button *Profil aktualisieren* speichern.

Alternativ können Sie auch Ihren Firmennamen öffentlich anzeigen lassen. Das Speichern ist wichtig

Der Bereich *Kontaktinfo* enthält nur ein Feld, das einen Eintrag erfordert. Es handelt sich um das Feld mit Ihrer E-Mail-Adresse. Das Ausfüllen der anderen Felder ist keine Pflicht. Diese Angaben sind nur sinnvoll, falls mehrere Personen an einer Seite arbeiten, da diese Angaben später veröffentlicht werden.

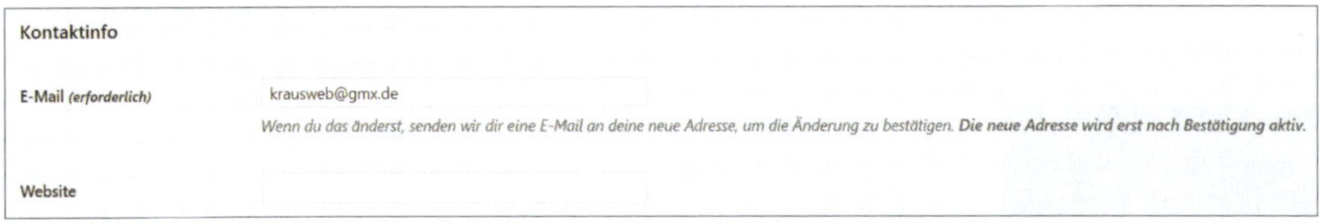

In diesem Bereich ist nur ein Eintrag vorgeschrieben

Im Bereich *Über Dich* können Sie sich kurz vorstellen und – falls vorhanden – Links zu Ihren Profilen setzen. Ob diese Daten auf jeder Webseite angezeigt werden, ist aber nicht sicher.

Hier geht es um die eigene Person des Benutzers

Das Passwort ändern

Im Bereich *Benutzerkonten-Verwaltung* können Sie Ihr Passwort ändern. Dies sollten Sie aus Gründen der Sicherheit regelmäßig tun. Eine Kombination aus Buchstaben, Zahlen und Zeichen ist hier sicher sinnvoll. Die Anzeige für die Sicherheitsstufe des Passworts sollte im grünen Bereich liegen. Sie können das Passwort auch verdecken lassen. Dazu klicken Sie auf den Button *Verbergen*. Anstelle des Passworts werden jetzt nur Punkte angezeigt. Über den Button *Ansehen* können Sie das Passwort wieder sichtbar machen.

Ein ideales Passwort wird bereits vorgegeben

Das Passwort wird verdeckt

6. Die Einstellungen von WordPress

In diesem Kapitel geht es um die Einstellungen von WordPress. Im Menü *Einstellungen* finden Sie alle Bereiche dazu. Ein gewisses Mindestmaß an Einstellungen ist unbedingt notwendig.

Die Einstellungsbereiche

6.1 Allgemeine Einstellungen

Beginnen wir mit dem Bereich *Allgemein*. Hier ist das Ausfüllen der Zeilen *Titel der Website* und *Untertitel* wichtig, denn diese Einträge sieht man im Fenster des Browsers. Außerdem sind sie in der Ergebnisliste von Google beim Suchen zu sehen.

Die URL für WordPress und für die Webseite wird bereits bei der Installation automatisch festgelegt. Diese sollten Sie nur in besonderen Fällen, etwa bei einem Umzug der URL, ändern. Eine Änderung ist immer mit Vorsicht zu genießen, denn es kann passieren, dass Ihre Seite danach nicht mehr erreichbar ist.

Die Adresse, die im Feld *E-Mail-Adresse* eingetragen wird, muss auch erreichbar sein, da die Benutzer hier miteinander kommunizieren. Sie ist nur für interne Zwecke gedacht.

Wenn Sie wollen, dass Ihre Webseite für Mitglieder freigegeben werden soll, können Sie genehmigen, dass man sich anmelden kann. Wenn Sie das noch nicht entschieden haben, deaktivieren Sie diese Option. Falls Sie sie aktivieren, können Sie dem Benutzer noch eine Rolle zuweisen. Diese Option sollten Sie als Neuling beim Bloggen noch nicht nutzen.

Die Sprache des Blogs ist gleichzeitig auch die *Sprache der Webseite*. Sie kommt im Backend und im Frontend zum Einsatz. Hier wählen Sie im Normalfall *Deutsch* aus. Die eingestellte Sprache wird aber nur dann funktionieren, wenn das ausgewählte Theme diese auch unterstützt.

Hier legen Sie wichtige Grundeinstellungen fest

Bei der *Zeitzone* wählen Sie am besten aus dem Drop-down-Menü *Berlin*, denn falls Sie einen UTC-Wert anklicken, klappt das mit der Umstellung auf Sommer- und Winterzeit nicht. Sie können noch aussuchen, wie Sie Datum und Zeit darstellen wollen und an welchem Tag die Woche auf Ihrer Seite beginnt. Über den Button *Änderungen speichern* sichern Sie alles.

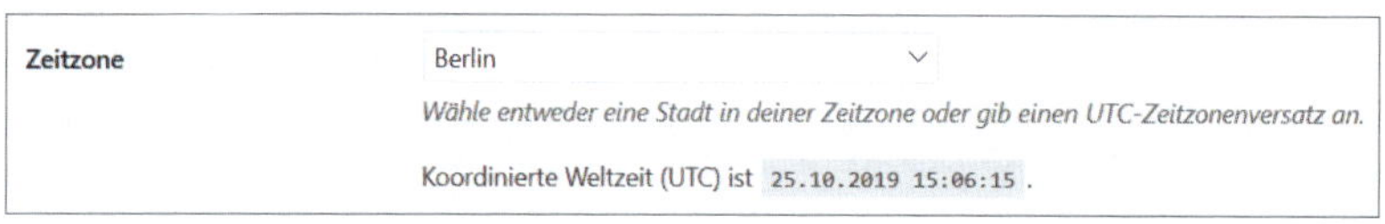

Wählen Sie die richtige Zeitzone aus

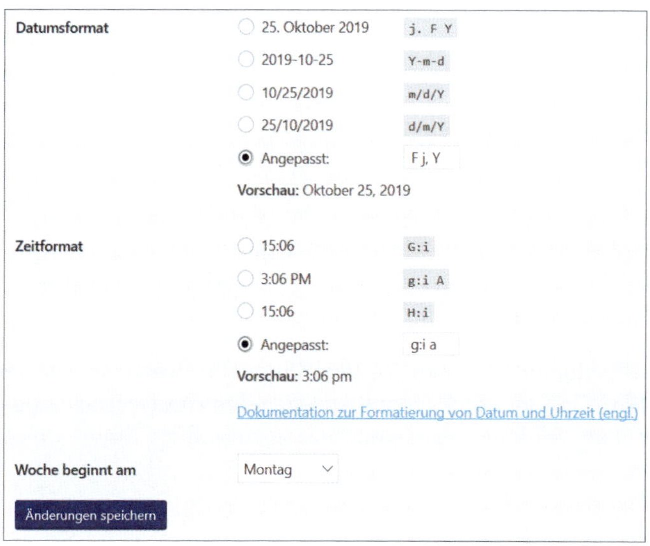

Hier stellen Sie ein, wie Datum und Zeit angezeigt werden sollen

6.2 Einstellungen für das Schreiben

In diesem Bereich geht es um die Einstellungen, die mit dem Text Ihrer Webseite zusammenhängen. Hier legen Sie die Kategorien und, wenn Ihr Theme das ermöglicht, die Beitragsformate fest und bestimmen außerdem, welche Art von Editor Sie verwenden und ob dieser gewechselt werden darf.

Da wir mit *Gutenberg* arbeiten wollen, muss die Option *Block-Editor* aktiviert sein. Ob der Editor gewechselt werden darf, müssen Sie selbst entscheiden.

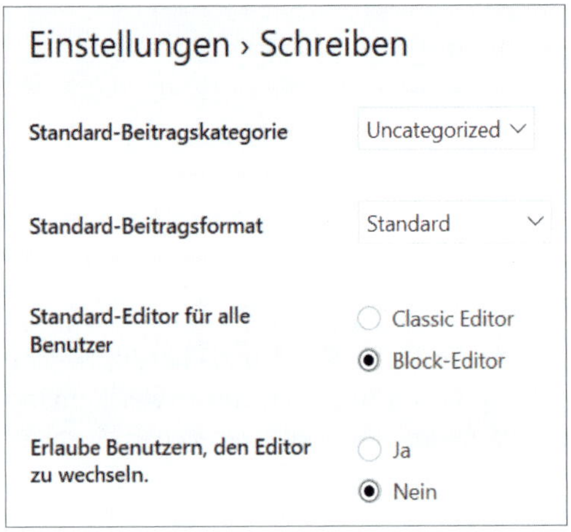

Legen Sie wichtige Dinge für das Schreiben fest

Jede E-Mail, die nach der Einrichtung des Kontos an diese Adresse geschickt wird, wird auf Ihrer Webseite veröffentlicht. Wenn diese Adresse nicht geheim bleibt, kann praktisch jeder eine E-Mail senden und dadurch etwas auf Ihrer Seite veröffentlichen.

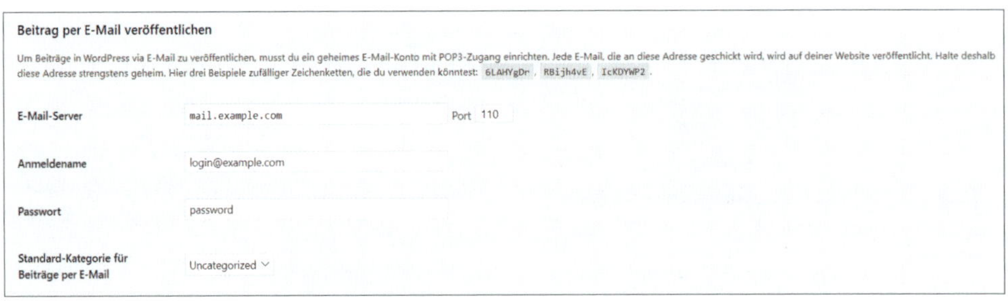

Hier werden alle Einstellungen in Verbindung mit E-Mails vorgenommen

Nach der Veröffentlichung eines Beitrags können Sie WordPress verschiedene Dienste darüber informieren lassen. Diese Option sollten Sie unbedingt nutzen, um Ihre Seite bekannt zu machen.

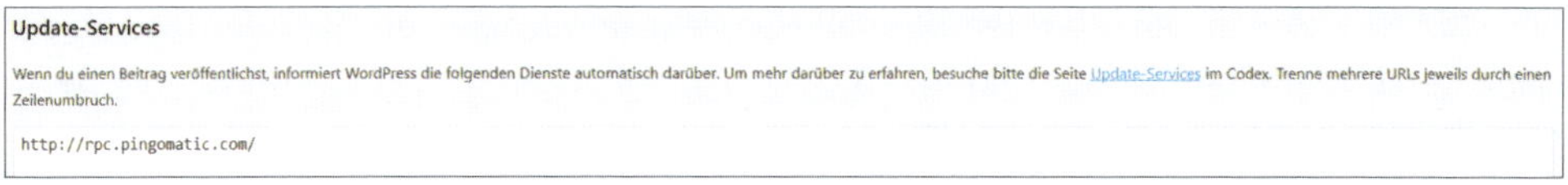

Geben Sie hier an, welche Dienste Sie über einen neu veröffentlichten Beitrag informieren wollen

Im Bereich *Gutenberg Ramp* können Sie festlegen, welche Inhalte zum Schreiben aktiviert werden sollen. Dabei handelt es sich um ein Plug-in, und es ist möglich, dass dieses Plug-in in anderen Themes nicht enthalten ist.

Falls Sie das Theme wechseln, müssen Sie das Plug-in möglicherweise neu installieren und aktivieren.

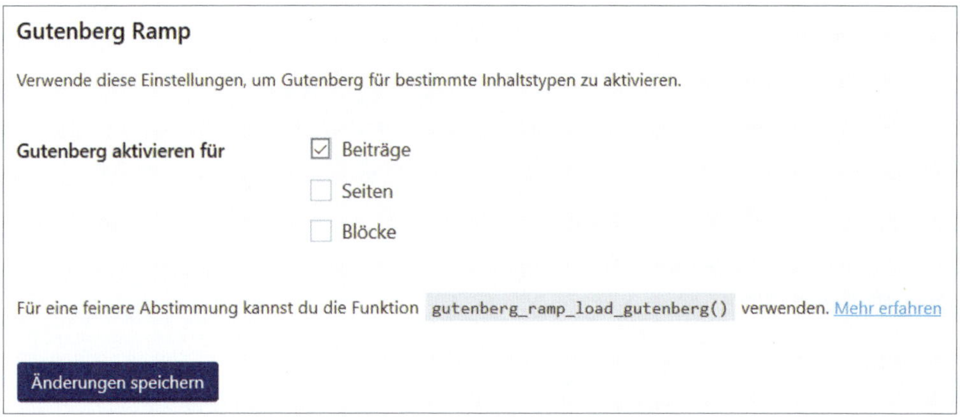

Hier aktivieren Sie bestimmte Bereiche für die Verwendung mit Gutenberg

Auch in diesem Bereich sichern Sie alles, was Sie geändert haben, mit dem Button *Änderungen speichern*.

6.3 Einstellungen für das Lesen

In diesem Einstellungsbereich legen Sie fest, ob die Startseite Ihres Blogs Beiträge anzeigen oder eine statische Seite sein soll. Falls Sie das Theme Ihrer Seite wechseln, kann es allerdings passieren, dass diese Einstellung überschrieben wird. Falls Sie sich für die Anzeige der Beiträge entscheiden, können Sie noch bestimmen, wie viele Beiträge eingeblendet werden sollen.

Dabei sollten Sie aber bedenken, dass sich die Webseite bei vielen Besuchern immer langsamer aufbauen wird. Daher sollten Sie es vermeiden, zu viele Beiträge auf der Startseite anzeigen zu lassen. Mehr als zehn sollten das nicht sein, lieber weniger.

Für *Newsfeed* können Sie festlegen, wie viele Einträge angezeigt werden sollen und ob der ganze Text oder eine Kurzfassung gezeigt werden soll. Über *Newsfeed* können die Besucher Ihrer Seite den Inhalt mit einer Lesesoftware abonnieren.

Über die Option *Sichtbarkeit für Suchmaschinen* legen Sie fest, ob die Suchmaschinen Ihre Webseite indexieren sollen. Falls Sie diese Option aktivieren, ist trotzdem nicht gesichert, ob alle Suchmaschinen dies beachten. Wenn Sie allerdings von den Suchmaschinen gefunden werden wollen, was ich stark annehme, dann aktivieren Sie diese Option nicht.

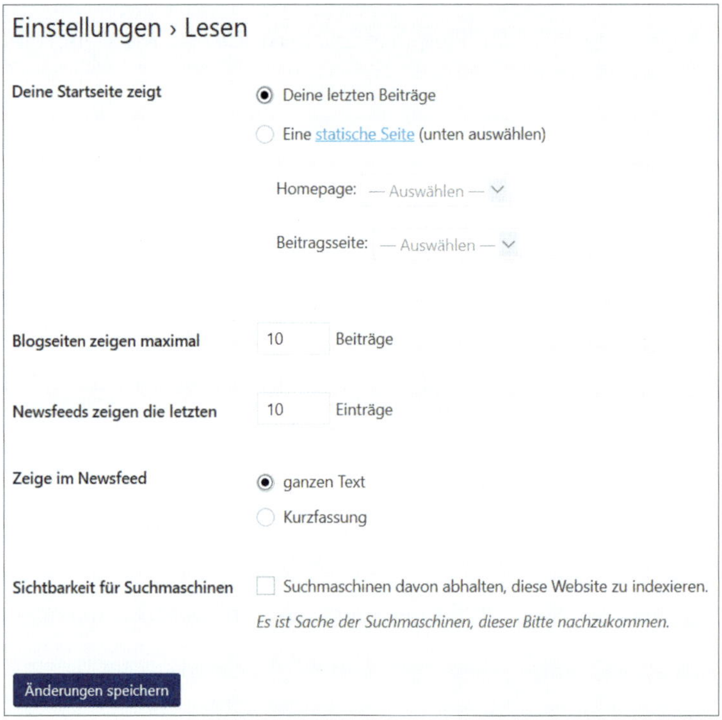

Hier legen Sie alle Einstellungen fest, die das Lesen betreffen

6.4 Einstellungen für Diskussionen

Kommentare sind ein wichtiger Faktor bei bestimmten Themen. Diese Einstellungen werden in Kapitel 26 ausführlich erläutert. Ich gehe an dieser Stelle nur kurz darauf ein. Im Bereich *Standardeinstellungen für Beiträge* sollten immer die ersten beiden Optionen aktiviert sein, das wirkt sich positiv auf die Suchmaschinen aus.

Die Avatare zu aktivieren, ist bei einem Blog mit Diskussion stets empfehlenswert. Die kleinen Profilbilder kommen immer gut an. Wenn Sie auf anderen Webseiten Kommentare schreiben, wird Ihr Profilbild neben Ihrem Namen angezeigt.

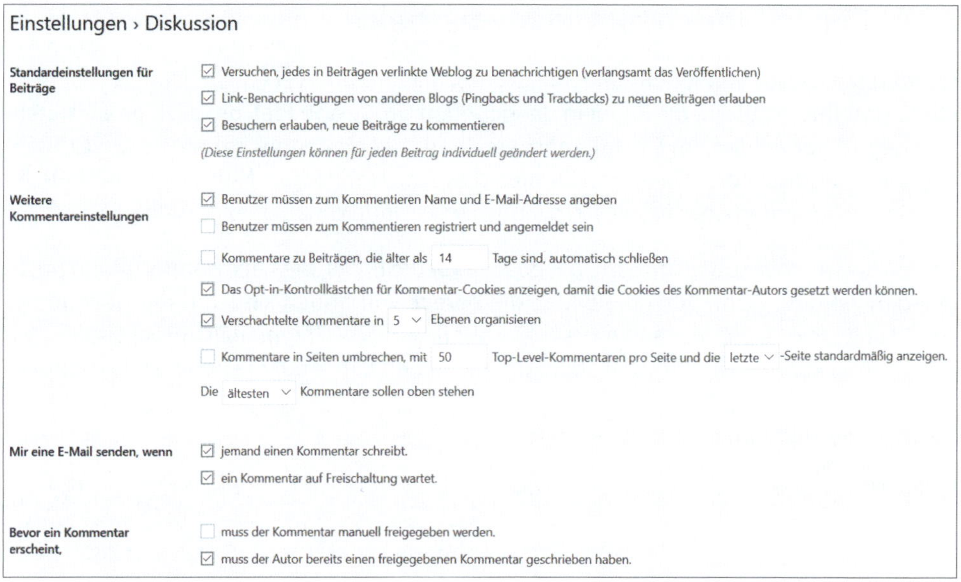

Die Standardeinstellungen sind wichtig und können für jeden Beitrag geändert werden

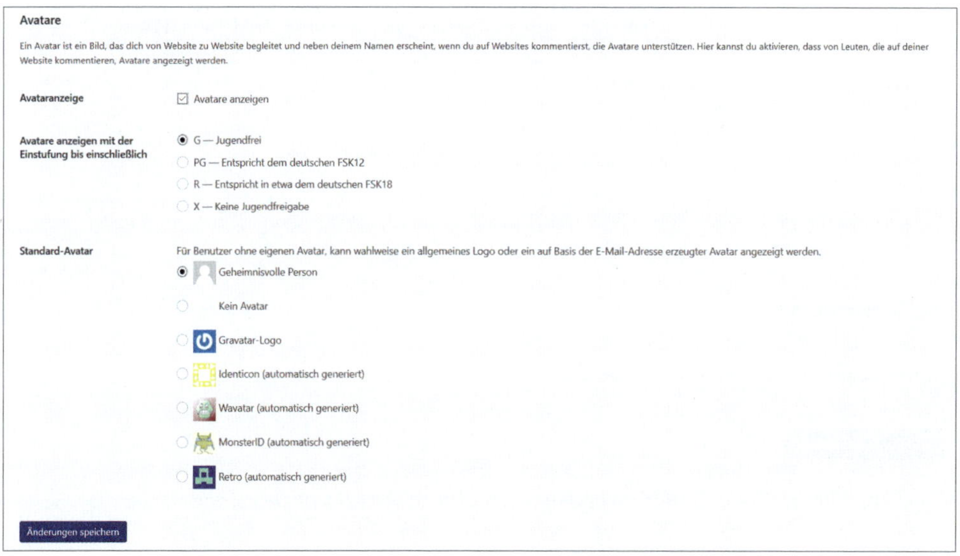

Avatare sind immer nützlich, wenn Sie selbst Kommentare erstellen

Auf die Optionen für die Kommentare und die Erstellung eines Avatars gehe ich im Abschnitt über die Kommentare genauer ein.

6.5 Einstellungen für die Mediathek

WordPress erzeugt von jedem Bild, das Sie hochladen, drei Versionen. Dadurch ist gesichert, dass Ihre Webseite die Bilder in der richtigen Größe abbildet, um allzu große Datenmengen zu vermeiden. Im Einstellungsbereich für die Mediathek sehen Sie die Größenangabe jedes dieser drei Bilder und können diese auch anpassen. Normalerweise müssen Sie hier nichts ändern, das ist alles je nach Theme standardmäßig eingestellt.

Sollten Sie trotzdem etwas ändern, gilt das nur für die Bilder, die nach der Änderung hochgeladen werden. Wenn auch die Bilder, die bereits vorhanden sind, mit der geänderten Größe angezeigt werden, dann müssen Sie auf *Regenerate Thumbnails* zurückgreifen. Mit diesem Tool können Sie dann die alten und die neuen Bilder auf die neue Größe bringen.

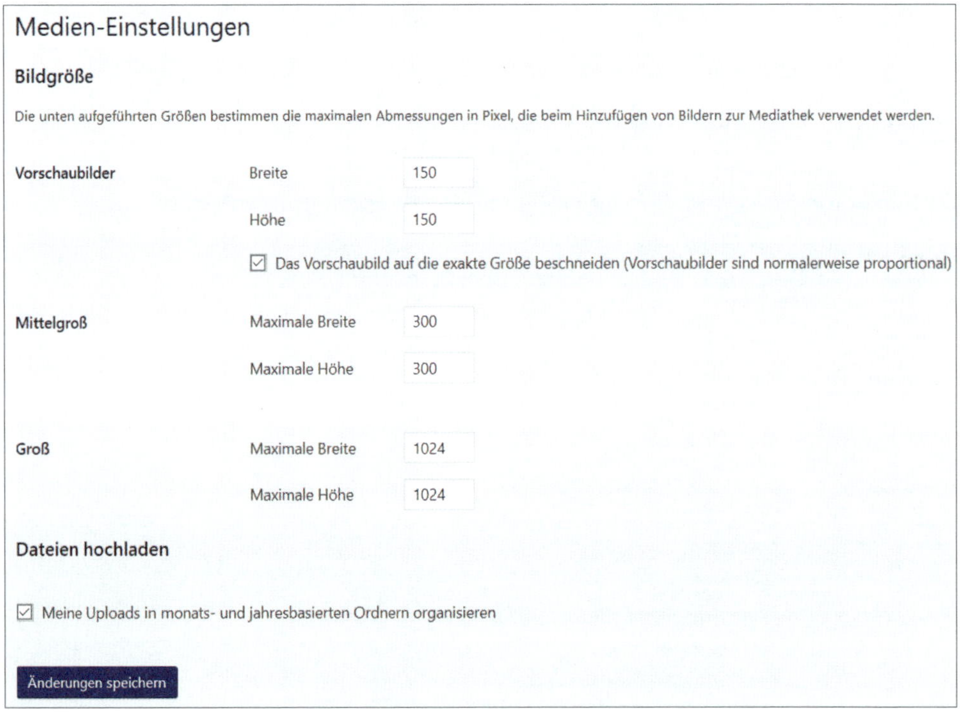

Hier können Sie die Größe von Bildern bestimmen und diese beim Hochladen ordnen lassen

6.6 Einstellungen für die Permalinks

Der Permalink ist ein wichtiger Aspekt für Suchmaschinen, denn durch diesen wird ein Beitrag immer gefunden. Daher sollte dafür im Bereich *Gebräuchliche Einstellungen* die Option *Beitragsname* gewählt werden. Suchmaschinen sehen kurze Internetadressen gern, denn dann können sie gezielt nach Keywords suchen.

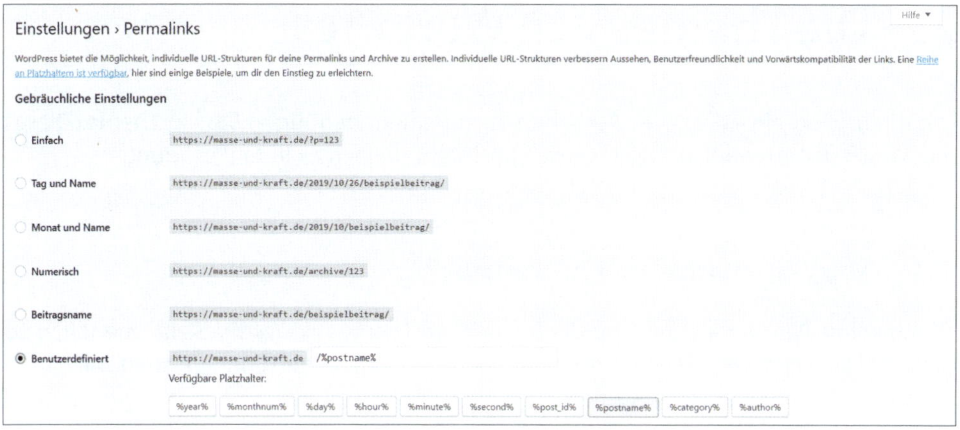

Legen Sie hier die Einstellungen für die Permalinks fest

Unter Verwendung der *Kategorie-Basis* und der *Schlagwort-Basis* können Sie die URL beeinflussen, die WordPress für Kategorien und Schlagwörter anzeigt. Generell werden hier die Kategorie und das Schlagwort eingetragen.

Wenn Sie das Wort »training« als Kategorie-Basis verwenden und der Link zum Brusttraining führen soll, heißt der Link *https://masse-und-kraft.de/training/brust*.

Damit die URL dann auch so erscheint, müssen Sie die beiden Felder *Kategorie-Basis* und *Schlagwort-Basis* ausfüllen. Durch Klick auf den Button *Änderungen übernehmen* speichern Sie alles ab.

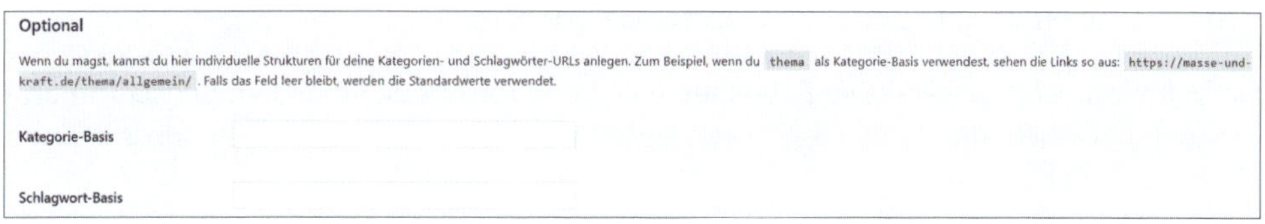

Zwei wichtige Felder zum Ausfüllen in Bezug auf Kategorie und Schlagwort

7. Die Themes von WordPress

Um Ihrem Blog ein attraktives Aussehen zu verleihen, benötigen Sie ein Theme. Dieses muss nach der Auswahl aktiviert werden und steht danach zu Ihrer Verfügung.

7.1 Was sind eigentlich Themes?

Themes sind Designvorlagen, und die Auswahl an Themes in WordPress ist unendlich. Es gibt wohl kein anderes CMS-Tool, für das mehr Templates zur Verfügung stehen. Mit einem Theme bestimmen Sie das Aussehen Ihrer Webseite. Für jeden Bereich gibt es verschiedene Themes – egal, ob privat oder geschäftlich. Vom Autor und seinen Büchern über den Medienstar im Bereich Film oder Musik bis zum Handelsvertreter, der verschiedene Firmen vertritt und deren Produkte anbietet, ist alles möglich.

Ein Theme lässt sich mit einem Auto vergleichen. WordPress ist dabei die Automarke und das Theme das Modell. Jedes Modell sieht anders aus, und genauso verhält es sich bei den Themes. Das Modell der Automarke lässt sich durch verschiedene Zusätze, etwa einen stärkeren Motor, technisch verbessern oder mit Breitreifen, Leichtmetallfelgen und Metallic-Lackierung optisch verschönern. Ein Theme kann durch die enthaltenen Tools wie Plug-ins und Widgets erweitert werden.

7.2 Themes installieren und aktivieren

Sie befinden sich nun direkt im Arbeitsbereich von WordPress. Am linken Bildschirmrand sehen den Bereich *Aktives Theme*. Klicken Sie auf den Button *Wechseln*. Die vorinstallierten Themes werden angezeigt.

Wechseln Sie das Theme

Setzen Sie ein Häkchen neben *WordPress.org-Themes*. Tausende von Themes werden Ihnen angezeigt. Geben Sie den Namen des Themes, das Sie verwenden möchten, in das Suchfeld ein, und drücken Sie die ↵-Taste. Das gesuchte Theme wird angezeigt. Klicken Sie auf *Installation und Vorschau*, um das Theme herunterzuladen. Es wird in Ihren WordPress-Bereich übertragen.

Allerdings ist es noch nicht aktiviert. Klicken Sie für die Aktivierung auf das Kreuz am oberen linken Bildschirmrand, um in die Übersicht über Ihren Blog zu kommen. Hier sehen Sie links in einer Menüleiste den Bereich *Design*. Klicken Sie darauf und im sich öffnenden Untermenü auf die Auswahl *Themes*.

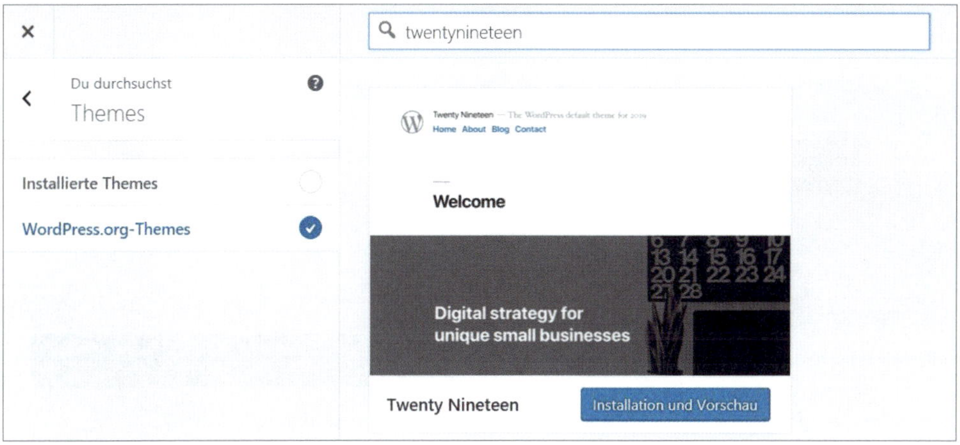

Ein anderes Theme wurde ausgewählt

Hier geht es zu den Themes

In einer Übersicht wird Ihnen das ausgewählte Theme angezeigt. Sie haben nun das neue Theme *Twenty Nineteen* installiert, jedoch noch nicht aktiviert. Aktuell ist das Theme *Hemingway* aktiviert. Um dies zu ändern, bewegen Sie den Mauszeiger über das Theme *Twenty Nineteen*. Die Buttons *Aktivieren* und *Live-Vorschau* werden angezeigt. Ein Klick auf *Live-Vorschau* zeigt Ihnen das Aussehen des Themes im Blog. Klicken Sie auf *Aktivieren*. Nach der Aktivierung wird das neue Theme-Bild von WordPress an der ersten Stelle der Themes, oben links, platziert. Das aktuell aktivierte Theme steht immer an diesem Platz.

Das neue Theme ist noch nicht aktiviert

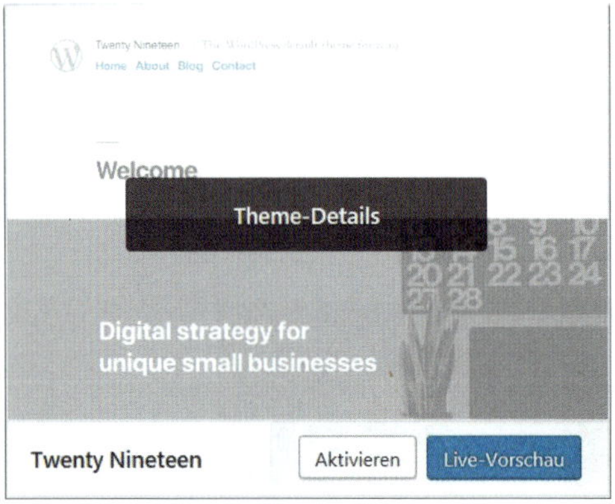

Dieses Theme soll aktiviert werden

Das Theme ist aktiviert

Über den Button *Customizer* gelangen Sie in den Arbeitsbereich des Themes. Hier können Sie es konfigurieren. Im linken Bereich nehmen Sie die Einstellungen vor, rechts finden Sie den Eingabebereich für Ihren Text.

Ein Klick auf das kleine Kreuz oben links führt Sie wieder zur vorherigen Position.

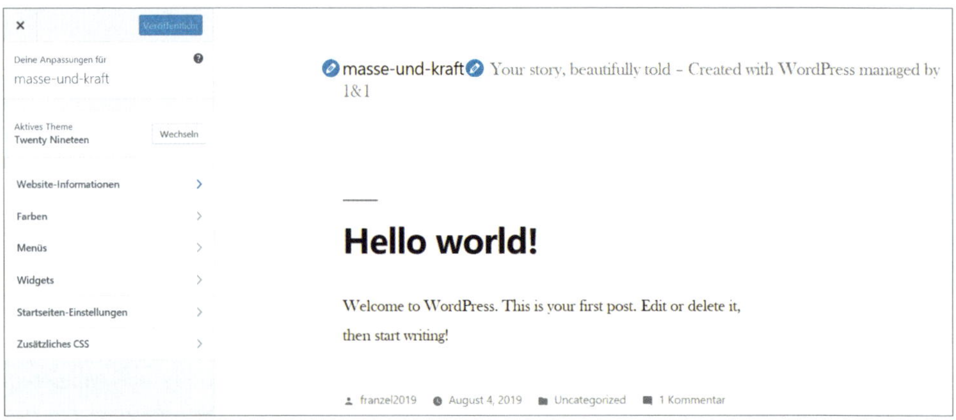

Von hier aus wird die Seite gestaltet

Über den Button *Theme-Details*, der nach dem Berühren des Theme-Bildes angezeigt wird, finden Sie nähere Infos zu diesem Theme. Ein Klick auf die Schaltflächen am unteren Rand führt Sie in die verschiedenen Bereiche des Themes. Sie erhalten eine Beschreibung des Themes und unter *Tags* eine Übersicht über dessen Inhalte. Ein Klick auf das kleine Kreuz am oberen rechten Rand der Beschreibung bringt Sie wieder in den vorherigen Bereich zurück.

Am unteren Rand finden Sie verschiedene Buttons. *Customizer* führt Sie zum Gestaltungsbereich des Themes. Daneben stehen die Buttons *Widgets* und *Menüs*. Darauf kommen wir später in diesem Buch noch zurück.

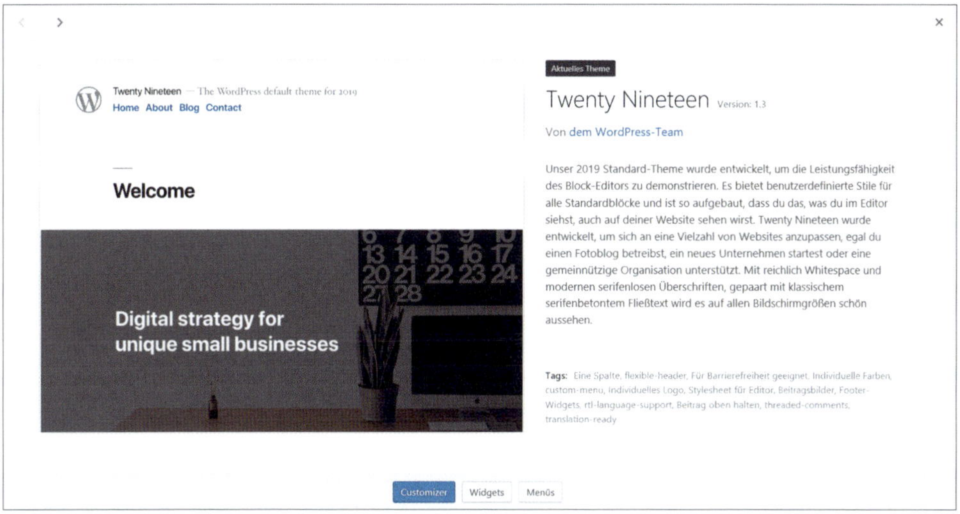

Hier finden Sie nähere Infos zum Theme

7.3 Das Theme Twenty Nineteen

In Verbindung mit WordPress 5.0 ist das Theme *Twenty Nineteen* erschienen. Das Theme ist einspaltig aufgebaut und sollte vorzugsweise bei Blöcken mit voller Breite genutzt werden. Zusätzlich können neue Blockarten per Plug-in eingefügt werden. Sie können einen Textabsatz farblich verändern und mit Effekten experimentieren.

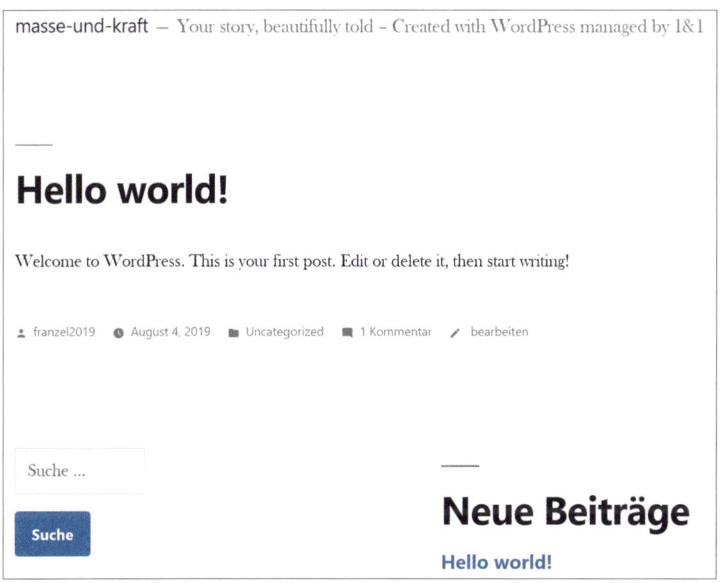

Eine Vorschau auf das Aussehen des Themes

Twenty Nineteen arbeitet mit dem neuen Editor *Gutenberg* eng zusammen und unterstützt dessen Blockformen. Das Theme kommt in einem relativ einfachen Design daher und ist deshalb für alle Arten von Webseiten nutzbar. Über den Link mit dem Namen Ihrer Seite, den Sie oben links im Arbeitsbereich sehen, gelangen Sie in das Theme, in unserem Beispiel heißt der Link *masse-und-kraft*.

In diesem Kapitel beginnen wir mit der praktischen Arbeit in WordPress. Sie erfahren vieles über Themes, über deren Anwendung, wie Sie diese aktivieren, erweitern, einrichten und gestalten, ändern oder löschen.

7.4 Ohne großen Aufwand: fertige Themes

Die Auswahl an Themes ist kaum noch überschaubar. Nach jeder Installation von WordPress finden Sie standardmäßig einige Themes zur Auswahl. Sie können jedes beliebige aktivieren und wieder ändern, die Daten der Seite bleiben bei einem Wechsel des Themes erhalten. Kostenlose Themes außerhalb von WordPress sollten Sie meiden, denn diese könnten einen Virus auf Ihren Computer übertragen. Sicherer sind da kostenpflichtige, wenn Sie diese für Ihren Blog nutzen wollen.

Wobei wir bereits beim nächsten Punkt sind: Themes, die mit Kosten verbunden sind. Diese haben in der Regel wesentlich mehr Funktionen als die kostenlosen. Suchmaschinen finden sie schneller, und eine Darstellung auf allen möglichen Geräten wie Tablet oder Smartphone ist übersichtlich. Es besteht außerdem eine geringere Wahrscheinlichkeit, dass das gleiche Theme auf einer anderen Webseite zu sehen ist, als bei kostenlosen Themes. Wenn Sie allerdings mehrere Blogs betreiben, kann das ganz schön ins Geld gehen, denn Sie werden ja nicht bei jedem Blog das gleiche Theme verwenden.

7.5 Die Auswahl eines Themes

Es ist schwierig, das richtige Theme zu finden, und wenn man es dann nach langer Suche endlich hat, gefällt es einem vielleicht hinterher doch nicht. Das ist aber nicht so schlimm. Denn bei WordPress können Sie ein Theme austauschen, ohne dass die anderen Einstellungen verloren gehen. Suchen Sie also in Ruhe das für Ihre Seite passende Theme aus, schauen Sie es sich in einer Vorschau an, und installieren Sie es erst, wenn Sie der Meinung sind, dass es wirklich das richtige ist. Eine Seite zum Thema Krafttraining benötigt sicherlich ein anderes Theme als eine Seite zum Thema Joggen.

Achten Sie nicht nur auf die Schönheit eines Themes. Schauen Sie sich auch die Zahl der Downloads, die Bewertungen und Kommentare an. Ein Theme muss responsiv sein, was wiederum bedeutet, es muss für Mobilgeräte wie Tablet oder Smartphone optimiert sein und sich an die jeweilige Bildschirmgröße dieser Geräte anpassen. Bereits über die Hälfte aller Besucher von Webseiten greift über mobile Endgeräte darauf zu.

Wenn Sie nach intensiver Suche ein passendes Theme gefunden haben, sehen Sie es sich in der Vorschau an, bevor Sie sich entscheiden. An dem ausgewählten Theme sollten Sie erst mal keine Änderungen vornehmen. Je mehr Sie ändern, desto größer ist die Gefahr, hinterher nicht mehr zu wissen, was Sie eigentlich geändert haben. Widerstehen Sie der Versuchung, Ihr Theme ständig zu ändern.

Auch wenn Sie ein Theme jederzeit umstellen können, sollten Sie sich für ein bestimmtes entscheiden, denn der Tausch eines Themes bedeutet viel Zeitaufwand, alles muss neu platziert werden. Auf der anderen Seite bringt die Wahl eines neuen Themes vielleicht frischen Wind für Ihren Blog, weil das neue Design besondere Funktionen hat.

Sie können sich ein Theme auch speziell für Ihre Bedürfnisse entwickeln lassen, allerdings kann das ziemlich teuer werden und schnell einige Tausend Euro kosten. Das lohnt sich nur für Firmen mit viel Kapital und garantiert nicht für Einzelkämpfer unter den Bloggern.

Das Layout

Viele der neuen Blogger nutzen ein Standard-Theme von WordPress und denken über das Layout ihres Blogs nicht großartig nach. Und da dies viele Blogger so handhaben, sieht ihr Blog dann genauso aus wie viele andere. Falls Sie eines dieser Standard-Themes verwenden, passen Sie es zumindest entsprechend an. Nutzen Sie dafür gute Plug-ins oder wechseln Sie in WordPress die Hintergrundfarbe oder das Logo. Es gibt massenweise kostenlose Themes im Internet zum Download. Die Nachteile dabei sind, sie können Viren enthalten, haben keinen Support und werden meist nicht weiterentwickelt, geistern aber trotzdem jahrelang im Netz herum.

Professionelle Themes kosten Geld, manche sind sogar sehr teuer. Diese werden aber meist weiterentwickelt, und ab und zu gibt es auch ein Sonderangebot. Idealerweise starten Sie mit kostenlosen Themes von WordPress, die Sie anpassen, und greifen mit zunehmender Erfahrung auf Profi-Themes zurück.

Wo finde ich kostenlose Themes?

Der erste Anlaufpunkt für kostenlose Themes ist die WordPress-Seite. Tausende von Themes werden hier angeboten, gute und leider auch weniger gute. Außerhalb von WordPress sollten Sie nur auf namhafte Anbieter von Themes zurückgreifen. Auch von diesen bekommen Sie ab und zu neue hochwertige Themes mit zahlreichen Funktionen, die den generell kostenlosen Themes überlegen sind. Bei einem derartigen Theme sollten Sie nicht mehr viele Änderungen vornehmen, weil eigentlich fast alles schon perfekt ist. Auch Ihr Budget spielt natürlich bei der Auswahl des Themes eine wichtige Rolle. Sollten Sie ein paar Euro mehr zur Verfügung haben, greifen Sie auf jeden Fall auf ein professionelles Premium-Theme zurück.

Verzichten Sie auf Themes, die nicht mehr weiterentwickelt werden.

7.6 Themes hinzufügen

Direkt nach der Installation von WordPress stehen Ihnen standardmäßig wenige Themes zur Verfügung. Diese reichen zwar fürs Erste aus, Sie sollten den Umfang trotzdem gleich erweitern. Dies geschieht über den Link *Neues Theme hinzufügen* am Seitenende. Die Fläche bleibt schwarz-weiß, bis Sie sie mit dem Mauszeiger berühren, dann erhält sie die Farbe Blau. Ein Linksklick präsentiert Ihnen sofort die neuen Themes.

Erweitern Sie den Umfang der Themes

Das Fenster wechselt die Farbe

Die Auswahl »Populär« enthält Tausende von Themes ... die Auswahl »Neueste« noch viel mehr

Der Menüpunkt *Nach Funktionen filtern* ist hilfreich, um die riesige Auswahl einzugrenzen. Sie können nach einem bestimmten Thema, Layout oder nach Funktionen filtern. Die Liste dieser Filter ist auf Deutsch, und es sind viele sinnvolle Begriffe vorgegeben, die Ihnen bei der Suche helfen. Diese müssen Sie nur mit einem Häkchen versehen, damit sie aktiv werden. Mit dem Button *Filter anwenden* am Ende der Liste wird die Suche gestartet.

In meinem Beispiel habe ich als Thema *Blog* ausgewählt, bei den Funktionen *Eigener Header* und *Beitragsbilder* und beim Layout *Zwei Spalten*, also insgesamt vier Filter. Mit dem Button *Filter anwenden* am Ende der Liste wird die Suche gestartet. In diesem Button wird auch die Anzahl der ausgesuchten Filter angezeigt. Rechts daneben sehen Sie den Button *Leeren*, mit dem Sie die Auswahl der Filter wieder zurücksetzen können.

Die für die Suche ausgewählten Kriterien, in diesem Fall vier, werden über den Themes angezeigt. Jetzt ist die Auswahl auf 1.744 eingeschränkt, immer noch eine ganze Menge. Das sind auf jeden Fall zu viele, um sie alle einzeln anzuschauen. Die Filterung muss weiter eingegrenzt werden, um die Auswahl zu reduzieren.

Klicken Sie auf den Link *Filter bearbeiten* rechts neben der Anzeige der ausgewählten Filter, und aktivieren Sie zusätzlich die Option *Unterhaltung* im Bereich *Thema*. Starten Sie die Filterung über den Button *Filter anwenden* neu.

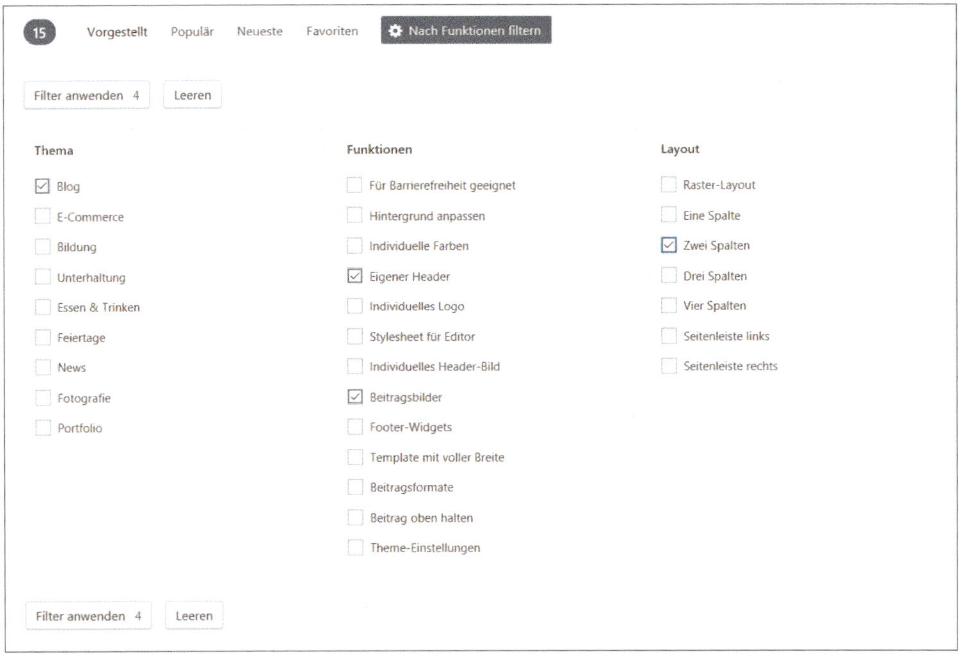

Wählen Sie hier die ideale Kombination aus

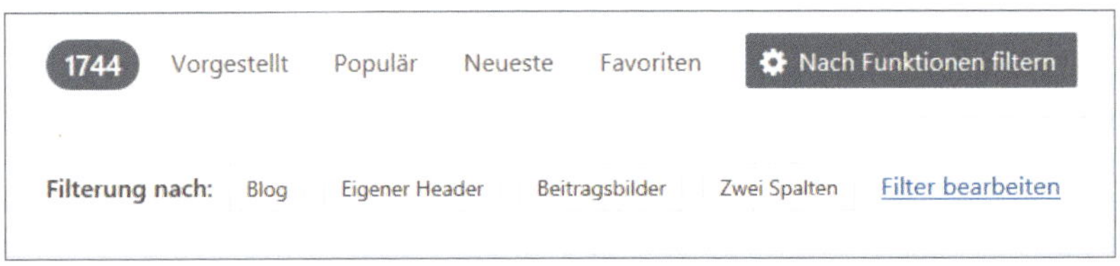

Die Auswahl der Themes wurde eingeschränkt

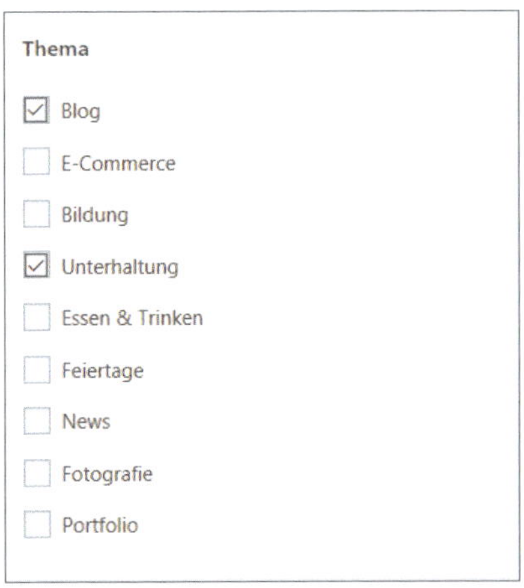

Grenzen Sie die Suche nach einem Theme weiter ein

Die erweiterte Filterung hat eine übersichtliche Auswahl an Themes ergeben

Diese Auswahl können Sie noch weiter einschränken, indem Sie im Feld *Themes suchen* einen Suchbegriff eingeben. Dies ist zwar nicht immer erfolgreich, manchmal müssen Sie auch englische Begriffe eingeben. Zum Beispiel erzielt der Begriff »bildung« keinen Treffer, der englische Begriff »education« dagegen liefert immerhin 207 Themes.

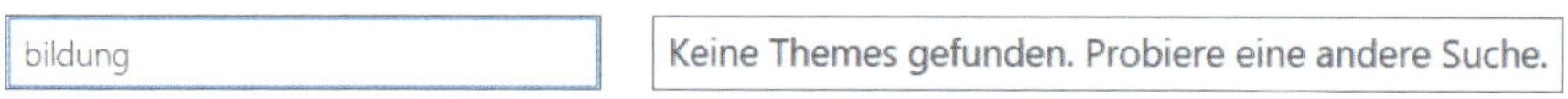

Machen Sie sich auf die Suche nach Themes. Die Suche war leider nicht erfolgreich

In diesem Fall wurden etliche Themes gefunden, und zwar weit über 200 Stück

Wenn Sie ein Theme mit dem Mauszeiger berühren, zeigt sich der Button *Details & Vorschau*. Ein Klick darauf öffnet die Angaben zum betreffenden Theme. Sie sehen am linken Bildschirmrand den Namen des Themes, den des Autors, die aktuelle Version und eine Bewertungsskala von 0 bis 5 Sternen. Außerdem finden Sie noch eine genaue Beschreibung. Die Vorschau im rechten Bereich soll Ihnen einen Anhaltspunkt darüber geben, wie das Theme später auf Ihrer Seite aussehen wird.

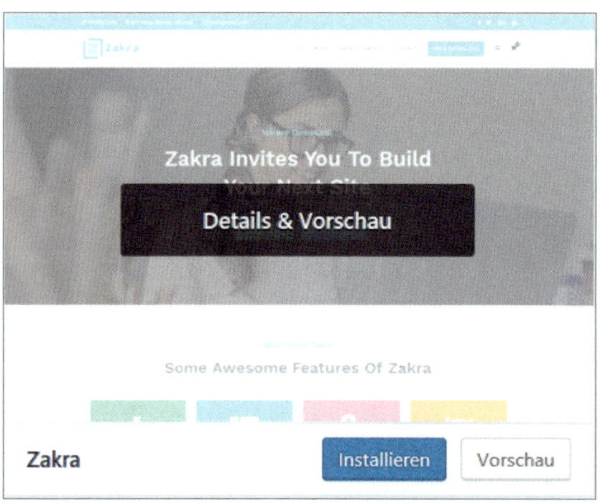

Wechseln Sie zu den Infos über das Theme

Ein Klick auf den Button *Installieren* startet die Installation, und nach einigen Sekunden ändert sich der Button auf *Aktivieren*. Ein weiterer Klick auf diesen Button übernimmt das Theme auf Ihre Seite.

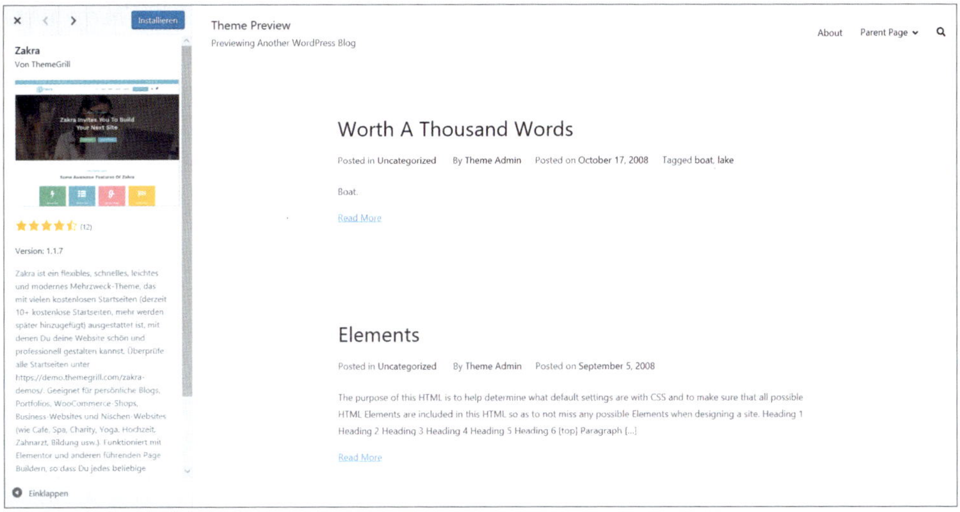

Verschaffen Sie sich einen Überblick über das Theme

Es gibt viele Anbieter für WordPress-Themes: kostenlose und kostenpflichtige. Während die Themes von WordPress vollautomatisch ablaufen, funktioniert das bei allen Themes außerhalb von WordPress nur halb automatisch, was wiederum bedeutet, dass Sie mehr Arbeit bei deren Verwendung haben.

Themes downloaden

Wenn Sie ein bestimmtes Theme nicht in Ihrer Sammlung finden, können Sie es aus dem Netz herunterladen. Suchen Sie es im Web und laden Sie es über den Button *Download* auf Ihren PC. Speichern Sie es idealerweise in einem Ordner mit dem Namen *themes wordpress*.

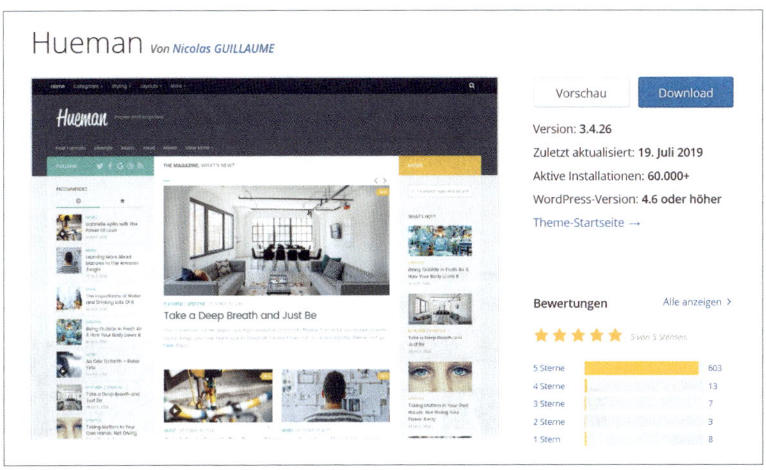

Ein Theme zum Download wurde gefunden

Wechseln Sie zu WordPress und klicken Sie im Bereich *Themes* auf den Button *Theme hochladen* neben dem Hinweis *Themes hinzufügen*. Ein Suchfeld wird angezeigt.

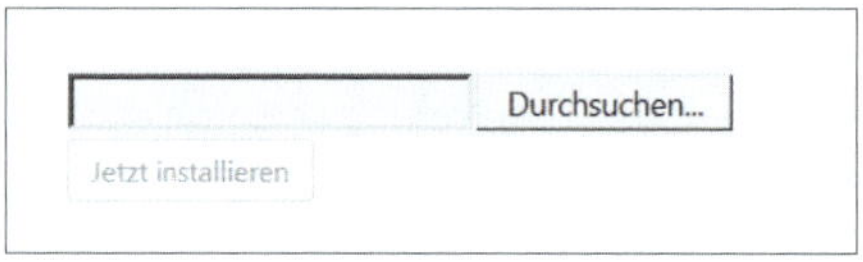

Von hier aus startet die Suche nach dem Theme auf Ihrem PC

Klicken Sie neben diesem auf den Button *Durchsuchen* und wählen Sie das Theme aus. Klicken Sie den Ordner des Themes an und übernehmen Sie es über die Schaltfläche *Öffnen* in das Suchfeld. Ein weiterer Klick auf den Button *Jetzt installieren* entpackt den Ordner und installiert das Theme in Ihre Theme-Sammlung.

Der Pfad wird in das Suchfeld übernommen

Natürlich könnten Sie das Theme auch direkt in Ihrem Theme-Bereich suchen. Dazu müssten Sie erst weitere Themes laden und in den einzelnen Bereichen nach dem Theme suchen – und dann ist es vielleicht gar nicht in der Sammlung vorhanden. Wenn Sie den Namen des Themes kennen, können Sie sich diesen ganzen Aufwand sparen und werden viel schneller fündig.

7.7 Themes ändern

Mit zunehmender Erfahrung in WordPress werden Ihnen neue Ideen einfallen, und daraus ergeben sich wiederum andere Ansprüche an Ihr Design. Dann ist es an der Zeit, versuchsweise Ihr Design zu ändern. Öffnen Sie für diesen Versuch über das Menü *Design/Themes* die Auswahl der Themes. Wählen Sie das neu installierte Theme durch Mausbewegung aus und klicken Sie dann auf den Button *Aktivieren*. Das neue Theme wird in Ihre Domain übernommen und steht nun an der ersten Stelle der Theme-Auswahl. Wir wollen aber bei unserem zuerst ausgewählten Design bleiben. Daher ändern Sie nun zur Übung das Theme wieder auf *Twenty Nineteen* um.

Ein neues Theme wurde aktiviert

7.8 Themes bearbeiten

Um ein Theme zu bearbeiten, klicken Sie im linken Menü auf *Design/Themes*. Ihr ausgewähltes Theme wird an erster Stelle präsentiert. Ein Klick auf den Button *Customizer* führt Sie in dessen Arbeitsbereich. Am linken Rand sehen Sie die Leiste für Anpassungen des Themes mit einigen Menüs für die Bearbeitung.

Von diesen Menüs wollen wir uns jetzt einige genauer ansehen. Beginnen wir mit den Informationen über die Seite.

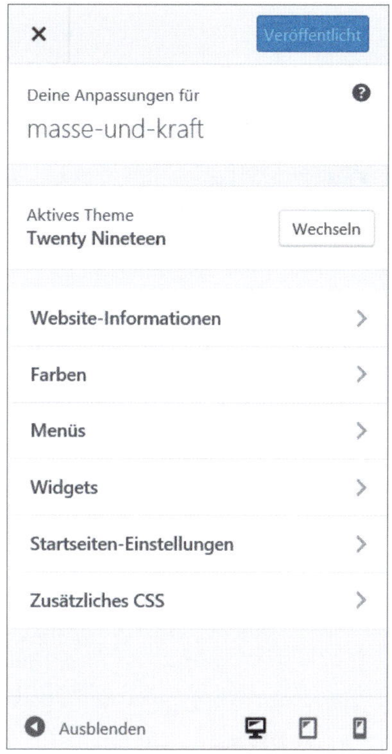

Der Anpassungsbereich des Themes

Untertitel vergeben

Ein Klick auf das Menü *Website-Informationen* führt zu einer Leiste, die den Namen der Domain anzeigt und die Möglichkeit bietet, einen Untertitel einzufügen. Wenn dieser Untertitel eingetippt ist, wird er im Theme neben dem Namen der Domain angezeigt.

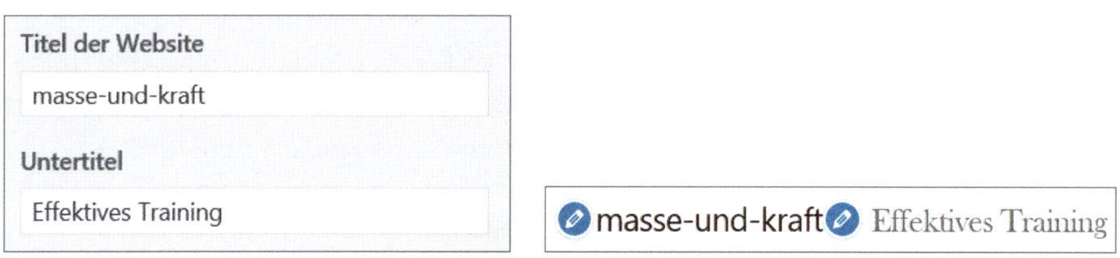

Ein Untertitel wurde vergeben und wird im Theme angezeigt

Mit einem Klick auf das Zahnrad neben dem Button *Veröffentlichen* gelangen Sie in den Bereich *Aktion*. Hier können Sie den Untertitel abspeichern. Der Button neben dem Zahnrad ändert sich zu *Speichern*.

Wenn Sie nun durch Mausklick das Speichern aktivieren, ändert sich der Button zu *Entwurf gespeichert*. Ein erneuter Klick auf das Zahnrad schließt diesen Bereich wieder.

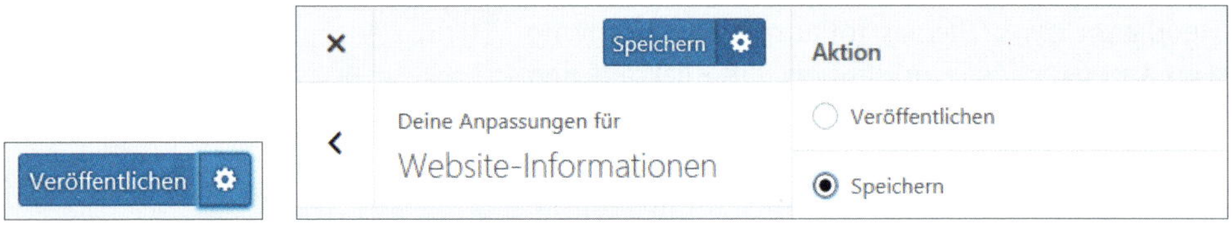

Das Zahnrad weist den Weg und hier wird gespeichert

Icon hinzufügen

Im Bereich *Website-Icon* können Sie einen kleinen sinnvollen Zusatz für Ihre Webseite einfügen. Dieses Icon zeigt dem Besucher Ihres Blogs in den Tabs des Browsers an, was er gerade geöffnet hat. Er kann es sich auch als Gedankenstütze unter seinen Favoriten als Lesezeichen abspeichern. Als Icon verwenden Sie am besten Ihr eigenes Logo, das schafft einen hohen Wiedererkennungswert bei Ihren Lesern. Ein Beispiel für ein derartiges Icon ist das von Markt+Technik, das auf der Webseite des Verlags oben links angezeigt wird.

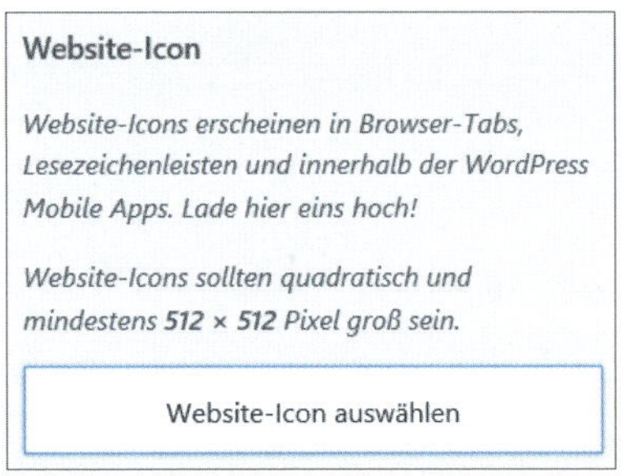

Ein Icon besitzt einen bestimmten Wiedererkennungswert. Verwenden Sie daher ein Website-Icon

Im Zeitalter der Smartphones gibt es noch ein weiteres Plus für Sie. Die Nutzer dieser Geräte können das Icon auch auf ihren Bildschirmen speichern. Das sieht gut aus und Ihre Leser können schnell auf Ihre Seite zugreifen. Um das Icon jetzt einzufügen, klicken Sie auf den Button *Website-Icon auswählen*. Sie kommen in ein Fenster, in dem Sie ein Bild uploaden können. Dieses muss mindestens eine Größe von 512 × 512 Pixeln haben, größer darf es sein, aber auf keinen Fall kleiner. Klicken Sie auf den Button *Dateien auswählen*.

Von hier aus wählen Sie eine Datei

Das Bild wird in die Mediathek geladen, auf die ich in Kapitel 16 näher eingehe. Es wird im linken Bereich angezeigt. Am rechten Bildschirmrand sehen Sie eine Leiste mit Details zum Icon.

Das Icon wurde hochgeladen

Genauere Infos über das Icon

Klicken Sie auf den Button *Auswählen*. Das Icon wird Ihnen nochmals im Großformat und als Browser- und App-Icon angezeigt. Klicken Sie auf *Bild zuschneiden*, um es als Website-Icon zu übernehmen.

Das Bild in vergrößerter Ansicht mit Vorschau auf die Icons

Sie gelangen wieder in die Leiste mit den Website-Informationen. Das Icon wird nochmals so angezeigt, wie es im Browser und als App-Icon aussieht. Über den Button *Entfernen* lassen Sie es wieder verschwinden, über den Button *Bild wechseln* können Sie es austauschen. Über den Button *Veröffentlichen* am oberen Bildschirmrand müssen Sie es jetzt noch Ihrer Domain zuweisen. Speichern Sie das Icon für eine spätere Veröffentlichung ab. Über die beiden Buttons am unteren Rand lässt sich das Bild entfernen oder wechseln.

Das Icon ist bereit für die Veröffentlichung

Farben ändern

Mit dem Pfeil neben dem Eintrag *Website-Informationen* können Sie wieder zu der Leiste mit den Anpassungen zurückkehren. Über das Menü *Farben* können Sie die Textfarbe des Headers und die Hintergrundfarbe des Themes ändern. Wenn Sie das Menü öffnen, sehen Sie die Auswahl für diese beiden Dinge. Aktivieren Sie die Option *Individuell* im Bereich *Primäre Farbe*, um ein Farbschema zu öffnen.

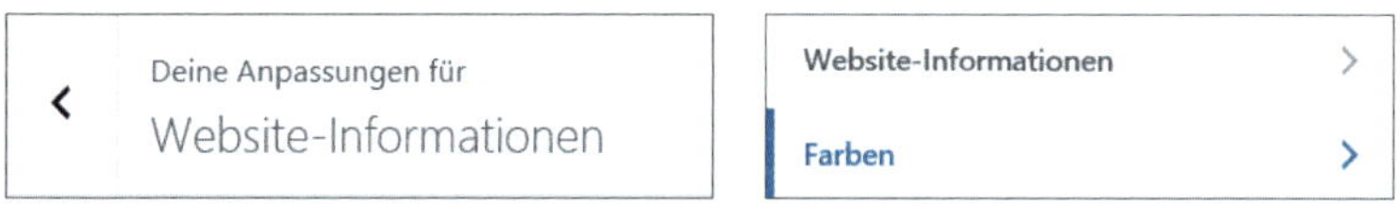

Wechseln Sie den Bereich und gehen Sie zu den Farben

Mit dem Schieberegler in der Farbleiste können Sie die Farbe ändern. Diese Änderung gilt für Buttons und Links. Aktiv wird sie erst durch einen Klick auf den Button *Speichern*. Dieser ändert sich dann in *Entwurf gespeichert*. Wechseln Sie wieder in den Bereich *Website-Informationen*.

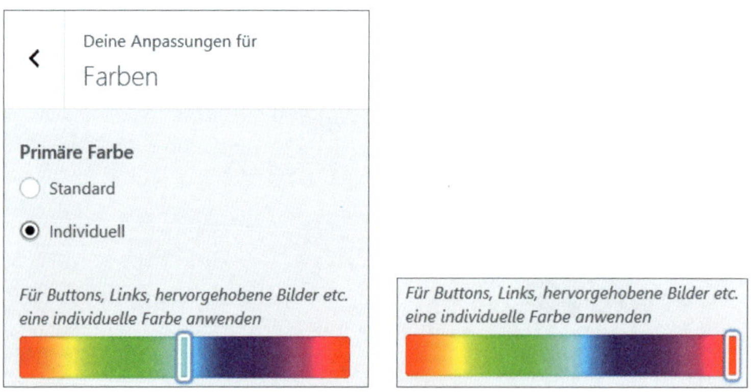

Passen Sie hier die Farbe an. Die Farbe wurde auf Rot geändert

Am unteren Rand der Website-Informationen finden Sie die Icons für die Ansicht Ihres Themes auf dem PC, dem Tablet oder dem Smartphone.

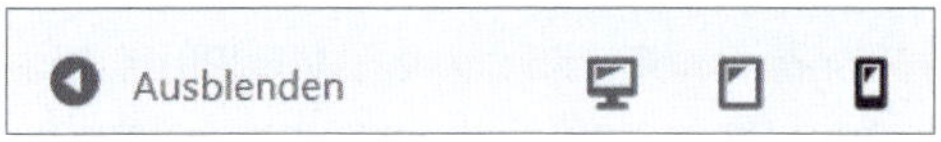

Die Symbole für die verschiedenen Ansichten

Über den Befehl *Ausblenden* am unteren linken Bildschirmrand können Sie sich die drei Ansichten in vergrößerter Form ohne die Seitenleiste anschauen.

Die Aktivierung dieses Befehls blendet die Seitenleiste aus

Wenn alles soweit passt, können Sie über den Button *Speichern* Ihre Daten sichern. Nach dem Klick auf diesen Button ändert er sich zu *Entwurf gespeichert*.

Das Speichern wird bestätigt

Über das Zahnrad gelangen Sie in den Bereich *Aktion* und können dort weitere Anpassungen vornehmen. Veröffentlichen, Speichern und Planen sind möglich. Sie können ebenfalls alle erstellten Elemente über den Link *Änderungen verwerfen* wieder entfernen. Unter der Option *Planen* lässt sich ein bestimmter Veröffentlichungstermin in der Zukunft festlegen, in diesem Beispiel der 7. September 2020.

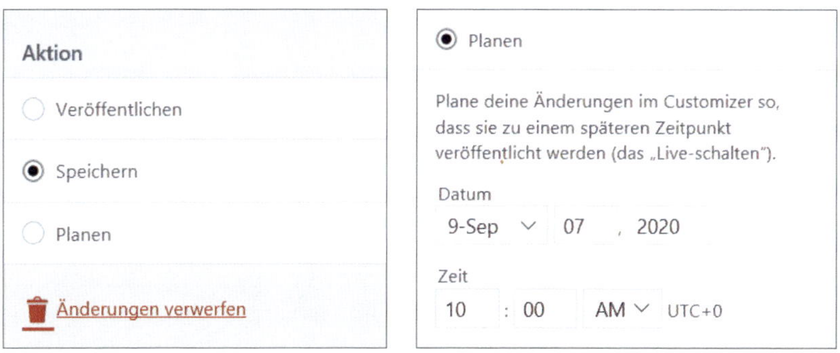

Weitere Optionen stehen zur Verfügung. Legen Sie ein Veröffentlichungsdatum fest

8. Der Aufbau von WordPress

In diesem Kapitel beschäftigen wir uns mit der Programmoberfläche von WordPress. Diese ist unentbehrlich für die weitere Arbeit mit dem Programm. Die Kenntnisse darüber werden Sie zu guten Ergebnissen führen.

8.1 Das Dashboard – die Kommandozentrale

Das Dashboard ist die Kommandozentrale von WordPress und sehr übersichtlich gestaltet. Von hier aus steuern Sie alle Funktionen. Das Dashboard wird Ihnen bei jedem neuen Start von WordPress angezeigt. Am oberen Rand ist die Kopfleiste sichtbar, die einen schnellen Zugriff auf die wichtigsten Funktionen ermöglicht. Momentan werden hier vier verschiedene Menüs angezeigt.

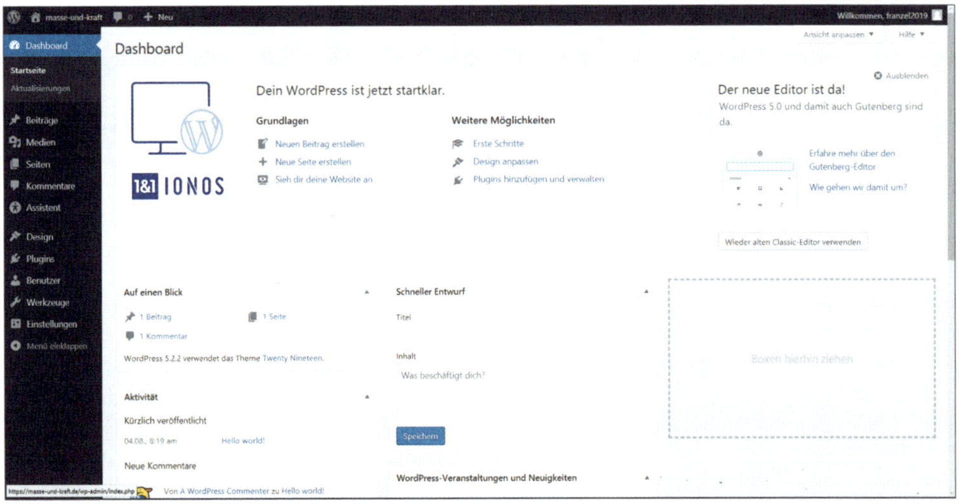

Über das Dashboard werden neue Seiten angelegt

Die Menüs der Kopfleiste

- Das Menü *Über WordPress* bietet allgemeine Infos zum Programm. Welche das sind, ersehen Sie aus den verschiedenen Menüpunkten. Hier wird Ihnen zu den unterschiedlichen Themenbereichen und Problemen weitergeholfen. Dafür gibt es auch spezielle Foren, die Ihnen sicherlich wertvolle Informationen liefern.

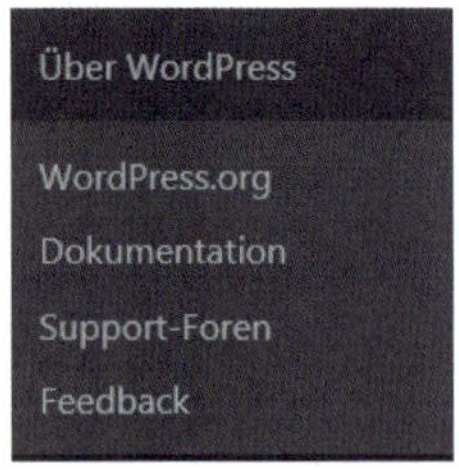

Wichtige Links zu WordPress

- Wenn Sie das Menü *masse-und-kraft.de* berühren, wird ein Untermenü mit der Bezeichnung *Zur Website* angezeigt. Im Grunde führt Sie beides zum selben Ziel – zu Ihrem Blog. Haben Sie für Ihren Blog bereits einen Namen vergeben, wird er hier wie in unserem Beispiel angezeigt. Existiert noch kein Name, ist das Menü mit *Webseite* betitelt.

Der Weg zu Ihrer Seite

- Das Menü *Kommentare* zeigt Ihnen neue Kommentare sowie diejenigen an, die noch nicht beantwortet sind. Im Moment ist die 0 zu sehen, da es noch keine Kommentare gibt, denn Sie haben ja bisher noch nichts veröffentlicht.

Keine Kommentare

- Das Menü *Neu* enthält die Links, um bestimmte Aufgaben zu erledigen. Ob Sie einen neuen Beitrag erstellen, Dateien hochladen, eine neue Seite erstellen oder einen neuen Benutzer hinzufügen – das alles ist über dieses Menü möglich.

Hier wird etwas neu angelegt

Am rechten Rand der Kopfleiste finden Sie das Menü *Willkommen*, das Ihren Administratornamen anzeigt und über das Sie dieses Profil anzeigen lassen, wenn Sie auf den Benutzernamen klicken. Der Button *Profil bearbeiten* führt Sie ebenfalls in den Profilbereich. Hier können Sie Änderungen am Profil vornehmen. Über den Button *Abmelden* schließen Sie WordPress.

Der Weg zum Profil oder zur Abmeldung

Links im Dashboard sehen Sie die Sidebar. Sie ist in jedem Theme enthalten und kann mit Inhalten gefüllt werden. Sie zeigt die Kategorien, wichtige Artikel und Neuigkeiten an. Hier finden Sie die Menüs mit den zugehörigen Einträgen. Über diese Einträge gelangen Sie in die verschiedenen Arbeitsbereiche.

Die im Folgenden kurz beschriebenen Menüs sind standardmäßig in der Sidebar enthalten. Ein Klick auf den jeweiligen Eintrag öffnet das Untermenü. Auf die einzelnen Menüpunkte werde ich im Verlauf des Buches näher eingehen. Schauen Sie sich erst einmal in aller Ruhe die Untermenüs der Sidebar an.

- Über das Menü *Startseite* steigen Sie in den Arbeitsbereich einer Seite ein, legen eine neue Seite an oder bearbeiten eine vorhandene.
- Das Menü *Beiträge* zeigt Ihre Artikel an. Hier erstellen Sie neue Kategorien und Schlagwörter dazu.
- Das Menü *Medien* enthält Ihre Bilder, Downloads und PDF-Dateien.
- Das Menü *Seiten* zeigt die von Ihnen erstellten Internetseiten an.
- Über *Kommentare* finden Sie die Kommentare der Besucher zu den Beiträgen.
- Mit dem Menü *Assistent* gelangen Sie in die Auswahl der Themes.
- Das Menü *Design* bietet die Anpassung eines Designs oder das Hinzufügen von Menüeinträgen an.
- Im Bereich *Plugins* lassen sich zusätzliche Plug-ins installieren und die vorhandenen werden aufgelistet.
- Im Menü *Benutzer* erstellen oder entfernen Sie Benutzer und vergeben Berechtigungen.
- Im Bereich *Werkzeuge* werden alle installierten Werkzeuge angezeigt.
- Im Menü *Einstellungen* finden Sie alle Einstellungen, die Ihre gesamte Seite betreffen.
- Die Option *Menü einklappen* zeigt die schmale Version der Sidebar nur mit Icons.

Die Dashboard-Sidebar mit und ohne Text

8.2 Frontend und Backend

Diese beiden Begriffe könnte man auch als Vorder- und Rückseite bezeichnen. Als Frontend wird der Bereich einer Webseite bezeichnet, den jeder sehen kann, der die Webseite aufruft. Das Backend sehen nur Sie, denn in das Backend kommen nur Sie mit einem Benutzernamen und einem Passwort, für Dritte ist dieser Bereich also nicht zugänglich. Im Backend wird die Seite bearbeitet und verwaltet. Alle Änderungen, die Sie im Backend vornehmen, sind bei einem Neustart Ihrer Seite sichtbar. Das Backend enthält viele Menüpunkte, von denen Sie aber erst mal nur einige benötigen. Mit den anderen werden Sie im Laufe der Zeit vertraut werden. Das Dashboard, die Sidebar und die Kopfleiste gehören zum Backend.

8.3 Das Dashboard anpassen

Wenn Sie den Button *Ansicht anpassen* auf der rechten Seite anklicken, erhalten Sie eine Übersicht über die einzelnen Boxen im Dashboard. Dies sind die Standardboxen von WordPress und den installierten Plug-ins. Jede Box ist mit einem Häkchen versehen. Wenn Sie ein Häkchen durch Mausklick entfernen, wird der Inhalt dieser Box nicht mehr angezeigt.

Ein Blick auf die einzelnen Boxen im Dashboard

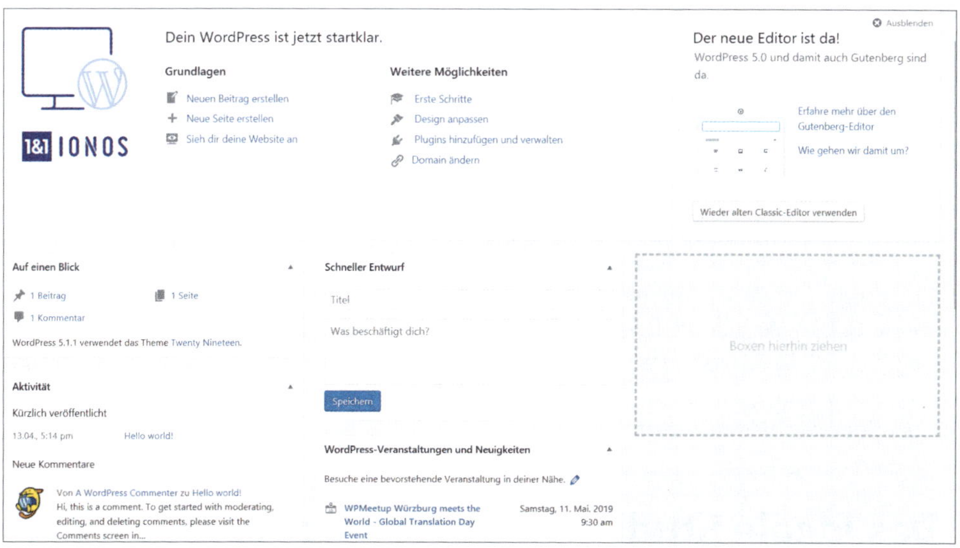

Die Infos über WordPress im Überblick

9. Der Gutenberg-Editor

In diesem Kapitel beschäftigen wir uns mit dem neuen WordPress-Editor *Gutenberg*, der Eingabe des ersten Textes und der praktischen Arbeit mit Blöcken. *Gutenberg* arbeitet mit Blöcken, die miteinander in einem Text genutzt werden können. Diese Blöcke gestatten Ihnen, Inhalte einzufügen und zu platzieren. Diese Inhalte lassen sich nach Ihren Vorlieben füllen, bearbeiten und verschieben. Ein Blog lässt sich damit einfach und schnell gestalten. Es gibt viele Blöcke, Sie werden einige davon auf den nächsten Seiten kennenlernen.

Der neue Editor ist einfach und übersichtlich gehalten und bietet wesentlich mehr Platz für Texte als die klassische Variante. Der Unterschied ist besonders bei kleineren Bildschirmgrößen, etwa auf einem Laptop, zu sehen. Durch den neuen Editor sparen Sie es sich, viele Extra-Plug-ins zu laden. In diesem Buch werden wir hauptsächlich Texte mit diesem Editor anlegen. Über bereits vorhandene Beiträge müssen Sie keinen Gedanken verschwenden. Diese werden automatisch in einen klassischen Block übernommen, allerdings ohne die gewohnten Einstellungsmöglichkeiten.

9.1 Der erste Text

Um den Gutenberg-Editor zu starten, wählen Sie in der Ansicht *Neuen Beitrag erstellen*. Der Editor wird angezeigt. Zunächst sehen Sie nur eine Überschrift und einen Absatz. Hier können Sie jeweils Text eingeben.

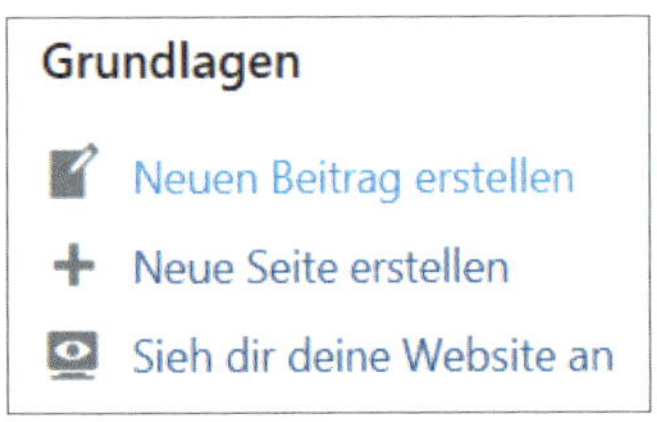

Starten Sie einen neuen Beitrag

Der noch leere Textbereich

Wie Sie sehen, ist das Layout einspaltig gehalten. Ein Block mit einem Mustertext wird angezeigt. Geben Sie hier die Überschrift ein und ersetzen Sie damit den Mustertext. Unter dem Block für die Überschrift sehen Sie einen weiteren bereits standardmäßig vorhandenen Block. Wenn Sie in diesen Block klicken, kann der passende Text zu der Überschrift eingetippt oder hineinkopiert werden.

Der Block für die Überschrift und für den Text

Falls Sie einen Text hineinkopieren und dieser aus mehreren Absätzen besteht, legt *Gutenberg* für jeden Absatz automatisch einen neuen Block an. Sinnvollerweise hat jeder dieser Blöcke den Namen *Absatz*. Ein Klick auf einen dieser Absätze präsentiert Ihnen die Formatleiste und das Eingabefeld. Wenn Sie den Text selbst eingeben, wird nach jedem Drücken der ↵-Taste ein neuer Block mit dem Namen *Absatz* angelegt.

Die Überschrift und der erste Block wurden angelegt

Wenn Sie außerhalb des Blocks klicken, wird die Formatleiste ausgeblendet. Bewegen Sie dann den Mauszeiger über den Block, wird der Name des Blocks angezeigt. Ein erneuter Klick in den Text zeigt wieder die Formatleiste an.

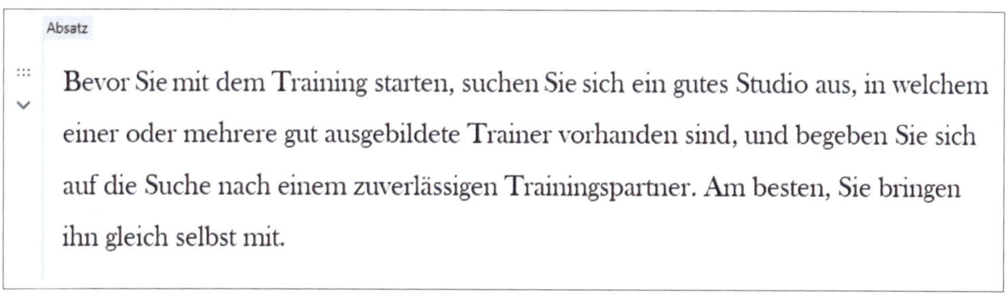

Der Blockname wird angezeigt

Wenn Sie viel Text in einem Artikel einplanen, ergeben sich automatisch viele Blöcke. Jeder einzelne Block lässt sich dann separat bearbeiten. Beim Berühren der oberen Linie des Rahmens wird ein Pluszeichen aktiviert. Über dieses können Sie einen weiteren Block direkt über dem bestehenden einfügen. Das ist hilfreich, wenn Sie nachträglich Text oder eine Überschrift einfügen wollen. Dieses Symbol finden Sie übrigens auch am oberen Rand des Beitragsbereichs. Damit können Sie unter einem vorhandenen Block einen weiteren erzeugen, wenn Sie in den Block klicken, unter dem ein weiterer angelegt werden soll.

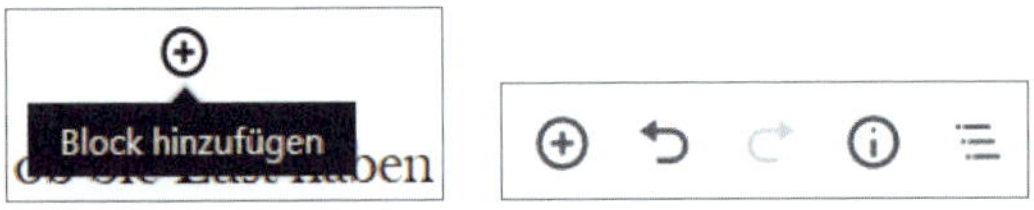

Einen weiteren Block über oder unter dem erzeugten ergänzen

Hinter diesem Symbol verbirgt sich eine weitere Auswahl von Blöcken, die Sie für Ihren Beitrag nutzen können. Wählen Sie das Symbol *Überschrift*, um einen neuen Block zu erzeugen.

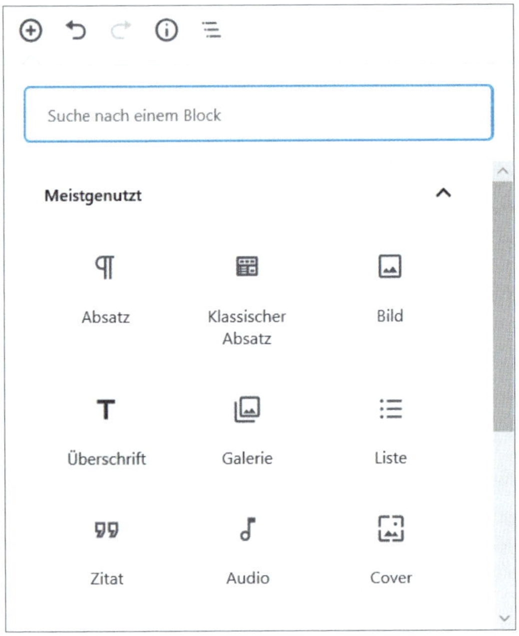

Die verschiedenen Blocksymbole

Der neue Block steht für die Eingabe bereit

Neben diesem Symbol finden Sie zwei Pfeile, über die Sie sich einen Arbeitsschritt zurück- oder vorwärtsbewegen können. Über das Info-Symbol können Sie sich die Struktur des gesamten Textes mit der Angabe der enthaltenen Wörter, den Überschriften, Absätzen und Blöcken anzeigen lassen. Das letzte Symbol in dieser Reihe zeigt alle Blöcke an. Von hier aus können Sie jeden bisher erstellten Block einzeln aufrufen.

Einige Infos über den Text und eine Übersicht über die Blöcke

Im Moment ist der Block noch leer und der blinkende Cursor wartet auf die Texteingabe. Geben Sie jetzt die Überschrift für diesen Block ein. Eine Formatleiste zur Bearbeitung des Textes wird angezeigt. Geben Sie den Text ein und wählen Sie die Überschrift *H3* aus.

Geben Sie eine Überschrift ein

Wählen Sie nun einen weiteren Block für die Texteingabe aus, in diesem Fall wieder *Absatz*, und geben Sie in diesen Block weiteren Text ein. Fahren Sie fort, indem Sie die weiteren Überschriften und die dazugehörenden Texte eingeben.

Nachdem Sie alle Überschriften eingegeben haben, können Sie deren Hierarchie nochmals über das Info-Symbol anschauen und prüfen. Falls bei der Hierarchie der Überschriften etwas nicht stimmen sollte, bekommen Sie eine Fehlermeldung angezeigt. Wenn Sie auf einen der Überschriftentexte klicken, springt der Editor an diese Stelle.

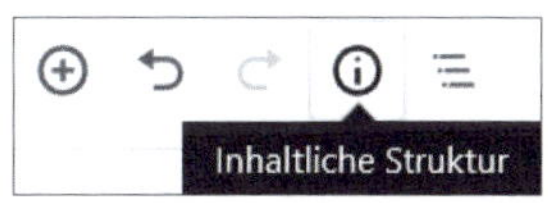

Hier gibt es Infos zu den Überschriften

Die einzelnen Überschriften mit einem Fehler in der Hierarchie

9.2 Einen Block bearbeiten

Wenn Sie mit der Maus über einen Block fahren, werden am linken Rand außerhalb des Blocks einige Symbole aktiviert. Mit den beiden Pfeilen lässt sich der Block nach oben oder unten verschieben.

Die Symbole für das Verschieben eines Blocks

Beachten Sie dabei bitte, dass sich beim Block *Überschrift* nur die Überschrift verschiebt, da sie einen separaten Block darstellt. Den Text, der zu der Überschrift gehört, müssen Sie extra verschieben.

Über das Symbol mit den drei Punkten am rechten Rand der Symbolleiste öffnen Sie weitere Optionen für die Bearbeitung des Beitrags. Hier haben Sie die Möglichkeit, Block-Einstellungen zu verbergen, einen Block vor oder nach einem anderen einzufügen, und einiges mehr.

Das Punktesymbol öffnet weitere Optionen

Am rechten Rand des Bildschirms sehen Sie ein Symbol in Form eines Zahnrads, mit dem Sie die Einstellungen für einen Block ein- oder ausblenden und zwischen Block und Dokument wechseln können.

Ein Block wird angezeigt, wenn der Cursor in einem Block steht, und es lässt sich auch jeweils nur der ausgewählte Block bearbeiten. Steht der Cursor außerhalb eines Blocks, wird ein Dokument angezeigt. Dann beziehen sich die Einstellungsmöglichkeiten auf den gesamten Beitrag.

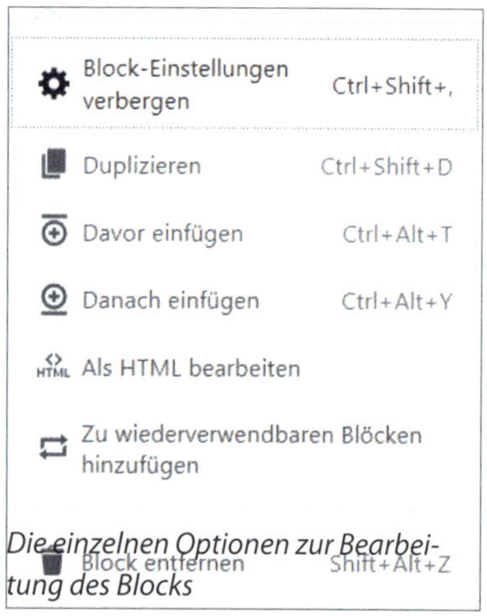

Die einzelnen Optionen zur Bearbeitung des Blocks

Der Weg zu den Optionen

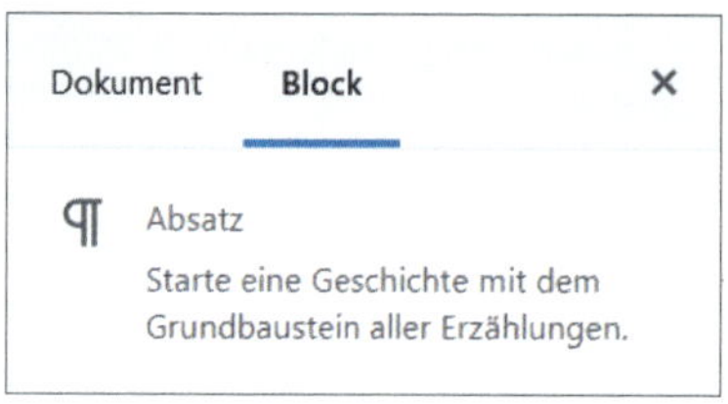

Hier handelt es sich um einen Absatz

Gestaltung einer Überschrift

Bei einem Block, der als Überschrift deklariert wurde, gibt es vielfältige Gestaltungsmöglichkeiten. Die Größe der Überschrift oder die Platzierung in der Zeile lässt sich ändern. Eine Änderung der Schriftfarbe ist ebenso möglich wie die Zuweisung einer Hintergrundfarbe. Mit dem kleinen Kreuz oben rechts blenden Sie die Optionen aus. Das Symbol neben der Bezeichnung der einzelnen Bereiche öffnet und schließt diesen Teil.

Im Bereich *Überschrift-Einstellungen* wird automatisch die zweite Ebene mit der Bezeichnung *H2* aktiviert. Bei den Überschriften herrscht eine strenge Hierarchie. Der Titel des Beitrags ist mit *H1* versehen. Für eine weitere Untergliederung der Überschriften müssten Sie dann *H3* wählen. Dies ist der Fall, wenn Sie einen Absatz in verschiedene Teile untergliedern wollen. Falls Sie noch tiefer gliedern möchten, stehen Ihnen die Überschriften *H4* bis *H6* zur Verfügung. Allerdings kann es dann irgendwann zu unübersichtlich werden. In den meisten Fällen sollten drei Überschriftenebenen ausreichen.

Im Feld *Textausrichtung* können Sie die Überschrift an drei verschiedenen Stellen platzieren: linksbündig, mittig oder rechtsbündig. Ein Klick auf das jeweilige Symbol genügt, wenn der Cursor im Block *Überschrift* steht.

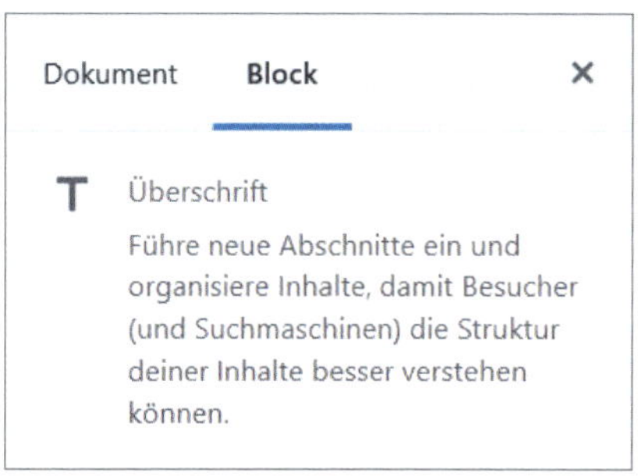

Die Optionen für die Blockbearbeitung

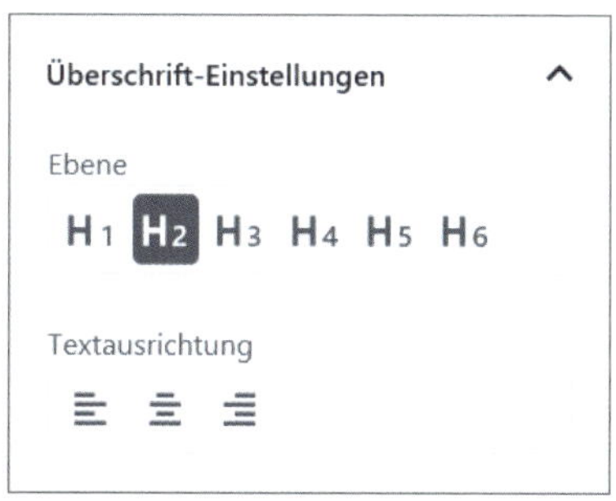

Die Überschriftenebenen und die Textausrichtung

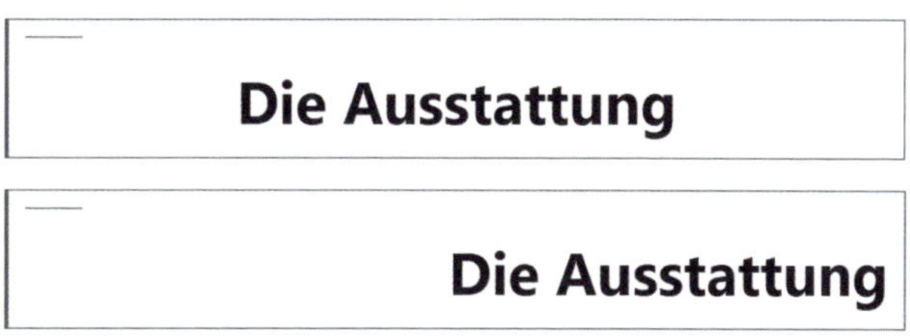

Die mittige Ausrichtung der Überschrift und die rechtsbündige

Für eine farbliche Änderung der Überschrift und ihres Hintergrunds markieren Sie den Text und öffnen durch einen Klick auf den kleinen Pfeil neben *Textfarbe* die Farbauswahl. Klicken Sie in den Block mit der Überschrift, deren Farbe Sie ändern wollen, und wählen Sie eine Farbe aus. Sie können die Schriftfarbe oder den Hintergrund des Schriftzugs ändern. Auf Letzteres sollten Sie allerdings verzichten, das sicht selten gut aus. Über die Schaltfläche *Leeren* weisen Sie die ursprüngliche Farbe wieder zu.

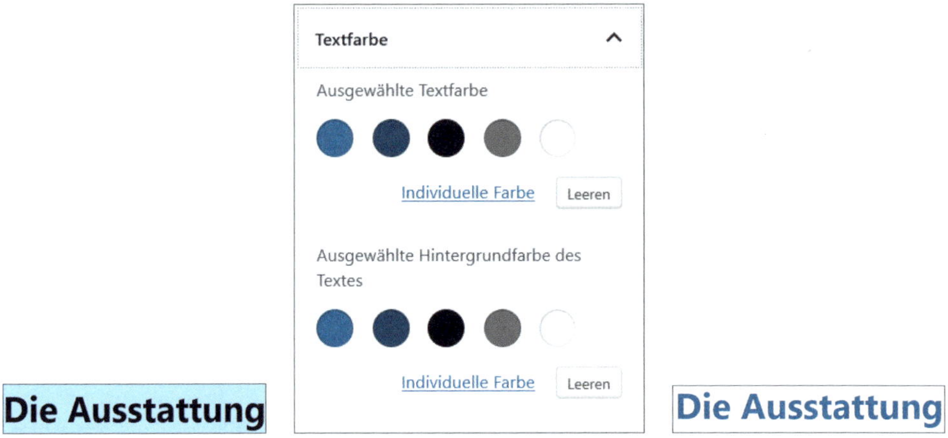

Markierung der Überschrift, Auswahl der Farben, Wahl einer primären Schriftfarbe

Jedem Absatz sollten Sie wegen der besseren Übersicht eine eigene Überschrift zuweisen. Bei längeren Texten ist es empfehlenswert, nach 250 bis 350 Wörtern eine Überschrift einzubauen, dies führt zu einer besseren Übersichtlichkeit für den Leser. Übrigens: Wenn Sie nach Eingabe der Überschrift die ↵-Taste drücken, wird automatisch ein neuer Absatz erzeugt, in den Sie weiteren Text eingeben können.

Die Werkzeugleiste

Mithilfe der drei Punkte rechts neben dem Zahnrad gelangen Sie zu einer Ansicht, die weitere Tools für die Bearbeitung anzeigt. Hier können Sie die Werkzeugleiste oben auf Ihrem Beitrag bei dem jeweiligen Block einblenden, um von dort aus Blöcke und Dokumente zu bearbeiten. Je nachdem, in welchem Bereich Sie sich gerade befinden, werden die entsprechenden Werkzeuge angezeigt.

Der Weg zu den Tools

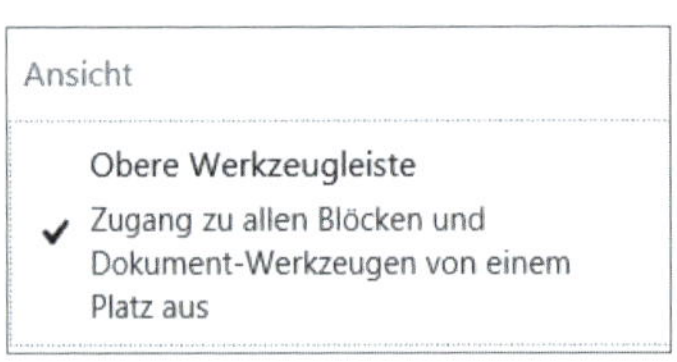

Der Weg zu den Tools. Die obere Werkzeugleiste wurde aktiviert

Die Werkzeugleiste des Absatzblocks für die Bearbeitung des Dokuments

Der Spotlight-Modus

Der Spotlight-Modus zeigt den gesamten Beitrag grau hinterlegt an. Der jeweils aktivierte Block ist davon ausgeschlossen und wird normal angezeigt. Dies ermöglicht eine bessere Konzentration auf diesen Teil des Textes. Besonders bei langen Texten ist diese Funktion sehr hilfreich.

Der Vollbildmodus

Der Vollbildmodus bietet eine übersichtlichere Bearbeitung, indem er das Dashboard ausblendet. Sie können sich voll auf die Texteingabe konzentrieren und die Ansichten wechseln. Die Werkzeuge für die Textbearbeitung stehen Ihnen ebenfalls zur Verfügung.

Den Vollbildmodus können Sie über das Symbol links in der Werkzeugleiste wieder verlassen und gelangen in die Übersicht Ihrer Beiträge.

Hier sehen Sie unseren bisher angelegten Beitrag und einen Musterbeitrag, den WordPress standardmäßig zur Verfügung stellt. Diesen werden wir für unseren nächsten Beitrag verwenden.

Entweder jeden Block einzeln, ohne das Dashboard oder beide Modi nutzen

In der Werkzeugleiste am linken Rand sehen Sie das Symbol, mit dem Sie zur Auswahl der Beiträge wechseln können. Von dort aus können Sie den Beitrag, der als Entwurf angezeigt wird, erneut öffnen, der Vollbildmodus bleibt weiterhin aktiviert.

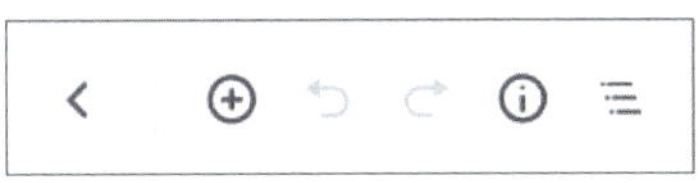

Das linke Symbol führt zur Beitragsübersicht

Bei *Hello world!* handelt es sich um einen vorgefertigten Musterbeitrag von WordPress, den Sie als Vorlage für einen neuen Beitrag nutzen können. Sie können diesen in den Papierkorb verschieben. Der Link dafür wird aktiv, wenn Sie den Bereich mit dem Mauszeiger berühren. Klicken Sie auf *Papierkorb*, um den Beitrag zu entfernen. Starten Sie dann wieder den zu bearbeitenden Beitrag.

Der Musterbeitrag soll in den Papierkorb

In dieser Liste sehen Sie alle vorhandenen Beiträge

Der Code-Editor

Über den Code-Editor sehen Sie Ihre Eingaben als HTML-Text. Dazu müssen Sie auf die drei übereinanderstehenden Punkte in der rechten Bar klicken, um verschiedene Optionen anzeigen zu lassen. Hier finden Sie den Bereich *Editor*. Standardmäßig ist der visuelle Editor aktiviert. Klicken Sie auf *Code-Editor*, um den Code zu sehen. Blöcke kennt HTML nicht. Aus diesem Grund werden diese durch Kommentare in HTML gezeigt.

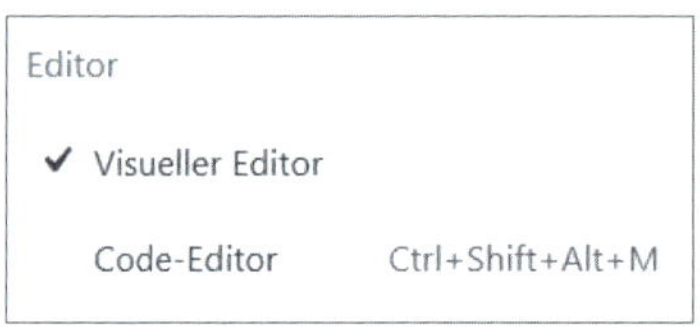

Hier wechseln Sie zwischen dem visuellen und dem Code-Editor

Der Text im HTML-Modus

Im HTML-Code können Sie über den Link rechts oben über dem Text den Code-Editor verlassen und kommen wieder in den visuellen Editor zur weiteren Bearbeitung des Textes.

Der Block-Manager

Über den Block-Manager, den Sie im Bereich *Werkzeuge* aufrufen, können Sie gezielt nach einem bestimmten Blocktyp suchen. Hier sind alle vorhandenen aufgelistet, unterteilt in verschiedene Bereiche. Wenn Sie in das Suchfeld einen Blocknamen eingeben, wird dieser angezeigt.

Hier finden Sie weitere Werkzeuge

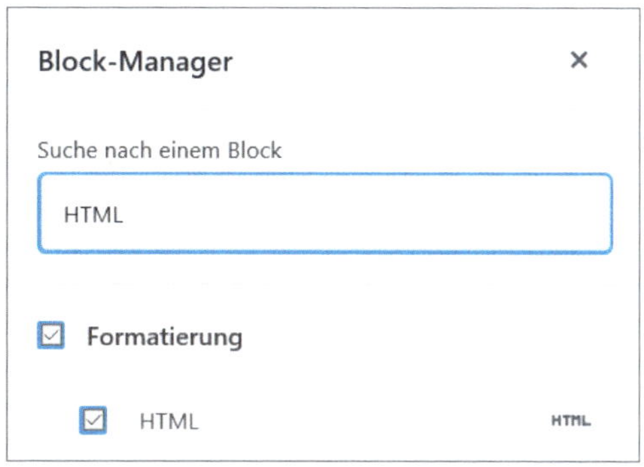

Die Suche nach einem Block

Die Tastaturkürzel sind sinnvoll für ein schnelleres Arbeiten in Ihrem Blog. Prägen Sie sich diese nach und nach ein, um effektiver zu schreiben. Probieren Sie es gleich mit einem Beispiel. Setzen Sie den Mauszeiger in einen beliebigen Block und drücken Sie die Tastenkombination Strg+Alt+T. Dadurch wird ein neuer Block über dem gerade aktivierten eingefügt. Mit der Tastenkombination Strg+Alt+Y fügen Sie einen neuen Block unterhalb des gerade aktivierten ein. Durch einen Klick auf das kleine Kreuz oben rechts wird der Block-Manager wieder ausgeblendet.

Bevor wir uns im nächsten Kapitel den Blocktypen zuwenden, sollten Sie Ihren Beitrag über den Button *Speichern* am oberen rechten Bildschirmrand abspeichern.

Hier wird gespeichert

10. Die Blocktypen

Bevor wir uns dem ersten Text zuwenden, möchte ich Ihnen vorab die am häufigsten genutzten Blocktypen zeigen, die hilfreich bei der Erstellung von Beiträgen sind.

10.1 Die Blockkategorien

Bei *Gutenberg* sind die Blöcke in verschiedene Bereiche eingeteilt, aus denen Sie sich je nach Bedarf die Blöcke aussuchen können, die Sie benötigen.

- *Meistgenutzt:* Hier werden die Typen gezeigt, die erfahrungsgemäß am meisten genutzt werden, oder es werden im Laufe der Zeit diejenigen dort gespeichert, die Sie selbst oft verwenden.
- *Allgemeine Blöcke:* Hier sehen Sie die Blöcke, die sich nicht wirklich in andere Bereiche einordnen lassen.

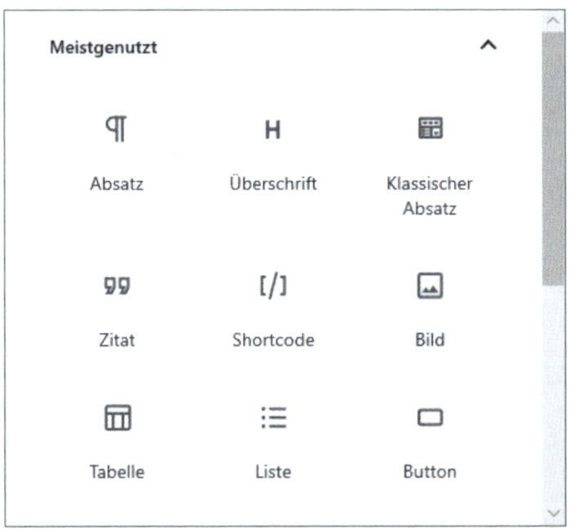

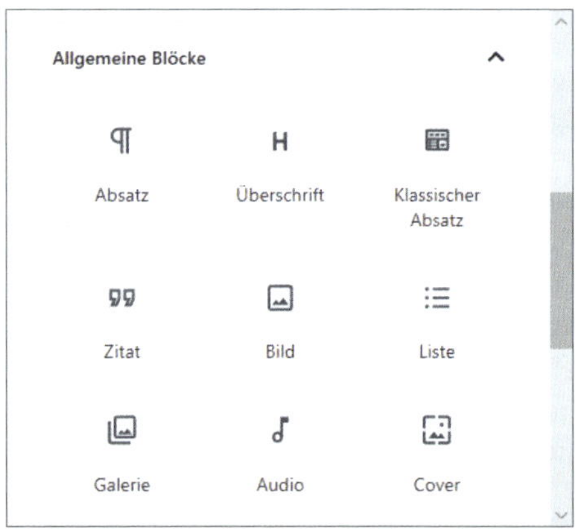

- *Formatierung:* Zu diesem Bereich gehören alle Blöcke, die mit der Formatierung Ihres Textes zusammenhängen.
- *Layout-Elemente:* Hier stehen die Blocktypen, die Einfluss auf die Gestaltung Ihres Beitrags nehmen.
- *Widgets:* Diese Blocktypen ersetzen die Widgets in den Seitenleisten Ihrer Webseite.
- *Einbettungen:* Mit diesen Blocktypen können Sie Beiträge anderer Seiten in Ihren Beitrag einbetten. Damit sind Facebook, Instagram, YouTube und natürlich auch WordPress gemeint. In diesem Bereich stehen insgesamt 33 Blocktypen zur Verfügung.
- *Wiederverwendbar:* Diese Rubrik tritt erst in Erscheinung, wenn Sie einen Block als wiederverwendbar gespeichert haben.

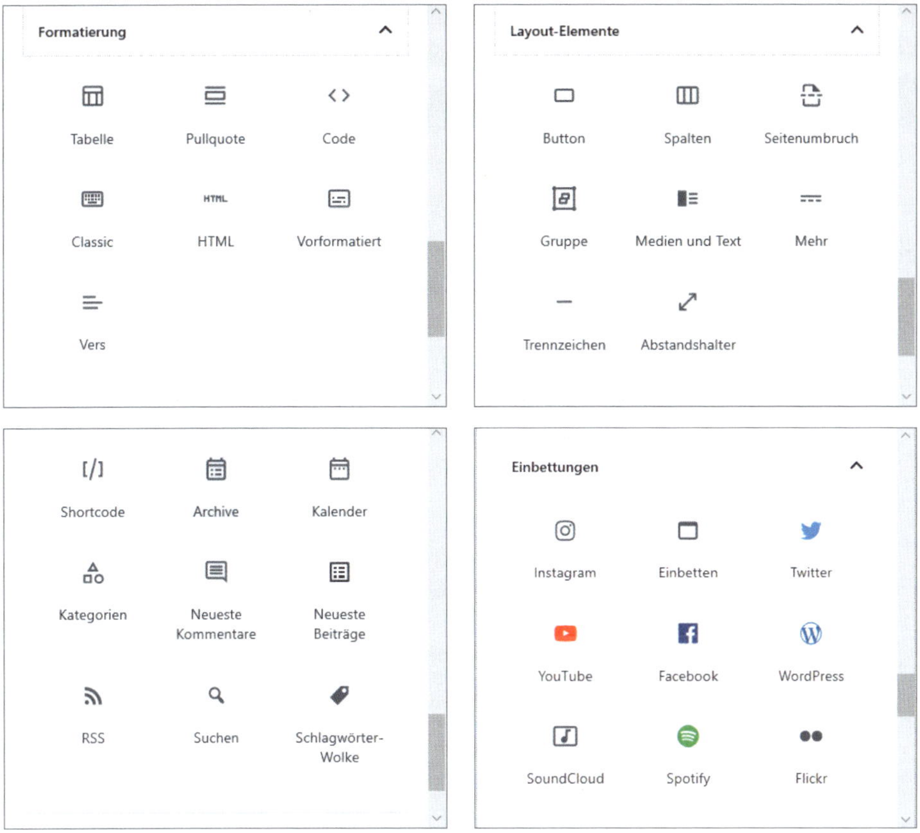

10.2 Der Absatz-Block

Wie schon erwähnt, wird im Gutenberg-Editor mit Blöcken gearbeitet. Dafür stehen allgemeine Blöcke, Blöcke zur Formatierung, für das Layout und darüber hinaus Widgets und Einbettungen zur Verfügung. In diesem Abschnitt gehe ich auf einige dieser Blöcke, die zum Verfassen von Texten nötig sind, mithilfe praktischer Beispiele näher ein. Dafür erstellen wir einen neuen Artikel.

Nachdem Sie über *Beiträge/Erstellen* einen neuen Beitrag gestartet haben, sehen Sie an Ihrem Bildschirm die Grundstruktur. Geben Sie die Überschrift ein und klicken Sie in den Block darunter. Wandeln Sie nun den standardmäßig vorhandenen Block in den Block *Absatz* um. Dies ist der mit Abstand am meisten verwendete Blocktyp. Er enthält viele Optionen, um den Text zu bearbeiten.

Am oberen Rand des Bildschirms zeigt sich ein Menüband. Darüber können Sie den Text in diesem Block formatieren. Klicken Sie ein Symbol an, wird es aktiviert, ein weiterer Klick darauf deaktiviert es wieder. Über den Button, der sich ganz links in dieser Leiste befindet, können Sie den Block ändern, denn jeder eingefügte Block lässt sich in einen anderen Block umwandeln. Sie haben für eine Änderung sechs Varianten zur Auswahl, von der Überschrift bis zum Vers.

Die Formatierungsleiste des Blocks und der Button für die Änderung

Am rechten Rand des Bildschirms sehen Sie die umfangreichen Block-Einstellungen für den Absatz. Hier können Sie die Schriftgröße, die Schrift und eine Hintergrundfarbe zuweisen. Auch ein »Initialbuchstabe« kann erzeugt werden. Sogar eine CSS-Klasse kann zugewiesen werden. Damit stehen Ihnen viele Möglichkeiten zur Gestaltung Ihres Blocks zur Verfügung.

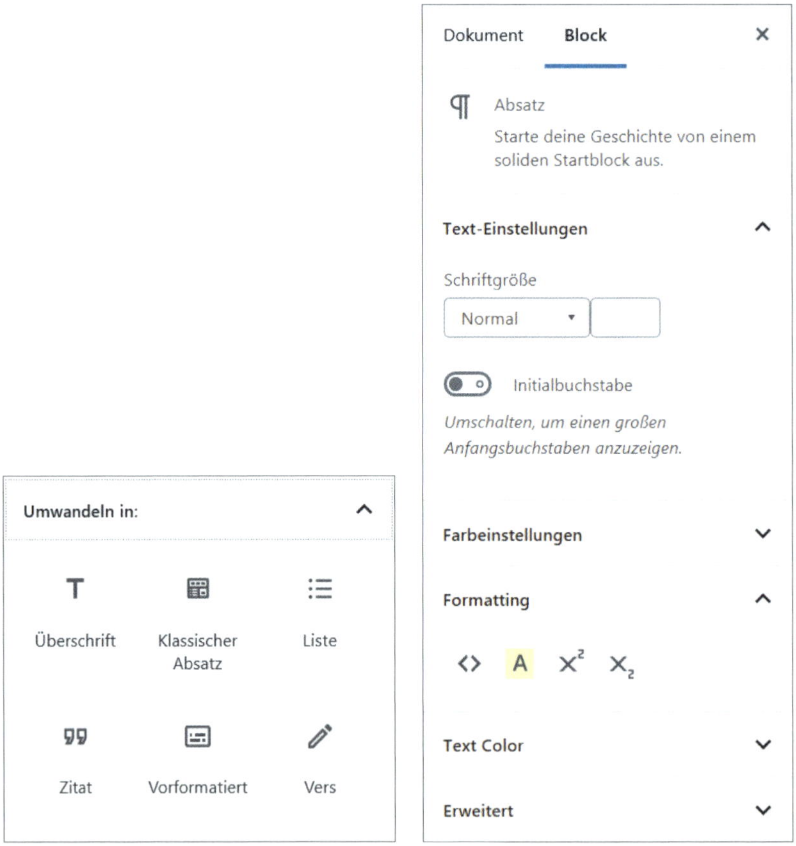

Auswahlmöglichkeiten für die Umwandlung und Bearbeitungsmöglichkeiten für den Absatz

Wenden wir uns nun wieder der praktischen Arbeit zu. Setzen Sie den Mauszeiger in den Absatzblock und geben Sie Ihren Text ein.

Der erste Absatz wurde erzeugt und mit Text gefüllt

Schriftgrößen

Suchen Sie unter *Text-Einstellungen* die Schriftgröße für den Text aus. Standardmäßig ist die Schriftgröße *Normal* aktiviert. Zusätzlich haben Sie durch Klick auf den kleinen Pfeil neben der Bezeichnung die Wahl zwischen *Klein*, *Groß* oder *Riesig*.

Wenn Sie eine andere Schriftgröße als *Normal* auswählen, wird Ihnen im Feld neben der Auswahl die Größe der Schrift angezeigt. Falls Ihr ausgewähltes Theme eine Option für Schriftgrößen enthält, lassen sich auch andere Schriftgrößen auswählen.

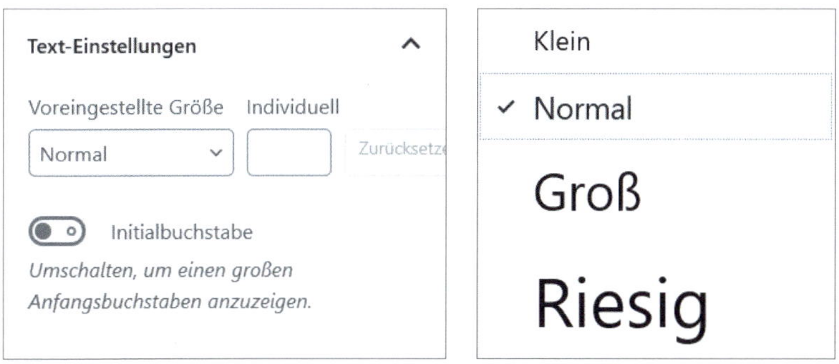

Wählen Sie die Schriftgröße aus

Initialbuchstaben

Im gleichen Bereich finden Sie auch den Button, um einen Initialbuchstaben zu erzeugen. Mit einem Initialbuchstaben kennzeichnen Sie den Beginn eines Absatzes. Der erste Buchstabe des ersten Wortes wird wesentlich größer angezeigt als die restlichen Buchstaben.

Diese Kennzeichnung für einen Absatzbeginn erzeugen Sie über den Button neben dem Eintrag *Initialbuchstabe*. Der erste Buchstabe des Absatzes wird im Text vergrößert. Der Button wechselt zur Farbe Blau, und im Button wird der Buchstabe angezeigt. Initiale sind gut für den Einsatz in längeren Texten geeignet. Danach geben Sie den restlichen Text für diesen Beitrag ein.

Den Initialbuchstaben aktivieren

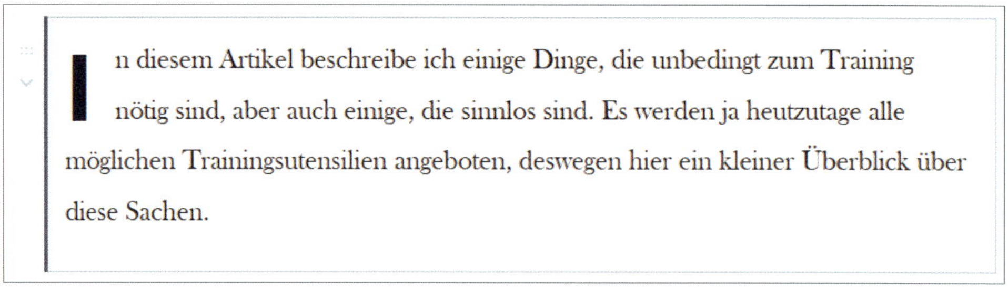

Ein Initialbuchstabe wurde erzeugt

10.3 Weitere hilfreiche Blöcke

In diesem Abschnitt stelle ich Ihnen einige hilfreiche Typen für die Bearbeitung Ihres Textes wie Listen und Zitate vor.

Listen

Das Erstellen von Listen funktioniert beim Gutenberg-Editor ebenfalls über Blöcke. Hier haben Sie die Wahl zwischen einer geordneten und einer ungeordneten Liste. Eine verschachtelte Liste lässt sich ebenfalls erzeugen. Bei dieser Art von Liste müssen Sie die Elemente der Liste selbst einrücken.

Starten Sie einen neuen Block mit der Bezeichnung *Liste* aus der Auswahl der meistgenutzten Blöcke. Im neuen Block wird ein fett gedruckter Punkt eingefügt. Geben Sie jetzt anstelle des vorgeschlagenen Textes Ihren eigenen ein und drücken Sie die ↵-Taste. Der Cursor springt in die nächste Zeile. Geben Sie auch hier Text ein. So geht es weiter, bis Sie in jeder Zeile der Liste den Text eingetippt haben.

In der Formatleiste des Blocks wird die aktuelle Form der Liste hervorgehoben angezeigt. Links daneben sehen Sie den Button, um den Block oder den Stil zu ändern. Mit den Buttons rechts daneben lässt sich eine nummerierte Liste erzeugen. Die anderen beiden Buttons dienen zum Aus- oder Einrücken eines Blocks.

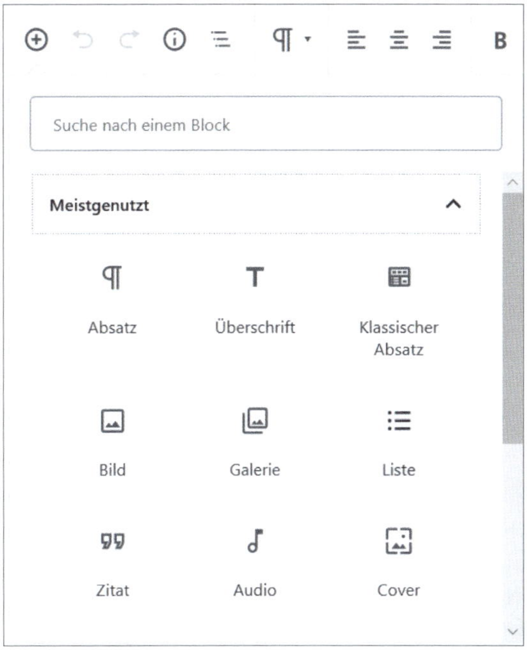

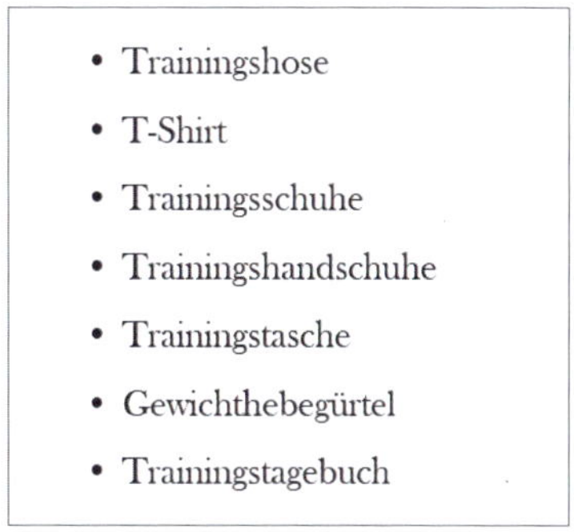

Der Block Liste wird gestartet, eine einfache Liste ist schnell erzeugt

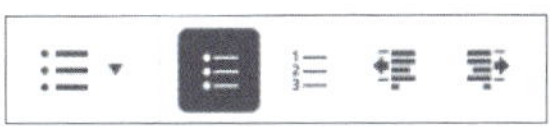

Die Symbole für die Bearbeitung des Listenblocks und das Symbol für die Nummerierung

Erstellen Sie nun eine verschachtelte Liste, indem Sie den Mauszeiger an eine beliebige Stelle in der zweiten Zeile setzen und einmal den Button zum Einrücken anklicken. Der Text verschiebt sich nach rechts. Setzen Sie den Mauszeiger in die zweite Zeile, und klicken Sie jetzt zweimal auf den Button, in der dritten dreimal, in der vierten viermal, also in jeder Zeile einmal mehr.

Über diesen Button wird ausgerückt

Die Form der Liste ändert sich jetzt in einen Kreis ohne Fettdruck. Die erste Zeile einer Liste kann übrigens nicht verschoben werden.

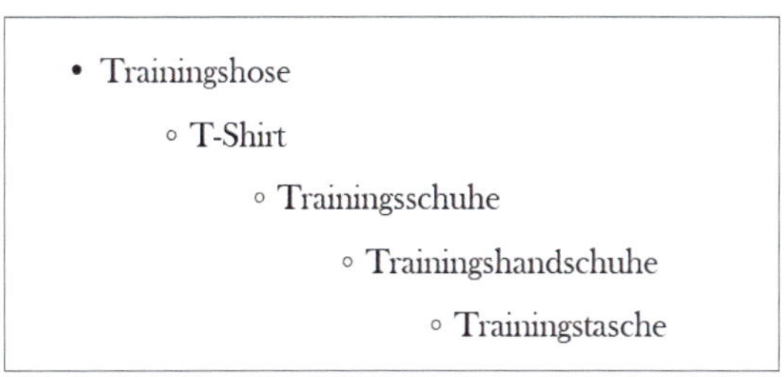

Eine verschachtelte Liste wurde erstellt

Mithilfe des anderen Buttons können Sie die einzelnen Texte wieder durch ein- oder mehrmaliges Drücken an die Anfangsposition zurückbringen.

Über diesen Button wird eingerückt

Rücken Sie alle Texte wieder an die Startposition zurück, und ändern Sie jetzt die Form der Liste auf Nummerierung, indem Sie auf den Button mit den Zahlen klicken. Jede Zeile wird jetzt anstelle des Punktes mit einer Zahl versehen.

1. Trainingshose
2. T-Shirt
3. Trainingsschuhe
4. Trainingshandschuhe
5. Trainingstasche
6. Gewichthebegürtel
7. Trainingstagebuch

Eine nummerierte Liste wurde erzeugt

Sie können den Text jetzt noch über die beiden Symbole **B** (Fett) oder *I* (Kursiv, vom engl. »Italic«) im Menüband optisch hervorheben. Markieren Sie dazu den gesamten Text und klicken Sie auf eines der beiden Symbole, je nach gewünschter Darstellung der Schrift. Verändert wird nur der Text, die Nummerierung oder die Aufzählungssymbole vor dem Text bleiben gleich.

B *I*

Die Symbole für Fett- oder Kursivdruck

1. **Trainingshose**
2. **T-Shirt**
3. **Trainingsschuhe**
4. **Trainingshandschuhe**
5. **Trainingstasche**
6. **Gewichthebegürtel**
7. **Trainingstagebuch**

1. *Trainingshose*
2. *T-Shirt*
3. *Trainingsschuhe*
4. *Trainingshandschuhe*
5. *Trainingstasche*
6. *Gewichthebegürtel*
7. *Trainingstagebuch*

Der Text in fett und kursiv geschriebener Variante

Um das Ganze zu vervollständigen, ergänzen Sie den Text noch um eine Überschrift, indem Sie über der Liste einen neuen Absatzblock erzeugen.

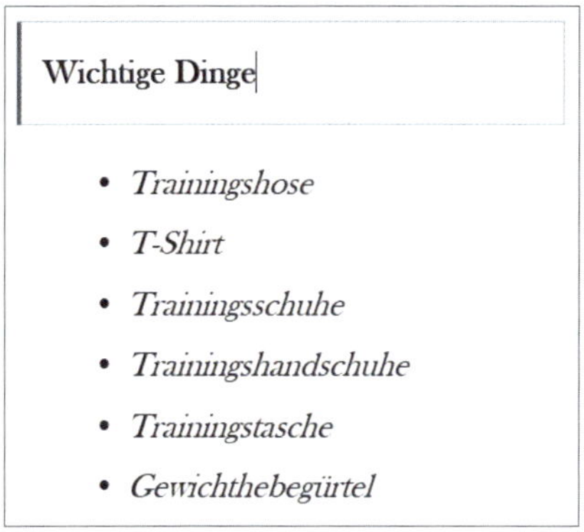

Die Überschrift wurde hinzugefügt

Tabellen

Mit diesem Typ fügen Sie einfache Tabellen ein, deren Spalten- und Zeilenanzahl Sie festlegen können. Für die Tabellen gibt es zwei verschiedene Stile, und es gibt die Option *Feste Breite*, wenn alle Spalten gleich breit sein sollen. Nehmen wir an, Sie wollen für Ihr zukünftiges Training in einem Fitnessstudio eine Tabelle mit Ihren Maßen wie Körpergewicht, Fett- und Muskelanteil anlegen und dies alle zehn Tage kontrollieren und eintragen. Für diesen Zweck ist eine Tabelle bestens geeignet.

Öffnen Sie den Bereich *Formatierung* im Blockbereich. Rufen Sie den Block *Tabelle* über das gleichnamige Symbol auf. Es erscheint ein Eingabefeld, in dem standardmäßig zwei Spalten und zwei Zeilen bereits eingetragen sind. Ändern Sie die Spalten auf vier und die Zeilen auf zehn, denn für die Spaltenüberschriften benötigen wir vier Spalten und für die Eintragungen über drei Monate elf Zeilen. Ein Eintrag alle zehn Tage ergibt 90 Tage, dafür sind zehn Zeilen und eine zusätzliche Zeile für die Überschrift nötig – das ergibt also elf Zeilen.

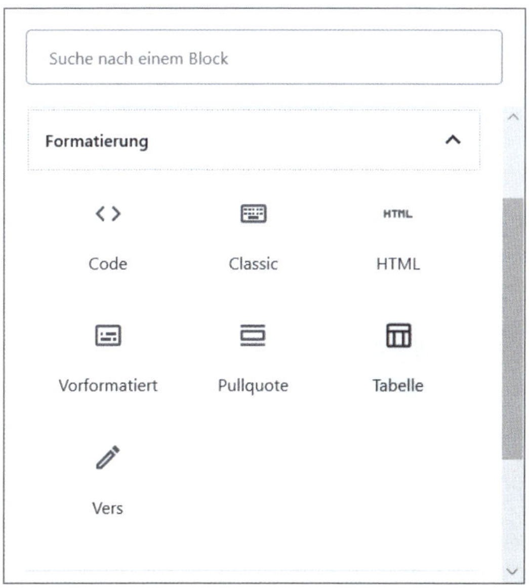

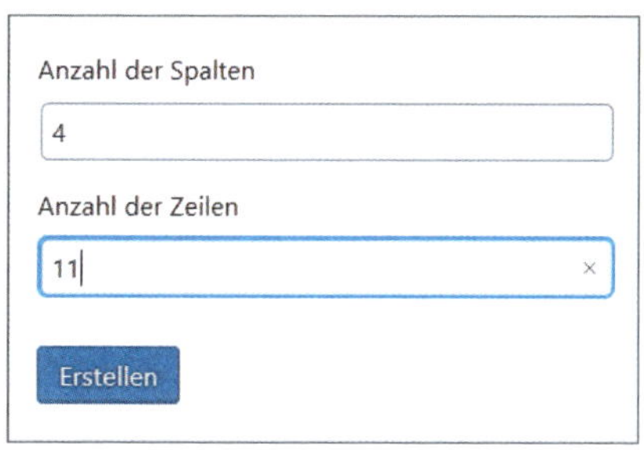

Starten Sie über dieses Symbol eine Tabelle, legen Sie die Anzahl der Spalten und Zeilen fest

Ein Klick auf *Erstellen* erzeugt eine leere Tabelle mit den vorab angegebenen Werten. Tragen Sie die Überschriften in die erste Zeile der einzelnen Spalten ein.

Datum	Gewicht	Fettanteil	Muskelanteil
1.2.2020			
10.1.2020			
20.1.2020			
1.2.2020			
10.2.2020			
20.2.2020			
1.3.2020			
10.3.2020			
20.3.2020			
31.3.2020			

Die Tabelle muss noch mit Text gefüllt werden, Überschrift und jeweiliges Datum sind eingetragen

Solange sich der Cursor in der Tabelle befindet, sehen Sie im Menüband die Einstellungsmöglichkeiten für die Tabelle. Sie können die Tabelle linksbündig oder rechtsbündig, zentriert und in weiter oder voller Breite ausrichten. Die beiden letzten Auswahlen muss Ihr ausgewähltes Theme allerdings akzeptieren. Hinter dem Tabellensymbol finden Sie noch weitere Optionen.

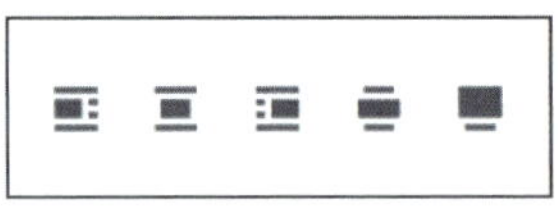

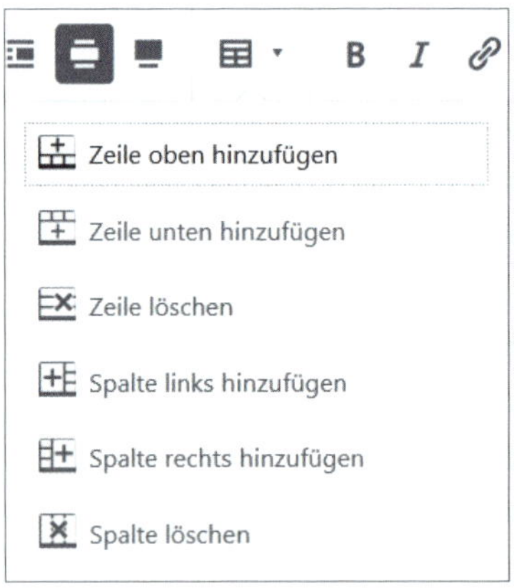

Symbole für das Layout und für Veränderungen in der Tabelle

Über die Seitenleiste sind weitere Einstellungen wie eine Hintergrundfarbe für die Tabelle möglich. Im Bereich *Farbeinstellungen* können Sie der Tabelle einen farbigen Hintergrund zur Verschönerung zuweisen, indem Sie eine der angezeigten Farben wählen.

Außerdem haben Sie die Möglichkeit, zwei verschiedene Stile für die Tabelle einzustellen: *Standard* und *Streifen*. *Standard* ist momentan aktiviert. Um zum anderen Stil zu wechseln, klicken Sie im Bereich *Styles* auf die Auswahl *Streifen*.

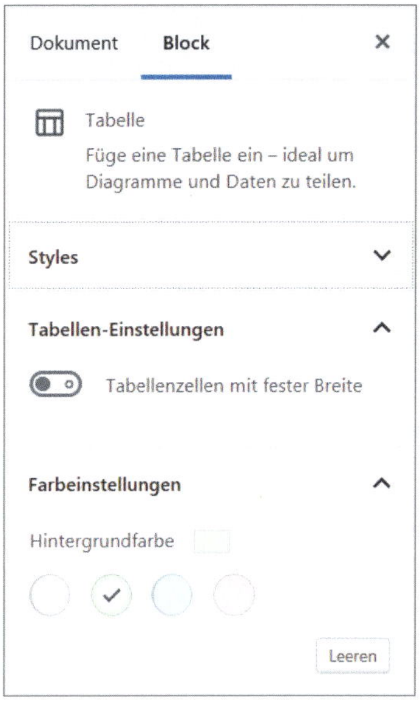

Datum	Gewicht	Fettanteil	Muskelanteil
1.2.2020			
10.1.2020			
20.1.2020			
1.2.2020			
10.2.2020			
20.2.2020			
1.3.2020			
10.3.2020			
20.3.2020			
31.3.2020			

Die Auswahl der Hintergrundfarbe

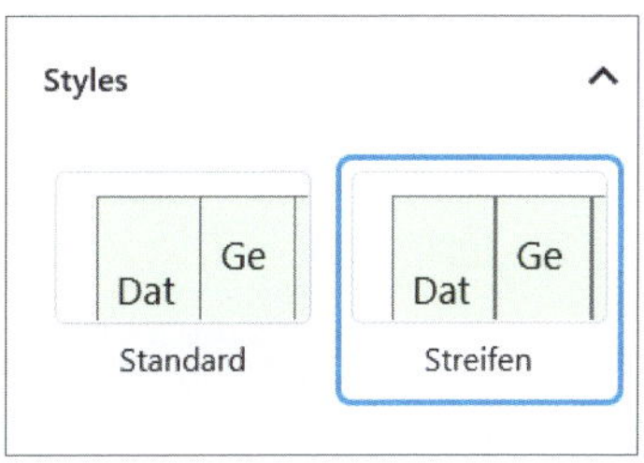

Datum	Gewicht	Fettanteil	Muskelanteil
1.2.2020			
10.1.2020			
20.1.2020			
1.2.2020			
10.2.2020			
20.2.2020			
1.3.2020			
10.3.2020			
20.3.2020			
31.3.2020			

Die beiden Stile der Tabelle. Die Tabelle in Streifenform für eine bessere Übersicht

Außer den bisher besprochenen Möglichkeiten können Sie noch eine feste Breite für die Tabelle einstellen. Wenn Sie diese Option aktivieren, wird die Breite der Spalten gleichmäßig verteilt, wenn nicht, werden die Spalten so breit wie ihr Inhalt.

Legen Sie hier die Art der Breite fest. Die Auswahl mit fester Breite

In diese Tabelle kann der Leser nichts eintragen, nur Sie selbst. Geben Sie dem Besucher deshalb einen kurzen Hinweis dazu. Legen Sie dafür vor der Tabelle einen neuen Absatzblock an.

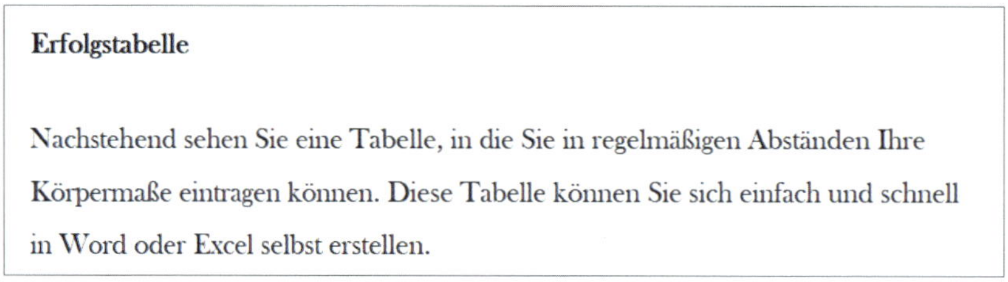

Erfolgstabelle

Nachstehend sehen Sie eine Tabelle, in die Sie in regelmäßigen Abständen Ihre Körpermaße eintragen können. Diese Tabelle können Sie sich einfach und schnell in Word oder Excel selbst erstellen.

Eine Mitteilung für den Surfer kann nie schaden

Hinweise für Tabellen

Eine Tabelle kann nicht in andere Blöcke umgewandelt werden.

Tabellen mit mehr als zwei Spalten sehen auf kleinen Ausgabegeräten nicht gut aus.

Zitate

Der Zitat-Block hilft Ihnen, Zitate gut zu präsentieren. Diese heben sich grafisch vom restlichen Block ab. Sie haben dafür die Auswahl aus zwei verschiedenen Größen. Zusätzlich zum Zitat lässt sich auch die Quelle einfügen. Öffnen Sie einen Zitat-Block über den Button *Block hinzufügen*. Geben Sie den Zitat-Text ein und geben Sie die Quelle an.

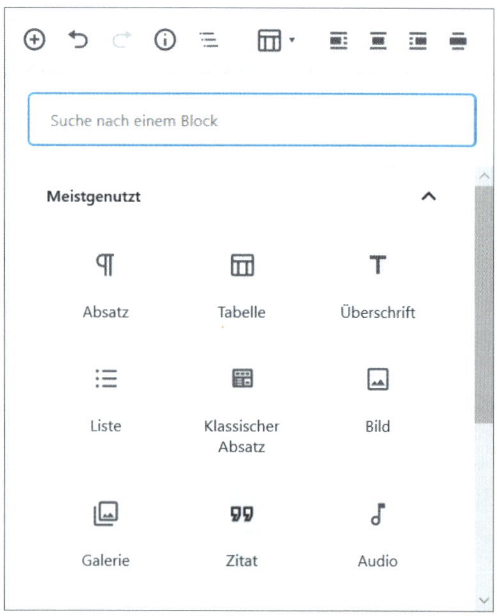

Der Zitat-Block wird aktiviert

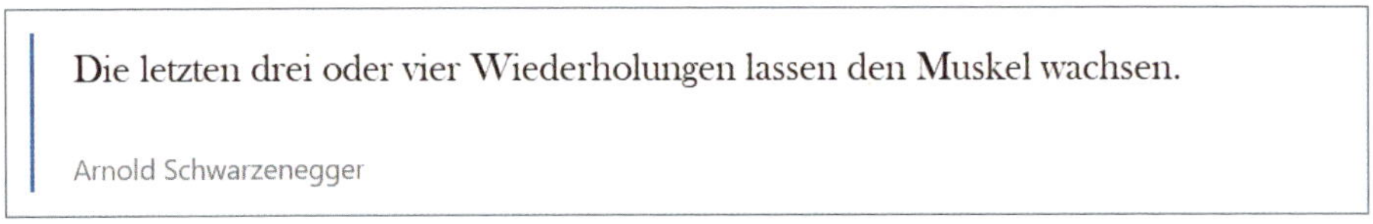

Ein kurzes, aber einprägsames Zitat

Über die Block-Einstellungen am rechten Bildschirmrand lässt sich die Größe des Zitats ändern. Sie haben die Wahl zwischen zwei Größen. Momentan ist *Standard* aktiv. Klicken Sie auf *Groß*. Das Zitat wird vergrößert dargestellt.

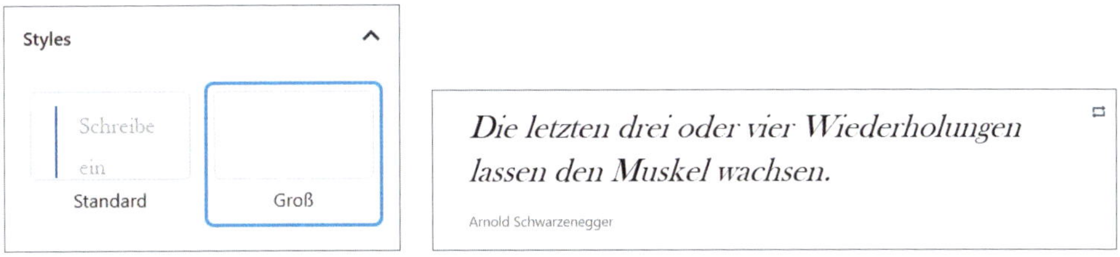

Auswahl der Zitatgrößen und auffallendere Darstellung des Zitats

Pullquotes

Ein Pullquote ist ein Hinweis auf eine Quelle. Dabei handelt es sich ebenfalls um ein Zitat, das groß und auffällig dargestellt und mit Trennstrichen abgegrenzt wird.

Einen Pullquote-Block rufen Sie über den Blockbereich *Formatierung* mit dem Symbol *Pullquote* auf.

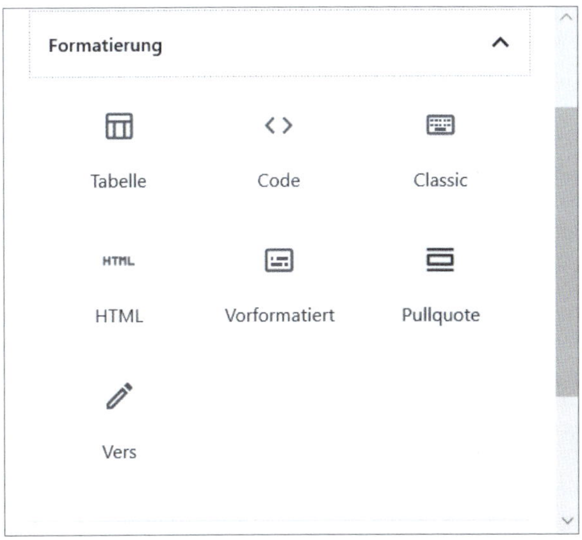

Ein Pullquote ist hilfreich bei der Quellenangabe

Der Block wird angezeigt und der Cursor blinkt an der Stelle, an der Sie den Text eingeben. Darunter sehen Sie einen Standardtext für die Quellenangabe. Ändern Sie diesen auf den Namen der Quelle.

Die Rohfassung des Blocks und mit Text gefüllt

Spalten

Der Gutenberg-Editor ist von Haus aus für einspaltige Texte ausgerichtet. Mehrspaltige Texte lassen sich ebenfalls erzeugen. Sie können mindestens zwei und höchstens sechs Spalten einfügen. In diese wiederum können Sie dann Blöcke einfügen. Als Standard legt der Editor zwei Spalten an, die über die Einstellungen der Blöcke angepasst werden können. Mithilfe der Spalten können Sie die einzelnen Abschnitte eines Dokuments vertikal einteilen und jeden Bereich mithilfe der Werkzeugleiste getrennt bearbeiten. Im Seitenmenü dieses Blocktyps lässt sich die Anzahl der Spalten einstellen.

Rufen Sie im Bereich *Layout-Elemente* das Symbol *Spalten* auf. Verwenden Sie bei mehr als drei Textspalten die Option *Weite Breite*. Das geht allerdings nur, wenn das ausgewählte Theme dies unterstützt. In jede Spalte können Sie weitere Blöcke wie Überschriften oder Zitate einfügen.

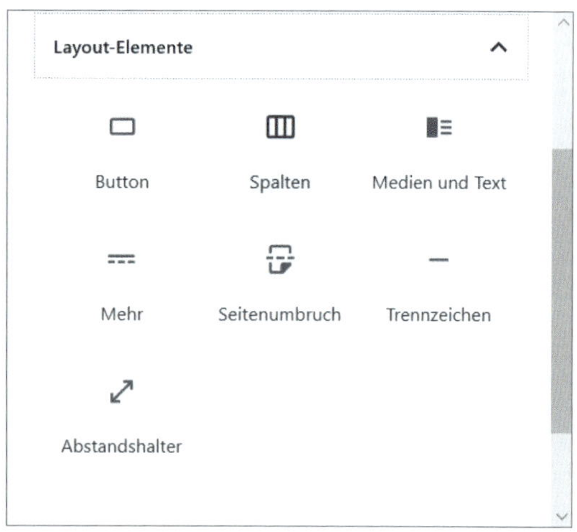

Hier wird der Block für Spalten geöffnet

Zwei Spalten stehen zur Verfügung

Button

Ein Button kann den Leser anregen, die Informationen, die nach dem Klick darauf zu sehen sind, aufzurufen. Bei der Bearbeitung eines Buttons haben Sie zwei Möglichkeiten: den Button zu beschriften oder eine URL zu hinterlegen, die dann wiederum durch Klick auf den Button aktiviert wird. Öffnen Sie einen Button über den Bereich *Layout-Elemente* durch Klick auf das Symbol *Button*.

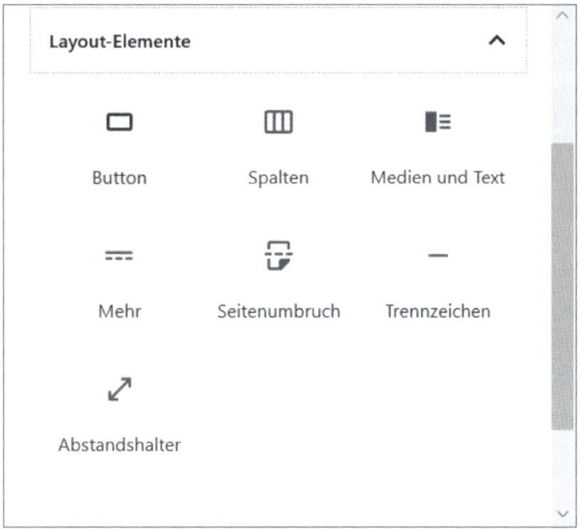

Aktivieren Sie den Button

Wenn Sie den Block *Button* aufrufen, wird ein Button mit Beispieltext angezeigt. Ändern Sie diesen auf den gewünschten Eintrag. Im Eingabefeld darunter geben Sie dann die URL ein oder kopieren diese einfach hinein. Sie könnten praktischerweise auch einen Link zu Ihrer Webseite angeben. Ein Klick auf die Schaltfläche neben dem Eingabefeld aktiviert den Link.

Das Eingabefeld für den Button und für den Link

Der Button ist beschriftet und die URL angegeben

Mithilfe der Werkzeugleiste am oberen Bildschirmrand lässt sich der Button platzieren. Der Link wird dabei auch mittig platziert. Dieser ist aber nur in Ihrem Arbeitsbereich zu sehen, für den Besucher nicht.

Über den Bereich *Styles* rechts am Bildschirmrand können Sie dem Button eine andere Form zuweisen und im Bereich *Farbeinstellungen* Text- und Hintergrundfarbe ändern.

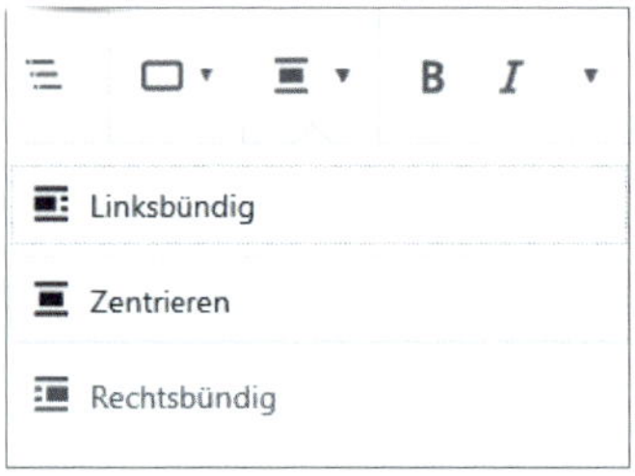

Die Symbole für die Platzierung

Der Button und der Link wurden mittig platziert

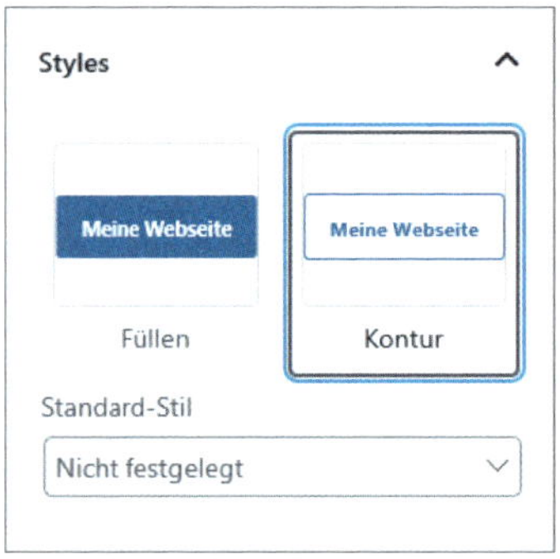

Die Konturform wurde gewählt

Hier werden die Farben zugewiesen

Seitenumbruch

Damit können Sie Artikel auf mehrere Seiten aufteilen. Dies ist ideal für lange Artikel, kann aber auch zum Abbruch des Lesevorgangs durch den Besucher führen. Den Seitenumbruch erzeugen Sie über das gleichnamige Symbol in der Blockauswahl. Die gestrichelten Linien und der Text sind nur in Ihrem Arbeitsbereich zu sehen, für den Besucher Ihres Blogs nicht.

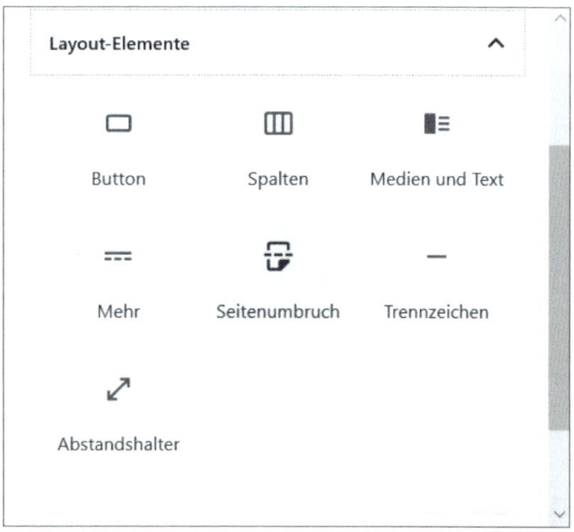

Der Weg zum Seitenumbruch

Der Seitenumbruch wird angezeigt

10.4 Medien und Text

Mithilfe dieses Blocks können Sie eine oder mehrere Grafiken zusammen mit Text darstellen. Das Bild und der Text sind dabei getrennt, aber trotzdem in einem Block. In diesem Beispiel habe ich eines meiner Bücher am Ende des Textes eingefügt. Sie können als Firma genauso gut Produkte mit deren Beschreibung oder, falls Sie etwa ein Restaurant betreiben, eine besondere Spezialität mit den Zutaten anpreisen. Fügen Sie den Block über den Auswahlbereich *Layout-Elemente* durch Klick auf *Medien und Text* ein.

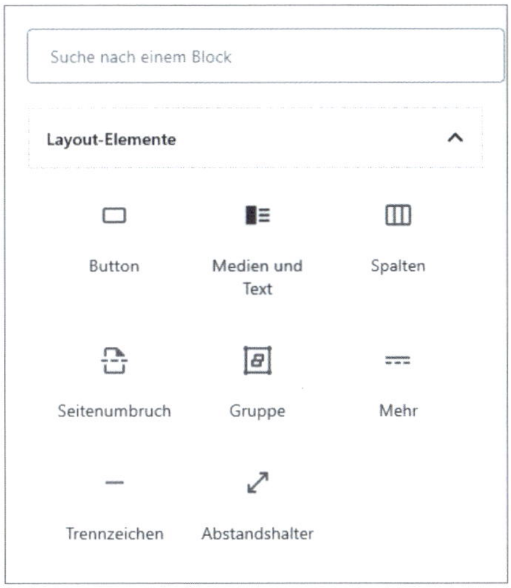

Wählen Sie einen neuen Block aus

Der Block wird im Beitrag angezeigt

Die Größe des Bildes und des Textteils lassen sich separat einstellen, damit sich ein passendes Verhältnis zueinander ergibt. Wenn Sie in das Bild klicken, zeigt sich ein Rahmen um das Bild mit einem blauen Punkt am rechten Rand. Wenn Sie diesen mit gedrückt gehaltener linker Maustaste anklicken, verändert sich der Mauszeiger in ein Fadenkreuz, und Sie können durch Bewegen des Mauszeigers nach innen oder außen das Bild verkleinern oder vergrößern, wobei eine Vergrößerung allerdings meist nicht infrage kommt.

Das eingefügte Bild wurde verkleinert

Geben Sie jetzt rechts neben dem Bild den Text dazu ein, und wählen Sie in der rechten Spalte im Pop-up-Fenster im Bereich *Text-Einstellungen* die Größe *Klein*.

Die kleinste Schrift wurde gewählt

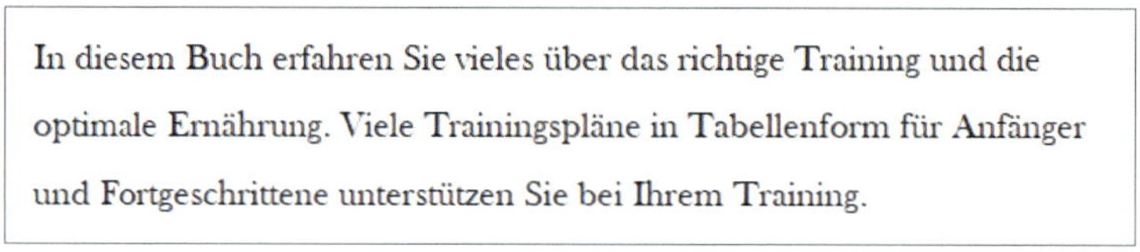

Der Text zum Buch in kleiner Schrift

Ist dies erledigt, sollte noch ein Link zum Buch unterhalb des Textes platziert werden. Durch Drücken der ↵-Taste wird ein neuer Absatz erzeugt. Klicken Sie in der Werkzeugleiste das *Verlinken*-Icon an, um das Eingabefeld anzuzeigen. Kopieren Sie den Link hinein, und übernehmen Sie ihn durch Klick auf den Pfeil rechts neben dem Link in den Absatz.

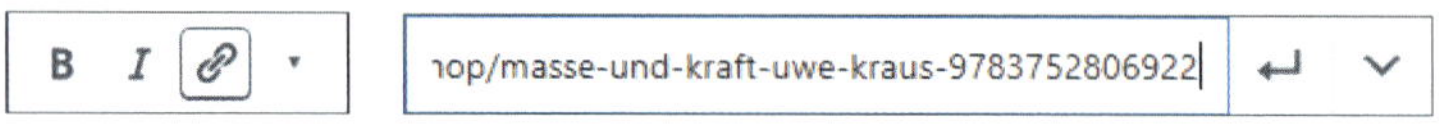

Das Icon für den Link. Der Link wurde zur Übernahme kopiert

In meinem Beispiel erstreckt sich der Link über zwei Zeilen. Das sieht nicht gut aus. Deswegen weise ich dem Link ebenfalls die kleine Schriftgröße zu. Da es sich hier um einen neuen Absatz handelt, wird die Schriftgröße nicht automatisch übernommen und muss neu zugewiesen werden.

Der Link steht in zwei Zeilen

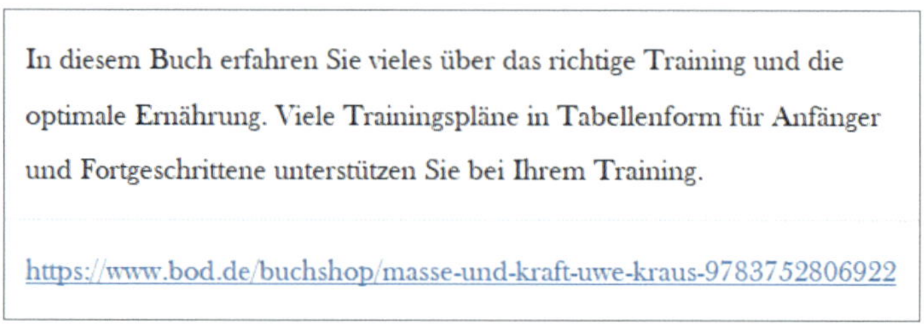

Jetzt sieht das Ganze passabel aus

Im Textteil können Sie die Hintergrundfarbe in den Farbeinstellungen ändern. Die Platzierung von Bild und Text lässt sich tauschen, wenn Sie das Icon *Medien rechts anzeigen* in der Werkzeugleiste anklicken.

Das Symbol zum Vertauschen

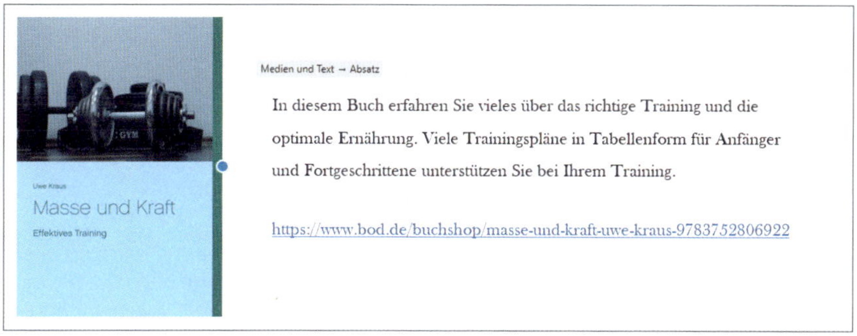

Das Bild kann auf der linken …

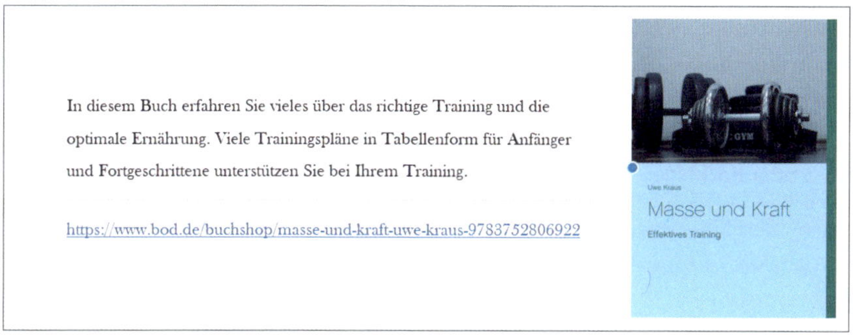

… oder auf der rechten Seite platziert werden

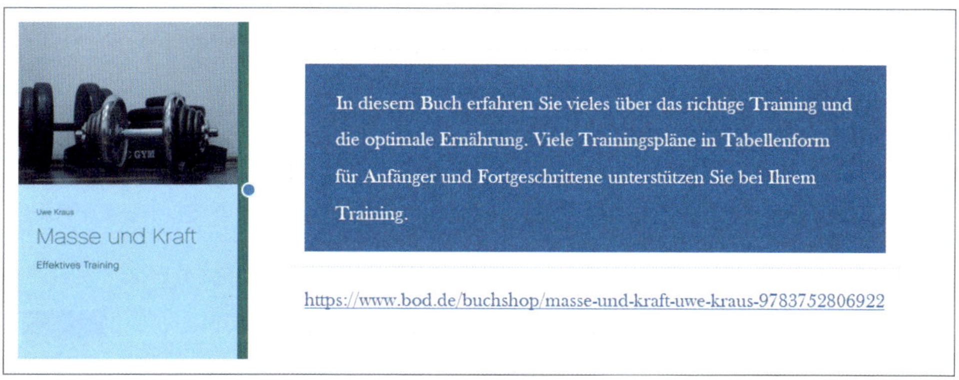

Das Ganze noch mal mit farbigem Texthintergrund

10.5 Die Datei

In Verbindung mit der Vorstellung eines Buches bietet es sich an, ein Kapitel daraus als Download zur Verfügung zu stellen. Dafür nutzen Sie den Datei-Block.

Entweder Sie laden die Datei in die Mediathek hoch und von dort in den Beitrag, oder Sie laden sie direkt von Ihrem PC in den Beitrag.

Es gibt zwei Möglichkeiten, die Datei hochzuladen

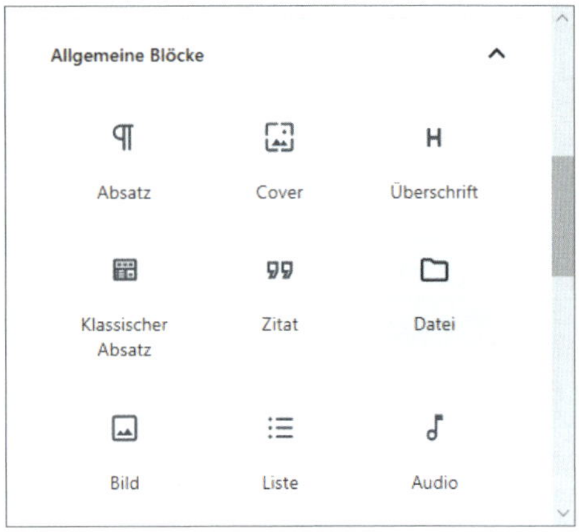

Legen Sie einen Datei-Block an

In der Mediathek wird Ihnen in der rechten Spalte der Titel der Datei angezeigt und nach einem Klick auf den Button *Auswählen* übernommen.

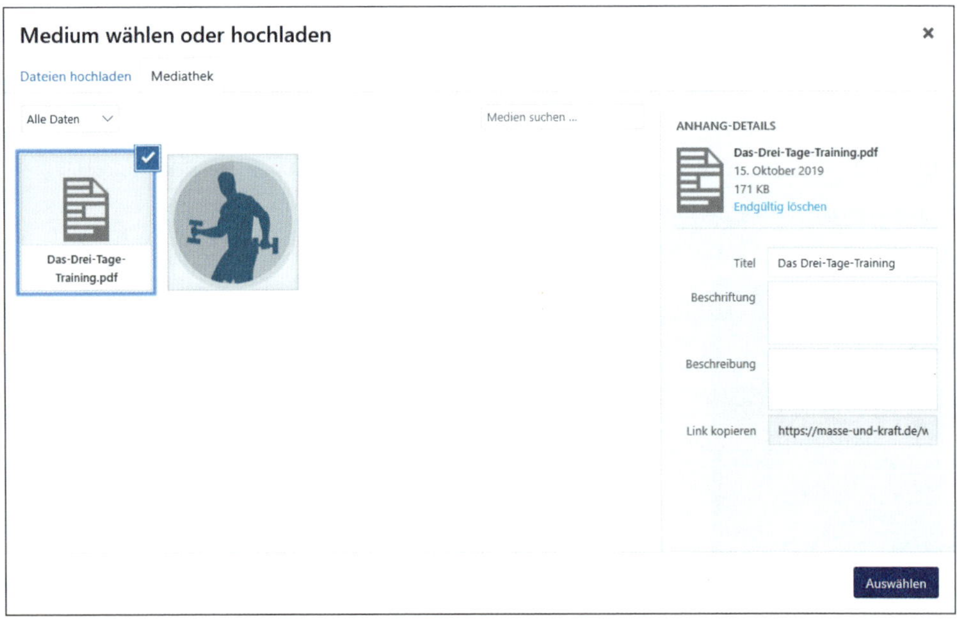

Die Datei wird in der Mediathek ausgewählt

Sie können den Titel im Block oder im Button ändern. Der Button lässt sich auch ausblenden, denn der Besucher erreicht sowohl über den Link als auch über den Button den Beitrag.

Dies ist allerdings etwas verwirrend für ihn, denn er weiß ja nicht, ob ein Download möglich ist. Durch den Button *Herunterladen* wird ihm das klar und verständlich angeboten.

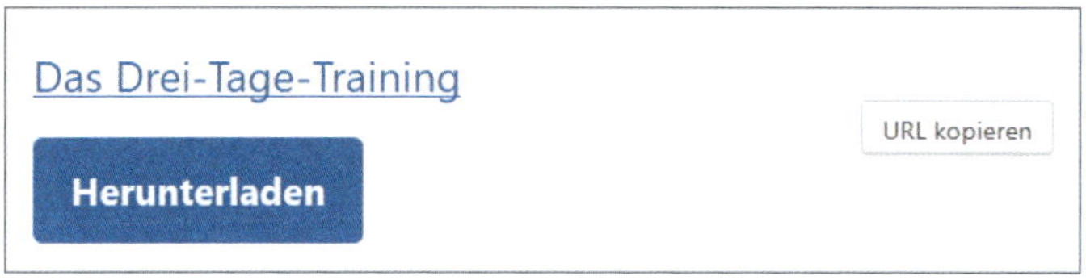

Die Datei steht zum Download bereit

Wenn Sie mehrere Dateien zum Download anbieten wollen, blenden Sie den Button aus und legen weitere Dateiblöcke an, die Sie dann zur jeweiligen Datei verlinken.

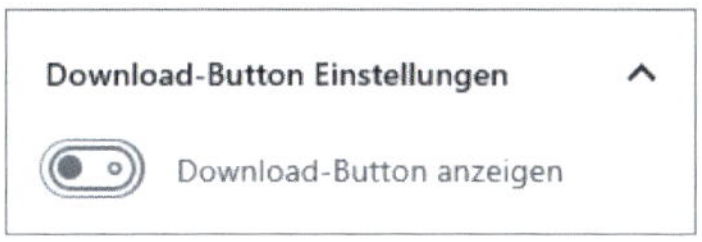

Hier wird der Button ausgeblendet

Der Block ohne den Download-Button

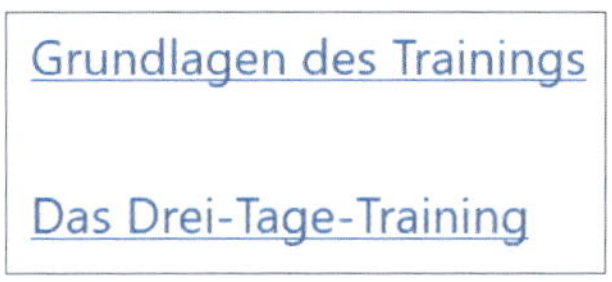

Mehrere Dateien werden zum Download angeboten

In beiden Fällen sollten Sie einen Hinweis zur Möglichkeit des Downloads angeben.

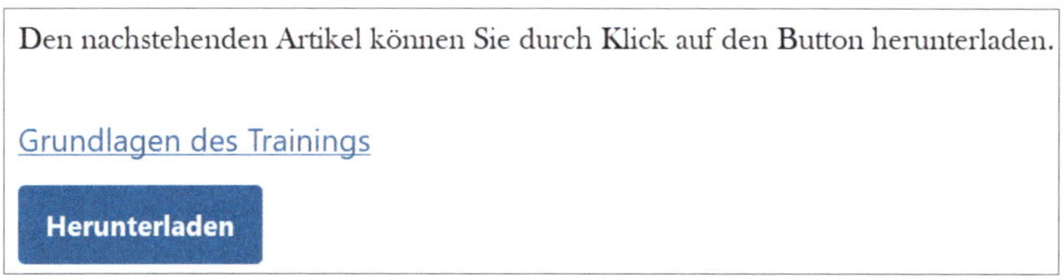

Weisen Sie Ihre Leser so ...

... oder so auf den Download hin

10.6 Wiederverwendbare Blöcke

Jeden Block aus dem gerade bearbeiteten Beitrag oder auch aus einem anderen können Sie als wiederverwendbar speichern, um den einen oder anderen später in einem anderen Beitrag zu nutzen.

Wenden wir uns als Beispiel noch mal dem ersten Zitat von Arnold Schwarzenegger zu. Klicken Sie zuerst in den Blog und öffnen Sie dann die Block-Einstellungen. Wählen Sie die Option *Zu wiederverwendbaren Blöcken hinzufügen* per Mausklick aus.

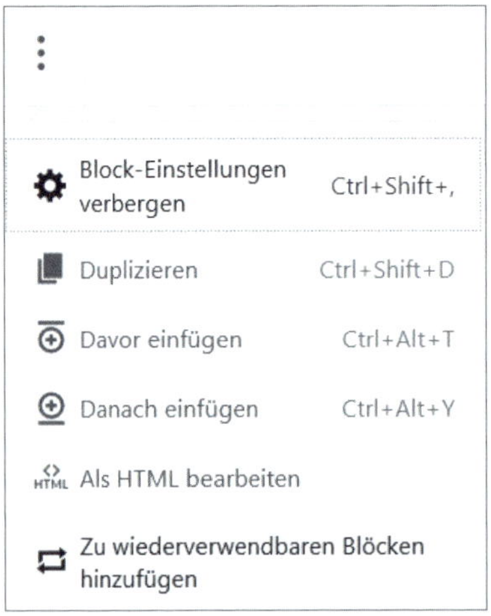

Speichern Sie einen Block für die Zukunft

Im Block erscheint ein Eingabefeld für den Namen des wiederverwendbaren Blocks. Vergeben Sie einen passenden und klicken Sie auf *Speichern*. Der Button für das Speichern wechselt auf *Bearbeiten* und links wird der vergebene Name angezeigt, den Sie über den Button *Bearbeiten* jederzeit wieder ändern können.

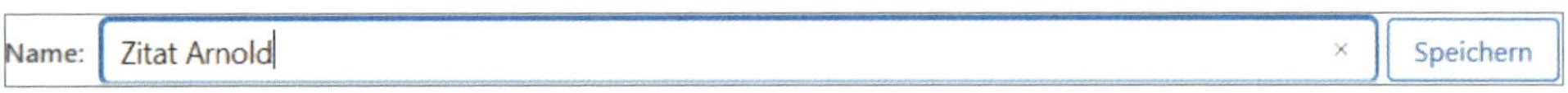

Der Name für den wiederverwendbaren Block wurde festgelegt ...

... und lässt sich schnell ändern

Unter den Block-Einstellungen wird die Aktualisierung des Blocks verkündet.

In diesem Fall bedeutet die Aktualisierung eine Kopie des Blocks

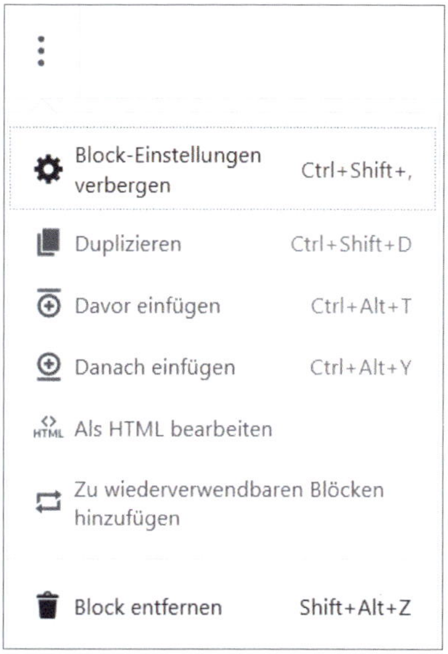

Hier geht es zu den wiederverwendbaren Blöcken

Alle von Ihnen gespeicherten Blöcke zur Wiederverwendung finden Sie unter der Blocksuche am Ende der Auswahl. Ein Klick auf *Wiederverwendbar* zeigt die bisher gespeicherten Blöcke an.

Über den Link *Alle wiederverwendbaren Blöcke verwalten* können Sie eine Liste mit allen Blöcken, die Sie für die Wiederverwendung angezeigt haben, aufrufen. Von hier aus haben Sie die Möglichkeit, diese wieder zu löschen. Durch dieses Löschen wird der Block von allen Beiträgen oder Seiten entfernt, in die Sie ihn eingefügt haben.

Anzeige der wiederverwendbaren Blöcke

Wenn Sie den Titel des Blocks mit dem Mauszeiger berühren, werden einige Optionen dazu angezeigt. Sie können den Block bearbeiten oder in den Papierkorb verschieben. Im Papierkorb wird die Datei so lange gelagert, bis Sie sie endgültig löschen. Sie haben dadurch immer noch eine Sicherheit, wenn Sie etwas versehentlich in den Papierkorb schieben.

Wenn Sie Text im Block ändern, wird er automatisch an jeder Stelle geändert, an der dieser Block eingefügt wurde.

Die Anzeige der wiederverwendbaren Blöcke in Listenform

Wiederverwendbare Blöcke sind übrigens an ihrem gestrichelten Rahmen und dem Doppelpfeil rechts oben im Block erkennbar.

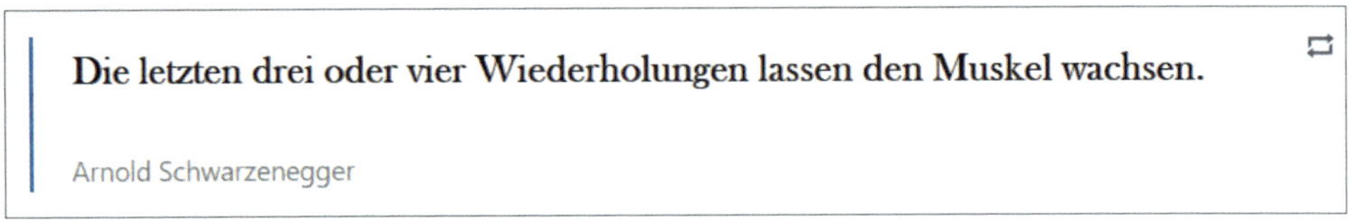

Ein wiederverwendbarer Block

10.7 Blöcke verschieben

Nun kommen wir zu einem wichtigen Punkt, und zwar das Verschieben von Blöcken. Wenn Sie einen Block nach oben oder unten verschieben wollen, funktioniert das über die beiden Pfeile links oben außerhalb des Blocks.

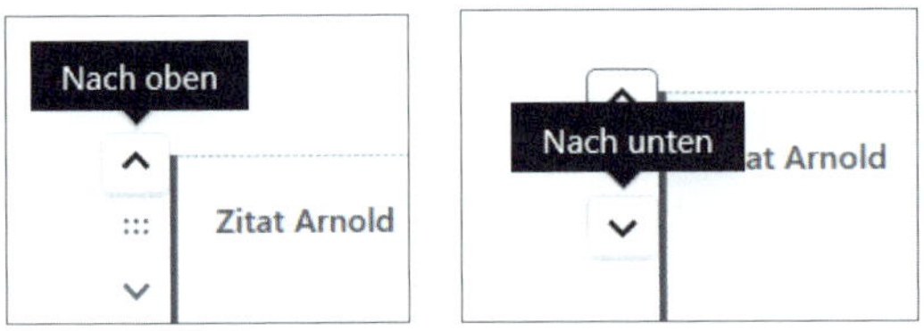

Nach oben ... oder nach unten?

Dadurch wird der Block entweder vor den Block, der über ihm steht, oder hinter den Block, der unter ihm steht, verschoben. Hört sich kompliziert an?

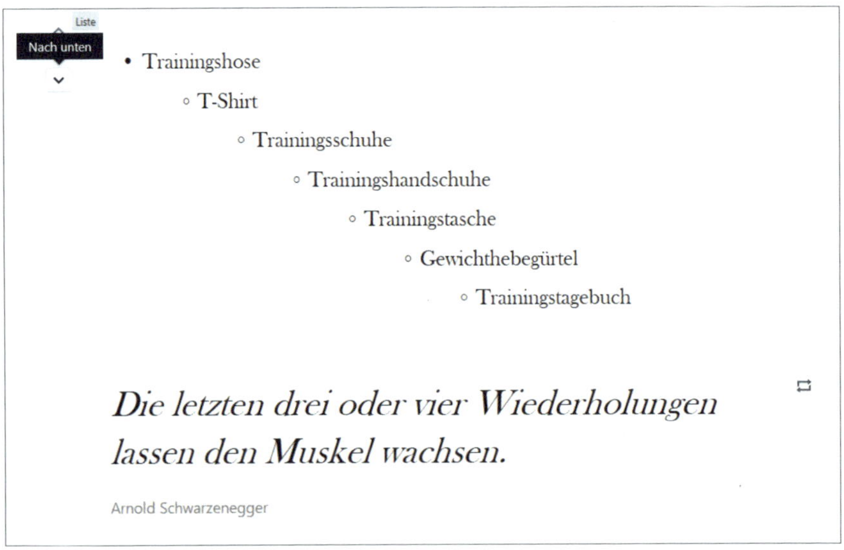

Ein Block soll nach unten verschoben werden

Hier ein Beispiel: Sie wollen den Block *Liste* unter den Block *Zitat* setzen. Klicken Sie dazu außerhalb des Blocks *Liste* auf den Pfeil, der nach unten zeigt. Der Block *Liste* wird nun unterhalb des Blocks *Zitat* platziert.

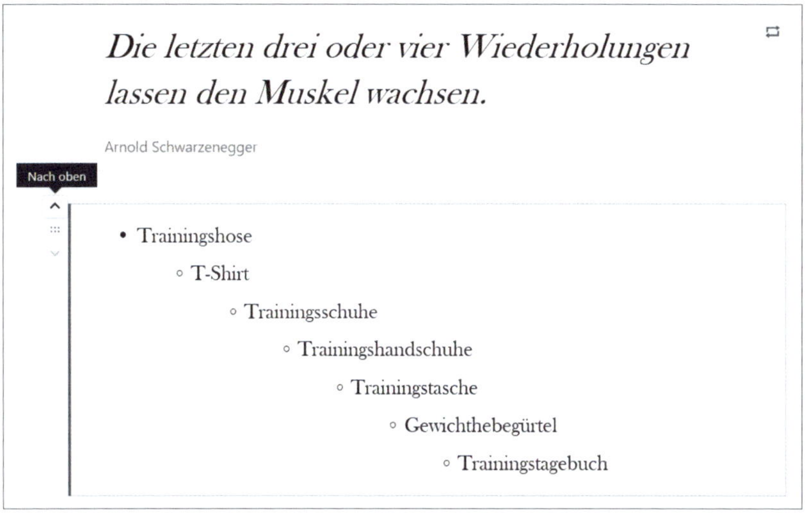

Das Verschieben des Blocks war erfolgreich

Um den Block wieder an die vorangegangene Stelle zu setzen, klicken Sie diesmal auf den Pfeil, der nach oben zeigt. Der Block wird wieder an der alten Stelle platziert. Alternativ können Sie den Block über das Symbol mit den drei Punkten, das zwischen den Pfeilen steht, verschieben. Wenn Sie dieses Symbol mit der Maus berühren, ändert sich der Mauszeiger in eine Hand. Jetzt können Sie den Block mit gedrückt gehaltener linker Maustaste wie bei Drag-and-drop verschieben.

Wenn Sie mehrere Blöcke verschieben wollen, klicken Sie in den ersten an, halten die ⇧-Taste gedrückt und markieren weitere. Das ist nötig, wenn Sie einen Block als Überschrift haben und den dazugehörigen Text verschieben wollen. In diesem Fall werden beide Blöcke farbig hinterlegt, und Sie können diese zusammen als eine Einheit über die Pfeiltasten nach oben oder unten verschieben. Das Symbol mit den drei Punkten wird beim Verschieben mehrerer Blöcke gleichzeitig nicht aktiv.

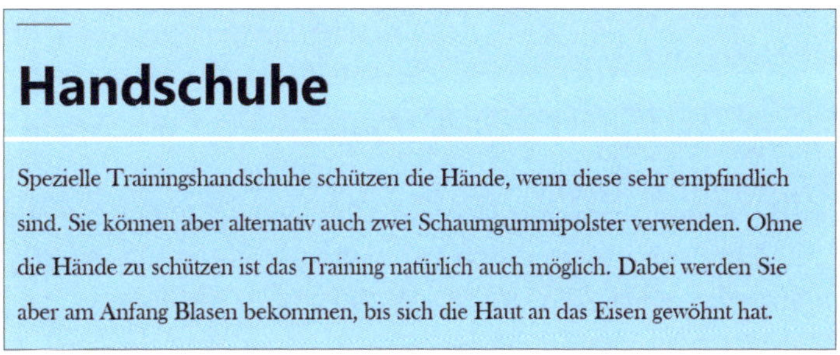

Die Markierung von zwei Blöcken

10.8 Einbettungen

Falls Sie irgendwo einmal den Begriff *Embeds* lesen – dabei handelt es sich um Einbettungen. Damit fügen Sie Inhalte aus anderen Plattformen wie Facebook oder Instagram ein. Dadurch können Sie Ihre Beiträge um interessante Infos erweitern, ohne dass Sie zu einer Seite verlinken müssen.

Öffnen Sie einen Beitrag und setzen Sie den Cursor an die Stelle, an der die Einbettung platziert werden soll. Öffnen Sie in der Blockauswahl den Bereich *Einbettungen*. Hier finden Sie zahlreiche Plattformen, die Sie einbetten können. Wählen Sie beispielsweise *Instagram* aus.

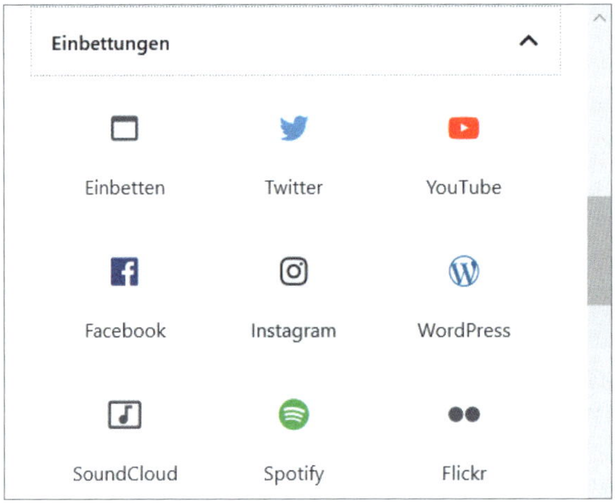

Die Icons zum Einbetten stehen bereit

Ein neuer Block mit einem Eingabefeld wird am Ende Ihres Beitrags eingefügt. Geben Sie die URL der Seite ein oder kopieren Sie diese hinein.

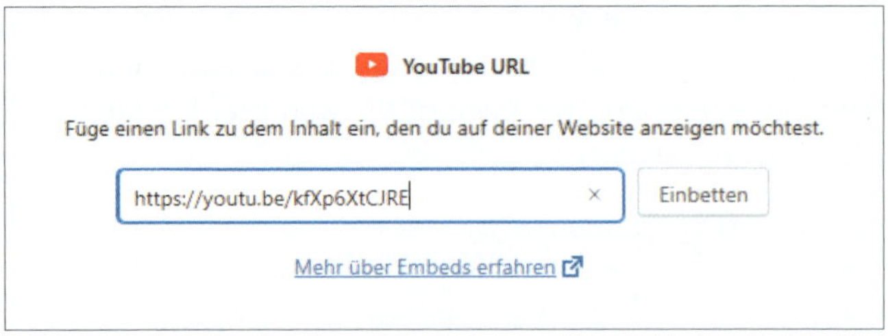

Die Einbettung von Instagram wird vorgenommen

Klicken Sie auf *Einbetten*, um die Aktion abzuschließen. Sollte das nicht funktionieren und die unten stehende Fehlermeldung angezeigt werden, bleibt Ihnen nichts anderes übrig, als auf den Button *In Link umwandeln* zu klicken, um eine Verlinkung zu aktivieren.

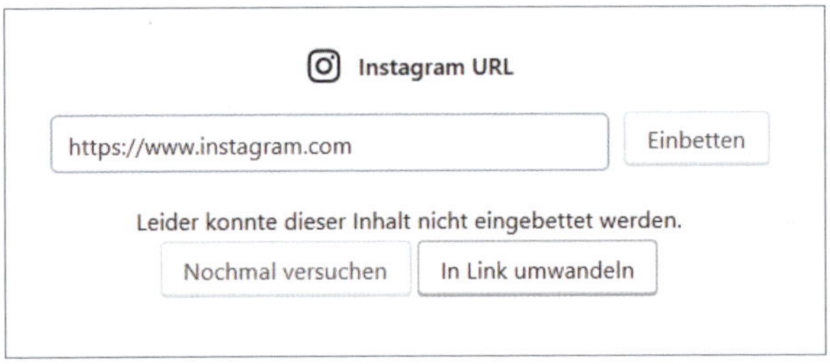

Die Einbettung hat leider nicht funktioniert

Die Verbindung zu Instagram steht

Sehen wir uns noch ein weiteres Beispiel an, die Einbettung eines YouTube-Videos. Wir möchten ein Video über Ernährung von Thomas Bluhm, dem Blogger mit dem größten Fitness-Blog in Deutschland, einfügen.

Ein Video soll eingebettet werden

Öffnen Sie zuerst das Video und klicken Sie dann unter diesem auf den Link *Teilen*. Das Fenster *Teilen* wird angezeigt. Ein Klick auf *Kopieren* merkt die URL zum Einfügen vor.

Der Link zum Teilen eines Videos

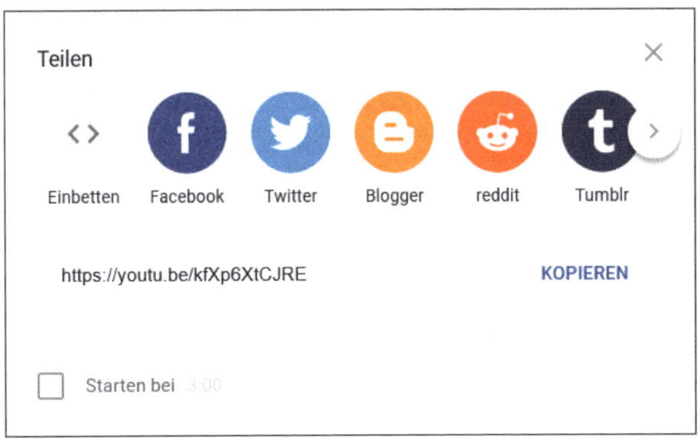

Von hier aus wird die URL kopiert

Klicken Sie im Bereich der Einbettungen *YouTube* an, um diesen Block in Ihren Text einzufügen.

Kopieren Sie dann den Link des Videos mit der Tastenkombination Strg+V in das Eingabefeld. Ein weiterer Klick auf den Button *Einbetten* fügt das Video in den Text ein.

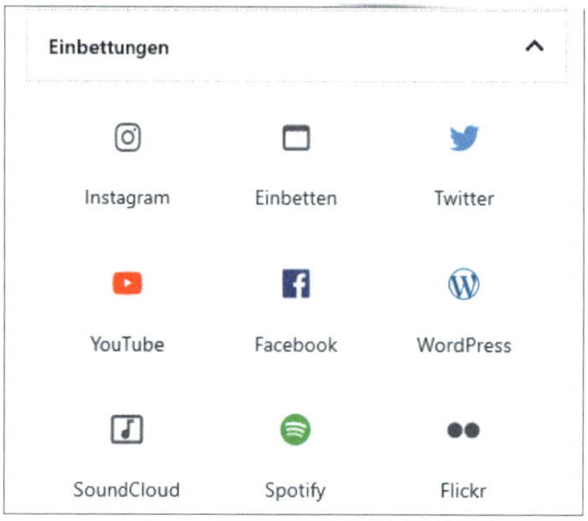

Fügen Sie den YouTube-Block ein

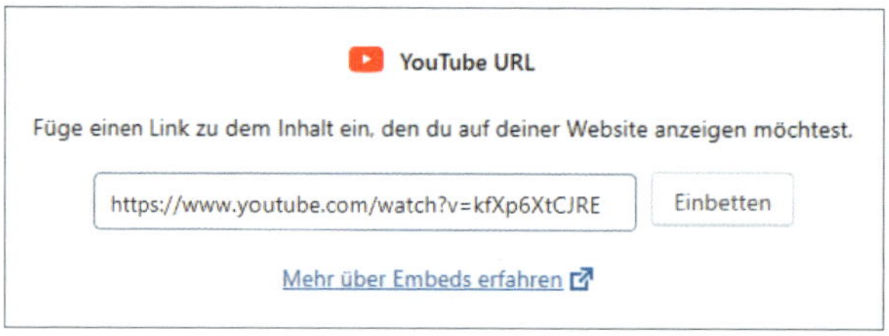

Kopieren Sie die URL in das leere Feld

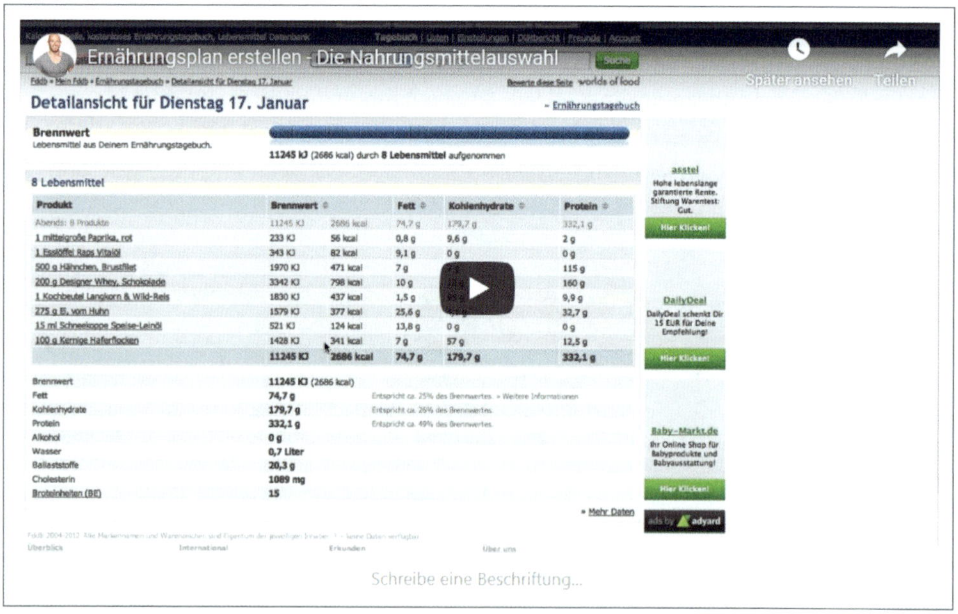

Das Video wurde in den Beitrag eingefügt

Speichern Sie den Vorgang ab und testen Sie in der Vorschau, ob sich das Video starten lässt. Wie Sie sehen, ist es immer der gleiche Vorgang, um etwas einzubetten – egal, ob es der direkte Weg zu einer Social-Media-Seite, zu einem Video oder einem Bild ist.

10.9 Permalinks

Bevor wir die Bearbeitung der Permalinks besprechen, möchte ich Ihnen kurz erklären, was ein Permalink überhaupt ist. Jeder Titel eines Beitrags enthält diesen Permalink. Er ist sehr wichtig, um Ihren Beitrag überhaupt zu finden. Darauf gehe ich in Kapitel 33 zur Suchmaschinenoptimierung noch näher ein. In diesem Abschnitt beschäftigen wir uns nur kurz mit dem Permalink. Wenn Sie in den Titel Ihres Beitrags klicken, wird der Permalink aktiviert. Über den Button *Bearbeiten* können Sie ihn ändern.

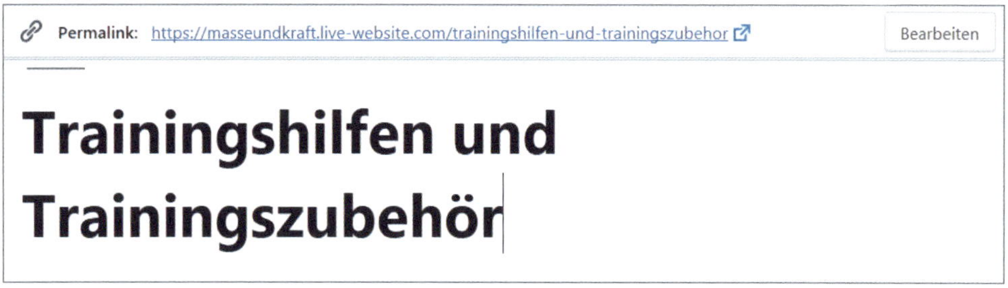

Der Permalink wird angezeigt

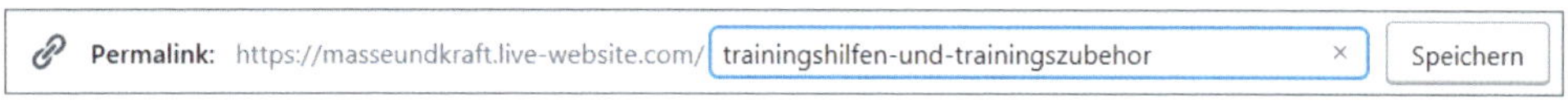

Hier lässt sich der Permalink ändern

Alternativ geht dies auch über die Einstellungen, die Sie sich über das Zahnradsymbol am oberen rechten Bildschirmrand anzeigen lassen können. Öffnen Sie den Bereich *Permalink* durch Klick auf den Pfeil, der nach unten zeigt, um ein Eingabefeld für die Änderung des Permalinks zu öffnen. In diesem Feld können Sie Ihre Änderung vornehmen.

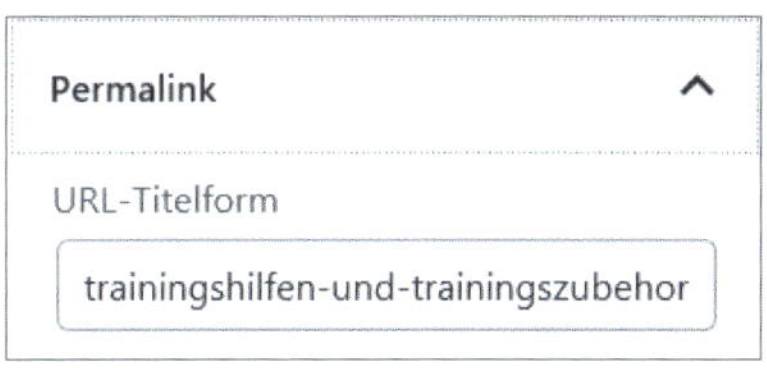

Eine weitere Möglichkeit, den Permalink zu ändern

10.10 Die Vorschau

Wenn Sie alle Überschriften und Texte eingegeben, Buttons erstellt, vielleicht noch Blöcke verschoben, Einbettungen erzeugt und alles gespeichert haben, sollten Sie jetzt einen Blick in die Vorschau werfen.

Dies geschieht über den Button *Vorschau*, der am oberen Bildschirmrand im rechten Bereich angezeigt wird. In der Vorschau wird alles so angezeigt, wie es nach der Veröffentlichung des Beitrags im Internet aussieht. Sie sehen oben links den Namen des Blogs, dann den Titel des Beitrags, den Namen des Verfassers und das Datum.

Über den Button *Beitrag bearbeiten* am oberen Bildschirmrand gelangen Sie wieder in den Arbeitsbereich zurück. Ist alles zu Ihrer Zufriedenheit, können Sie Ihren Blog über den Button *Veröffentlichen*, den Sie direkt neben dem Button *Vorschau* finden, im Internet präsentieren. Dies sollten Sie allerdings erst tun, wenn Sie einige Artikel geschrieben haben.

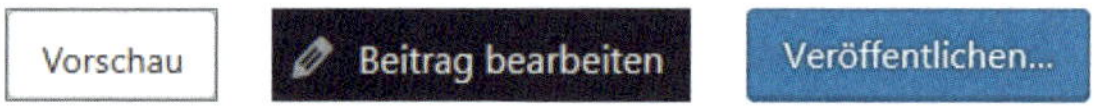

Von der Vorschau zurück zur Bearbeitung und zur Veröffentlichung

So sieht der Beitrag in der Vorschau aus

11. Plug-ins

Plug-ins sind kleine Programme, die Sie bei der Arbeit mit WordPress unterstützen. Diese kleinen Helfer gibt es fast zu allen Bereichen, von der Textverarbeitung über die Bildgestaltung bis zum Tool für Kommentare. In jedem Theme stehen Ihnen standardmäßig einige Plug-ins zur Verfügung. Unser für den Blog »Masse und Kraft« verwendetes Theme namens *Twenty Nineteen* enthält standardmäßig verschiedene, bereits aktivierte Plug-ins. Wir wollen jedoch noch einige hinzufügen.

11.1 Vorhandene Plug-ins nutzen

An zwei Beispielen möchte ich Ihnen die Nutzung von vorhandenen Plug-ins zeigen. Dafür habe ich eines für die Spambekämpfung und eines, um die Funktionen im Block-Editor *Gutenberg* und im klassischen Editor zu erweitern, ausgesucht. Zu jedem Plug-in werden Ihnen übrigens der Entwickler oder das Entwicklerteam und die Möglichkeit, sich Details anzuschauen, angezeigt.

Vorsicht bei älteren Plug-ins

Verzichten Sie auf Plug-ins, die nicht mehr weiterentwickelt werden.

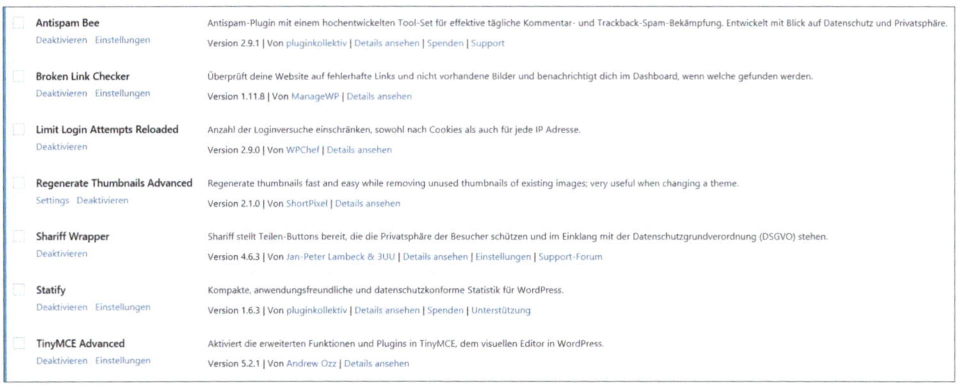

Die Liste der bereits vorinstallierten Plug-ins

Antispam Bee

Sie benötigen unbedingt ein Plug-in für die Vermeidung von Spam in den Kommentaren. Ohne ein derartiges Plug-in wird Ihre Seite schnell mit Datenmüll gefüllt sein. Hier sollten Sie auf *Antispam Bee* zurückgreifen. Dieses Tool ist in deutscher Sprache erhältlich und sorgt dafür, dass Spamkommentare automatisch in Ihrem Spamordner landen.

Über den Link *Einstellungen* kommen Sie zu den verschiedenen Optionen dieses Plug-ins. Am wichtigsten sind die beiden ersten Spalten, die wichtige Antispam-Optionen und Erweiterungen dazu enthalten.

Hier geht es zu den Einstellungen für das Plug-in

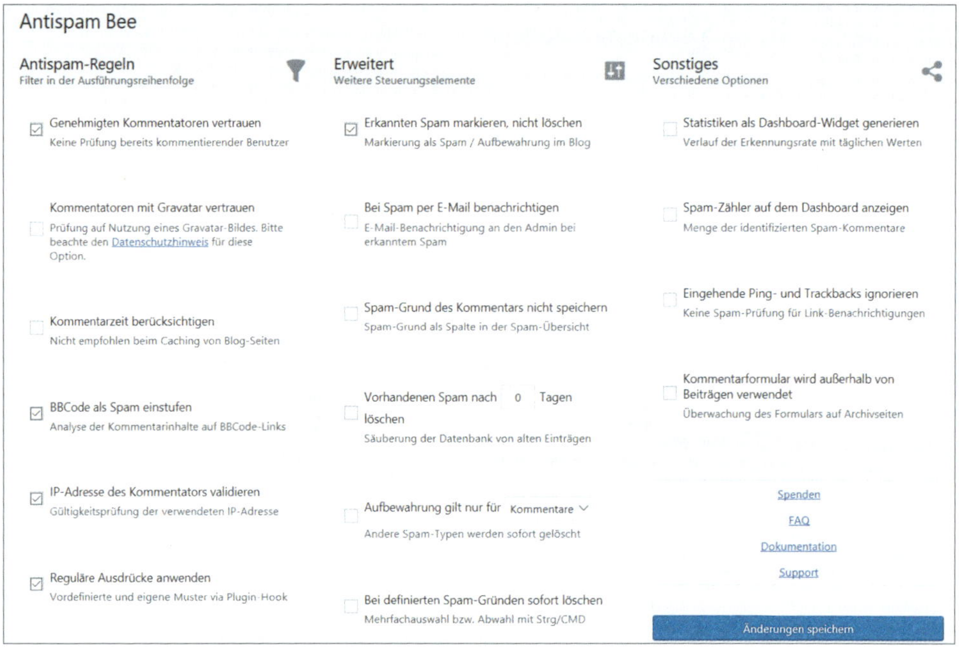

Die vielen Auswahloptionen von Antispam Bee

Die Option *Genehmigten Kommentatoren vertrauen* können Sie akzeptieren. *Kommentatoren mit Gravatar vertrauen* sollten Sie deaktiviert lassen. *Kommentarzeit berücksichtigen* sollten Sie ebenfalls nicht aktivieren, denn diese Option sieht zu schnell abgeschickte Kommentare als Spam an. *BBCode als Spam einstufen* sollte aktiviert sein.

Die Option *IP-Adresse des Kommentators validieren* sollten Sie deaktivieren, denn hier kann es zu Problemen mit der IP-Adresse kommen. Dagegen sollte die Option *Reguläre Ausdrücke anwenden* auf jeden Fall aktiviert sein. *Lokale Stammdatenbank miteinbeziehen* zu aktivieren ist ebenfalls empfehlenswert, um den Blog nach Spam durchsuchen zu lassen.

Kommentare aus bestimmten Ländern blockieren oder zulassen müssen Sie nicht aktivieren. Diese werden anhand der IP-Adresse erkannt. Die Whitelist sperrt alle Länder bis auf die in der Liste aus. *Kommentare in nur einer bestimmten Sprache zulassen* prüft, ob der Kommentar in einer festgelegten Sprache verfasst wurde. Nur diese werden zugelassen, alle anderssprachigen Kommentare werden abgelehnt. Es ist nicht nötig, diese Option zu aktivieren.

Erkannten Spam markieren, nicht löschen sollte dagegen aktiviert sein, damit die vorhandene Spamdatenbank mit Spam gefüllt wird. *Bei Spam per E-Mail benachrichtigen* zu aktivieren ist sinnvoll, wenn Sie sich nicht regelmäßig im Admin-Bereich bewegen. *Spam-Grund des Kommentars nicht speichern* sollte deaktiviert bleiben. Das ist sinnvoll, damit man weiß, welcher Spamfilter etwas bringt.

Vorhandenen Spam nach 0 Tagen löschen sollte mit einer Zahl gefüllt werden. 90 Tage sind hier ein angemessener Zeitraum, um die Datenbank wieder zu bereinigen. *Aufbewahrung gilt nur für* sollten Sie auf *Kommentare* beschränken, falls Sie keinen Wert auf Pingbacks legen. Diese werden dann sofort gelöscht. Pingbacks sind ein Hinweis dafür, dass ein Blogartikel in einen anderen Blog verlinkt wurde.

Bei definierten Spam-Gründen sofort löschen können Sie deaktiviert lassen, denn dazu sollte man erst mal wissen, was definierte Spamgründe sind. Das entscheidet in diesem Fall *Antispam Bee*. Wenn Sie diese Option aktivieren, löscht das Plug-in jeden Kommentar – egal, ob mit oder ohne Inhalt. *Anti-Spamdaten bei Deinstallation löschen* können Sie aktiviert lassen, damit alle gespeicherten Daten nach der Entfernung des Plug-ins gelöscht werden.

Statistiken als Dashboard-Widget generieren ist überflüssig. *Spam-Zähler auf dem Dashboard anzeigen* kann hilfreich sein, um sofort zu sehen, wie viel Spam man eigentlich erhält. Wenn Sie das angezeigt haben möchten, aktivieren Sie diese Option. *Eingehende Ping- und Trackbacks ignorieren* sollten Sie aktivieren, falls Sie über diese Dinge informiert werden wollen. Trackbacks informieren Sie darüber, dass Sie in einem Artikel erwähnt wurden. Die Einstellung *Kommentarformular wird außerhalb von Beiträgen verwendet* sollten Sie nicht aktivieren, wenn Sie nur zu Beiträgen Kommentare erhalten wollen.

TinyMCE Advanced

Dieses Plug-in ermöglicht es Ihnen, Ihren Block-Editor oder den klassischen Editor, der in Kapitel 12 besprochen wird, mit verschiedenen Funktionen zu erweitern. Über den Link *Einstellungen* gelangen Sie zu den vielfältigen Tools, mit denen Sie beide Editoren im Leistungsumfang vergrößern können.

Wechseln Sie in die Einstellungen

In den *Editor-Einstellungen* stehen Ihnen zahlreiche Buttons zur Verfügung, die per Drag-and-drop in das Editor-Menü verschoben werden und dort dann ihren festen Platz haben.

Dabei gibt es einige kleine, jedoch nicht gravierende Unterschiede zwischen den beiden Editoren. Wir halten uns in diesem Beispiel an den Block-Editor *Gutenberg*.

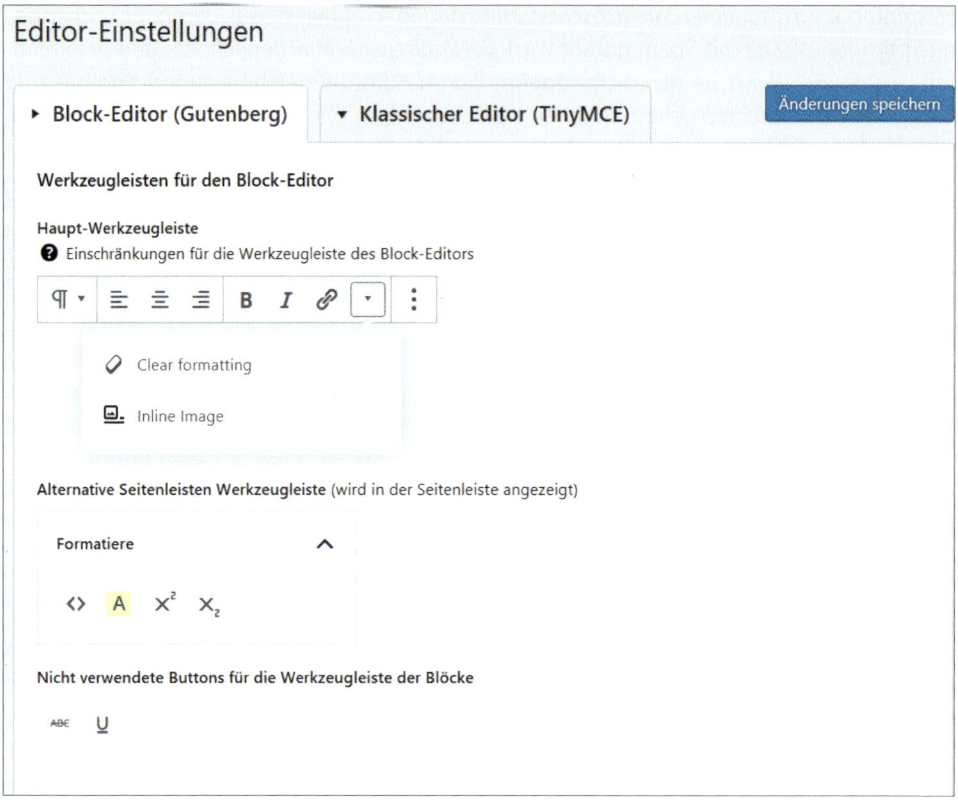

Der Einstellungsbereich für beide Editoren

Wenn Sie in die Werkzeugleiste ein zusätzliches Tool zur Formatierung einbinden wollen, stehen Ihnen hier *Durchstreichen* und *Unterstreichen* zur Verfügung. Um einen der Buttons in den Bereich *Formatiere* darüber zu schieben, klicken Sie das Symbol an und bewegen es mit gedrückt gehaltener linker Maustaste in dieses Feld.

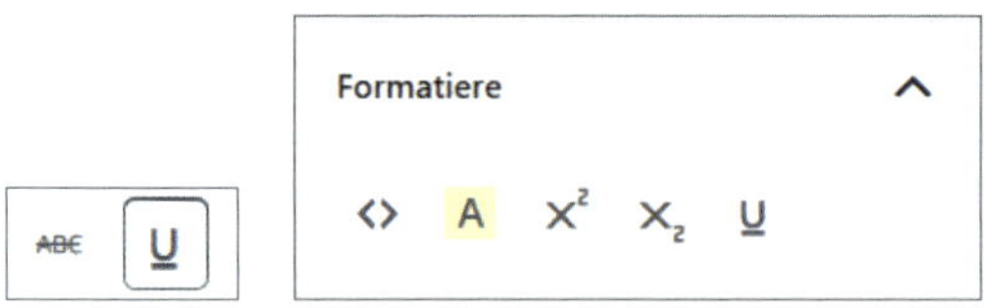

Wählen Sie ein Symbol aus und weisen Sie es zu

Das Format wird nach einem Klick auf den Button *Änderungen speichern* zugewiesen und in Ihrem Beitrag rechts in der Seitenleiste angezeigt, wenn Sie eine Überschrift oder einen Text anklicken.

Etwas weiter unten finden Sie die Buttons für das klassische Editor-Menü. Diese Buttons befördern Sie auf dem gleichen Weg, wie gerade beschrieben, in das Menü des Editors. Jeder Button, den Sie in das Menü schieben, vergrößert dieses. Ist in der ersten Zeile des

Menüs nicht mehr genügend Platz vorhanden, werden die Symbole in der zweiten Zeile weitergeführt. Durch Plug-ins entstandene neue Buttons finden Sie in dem Menü ebenfalls.

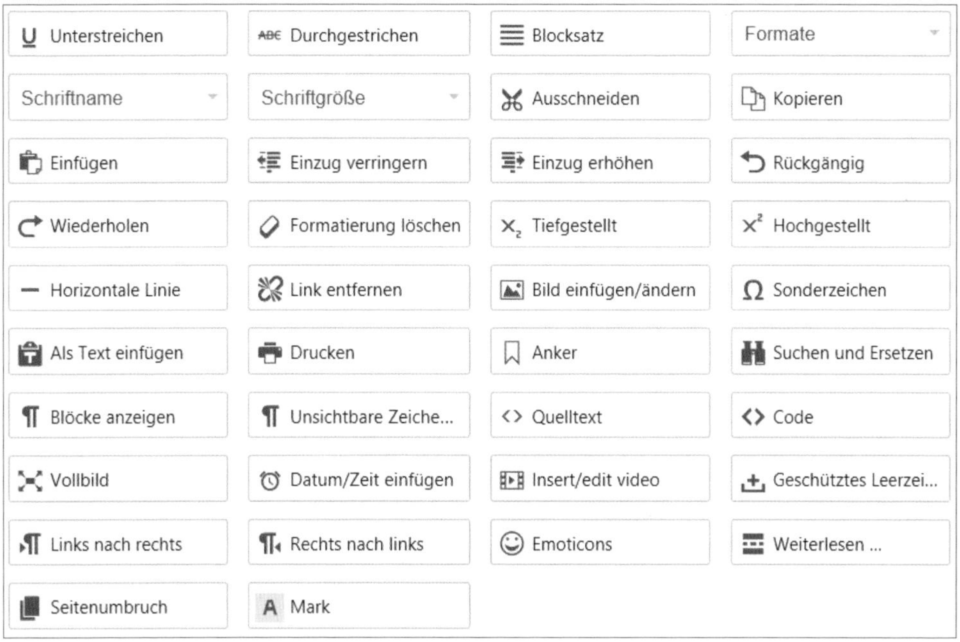

Hier finden Sie viele kleine Helfer für den Block-Editor

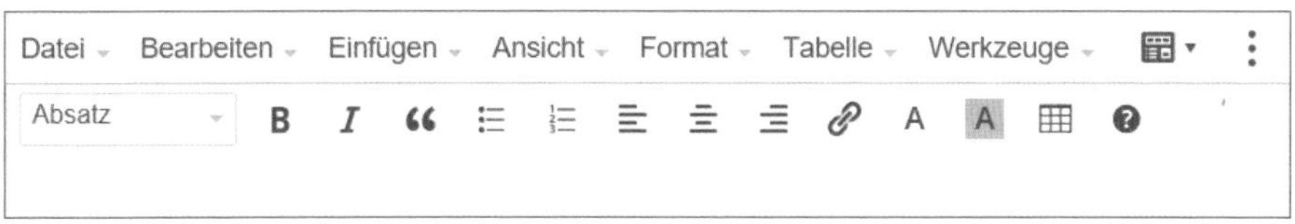

Das Menü für den klassischen Absatz ...

... wurde um einige Formate erweitert

Im Beitrag ist das erweiterte Menü nun zu sehen, wenn Sie einen klassischen Absatz über die Blockauswahl aufrufen. Die zusätzlich eingefügten Symbole sind hier alle sichtbar und auch nutzbar. Überlegen Sie, welche Formate für Ihren Beitrag sinnvoll und nützlich sind, und verwenden Sie diese dann zusätzlich zu den vorhandenen.

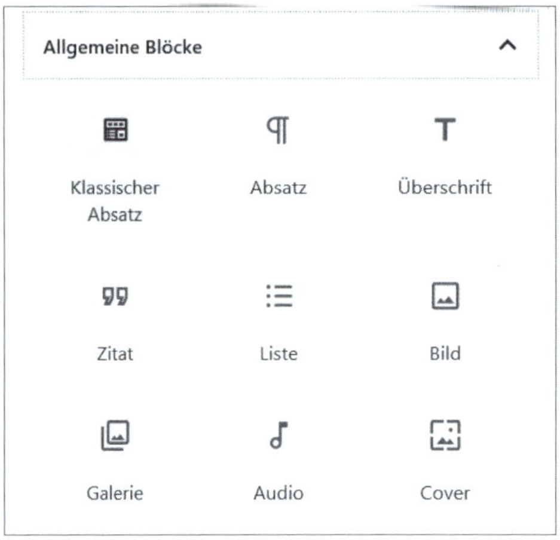

Nach Aufruf des klassischen Absatzes sehen Sie die zuvor erweiterten Formate als Symbole

Ein wichtiger Tipp vorab

Wenn Sie ein Plug-in ausgewählt und installiert haben, testen Sie gleich, ob es läuft, wenn nicht, löschen Sie es wieder. Ein gutes Plug-in zeichnet sich nicht nur durch gute Funktionen, sondern auch durch Benutzerfreundlichkeit aus. Manche besitzen sogar eine grafische Benutzeroberfläche, in der man Einstellungen ausführen kann.

11.2 Plug-ins downloaden

Einige sinnvolle Plug-ins sind nicht standardmäßig in dem Theme *Twenty Nineteen* enthalten. Am Beispiel einiger nützlicher Tools werde ich Ihnen zeigen, wie Sie Plug-ins von Drittanbietern in WordPress einbinden können. Beginnen wir mit einem Kontaktformular.

Contact Form 7

Rufen Sie über den Button *Installieren* am oberen linken Rand des Bildschirms das Suchfeld für Plug-ins auf. Geben Sie den Namen des Plug-ins in das leere Feld ein, um eine Auswahl von Kontaktformularen zu erhalten. Das gesuchte steht an erster Stelle. Klicken Sie auf den Button *Jetzt installieren* und anschließend auf *Aktivieren*, um das Tool in die Plug-in-Liste zu übernehmen.

Hier beginnt die Installation

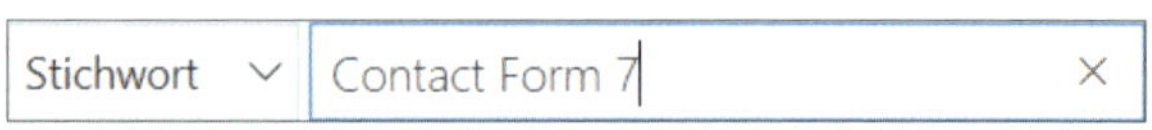

Ein sinnvolles Plug-in wurde ausgewählt

Im unteren Bereich des Plug-in-Fensters werden Ihnen die Anzahl der Bewertungen, der Grad der Bewertung in Form von Sternen, die letzte Aktualisierung und die Kompatibilität zur aktuellen WordPress-Version angezeigt. Wenn Sie *Contact Form 7* aktiviert haben, wird in die Sidebar ein neues Menü mit dem Namen *Formulare* aufgenommen. Im Untermenü wird der Eintrag *Kontaktformulare* erzeugt.

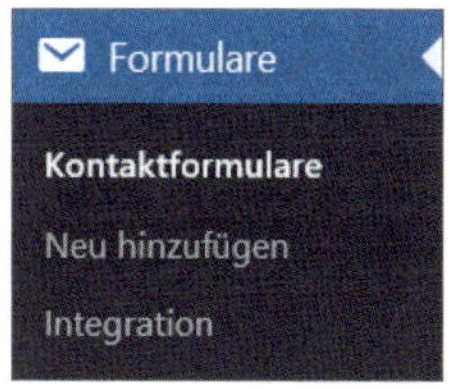

Die Infos über das Plug-in und das neue Menü

Klicken Sie in der Plug-in-Liste bei *Contact Form 7* auf die Option *Einstellungen*, um den Bereich *Kontaktformulare* zu öffnen. Hier sehen Sie eine Liste mit den vorhandenen Kontaktformularen, momentan ist es nur eines.

Hier geht es zu den Einstellungen

Den Text im HTML-Code in eckigen Klammern sollten Sie auf keinen Fall verändern, denn diesen Shortcode müssen Sie später in Ihre Seite kopieren.

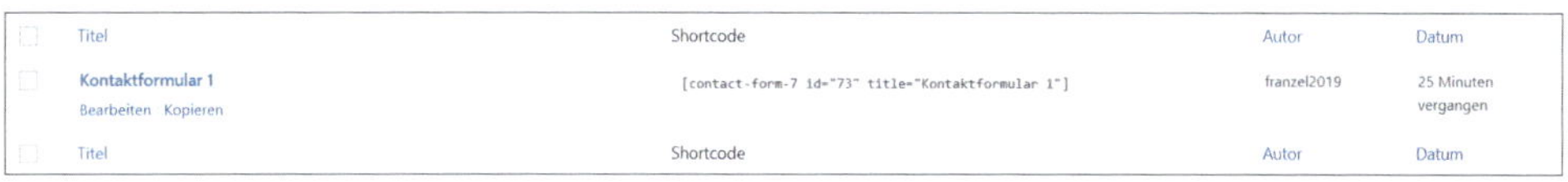

Der Code in Klammern muss in die Seite kopiert werden

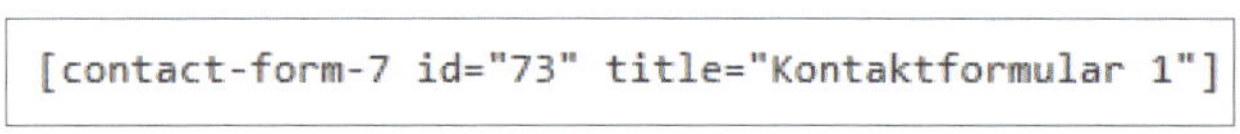

Der HTML-Code des Formulars

Wechseln Sie über den Button *Dashboard* wieder dorthin zurück. Von hier aus können Sie jetzt die weiteren Einstellungen vornehmen.

Tipp

Mit der Menge an Plug-ins, die Sie auf Ihrem Blog nutzen, sollten Sie äußerst sparsam sein, denn zu viele davon bremsen die Geschwindigkeit.

TablePress

Tabellen lassen sich vielseitig nutzen. Sei es für Adressen oder Preislisten oder andere Aufgaben, sie sind immer hilfreich. Sie müssen nicht unbedingt die Tabellenfunktion in den einzelnen Editoren verwenden, es gibt auch andere Varianten als Plug-ins.

Das Plug-in *TablePress* für Tabellen existiert schon einige Zeit und wird häufig genutzt. Eine Tabelle haben wir bereits in einfacher Form in Kapitel 10.3 erzeugt und mit Überschriften und Datumsangaben gefüllt.

Nun greifen wir dafür auf das Plug-in *TablePress* zurück. Geben Sie den Namen in die Suchfunktion ein. Das Plug-in wird in einer Liste an erster Stelle angezeigt. Nach dessen Installation und Aktivierung wird das Tool in die Auswahlliste der Plug-ins übernommen.

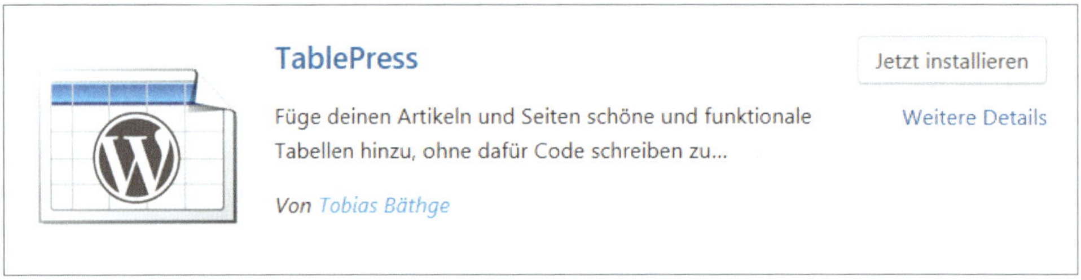

Ein interessantes Plug-in, um anspruchsvolle Tabellen zu gestalten

Ein neues Plug-in wurde hinzugefügt

Im Menü des Dashboards erzeugt *TablePress* ein eigenes kleines Menü mit verschiedenen Optionen, über das wir eine neue Tabelle anlegen. Klicken Sie auf *TablePress/Neue Tabelle*.

Die verschiedenen Auswahlmöglichkeiten des Plug-ins

Der Arbeitsbereich für das Anlegen der Tabelle wird angezeigt. Vergeben Sie einen passenden Namen. Dies ist wichtig, um die Tabelle später wiederzufinden, falls Sie viele Tabellen erstellt haben.

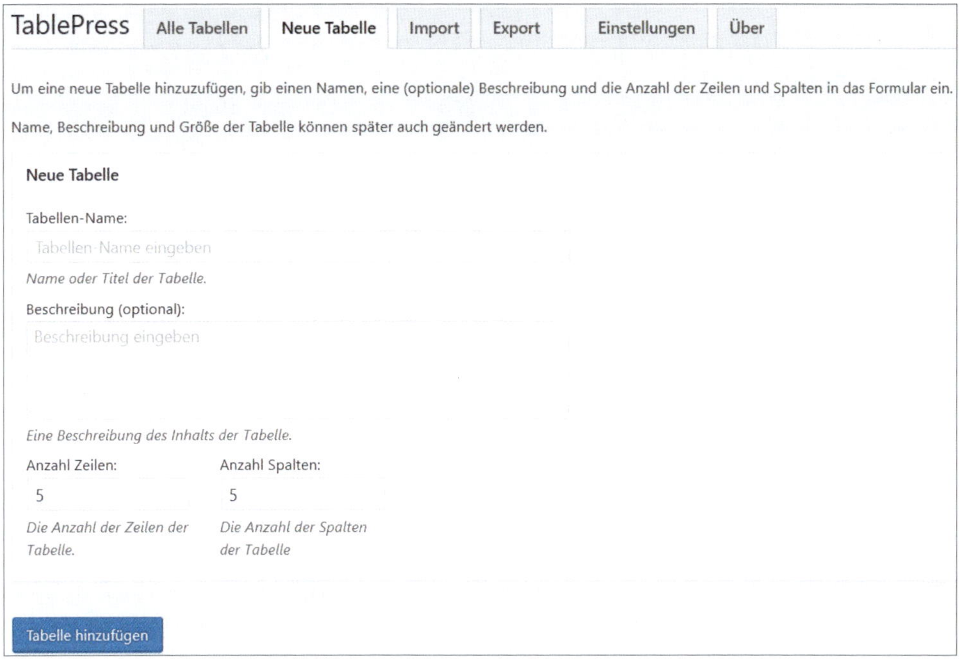

Die Eingabefelder zum Erzeugen der Tabelle

Legen Sie bei dieser Tabelle 13 Zeilen und sechs Spalten an und weisen Sie der Tabelle einen Namen zu. In dieser Tabelle sollen die Veränderungen der Muskelgrößen in einem Jahr festgehalten werden.

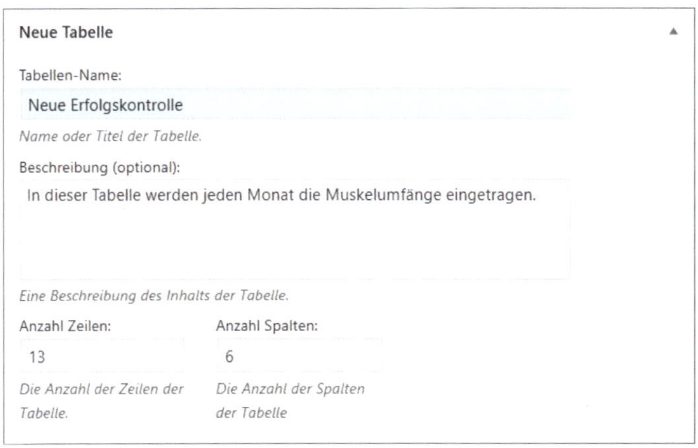

Die Tabelle ist vorbereitet

Klicken Sie anschließend auf den Button *Tabelle hinzufügen*. Informationen über die Tabelle und deren Inhalt werden angezeigt. Jede Tabelle erhält eine fortlaufende Nummer zugewiesen, die automatisch vergeben wird. Das Infofenster können Sie über den Link unten rechts im Fenster ausblenden.

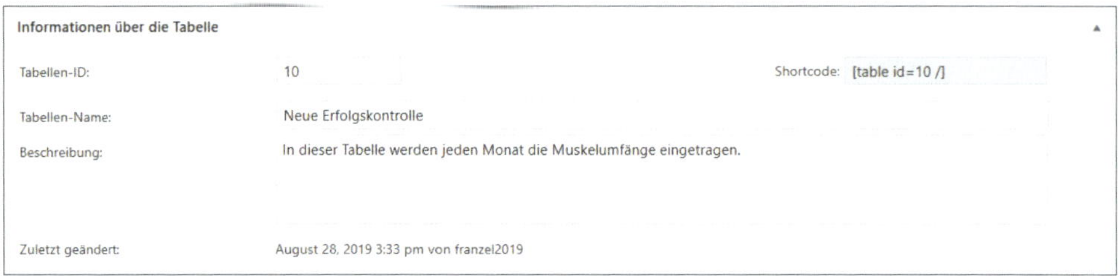

Hier erhalten Sie Infos zu der Tabelle

In den Infos über die Tabelle sehen Sie rechts oben den *Shortcode*. Dieser wird für das Einfügen der Tabelle in einen Beitrag benötigt. Darauf komme ich in Kapitel 12 nochmals zurück.

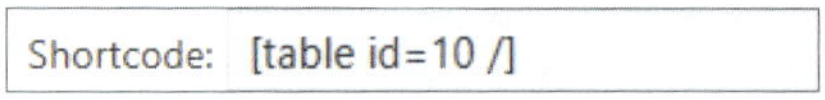

Der Shortcode ist wichtig

Die Tabelle in der Übersicht

Eine Übersicht über alle erstellten Tabellen erhalten Sie über *TablePress/Alle Tabellen* in der Menüleiste dieses Plug-ins. Im Moment ist es ja erst eine, aber sicherlich werden im Verlauf Ihrer Arbeit mit WordPress noch etliche dazukommen, und dann ist diese Übersicht hilfreich.

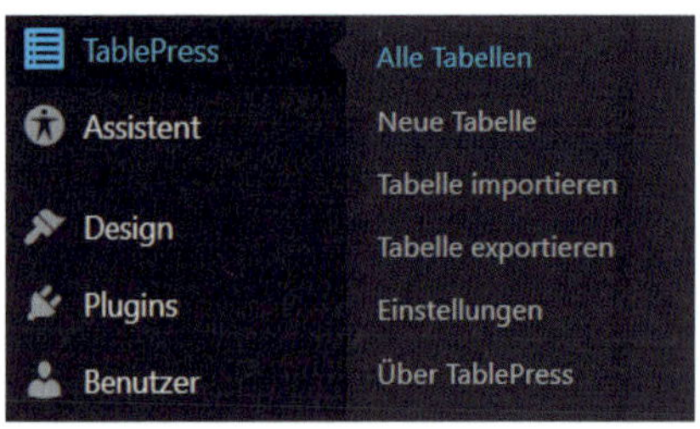

Der Weg zur Tabellenübersicht

	ID	Tabellen-Name	Beschreibung	Autor	Zuletzt geändert
	10	Neue Erfolgskontrolle	In dieser Tabelle werden jeden Monat die Muskelumfänge eingetragen.	franzel2019	vor 7 Minuten
	ID ▾	Tabellen-Name	Beschreibung	Autor	Zuletzt geändert

Die Anzeige der bisher erstellten Tabellen

Wenn Sie den Mauszeiger über einen Bereich der angezeigten Tabelle bewegen, werden die Optionen zur Bearbeitung angezeigt. Ein Klick auf *Bearbeiten* bringt Sie wieder zu der erstellten Tabelle zurück.

Im nächsten Schritt geben wir die Überschriften ein. Die Größe jeder vorherigen Zeile mit den darin enthaltenen Spalten passt sich an die eingegebene Schrifthöhe an, nachdem Sie in die jeweils nächste Zeile der Tabelle geklickt haben.

	A	B	C	D	E	F	
1	Datum	Brust	Oberarm	Unterarm	Oberschenkel	Wade	1

Die Überschriften der Tabelle sind eingegeben

	A	B	C	D	E	F	
1	Datum	Brust	Oberarm	Unterarm	Oberschenkel	Wade	1
2							2

Die aktiven Spalten und die komplette Zeile werden vergrößert angezeigt

Tabellen-Inhalt

	A	B	C	D	E	F	
1	Datum	Brust	Oberarm	Unterarm	Oberschenkel	Wade	1
2	01.01.2020						2
3	01.02.2020						3
4	01.03.2020						4
5	01.04.2020						5
6	01.05.2020						6
7	01.06.2020						7
8	01.07.2020						8
9	01.08.2020						9
10	01.09.2020						10
11	01.10.2020						11
12	01.11.2020						12
13	01.12.2020						13

Die fertige Tabelle mit Überschriften und Datumsangabe

Kommen wir nun zu den Einstellungen für die Tabelle, die Sie direkt unter der Tabelle finden. Interessant ist die Option, bei der Anzeige der Tabelle aufeinanderfolgende Zeilen mit abwechselnden Hintergrundfarben anzuzeigen. Dies bietet einen besseren Überblick über die Tabelle. Zusätzlich können Sie festlegen, dass sich die Farbe des Tabellenhintergrunds in einer Zeile ändert, wenn Sie diese mit der Maus berühren.

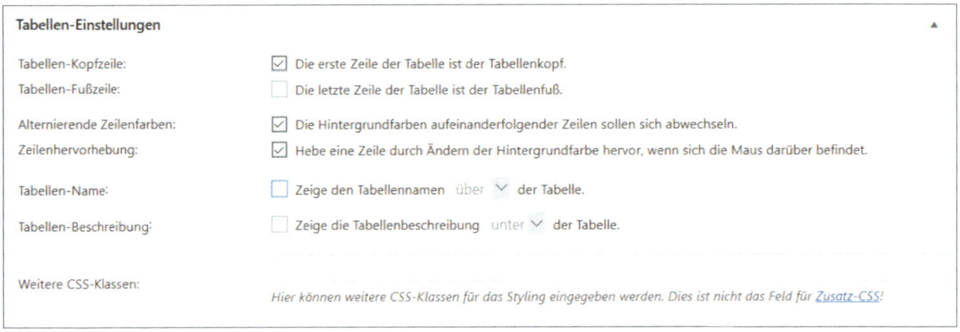

Hier können Sie einige Einstellungen für die Tabelle vornehmen

In den *Funktionen der DataTables-JavaScript-Bibliothek* sollten Sie im Bereich *Umblättern* die Anzahl der anzuzeigenden Zeilen pro Seite von zehn auf zwölf ändern, damit alle zwölf Zeilen (die Überschrift zählt nicht dazu) angezeigt werden.

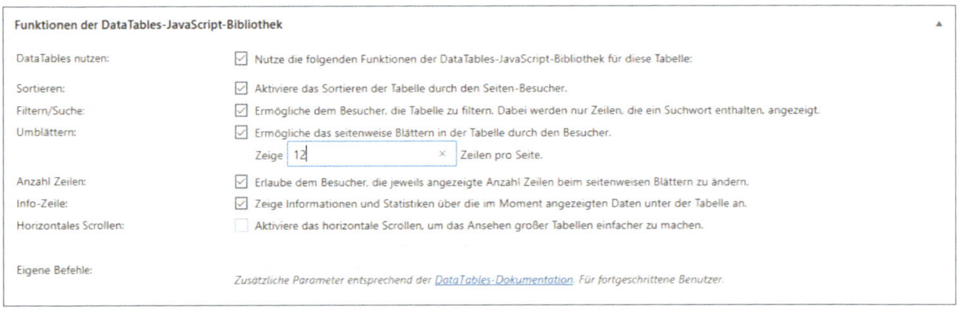

Die Anzeige der Zeilen pro Seite wurde geändert

Auf die weiteren Punkte gehe ich hier nicht näher ein. Die Einstellungen sind selbsterklärend und Sie können sie eigentlich alle nutzen – bis auf die letzte, deren Verwendung ist nur bei großen Tabellen sinnvoll.

Am unteren und oberen Rand des *TablePress*-Arbeitsbereichs finden Sie zwei Buttons. Mit *Vorschau* können Sie sich Ihre Tabelle im Detail ansehen, und zwar genau so, wie sie nach der Veröffentlichung im Web dargestellt wird. Ein Klick auf das kleine Kreuz rechts oben schließt die Vorschau wieder.

Wenn alles in Ordnung ist, speichern Sie die Tabelle über den Button *Änderungen speichern* ab.

Die Vorschau und das Speichern sind wichtig

Vorschau

Dies ist eine Vorschau der Tabelle. Aufgrund des CSS-Stylings deines Themes kann die Tabelle auf deiner Seite anders aussehen! Die Funktionen der DataTables-JavaScript-Bibliothek stehen in dieser Vorschau nicht zur Verfügung!
Um die Tabelle in eine Seite, einen Beitrag oder ein Text-Widget einzufügen, kopiere den Shortcode **[table id=10 /]** und füge ihn im Texteditor ein.

Datum	Brust	Oberarm	Unterarm	Oberschenkel	Wade
01.01.2020					
01.02.2020					
01.03.2020					
01.04.2020					
01.05.2020					
01.06.2020					
01.07.2020					
01.08.2020					
01.09.2020					
01.10.2020					
01.11.2020					
01.12.2020					

Checken Sie die Tabelle

Am Ende des Arbeitsbereichs bietet *TablePress* noch die Möglichkeit, Tabellen zu kopieren, zu exportieren oder zu löschen.

Andere Aktionen: [Tabelle kopieren] [Tabelle exportieren] [Tabelle löschen]

Einige weitere nützliche Funktionen

Tipp

Wenn Sie vermeiden wollen, dass in einer Spalte der oder die letzten Buchstaben einer Überschrift in den Bereich darunter verschoben werden, verwenden Sie nicht mehr als sechs Spalten bei *TablePress*, denn sonst müssen Sie hinterher alles umständlich mit CSS-Befehlen ändern, die in diesem Buch nicht beschrieben werden.

Wichtig im Zusammenhang mit Tabellen ist das responsive Webdesign, womit die Darstellung einer Webseite auf einem Smartphone oder Tablet gemeint ist. Die Zugriffe von mobilen Geräten aus ins Internet nehmen stetig zu, deswegen ist es wichtig, dass Tabellen auch auf diesen gut zu sehen sind.

Wenn Sie WordPress 5.0 in Verbindung mit einem aktuellen Theme nutzen, haben Sie mit ziemlicher Sicherheit responsives Webdesign. Auch wenn es nicht so sein sollte, wird Ihre Seite trotzdem auf mobilen Geräten angezeigt, und dabei wird es zu Problemen mit der Darstellung von Tabellen kommen. Auf dem Smartphone wird nur ein kleiner Teil der Tabelle im Hochformat des Gerätes zu sehen sein, selbst wenn sich der Anwender die Tabelle im Querformat anzeigen lässt, wird sie nicht vollständig zu sehen sein.

Bei der Ansicht auf dem Tablet sieht es da schon wesentlich besser aus, aber bei größeren Tabellen kommt es auch hier zu Problemen mit der Übersichtlichkeit. Natürlich kann man sich durch die Tabelle scrollen, aber das ist umständlich, oder diese durch Zoomen verkleinern, um mehr darzustellen, aber dann wird die Schrift kleiner und wahrscheinlich unleserlich.

Tipp
Wenn Ihnen responsives Webdesign wichtig ist, halten Sie Ihre Tabellen so klein wie möglich, damit auch auf Mobilgeräten so viel wie möglich davon zu sehen ist.

WP Statistics

Um Ihren Blog zu analysieren, benötigen Sie ein spezielles Tool. Meist wird *Google Analytics* oder *WP-Piwik* verwendet. Auch *Jetpack* wird oft empfohlen, es hat mir persönlich aber zu viele Funktionen. Bei allen genannten Plug-ins müssen Sie sich extra anmelden. Eine gute Alternative ist das kostenlose *WP Statistics*. Mit einer Spende können Sie die Betreiber dieses Plug-ins unterstützen. Bei diesem Tool ist wenig zu konfigurieren. *WP Statistics* legt ein neues umfangreiches Menü in der Sidebar an. Bevor Sie das Plug-in nutzen, deaktivieren Sie *Statify*.

Ein hilfreiches Plug-in für Statistiken

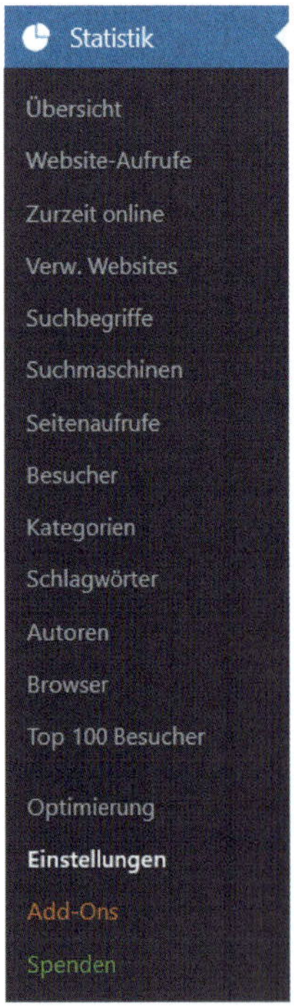

Ein umfangreiches Menü

Wenn Sie auf den Link *Einstellungen* klicken, erwartet Sie ein aufgeräumter Bereich, über den Sie weitere Einstellungen vornehmen können.

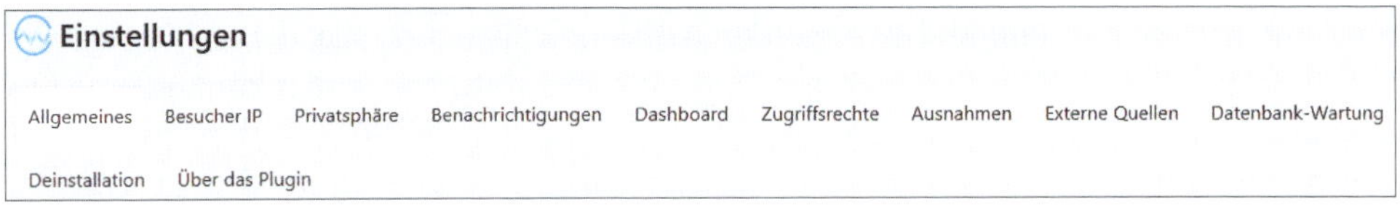

Das Menü für die Einstellungen von WP Statistics

Mit diesem Plug-in lassen sich einfache, aber umfangreiche Statistiken erstellen. Sie können sehen, über welchen Browser und über welche Version sich die Besucher eingeloggt haben. Es ist auch ersichtlich, über welche Links von welchen Seiten sie gekommen sind und welche Suchbegriffe sie verwendet haben, um Ihre Seite zu finden.

Der Titel Ihrer Seite mit der Besucherzahl wird angezeigt. Sie können entscheiden, ob Sie sich über die IP-Adresse das Herkunftsland der Besucher anzeigen lassen. Wie lange ein Besucher auf Ihrer Seite bleibt, lässt sich jedoch nicht feststellen.

Allerdings ist es in Deutschland nicht erlaubt, die IP-Adresse eines Besuchers längere Zeit zu speichern. Sie können diese jedoch über die Einstellungen im Register *Privatsphäre* anonymisieren; wenn Sie die entsprechende Option aktivieren, dann wird die IP-Adresse durch einen Wert ersetzt.

Verschiedene Analysen und Statistiken werden angezeigt

Speichern Sie die Änderungen über den Button *Aktualisieren* am Ende der Seite ab. Leider können an dieser Stelle noch keine gefüllten Statistiken oder Diagramme angezeigt werden, da der Blog noch nicht veröffentlicht ist.

11.3 Plug-ins entfernen

In Ihrer Plug-in-Liste sehen Sie die aktiven und die inaktiven Plug-ins. Löschen können Sie aber nur inaktive. Um Plug-ins loszuwerden, entfernen Sie gleich alle, die wahrscheinlich nie genutzt werden. Bevor Sie mehrere Plug-ins gleichzeitig entfernen können, müssen Sie jedes einzelne erst deaktivieren. Dies geschieht logischerweise über den Link *Deaktivieren*. Nachdem Sie den Status der zum Löschen ausgewählten Plug-ins geändert haben, markieren Sie jedes Plug-in, das entfernt werden soll, mit einem Häkchen. Wenn Sie alle gekennzeichnet haben, die Sie entfernen möchten, klicken Sie in dem Menü oberhalb der Plug-in-Liste auf die Option *Löschen* und anschließend auf den Button *Übernehmen* rechts daneben. Es erfolgt noch eine Sicherheitsabfrage, ob Sie auch wirklich löschen wollen. Bestätigen Sie diese mit *OK*.

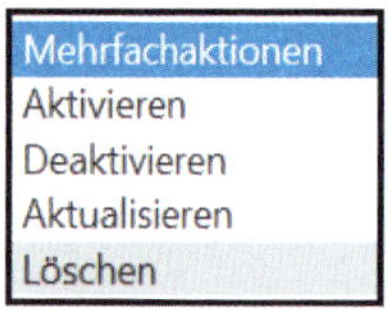

Hier wird gelöscht

Das Löschen muss übernommen werden

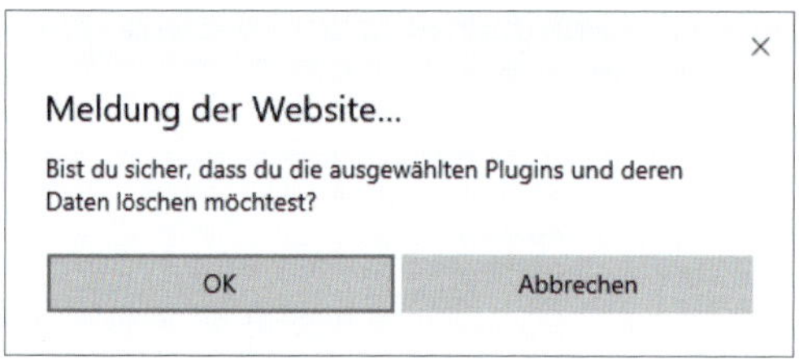

Eine Bestätigung des Löschvorgangs ist ebenfalls nötig

In der Liste der Plug-ins wird Ihnen nach dem Löschvorgang angezeigt, welche Plug-ins gelöscht wurden. Sie haben die Liste um etliche Plug-ins reduziert. Bei einem erneuten Aufruf der Plug-ins werden die gelöschten nicht mehr angezeigt.

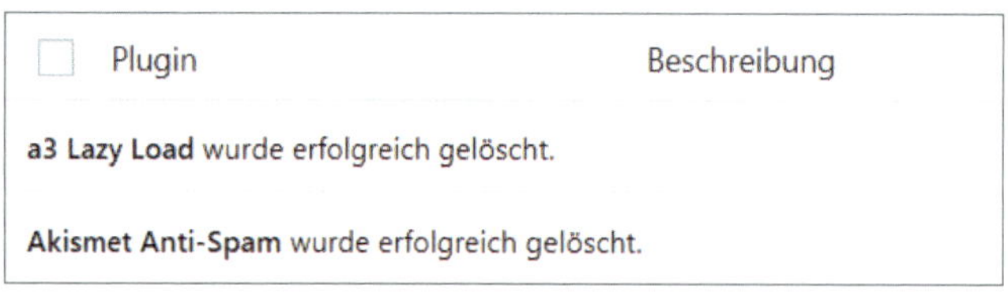

WordPress zeigt Ihnen die gelöschten Plug-ins in einer Übersicht an

12. Der klassische Editor

Wenn Sie den Gutenberg-Editor nicht nutzen wollen, müssen Sie auf den altbewährten Editor von WordPress zurückgreifen. Beim klassischen Editor, der vorher als Standardeditor bezeichnet wurde, wird der Text fortlaufend geschrieben. Ein Block in Form des klassischen Editors ist bereits bei *Gutenberg* enthalten. Er nennt sich *Klassischer Absatz*. Mit ihm können Sie übrigens auch ältere Beiträge bearbeiten, die nicht in WordPress 5 erstellt wurden.

12.1 Der klassische Absatz

Öffnen Sie über *Beiträge/Erstellen* einen neuen Beitrag und geben Sie die Überschrift ein. Klicken Sie in den Bereich unter der Überschrift und wählen Sie in der Blockauswahl den Typ *Klassischer Absatz*.

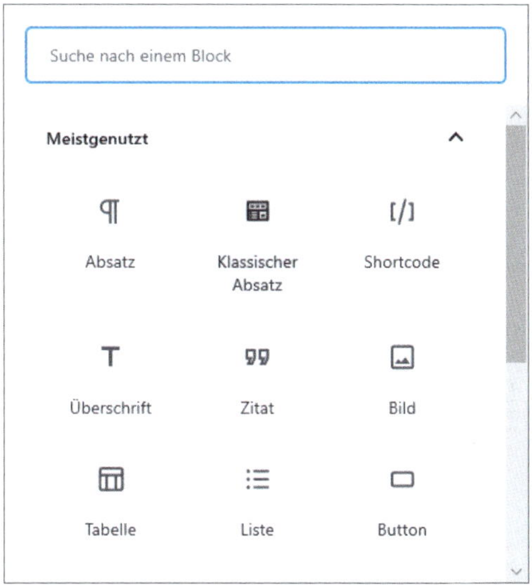

Der klassische Absatz wird gewählt

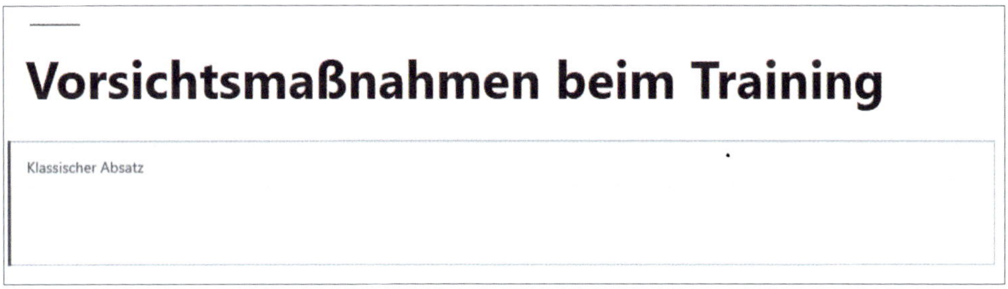

Die Überschrift und der erste Block sind angelegt

Wenn Sie in den leeren Bereich des Blocks klicken, öffnet sich ein Menüband für die weitere Bearbeitung des Textes.

Das Menüband und die Formatleiste des klassischen Blocks

Geben Sie Text ein, und legen Sie die weiteren Überschriften über den Typ *Überschrift* an. Geben Sie auch unter den anderen Überschriften die dazugehörigen Texte ein.

Nachdem der Beitrag fertiggestellt ist, können Sie am Ende eine *TablePress*-Tabelle einfügen. Erstellen Sie dazu einen weiteren klassischen Absatz und klicken Sie in den Eingabebereich. Das Symbol für das Einfügen einer *TablePress*-Tabelle finden Sie rechts außen in der Formatleiste. Klicken Sie darauf. Eine Liste mit Ihren bisher in *TablePress* erstellten Tabellen wird angezeigt.

Das Symbol zum Einfügen der Tabelle

Klicken Sie auf den Button *Shortcode einfügen*, um den Code in den Block zu übernehmen. Speichern Sie den Beitrag und sehen Sie sich das Gesamtwerk in der Vorschau an.

Die Tabellenliste von TablePress

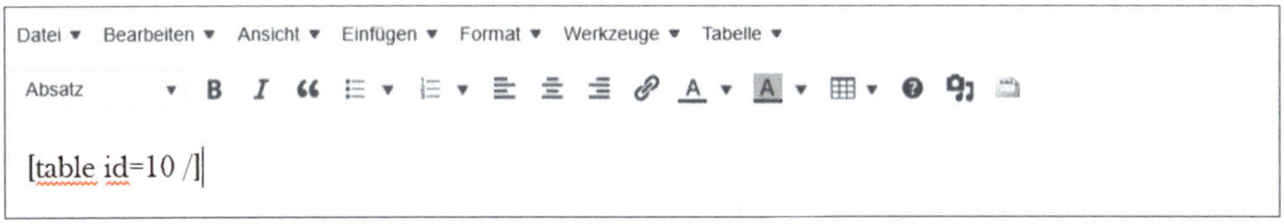

Der Shortcode wurde in den Block eingefügt

Datum	Brust	Oberarm	Unterarm	Oberschenkel	Wade
01.01.2020					
01.02.2020					
01.03.2020					
01.04.2020					
01.05.2020					
01.06.2020					
01.07.2020					
01.08.2020					
01.09.2020					
01.10.2020					
01.11.2020					
01.12.2020					

Bearbeiten

1 bis 12 von 12 Einträgen Zurück Weiter

Die Tabelle in der Vorschau des Beitrags

Klicken Sie auf *Dashboard/Startseite*. Es erfolgt eine Sicherheitsabfrage, ob Sie die Seite wirklich verlassen wollen. Bestätigen Sie mit *Verlassen*. Sie kehren zur Dashboard-Übersicht zurück.

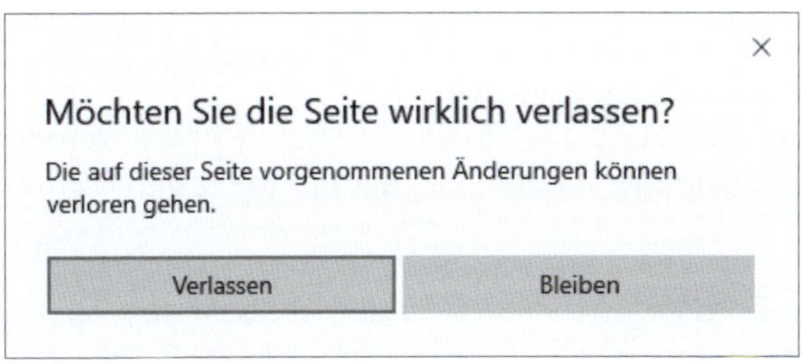

Die Sicherheitsabfrage vor dem Verlassen der Seite

12.2 Classic Editor

Wenn Sie den klassischen Editor verwenden wollen, müssen Sie auf das Plug-in *Classic Editor* zurückgreifen, das wir im letzten Kapitel heruntergeladen haben. Dadurch wird *Gutenberg* deaktiviert. Sie können jedoch zwischen der Nutzung von *Gutenberg* und dem klassischen Editor wechseln. Im klassischen Editor gibt es übrigens keine Blöcke und es sind keine Tabellen enthalten. Tabellen können Sie mithilfe des Plug-ins *TablePress* benutzen, das Sie schon aus dem letzten Abschnitt kennen.

Wenn Sie *Gutenberg* und den klassischen Editor in einem Block nutzen wollen, müssen Sie das Classic-Editor-Plug-in herunterladen. Dann können Sie zwischen den beiden Editoren wechseln. Rufen Sie den Classic Editor über das Suchfeld auf, installieren und aktivieren Sie ihn. Tun Sie das am besten gleich auch mit dem *Classic Editor Addon*-Plug-in rechts daneben.

Der klassische Editor von WordPress und sein hilfreiches Plug-in

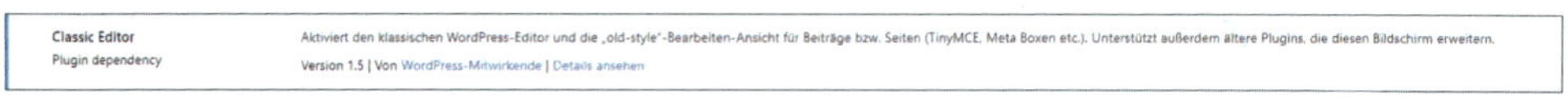

Der Classic Editor steht ebenfalls zur Bearbeitung bereit

Wenn Sie jetzt einen Beitrag aufrufen, werden Sie feststellen, dass es keine Blöcke mehr gibt. Sie sind zum alten Editor zurückgekehrt, und alle bisher erstellten Beiträge werden im klassischen Format angezeigt. Neue Beiträge können Sie jetzt nur in diesem Format erstellen und bearbeiten.

Öffnen Sie im Dashboard über *Beitrag/Erstellen* einen neuen Beitrag. Sie befinden sich im visuellen Bereich. Das Menüband und die Werkzeugleiste werden angezeigt.

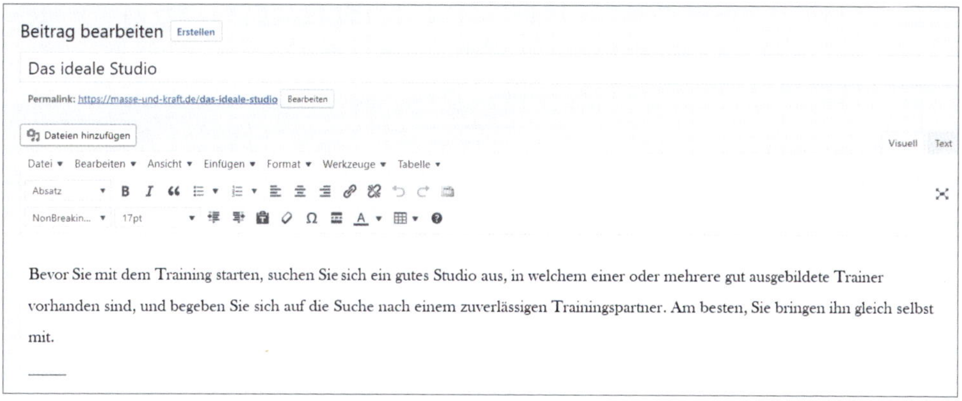

Der Arbeitsbereich des klassischen Editors

Der Bereich für die Eingabe des Textes und dessen Bearbeitung

Geben Sie den Titel des Beitrags ein, und beginnen Sie die Texteingabe mit der ersten Überschrift. Hinter der Auswahlleiste *Absatz*, deren Auswahl Sie durch Klick auf den kleinen Pfeil öffnen, finden Sie Vorlagen für Überschriften und Unterüberschriften. Markieren Sie die Überschrift und wählen Sie ein Format dafür aus.

Wählen Sie ein Format für die Überschrift

Füllen Sie nun den leeren Platz unter der Überschrift mit Text. Geben Sie dann weitere kleinere Überschriften ein. Schreiben Sie den dazugehörenden Text unter jede dieser Überschriften.

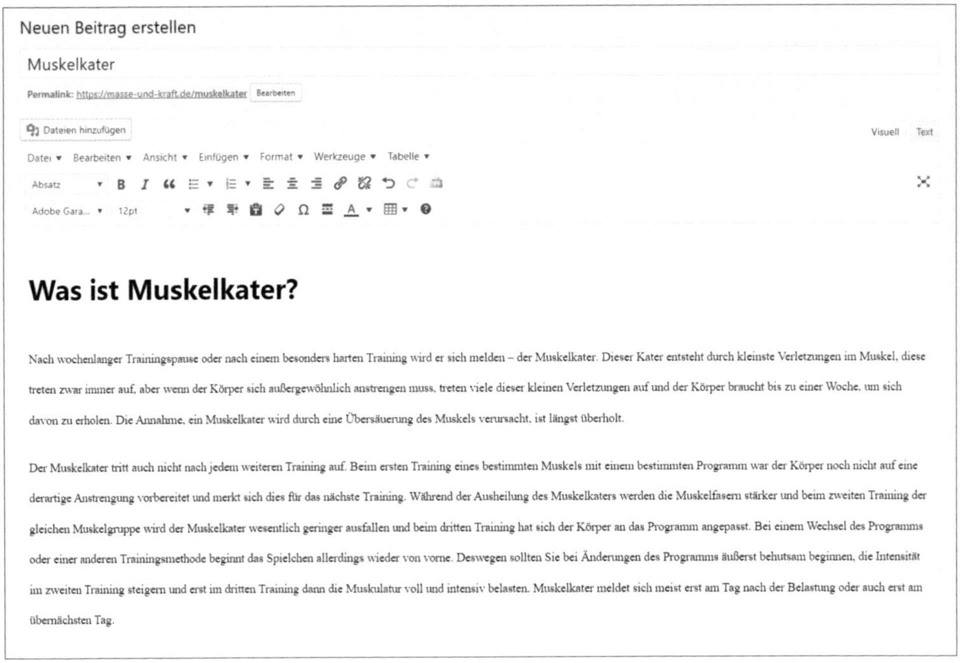

Titel des Beitrags, Überschriften und Text sind erstellt

Über die Werkzeugleiste lässt sich der Text bequem bearbeiten. Die Symbole in der Leiste weisen einer Überschrift Fett- oder Kursivdruck zu, weisen Formate zu, erstellen eine Aufzählung oder Nummerierung, fügen einen Link oder ein Zitat ein. Ein Text kann linksbündig, zentriert oder rechtsbündig gesetzt werden.

Außerdem lässt sich der Einzug eines Textes verringern oder vergrößern. Ein Arbeitsschritt kann rückgängig gemacht oder wiederholt werden, und Tastaturkürzel lassen sich ebenfalls anzeigen. Darüber hinaus können Sie eine Schriftart oder eine Schriftgröße auswählen, Sonderzeichen aufrufen, ein Weiterlesen-Tag einfügen oder für einen Text eine andere Farbe wählen.

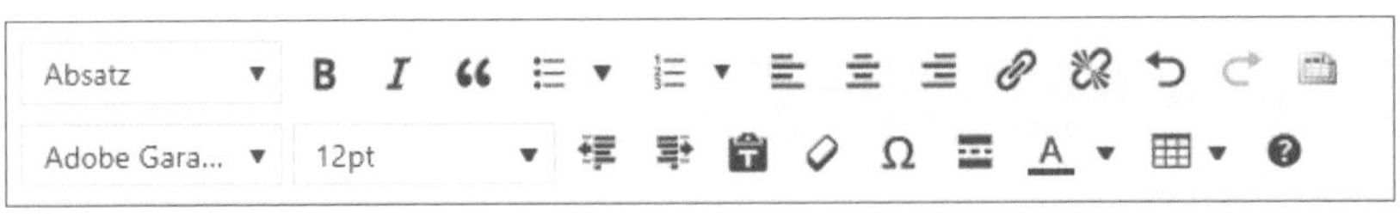

Die umfangreiche Werkzeugleiste mit ihren Symbolen

Über das Symbol am rechten Rand der Werkzeugleiste können Sie das Dashboard und den Ansichtsbereich auf der rechten Seite für ungestörtes Schreiben ausblenden.

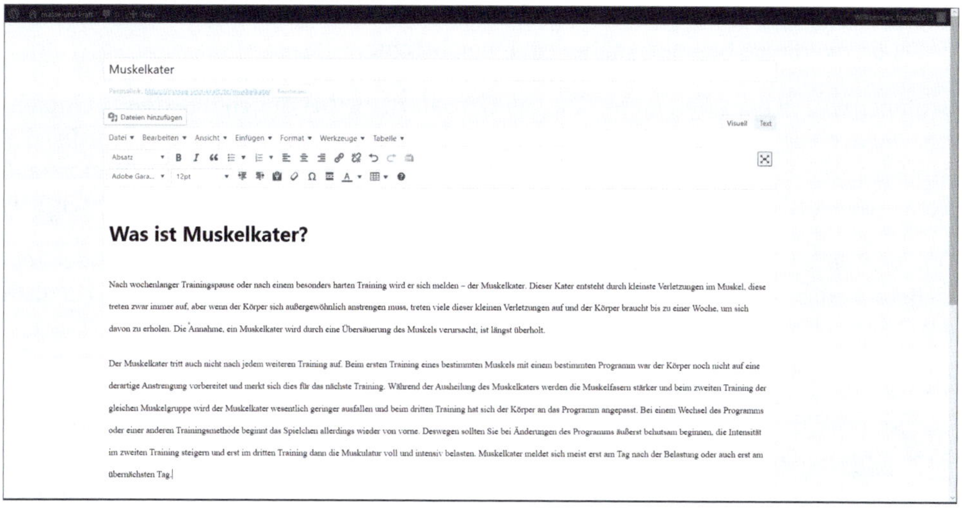

Ungestörtes Arbeiten ohne zusätzliche Anzeige von anderen Bereichen

Auch beim klassischen Editor wird im Hintergrund ein HTML-Code erzeugt, um den Text später im Internet darzustellen.

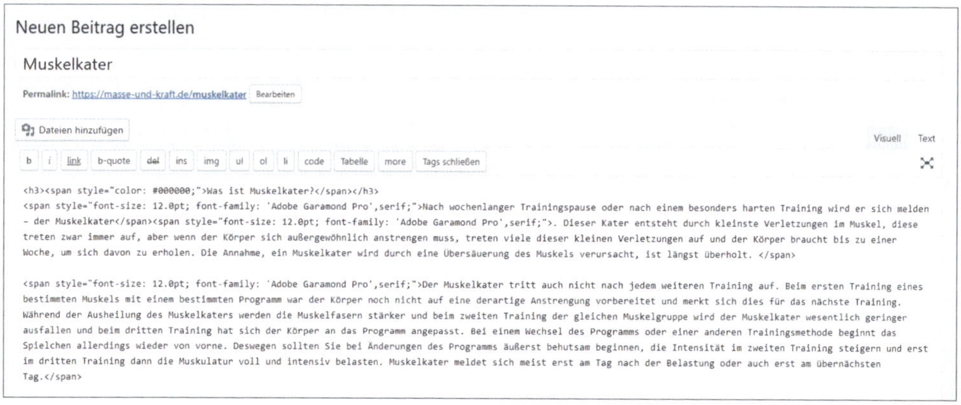

Der vollständige Text im HTML-Format

Mein Text dient hier nur als Beispiel, Sie verwenden natürlich Ihren eigenen. Nachdem Sie Ihren Text eingegeben haben, sehen Sie am unteren Rand des Bildschirms einen Hinweis darauf, wie viele Wörter der Text enthält und wer ihn wann erstellt hat.

Die Anzahl der Wörter und der letzte Speicherzeitpunkt werden angezeigt

Bevor Sie sich nun um die Bearbeitung des Textes kümmern, sichern Sie diesen erst einmal über den Button *Speichern*.

Die Bearbeitung des Textes ist identisch mit der im Gutenberg-Editor, bis auf einige wenige Dinge, auf die ich hier noch näher eingehen möchte.

Beginnen wir mit dem Weiterlesen-Tag. Sein Einsatz ist nur bei längeren Texten zu empfehlen. Um den Leser nicht zu überfordern, können Sie erst einmal den wichtigsten Teil des Artikels anzeigen lassen und dann das Weiterlesen-Tag einfügen. Klickt der Leser darauf, sieht er den restlichen Text. Sie entscheiden praktisch selbst, wie viel Text sichtbar sein soll.

Um jetzt dieses Tag zu setzen, platzieren Sie den Mauszeiger an der Stelle, an der kein weiterer Text zu sehen sein soll. Das Weiterlesen-Tag lässt sich leider in der Vorschau nicht anzeigen, erst nach der Veröffentlichung.

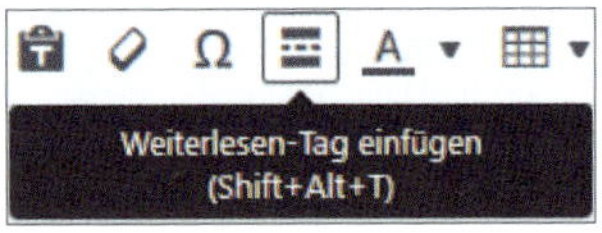

Das Tag zum Weiterlesen ...

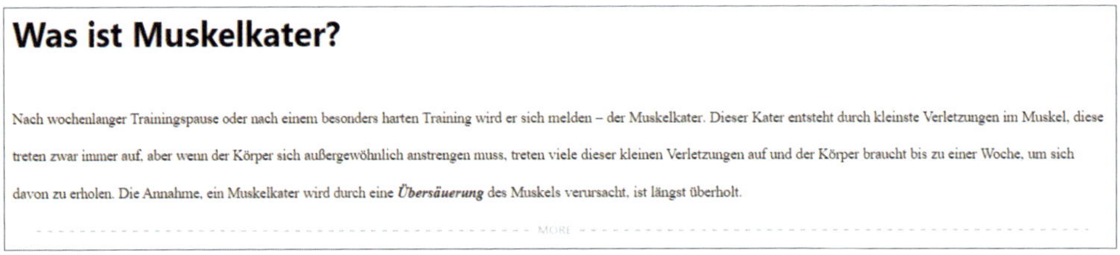

... zeigt nur die ersten Zeilen des Textes an

Um ein markiertes Wort noch besser hervorzuheben, können Sie die Schrift vergrößern. Markieren Sie dazu das Wort wieder, und klicken Sie auf den kleinen Pfeil neben der Auswahl für die Schriftgröße. Weisen Sie dann die gewünschte Größe zu.

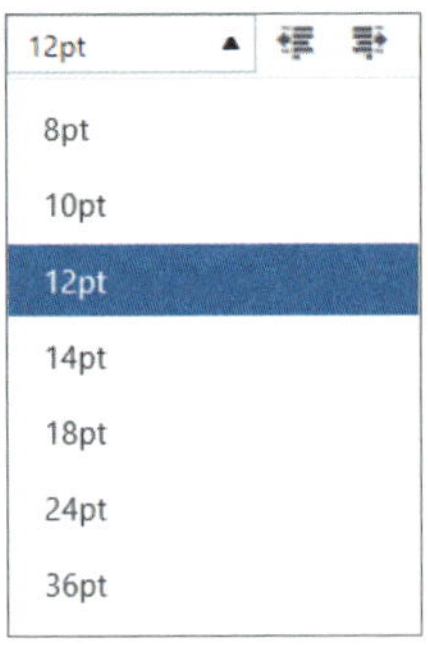

Auswahl der Schriftgröße

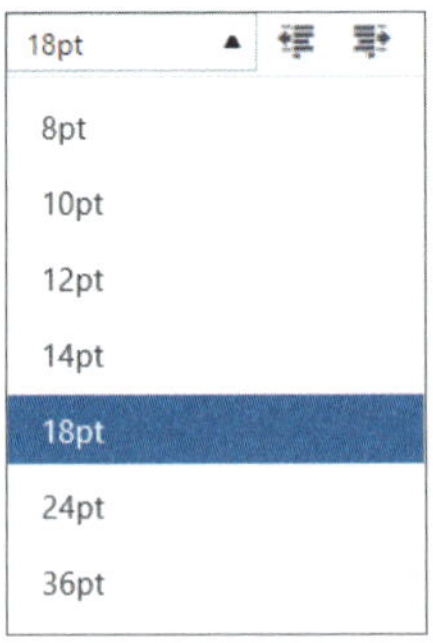

Eine größere Schrift ...

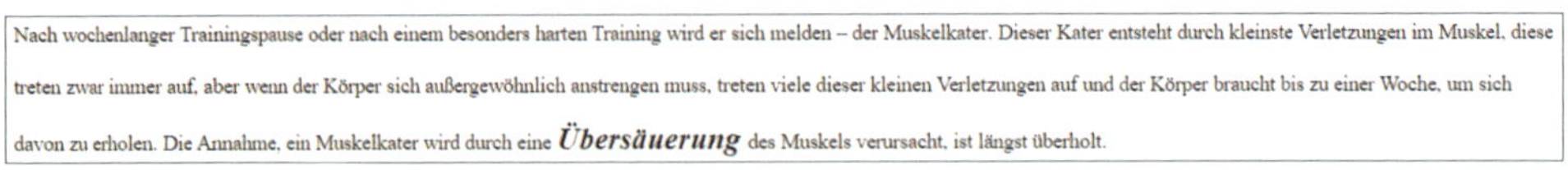

... führt zu einer besseren Lesbarkeit eines wichtigen Wortes

Ein Klick auf das Symbol *Sonderzeichen* öffnet deren Auswahl. Wenn Sie ein Zeichen mit der Maus berühren, wird dessen Name über dem Symbol mit seinem englischen Namen und im leeren Bereich rechts nochmals vergrößert und ebenfalls mit seinem englischen Namen angezeigt. Über das kleine Kreuz rechts oben oder über den Button *Schließen* entfernen Sie die Auswahl wieder. Über das Symbol mit dem Fragezeichen können Sie sich zahlreiche Tastaturkürzel anzeigen lassen, die bei der Arbeit mit einem Text hilfreich sind.

Über diese Symbole kommen Sie zu den Sonderzeichen und Tastenkombinationen

Wenn Sie eine oder auch mehrere der beschriebenen Möglichkeiten nutzen, vergessen Sie nicht, hinterher nochmals alles zu speichern.

12.3 Verwendung beider Editoren

Falls Sie doch wieder auf *Gutenberg* zurückgreifen wollen, müssen Sie zuerst das *Classic Editor Addon* deaktivieren und löschen und anschließend das Gleiche mit dem *Classic Editor* tun. Nun ist automatisch wieder *Gutenberg* aktiviert, wenn Sie das Theme *Twenty Nineteen* weiternutzen. Wenn Sie beide Editoren verwenden wollen, müssen Sie zusätzlich zum klassischen Editor *Gutenberg* installieren und aktivieren, da dieser Editor durch die Installation des Classic Editor deaktiviert wird.

Gutenberg

Der Gutenberg-Editor ist seit einigen Monaten verwendbar, der klassische Editor wird auch noch viel genutzt, und neben diesen beiden gibt es noch weitere interessante Plug-ins für Texte. Für den Fall, dass Sie nicht das Theme *Twenty Nineteen* verwenden und trotzdem auf *Gutenberg* zugreifen wollen, müssen Sie das Plug-in für diesen Editor herunterladen.

Aktivieren Sie dazu den Bereich *Plug-ins*. Klicken Sie auf den Button *Installieren* am oberen Bildschirmrand und dann auf *Plugin hochladen*. Ein Suchfeld wird rechts oben angezeigt. Geben Sie den Namen des Plug-ins ein. Sofort werden Ihnen viele Versionen von dem Plug-in, unter anderem auch eine deutsche, präsentiert.

Ein Klick auf den Button *Jetzt installieren* führt Sie in den Bereich *Plugins hinzufügen*. Klicken Sie auf den Button *Plugins hochladen*. Ein Eingabefenster wird angezeigt. Tippen Sie den Namen des gewünschten Plug-ins ein.

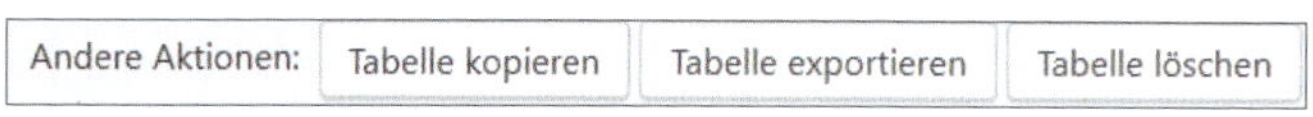

Von hier aus laden Sie ein Plug-in

Die Suche nach dem Plug-in

Unmittelbar nachdem Sie den Namen eingegeben haben, wird Ihnen eine Auswahl mit vielen verschiedenen Varianten dieses Plug-ins angezeigt, auch eine deutsche.

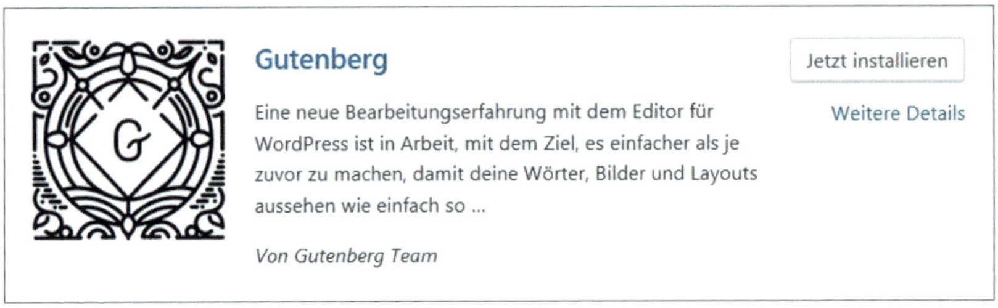

Eine deutsche Version steht zur Verfügung

Nach einem Klick auf den Button *Jetzt installieren* und danach auf *Aktivieren* wechselt WordPress in den Bereich der Plug-ins. Der Editor ist von hier aus einsatzbereit.

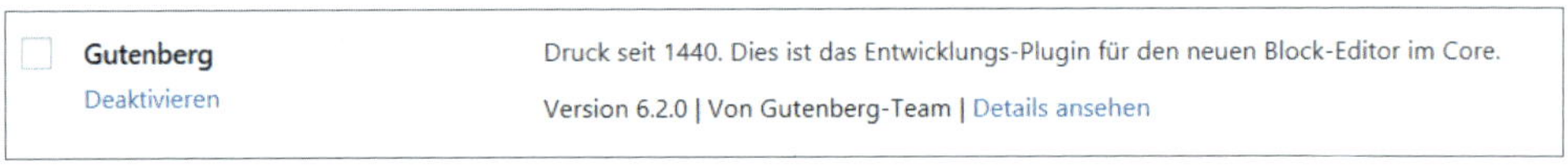

Der Gutenberg-Editor wurde in die Plug-in-Auswahl eingefügt

Wollen Sie jetzt den klassischen Editor für einen Beitrag verwenden, muss dieser aktiviert und *Gutenberg* deaktiviert sein. Im umgekehrten Fall müssen der klassische Editor und sein Add-on deaktiviert sein und *Gutenberg* aktiviert.

Gutenberg Ramp

Eine weitere Möglichkeit für die teilweise Nutzung von *Gutenberg* ist das Plug-in *Gutenberg Ramp*. Mit dessen Hilfe können Sie *Gutenberg* nur für bestimmte Typen aktivieren.

Nach der Installation und Aktivierung dieses Plug-ins finden Sie unter *Einstellungen/Schreiben* verschiedene Optionen, mit denen Sie nur bestimmte Bereiche von *Gutenberg* aktivieren können. Falls Sie sich für die Verwendung einer oder mehrerer der Optionen entscheiden, vergessen Sie nicht, über den Button *Änderungen speichern* Ihre Auswahl zu sichern.

Ein praktisches Tool für Gutenberg

Öffnen Sie die Einstellungen

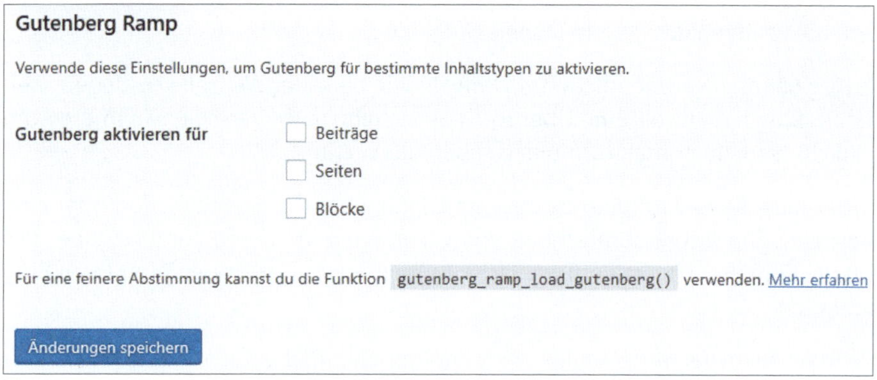

Wählen Sie hier aus, was Sie aktivieren wollen

Disable Gutenberg

Sie können aber auch das Plug-in *Disable Gutenberg* nutzen. In diesem Fall wird *Gutenberg* auch deaktiviert und der klassische Editor wird aktiv. Der *Classic Editor* und das *Classic Editor Addon* müssen dann nicht installiert werden.

Ein weiteres hilfreiches Plug-in in Verbindung mit Gutenberg

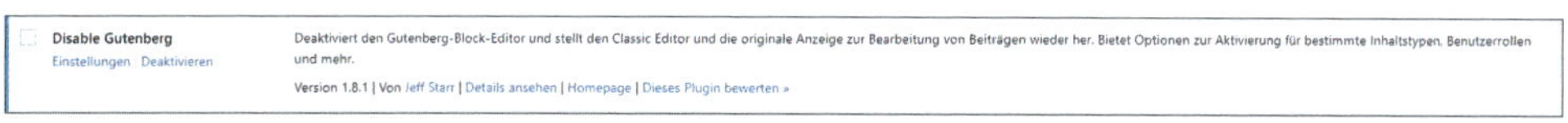

Bei Einsatz dieses Plug-ins ist Gutenberg nicht mehr aktiv

13. Die Seiten

In diesem Kapitel kehren wir wieder zum Gutenberg-Editor zurück, da dessen Beschreibung den Großteil dieses Buches ausmacht. Dafür aktivieren wir den Gutenberg-Editor wieder und deaktivieren das Plug-in *Disable Gutenberg*.

Bevor Sie Ihre Beiträge veröffentlichen, sollten Sie wie bei einer Webseite festlegen, welche Seiten Ihr Blog haben soll. Eine Über-mich-Seite sollte enthalten sein, ein Impressum ist meist Pflicht, und ein Kontaktformular ist ebenfalls wichtig.

Auf der Über-mich-Seite wird über bestimmte Dinge, über die eigene Person oder eine Firma informiert. Das Impressum enthält vorgeschriebene Angaben zum Betreiber des Blogs, und die Kontakt-Seite ist dafür gedacht, Mitteilungen oder Fragen über Ihren Blog an Sie zu senden.

Ein Blog enthält normalerweise Artikel in chronologischer Reihenfolge. Neue Artikel stehen ganz oben, für ältere müssen Sie weiter zurückblättern, in den Kategorien suchen oder die Suchfunktion nutzen. In der Regel gibt es eigentlich kaum Unterschiede zwischen Beiträgen und Seiten. Um den Blog mit Inhalten zu füllen, verwendet man Beiträge. Sie stellen die dynamischen Inhalte eines Blogs dar, Seiten dagegen sind statisch, sie werden einmal angelegt und können später bearbeitet und aktualisiert werden. Im Gegensatz zu Beiträgen werden Seiten nicht immer wieder erweitert, jedoch sollten bestimmte Inhalte, etwa die Über-mich-Seite oder das Impressum, immer sofort zu sehen sein. Dafür sind die Seiten gedacht.

Auf jeder Seite wird dem Leser eine Übersicht über den Blog angezeigt. Die bisher veröffentlichten Beiträge werden in chronologischer Reihenfolge angezeigt. Beiträge stellen den Hauptanteil auf Ihrer Seite dar. Ein Suchfeld bietet Ihnen die Möglichkeit, nach bestimmten Begriffen zu suchen, und in einem weiteren Fenster werden irgendwann die ersten Kommentare angezeigt. Ein Archiv sammelt alle Beiträge nach Datum geordnet.

Wichtige Teile des Blogs

13.1 Die Startseite

Standardmäßig zeigt WordPress Ihre zuletzt veröffentlichten Beiträge an, und zwar in chronologischer Reihenfolge, den neuesten Beitrag zuerst. Als zweite Variante gibt es auch noch die statische Seite. Der Inhalt dieser Seite bleibt immer gleich, solange Sie nichts verändern. Deswegen ist sie am besten für Firmen geeignet. Bevor Sie eine statische Seite anlegen, müssen Sie diese im Gegensatz zur Beitragsseite erst erstellen und natürlich mit Text und Fotos bestücken.

Öffnen Sie im Dashboard das Menü *Seiten/Erstellen*, und legen Sie zuerst die Startseite mit der Bezeichnung *Home* an. Geben Sie den Namen in das leere Feld ein, speichern Sie die Seite ab, und klicken Sie auf den Button *Veröffentlichen* auf der rechten Seite im Bereich *Veröffentlichen*.

Ohne die Veröffentlichung wird die Seite nicht in das Menü aufgenommen. Mit der Veröffentlichung einer Seite ist nicht die Veröffentlichung im Internet, sondern die im Menü gemeint.

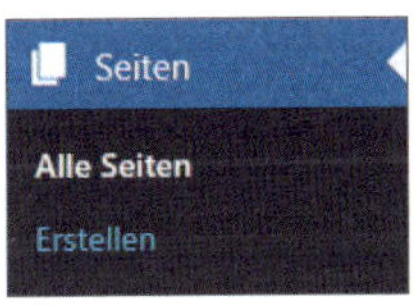

Der Link zum Erstellen der Seiten

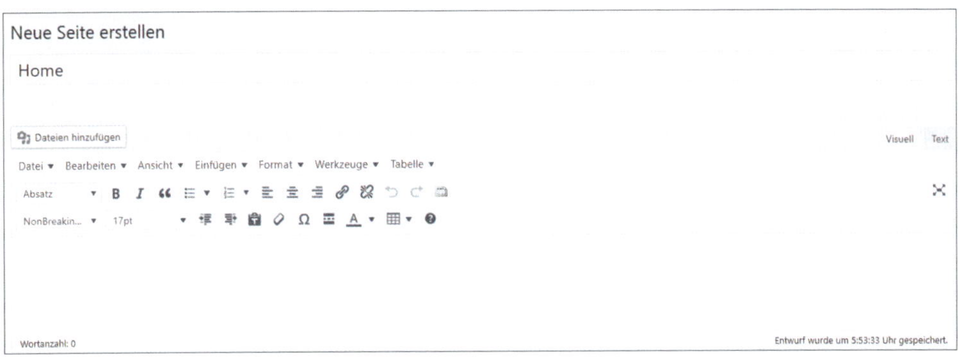

Hier wird der Name für die Seite vergeben

Nach der Veröffentlichung ändert sich der Bereich *Veröffentlichen*. Sie können sich jetzt über den Button *Vorschau der Änderungen* das Ergebnis ansehen. Den Button *Aktualisieren* verwenden Sie, falls Sie etwas an der Seite verändern – etwa den Seitennamen oder den Text – oder wenn Sie irgendwann ein neues Bild einfügen. Falls Sie eine statische Seite erstellen wollen, müssen Sie noch Text und Bilder einfügen.

In der Vorschau wird Ihnen das neu erstellte Menü unter dem Titel angezeigt. Über den Link *Bearbeiten* kommen Sie wieder in den Arbeitsbereich für diese Seite zurück.

Erst speichern, dann veröffentlichen

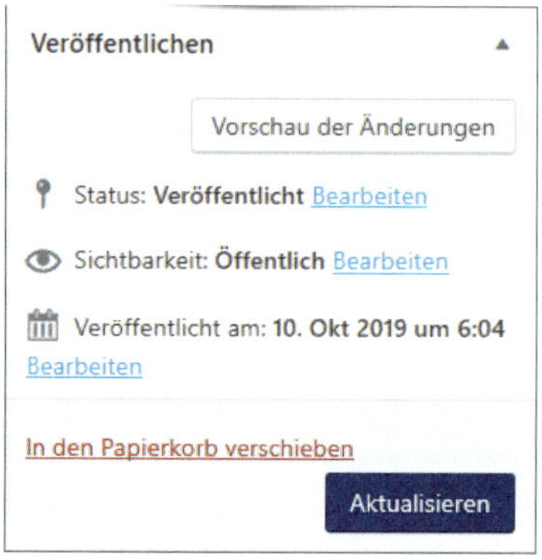

Hier geht es zur Vorschau oder es wird aktualisiert

Der erste Menüpunkt ist eingerichtet

Die Einstellungen für die Startseite erfolgen über das Menü *Einstellungen/Lesen* im Dashboard. Ein Klick darauf führt Sie in den Einstellungsbereich für das Lesen.

Die Einstellungen für das Lesen wurden geöffnet

Falls Sie eine statische Seite wollen, klicken Sie diese Option an und wählen aus der Liste neben *Homepage* die Seite aus. Klicken Sie auf *Änderungen speichern*.

In diesem Bereich können Sie festlegen, ob Ihre Startseite nur Beiträge zeigen oder ob es eine statische Seite werden soll. Dies legen Sie durch Anklicken der jeweiligen Option fest. Wenn Sie die statische Seite wollen, müssen Sie im Auswahlfenster für die Homepage die Seite auswählen, die als statische Seite verwendet werden soll.

Wenn die Startseite nur Beiträge anzeigen soll, wie in meinem Beispiel, dann klicken Sie die Option für die Anzeige der letzten Beiträge an.

Die Auswahlmöglichkeiten für die Einstellungen der Startseite

Weiter unten können Sie eingeben, wie viele Beiträge und Newsfeeds angezeigt werden sollen. Falls Sie mehr oder weniger Beiträge oder Newsfeeds anzeigen lassen wollen, ändern Sie hier die Zahl. Im Bereich *Zeige im Newsfeed* können Sie entscheiden, ob Sie den kompletten Text oder nur eine kurze Fassung davon anzeigen lassen wollen. An der Einstellung für die Suchmaschinen verändern Sie nichts. Klicken Sie auf *Änderungen speichern*.

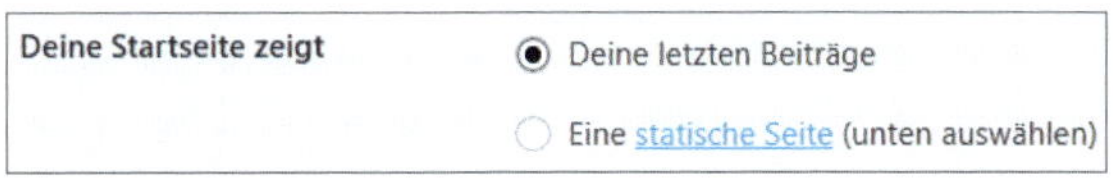

Die Startseite soll nur die letzten Beiträge anzeigen

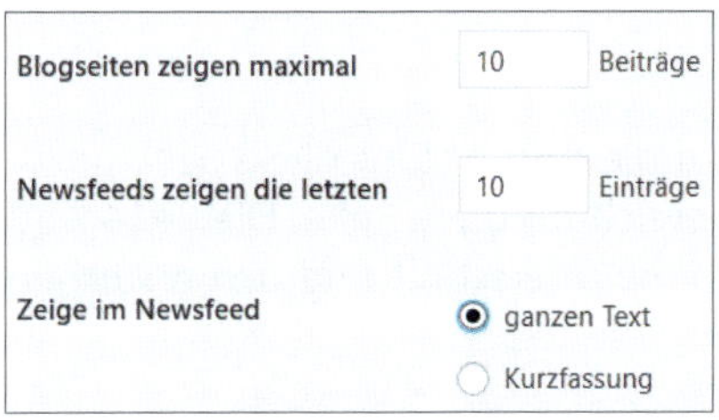

Die Anzeige der Kurzfassung wurde gewählt

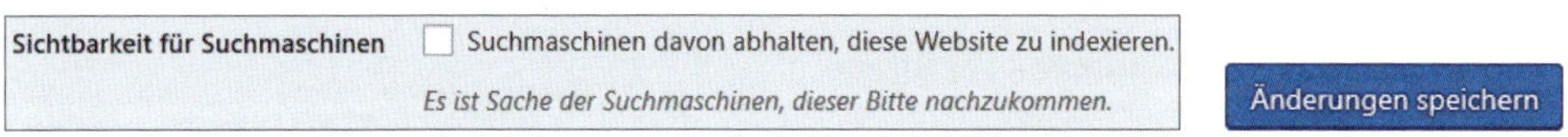

Nehmen Sie in diesem Bereich keine Änderungen vor. Speichern Sie alles ab

13.2 Die Über-mich-Seite

Die Über-mich-Seite ist äußerst wichtig, denn sie ist sicherlich die Seite in Ihrem Blog, die am meisten aufgerufen wird. Sie muss sofort zu sehen sein, deswegen platzieren Sie diese gut sichtbar. Diese Seite soll den Lesern in Kurzform übermitteln, was sie in Ihrem Blog erwartet. Sie dient in erster Linie als Information über die Seite.

Danach sollten Sie erst über sich berichten – und das ebenfalls in kurzer Form. Schreiben Sie keinen Lebenslauf, denn das langweilt den Leser. Teilen Sie stattdessen kurz mit, wer Sie sind, was Sie tun und was Sie anbieten.

Fügen Sie auf jeden Fall auch ein Foto von sich ein, am besten an Ihrem Arbeitsplatz, und überarbeiten Sie die Seite regelmäßig. Auf das Einfügen von Fotos gehe ich in Kapitel 15 ausführlich ein.

Nach der Installation von WordPress ist bereits eine Beispielseite mit dem Namen *Sample Page* vorhanden. Diese Seite nutzen wir dafür, die Über-mich-Seite anzulegen. Klicken Sie in der Sidebar auf das Menü *Seiten/Alle Seiten*. Eine Liste wird geöffnet, die bereits vorhandene Seiten anzeigt.

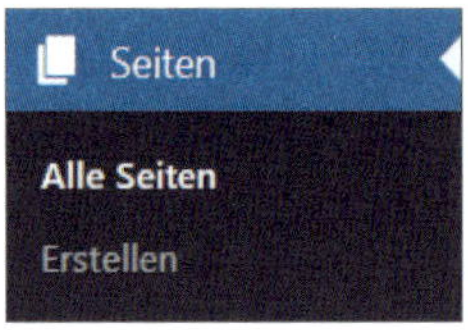

Das Seitenmenü

Das Seitenmenü. Die verschiedenen Musterseiten

Bewegen Sie den Mauszeiger über *Sample Page*, um die Auswahl für diese Seite anzuzeigen. Ein Klick auf *Bearbeiten* öffnet den Arbeitsbereich für diese Seite. Die Seite wird Ihnen mit einem Beispieltext angezeigt. Ändern Sie die Überschrift und den restlichen Text, indem Sie ihn einfach überschreiben.

Die Links zur Beispielseite

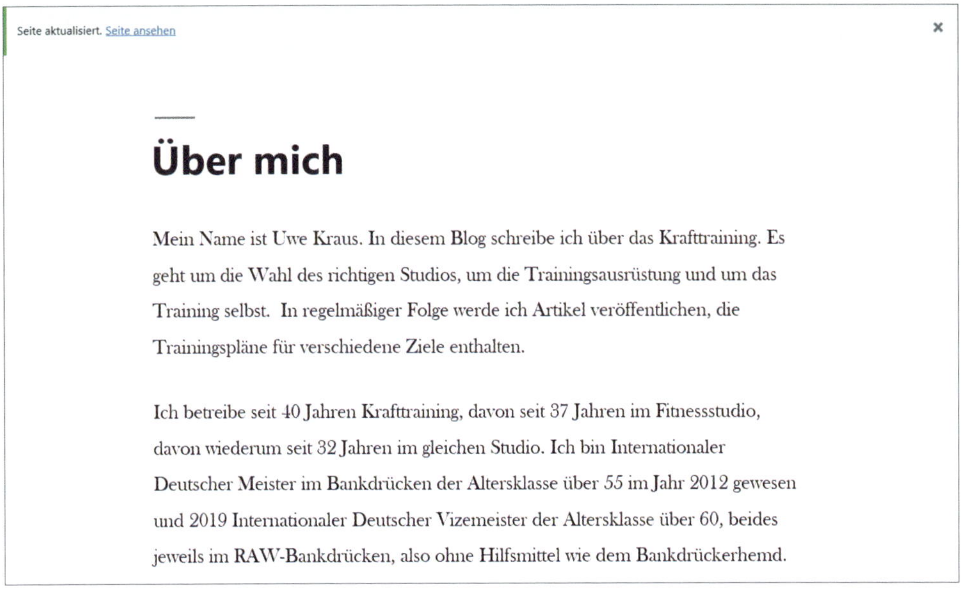

Der Name der Seite und der Text wurden geändert

Sichern Sie dann über die Schaltfläche *Aktualisieren* oben rechts die Änderungen auf dieser Seite. Die Aktualisierung wird links über dem Text angezeigt. Von hier aus können Sie sich die Seite in einer Vorschau ansehen, und zwar so, wie sie nach einer Veröffentlichung im Internet aussieht. Dazu müssen Sie auf den Link *Seite ansehen* klicken.

Alternativ können Sie auch den Button *Vorschau* nutzen, den Sie rechts oben neben dem Button *Aktualisieren* finden. WordPress setzt für eine neu erzeugte Seite den Menüpunkt automatisch rechts neben den zuletzt erzeugten Menüpunkt. Sie können also bereits vor der Erstellung der Seiten festlegen, an welcher Position im Menü diese stehen sollen, indem Sie diese gleich in der entsprechenden Reihenfolge anlegen.

Der Button für Änderungen

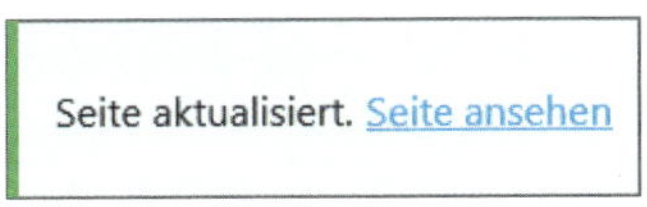

Hier geht es zur Vorschau ...

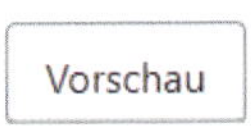

... und hier ebenfalls

Über das Menüband am oberen Bildschirmrand kommen Sie über den Link *Seite bearbeiten* wieder in Ihren Arbeitsbereich zurück.

masse-und-kraft – Effektives Training

Home Über mich

Über mich

Mein Name ist Uwe Kraus. In diesem Blog schreibe ich über das Krafttraining. Es geht um die Wahl des richtigen Studios, um die Trainingsausrüstung und um das Training selbst. In regelmäßiger Folge werde ich Artikel veröffentlichen, die Trainingspläne für verschiedene Ziele enthalten.

Ich betreibe seit 40 Jahren Krafttraining, davon seit 37 Jahren im Fitnessstudio, davon wiederum seit 32 Jahren im gleichen Studio. Ich bin Internationaler Deutscher Meister im Bankdrücken der Altersklasse über 55 im Jahr 2012 gewesen und 2019 Internationaler Deutscher Vizemeister der Altersklasse über 60, beides jeweils im RAW-Bankdrücken, also ohne Hilfsmittel wie dem Bankdrückerhemd.

Die Über-mich-Seite in der Vorschau

Hier geht es zurück zum Arbeitsbereich

Noch ein wichtiger Hinweis: Kommentare haben auf der Über-mich-Seite nichts zu suchen. Deswegen sollten Sie vor der Veröffentlichung der Über-mich-Seite prüfen, ob die Kommentarfunktion ausgeschaltet ist. Wahrscheinlich wollen Sie nicht, dass Besucher Ihre Über-mich-Seite kommentieren. Checken Sie das am besten bei jeder neuen Seite.

Am oberen rechten Bildschirmrand sehen Sie die Option *Ansicht anpassen*. Klicken Sie diese an. Ein Fenster mit verschiedenen Kontrollkästchen wird geöffnet. Prüfen Sie, ob in dem Kästchen vor dem Eintrag *Diskussion* ein Häkchen gesetzt ist. Sollte eines vorhanden sein, entfernen Sie es durch einen Mausklick.

Die Diskussionsfunktion ist deaktiviert

13.3 Die Kontakt-Seite

Für die Kontakt-Seite nutzen Sie am besten ein Plug-in. Dazu greifen wir auf das Plug-in *Contact Form 7* aus Kapitel 11 zurück. Die Kontakt-Seite ist eigentlich ein Formular, das nach der Veröffentlichung der Seite den Lesern zur Verfügung steht, um Mitteilungen zu senden oder Fragen zu stellen. Um die Kontakt-Seite zu erstellen, öffnen Sie zuerst die Plug-ins und klicken bei *Contact Form 7* auf *Einstellungen*. Dann markieren Sie den angezeigten Shortcode mit der Maus und drücken die Tastenkombination Strg+C.

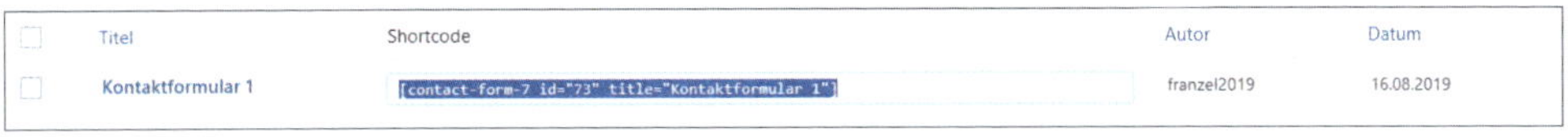

Der Shortcode muss kopiert werden

Im nächsten Schritt öffnen Sie den Bereich *Seiten* im Dashboard und klicken auf *Erstellen*. Der Arbeitsbereich *Neue Seite erstellen* wird geöffnet. Geben Sie als Titel *Kontakt* ein, setzen Sie dann den Mauszeiger in das Textfeld und drücken Sie die Tastenkombination Strg+V, um den Code einzufügen.

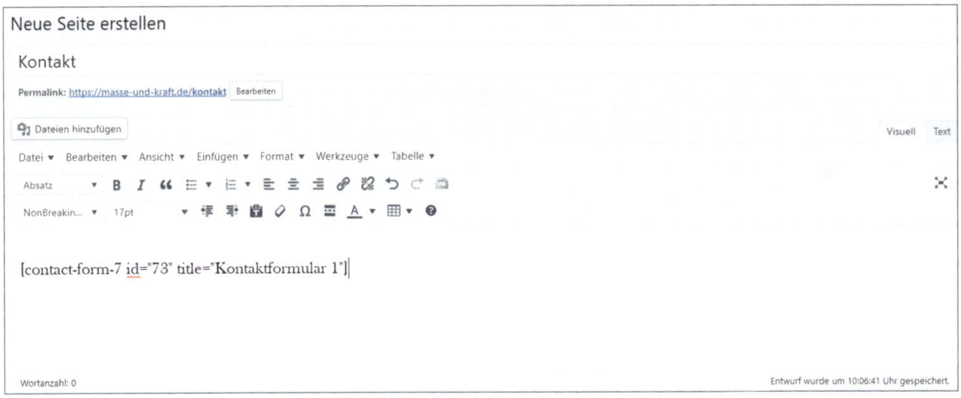

Der Code für das Kontaktformular wurde eingefügt

Speichern Sie das Ganze ab und sehen Sie sich das Ergebnis in der Vorschau an. Kehren Sie über den Menüpunkt *Seite bearbeiten* wieder zurück. Diesmal hat WordPress den neuen Menüpunkt rechts neben der Startseite platziert.

Wechseln Sie wieder über das Menü *Formular* zu Ihrem Kontaktformular und zur Bearbeitung. Wir wenden uns nun dem Formulartag-Generator zu und klicken auf den Link *Neu hinzufügen* und im Formulartag-Generator auf den Button *E-Mail*.

Ein weiteres Formular mit Ihrer E-Mail-Adresse, dem Namen Ihrer Domain und einigen anderen Feldern wird angezeigt. Es ist wichtig, dass die E-Mail-Adresse hier eingetragen ist, denn wenn ein Besucher Ihr Kontaktformular ausfüllt und auf *Senden* klickt, wird Ihnen so das Formular per E-Mail zugeschickt.

Das Kontaktformular in der Gesamtübersicht als Vorschau

Die E-Mail-Adresse muss hier eingetragen sein

Falls Sie dem E-Mail-Versender eine automatische Antwort zukommen lassen wollen, aus der hervorgeht, dass Sie seine Mail erhalten haben, aktivieren Sie im Bereich *E-Mail* ganz unten den Eintrag *E-Mail (2)*, indem Sie in das Kästchen vor dem Eintrag klicken.

Nun werden Ihnen weitere Felder angezeigt. Wenn Sie in das Nachrichtenfeld einen Text eintippen, wird dieser Text als Bestätigung an den Versender geschickt. Speichern Sie den eingegebenen Text ab. Den Button zum Speichern finden Sie am Ende des Formulars.

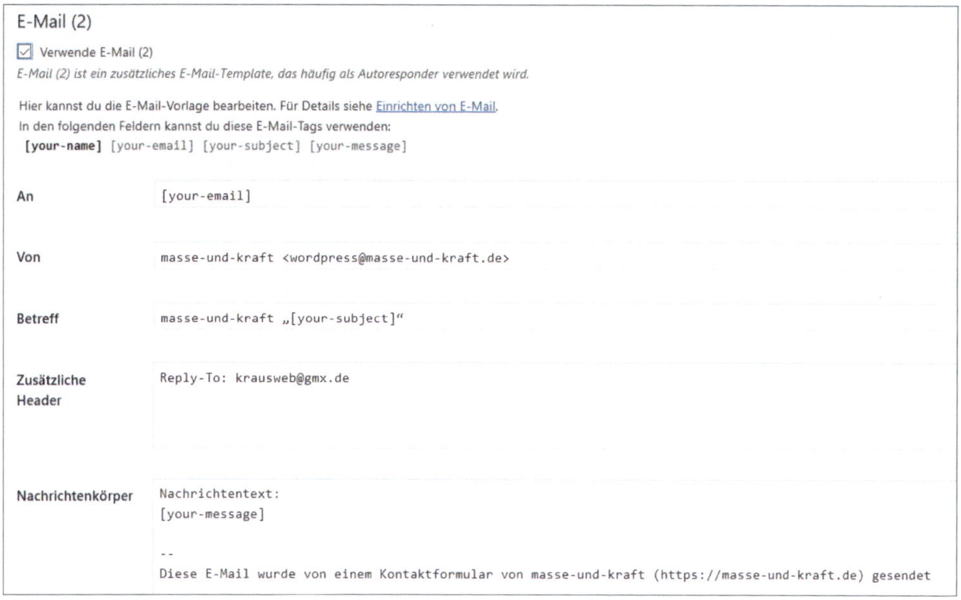

Eine automatische Rückmeldung wird erstellt

13.4 Das Impressum

Als Beispiel für eine neue Seite legen wir jetzt ein Impressum an. Dies ist bei kommerziell genutzten Seiten in Deutschland Pflicht und gesetzlich vorgeschrieben. Wenn Sie Werbebanner auf Ihre private Seite stellen, ist sie nicht mehr privat und benötigt ebenfalls ein Impressum. Generell ist es immer empfehlenswert, ein Impressum anzulegen.

Mit einem Impressum sind Sie immer auf der sicheren Seite. Der Link zum Impressum sollte auch auf jeder Seite sichtbar und nicht in einem Untermenü versteckt sein. Am besten, Sie erzeugen einen gut sichtbaren Menüpunkt dafür.

Erstellen Sie eine weitere neue Seite mit dem Namen *Impressum*. Den Text für ein abmahnsicheres Impressum können Sie sich im Internet mit einem Impressum-Generator kostenlos herunterladen, nachdem Sie bestimmte Daten eingegeben haben. In der Regel erhalten Sie dann auch einen Quellcode, den Sie in Ihre Seite kopieren können. Dazu müssen Sie das Register *Text* im Bearbeitungsfenster öffnen und ihn dort hineinkopieren. Auch die Quelle müssen Sie am Ende des Textes benennen. Machen Sie sich keine Gedanken über die rot markierten Stellen. Diese verschwinden, wenn Sie einmal in den visuellen Bereich und wieder zurück zum Textbereich wechseln.

```
<h1>Impressum</h1>

<h2>Angaben gem&auml;&szlig; &sect; 5 TMG</h2>
<p>Uwe Kraus<br />
Autor und Journalist<br />
Theodor-Heuss-Str. 23<br />
96215 Lichtenfels</p>

<h2>Kontakt</h2>
<p>Telefon: 09571/1659780<br />
E-Mail: krausweb@gmx.de</p>

<h2>Umsatzsteuer-ID</h2>
<p>Umsatzsteuer-Identifikationsnummer gem&auml;&szlig; &sect;27 a Umsatzsteuergesetz:<br />
230 240 40968</p>

<h2>Wirtschaftsidentifikationsnummer</h2>
<p>92 154 346 078</p>

<h2>Verantwortlich f&uuml;r den Inhalt nach &sect; 55 Abs. 2 RStV</h2>
<p>Uwe Kraus<br />
Theodor-Heuss-Str. 23<br />
96215 Lichtenfels</p>
```

Kopieren Sie den Quellcode des Impressums in den Textbereich der Seite

Wechseln Sie nun zum Register *Visuell*. Beachten Sie, dass im Quellcode automatisch die Überschrift *Impressum* steht. Sie haben aber bereits beim Bezeichnen der neuen Seite die Überschrift *Impressum* eingegeben. Sie haben also nach Einfügen des Quellcodes zweimal die Überschrift *Impressum* im Textbereich stehen. Löschen Sie daher die erste Zeile des Quellcodes, speichern Sie dann erst ab und starten Sie die Veröffentlichung.

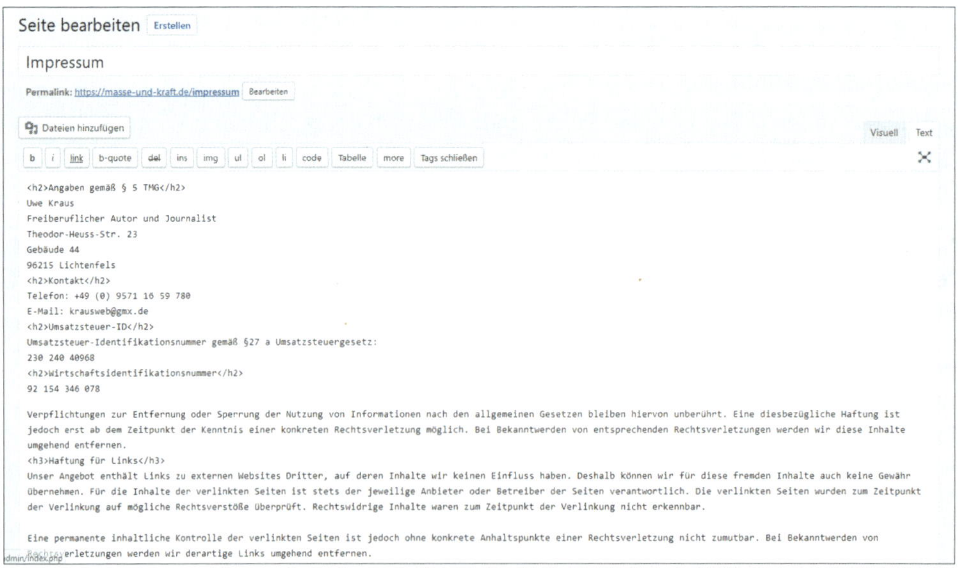

Die Einträge für das Impressum sind erledigt

Sehen Sie sich nun das Ergebnis in der Vorschau an. Der Menüpunkt für das Impressum wurde eingefügt, das Menü ist komplett.

Vier Menüpunkte wurden angelegt

13.5 Die Datenschutzerklärung

Neben dem Impressum sollten Sie auch eine Erklärung zum Datenschutz in Ihren Blog einbauen und den Link dazu wie beim Impressum gut sichtbar darstellen. Einen Generator für das Erstellen der Datenschutzseite finden Sie im Internet. Erstellen Sie eine neue Seite mit der Bezeichnung *Datenschutzerklärung* und kopieren Sie wie beim Impressum den Quellcode in den Textbereich. Kopieren und veröffentlichen Sie auch diese Seite.

Der Menüpunkt für den Datenschutz wurde in das Menü eingefügt

In meinem Beispiel sind diese Seite und das Impressum gut sichtbar dargestellt. Sie können aber auch die beiden Seiten und vielleicht noch die Kontaktseite in den Footer-Bereich stellen. Um dies zu realisieren, müssen Sie in den Verwaltungsbereich der Menüs wechseln.

13.6 Das Menü

Im Arbeitsbereich des Menüs werden alle Ihre bisher angelegten Seiten nochmals angezeigt. Diesen Bereich erreichen Sie über den Link *Design/Menüs* im Dashboard.

Allerdings sind die Seiten noch nicht für eine Bearbeitung aktiviert. Dies ist erst möglich, wenn Sie einen Namen für das Menü im Eingabefeld des Bereichs *Menüstruktur* vergeben und dann auf den Button *Menü erstellen* klicken.

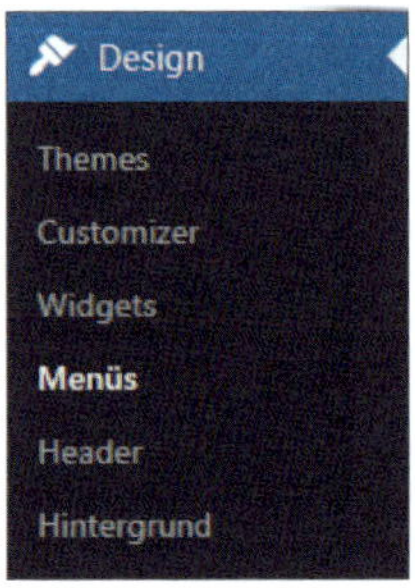

Der Weg zu den Menüs

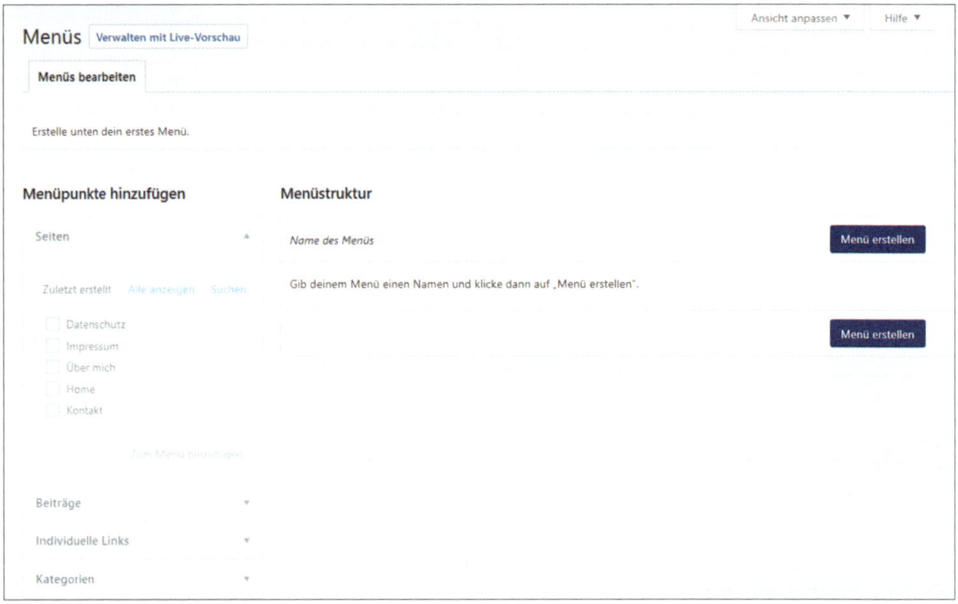

Hier werden die Menüs erstellt und bearbeitet

Der Name für das neue Menü wurde vergeben

Klicken Sie dann im Bereich *Seiten* auf den Link *Alle anzeigen*. Die bisher erstellten Seiten und eine weitere mit der Bezeichnung »Startseite«, die die Seite mit Ihren Beiträgen ist, wenn Sie keine statische Seite erzeugen, werden angezeigt. Klicken Sie auf den Link *Alle anzeigen*, um die Seiten für das Menü vorzubereiten.

Die Seiten werden mit einem Häkchen markiert. Da wir nur die beiden Seiten *Home* und *Über mich* im oberen Menü haben wollen, markieren Sie diese beiden Seiten mit einem Häkchen. Ein Klick auf den Button *Zum Menü hinzufügen* fügt die Seiten in die Menüstruktur rechts ein.

In der Menüstruktur wird Ihnen ein Name vorgeschlagen, den Sie verändern können. Achten Sie darauf, dass die erste Option und die Option *Primär* im Bereich *Menü-Einstellungen* aktiviert sind. Sichern Sie die Struktur mit dem Button *Menü speichern*.

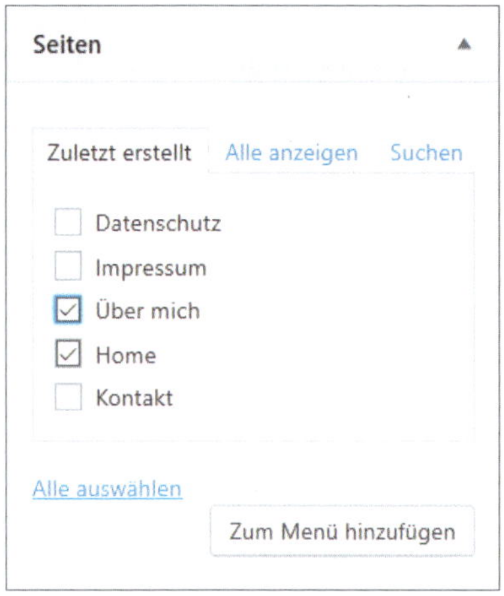

Die ausgewählten Seiten für das obere Menü

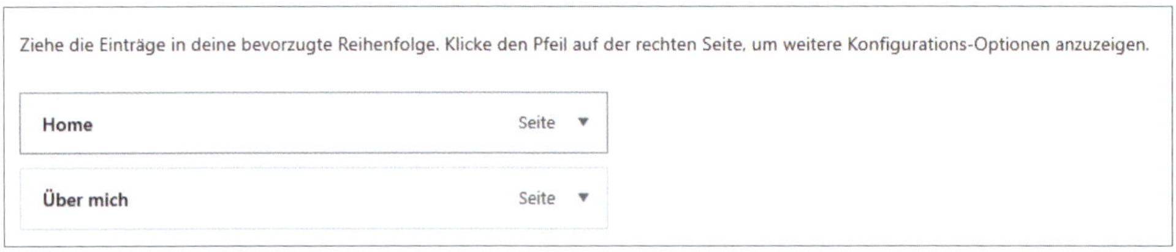

Die übernommenen Seiten für das Menü mit einem neuen Menünamen

Das automatische Hinzufügen neuer Seiten zum oberen Menü wurde aktiviert

Speichern Sie das neue Menü

Nun erstellen wir das zweite Menü, das am Ende der Seite erscheinen soll. Klicken Sie auf den Link *erstelle ein neues Menü* in der Zeile unter den Menüs für die Verwaltung.

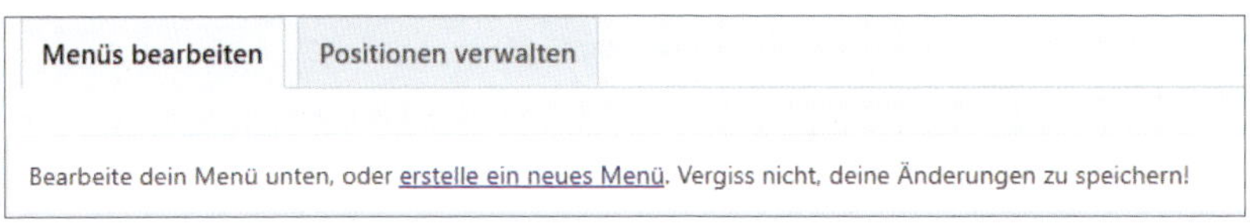

Der Weg zu einem neuen Menü

Vergeben Sie einen Namen für das neue Menü und klicken Sie auf *Menü speichern*, um die Seitenauswahl zu aktivieren. Wählen Sie diesmal die Seiten *Datenschutz*, *Impressum* und *Kontakt* aus und fügen Sie diese der Menüstruktur hinzu. Bringen Sie die Seite dann in die von Ihnen gewünschte Reihenfolge. Aktivieren Sie auch bei diesem Menü die erste Option und als zweite *Footer-Menü*. Speichern Sie auch dieses Menü ab.

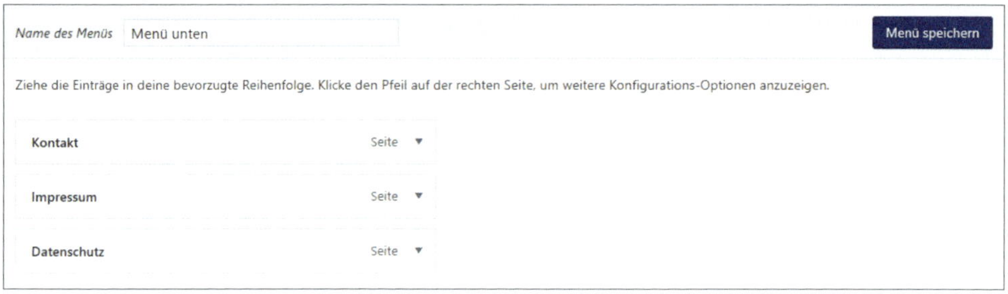

Ein weiteres Menü wurde angelegt

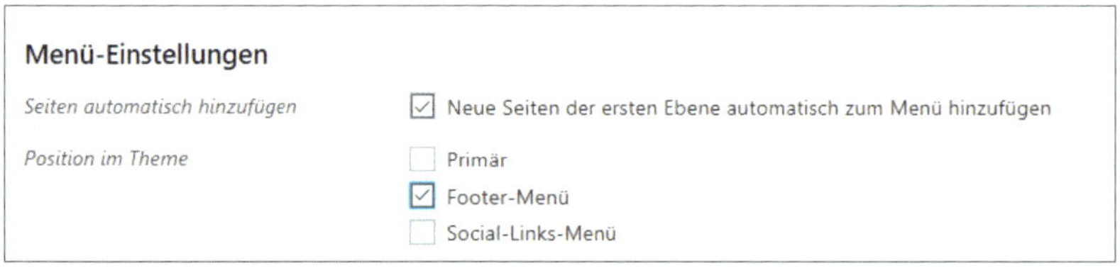

Ein Menü am Ende der Seite soll erzeugt werden

Klicken Sie jetzt auf den Button *Verwalten mit Live-Vorschau* am oberen linken Bildschirmrand. Hier können Sie die beiden erstellten Menüs der jeweiligen Platzierung zuweisen. Wir wollen zuerst dem primären Menü seinen Platz geben. Dies geschieht durch Klick auf das Auswahlfeld. Wenn Sie den kleinen Pfeil anklicken, wird die Auswahl für diesen Menübereich geöffnet. Momentan gibt es hier nur ein Menü. Klicken Sie es für die Übernahme an. Weisen Sie dann auf die gleiche Weise dem Footer-Menü das untere Menü zu, und klicken Sie anschließend auf den Button *Änderungen speichern* für die Sicherung der beiden Menüs. Klicken Sie dann auf den Button *Verwalten mit Live-Vorschau*.

Von hier aus werden die Menüs verwaltet

In der Vorschau sehen Sie auf der linken Seite unter den Anpassungen für das Menü die beiden Menüs mit ihrer Bezeichnung und dem Bereich, dem sie zugewiesen wurden. Ein Klick auf den Link *Alle Positionen anzeigen* zeigt Ihnen nochmals eine Übersicht über die zugewiesenen Menüs.

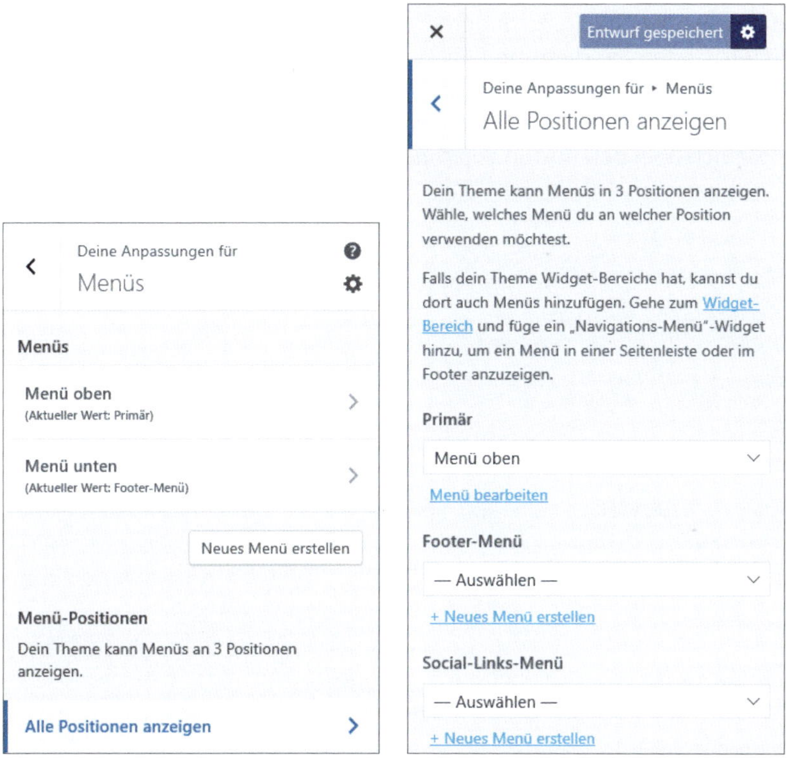

Zwei verschiedene Menüs wurden angelegt und dem jeweiligen Bereich zugewiesen

Die beiden erzeugten Menüs werden auf dem Blog angezeigt und sind funktionsfähig. Da der Link zum Impressum und zur Datenschutzerklärung gut sichtbar sein sollte, würde ich Ihnen diese Platzierung allerdings nicht empfehlen. Außerdem sehen die fünf Menüs am oberen Rand wesentlich besser aus, und jeder einzelne Menüpunkt ist besser zu sehen als unten auf dem Blog.

Das obere Menü enthält zwei Menüpunkte

Das untere Menü enthält drei Menüpunkte

13.7 Seiten ändern

Hier geht es zur Bearbeitung der Seite

Sicherlich wird es auch einmal vorkommen, dass Sie an einer Seite etwas ändern wollen, etwa den Namen, oder Sie wollen Text hinzufügen. Um den Titel und den Text einer Seite zu ändern oder Text einzufügen, öffnen Sie diese und klicken unter dem eingetragenen Text auf den Link *Bearbeiten*. In meinem Beispiel wird Text eingefügt. Nachdem der Text eingefügt ist, übernimmt ein Klick auf *Aktualisieren* die Änderungen. Sehen Sie sich über den Button *Vorschau der Änderungen* das Ergebnis an.

Auf der Startseite wurde Text eingefügt

Der hinzugefügte Text in der Vorschau

14. Neue Domain und neuer Blog

Die Domain und die Seite sind wichtige Bestandteile für das Erzeugen eines neuen Blogs. Die Domain hilft dem Besucher, die Seite zu finden, und die Seite ist für die Bearbeitung Ihres Blogs gedacht. Außerdem benötigen Sie noch ein Theme für den gestalterischen Aspekt Ihrer Seite.

Für den Umgang mit Bildern legen wir einen neuen Blog an. Dafür habe ich das Theme *Misty Lake* ausgewählt. Dieses Theme wird zwar seit zwei Jahren nicht mehr aktualisiert, und es kann zu Kompatibilitätsproblemen mit aktuellen WordPress-Versionen kommen. Da es für meinen Blog jedoch bestens geeignet ist, verwende ich es trotzdem, da es ruhig und nicht überladen daherkommt. Wenn Sie sichergehen wollen, keine Probleme zu bekommen, verwenden Sie bitte ein anderes Theme. Als Ersatz würde ich *Hemingway* empfehlen. *Hemingway* habe ich persönlich bewusst nicht gewählt, da hier das Header-Bild durch Text verdeckt wird. Mit *Misty Lake* hatte ich übrigens bis zur Fertigstellung dieses Buches keinerlei Probleme.

Sie werden immer vor der Wahl stehen, entweder ein erfolgreiches Theme zu verwenden, das dann natürlich Massen von Bloggern auch nutzen, oder ein weniger erfolgreiches, bei dem die Gefahr besteht, dass es irgendwann nicht mehr aktualisiert wird. Dieses Theme ist dafür dann aber selten auf Blogs zu sehen. Diese Entscheidung müssen Sie selbst treffen.

14.1 Einen neuen Blog anlegen

Einen neuen Blog starten Sie bei 1&1 über den Link *Neue Webseite anlegen*, den Sie im Arbeitsbereich unter *Webseiten & Shops* finden. Sie gelangen in die Auswahl für den Seitentyp. Wählen Sie *WordPress* und klicken Sie auf den Link *Jetzt starten*.

Das Ihnen bereits bekannte WordPress-Installationsfenster wird geöffnet. Geben Sie den Titel der Webseite ein und klicken Sie auf *Website erstellen*. Vergeben Sie dann den Benutzernamen und das Passwort. Bestätigen Sie die Nutzungsbedingungen und klicken Sie auf *Weiter*.

Ein neuer Blog wird angelegt

Wählen Sie im nächsten Schritt wieder *Managed WordPress* aus, indem Sie auf den Button *Weiter mit Managed WordPress* klicken. Die Installation wird gestartet. Nachdem diese beendet ist, klicken Sie auf *Webseite bearbeiten*.

Die Infos über die installierte Seite

Geben Sie nochmals Ihren Benutzernamen oder Ihre E-Mail-Adresse und Ihr Passwort ein und klicken Sie auf *Anmelden*. Ein weiterer Klick auf *Los geht's* führt Sie in die Auswahl der Themes. Klicken Sie auf den Menüpunkt *Fotos* und entscheiden Sie, ob eines davon für Ihren Blog passend ist. Für meinen Blog verwende ich das Theme *Misty Lake*, da dies am besten passt. Hier wird ein Flusslauf ähnlich dem oberen Maintal dargestellt. Um ein anderes Theme als die vorgeschlagenen zu nutzen, müssen Sie trotzdem erst ein beliebiges durch Mausklick auswählen. Nach der Auswahl wird WordPress gestartet, und das installierte und aktivierte Theme wird angezeigt. Klicken Sie auf *Customizer* und dort im Bereich *Aktives Theme* auf den Button *Wechseln*.

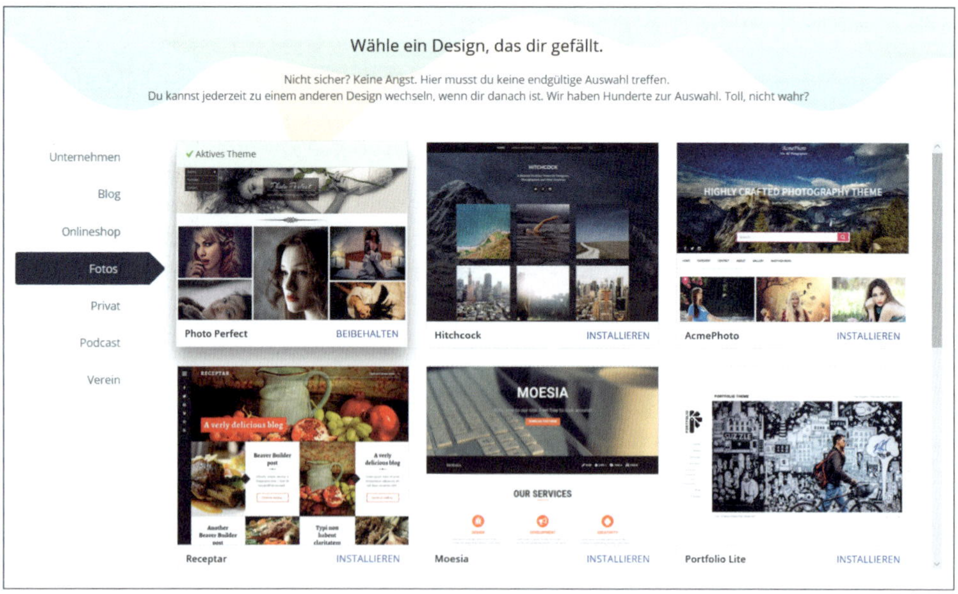

Die verschiedenen Bereiche der Themes

Wechseln Sie zu den Theme-Details

Das aktuelle Theme soll ausgetauscht werden

Das von mir gewünschte Theme *Misty Lake* ist weder unter den installierten Themes noch unter den WordPress-Themes enthalten.

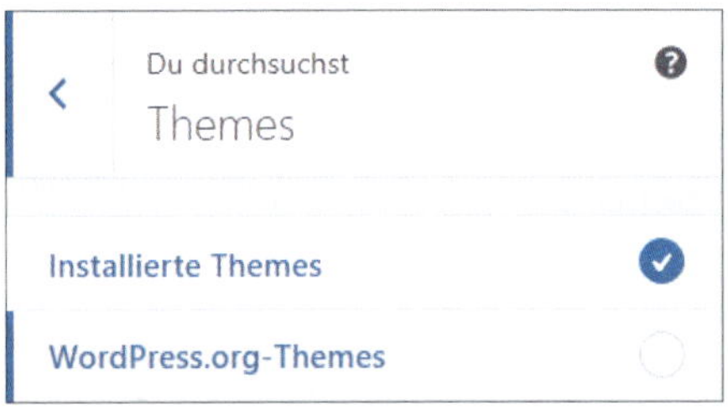

Das gewünschte Theme ist nicht vorhanden

Deswegen verlasse ich den Customizer wieder durch Klick auf das kleine Kreuz oben links und lade es dann aus dem Internet vorab auf meinen PC, bevor ich es in die Themes einfüge.

Dazu öffne ich die Themes und klicke auf den Button *Hinzufügen* am oberen Bildschirmrand und anschließend auf *Theme hochladen*. Ein leeres Fenster mit dem Button *Durchsuchen* links daneben wird angezeigt. Klicken Sie auf den Button, und suchen Sie auf Ihrer Festplatte die entsprechende Datei des Downloads. Führen Sie einen Doppelklick auf diese Datei aus, um sie in das leere Feld zu übernehmen.

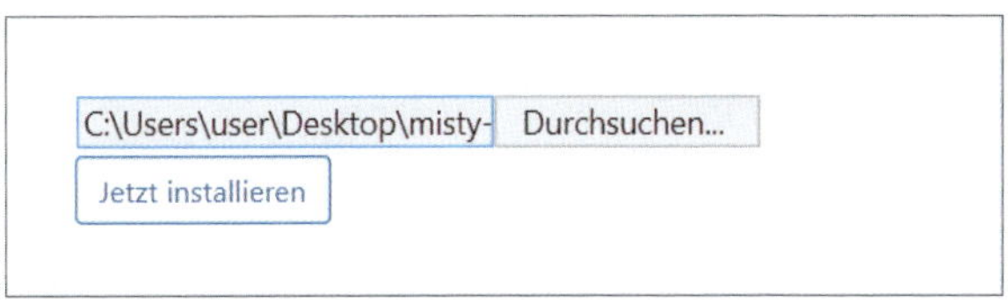

Der Pfad mit dem Download wird übernommen

Klicken Sie auf den Button *Jetzt installieren*. Das Theme wird in die Sammlung aufgenommen, Sie müssen es jetzt nur noch aktivieren.

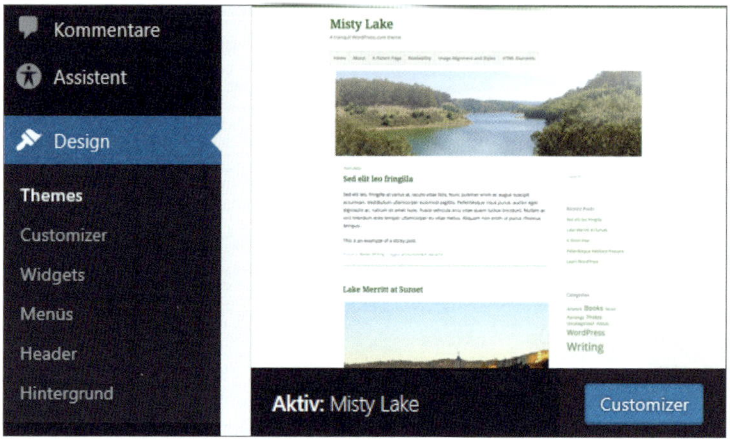

Das neue Theme steht für den Blog bereit

14.2 Eine neue Domain anlegen

Wenn Sie den neuen Blog angelegt haben, suchen Sie eine passende Domain dafür aus. Gehen Sie dafür in Ihrem IONOS-Konto in das Control-Center, und wechseln Sie über den oben links angezeigten Link *Websites & Shops* zum Link *Produkt auswählen*, indem Sie die Maus über den Text bewegen. Sie gelangen in einen Bereich mit verschiedenen Auswahlmöglichkeiten. Klicken Sie auf *Domains & SSL*.

Von einem Bereich zum nächsten

Rufen Sie den Domainbereich auf

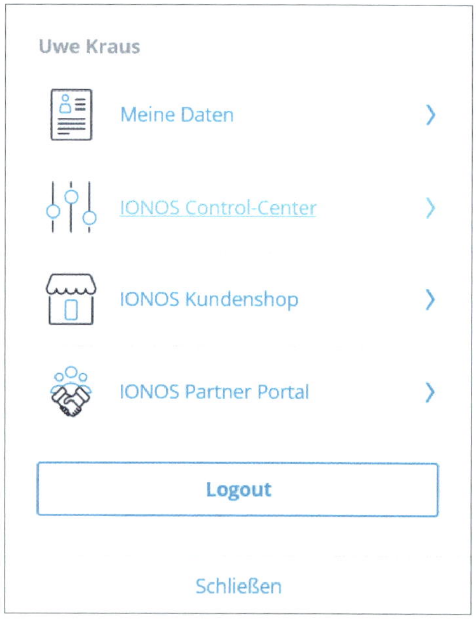

Hier geht es zum Control-Center (Quelle: IONOS, Montabaur)

Hier können Sie im Eingabefeld *Domains suchen* die gewünschte Domain eintippen. Ein anschließender Klick auf *Suchen* checkt, ob die Domain noch frei ist. Ist dies der Fall, klicken Sie auf *Domain registrieren*.

Die Suche nach einer Domain

Ein Fenster mit der Vertragsauswahl wird angezeigt. In meinem Fall wähle ich *Managed WP Business* per Mausklick aus.

Wählen Sie hier den entsprechenden Vertrag aus

Bereits einige Minuten nach der Registrierung wird die Domain freigeschaltet. Klicken Sie nach der Freischaltung im Bereich *Domains & SSL* auf *Domain verwenden* und im Auswahlmenü, das anschließend erscheint, auf *Webspace verbinden*.

Die Domain wurde aktiviert

Die Domain soll mit einer Seite verbunden werden

Die Auswahl Ihrer Webseiten wird angezeigt. In meinem Fall wähle ich *lichtenfelser-land* aus. Hier ist zwar schon eine Domain vergeben, aber dabei handelt es sich lediglich um eine Subdomain, die zwar für die Bearbeitung einer Seite erst mal ausreicht, vor einer Veröffentlichung sollten Sie sich aber eine effektivere zulegen, denn niemand wird einen derartig langen Namen eingeben wollen. Auch für Suchmaschinen ist das nicht ideal.

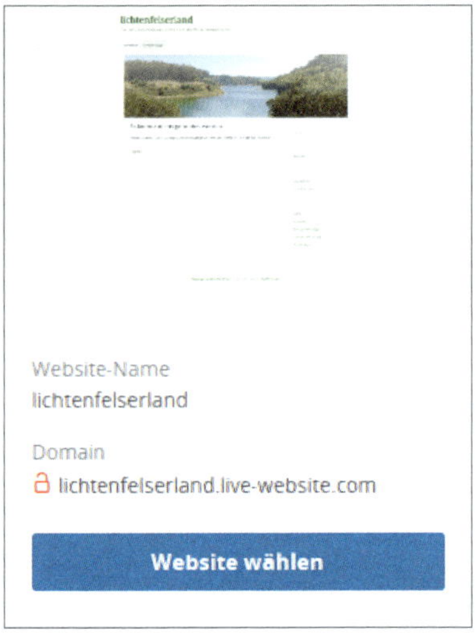

Die Seite für die Zuweisung der Domain

Klicken Sie auf den Button *Website wählen*, um die Domain dem Blog zuzuweisen. Sie erhalten eine Meldung, dass die Domain mit der Seite verbunden wird.

Jetzt ist es fast geschafft

14.3 SSL-Zertifikat einrichten

Wechseln Sie jetzt wieder zur Auswahl Ihrer Seiten. Der Name der Domain wurde geändert. Anhand des roten Schlosses vor dem Domainnamen wird Ihnen signalisiert, dass noch kein SSL-Zertifikat eingerichtet ist. Tun Sie dies jetzt, indem Sie unter der Produktauswahl *Domains & SSL* aufrufen und im Portfolio auf der rechten Seite im Bereich *SSL* den Link *SSL-Zertifikate* anklicken.

Die SSL-Zertifikate werden angezeigt. Eines davon ist noch nicht eingerichtet, steht also noch zur Verfügung. Klicken Sie auf dieses Zertifikat. Eine Auswahl verschiedener Zertifikate wird Ihnen angezeigt.

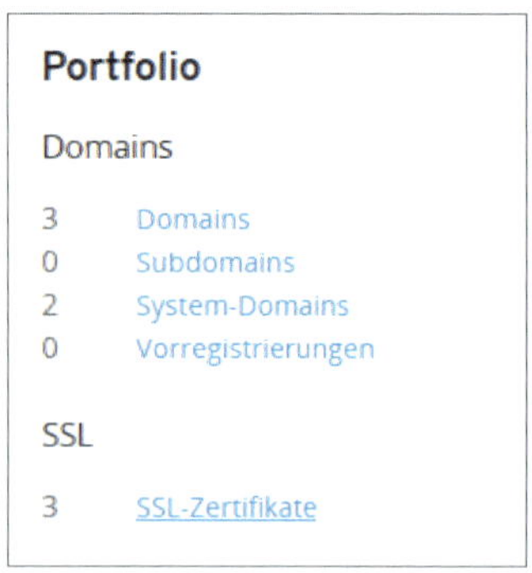

Hier geht es zu den Zertifikaten

Ein Zertifikat ist noch frei

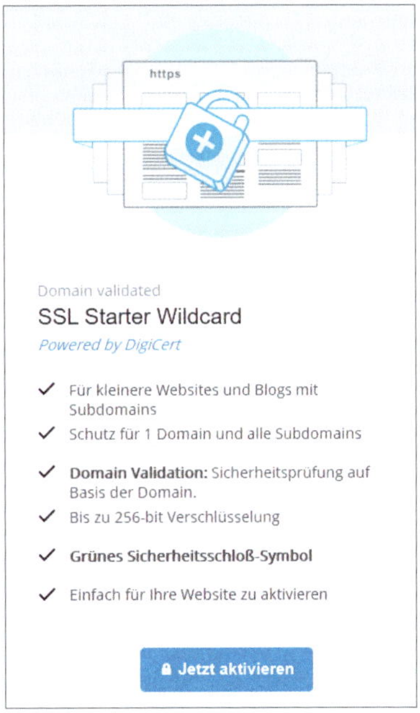

Entscheiden Sie sich für *SSL Starter Wildcard*, indem Sie am unteren Rand des Zertifikats auf *Jetzt aktivieren* klicken.

Das Fenster *Domainzuweisung* wird geöffnet, jetzt müssen Sie noch die Domain festlegen, die mit der Verschlüsselung versehen werden soll. Klicken Sie in das Feld neben *Domain*. Ihre bisher angelegten Domains werden angezeigt. Wählen Sie die entsprechende aus. Lesen und akzeptieren Sie die Nutzungsbedingungen und klicken Sie auf den Button *SSL-Zertifikat einrichten*.

Aktivieren Sie die SSL-Verschlüsselung

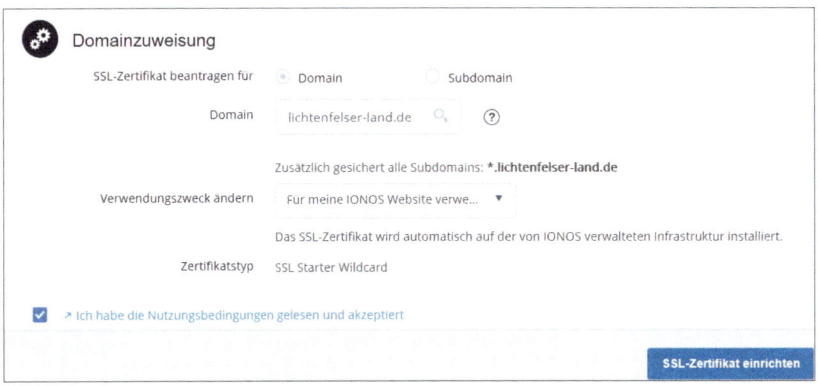

Weisen Sie die Domain Ihrer Seite zu

Sie erhalten eine Meldung über den erfolgreichen Abschluss des Vorgangs. Klicken Sie auf *Ok*. Die Domain, der die SSL-Verschlüsselung zugewiesen wurde, und der Zertifikatstyp werden nochmals angezeigt. Das Häkchen unter *Status* bedeutet, dass das SSL-Zertifikat jetzt aktiviert ist.

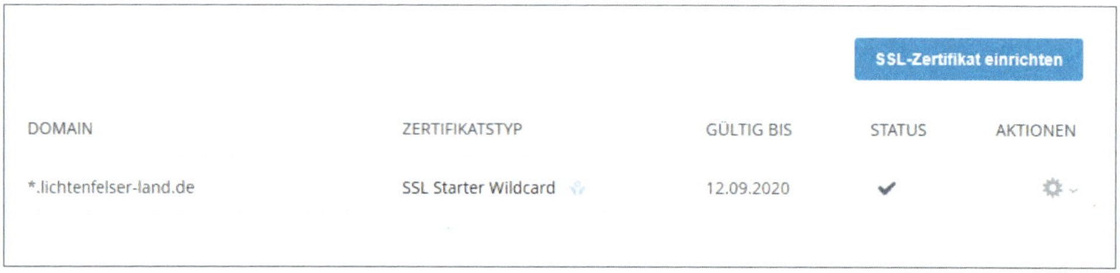

Das SSL-Zertifikat wurde bestellt. Die Aktivierung des SS-Zertifikats wird angezeigt

Wenn Sie jetzt in der Produktauswahl auf *Websites & Shops* klicken, sehen Sie anstelle des roten geöffneten Schlosses ein grünes geschlossenes Schloss vor dem Domainnamen. Dies weist Sie darauf hin, dass hier ein SSL-Zertifikat zur Absicherung Ihrer Seite vorhanden ist. Von hier aus können Sie über den Button *Website verwalten* und mit einem anschließenden Klick auf *Website bearbeiten* Ihren Blog zur Bearbeitung öffnen.

Falls Sie einen anderen Anbieter ausgewählt haben, müssen Sie selbst ausprobieren oder nachfragen, wie Sie vorgehen müssen. Aus Platzgründen kann in diesem Buch leider nur ein Anbieter beschrieben werden.

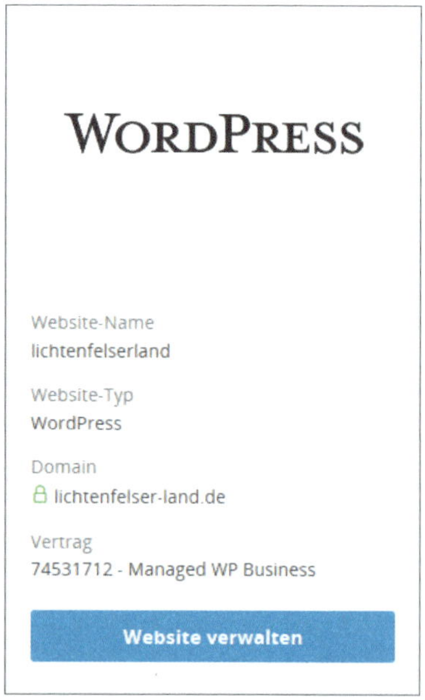

Die Anzeige der zugewiesenen SSL-Verschlüsselung

15. Der Umgang mit Bildern

Ein wichtiger Bestandteil eines Blogs sind Bilder. Eine Möglichkeit, Ihren Blog attraktiver und interessanter zu gestalten, besteht darin, verstärkt Bilder einzusetzen. Bauen Sie in Ihre Artikel die Bilder ein, die zum Thema passen, so steigern Sie die Aufmerksamkeit der Leser. Ein Artikel, der bereits in der Artikelvorschau mit einem Bild versehen ist, wird meist eher angeklickt.

Wenn das Bild dann auch noch zum Artikel passt, sind Sie sich der Aufmerksamkeit des Lesers sicher. Bilder wie Screenshots oder Diagramme helfen dem Leser dabei, die von Ihnen verfassten Texte besser zu verstehen. Aber nicht nur das, auch der Besucher Ihrer Seite ist zufrieden, wenn er zusätzlich durch Bilder informiert wird. Manche Artikel sind sogar komplett auf Bildern aufgebaut. Diese Art der Inhalte lassen sich die wenigsten Leser entgehen.

Immer mehr Leser kommen über die Google-Bildersuche auf einen Blog. Daher sind Bilder auch gut für die Suchmaschinenoptimierung geeignet. Welche Bilder Sie in Ihrem Blog nutzen, sollten Sie sich jedoch gut überlegen. Verwenden Sie idealerweise nur eigene Fotos oder greifen Sie auf Bildagenturen zurück, die allerdings Geld von Ihnen verlangen. Wenn Sie Fotos aus dem Web stehlen, ist eine Abmahnung schon garantiert. Das ist nicht nur unnötig und ärgerlich, sondern auch teuer. Denken Sie deshalb gut darüber nach, welche Bilder Sie in Ihren Blogs nutzen. Selbst gemachte Bilder sind ebenfalls aufmerksamkeitsstark und vor allem rechtlich unbedenklich.

Für die Beispiele in diesem Kapitel habe ich meine eigenen Fotos verwendet. Sie müssen die Arbeitsschritte entsprechend mit Ihren Fotos nachvollziehen.

15.1 Bilder erstellen

Gehen Sie auf Motivsuche für Ihren Blog und fotografieren Sie am besten jedes Motiv mehrmals. Speichern Sie dann die Bilder auf Ihrem PC im Bereich *Bilder* ab, indem Sie einen Ordner mit einer aussagekräftigen Bezeichnung anlegen und dann die Bilder außerhalb von WordPress bearbeiten. Jedes Bild sollten Sie ebenfalls mit einem passenden Namen versehen.

Wenn Sie die Bilder eingefügt haben, überprüfen Sie diese nochmals und entscheiden Sie, welche davon Sie für Ihren Blog verwenden wollen. Löschen Sie die anderen oder kopieren Sie diese in einen Ordner mit einem anderen Namen, wenn Sie sie außerhalb des Blogs noch nutzen wollen.

Wenn Sie in dem Ordner mit den Bildern im Register *Ansicht* auf *Vorschaufenster* klicken, wird Ihnen das jeweils angeklickte Bild rechts nochmals in vergrößerter Ansicht gezeigt.

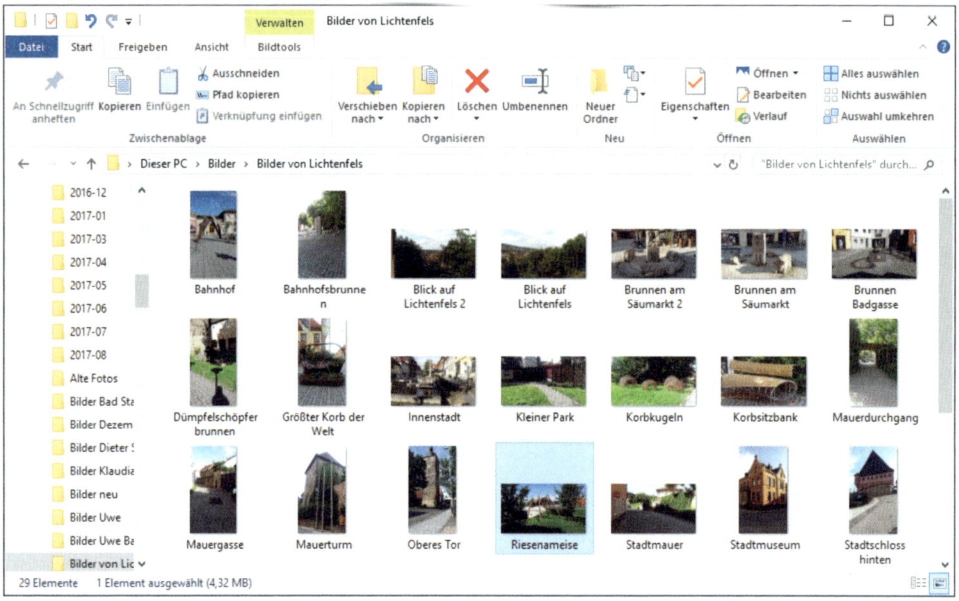

Die Bilder in der Miniaturansicht ...

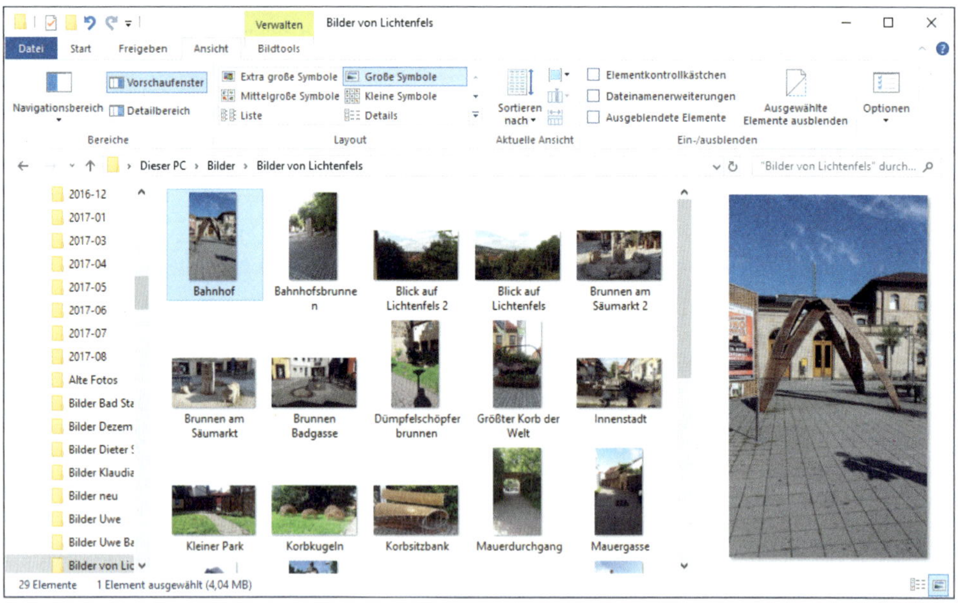

... mit Vorschau ...

Am unteren Bildschirmrand eines geöffneten Ordners finden Sie zwei Symbole, mit denen Sie von der Ansicht der Bilder zur Textbeschreibung wechseln können. Dort werden Ihnen der Name des Bildes, das Datum der Dateierstellung, der Typ und die Größe angezeigt.

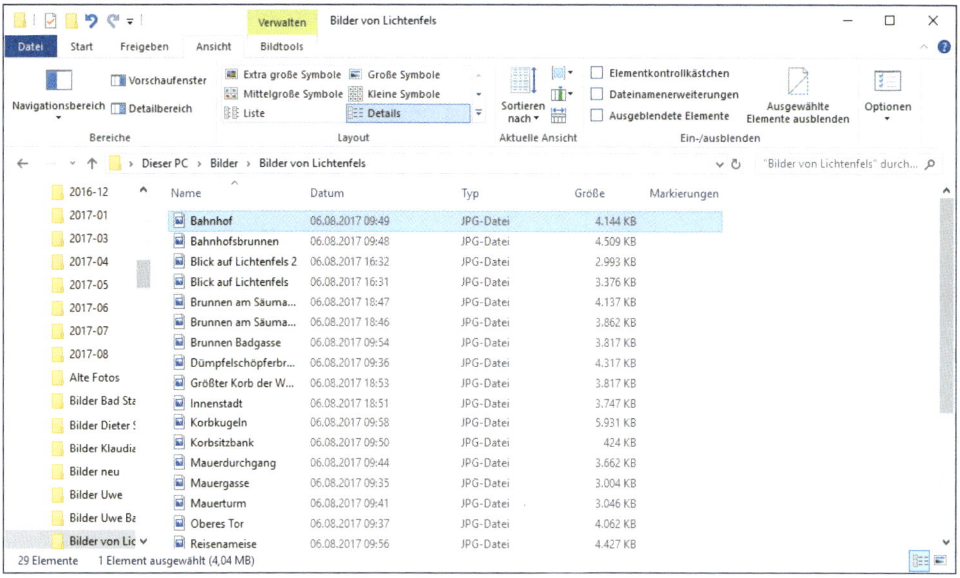

... und in der Textansicht

Genaue Angaben zu einem Foto finden Sie übrigens, wenn Sie das Bild mit der rechten Maustaste anklicken und dann im Kontextmenü den Eintrag *Eigenschaften* wählen. Das Fenster *Eigenschaften* wird angezeigt und Sie sehen nähere Angaben zu dem Bild. Weitere Infos finden Sie unter dem Register *Details* im Bereich *Bild*.

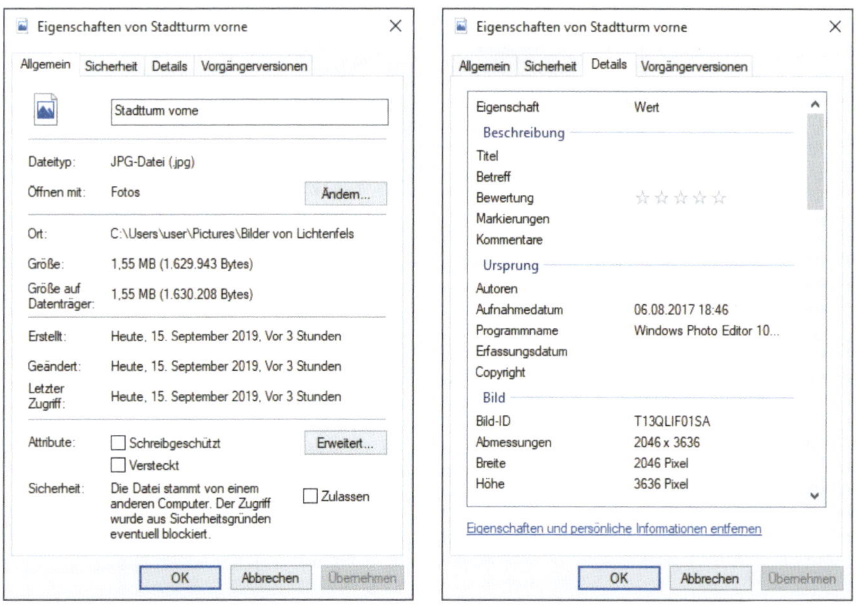

Hier sehen Sie die Bildeigenschaften und noch genauere Angaben

15.2 Bilder am PC bearbeiten

Nehmen wir uns nun zur Bearbeitung eines Bildes als Muster den Turm vor. Das Haus an der linken Ecke und die Dachrinne sehen nicht besonders ansprechend aus, und es soll hauptsächlich der Durchgang zu sehen sein. Führen Sie einen Doppelklick auf das Bild aus, um es in die Windows-10-Bildbearbeitung zu übernehmen. Die Ansicht zum Bearbeiten wird Ihnen angezeigt.

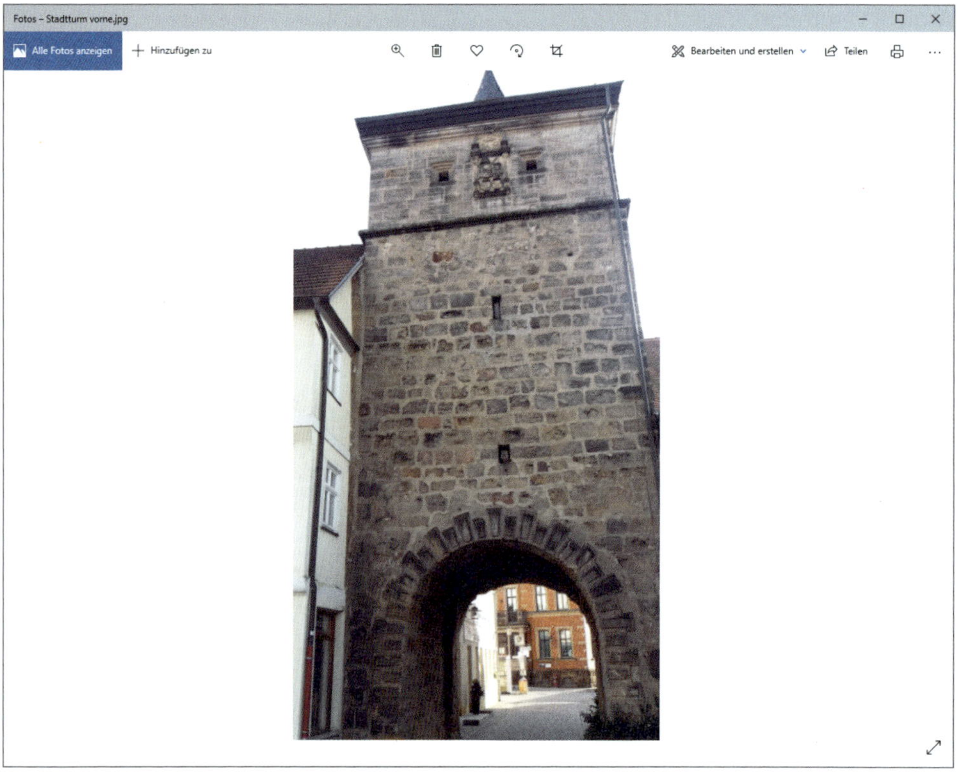

Dieses Bild soll geändert werden

Durch Drehen des Mausrads können Sie sich die anderen Bilder dieses Ordners ansehen. Sie können das Bild auch drehen – das ist praktisch, wenn das Bild gekippt ist oder auf dem Kopf steht. Das Bild kann zugeschnitten oder mit einem Filter versehen werden. Sie haben viele verschiedene Bearbeitungsmöglichkeiten zur Auswahl. Klicken Sie auf das Menü *Bearbeiten und erstellen* und dort auf die Auswahl *Bearbeiten*.

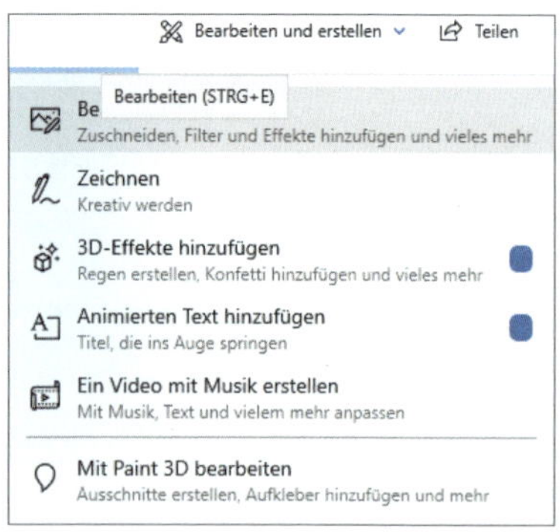

Hier geht es zur Bildbearbeitung

Im nun erscheinenden Fenster können Sie das Bild zuschneiden und drehen, die Qualität verbessern oder einen Filter für das Bild auswählen.

Wir entscheiden uns zuerst für die Verwendung von *Zuschneiden und drehen*, da das Bild zugeschnitten werden soll. Diese Auswahl ist bereits aktiviert. Das Bild ist jetzt von vier Kreisen umrahmt. Durch Ziehen an diesen Punkten mit gedrückt gehaltener linker Maustaste können Sie das Bild jetzt entsprechend zuschneiden, bis nur noch der Durchgang des Turms zu sehen ist. Durch das Auswählen eines bestimmten Bildbereichs wird diese Ansicht vergrößert, aber die Größe des Bildes ändert sich nicht.

Der Arbeitsbereich für die Gestaltung des Bildes

Ein Ausschnitt des Bildes wurde gewählt

Zusätzlich können Sie jetzt noch ein Seitenverhältnis für das Bild festlegen oder es spiegeln oder drehen. Das macht aber bei diesem Bild alles keinen Sinn. Deswegen belassen wir es beim Zuschneiden.

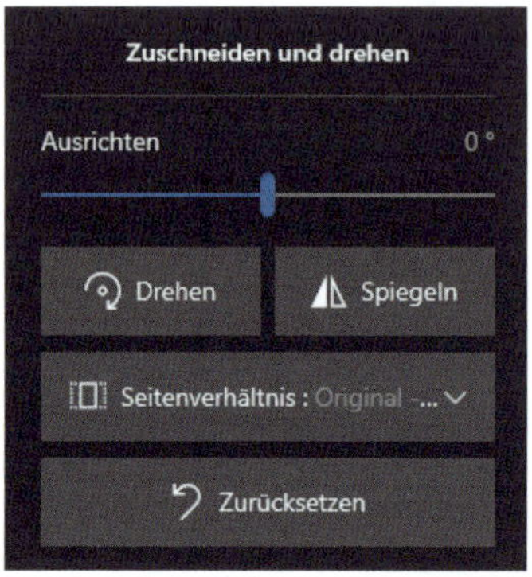

In diesem Bereich kann das Bild noch weiterbearbeitet werden

Wenn Sie den passenden Bildausschnitt erzeugt haben, beenden Sie den Vorgang mit einem Klick auf den Button *Kopie speichern* am unteren Rand des Arbeitsbereichs. Dadurch bleibt das alte Bild erhalten und das neue, geänderte wird ebenfalls gesichert. Sie springen wieder zurück in den letzten Arbeitsbereich.

Ein wichtiger Button

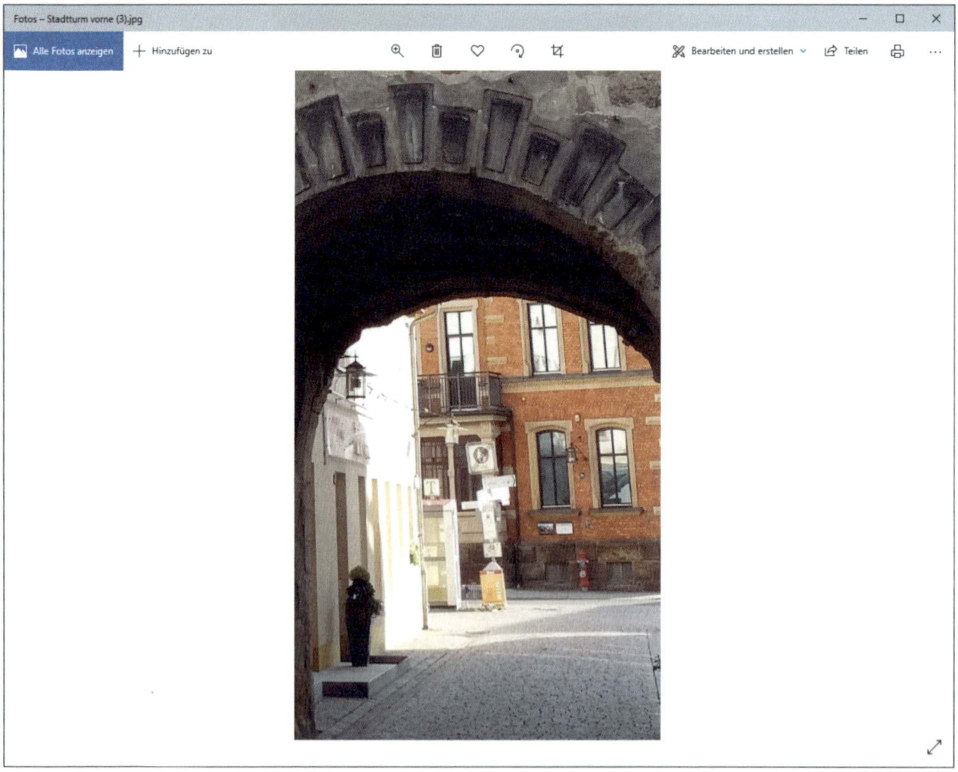

So sieht das Bild schon wesentlich besser aus

15.3 Eine Galerie erstellen

Wenn Sie viele Bilder in einem Artikel platzieren wollen, ist eine Galerie die beste Lösung. Mithilfe einer Galerie lässt sich eine Vielzahl an Bildern platzsparend einfügen. Um eine Galerie anzulegen, klicken Sie auf den Block *Galerie* im Bereich *Allgemeine Blöcke*. Der Block wird eingefügt. Klicken Sie auf den Button *Mediathek*.

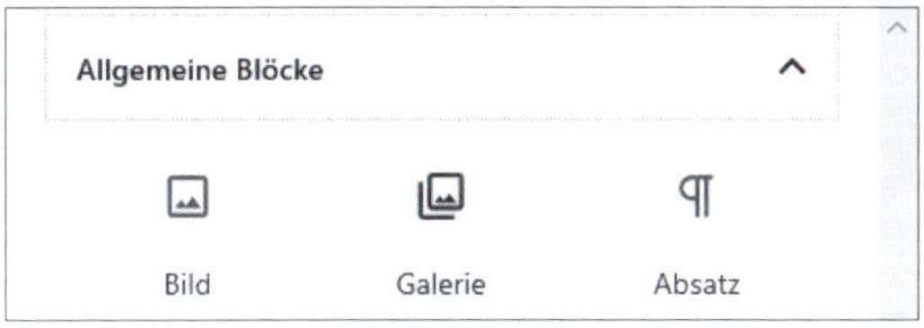

Wählen Sie einen neuen Block

Von hier aus wird die Mediathek aufgerufen

Sie kommen in den Bereich *Galerie erstellen*. Wählen Sie darin die beiden Fotos aus, die Sie nebeneinander platzieren wollen. Am unteren Rand der Bilder werden die beiden ausgewählten nochmals verkleinert angezeigt.

Die Bilder für die Galerie wurden ausgewählt

Über den Link *Leeren* können Sie die Bilder wieder aus der Galerie entfernen. Über den Button *Neue Galerie erstellen* wechseln Sie in den Bereich *Galerie bearbeiten*. Hier können Sie die Galerie beenden, bearbeiten, weitere Bilder der Galerie hinzufügen oder Bilder durch Klick auf das Kreuz oben links im Bild entfernen. Über den Button *Galerie einfügen* platzieren Sie die Bilder in Ihrem Beitrag.

Die beiden ausgewählten Bilder und der Button für die Erzeugung der Galerie

Der Bearbeitungsbereich der Galerie

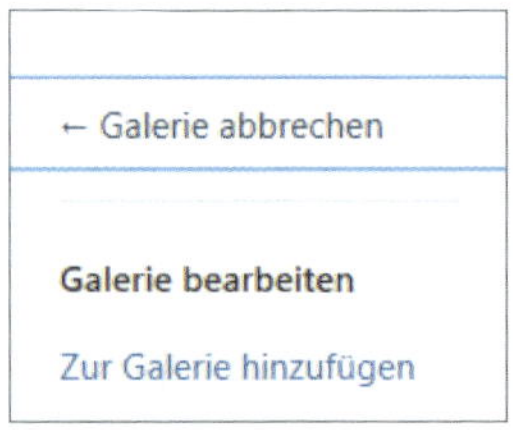

Die Links zur Bearbeitung

Der Button zum Einfügen

Die Galerie mit zwei Bildern wurde in den Beitrag eingefügt

Unter der Galerie befindet sich ein Link, um weitere Bilder direkt von Ihrem PC hochzuladen. Diese sollten allerdings vorher entsprechend bearbeitet sein.

Von hier aus lässt sich die Galerie erweitern

Natürlich können Sie auch mehrere Fotos aus der Galerie aussuchen, um diese nebeneinander zu platzieren. Im Folgenden sehen Sie eine Galerie mit verschiedenen Bildern von der Stadtmauer.

Eine umfangreiche Galerie mit sechs Bildern

15.4 NextGEN Gallery

Für jemanden, der seine Bilder nicht nur einfach auflisten, sondern anspruchsvoller und ideal sortiert zeigen will, ist das Plug-in *NextGEN Gallery* erste Wahl. Falls das Plug-in in dem von Ihnen verwendeten Theme nicht vorhanden ist, installieren und aktivieren Sie es.

Dann starten Sie es über den Menüpunkt *Galerie* im Dashboard. Klicken Sie auf *Galerie/Bilder hinzufügen*. Sie gelangen in den Bereich, in dem Sie Bilder von Ihrem PC hochladen oder aus der Mediathek importieren können. Der Import von ganzen Ordnern ist ebenfalls möglich.

Ein beliebtes Plug-in für Galerien

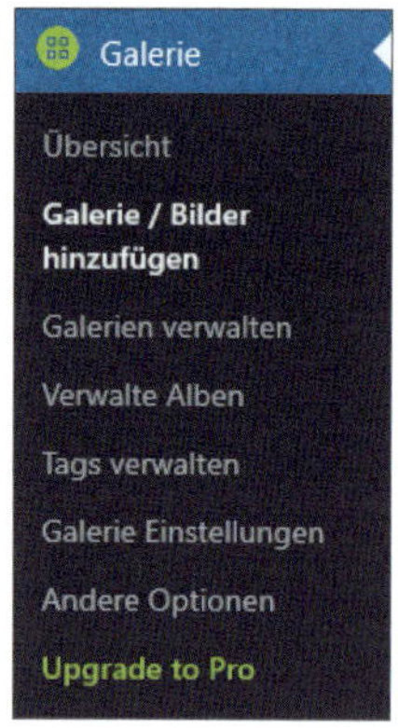

Die Galerie des Plug-ins mit ihren Optionen

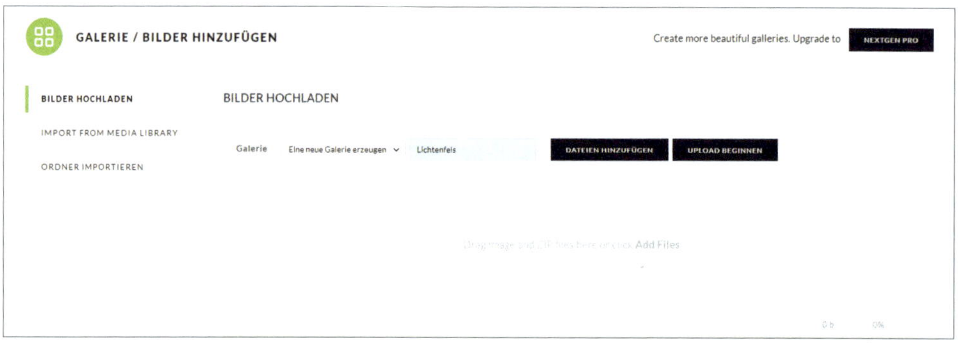

Von hier aus werden die Bilder geladen

In diesem Beispiel gehe ich davon aus, dass noch keine Bilder in die Mediathek geladen wurden. Klicken Sie auf den Button *DATEIEN HINZUFÜGEN* und suchen Sie die Bilder aus dem Ordner auf Ihrem PC aus. Wenn die Fotos geladen sind, klicken Sie auf den Button *UPLOAD BEGINNEN*, um sie in die Verwaltung der Galerien zu übertragen.

Der erfolgreiche Upload der Bilder wird Ihnen am unteren rechten Bildschirmrand in einem Fenster angezeigt. Über die angezeigten Größen der Bilder müssen Sie sich keine Gedanken machen, denn diese wurden nach dem Upload alle auf eine einheitliche akzeptable Größe gebracht. Von dem angezeigten Fenster aus können Sie direkt in die Einstellungen der Galerie wechseln oder alternativ das Menü *Galerie/Galerien verwalten* nutzen.

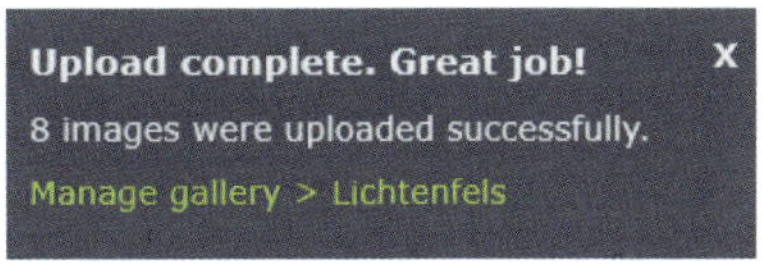

Der Upload der Bilder war erfolgreich

Hier geht es zur Verwaltung

In der Verwaltung werden Ihnen alle bisher erstellten Galerien in einer Liste angezeigt. Momentan ist es nur eine.

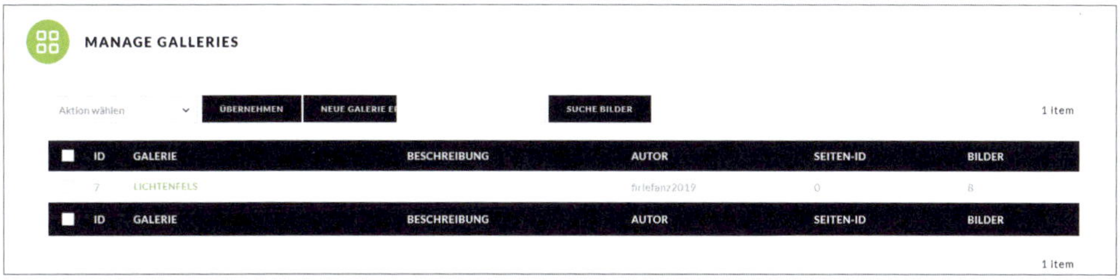

Die erste Galerie wurde angelegt und steht zur Verwendung bereit

Öffnen Sie jetzt Ihren Beitrag und löschen Sie alle vorher eingefügten Galerien. Setzen Sie den Mauszeiger in den letzten Block des Beitrags, wählen Sie dann aus dem Bereich *Allgemeine Blöcke* den Block *NextGEN Gallery* aus. Der Block wird am Ende des Beitrags platziert.

Durch Klick auf den Button *ADD NEXTGEN GALLERY* gelangen Sie in die Auswahl der Galerien.

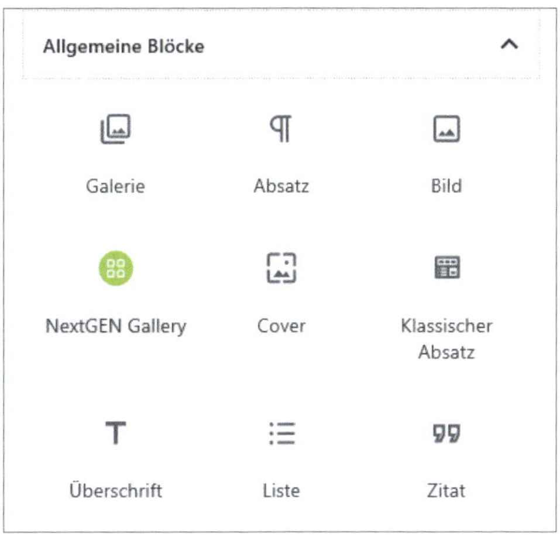

Ein neuer Block wurde integriert

Von hier aus wird eine Galerie ausgesucht

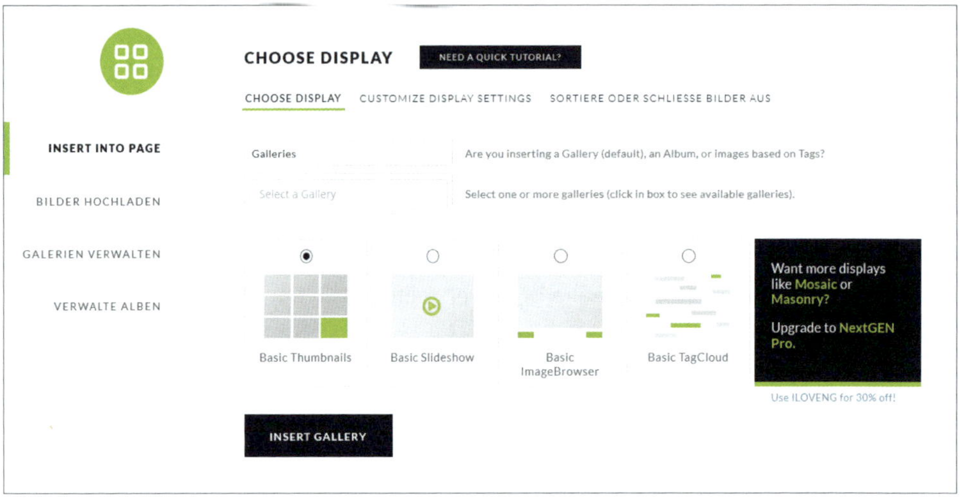

Der Auswahlbereich für die Galerie mit den verschiedenen Darstellungsmöglichkeiten

Hier können Sie die gewünschte Galerie aussuchen, indem Sie in das Auswahlfeld für die Galerien klicken. Ein Pop-up-Fenster mit den bisher erstellten Galerien wird angezeigt. Wählen Sie die entsprechende Galerie durch Mausklick aus. Entscheiden Sie sich für eine der vier Darstellungsformen der Bilder in der Galerie und klicken Sie auf den Button *INSERT GALLERY*.

Die Galerie wurde ausgewählt

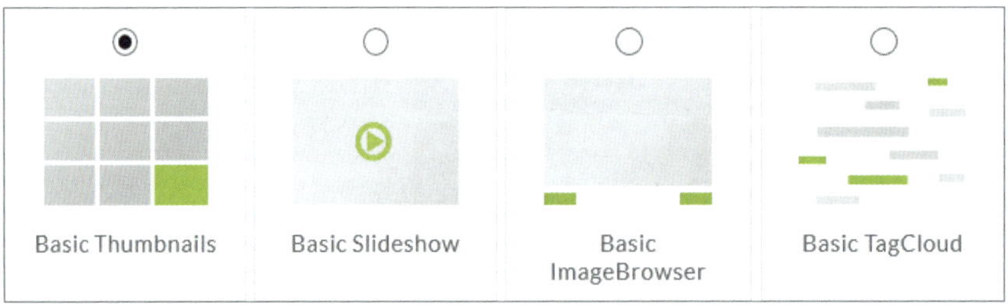

Die verschiedenen Darstellungsformen der Galerie

Dieser Button fügt die Galerie ein

Wechseln Sie wieder in den Beitrag. Der Inhalt des Galerieblocks hat sich verändert. Jetzt werden zwei neue Buttons angezeigt. Mit *Löschen* entfernen Sie den Block, mit *Bearbeiten* kommen Sie zur Auswahl der Galerien zurück. Speichern Sie ab.

Zwei neue Buttons stehen zur Auswahl

Bilder sehen Sie allerdings jetzt noch nicht. Dies ist nur über die Vorschau möglich. Dort sehen Sie die acht ausgewählten Bilder in einer Galerie, und zwar in der Form, die Sie vorher ausgewählt haben.

Die neu erstellte Galerie in der Vorschau

Wenn Sie ein Bild mit dem Mauszeiger berühren, wird der Name des Bildes angezeigt, und bei einem Klick auf das Bild wird es im Großformat präsentiert.

Der Name des Bildes wird eingeblendet

Ein weiteres Bild mit dem eingeblendeten Namen

Sie können sich dann von einem Bild zum nächsten vor- oder zurückbewegen. Oben links wird Ihnen die Anzahl der Bilder angezeigt und Sie sehen, in welchem Sie sich gerade befinden. Durch einen Klick auf das Kreuz oben rechts kommen Sie wieder zur normalen Ansicht zurück.

Wechseln Sie wieder in den Beitrag zurück und klicken Sie im Galerieblock auf den Button *Bearbeiten*. Sie können hier die Darstellungsform der Galerie wechseln.

Neben dem bisher beschriebenen *Basic Thumbnails* stehen noch weitere Möglichkeiten zur Verfügung. Bei der Option *Basic Slideshow* wird keine Beschreibung zu den Bildern angezeigt, bei der Ansicht *Basic Image-Browser* wird der Bildname fest eingeblendet, mit den Pfeiltasten unter dem Bild können Sie zwischen den Bildern vor- oder zurückwechseln. Wenn Sie ein Bild anklicken, wird es vergrößert abgebildet.

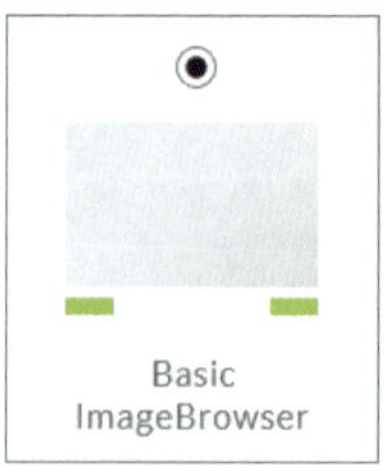

Diese Auswahl zeigt das Foto mit dem dazugehörigen Namen

15.5 Ein Beitragsbild einfügen

Beitragsbilder, auch Thumbnails genannt, können Sie jedem Beitrag oder jeder statischen Seite einmal zuordnen, solange das ausgesuchte Theme dies unterstützt. Aber normalerweise tun das fast alle Themes. Das Theme legt fest, in welcher Größe und in welchem Format das Beitragsbild erscheint, an welcher Stelle und in welchen Teilen des Blogs es platziert wird.

Dies kann also bei jedem Theme unterschiedlich sein. Das Beitragsbild ist mit dem Text des Beitrags verknüpft, wird aber in einem veröffentlichten Beitrag nicht sichtbar angezeigt. Man sieht es nur auf der Bearbeitungsseite des Beitrags.

Im Bearbeitungsbereich Ihres Beitrags finden Sie auf der rechten Seite ganz unten den Link *Beitragsbild festlegen*. Ein Klick darauf öffnet die Mediathek. Laden Sie das Bild hoch, das Sie als Beitragsbild verwenden wollen. Das ausgesuchte Bild wird in der Beitragsbild-Box, die Sie am rechten Bildschirmrand ganz unten finden, angezeigt. Speichern Sie das Bild ab. Ein Klick auf *Beitragsbild entfernen* lässt das Bild wieder verschwinden. In der Mediathek bleibt es allerdings erhalten, es wurde nur die Zuweisung als Beitragsbild entfernt. Wenn Sie direkt auf das Bild klicken, kommen Sie wieder in den Bearbeitungsbereich des Beitragsbildes.

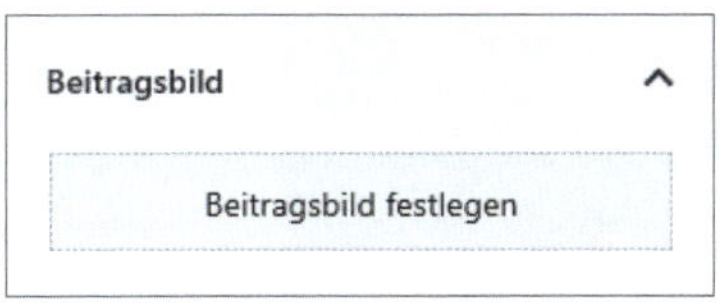

Hier geht es zum Beitragsbild

Das Beitragsbild wurde übernommen

Sie haben nun ein Beitragsbild in Ihren Text eingefügt, um den Beitrag aufzulockern. Das Beitragsbild ist ein wichtiger Blickfang für den Besucher und sollte nachträglich immer eingebaut werden, denn es ist nicht Bestandteil von WordPress. Ohne die Nutzung eines Plug-ins gibt es allerdings wenig Chancen, das Beitragsbild zu bearbeiten.

Damit kommen wir gleich zu einem weiteren Plug-in, das eine Bildunterschrift bei einem Beitragsbild ermöglicht. Es handelt sich um *Featured Image Caption*. Wenn Sie das Tool heruntergeladen und aktiviert haben, wird ein neuer Bereich am rechten Bildschirmrand eingefügt. Diesen sehen Sie, wenn Sie einen Beitrag öffnen und in das Register *Dokument* wechseln.

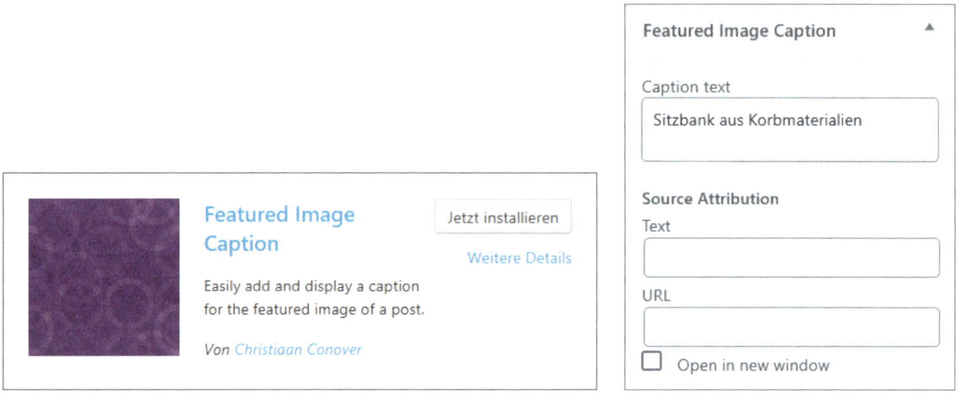

Dieses Plug-in ermöglicht eine Beitragsbildunterschrift

In das erste Feld wird die Bildunterschrift eingegeben. Sollten Sie das Bild aus dem Internet heruntergeladen haben, können Sie im zweiten Feld angeben, woher das Bild kommt, und im dritten den Link, der zu dem Bild führt. Mit *Aktualisieren* speichern Sie das Foto ab.

Sitzbank aus Korbmaterialien gegenüber dem Bahnhof Lichtenfels

Beitragsbild mit Beschreibung

Video als Beitragsbild

Alternativ können Sie auch ein Video als Beitragsbild verwenden. Dazu ist das Plug-in *Featured Video Plus* notwendig. Auch dieses Plug-in fügt einen neuen Bereich bei den Einstellungen am rechten Rand ein. Ein Klick auf das Symbol rechts im Eingabefeld öffnet die Mediathek, um ein dort gespeichertes Video zu übernehmen. Sie können aber auch eine URL zu einem Video eingeben und es in einer Vorschau abspielen.

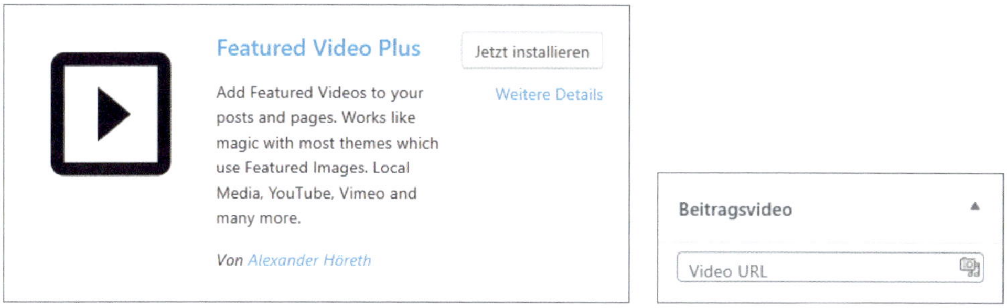

Das Plug-in für Videos als Beitragsbild und das Eingabefeld für das Video

Um ein Beitragsbild durch ein Video zu ersetzen, muss natürlich eines vorhanden sein. Durch die Eingabe der Video-URL wird das alte Beitragsbild automatisch durch das Video ersetzt. Dabei muss immer beachtet werden, ob das ausgewählte Theme die Beitragsbild-Funktion unterstützt.

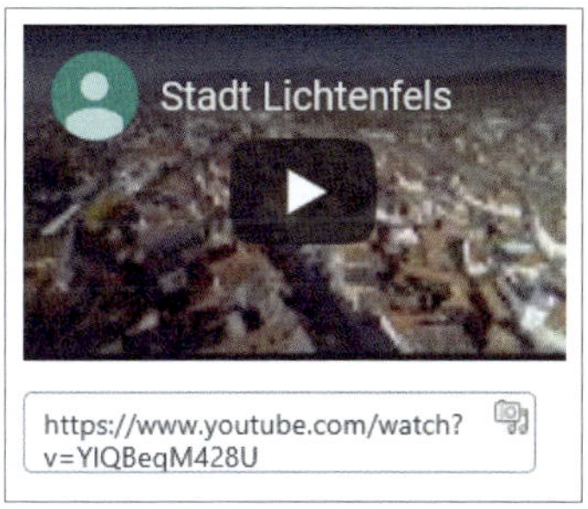

Die URL zum Video wurde kopiert

Sitzbank aus Korbmaterialien gegenüber dem Bahnhof Lichtenfels

Der Hinweis auf ein hinterlegtes Video

Das Video wird anstelle des Beitragsbildes präsentiert

Unter *Einstellungen/Medien* können Sie im Bereich *Beitragsvideos* verschiedene Optionen in Bezug auf das Einfügen auswählen. Besonders interessant ist dabei die Variante, das Beitragsbild nur bei Anklicken ersetzen zu lassen, was wiederum bedeutet, dass das Beitragsbild erst durch das Video ersetzt wird, wenn der Besucher es anklickt.

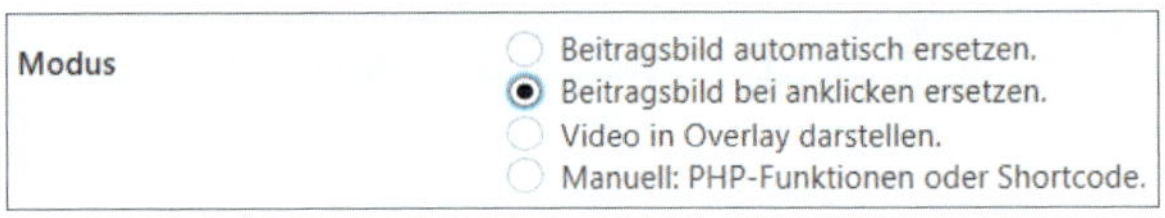

Das Beitragsbild soll nur durch Anklicken ersetzt werden

Falls Sie das Beitragsvideo ändern wollen, löschen Sie die vorhandene URL und kopieren die neue in das Feld. Wenn Sie kein Beitragsvideo mehr nutzen wollen, entfernen Sie einfach die URL. Interessant ist es sicher auch, die Beitragsbilder in der Beitragsliste direkt neben einem Beitrag anzuzeigen, sozusagen zur besseren Übersicht über alle Beitragsbilder. Dafür ist das Plug-in *Featured Image Admin Thumb* gut geeignet. Ein weiterer Vorteil dieses Plug-ins besteht darin, das Vorschaubild direkt aus der Beitragsliste ändern zu können. Ein Klick auf das Bild führt Sie direkt in die Mediathek, wo Sie das Bild austauschen können.

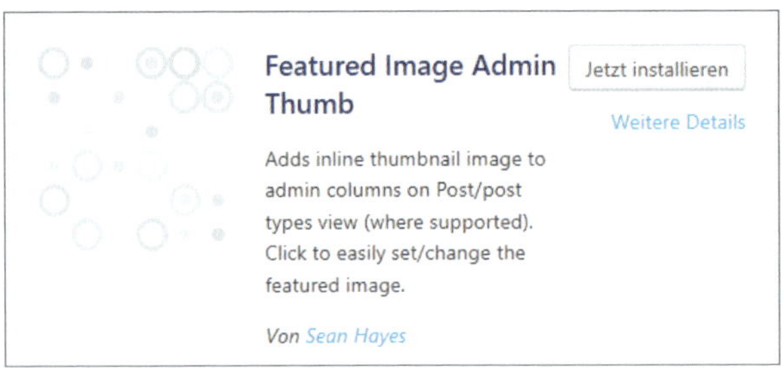

Das Plug-in für die Anzeige der Beitragsbilder

Das Beitragsbild wird rechts in der Liste abgebildet

15.6 Vorschaubilder neu erstellen

Bisher haben wir nur einige Bilder in einen Beitrag eingefügt. Wenn Sie ein Bild in WordPress hochladen, das sehr groß ist, erzeugt WordPress drei kleinere Bilder davon nach den Angaben, die unter *Einstellungen/Mediathek* angezeigt werden.

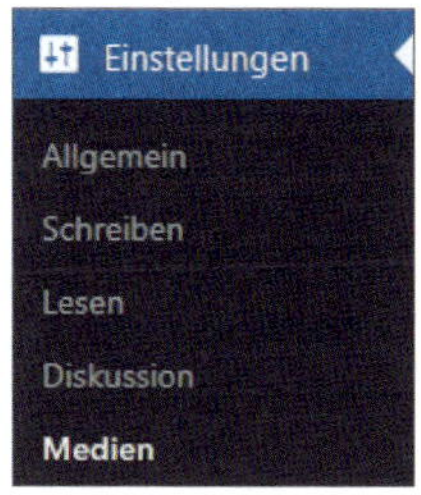

Der Weg zu den Medien

Daraus folgt, dass Ihnen drei verschiedene Größen dieses Bildes zur Verfügung stehen: das originale Bild im Miniaturformat, die mittlere sowie die maximale Größe. Standardmäßig sind für diese drei Größen bereits Werte eingestellt.

Ein Thumbnail ist übrigens ein kleines Bild. Dieses Bild wird als Vorschau für ein größeres Bild genutzt. Normalerweise werden Thumbnails von allen Themes unterstützt.

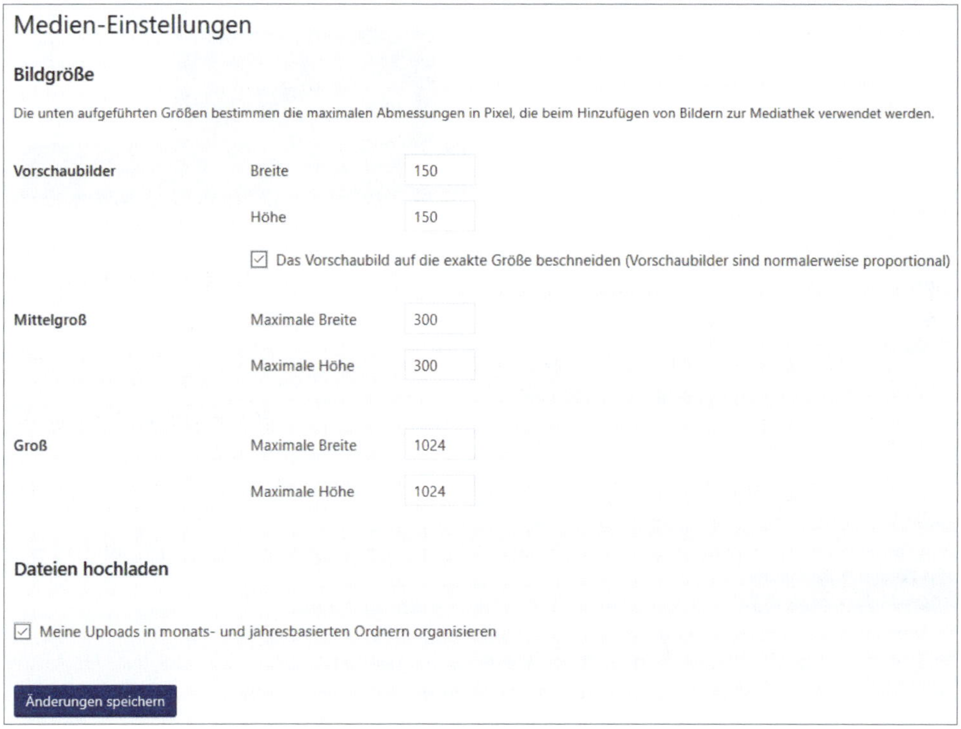

Der Weg zu den Medien. Hier wird die Größe der Bilder festgelegt

Es kann jederzeit passieren, dass Sie die Maße an allen Vorschaubildern ändern müssen, weil sie einfach zu groß sind. Vorschaubilder zeigen immer nur einen Ausschnitt des Originals an.

Wenn Sie ein Theme in Ihrem Beitrag ändern, kann es vorkommen, dass die Größen der Bilder nicht mehr passen. Sie können entweder zu groß oder zu klein sein. Sind sie zu groß, wirkt das Theme nicht mehr so wie bei der passenden Größe, sind sie zu klein, sehen sie verpixelt aus und sind nicht mehr ansehnlich.

Um nun nicht jedes Bild einzeln ändern zu müssen, das wird bei vielen Bildern sehr zeitaufwendig, sollten Sie das Plug-in *Regenerate Thumbnails* nutzen. Bevor Sie es einsetzen, ist es empfehlenswert, neue Maße über das Menü *Einstellungen/Mediathek* einzustellen.

Gehen wir das Ganze an einem ausführlichen Beispiel durch. Wir haben bereits alle Bilder zu dem Beitrag in die Mediathek geladen und ein Beitragsbild festgelegt. Allerdings wird dieses Bild in dem Theme *Misty Lake* nicht angezeigt. Deswegen wechsle ich jetzt zum Theme *Hemingway*. Es ermöglicht die Anzeige von Beitragsbildern.

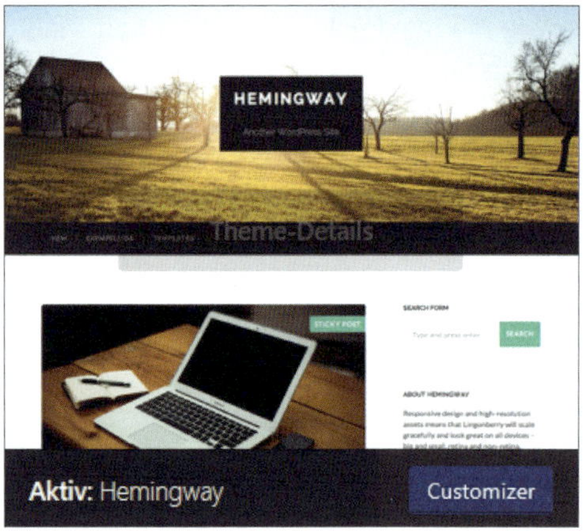

Das Theme wurde gewechselt

Nach dessen Aktivierung ändere ich in den Medieneinstellungen die Größe der Vorschaubilder auf 100 x 100. Dann klicke ich auf den Button *Änderungen speichern*.

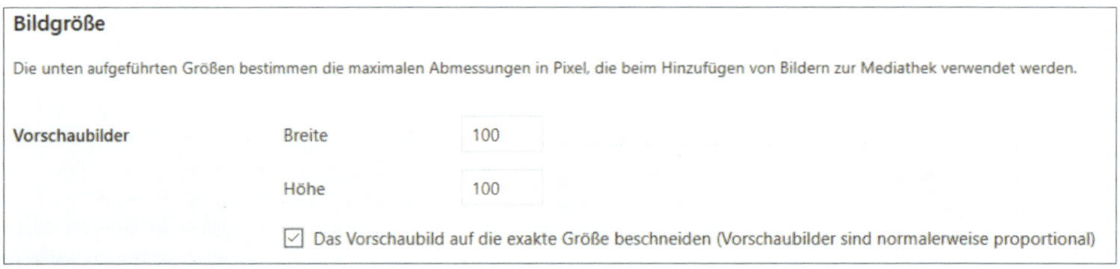

Die Größe der Vorschaubilder wurde geändert

Nun installiere ich das Plug-in und aktiviere es. Im nächsten Schritt klicke ich das Menü *Werkzeuge* an und dort das Untermenü *Vorschaubilder regenerieren*.

Im Arbeitsbereich für die Vorschaubilder haben Sie jetzt verschiedene Möglichkeiten. Sie können entweder alle Bilder, die sich in der Mediathek befinden, regenerieren oder nur das Beitragsbild. Zusätzlich können Sie festlegen, ob Vorschaubilder mit alten Größen gelöscht werden sollen, um Speicherplatz zu sparen. Davon würde ich jedoch abraten, denn dies kann defekte Bilder erzeugen.

Über den Link *Vorschaubilder regenerieren* wird der Vorgang gestartet.

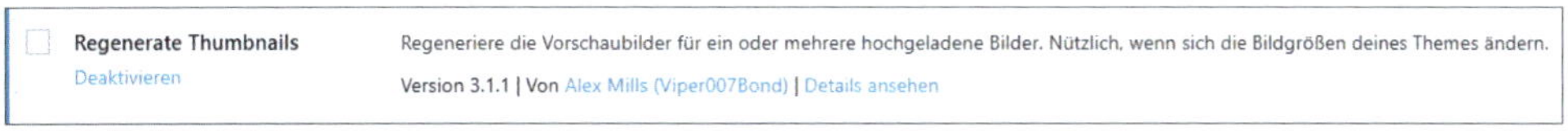

Das hilfreiche Plug-in wurde in die Liste aufgenommen

Der Weg zur Regenerierung

Hier wollen wir nur für das Beitragsbild eine Regenerierung durchführen. Klicken Sie deswegen auf den Button *Regeneriere Vorschaubilder nur für 1 Beitragsbilder*, um die Regenerierung zu starten.

Hier wird nur das Beitragsbild regeneriert

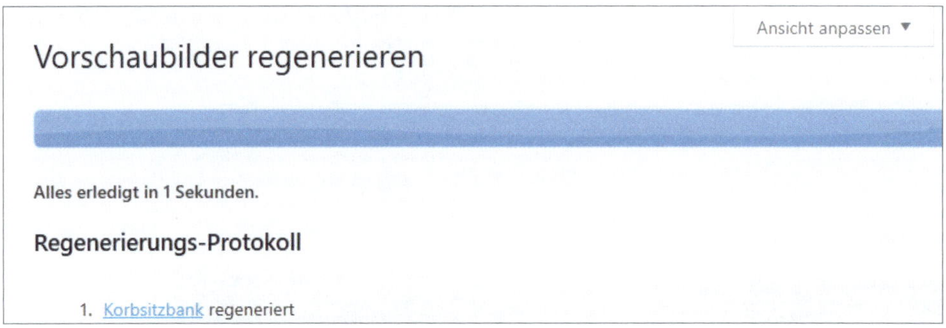

Die Meldung der erfolgreichen Regenerierung

Dieser Vorgang erzeugt ein neues Vorschaubild mit der Zusatzbezeichnung *cropped* vor dem Namen des Bildes. Das alte Bild bleibt aber erhalten, wenn Sie sich vorher dafür entschieden haben, es nicht zu löschen.

Das ist von Vorteil, wenn diese Bilder bereits in einen anderen Artikel eingebunden wurden, in dem aber die Vorschaugröße nicht geändert werden soll. Diese alten Bilder müssten Sie dann selbst einzeln auf die gewünschte Größe ändern. Sie können dafür in der Mediathek jedes Bild einzeln aufrufen und regenerieren. Für die Regenerierung eines einzelnen Bildes bewegen Sie den Mauszeiger auf das Bild, um verschiedene Links zu öffnen. Klicken Sie auf den Link *Vorschaubilder regenerieren*.

Jedes Bild kann auch einzeln regeneriert werden

Der Bereich, um das Bild zu regenerieren, wird angezeigt. Klicken Sie auf den Button *Vorschaubilder regenerieren*. Ein weiterer Button zeigt Ihnen den erledigten Vorgang an.

Der Arbeitsbereich des Vorschaubildes

Der Button zum Regenerieren

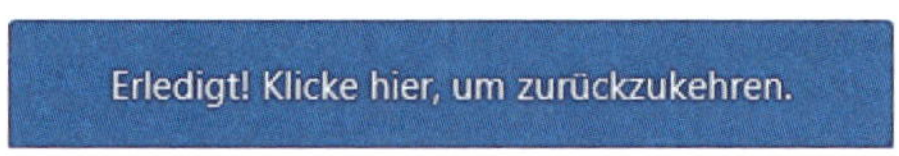

Die Regenerierung ist abgeschlossen

Bei wenigen Bildern ist dieser Vorgang noch akzeptabel, bei vielen Bildern jedoch nicht empfehlenswert und viel zu zeitaufwendig. Dann sollten Sie alle Bilder gleichzeitig regenerieren. Dafür nutzen Sie den Button *Regeneriere Vorschaubilder für alle 29 Anhänge*. Die Regenerierung ist bei einer niedrigen Bilderzahl in wenigen Sekunden erledigt.

Regenerieren Sie alle Vorschaubilder in einem Arbeitsgang

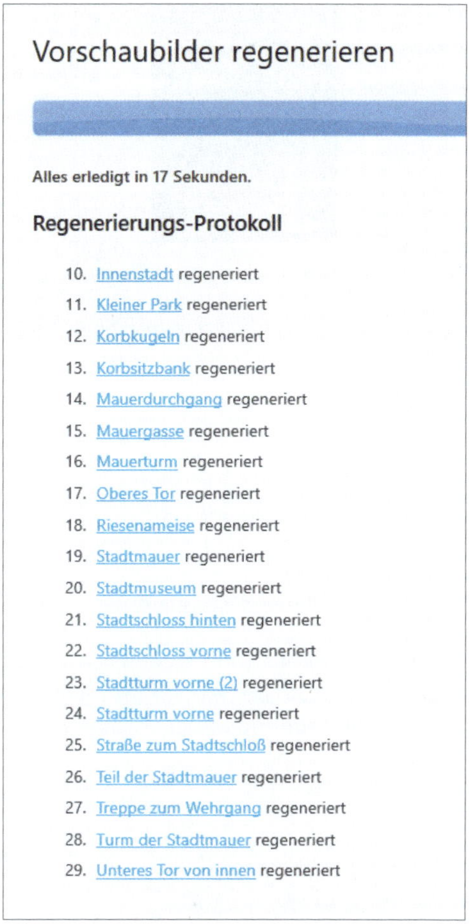

Sämtliche Vorschaubilder wurden regeneriert

Wenn Sie viele Beitragsbilder nutzen, wird Ihr Speicherplatz um einiges wachsen, denn jedes Beitragsbild wird dann doppelt in der Mediathek gespeichert. Aber auch dieses Problem lässt sich lösen, indem Sie ein weiteres Plug-in mit dem Namen *Force Regenerate Thumbnails* installieren. Wenn das Plug-in installiert und aktiviert ist, wird es in das Menü *Werkzeuge* aufgenommen. Von hier aus kann es dann gestartet werden.

Dieses Tool kann die alten Bilder löschen und Ihre Mediathek von unnötigem Datenmüll befreien. Bei Hunderten von Bildern ist das sehr nützlich, denn bei einem Theme-Wechsel benötigen Sie die alte Version des Beitragsbildes nicht mehr. Allerdings werden auch die Größen der Bilder gelöscht, die Sie für die Verwendung in einem Beitrag hochgeladen haben. Deswegen ist es empfehlenswert, vor der Verwendung dieses Plug-ins ein Backup durchzuführen. Falls Sie alle Bildgrößen in den Einstellungen der Medien geändert haben, sollten Sie auf die Verwendung dieses Plug-ins verzichten. Wenn Sie jedoch nur die Größe der Beitragsbilder geändert haben, ist es durchaus empfehlenswert, um alte Bilder zu entfernen.

Dieses Plug-in löscht alle alten Vorschaubilder

Das neue Plug-in ist integriert

Wenn Sie das Plug-in gestartet haben, können Sie mit einem Klick auf den Button *Regeneriere alle Vorschaubilder* den Vorgang starten.

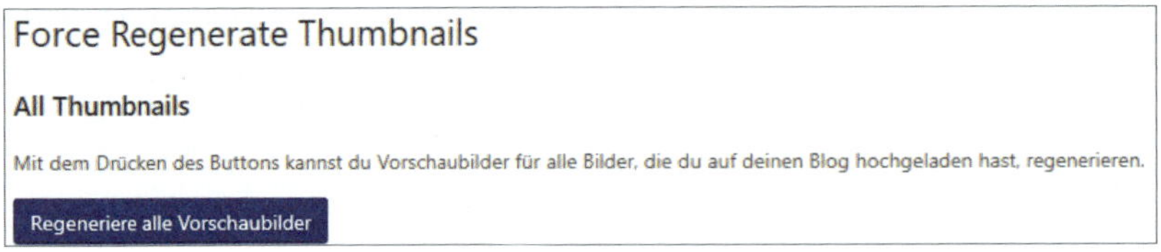

Von hier aus werden die Vorschaubilder neu regeneriert und gleichzeitig die alten entfernt

Nachdem alle Bilder abgearbeitet sind, wird das Ergebnis mit umfangreichen Hinweisen zu jedem einzelnen Bild angezeigt. Doppelte Bilder sind jetzt in der Mediathek nicht enthalten. Wechseln Sie in den Beitrag und sehen Sie sich das Ergebnis in der Vorschau an.

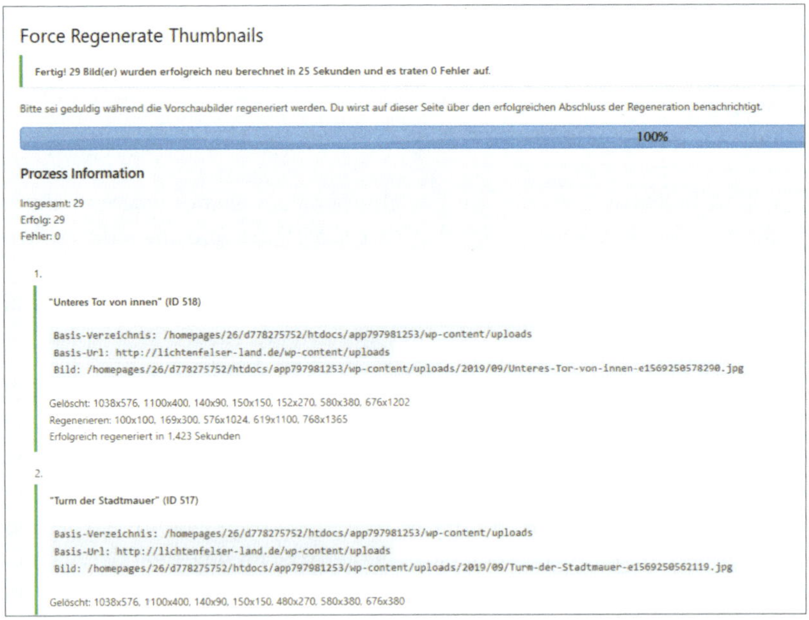

Der Regenerierungsvorgang für die Bilder ist abgeschlossen

In diesem Theme wird das Beitragsbild angezeigt

Ein Header-Bild austauschen

Falls Ihnen das Header-Bild nicht gefällt, besteht die Möglichkeit, es auszutauschen. Dazu müssen Sie in den *Customizer*-Bereich wechseln, den Sie über das Menüband am oberen Bildschirmrand erreichen. Klicken Sie auf den Menüpunkt *Customizer*.

Hier geht es zu den Anpassungen des Blogs

Sie kommen in den Bereich für die Anpassungen des Blogs. Klicken Sie auf die Auswahl *Header-Bild* und anschließend im Anpassungsbereich des Header-Bildes auf den Button *Neues Bild hinzufügen*.

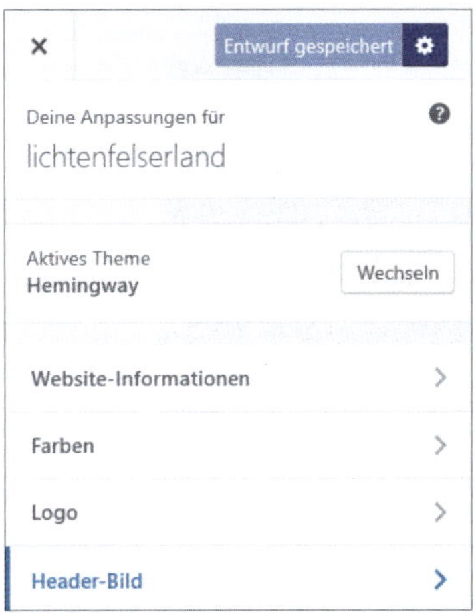

Der Weg zum Header-Bild

Hier wird ein neues Bild hinzugefügt

Suchen Sie ein Bild aus der Mediathek aus und klicken Sie auf den Button *Auswählen und zuschneiden*, um das Bild im gleichnamigen Bereich anzuzeigen.

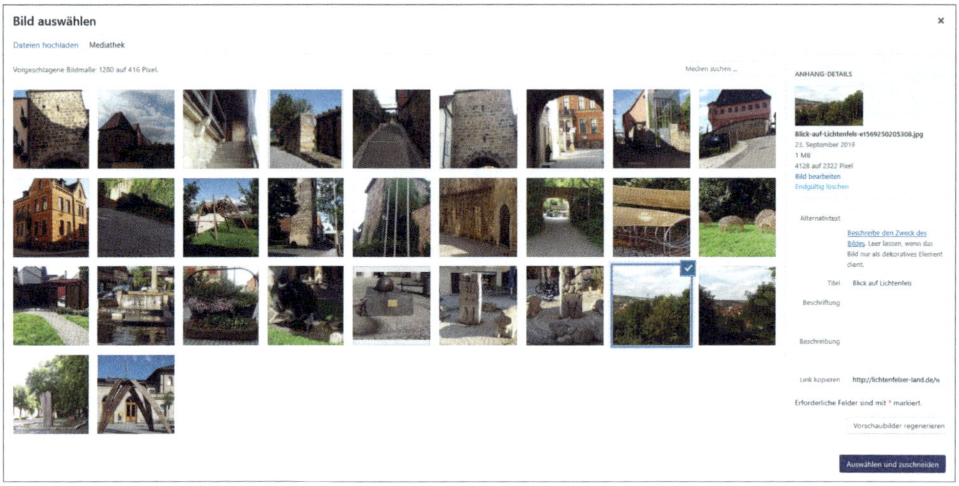

Wählen Sie in der Mediathek ein neues Header-Bild aus

Dieser Button bringt Sie in den neuen Bereich

Ein Bildausschnitt wird zur Übernahme vorgeschlagen. Ein Klick in diesen Ausschnitt verändert den Mauszeiger in ein Fadenkreuz, und Sie können diesen mit gedrückt gehaltener linker Maustaste in den von Ihnen gewünschten Ausschnittsbereich verschieben. Klicken Sie auf den Button *Bild zuschneiden*, um den Vorgang abzuschließen.

Ein bestimmter Ausschnitt des Bildes wird zur Übernahme vorgeschlagen

Der gewünschte Bildausschnitt wurde festgelegt

Sie kommen wieder in den Anpassungsbereich für das Header-Bild. Das neu ausgewählte Header-Bild wird angezeigt und in das Theme übernommen. Das vorherige Header-Bild wird ebenfalls angezeigt. Sie können es jederzeit wieder austauschen. Über den Button *Bilder zufällig anordnen* können Sie die beiden Bilder abwechselnd bei jedem neuen Aufruf anzeigen lassen oder noch weitere Bilder einfügen, um noch mehr verschiedene Bilder bei jedem Aufruf zu zeigen.

Das aktuelle Header-Bild wird angezeigt

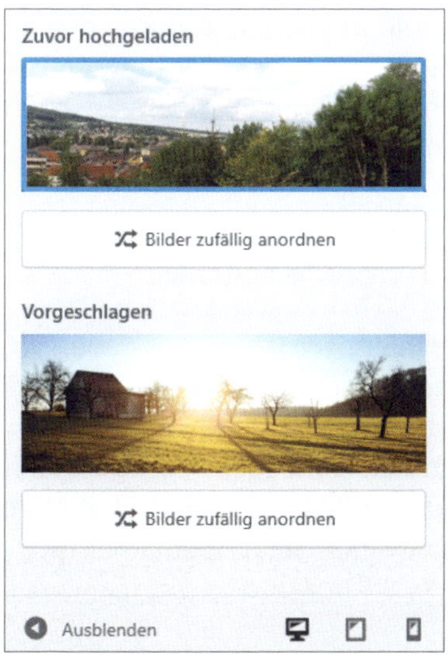

Das neue und das alte Header-Bild

Im rechten Bildschirmbereich wird der komplette Blog mit dem neuen Header-Bild und dem neuen Beitragsbild angezeigt.

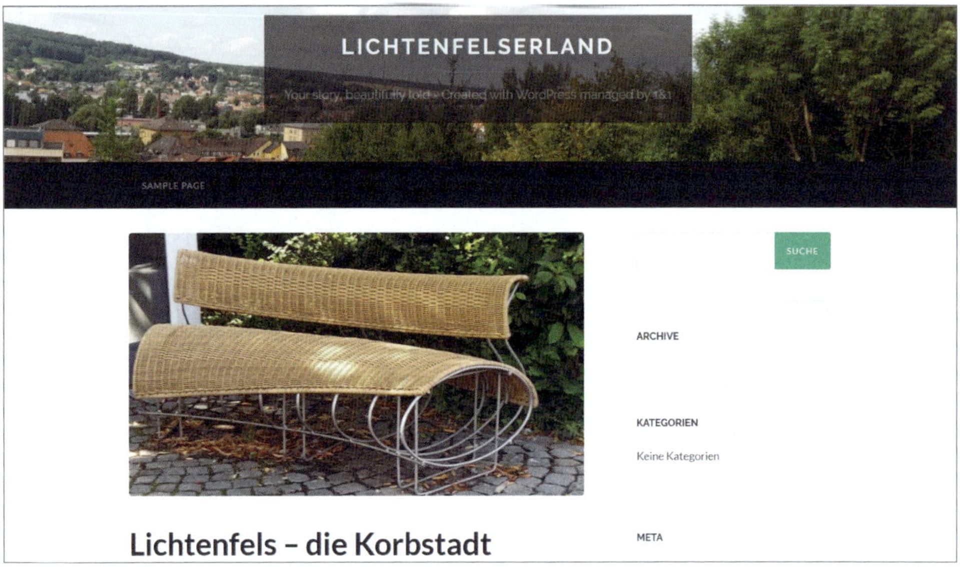

Das neu gestaltete Theme

15.7 Bilder komprimieren

Wenn der Text für einen Beitrag fertig ist, müssen die Bilder dafür in die Mediathek geladen werden. Jedes Bild ist nach dem Hochladen in WordPress vierfach vorhanden, denn es werden drei weitere in unterschiedlichen Größen gespeichert. Das geht auf Kosten des Speicherplatzes. Sind Ihre Bilder gut optimiert, hat Ihre Seite eine schnellere Ladezeit. Das wiederum wird von den Suchmaschinen bemerkt, und Ihre Platzierung im Ranking wird steigen.

Komprimieren in der Mediathek

Wenn Bilder komprimiert werden, gibt es dabei zwei Ergebnisse, das Komprimieren ohne Qualitätsverlust und das mit Qualitätsverlust. Bei der ersten Variante ist ein Unterschied vor und nach der Komprimierung kaum zu sehen, bei der zweiten ist das schon eher wahrscheinlich, dadurch kann aber wesentlich mehr Speicherplatz frei gehalten werden. Für eine Kompression von Bildern, die sich bereits in der Mediathek befinden, oder direkt beim Hochladen von Bildern in die Mediathek gibt es eine gute Auswahl an Plug-ins.

Tipp

Nutzen Sie mehrere dieser Plug-ins, weil die meisten in der kostenlosen Version nur eine begrenzte Anzahl von Bildern downloaden oder bearbeiten lassen. So können Sie die Anzahl der Bilder, die Sie komprimieren wollen, erhöhen.

Mit der kostenlosen Version von *Smush* können Sie allerdings nur verlustfrei komprimieren, nur Bilder, die maximal 1 MB groß sind, und insgesamt nur 50 Stück auf einmal. Wenn Sie das Plug-in installiert und aktiviert haben, wird dafür ein neuer Menüpunkt im Dashboard angelegt. Über *Smush/Dashboard* können Sie es dann starten.

Ein zweckmäßiges Plug-in zur Komprimierung von Bildern, es hat ebenfalls ein Dashboard

Bevor Sie das Plug-in nutzen können, müssen Sie allerdings erst noch ein Setup durch Klick auf den Button *BEGIN SETUP* starten. Das Setup ist in wenigen Sekunden erledigt. Klicken Sie einfach in jedem weiteren Fenster, das angezeigt wird, auf den Button *Next*. Im letzten Fenster beenden Sie das Setup durch Klick auf *FINISH SETUP WIZARD*.

Klicken Sie jetzt oben rechts auf den Button *RE-CHECK IMAGES*, um die vorhandenen Bilder in der Mediathek zu komprimieren. Der Fortschritt der Komprimierung wird Ihnen angezeigt.

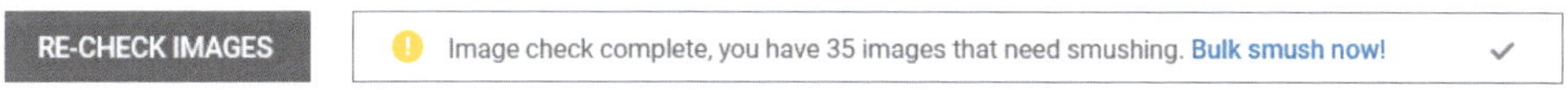

Der Button zum Checken. Lassen Sie 35 Bilder komprimieren

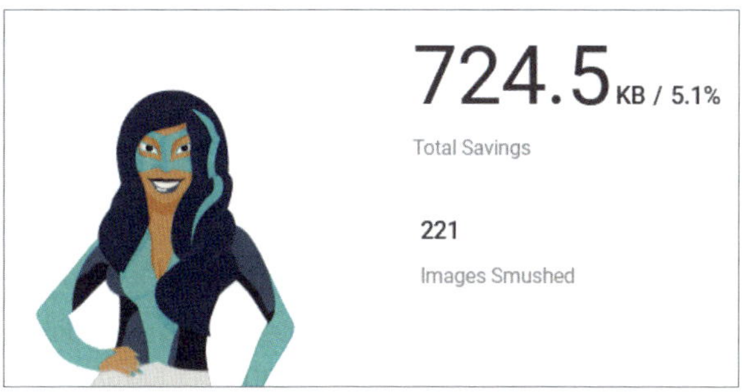

Ein paar Prozent konnten eingespart werden

Komprimieren beim Hochladen

Ein weiteres Plug-in, von dem es ebenfalls eine kostenlose Variante gibt, ist *Compress JPEG & PNG images*. Damit können Sie 100 Bilder im Monat komprimieren, auch bereits in der Mediathek vorhandene. Für die Nutzung ist eine Anmeldung bei *TinyPNG* notwendig.

Leider belegt es viel Speicherplatz in WordPress, und in Bezug auf die Datensicherheit ist es auch nicht unbedingt die erste Wahl.

Ein speicherhungriges Plug-in

Dieses Plug-in starten Sie über *Einstellungen/Compress JPEG & PNG images*. Im Arbeitsbereich können Sie entscheiden, auf welche Art Sie Bilder komprimieren wollen. Wichtig ist, die beiden letzten Optionen im Bereich *Bildgrößen* zu deaktivieren, damit Sie auf die monatliche Menge von 100 Bildern kommen, die Sie maximal komprimieren können.

Um das Plug-in nutzen zu können, müssen Sie sich registrieren. Geben Sie Ihren Namen und Ihre E-Mail-Adresse ein, und klicken Sie auf den Button *Konto registrieren*. Innerhalb weniger Sekunden erhalten Sie eine Bestätigungsmail und können Ihren Account von hier durch Klick auf den Button *Activate your account* öffnen. Die E-Mail mit der Bestätigung der Anmeldung kommt relativ schnell.

Sie kommen auf die Seite von *TinyPNG*. Hier sehen Sie den *API Key* zum Einfügen in den Arbeitsbereich des Plug-ins. Klicken Sie diesen an und wechseln Sie wieder zu WordPress. Die erfolgreiche Verbindung wird angezeigt. Nun müssen Sie nur noch den Link in der obersten Zeile anklicken und das Tool ist für eine Optimierung bereit.

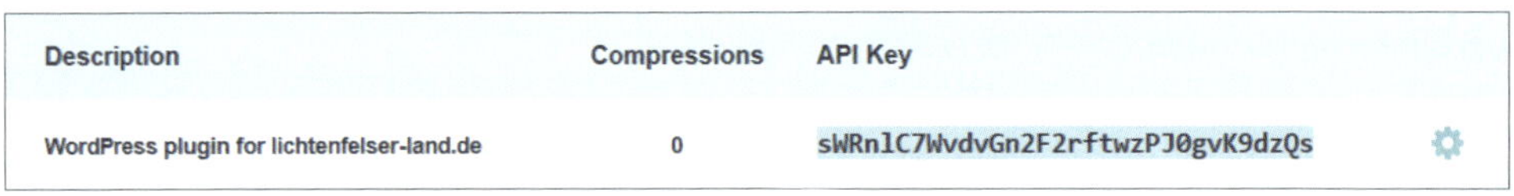

Markieren Sie den Key für diesen Blog

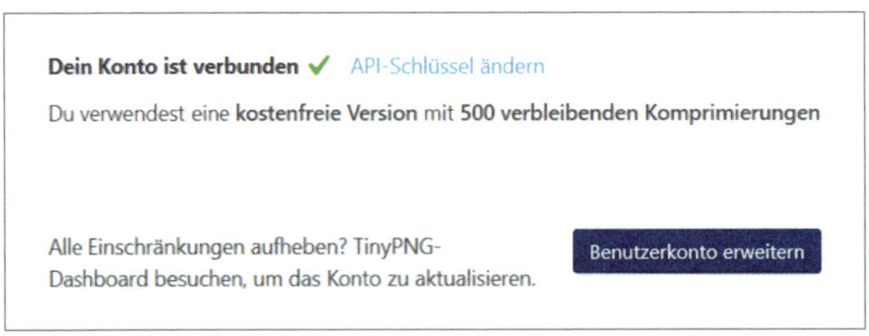

Das Konto wurde mit WordPress verbunden

Ein wichtiger Link für die geplante Komprimierung

Sie können jetzt festlegen, auf welche Art neue Bilder komprimiert werden sollen und welche Bildgrößen Sie komprimieren wollen. Dabei sollten Sie die letzten beiden Optionen im Abschnitt *Bildgrößen* deaktivieren, damit Sie auf die 100 Bilder kommen, die Sie in einem Monat komprimieren können. Klicken Sie auf *Änderungen speichern*.

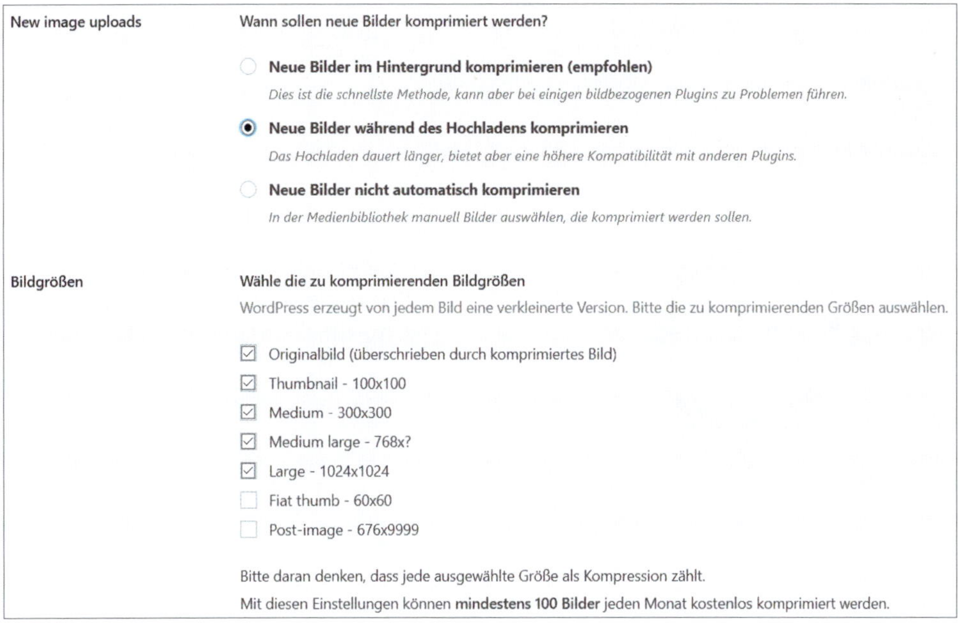

Legen Sie fest, wie und in welchen Größen die Bilder komprimiert werden sollen

Wechseln Sie zum Menü *Plug-ins* und klicken Sie in den Optionen dieses Plug-ins auf *Massen-Optimierung*.

Wechseln Sie zur Massen-Optimierung

Hier werden Ihnen alle wichtigen Dinge angezeigt

Sie gelangen in den Arbeitsbereich *Massen-Optimierung*. Im Abschnitt *Verfügbare Bilder* werden Ihnen verschiedene Daten angezeigt. Ein Klick auf den Button *Massen-Optimierung starten* lässt die Aktion beginnen.

Nach einigen Minuten ist die Komprimierung abgeschlossen, das Ergebnis wird Ihnen in Form einer kleinen Statistik präsentiert. Immerhin wurden hier 66 % – das sind fast 90 MB – eingespart. Sie können sich die Einsparung auch für jedes Bild einzeln in einer Liste, die weiter unten auf der Seite zu finden ist, anschauen.

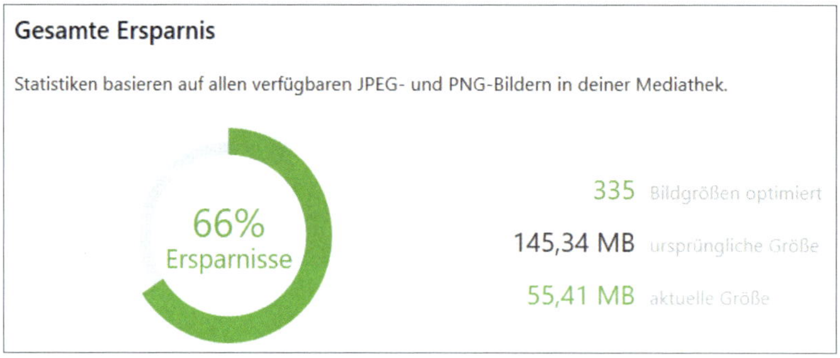

Hier wurde viel Speicherplatz freigegeben

15.8 Kostenlose Bilder

Bilder sind ein wichtiger Bestandteil von Blogs. Die beste Methode, Bilder kostenlos zu bekommen, ist, sie selbst zu schießen. Sie können die Bilder Ihres letzten Urlaubs verwenden oder auch Bilder von der Teilnahme an einem sportlichen Wettkampf. Es gibt aber auch noch andere Möglichkeiten, an kostenlose Bilder zu kommen, und zwar bei den Bildarchiven im Netz.

Sicherlich werden Sie bei Ihrer Suche nach Bildern öfter auf den Begriff CC0 stoßen. Dies ist die Abkürzung für **C**reative **C**ommons **Z**ero, was auf Deutsch heißt, dass der Urheber seine Rechte abgibt und die Bilder jedem zur Verfügung stellt. Die Bilder dürfen kopiert, geteilt, verändert, verbreitet und kommerziell ohne Nennung des Autors genutzt werden.

Große Bildarchive

Im Netz gibt es zahlreiche Bildarchive, von denen Sie Bilder kostenlos herunterladen und ohne Nennung des Fotografen veröffentlichen dürfen. Ein gutes Beispiel für derartige Seiten ist Unsplash.de. Hier werden regelmäßig neue Fotos in bester Auflösung zur Verfügung gestellt. Diese Bilder sind frei in der Verwendung.

Sie können sie kopieren und weitergeben, nicht nur im privaten, sondern auch im geschäftlichen Bereich. Dabei können Sie aus 16 verschiedenen Bereichen und zwischen trendigen und neuen Bildern auswählen. Hier werden regelmäßig neue, hochwertige Bilder veröffentlicht. Diese Plattform bietet mittlerweile eine runde Million Bilder zur Auswahl an.

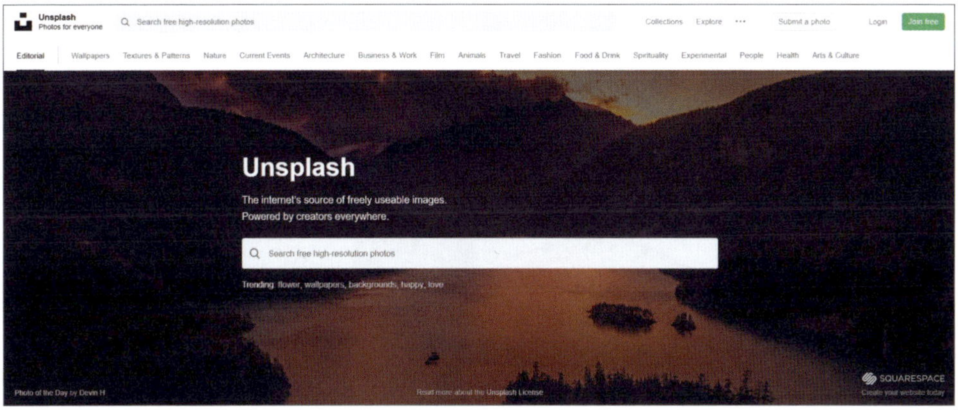

Eine Sammlung anspruchsvoller, kostenloser Fotos finden Sie hier

Eine weitere Seite, die kostenfreie Fotos anbietet, ist Pixabay.com. Hier können Sie nach Fotos, Vektorgrafiken, Illustrationen und Videos suchen. Die hochauflösenden Bilder lassen sich horizontal oder vertikal anzeigen. Hier können Sie auch filtern und sortieren. Dieses Archiv ist mit über 1,5 Millionen Bildern das größte im Netz.

Hier gibt es außer Fotos auch andere kostenfreie Medien

Ich habe in beiden Archiven nach Bildern von meinem Heimatort Lichtenfels gesucht. Fündig geworden bin ich nur bei Pixabay.com.

Um das gewünschte Bild jetzt herunterzuladen, klicken Sie es an. Es wird nun nochmals vergrößert angezeigt. Rechts neben dem Bild finden Sie den Hinweis zum Fotografen, den Button *Kostenlose Downloads* und, was noch wichtiger ist, den Hinweis, dass es kommerziell genutzt werden kann und kein Bildnachweis nötig ist.

Wenn Sie auf den Button *Kostenlose Downloads* klicken, wird ein Fenster mit verschiedenen Bildgrößen zur Auswahl angezeigt, wobei gleich die ideale Größe vorgeschlagen wird.

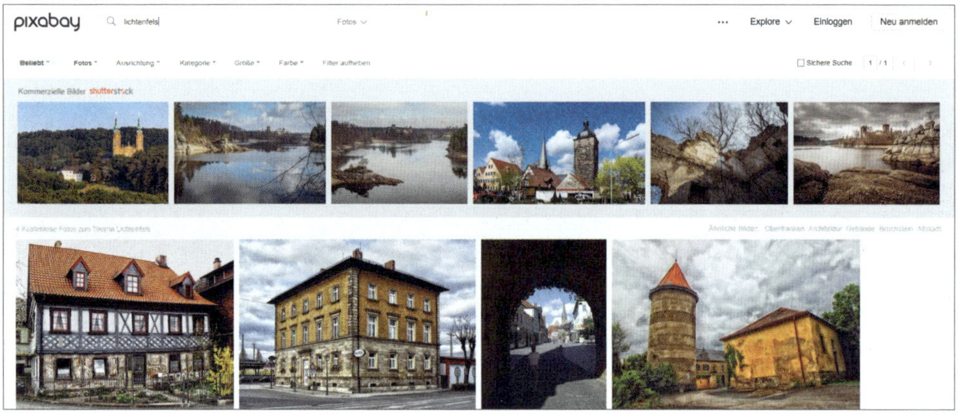

Eine kleine Auswahl an Bildern ist vorhanden

Kleine Bildarchive

Wer keine so umfangreiche Datenbank durchsuchen will, ist mit einem kleineren Archiv gut bedient. Ein sehr bekanntes ist Pexels.com. Es bietet nur einige Tausend Bilder an.

Bei diesem Archiv ist die Auswahl an Bildern nicht so umfangreich

Eine noch kleinere Auswahl ist bei SplitShire.com zu finden. Hier gibt es nur rund 1.000 Fotos in 19 Kategorien zur Auswahl, diese sind aber sehr professionell.

Sehr gute Fotos sind auf dieser Plattform zu finden

Wer einzigartige, kuriose und lustige Bilder sucht, der sollte sich mal auf der Seite von Gratisography.com umschauen. Hier fallen alle Bilder aus der Norm. Allerdings gibt es nur um die 100 zur Auswahl.

Bildarchive zu bestimmten Themen

Für diejenigen, die bereits wissen, zu welchem Thema sie Bilder suchen, sind die Archive zu bestimmten Themen erste Wahl. Hier einige Beispiele. Beginnen wir mit Foodiesfeed.com. Dort finden Sie viele Bilder zum Thema Essen, gegliedert nach Lebensmittelbereichen.

Auf freenaturestock.com sind Fotos und Videos aus der Natur zu finden. Populäre Themen sind hier Sterne, Sonnenuntergänge und Berge.

lifeofpix.com ist eine Seite, die überwiegend Wolkenkratzer und Landschaftsaufnahmen zeigt und auch eine Auswahl an Fotografen anbietet.

Lizenzfreie Fotos

In der Regel gibt es keine Probleme, wenn Sie lizenzfreie Fotos auf Ihren Seiten verwenden. Diese Fotos dürfen Sie nutzen, ohne dass Ihnen dafür Kosten entstehen und ohne dass Sie gegen das Urheberrecht verstoßen. Dennoch sollten Sie jedes Foto genau auf seine Angaben prüfen. Fotos zu nutzen, auf denen Privatpersonen eindeutig zu erkennen sind, ist nicht empfehlenswert, denn die Lizenz schützt nur das Recht des Urhebers, in diesem Fall des Fotografen, und nicht das der abgebildeten Person. Prüfen Sie hier unbedingt, ob sich die Lizenz auf alle Inhalte des Bildes erstreckt, denn Sie wissen ja nicht, ob die abgebildete Person einer Veröffentlichung zugestimmt hat.

Und ganz wichtig ist, dass Inhalte unter freier Lizenz nicht gleichbedeutend mit lizenzfreien Inhalten sind. Auf jeden Fall müssen Sie alle Bedingungen erfüllen, die genannt werden, denn sonst verstoßen Sie gegen das Urheberrecht. Es kann auch sein, dass der Name des Urhebers genannt werden muss, und zwar nach seinen Vorgaben, die Sie einhalten müssen. In manchen Fällen ist auch ein Link zum Bild oder die Angabe des Titels nötig. Eine derartige Lizenzangabe darf nicht auf Ihrer Seite versteckt sein. Am sichersten ist, diese direkt bei dem Bild zu platzieren. Wird ein Bild verändert, müssen Sie dies deutlich angeben. Zusätzlich zu diesen Dingen müssen Sie auch auf den Datenschutz achten. Lesen Sie sich sicherheitshalber vor jeder Nutzung die Lizenzbedingungen durch.

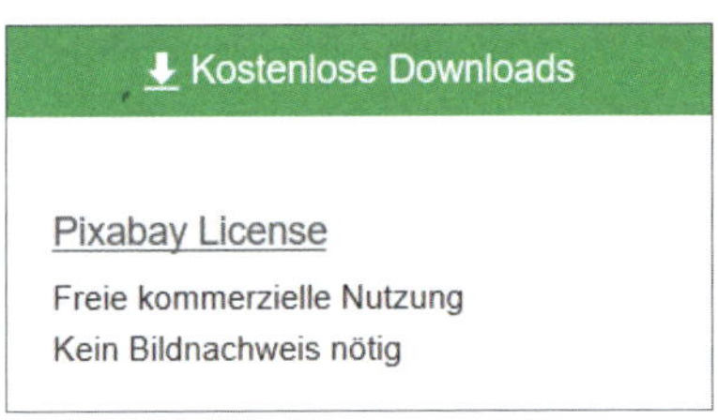

Ein Hinweis auf die Nutzung

16. Die Mediathek

Für das Sammeln, Verwalten, Sortieren und Bearbeiten von Fotos steht Ihnen die Mediathek zur Verfügung. Die Mediathek hat viel mehr zu bieten als nur die Aufbewahrung von Bildern, Sounds und Videos. Im Laufe der Zeit wird die Mediathek immer umfangreicher. Eine Suchfunktion ist bereits eingebaut, mit der Sie Bilder leicht finden können, auch wenn Sie sich nur an einen Bruchteil des Namens eines Bildes erinnern. Daher ist es wichtig, alle Bilder sinnvoll zu betiteln.

Auch die Möglichkeit der Bildbearbeitung ist in der Mediathek bereits enthalten. Man kann Bilder zuschneiden, drehen oder ihre Größe verändern. Das Löschen von Bildern, die bereits in Ihre Seite integriert sind, sollten Sie sich gut überlegen, denn dann kann es passieren, dass auf Ihrer Seite anstelle des Bildes nur eine leere Fläche zu sehen ist. Wenn Sie ein Bild löschen, ist es für immer weg.

Mithilfe von Bildern wird ein Textinhalt leichter verständlich, und sie sorgen für Abwechslung, während der Besucher einen Beitrag liest.

16.1 Bilder in die Mediathek einfügen

Die Mediathek erreichen Sie über den Link *Medien/Medienübersicht* im Dashboard. Klicken Sie in der Mediathek auf den Button *Datei hinzufügen*.

Ein Foto soll in die Mediathek eingefügt werden

Sie kommen in den Bereich *Neue Medien hochladen*. Klicken Sie auf den Button *Dateien auswählen* und kopieren Sie alle Bilder aus Ihrem Ordner in die Mediathek, indem Sie das erste Bild anklicken, dann die ⇧-Taste gedrückt halten und alle weiteren Bilder markieren.

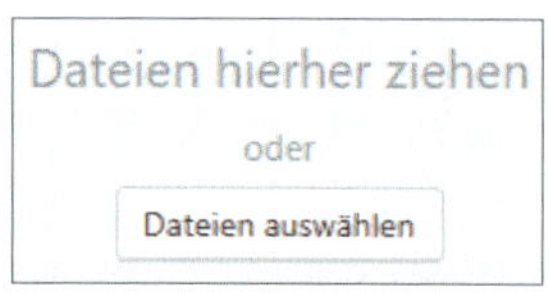

Wählen Sie die Dateien aus

Ein Klick auf den Button *Öffnen* bringt die Bilder in die Mediathek. In einer Liste sehen Sie die Bilder nun alphabetisch sortiert mit einer kleinen Vorschau auf das jeweilige Bild untereinander aufgereiht.

Die Dateinamen, die Sie vorher vergeben haben, sind für die Suchmaschinen wichtig, denn diese verstehen bei einem Bild mit einer undefinierbaren Bezeichnung nicht, wonach sie denn eigentlich suchen sollen, und wenn Sie viele Bilder in der Mediathek haben, finden Sie es wahrscheinlich auch selbst nicht mehr. Ein aussagekräftiger Dateiname ist dagegen relativ einfach wiederzufinden. Am Dateinamen erkennen Sie das betreffende Bild später leicht in der Mediathek wieder und behalten dadurch eine gute Übersicht.

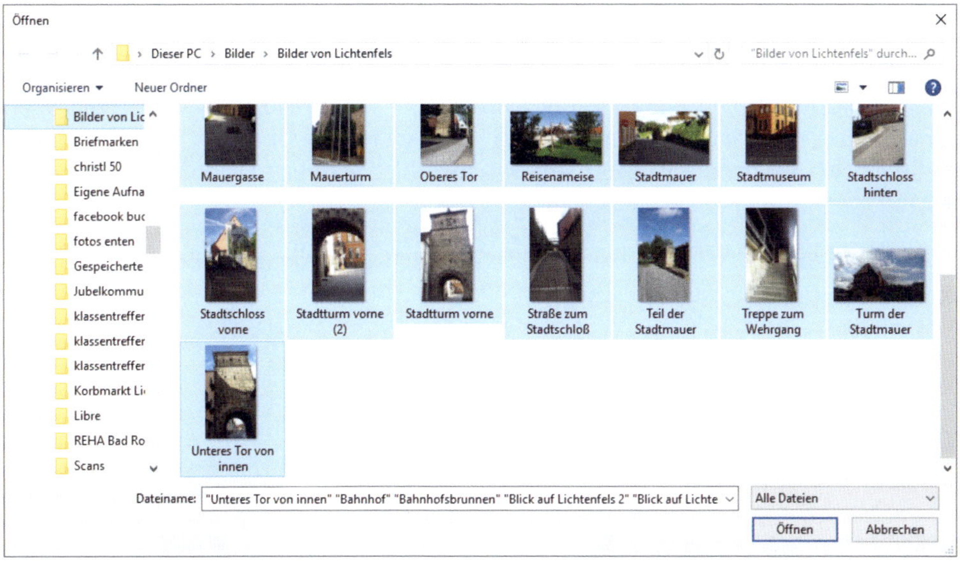

Markieren Sie die Bilder

Die Bilder wurden in die Mediathek eingefügt

16.2 Bilder in der Mediathek bearbeiten

Über den Link *Bearbeiten* am rechten Rand einer Zeile kommen Sie direkt in den Bereich, in dem Sie das Bild bearbeiten können.

Wechseln Sie von hier aus zum Arbeitsbereich

Hier wird Ihnen das Bild im Großformat angezeigt. Klicken Sie auf den Button *Bild bearbeiten* direkt unter dem Bild.

Sie gelangen in den Bereich, in dem Sie das Bild skalieren und mithilfe der Symbolleiste darüber beschneiden, markieren, drehen oder kippen können.

Mit den beiden Pfeilen am Ende der Symbolleiste haben Sie die Möglichkeit, einen Arbeitsschritt rückgängig zu machen oder zu wiederholen. Über das linke der beiden Pfeilsymbole setzen Sie den letzten Arbeitsschritt wieder zurück. Dies funktioniert natürlich nur, wenn vorher etwas an dem Bild geändert wurde.

Das letzte Symbol lässt Sie wieder einen Schritt nach vorne gehen – aber erst, nachdem ein Schritt rückgängig gemacht wurde.

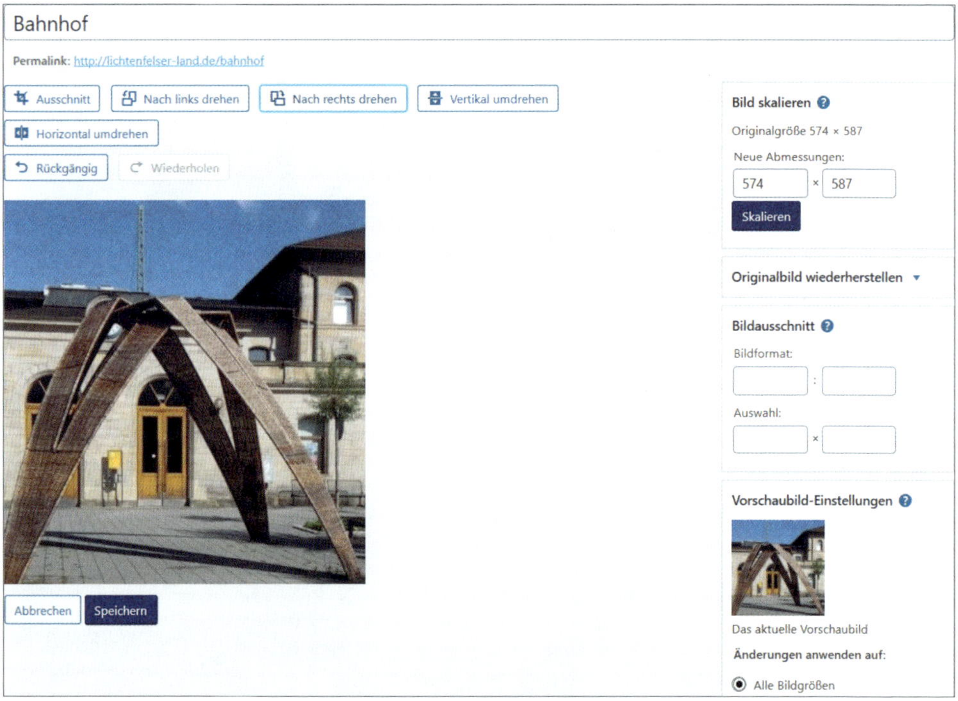

Hier gibt es verschiedene Bearbeitungsmöglichkeiten für das Bild

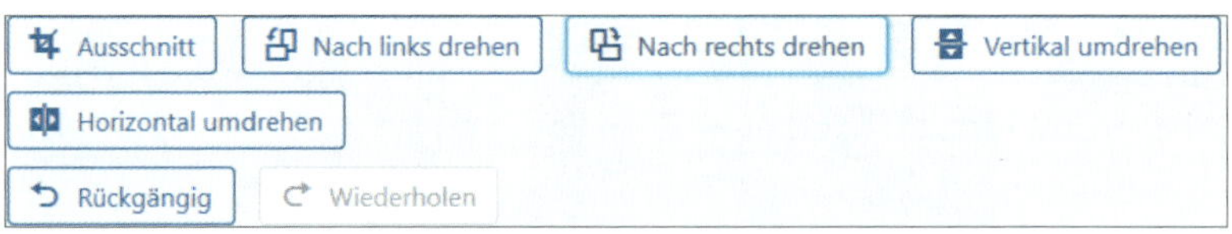

Die Schaltflächen für die Bildbearbeitung

Drehen eines Bildes

In diesem Beispiel wird das Bild liegend dargestellt. Um es hochkant zu stellen, klicken Sie in der Symbolleiste auf das Icon für das Drehen des Bildes nach rechts. Speichern Sie das Foto ab. Sie wechseln automatisch nochmals in die vergrößerte Ansicht des Bildes. Klicken Sie auf *Bild bearbeiten*. Der Arbeitsbereich wird wieder angezeigt. Alternativ können Sie das Bild auch nach links drehen. Es kommt immer darauf an, wie das Bild liegt. Speichern Sie das Bild nach der Drehung neu ab.

Von der falschen in die richtige Lage

Ein weiteres Symbol bietet die Möglichkeit, ein auf dem Kopf stehendes Bild um 180 Grad zu drehen. Das Icon rechts daneben kippt den Bildinhalt nach links oder rechts, je nachdem, in welcher Stellung es gerade abgebildet wird.

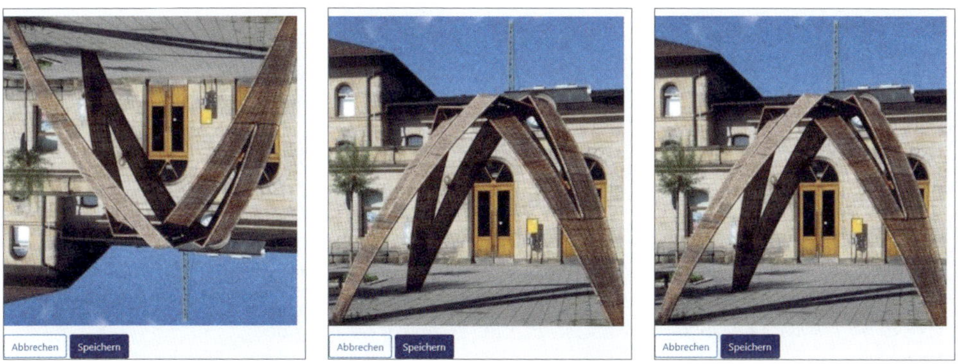

Das Bild steht auf dem Kopf, das Bild in der richtigen Lage, der Bildinhalt nach rechts gekippt

Skalierung eines Bildes

Die Dateigröße des Bildes wird im Fenster *Speichern* angezeigt. Hier sind es 4 MB. Das ist leider viel zu groß für eine Veröffentlichung. Eine Größe von 200 bis maximal 400 KB reicht vollkommen aus und spart Speicherplatz. Orientieren Sie sich dabei, wenn möglich, eher an dem unteren Wert. Durch Klick auf den Pfeil rechts oben im Fenster können Sie das Bild ausblenden. Unter dem Fenster finden Sie die Links zum Löschen oder Aktualisieren des Bildes.

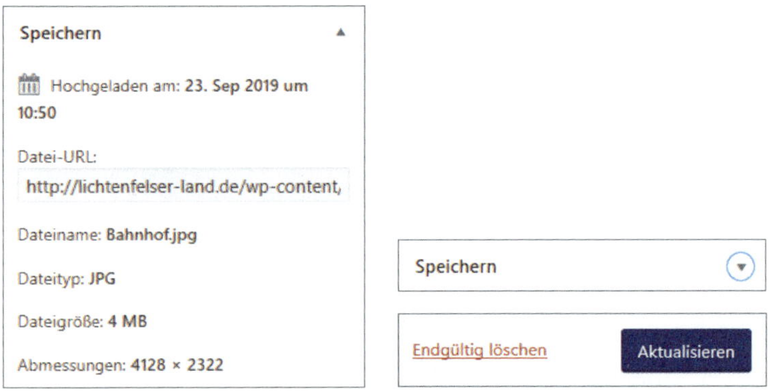

Die Datei ist eindeutig zu groß. Hier wird das Fenster ausgeblendet

Mit einer Skalierung ändern Sie die Größe eines Bildes. Diese muss erfolgen, bevor das Bild verändert wird. Eine Skalierung ist immer empfehlenswert, da sie den Speicherplatz eines Bildes erheblich verringern kann.

Für eine Reduzierung der Bildgröße auf unter 300 KB gebe ich *800* in das erste Feld für die Breite ein, denn eine Breite von 800 bis maximal 1.400 Pixeln genügt in den meisten Fällen. Der Wert im zweiten Feld für die Höhe wird automatisch angepasst. Ein Klick auf *Skalieren* und ein weiterer auf *Aktualisieren* ändert die Größe des Bildes. Jetzt sind es nur noch 258 KB.

Das Bild wird skaliert. Die Aktualisierung ist wichtig. Jetzt passt die Bildgröße

Sie wechseln wieder in den Bereich mit der Großansicht des Bildes. Nun fehlen noch die Texte in Bezug auf das Bild. Diese können Sie direkt unter dem Bild eingeben.

Das Feld *Alternativer Text* ist wichtig für barrierefreie Webseiten, das bedeutet, sehbehinderte Leser bekommen den Text von Screenreadern vorgelesen, und dort, wo sich ein Bild befindet, kann der Alternativtext zum Bild vorgelesen werden. So erhalten diese Besucher zumindest die Information, was für ein Bild sich dort befindet. Der Alternativtext wird auch von Suchmaschinen indexiert.

Im Eingabefeld *Beschriftung* können Sie das Bild mit einem Text versehen. Der Text sollte allerdings kurz sein, besonders bei einem schmalen Bild, denn der Text füllt in einer Zeile nur so viel Raum, wie die Breite des Bildes vorgibt. Ist der Text zu lang, wird er in zwei Zeilen unter das Bild gesetzt, was vor allem dann nicht besonders schön aussieht, wenn in der zweiten Zeile dann nur ein Wort steht.

Im Eingabefeld *Beschreibung* können Sie das Bild näher erklären. Dies ist für interne Zwecke gedacht und soll die Übersicht über die Bilder in der Mediathek erleichtern. Die Beschreibung ist auch für Suchmaschinen wichtig.

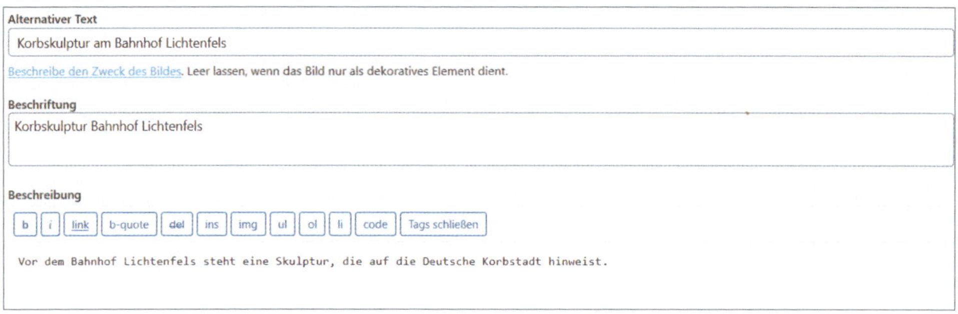

Die Beschreibungen zum Bild sind wichtig

Klicken Sie nochmals auf *Aktualisieren*, um die Texte mit zu übernehmen. Wenn Sie jetzt in die Medienübersicht wechseln, erhalten Sie größere Vorschaubilder in der Liste angezeigt. Jetzt wird nicht nur der Name eines Bildes eingeblendet, sondern auch das Dateiformat und der Zeitpunkt der Erstellung.

Die einzelnen Fotos mit genaueren Angaben

Wenn Sie den Namen mit dem Mauszeiger berühren, sehen Sie drei verschiedene Optionen im Zusammenhang mit dem Bild. Zur Übung wollen wir ein weiteres Bild bearbeiten. Öffnen Sie ein anderes Bild über den Link *Bearbeiten*.

Ein weiteres Bild soll vorbereitet werden

Sie gelangen wieder in die große Ansicht des Bildes. Mit einem Klick auf *Bild bearbeiten* geht es in den Arbeitsbereich. Auch dieses Bild muss gedreht werden. Ich skaliere das Bild auch mit 800 KB und komme nach dem Aktualisieren auf eine Größe von 330 KB. Das ist noch akzeptabel.

Den früheren Zustand eines Bildes können Sie übrigens wiederherstellen, indem Sie auf den kleinen Pfeil neben dem Eintrag *Originalbild wiederherstellen* klicken, um dieses Fenster anzuzeigen. Ein weiterer Klick auf *Bild wiederherstellen* bringt das Bild wieder in das frühere Format. Dies ist wichtig, wenn Sie das Bild neu skalieren wollen.

Jedes Bild kann wiederhergestellt werden

Mit der Zeit bekommen Sie ein Gefühl dafür, welche Größe Sie bei der Skalierung eines Bildes eingeben müssen. Dies hängt auch von der jeweiligen Bildgröße ab. Skalieren und aktualisieren Sie auch Ihre anderen Bilder.

Zuschneiden eines Bildes

Für die spätere Verwendung ist es sinnvoll, die Bilder zuzuschneiden. Erstens können Sie nicht gewünschte Teile des Bildes entfernen, und zweitens wird das Bild nicht mehr so groß in Ihrem Beitrag abgebildet, wenn Sie es aus der Mediathek einfügen. Sie könnten das Bild zwar nach dem Einfügen in einen Beitrag im Originalzustand verkleinern, falls Sie diesen beibehalten wollen, bei der Verwendung einer Galerie funktioniert diese Verkleinerung jedoch nicht mehr, da bei einer Galerie mehrere Bilder angesehen werden.

Doch eins nach dem anderen. Anhand eines der Bilder will ich Ihnen den Vorgang erklären. Ein Bildausschnitt wird erzeugt, indem Sie den Zuschneiden-Button in der Symbolleiste über dem Bild anklicken.

Der Button für das Zuschneiden von Bildern

Das Bild wird nun von gestrichelten Linien umrahmt. Außerdem zeigen sich acht kleine Quadrate, die sich an den Ecken und in der Mitte jeder Seite des Bildes befinden. Mithilfe dieser Quadrate können Sie das Bild so zuschneiden, dass in unserem Beispiel nur noch der Brunnen zu sehen ist. Dazu müssen Sie die verschiedenen Quadrate anklicken und mit gedrückt gehaltener linker Maustaste nach innen ziehen, bis Sie einen Rahmen genau um die Stelle aufgezogen haben, die Sie ausschneiden wollen.

Klicken Sie dann mit der Maus in den aufgezogenen Rahmen. Der Mauszeiger verändert sich in einen Doppelpfeil. Bewegen Sie den Rahmen mit gedrückt gehaltener linker Maustaste über den gewünschten Bildausschnitt. Lassen Sie die Maustaste wieder los und klicken Sie nochmals auf das Zuschneiden-Icon. Jetzt wird nur noch der Bildausschnitt angezeigt. Ein Klick auf den Button *Speichern* sichert diesen.

Das Bild im Original. Der gewünschte Bildausschnitt. Das neue Foto

Wenn Sie sich jetzt die Abmessungen, die Sie unten im Fenster sehen, im Vergleich anschauen, werden Sie feststellen, dass sich diese erheblich verringert haben. Die Dateigröße reduziert sich durch das Zuschneiden ebenfalls nochmals deutlich.

Hochgeladen am: **23. Sep 2019 um 11:09**

Datei-URL:

http://lichtenfelser-land.de/wp-content,

Dateiname: **Bahnhof-e1569237247302.jpg**

Dateityp: **JPG**

Dateigröße: **258 KB**

Abmessungen: **800 × 1422**

Hochgeladen am: **23. Sep 2019 um 11:09**

Datei-URL:

http://lichtenfelser-land.de/wp-content,

Dateiname: **Bahnhof-e1569248576274.jpg**

Dateityp: **JPG**

Dateigröße: **89 KB**

Abmessungen: **575 × 664**

Die Abmessungen des Bildes haben sich erheblich verkleinert

16.3 Bilder in einen Beitrag einfügen

Starten Sie über die Sidebar das Menü *Beiträge/Alle Beiträge* und geben Sie einen neuen Beitrag ein. Mein Beitrag dient nur als Beispiel. Verwenden Sie als Vorlage dafür den bereits vorhandenen Musterbeitrag.

Der Musterbeitrag dient als Vorlage

Ein neuer Text wurde geschrieben

Um ein Bild einzufügen, setzen Sie den Cursor an die Stelle im Text, an der das Bild platziert werden soll. Dann erstellen Sie einen neuen Block über dem Bereich *Allgemeine Blöcke* und dem Block *Bild*.

Ein neuer Block wurde angelegt.

Wählen Sie den Block für Bilder aus

Über den Button *Mediathek* transportieren Sie ein Bild in Ihren Beitrag. Klicken Sie auf den Button und laden Sie das gewünschte Bild aus der Mediathek in den Beitrag. Das Bild wird sehr groß dargestellt. Mithilfe der kleinen blauen Kreise am unteren und rechten Rand des Bildes haben Sie die Möglichkeit, es zu verkleinern.

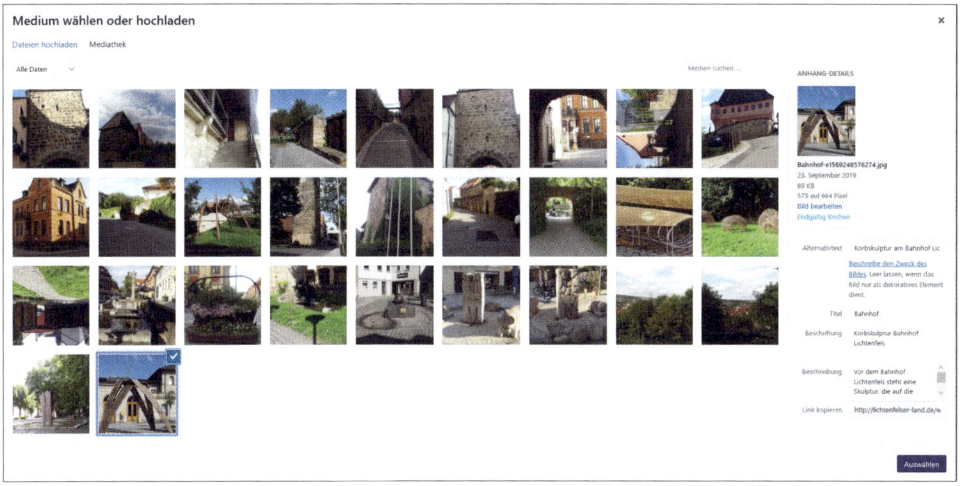

Ein Bild wird zur Übernahme in den Beitrag ausgesucht

Bewegen Sie dazu den Mauszeiger auf einen der beiden Kreise. Das Symbol des Mauszeigers ändert sich. Schieben Sie jetzt mit gedrückt gehaltener linker Maustaste das Bild zusammen. Achten Sie dabei darauf, dass die Beschriftung unter dem Bild in einer Zeile bleibt.

Wenn Sie jetzt über die drei Punkte am rechten Bildschirmrand die obere Werkzeugleiste über dem Text einblenden, können Sie mit den Symbolen in dieser Leiste den Block wechseln oder das Bild linksbündig, mittig oder rechtsbündig platzieren. Eine Bearbeitung des Bildes und der Aufruf weiterer Optionen sind ebenfalls möglich.

Die obere Werkzeugleiste wurde aktiviert

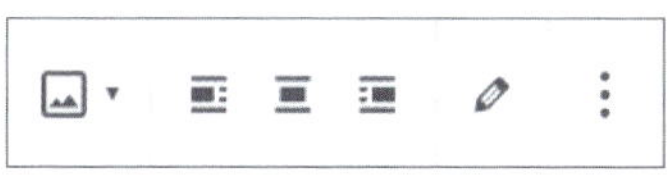

Die Leiste für das Bearbeiten des Bildes

Das Bild steht jetzt rechtsbündig. Das sieht nicht gerade besonders gut aus. Sie könnten es noch mittig platzieren, das würde gut passen, oder rechtsbündig ausrichten. Die Ideallösung wäre hier, noch ein zweites Bild danebenzustellen. Aber dies ist leider bei dieser Art von Block nicht möglich.

Sie können pro Block nur ein Bild einfügen. Die mittige Platzierung ist hier im Moment erst mal die beste Lösung.

Die mittige Platzierung

Wenn Sie die Beschreibung des Bildes anklicken, öffnet sich eine Leiste mit Symbolen über dem Text. Mit deren Hilfe können Sie den Text fett oder kursiv darstellen, wenn Sie ihn vorher markieren. Ein Klick auf die Klammer öffnet ein Eingabefeld, in das Sie einen Link eintippen können. Setzen Sie den Mauszeiger zum Einfügen des Links unter den Text.

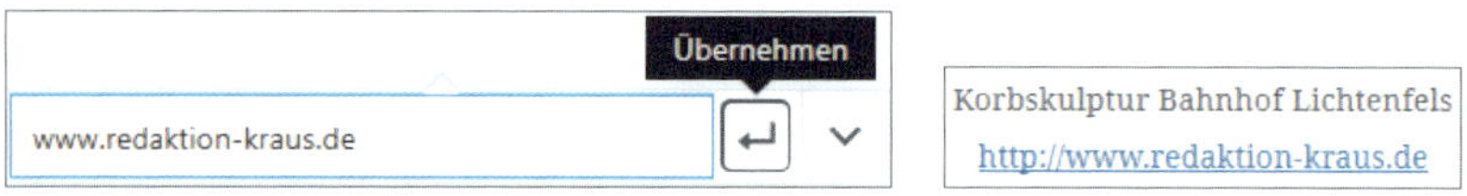

Der Link wurde angegeben, die Verlinkung ist eingefügt

Im seitlichen Menü dieses Blocks finden Sie noch weitere Bereiche mit Bezug auf das Bild. Diese werden nur angezeigt, wenn das Bild angeklickt wird.

Für die Suchmaschinenoptimierung ist der wichtigste Bereich der *Alt-Text*. Er wird auf der Seite nicht angezeigt. Trotzdem sollte er das Bild ausführlich beschreiben, denn die Suchmaschinen orientieren sich an ihm. Diesen Text haben wir ja bereits eingegeben.

Im Bereich *Bildgröße* lassen sich verschiedene Größen einstellen. Hier sind keine Änderungen nötig. Diese Größen sind übrigens identisch mit den Prozentangaben.

Vollständige Größe = *100%*; Groß = *75%*; Mittel = *50%*; Vorschaubild = *25%*

Es ist zu empfehlen, die mittlere Bildgröße zu wählen und das Bild dann mittig zu setzen. Bilder gehören auch immer in eine eigene Zeile, damit es bei mobilen Geräten nicht zu einer Verzerrung der Bilder kommt.

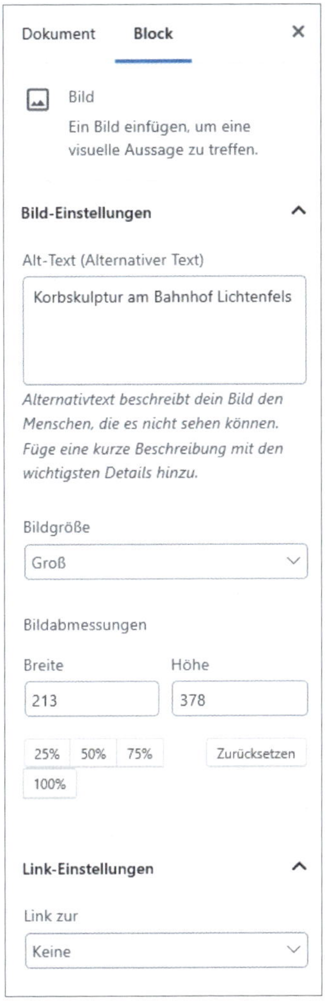

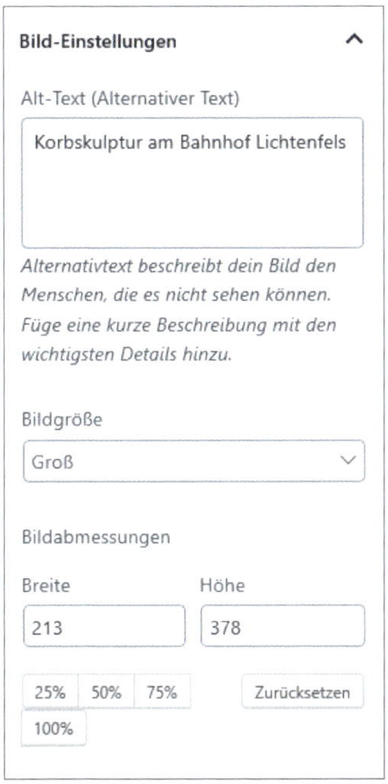

Die Optionen für den Bildblock und Einstellungen für das Bild

Im Bereich *Link-Einstellungen* können Sie das Bild mit einem Link hinterlegen. Dabei haben Sie verschiedene Möglichkeiten. Dies ist interessant, wenn jemand mehr über das abgebildete Produkt oder über die Stadt, die beschrieben wird, erfahren möchte.

Wenn Sie dies nutzen, sollten Sie auf jeden Fall die Option, dass sich die URL in einem separaten Tab des Browsers öffnen soll, aktivieren. Dadurch bleibt der Originalbeitrag im Browser geöffnet, auch wenn der Besucher auf den URL-Link klickt. Ist diese Option nicht aktiviert, wird der Besucher aus Ihrer Seite ausgeklinkt, nachdem er auf das Bild geklickt hat.

Sie müssen keine Verlinkung über das Bild vornehmen, wenn Sie es allerdings tun, sollten Sie auch einen kurzen Hinweis unter dem Bild angeben, denn der Besucher weiß ja nicht, dass er durch einen Klick auf das Bild auf eine andere Seite kommt.

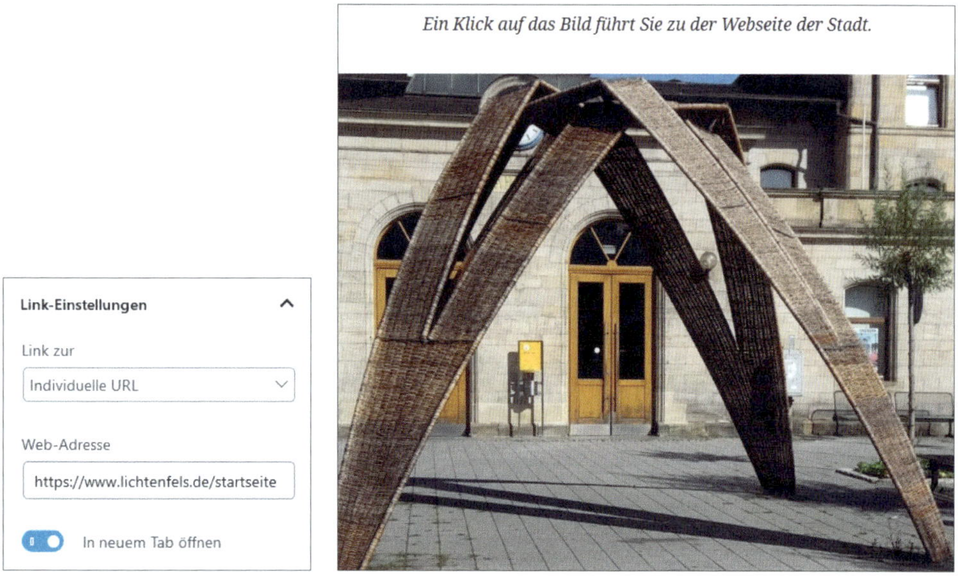

Hier wird zu einer Stadtseite verlinkt. Ein Hinweis ist immer hilfreich

Um den Platz unter dem Text mit zwei Bildern zu füllen, greifen wir im nächsten Schritt auf die Galerie zu. Entfernen Sie den Block *Bild* vorher durch Klick auf die drei Punkte rechts in der Werkzeugleiste wieder und klicken Sie anschließend auf *Block entfernen*.

16.4 Bilder sortieren

Die Mediathek von WordPress bietet in der Standardvariante keine Sortierfunktion an. Alle Dateien werden bunt gemischt angezeigt und sind weder nach Datum noch alphabetisch sortiert, wie Sie es von Windows gewohnt sind. Abhilfe schafft hier das Plug-in *Enhanced Media Library*.

Ein praktisches Plug-in für die Verwaltung der Mediathek

Damit bekommen Sie viele zusätzliche Funktionen für Ihre Mediathek. Wenn das Tool installiert und aktiviert ist, bietet es unterschiedliche Sortierkriterien für Ihre Bilder an. Über *Einstellungen/Medien* kommen Sie in den Bearbeitungsmodus.

Wechseln Sie in das Register *Mediathek*. Im Bereich *Reihenfolge* können Sie die Bilder nun nach Titeln sortieren, wenn Sie die Option *Titel* in der Auswahl *Ordne Medien nach* anklicken. Dabei wird jeder gleiche Titel nebeneinander angezeigt. Wenn Sie die Option *Aufsteigend* in der Auswahl *Sortierreihenfolge* auch noch anklicken, werden die Titel nach dem Alphabet sortiert. Klicken Sie auf den Button *Änderungen speichern*.

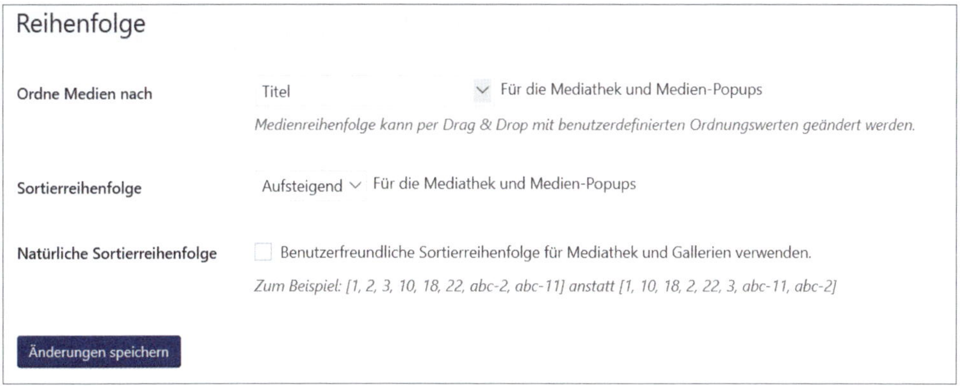

Sorgen Sie für Ordnung in der Mediathek

Wechseln Sie wieder zu *Mediathek/Medienübersicht*. Die Bücher sind nun nach dem Alphabet geordnet, mit dem Buchstaben A beginnend. Über das Menü *Mediathek/Medienkategorien* können Sie Ihre Medien aufteilen – also die Videos in eine Kategorie, die Bilder in eine andere und Ähnliches.

Im Bereich *Medienkategorien* können Sie im Eingabefeld *Name* im Abschnitt *Medienkategorie hinzufügen* neue Kategorien anlegen. Diese werden Ihnen dann im rechten Bereich des Bildschirms in einer Liste angezeigt. Wenn Sie eine neue Medienkategorie anlegen, müssen Sie diese über den Button *Medienkategorie hinzufügen* in die Kategorieliste übernehmen.

Die Titel sind alphabetisch sortiert

17. Die Artikel

Wenn Sie das erste Mal mit WordPress arbeiten, werden Sie der Verlockung nicht widerstehen können, so schnell wie möglich Artikel zu schreiben. Bevor Sie das tun, sollten Sie aber ein paar grundlegende Dinge beachten.

17.1 Von der Idee bis zum Text

Artikelideen

Neue Artikelideen sind schnell gefunden, doch Sie werden relativ schnell an den Punkt gelangen, an dem Ihnen die Ideen ausgehen. Dies ist nach der ersten Euphorie normal. Weitere Ideen sind leicht zu finden, wenn Sie darüber nachdenken, was die Wünsche und Probleme Ihrer Leser sind. Diese ersehen Sie aus ihren Kommentaren oder Fragen.

Es ist manchmal nicht uninteressant, andere Blogs zu lesen, dadurch bekommen Sie viele Infos. Auch die Kontakte zu Mitmenschen wie Freunden, Schulkollegen oder Vereinskollegen können Sie auf neue Ideen bringen. Oder denken Sie einfach mal darüber nach, worüber Sie gern selbst lesen möchten, was Sie aber auf anderen Blogs nicht finden.

Schreiben Sie Artikelideen, die Ihnen spontan einfallen, sofort auf. Legen Sie sich dafür eine Liste an, in die Sie Stichpunkte oder Schlagwörter eintragen. Wenn Sie genügend Material gesammelt und überarbeitet haben, schreiben Sie einen neuen Blog. Mit der Zeit werden Sie feststellen, dass Sie alles, was Sie hören oder sehen, daraufhin überdenken, ob es sich für einen neuen Artikel eignet.

Aber auch ein Statistik-Tool wie Google Analytics kann helfen, auf neue Ideen zu kommen. Wenn Sie Ihren Blog mit einem solchen Tool kontrollieren, sehen Sie, welche Suchbegriffe die Leser eingegeben haben, und können daraus neue Ideen entwickeln. Oder schauen Sie sich die Top-Suchbegriffe an, und gewinnen Sie daraus neue Artikel. Sie können in Ihrem eigenen Blog auch mithilfe einer Suchfunktion, die Ihr Blog haben sollte, sehen, welche Suchbegriffe die Leser eingegeben haben und wie oft diese eingegeben wurden.

Auch auf Social-News-Seiten findet man meist gute Artikelideen. Hier sollten Sie sich aber an die Liste der beliebtesten Artikel halten, da dies diejenigen sind, die in Ihrem Blog am meisten Erfolg versprechen. Es gibt für bestimmte Branchen solche News-Seiten wie www.seoigg.de. Twitter ist für Blogger ebenfalls von Nutzen – durch die Linktipps, die von Bloggern oder Experten gegeben werden.

Die Anmeldung in einem Forum, in dem es um ein bestimmtes Thema geht, kann durch das Lesen der Infos von Forumsmitgliedern neue Ideen liefern. Sie können sich natürlich auch an Diskussionen beteiligen und sich so im Laufe der Zeit einen Ruf als Experte erwerben und dadurch Zugriffe auf Ihren Blog bekommen.

Schauen Sie sich auf jeden Fall Blogs an, die sich mit gleichen oder ähnlichen Themen beschäftigen, und lesen Sie die Kommentare in diesen Blogs.

Falls Ihnen an dem Ort, an dem Sie sich meistens befinden – das wird bei Bloggern in der Regel der Computer sein –, nichts mehr einfällt, wechseln Sie den Ort. Machen Sie einen Spaziergang oder gehen Sie in die Stadt. Die frische Luft oder die andere Umgebung kann Ihnen vielleicht zu neuen Ideen verhelfen. Oder schreiben Sie über eigene Erfahrungen und erzählen Sie Storys aus Ihrem Leben. Das ist keine graue Theorie und immer interessant. Die Leser stehen Ihnen bei solchen Geschichten näher. Lesen Sie viele Fachzeitschriften und Zeitungen, auch das bringt in der Regel neue Ideen. Meist inspiriert schon das Lesen der Artikelüberschriften zu neuen Themen.

Das Recherchieren

Für jeden Blog ist es meist unumgänglich, eine Recherche zu dem Thema, das man beschreiben will, durchzuführen. Wenn Sie nur über eigene Erlebnisse berichten, müssen Sie wahrscheinlich nicht recherchieren.

Da es aber in den meisten Fällen um fachliche Themen wie Fitness, Gesundheit oder Reisen geht, sollten Sie auf diesen Gebieten auf jeden Fall gut recherchieren. Checken Sie dazu alle Infos, die Sie zu einem bestimmten Thema finden, auf ihren Wahrheitsgehalt. Suchen Sie dazu im Netz nach ähnlichen Berichten über ein Thema. Bestimmte Dinge wie die Reise in einen Urlaubsort oder eine bestimmte Untersuchung an Ihrem Körper können Sie ja selbst testen. Sammeln Sie so viel Material wie möglich. Suchen Sie vertrauenswürdige Quellen für Ihre Recherchen wie Wikipedia oder Expertenseiten auf. Aber übertreiben Sie es nicht bei der Suche im Web. Suchen Sie nicht tagelang nach bestimmten Dingen. Es muss nicht alles superperfekt sein.

Die Motivation

Als neuer Blogger sind Sie sicherlich hoch motiviert und schreiben Artikel wie am Fließband. Aber irgendwann wird eine Zeit kommen, in der Sie nicht mehr so motiviert sind. Es gibt verschiedene Motivationsgründe. Entweder erwartet man gute Einnahmen durch seinen Blog, oder man möchte als Blogger berühmt werden. Meist ist es auch die Leidenschaft für ein bestimmtes Thema, über das man schreibt.

Viele Blogger geben nach einigen Monaten wieder auf, wenn sie keine Erfolge sehen, aber das ist zu früh. Bloggen braucht viel Geduld, und es kann ein halbes Jahr bis zu mehreren Jahren dauern, bis sich ein Erfolg einstellt. Setzen Sie sich regelmäßig neue Ziele, das hält die Motivation hoch. Kündigen Sie neue Artikel auf Ihrem Blog an, dann werden Sie diese auch schreiben.

Treten Sie auch irgendwann mal etwas kürzer, machen Sie Urlaub oder schreiben Sie einfach mal ein paar Tage gar nichts. Irgendwann bekommen Sie dann automatisch wieder

Lust auf das Schreiben. Setzen Sie sich in Zeiten hoher Motivation auch mal selbst unter Druck. Wenn Sie sonst in einer Woche einen Artikel geschrieben haben, schreiben Sie jetzt drei in der Woche, oder wenn Sie sonst nur kurze Artikel verfasst haben, schreiben Sie jetzt mal eine Zeit lang nur lange.

Die richtige Einstellung zum Leser

Ein sehr wichtiger Faktor für eine erfolgreiche Bloggerkarriere ist die Einstellung, jemandem mit seinen Artikeln zu helfen. Dazu muss man überlegen, welche Hilfen Leser suchen. Sicherlich an oberster Stelle stehen da Themen wie Abnehmen oder Gesundheit und Reisen. Zu diesen und anderen Themen sind die Surfer immer auf der Suche nach Neuigkeiten und Infos. Wenn Sie den Lesern Hilfe anbieten, gewinnen Sie ihr Vertrauen, und dadurch steigern Sie die Besucherzahlen, denn Sie werden ja auch weiterempfohlen. Beantworten Sie immer die Fragen der Leser, denn das zeugt von Ihrer Professionalität als Blogger.

Gute Qualität

Ganz wichtig ist die Qualität in einem Blog. Hier ist an erster Stelle die korrekte Information des Lesers zu nennen. Zudem ist es wichtig, dass der Text gut lesbar und fehlerfrei ist und die Grammatik stimmt. Bieten Sie viele Artikel mit gutem Inhalt an.

Das Schreiben selbst

Bevor wir nun einen kompletten Artikel erstellen, noch kurz ein paar Worte über das Schreiben selbst. Die meiste Zeit als Blogger werden Sie mit Schreiben verbringen. In der Regel ist es einfach zu schreiben, Änderungen und Korrekturen können Sie hinterher ja immer noch vornehmen. Wie überall im Leben hilft hier die Übung.

Wer viel schreibt, wird mit der Zeit auch schneller schreiben und seine Artikel schneller fertigstellen. Schreiben allein genügt aber nicht, nach dem Verfassen des Textes sollten Sie alles noch einmal überarbeiten, die Rechtschreibung, die Grammatik und natürlich auch die Verständlichkeit prüfen. Idealerweise lassen Sie den Artikel von einer Person Ihres Vertrauens lesen. Dann erst geht es an die Veröffentlichung.

17.2 Einen Artikel erstellen

Wir haben zwar bis jetzt schon ein wenig Text verfasst, aber dies stellt noch lange keinen Artikel dar. Um jetzt einen neuen Artikel zu verfassen, klicken Sie im Dashboard auf den Menüpunkt *Beiträge/Beiträge erstellen*, um den Eingabebereich zu öffnen. Geben Sie zuerst alle Überschriften für diesen Artikel ein.

Die Überschriften

Die Überschriften sind das Wichtigste in Ihrem Artikel. Sie müssen die Aufmerksamkeit des Lesers und seine Neugier wecken. Außerdem muss sofort klar sein, worum es in dem Artikel geht. Beginnen Sie einen Artikel immer mit der Überschrift, die auch gleichzeitig auf das Thema des Artikels hinweisen sollte. Die Unterüberschriften sind ebenfalls wichtig und müssen mit der Überschrift harmonieren, also thematisch dazu passen.

Die Überschriften des Artikels

Für die weiteren Erklärungen habe ich einen neuen Artikel über die Kurstadt Bad Staffelstein geschrieben. Anhand dieses Artikels erkläre ich Ihnen weitere Arbeitsschritte. Neue Artikel werden Ihnen übrigens mit der Bezeichnung *Entwurf* im Menü *Beiträge* in der Liste *Alle Beiträge* angezeigt.

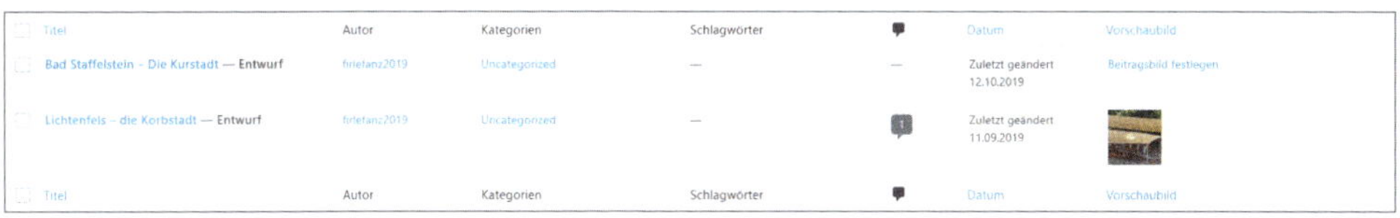

Ein neuer Beitrag ist hinzugekommen

Der Text

Geben Sie alles ein, was Ihnen zu dem Thema einfällt – am besten mit einer Einführung und einem passenden Teil zum Schluss des Artikels. Schreiben Sie verständlich und unterhaltsam in kurzen Sätzen, der Leser darf sich nicht langweilen. Sprechen Sie den Leser immer direkt mit Du oder Sie an und fordern Sie ihn zum Handeln auf, wenn es thematisch möglich ist. Achten Sie auch darauf, dass eine Zeile nicht zu wenige oder zu viele Zeichen enthält. Ideal sind 60 bis 70. Alles andere erschwert dem Besucher das Lesen. Setzen Sie Leerzeilen moderat ein. Merken Sie sich im Laufe der Zeit auch Shortcuts, um schneller arbeiten zu können.

Nachdem ich einen Absatzblock angelegt und die Einleitung hineingeschrieben habe, verschiebe ich diese durch mehrmaliges Klicken des kleinen Pfeils links außerhalb des Textes unter den Titel des Beitrags. Dann speichere ich ab.

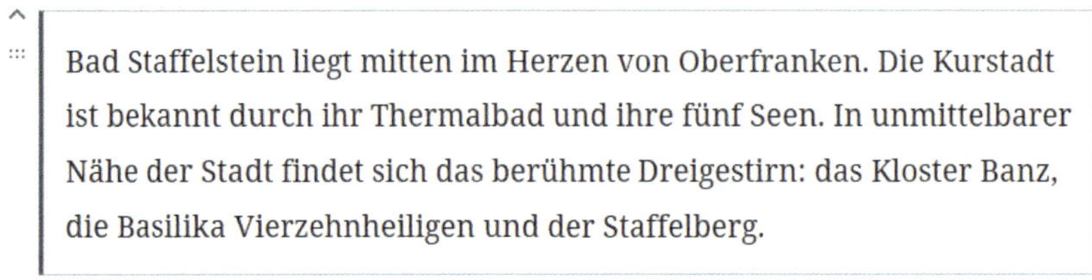

Die Einleitung für den Beitrag ist fertig

Jetzt füge ich unter der ersten Überschrift einen weiteren Absatz ein und gebe auch zu diesem den Text ein. Diesen habe ich im Fließtext eingegeben. Das würde in der Vorschau nicht besonders ansprechend aussehen.

Bevor wir jetzt den Text anspruchsvoller gestalten, schalten Sie in den Vollbildmodus, um Ihren Text besser zu sehen. Bearbeiten können Sie ihn im Vollbildmodus auch. Bei diesem Modus wird das Dashboard im linken Bereich ausgeblendet.

Zusätzlich können Sie den Spotlight-Modus aktivieren, um nur den Text, in dem Sie sich gerade befinden, hervorgehoben anzuzeigen und zu bearbeiten. Beide Modi rufen Sie über das Icon auf, das Sie unter dem Register *Text* am rechten Rand in der Ansichtsleiste finden. Diese öffnen Sie durch Klick auf das Icon mit den drei Punkten rechts oben. Wenn Sie die beiden Modi durch Mausklick aktiviert haben, blenden Sie die Ansichtsleiste durch erneuten Klick auf das Punkte-Icon wieder aus. Die Einstellungsleiste können Sie durch Klick auf das kleine Kreuz rechts oben ebenfalls ausblenden.

Beide Modi sind für effektives Arbeiten aktiviert worden

Wenn Sie den Text geschrieben haben, lesen Sie ihn sich nochmals vom Anfang bis zum Ende durch und ergänzen Sie bestimmte Stellen, wenn Ihnen noch etwas dazu einfällt, oder löschen Sie auch bestimmte Stellen, die Sie für nicht nötig halten.

Ändern Sie auch mal die Schriftgröße oder die Schriftart, um den Text aus einer anderen Sicht zu betrachten, oder lesen Sie sich den Text selbst laut vor. Verwenden Sie dabei ruhig mal eine größere Schrift, denn diese strengt den Leser bei seiner Lektüre nicht so an. Fügen Sie auch gleich dort, wo ein Bild oder eine Galerie platziert werden soll, den entsprechenden Block als Gedankenstütze ein. Das Einfügen der Bilder erfolgt später.

Alle Wörter, die der Gutenberg-Editor nicht kennt, unterschlängelt er rot, eine Rechtschreibprüfung besitzt er allerdings nicht. Dafür müssen Sie aber auch nicht gleich auf ein Plug-in zurückgreifen. Verschwenden Sie daran auch keinen Gedanken. In der Vorschau und nach der Veröffentlichung ist das nicht zu sehen. Wenn Sie den Text abgespeichert haben, in die Vorschau und wieder zurück wechseln, sind die Markierungen sind nicht mehr zu sehen. Klicken Sie wieder in den Text, um ihn im Spotlight-Modus weiterzubearbeiten.

17.3 Die Rechtschreibprüfung

Wenn Sie einen Artikel fertig geschrieben haben, ist es unbedingt erforderlich, die Rechtschreibung zu prüfen. Dies ist außerhalb von WordPress auf der Seite *korrekturen.de* möglich. Klicken Sie im Menü der Seite auf *Rechtschreibprüfung*. Ein Eingabebereich mit Mustertext wird angezeigt, in den Sie Text hineinkopieren und dann prüfen können.

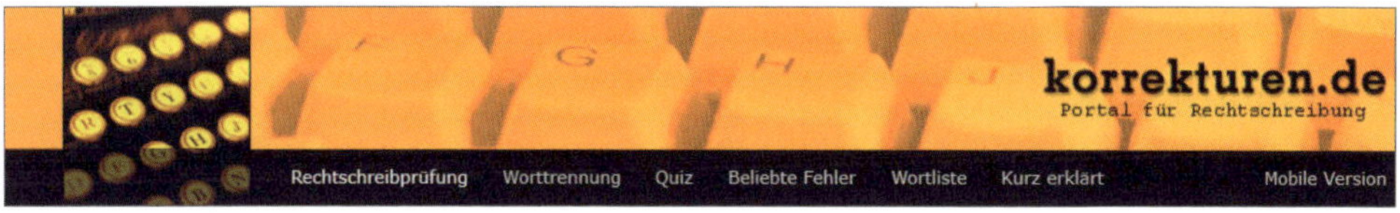

Die Seite für die Prüfung des Textes

Da Sie beim Gutenberg-Editor mit Blöcken arbeiten, müssten Sie jetzt jeden Block einzeln kopieren. Dies lässt sich durch die Installation des Plug-ins *Classic Editor* vermeiden. Nach der Prüfung deaktivieren Sie ihn einfach wieder. Wenn Sie ihn aktivieren, steht der Text in der klassischen Form zur Verfügung, und Sie können ihn komplett in einem Arbeitsgang kopieren.

Markieren Sie den Text komplett und drücken Sie die Tastenkombination Strg+C. Wechseln Sie dann zu der Korrekturseite und setzen Sie den Mauszeiger in das Eingabefeld. Drücken Sie die Tastenkombination Strg+V. Der Text wird in das Feld hineinkopiert.

Lassen Sie den Text überprüfen

Ein Klick auf den Button *Text prüfen* startet den Vorgang. Mögliche Rechtschreibfehler werden rot markiert und eventuell falsche Ausdrücke lila. Wenn Sie ein markiertes Wort anklicken, klappt ein Fenster auf, das Lösungen für den Fehler vorschlägt. Suchen Sie das korrekte Wort aus und übernehmen Sie es durch Mausklick. Die Markierung unter dem Wort wird entfernt. Den Text in Ihrem Beitrag müssen Sie dann nochmals extra ändern.

17.4 Die Gestaltung eines Artikels

Mit dem Schreiben eines Artikels ist Ihre Pflicht als Blogger allerdings noch nicht erfüllt. Der Artikel muss natürlich vom Aufbau her auch ansprechend wirken. Für die im Folgenden beschriebenen Tipps zur Seitengestaltung greifen wir wieder auf den neuen Artikel zurück.

Der gesamte Artikel muss zuerst durch Absätze strukturiert und formatiert werden. Seien Sie bei der Verwendung von Absätzen großzügig, um den Text aufgelockert darzustellen, und vermeiden Sie unbedingt lange Textblöcke, besonders am Anfang des Artikels.

Weisen Sie wichtigen Wörtern Fett- oder Kursivdruck zu, aber niemals beides gleichzeitig. Das Interessante an dem Artikel soll dem Leser als Erstes auffallen, wenn er sich einen Überblick über Ihren Text verschafft.

Dafür nutzen wir wieder die Leiste mit den Icons über dem Text. Die Überschriften und zwei Absätze habe ich bereits eingegeben. Nun soll der Text des zweiten Absatzes auf weitere kleinere Absätze aufgeteilt werden. Klicken Sie dazu jeweils hinter das letzte Zeichen, mit dem ein Absatz enden soll, und drücken Sie die [↵]-Taste. Der Text ist jetzt auf vier Absätze aufgeteilt, sieht so besser aus und ist viel einfacher lesbar. Werfen Sie dazu einen Blick in die Vorschau.

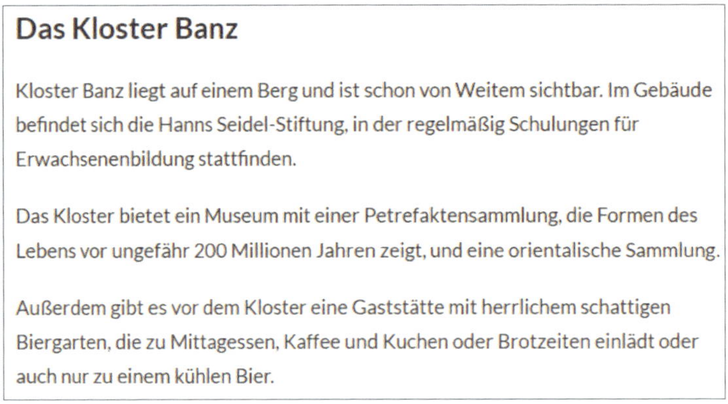
Das Kloster Banz

Kloster Banz liegt auf einem Berg und ist schon von Weitem sichtbar. Im Gebäude befindet sich die Hanns Seidel-Stiftung, in der regelmäßig Schulungen für Erwachsenenbildung stattfinden.

Das Kloster bietet ein Museum mit einer Petrefaktensammlung, die Formen des Lebens vor ungefähr 200 Millionen Jahren zeigt, und eine orientalische Sammlung.

Außerdem gibt es vor dem Kloster eine Gaststätte mit herrlichem schattigen Biergarten, die zu Mittagessen, Kaffee und Kuchen oder Brotzeiten einlädt oder auch nur zu einem kühlen Bier.

Die Form des Artikels wurde überarbeitet

Weiter unten lege ich einen neuen Absatz mit weiterem Text und einer Aufzählung an, um das Ganze noch etwas mehr aufzulockern. Dafür verwende ich das Icon für Aufzählung aus der Werkzeugleiste und gebe die drei Texte ein.

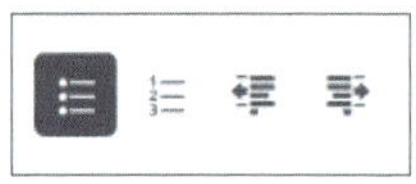

Die Liste soll als Aufzählung erscheinen

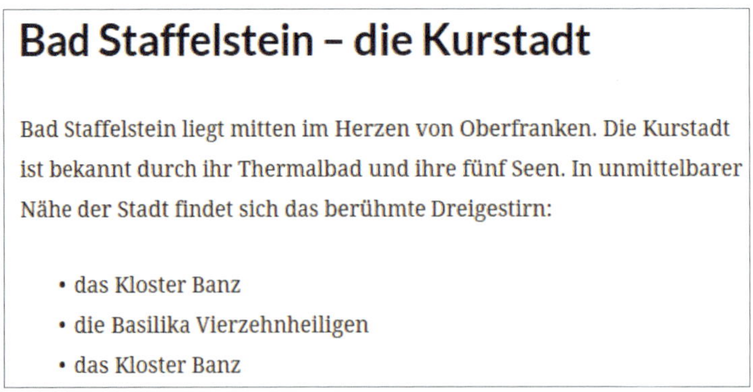
Bad Staffelstein – die Kurstadt

Bad Staffelstein liegt mitten im Herzen von Oberfranken. Die Kurstadt ist bekannt durch ihr Thermalbad und ihre fünf Seen. In unmittelbarer Nähe der Stadt findet sich das berühmte Dreigestirn:

- das Kloster Banz
- die Basilika Vierzehnheiligen
- das Kloster Banz

Die Sehenswürdigkeiten wurden nummeriert und werden ohne Spotlight-Modus angezeigt

Wenden wir uns nun der Schriftgröße zu. Diese sollte gut gewählt sein. Nutzen Sie für Überschriften immer die gleiche Schriftgröße und für Unterüberschriften ebenfalls. Verwenden Sie auch für den Text in einem Artikel immer die gleiche Schriftgröße. Zu viele Schriftgrößen wirken auf den Leser chaotisch und sehen nicht professionell aus.

> Kloster Banz liegt auf einem Berg und ist schon von Weitem sichtbar. Im Gebäude befindet sich die Hanns Seidel-Stiftung, in der regelmäßig Schulungen für Erwachsenenbildung stattfinden.
>
> Das Kloster bietet ein Museum mit einer Petrefaktensammlung, die Formen des Lebens vor ungefähr 200 Millionen Jahren zeigt, und eine orientalische Sammlung.
>
> Außerdem gibt es vor dem Kloster eine Gaststätte mit herrlichem schattigen Biergarten, die zu Mittagessen, Kaffee und Kuchen oder Brotzeiten einlädt oder auch nur zu einem kühlen Bier.

Ein Beispiel, wie der Text nicht formatiert sein sollte

Auch bei der Auswahl der Farben sollten Sie es nicht zu bunt treiben. Verwenden Sie also nicht zu viele verschiedene Farben im Text, am besten gar keine, denn dadurch würden auch Bilder nicht mehr so gut auffallen. Fügen Sie nun noch Links, die zum Thema passen, oder Links zu anderen Beiträgen ein. Letztere gehören normalerweise an das Ende des Artikels. Schauen Sie sich dann den Artikel in der Vorschau an, und testen Sie alle Links.

17.5 Plug-ins für den Text

In Verbindung mit Ihrem Text gibt es viele Plug-ins im Netz. Dies geht von der Anzeige der Lesezeit bis zur Anzeige der Besucherzahlen. Diese beiden möchte ich Ihnen hier vorstellen.

Anzeige der Lesezeit

Beginnen wir mit dem Plug-in *Reading Time WP*, das dem Besucher die ungefähre Lesezeit eines Artikels anzeigt und diese anhand jedes einzelnen von Ihnen erstellten Artikels schätzt. Die Angabe der Lesezeit ist Ihnen sicherlich schon bei verschiedenen Artikeln im Netz aufgefallen. Bei kurzen Artikeln ist der Einsatz durchaus empfehlenswert, bei langen Artikeln würde ich eher davon abraten.

Eine lange Lesezeit könnte den Besucher eher abschrecken. Das Einfügen der Lesezeit kann die Zeit, die ein Besucher auf Ihrem Blog verbringt, verlängern, da er bei jedem Artikel vorher weiß, wie viel Zeit er zum Lesen aufwenden muss. Leser eines Artikels schaffen durchschnittlich etwa 300 Wörter in der Minute.

Unter *Einstellungen/Reading Time WP* im Dashboard öffnen Sie den Arbeitsbereich dieses Plug-ins, dort werden verschiedene Optionen für die Anzeige der Lesezeit angeboten.

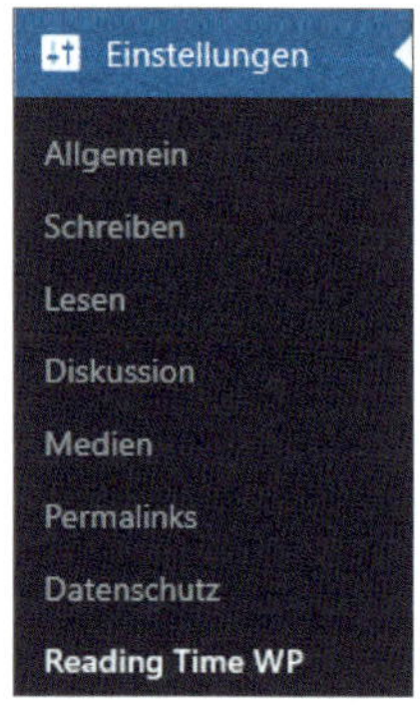

Ein sinnvolles Plug-in für die Anzeige der Lesezeit

Die Texte, die im Artikel angezeigt werden, sind zwar alle auf Englisch, aber Sie können diese ändern. Geben Sie dazu einfach die gewünschten Texte, die angezeigt werden sollen, in die ersten beiden Felder ein.

Die genannten 300 Wörter sind bereits voreingestellt. Zusätzlich können Sie außerdem angeben, wo überall eine Lesezeit angezeigt werden soll, in einem Beitrag, auf einer Seite oder bei einem Video.

Die Anzeige der Lesezeit in englischer Sprache

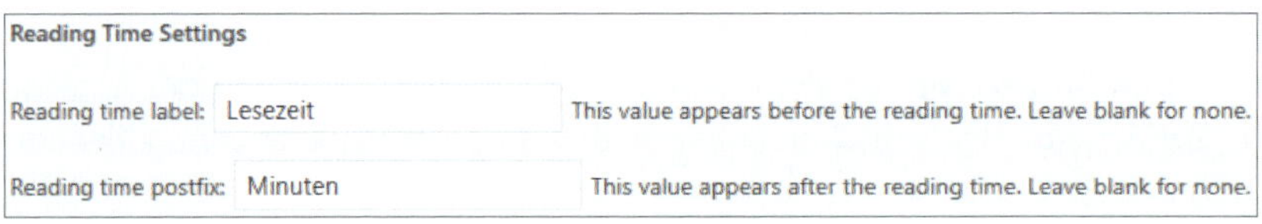

Der Text – jetzt auf Deutsch

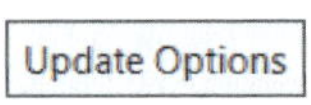

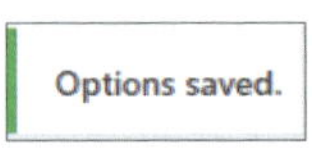

Wenn Sie alle gewünschten Änderungen und Einstellungen vorgenommen haben, klicken Sie auf den Button *Update Options*, um alles zu sichern. Die Sicherung wird Ihnen oben auf der Seite durch eine Anzeige bestätigt.

Hier wird gesichert und hier die Sicherung bestätigt

Die Anzeige der Lesezeit in deutscher Sprache

Anzeige der Besucherzahl

Ein Besucherzähler ist eine feine Sache, um festzustellen, wie oft Ihr Beitrag überhaupt aufgerufen wird. Es gibt etliche Plug-ins für diese Art von Zähler. Mit *ADS-WpSiteCount* habe ich ein einfach zu bedienendes ausgesucht.

Wichtig: Weisen Sie in Ihrer Datenschutzinformation auf den Besucherzähler hin!

Nach der Installation und Aktivierung wird ein neuer Menüpunkt mit dem Namen *Site-Counter* im Dashboard angelegt. Ein Klick darauf öffnet dessen Arbeitsbereich.

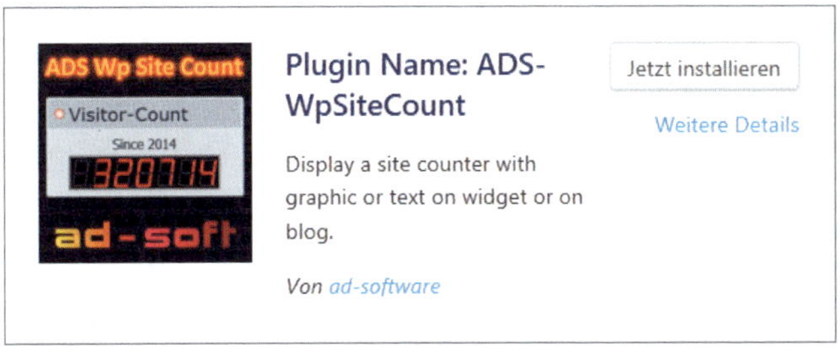

Ein praktischer Helfer zum Zählen der Besucher

Der Link zum Besucherzähler

Hier können Sie einen Standardwert eintragen. Aktuell wird 2 angezeigt, wenn Sie den Zähler in Ihren Beitrag einfügen. Wenn Sie den Zählerstand am Ende eines Monats oder eines Jahres wieder zurücksetzen wollen, klicken Sie die zweite Option an.

Hier werden alle Einstellungen für den Besucherzähler vorgenommen

Wenn Sie hier etwas ändern, müssen Sie dies durch Klick auf den Button *Änderungen speichern* bestätigen. Im Bereich *Bereinigung* können Sie ein Intervall und ein maximales Alter zur Bereinigung eingeben. Unter *Statistik* können Sie eine Abklingzeit von bis zu 1:30 h eingeben. Unter dem Button *Hilfe 3* finden Sie übrigens die verschiedenen Varianten des Zählers, die zur Auswahl stehen.

Insgesamt 36 verschiedene Zähler stehen zur Verfügung

Starten Sie jetzt die Widgets über das Menü *Design*. Hier wird Ihnen eine große Auswahl an Widgets angezeigt. Machen Sie sich darüber momentan keinen Kopf. Wir werden in Kapitel 25 auf diese kleinen Helfer noch genauer eingehen. Klicken Sie unter *Verfügbare Widgets* auf den kleinen Pfeil neben dem Widget-Namen, und wählen Sie aus der aufklappenden Liste einen Bereich aus, in dem der Zähler angezeigt werden soll, in diesem Fall *Footer A*, der den Zähler links platziert. Klicken Sie auf *Widget hinzufügen*. *Footer B* würde den Zähler mittig, *Footer C* rechts und *Sidebar* würde ihn an der Seite des Beitrags platzieren, je nach Theme links oder rechts.

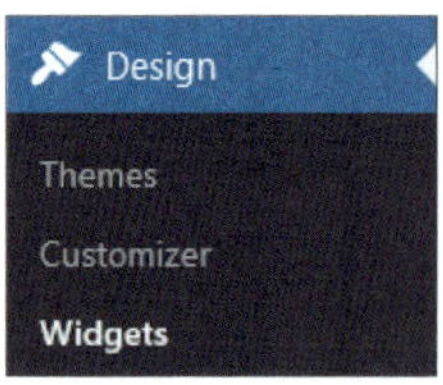

Der Weg zu den Widgets

Das Widget für den Besucherzähler

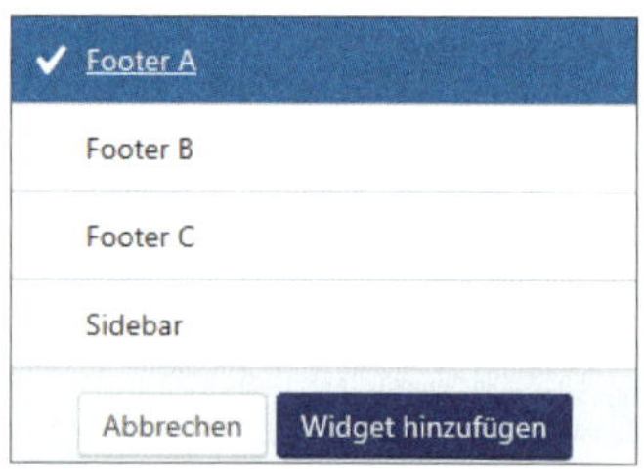

Die Auswahl des Bereichs

Rechts neben den Widgets wird der Arbeitsbereich von *Footer A* in Form einer Spalte dargestellt. Hier wird der Name des Zählers angezeigt und Sie haben die Möglichkeit, vor und nach dem Zähler einen Text einzubauen.

Außerdem können Sie die Größe des Zählers verändern, den Zählertyp festlegen, die Ausrichtung und wie viele Stellen er haben soll. Sie können den Zähler mit Nullen füllen oder nur als Text anzeigen. Zusätzlich gibt es die Möglichkeit, einen Zufallszähler einzurichten, der in einem festgelegten Rhythmus von Stunden, Wochen oder Monaten die Zahl der Besucher anzeigt.

Den Text vor dem Zähler müssen Sie ändern. Ansonsten belassen Sie alles so und speichern ab. Der Button *Speichern* ändert sich auf *Gespeichert*. Öffnen Sie einen Beitrag und sehen Sie sich den Zähler in der Vorschau an. Angezeigt wird logischerweise noch keine Zahl, denn es sind noch keine Beiträge veröffentlicht.

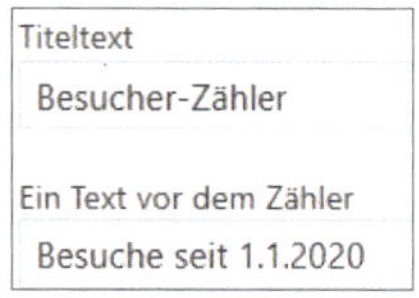

Eine Änderung wurde vorgenommen

Der Besucherzähler in der Vorschau

Probieren wir noch weitere Varianten des Zählers aus. Ändern Sie den Typ und lassen Sie Nullen einfügen. Der Zähler kann dadurch bis zu 999.999 zählen, immerhin eine knappe Million. Das dürfte für den Anfang jedem genügen. Sollten Sie sich dieser Traumzahl Ende des Jahres nähern, können Sie ja die Stellen immer noch bis auf 9 erhöhen, dann würde er bis maximal 999.999.999 zählen, also knapp eine Milliarde.

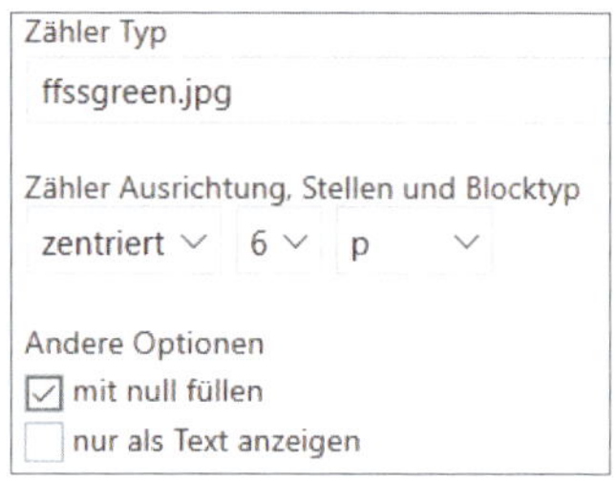

Für den Zähler werden einige Änderungen vorgenommen

Der Zähler in seinem neuen Design

Ein schön gestalteter Zähler ist auch *lcd1glass.jpg*. Er sieht einem Fenster ähnlich, in dem Zahlen stehen. Wenn Sie sich nicht für einen bestimmten Zähler entscheiden können, stellen Sie den Zufallszähler ein. Hier können Sie festlegen, dass der Zähler sein Design in einem bestimmten zeitlichen Rhythmus wechselt, von jeder Minute bis zu jedem Monat.

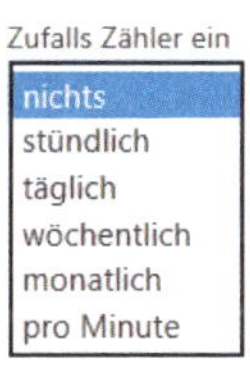

Der Zähler im gläsernen Design und der Zufallszähler

17.6 Kurze oder lange Artikel

Ob Sie in Ihrem Blog kurze oder lange Artikel veröffentlichen, kommt auf das jeweilige Thema an. Dabei haben beide Artikellängen Vor- und Nachteile. Diese sollten Ihnen bekannt sein, bevor Sie eine Entscheidung treffen.

Kurze Artikel sind wohl die beliebtesten und in vielen Blogs zu finden. Der Vorteil kurzer Artikel liegt klar auf der Hand: Sie lassen sich schnell erstellen, man kann innerhalb kürzester Zeit viele davon veröffentlichen. Dies ist vor allem ideal, wenn wenig Zeit zur Verfügung steht. Das Zeitproblem kann aber genauso gut die Leser betreffen, die nicht bereit sind, lange Artikel zu lesen. Sie möchten kurz und knapp über Wichtiges informiert werden.

Die Nachteile kurzer Artikel beginnen bei der Suchmaschine. Bei Google werden sie nicht weit im Ranking steigen, da sich wiederholende Begriffe nicht so oft vorhanden sein werden wie in langen Artikeln. Für den Aufbau von Stammkunden sind kurze Artikel nicht geeignet, denn diese wollen ausführlich informiert werden.

Kurze Artikel
Als Faustregel für einen kurzen Artikel gilt: Schreiben Sie mindestens 300 Wörter.

Lange Artikel sind meistens Fachartikel. Hier wird ausführlich über ein Thema geschrieben. Sie sind in der Regel zeitlos, also immer aktuell. Dadurch werden solche Artikel öfter besucht, auch nach Jahren noch. Durch die Besuche über Jahre hinweg haben diese Artikel auch ein gutes Ranking bei Google. Wenn Sie ein Archiv mit langen Artikeln besitzen, ist das also immer von Vorteil. Außerdem macht viel Text einen seriösen Eindruck auf den Leser.

Lange Artikel
Meine Faustregel für einen langen Artikel: Schreiben Sie mindestens 1.000 Wörter.

Wie Sie bereits wissen, wird Ihnen die Anzahl der geschriebenen Wörter in der Info angezeigt, die Sie mit dem Symbol oben rechts in der Symbolleiste öffnen können. So haben Sie jederzeit im Blick, wann Sie die 1.000 Wörter erreicht haben.

Über 1.000 Wörter im Text

Übertreiben Sie aber nicht, versuchen Sie nicht, unter allen Umständen einen langen Artikel zu schaffen, der nur mit Wiederholungen und nichtssagenden Aussagen gespickt ist.

Der Nachteil langer Artikel ist, dass sie enorm zeitaufwendig sind und auch viel Recherche dafür notwendig ist, denn Sie wollen ja einen inhaltlich korrekten Artikel anbieten. Viele lange Artikel sind also in einem kurzen Zeitraum nicht möglich. Außerdem liest nicht jeder gern lange Artikel. Auf Smartphones kann es sehr anstrengend sein, diese langen Texte zu lesen.

Was ist aber nun die beste Lösung? Meiner Meinung nach eine Mischung aus beidem, also kurze und lange Artikel, so sprechen Sie beide Lesergruppen an. Zu jedem Thema passt auch nicht eine bestimmte Artikellänge. Das sollten Sie beachten und die Länge des Artikels passend zum jeweiligen Thema wählen. Neuigkeiten sollten Sie nicht nur abschreiben, sondern einen Artikel mit Ihrem selbst geschriebenen Text dazu verfassen.

Ihr Blog sollte also kurze Artikel, z. B. über Neuigkeiten, enthalten, aber auch lange Artikel, die in der Regel Fachartikel sein sollten. Falls Sie bereits Artikel geschrieben haben, aber nur kurze, dann wagen Sie sich ruhig einmal an einen langen Artikel heran. Das wird Ihr Selbstbewusstsein stärken, und Sie werden dann auch öfter mal lange Texte schreiben.

Einen langen Artikel schreiben

Zuerst sollten Sie bedenken, dass lange Artikel nicht immer gut sind. Viele Dinge haben Einfluss darauf, ob Sie mit längeren Artikeln erfolgreich sind oder nicht. Wenn Sie gern viel schreiben, dann gehen Sie Ihren Weg mit langen Artikeln. Die Vor- und Nachteile langer Artikel will ich Ihnen im Folgenden beschreiben.

Zu den Vorteilen zählt sicherlich der Umstand, dass lange Artikel seltener zu finden sind als kurze. Kurzmitteilungen sind in der Überzahl, schon allein dadurch können Sie sich mit einem langen Artikel von der Konkurrenz abheben. Ein langer Artikel wirkt auf den Leser meist seriöser, weil er umfangreicher und ausführlicher und damit genauer ist. Bei der Auswahl zwischen dem gleichen Thema in kurzer oder langer Form wird meist auf die längere Form zurückgegriffen.

In einem langen Artikel können Sie ein Thema viel besser beschreiben, dadurch werden den Lesern offene Fragen erspart, nach deren Antworten sie dann vielleicht erst mühsam in einem anderen Blog suchen müssen. Lange Texte werden auch eher von den Suchmaschinen gefunden, da bestimmte Begriffe öfter eingesetzt werden können als in kurzen Texten. Lange und gut geschriebene Texte können Ihnen einen guten Namen als Experte auf einem bestimmten Gebiet verschaffen. In Fachblogs sind lange Artikel gern gesehen.

Nun zu den Nachteilen. Ein langer Text bedeutet viel Zeitaufwand. Sie müssen recherchieren, schreiben und bearbeiten. Es gibt auch Leser, die lange Texte grundsätzlich nicht beachten. In der Zeit, in der Sie einen Artikel schreiben, schaffen andere vielleicht drei, vier oder sogar fünf.

Einen langen Artikel sollten Sie nach einem bestimmten Schema aufbauen. Beginnen Sie mit der Einleitung, und schildern Sie danach, warum Sie diesen Artikel geschrieben haben.

Dann geben Sie mindestens ein konkretes Beispiel zu dem Thema an. Fahren Sie fort mit Tipps und Empfehlungen für den Leser, und schließen Sie mit einem Fazit ab, in dem Sie den gesamten Artikel nochmals kurz zusammenfassen.

So schreibt man lange Artikel

Wenn Sie Probleme damit haben, aus einer Idee zu einem Artikel Hunderte von Wörtern zu schreiben, beachten Sie bitte die folgenden Hinweise für das Schreiben langer Artikel.

An erster Stelle steht immer die Idee. Entweder ich weiß selbst über ein bestimmtes Thema gut Bescheid, oder ich recherchiere im Internet nach interessanten Themen. Notieren Sie sich erst mal einige Ideen.

Da aber leider die Idee allein für einen Artikel nicht reicht, müssen Sie im nächsten Schritt ausführlich darüber nachdenken. Zu einem Thema gibt es unterschiedliche Meinungen, das Thema kann sich während des Schreibens anders entwickeln, und es gibt sicherlich auch ein Für und Wider zu diesem Thema.

Dies alles führt wiederum dazu, dass Sie gründlich recherchieren müssen. Suchen Sie nach Infos zu Ihrem Thema in Büchern und im Netz. Vor allem, wenn Sie sich mit dem Thema nicht so gut auskennen, sollten Sie sich eine umfangreiche Stoffsammlung dazu anlegen.

Im nächsten Schritt erstellen Sie wie ein Programmierer eine Struktur für den Artikel, etwa in der Art einer Gliederung. Diese Gliederung könnte aus einem Vorwort, einer Beschreibung, dem Pro und Kontra für dieses Thema und zu guter Letzt aus Tipps bestehen. Dies ist erst mal nur eine recht einfache Gliederung, aber im Laufe des Schreibens wird diese sicherlich ausführlicher.

In der Einleitung sollten Sie das Thema kurz umreißen und mitteilen, worum es in dem Artikel eigentlich geht. Teilen Sie eventuell auch mit, warum Sie diesen Artikel geschrieben haben. Der Teil mit Pro und Kontra berichtet über die Vor- und Nachteile des ausgewählten Themas und stellt gleichzeitig den Teil Ihres Artikels mit dem größten Umfang dar.

Für das Thema, über das Sie schreiben, sollten Sie offen sein und nicht nur Ihre eigene Meinung kundtun. Gehen Sie Ihr Thema aus allen möglichen Sichtweisen an, dann werden Sie auch kein Problem damit haben, längere Artikel zu schreiben. Bleiben Sie immer beim Thema und schweifen Sie nicht ab.

Zum Schluss sollten Sie noch Tipps und Empfehlungen weitergeben und ein kurzes Fazit bringen, das den Artikel nochmals kurz zusammenfasst.

Aber nicht nur der Inhalt, sondern auch der Aufbau des Artikels ist wichtig. Ich würde Ihnen empfehlen, erst die Zwischenüberschriften einzugeben, denn es ist viel leichter, diese Absätze mit Text zu füllen und dann noch etwas nachzuschieben, als den gesamten langen Text in einem Rutsch zu schreiben.

Und noch ganz wichtig: Schreiben Sie nicht in Word und kopieren dann den Text in WordPress. Das gibt ein heilloses Durcheinander bei der Darstellung des Textes. Das Aussehen des gesamten Artikels wird zerstört. Es gibt zwar den Button, über den Sie Text einfügen können, aber wenn Sie sicher sein wollen, dass alles so dargestellt wird, wie Sie es eintippen, schreiben Sie am besten direkt im WordPress-Editor. Hier können Sie jederzeit zwischenspeichern.

Artikelserien

In Verbindung mit langen Texten möchte ich Ihnen noch eine Möglichkeit vorstellen, mit der Sie Leser für Ihren Blog gewinnen können: Artikel mit mehreren Teilen. Wenn die Besucher an einem Thema interessiert sind, werden sie auch die folgenden Teile zu dem Artikel lesen. Und wenn Sie alle Teile geschrieben haben, können Sie alles zu einem späteren Zeitpunkt nochmals komplett als langen Text veröffentlichen.

Außerdem haben Sie bei der Aufteilung eines Artikels auf drei Folgen dreimal so viele Besucher, und viele schauen sich auch die ersten Folgen des Artikels nochmals an. Und noch ein weiterer Vorteil von Serien: Beim Schreiben des zweiten und dritten Teils fällt Ihnen vielleicht zum bereits Geschriebenen noch etwas Neues ein.

Beschreiben Sie in jedem einzelnen Teil der Serie einen Aspekt des Hauptthemas genau und umfassend, und schließen Sie es in diesem Teil auch ab. Wichtig ist zudem, die Teile mit einer gewissen Regelmäßigkeit zu veröffentlichen, etwa alle zwei Wochen einen neuen Teil, also nicht nach einer Woche den zweiten Teil und erst nach sechs Wochen den dritten.

Auch eine Verlinkung der einzelnen Teile untereinander ist empfehlenswert, das wirkt sich auch positiv auf die Suchmaschinen aus. Verlinken Sie dabei jeweils zum vorangegangenen Teil und zum nächsten Teil, wenn es diesen bereits gibt. Wenn es ihn noch nicht gibt, informieren Sie kurz darüber, worum es im nächsten Teil geht.

Jeden Artikel einer Serie sollten Sie auch zur Hauptseite des Artikels verlinken. Das ist entweder der erste Teil des Artikels oder bei längeren Serien ein separater Artikel, der den Leser darauf hinweist, was ihn in dieser Artikelserie erwartet. In der Regel stehen hier die bereits veröffentlichten Teile der Serie. Wenn ein neuer Artikel zu der Serie geschrieben und veröffentlicht wurde, wird der Link dorthin hier nachgetragen.

17.7 Das Inhaltsverzeichnis

Bei einem langen Artikel ist es sinnvoll, ein Inhaltsverzeichnis einzufügen, um dem Leser einen Überblick über den Inhalt des Artikels zu verschaffen. Einfach, schnell und gestalterisch schön lässt sich ein Inhaltsverzeichnis mit einem Plug-in erzeugen. Dafür ist *Easy Table of Contents* gut geeignet. Es erstellt anhand der vorhandenen Überschriften automatisch ein Inhaltsverzeichnis. Natürlich lässt sich auch festlegen, wo und wie es angezeigt werden soll, ob es sofort sichtbar ist oder erst nach einem Klick. Nach der Installation und Aktivierung können Sie es in der Plug-in-Liste über den Link *Einstellungen* öffnen.

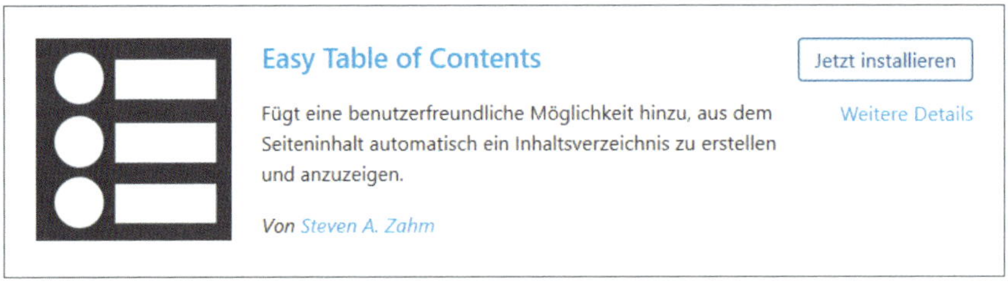

Ein nützliches Plug-in für ein Inhaltsverzeichnis

Hier geht es zu den Einstellungen

In den *Einstellungen* legen Sie fest, für welche Bereiche ein Inhaltsverzeichnis erstellt werden soll. Nach der Speicherung können Sie dann im Beitrag direkt entscheiden, ob Sie das Inhaltsverzeichnis anzeigen lassen wollen oder nicht. Wenn Sie die ausgewählten Bereiche zusätzlich im Abschnitt *Automatisches Einfügen* aktivieren, wird das Inhaltsverzeichnis immer eingefügt. Aber auch hier besteht die Möglichkeit, es nach der Speicherung direkt im Beitrag auszublenden.

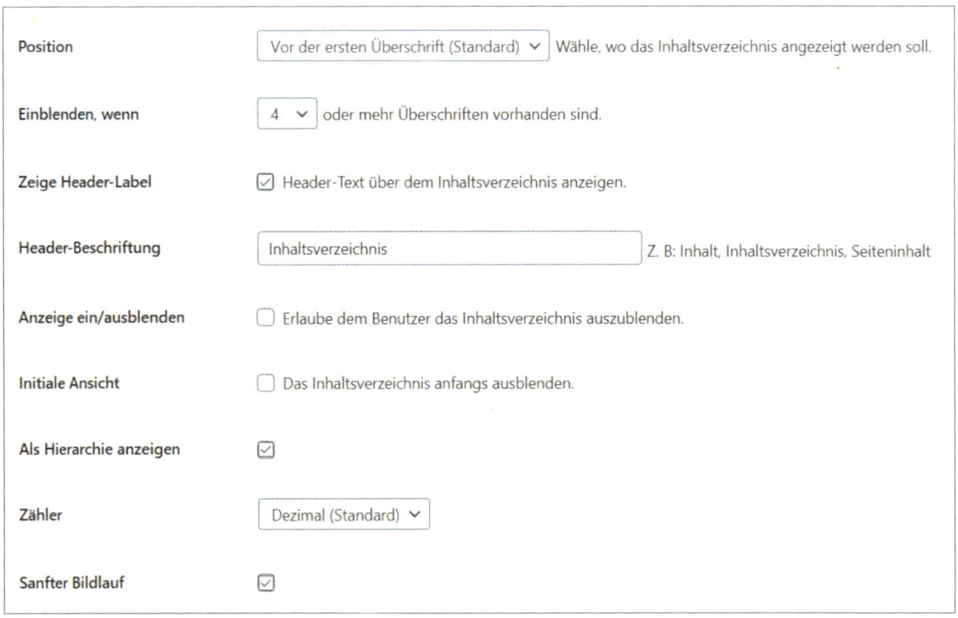

Legen Sie hier einige wichtige Einstellungen fest

In den nächsten Abschnitten können Sie festlegen, an welcher Stelle im Text das Inhaltsverzeichnis eingeblendet werden soll. Sie entscheiden, ob Sie eine Überschrift über dem Inhaltsverzeichnis anzeigen wollen. Falls dies der Fall ist, vergeben Sie einen Namen dafür. Außerdem bestimmen Sie noch, ab wie vielen Überschriften das Verzeichnis angezeigt werden soll.

Dann entscheiden Sie, ob der Besucher das Verzeichnis ausblenden darf und ob es beim Start der Seite nicht sofort angezeigt wird. Sie legen fest, ob es in einer Hierarchie angezeigt wird, in welcher Form und ob es einen sanften Bildlauf haben soll.

Im Bereich *Design* können Sie ebenfalls viele Einstellungen vornehmen – etwa die Breite, die Schriftgröße und verschiedene Farbzuweisungen. Der Bereich *Erweitert* enthält den Abschnitt *Überschriften*, in dem Sie festlegen, welche Überschriften angezeigt werden sollen. Über den Button *Änderungen speichern* sichern Sie alles.

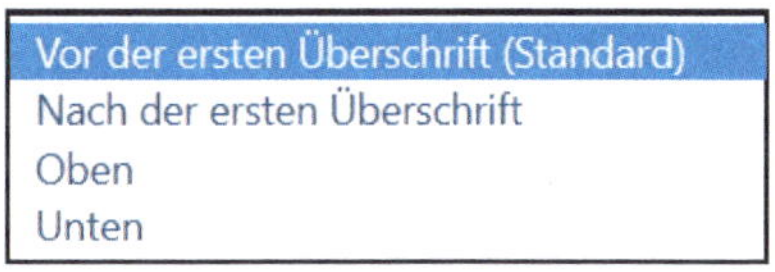

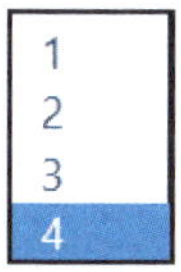

Wählen Sie die Platzierung aus. Ab wie vielen Überschriften soll das Verzeichnis angezeigt werden?

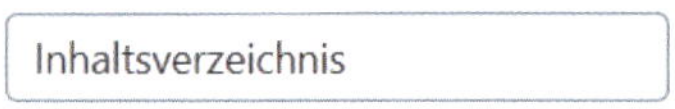

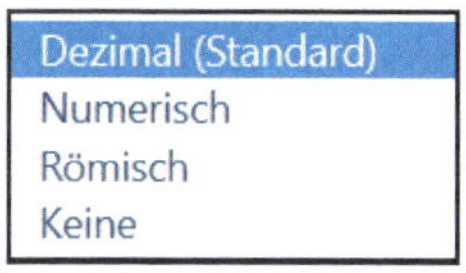

Vergeben Sie einen Namen und wählen Sie die Art des Zählers aus

Nach dem Speichern wird ein Teil der Einstellungen an jeden Beitrag angehängt und kann von dort aus auch wieder deaktiviert werden. Durch Klick auf den kleinen Pfeil am rechten Rand können Sie die Einstellungen ausblenden.

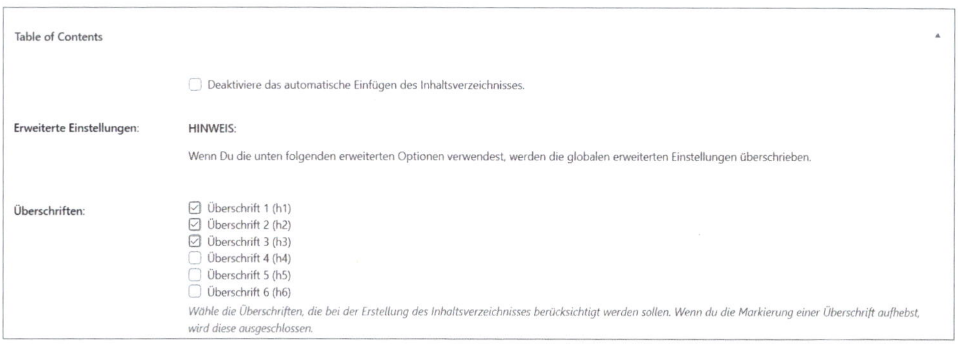

Ein Teil des Arbeitsbereichs des Plug-ins steht jetzt unter dem Beitrag

Im Beitrag selbst ist das Inhaltsverzeichnis allerdings nicht zu sehen. Dies funktioniert nur über die Vorschau. Durch Klick auf eine Überschrift kann der Besucher direkt dorthin springen.

Falls Sie das Inhaltsverzeichnis attraktiver gestalten wollen, wählen Sie in den *Einstellungen* im Abschnitt *Theme* die Option *Individuelle* aus und dort eine Hintergrundfarbe, Rahmenfarbe, Titelfarbe und Linkfarbe. Sichern Sie das Ganze über *Änderungen speichern*.

Wechseln Sie wieder zu den Beiträgen, öffnen Sie einen Beitrag und sehen Sie sich die Änderungen in der Vorschau an.

Suchen Sie ein Theme aus, weisen Sie Farben zu

Wechseln Sie wieder zu den Beiträgen, öffnen Sie einen Beitrag und sehen Sie sich die Änderungen in der Vorschau an.

Der Beitrag mit dem neu gestalteten Inhaltsverzeichnis

17.8 Den Beitrag veröffentlichen

Bevor Sie einen Artikel veröffentlichen, sollten Sie ihn nochmals genau prüfen. Dies gilt besonders für lange Artikel. Weisen Sie die passenden Kategorien und Keywords zu. Checken Sie, ob noch Bilder oder Tabellen eingefügt werden müssen, und sehen Sie sich Ihr Beitragsbild nochmals an. Wenn alles in Ordnung ist, schicken Sie den Artikel über den Button *Veröffentlichen* ins Web. Nach der Veröffentlichung ändert sich der Button in *Aktualisieren*. Über diesen Button können Sie ab jetzt Änderungen speichern.

Vergessen Sie nach jeder Änderung in einem Artikel vor dem Aktualisieren nicht das Speichern. Wenn Sie nicht speichern, sind Ihre neuen Daten nach dem Schließen von WordPress nicht mehr vorhanden, und wenn Sie nicht aktualisieren, wird das neu Hinzugekommene auf Ihrem Blog nicht angezeigt.

Erst veröffentlichen und später aktualisieren

18. Kategorien und Schlagwörter

Kategorien und Schlagwörter sind eine gute Möglichkeit, Ihrem Blog eine Struktur zu geben. Man könnte auch sagen, Kategorien sind die grobe Gliederung eines Blogs und Schlagwörter die feine.

Mit Kategorien ordnen Sie Artikel einer Überschrift zu. Kategorien sind eigentlich eine Gliederung der Artikel. Dabei muss ein Artikel mindestens einer Kategorie zugeordnet werden, und das sollte auch schon genügen. Weisen Sie nur in Ausnahmefällen einen Beitrag mehreren Kategorien zu.

Dadurch verschaffen Sie Ihren Blogs eine bessere Ordnung. Dies ist auch für die Besucher wichtig, damit sie sich zurechtfinden. Jede Kategorie besitzt einen Link, unter dem alle Beiträge in dieser Kategorie aufgelistet sind. Eine Kategorie kann man auch als Inhaltsverzeichnis einer Seite bezeichnen.

Eine Kategorie enthält zudem Hinweise zu den enthaltenen Themen. Kategorien werden von den Suchmaschinen beachtet, wenn sie eine aussagekräftige Beschreibung haben. Für den praktischen Teil dieses Kapitels greifen wir wieder auf den Blog *lichtenfelser-land.de* zurück. Beginnen Sie als neuer Blogger immer mit wenigen Kategorien. Zwei bis drei sind ausreichend. Wenn Ihre Artikelsammlung anwächst, kommen automatisch weitere dazu.

Schlagwörter werden auch »Tags« genannt. Sie geben Ihren Blog in Stichworten wieder. Für einen Blog mit einer umfangreichen Kategorien- und Artikelsammlung sind sie auf jeden Fall sinnvoll. Mit ihnen können Sie Beiträge bestimmten Kategorien zuordnen.

Bei meinem Blog geht es um den Landkreis Lichtenfels und in einem Beitrag um die Stadt Bad Staffelstein. Die Kategorie könnte dann »Kurpark« heißen, weil dieser in der Stadt zu sehen ist, und die Schlagwörter »Entspannen«, »Erholen« und »Meditieren«, weil dies alles zu einem Kurpark passt.

18.1 Eine neue Kategorie anlegen

Wenn es einmal so weit ist, dass Sie viele Artikel in Ihrem Blog haben, ist es an der Zeit, diese in Kategorien einzuteilen. So können die Leser Themen schneller finden. Welche Kategorien Sie dabei anlegen, ist eigentlich egal, aber Sie sollten schon sinnvolle Namen vergeben, damit der Leser hinter dem Namen auch den richtigen Inhalt vermutet. Beachten Sie bei der Auswahl des Begriffs auch, dass die Besucher verstehen, worum es in der Kategorie geht.

Eine Kategorie ist bei jeder WordPress-Installation bereits mit dem Namen *Uncategorized* angelegt. Wenn eine Kategorie gelöscht wird, landen die Beiträge dieser Kategorie dort.

Die Kategorie *Uncategorized* können Sie nicht löschen. Allerdings können Sie diese umbenennen. Falls Sie die geänderte Kategorie nicht in Ihren Beiträgen verwenden, wird sie natürlich auch nirgends angezeigt. Seiten, die statisch sind, können übrigens keiner Kategorie zugeordnet werden. Eine neue Kategorie legen Sie über das Menü *Beiträge/Kategorien* an. Dieser Link führt Sie in den Arbeitsbereich für Kategorien. Dort finden Sie alles, was für die Erstellung von Kategorien wichtig ist – von der Anordnung bis zur Beschreibung.

Der Weg zu den Kategorien

Hier geben Sie im Feld *Name* die Bezeichnung für die neue Kategorie ein. In Ihrem Blog wird er später genauso angezeigt, wie Sie ihn geschrieben haben. Ich habe den Namen *Städte* für die neue Kategorie gewählt.

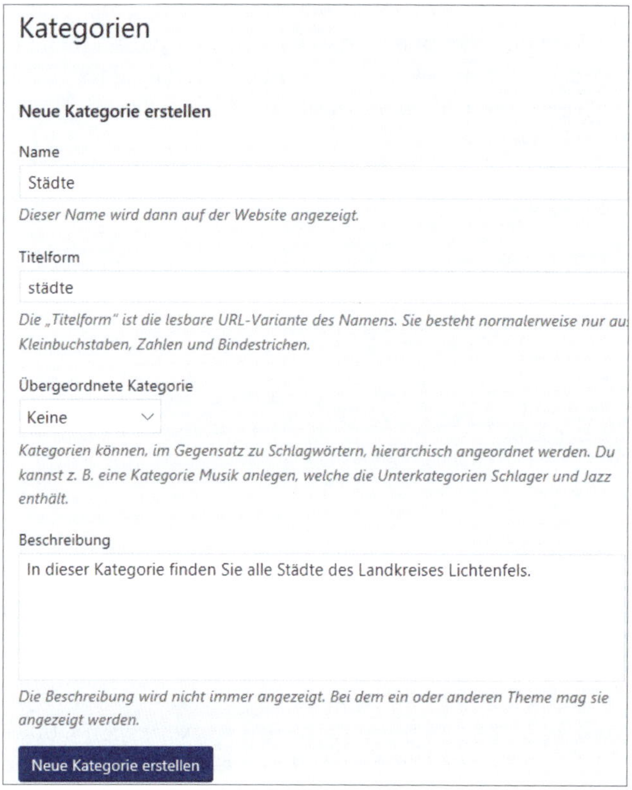

Die neue Kategorie ist mit allen notwendigen Angaben vorbereitet

Im Feld *Titelform* kann zusätzlich ein abweichender Name für die URL eingetragen werden. Das macht Sinn, wenn der ursprüngliche Name sehr lang ist, aus vielen Wörtern besteht oder viele Umlaute wie ä, ö oder ü hat. Falls Sie dieses Feld nicht ausfüllen, wird automatisch der im Feld *Name* eingetragene Name für die URL verwendet und auch umgewandelt, was wiederum bedeutet, dass Großbuchstaben in Kleinbuchstaben umgewandelt und Bindestriche zwischen einzelne Wörter gesetzt werden. Um sicherzustellen, dass der Kategoriename auch in der URL der Kategorie steht, habe ich für die Titelform den Namen *städte* verwendet.

Sie haben auch die Möglichkeit, eine Hierarchie anzulegen. Wenn Sie die Auswahl auf *Keine* belassen, wird die Kategorie in der obersten Ebene angelegt. Sie können im Moment noch keine andere übergeordnete Kategorie festlegen, da Sie ja noch keine weitere angelegt haben.

In dem großen Feld *Beschreibung* können Sie eine Beschreibung der Kategorie eingeben. Ob diese Beschreibung dann im Blog angezeigt wird, ist vom Thema abhängig. Das müssen Sie testen.

Mit einem Klick auf den Button *Neue Kategorie erstellen* weisen Sie die Kategorie der Kategorieliste zu. Gleichzeitig wird die Maske zur Bearbeitung wieder geleert, und Sie können eine weitere Kategorie anlegen. Die neue Kategorie wird in die Liste aufgenommen, die auf der rechten Seite angezeigt wird. In dieser Liste sind alle vorhandenen Kategorien mit Namen, Beschreibung, Titelform (Name der URL) und Anzahl der zugeordneten Artikel aufgelistet.

Name	Beschreibung	Titelform	Anzahl
Städte	In dieser Kategorie finden Sie alle Städte des Landkreises Lichtenfels.	staedte	0
Uncategorized	—	uncategorized	0
Name	Beschreibung	Titelform	Anzahl

Die Liste mit den bisher vorhandenen Kategorien

18.2 Kategorien bearbeiten

Wenn Sie den Mauszeiger über den Kategorienamen oder in dessen Nähe halten, werden Ihnen verschiedene Optionen wie *Bearbeiten*, *QuickEdit*, *Löschen* und *Anschauen* unter dem Namen angezeigt.

Mit einem Klick auf *Bearbeiten* können Sie bestimmte Einträge wie *Name*, *Titelform*, *Übergeordnete Kategorie* und *Beschreibung* ändern. Sie können auch von hier aus die Kategorie *Uncategorized* umbenennen, aber nicht löschen. Auch nach dem Umbenennen können Sie diese Kategorie nicht löschen. Über den Button *Aktualisieren* können Sie alle Änderungen übernehmen.

Das Menü zur weiteren Bearbeitung der Kategorie

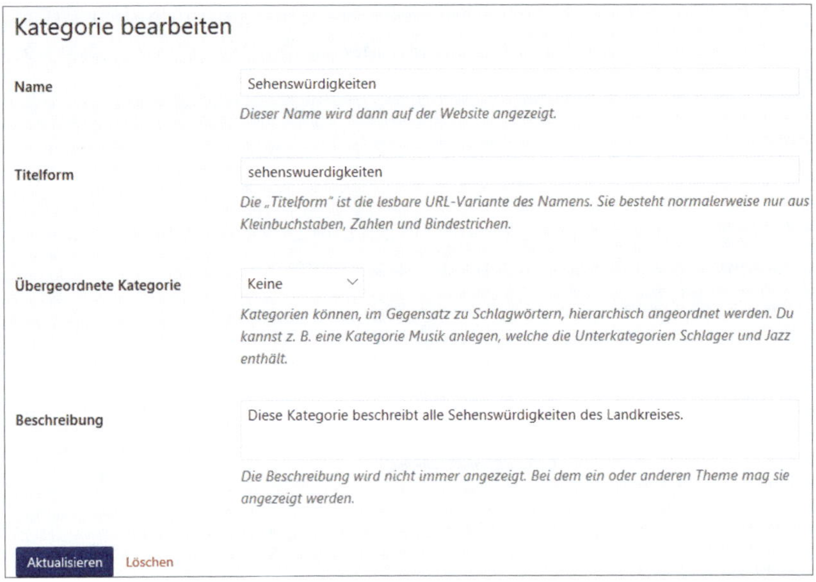

Hier wird die Kategorie nachträglich bearbeitet

Legen wir gleich noch zwei weitere Kategorien an, eine mit dem Namen *Ortsteile* und die andere mit dem Namen *Sehenswürdigkeiten*. Geben Sie dazu den jeweiligen Namen, die Titelform und die Beschreibung ein und bestätigen Sie jede Neuanlage mit *Kategorie erstellen*. Auch diese neu erstellten Kategorien werden in die Liste auf der rechten Seite übernommen. Bei einem erneuten Aufruf werden diese alphabetisch sortiert angezeigt.

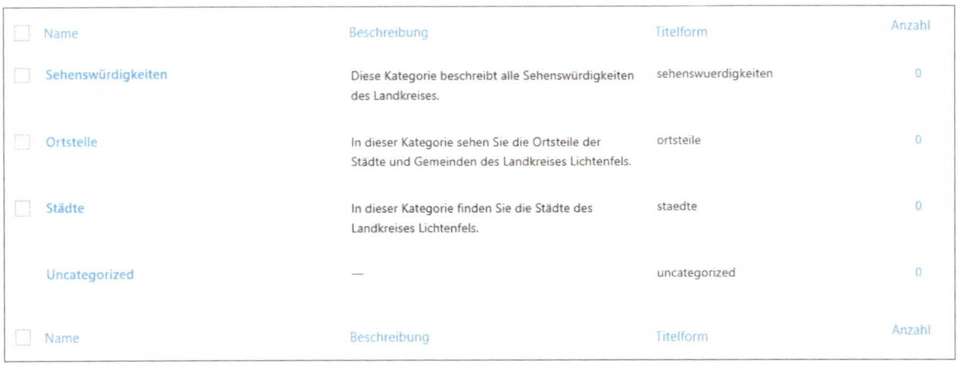

Name	Beschreibung	Titelform	Anzahl
Sehenswürdigkeiten	Diese Kategorie beschreibt alle Sehenswürdigkeiten des Landkreises.	sehenswuerdigkeiten	0
Ortsteile	In dieser Kategorie sehen Sie die Ortsteile der Städte und Gemeinden des Landkreises Lichtenfels.	ortsteile	0
Städte	In dieser Kategorie finden Sie die Städte des Landkreises Lichtenfels.	staedte	0
Uncategorized	—	uncategorized	0
Name	Beschreibung	Titelform	Anzahl

Die Übersicht über alle vorhandenen Kategorien

Kategorien ändern

Mit einem Klick auf *QuickEdit* öffnet sich ein Feld, in dem Sie den Namen und die Titelform ändern können. Diese Änderungen müssen Sie anschließend über die Schaltfläche *Kategorie aktualisieren* zuweisen oder den Vorgang über die Schaltfläche *Abbrechen* beenden. Wenn Sie auf *Löschen* klicken, erscheint eine Sicherheitsabfrage, ob Sie auch wirklich löschen wollen. Mit *OK* bestätigen Sie das Löschen, oder Sie brechen den Vorgang über die Schaltfläche *Abbrechen* ab.

Gehen Sie zu den Änderungsmöglichkeiten

Öffnen Sie eine beliebige Kategorie und klicken Sie auf den Link *QuickEdit*. Jetzt können Sie in den Eingabefeldern den neuen Namen und seine Titelform eingeben.

Die Eingabemaske zur schnellen Änderung der Bezeichnung

Über den Button *Kategorie aktualisieren* wird der neue Name übernommen. Rufen Sie im nächsten Schritt über den Link *Bearbeiten* den Bereich *Kategorie bearbeiten* auf. Geben Sie eine neue Beschreibung für die Kategorie ein und sichern Sie diese über den Button *Aktualisieren*. Klicken Sie am oberen linken Rand der Seite auf den Link *Zurück zu den Kategorien*. Sie sehen nun die Änderungen in dieser Kategorie.

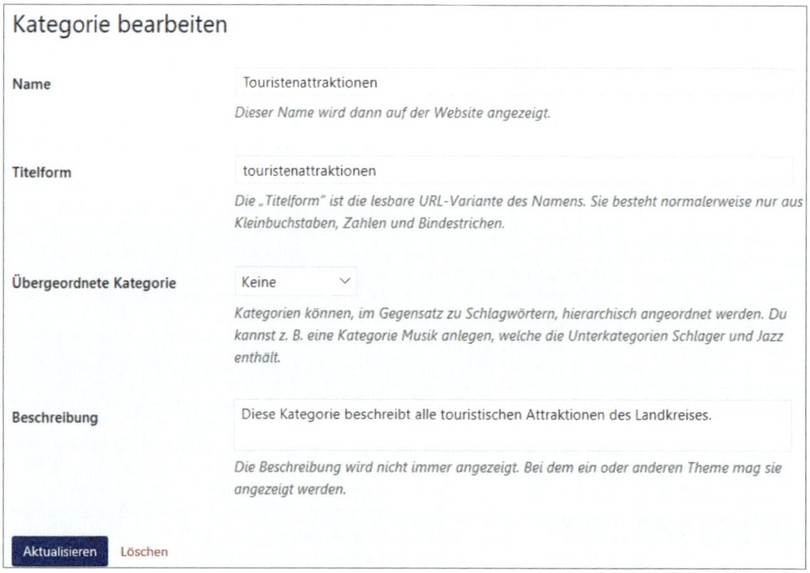

Die neue Kategorie wurde um die Beschreibung ergänzt

Die Änderungen müssen gespeichert werden. Hier geht es wieder zurück zur Kategorieliste

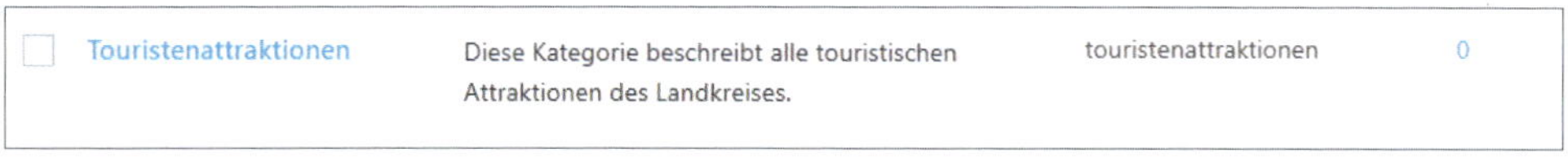

Die Kategorie mit der geänderten Beschreibung

Über den Link *Anschauen* kommen Sie direkt zur Vorschau des Blogs, um die Kategorien zu begutachten. Wie Sie sehen, wird hier noch kein Beitrag in der Kategorie angezeigt, da ja bisher noch keiner zugeordnet wurde, die Kategorie wurde lediglich angelegt.

Dieser Link führt zur Vorschau

Mithilfe des Menüs, das über der Vorschau angezeigt wird, kommen Sie wieder zurück in den Bearbeitungsmodus für die Kategorie. Klicken Sie dazu auf den Menüpunkt *Kategorie bearbeiten*. Sie können hier die Kategorie weiterbearbeiten. Alternativ kommen Sie über die Menüfolge *lichtenfelserland/Dashboard* wieder zu WordPress zurück.

Zurück zur Bearbeitung

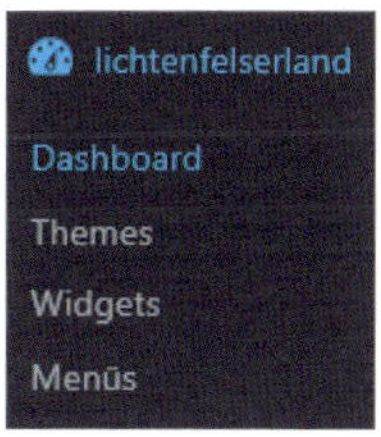

Der Weg zum Dashboard

Kategorien löschen

Über und unter der Liste mit den angelegten Kategorien finden Sie eine kleine Drop-down-Liste, die die Option *Löschen* enthält. Wenn Sie eine Kategorie löschen wollen, müssen Sie allerdings erst vor die zu löschende Kategorie ein Häkchen setzen und dann auf die Schaltfläche *Übernehmen* klicken. Eine Sicherheitsabfrage erfolgt bei dieser Art des Löschens nicht mehr. Es wird sofort gelöscht. Diese Art ist praktisch, wenn Sie mehrere Kategorien auf einmal löschen wollen. Dann steht noch ein Suchfeld zur Verfügung, in dem Sie nach vorhandenen Kategorien suchen können.

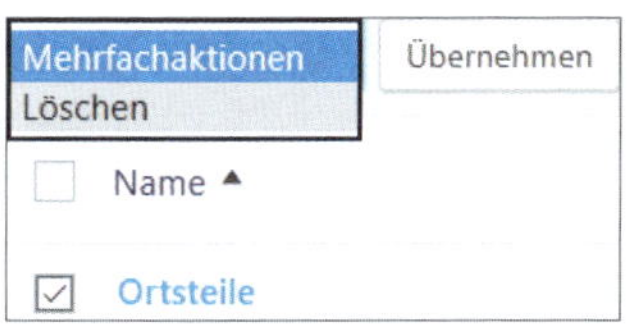

Eine Kategorie soll gelöscht werden

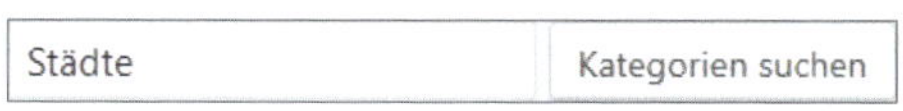

Die Suche nach einer Kategorie

18.3 Beiträge den Kategorien zuweisen

Einige Kategorien sind jetzt zwar angelegt, aber ohne Inhalt. Die einzelnen Beiträge, die in diese Kategorie sollen, müssen jetzt noch zugewiesen werden. Rufen Sie dazu über das Menü *Beiträge/Alle Beiträge* die Liste mit den Beiträgen auf. Klicken Sie einen vorhandenen Beitrag an und wählen Sie den Link *QuickEdit*, um diesen Modus zu öffnen.

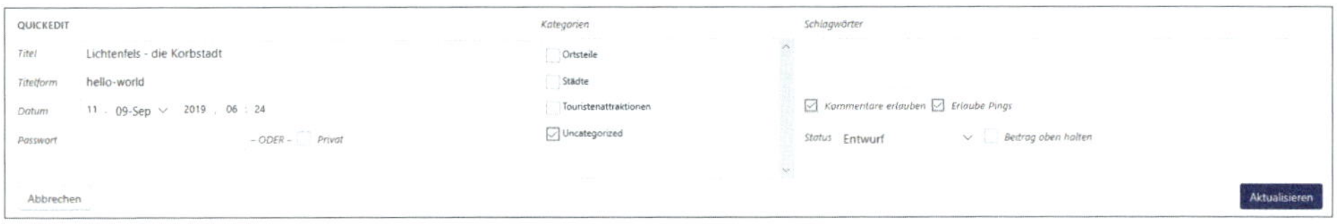

Von hier aus wird der Beitrag einer Kategorie zugeordnet

Ein Beitrag wurde einer Kategorie zugewiesen

Nun können Sie die neu erstellte Kategorie durch Anklicken auswählen. Die automatische Kategorie *Uncategorized* müssen Sie deaktivieren, indem Sie das Häkchen entfernen. Den Status müssen Sie auf *Veröffentlicht* umstellen. Mit dem Button *Aktualisieren* werden die neuen Einstellungen übernommen. Sehen Sie sich das Ergebnis in der Vorschau an.

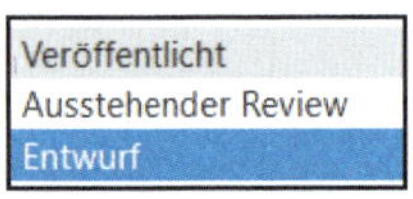

Ändern Sie hier den Status

Die Kategorie wurde veröffentlicht

Sie können einen Beitrag schon während des Schreibens einer Kategorie zuordnen, denn die Kategorien werden Ihnen beim Erstellen eines neuen Beitrags auf der rechten Seite angezeigt. Nach der Zuweisung werden Ihnen in der Beitragsliste die zugeordneten Kategorien beim jeweiligen Beitrag angezeigt.

Die Beiträge mit der Anzeige der jeweiligen Kategorie

Um jetzt noch andere Beiträge zuzuweisen, lege ich drei weitere an und ordne diese den Kategorien »Ortsteile« und »Touristenattraktionen« zu.

Die neuen Beiträge mit den zugeordneten Kategorien

Die Kategorien wurden erweitert

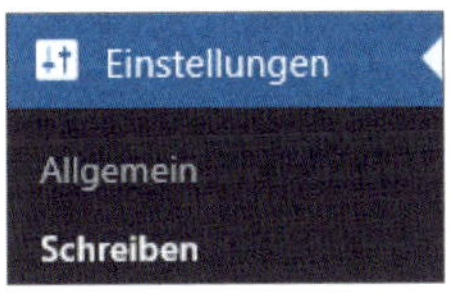

Zu den Schreibeinstellungen

In WordPress können Sie Beiträge auch standardmäßig zuordnen. Im Menü *Einstellungen/Schreiben* lässt sich im Drop-down-Menü *Standard-Beitragskategorie* eine Kategorie als Standard definieren. Bei jedem neuen Beitrag, den Sie ab jetzt erstellen, ist dann diese Kategorie angekreuzt.

Hier legen Sie ein Format fest

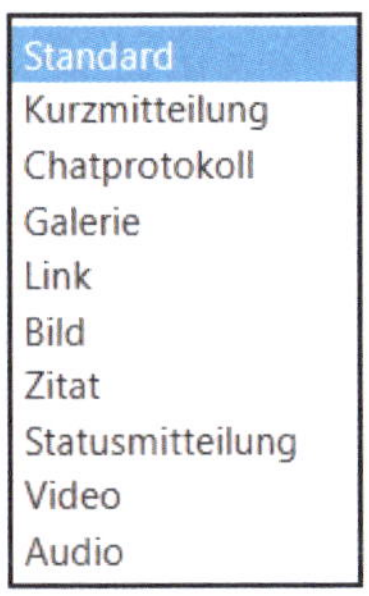

Auswahl des Formats

18.4 Kategorien nutzen

Wenn Sie viele Artikel schreiben, benötigen Sie eine gute Übersicht. Die Kategorien helfen Ihnen und auch dem Besucher dabei, diese nicht zu verlieren. Die einzelnen Kategorien werden in WordPress als Menüpunkte angezeigt, damit sich die Besucher durch die Kategorien klicken können. Sie sollten aber nie mehr als fünf Oberkategorien erzeugen.

Das ist vom gesamten Umfang des Blogs abhängig, manchmal genügen auch zwei. Sortieren Sie jeden Artikel, den Sie schreiben, nur in eine Kategorie ein, sonst wird Ihre Struktur zu unübersichtlich. Wenn Ihr Blog einmal umfangreicher wird, können Sie zusätzlich Unterkategorien nutzen. Bei der Erstellung von Kategorien sollten Sie immer an erster Stelle an den Besucher denken. Er soll sich auf Ihrem Blog zurechtfinden und natürlich dort möglichst lange verweilen.

18.5 Schlagwörter

Um Schlagwörter zu erstellen, öffnen Sie im Dashboard über *Beiträge/Schlagwörter* den Bereich für die Verwaltung der Schlagwörter. Hier können Sie ein Schlagwort oder auch mehrere – durch ein Komma getrennt – in das Eingabefeld tippen und einen Permalink sowie eine Beschreibung dazu eingeben. Während Sie ein Schlagwort eingeben, werden Ihnen bereits vorhandene eingeblendet, und Sie können sie mit einem Klick übernehmen.

Wenn Sie ein Schlagwort eingeben, muss dieses Wort natürlich auch auf Ihrer Seite enthalten sein, und es muss auch genauso heißen, nicht nur ähnlich. Überlegen Sie gut, welche Keywords zu Ihrer Seite passen. Bei manchen Wörtern wie *Abnehmen* oder *Diät* ist es schwierig, die Webseite im Rang nach oben zu bekommen, da diese Wörter schon vielfach vorhanden sind. Eine Kombination von Suchwörtern wie *Abnehmen, Gewicht reduzieren, Fett verlieren* ist hier eine gute Lösung.

Öffnen Sie einen Beitrag. In der Spalte links neben dem Beitrag sehen Sie den Bereich *Schlagwörter*. Geben Sie in dem leeren Feld ein Schlagwort ein, drücken Sie die [↵]-Taste und geben Sie das nächste Schlagwort ein. Fahren Sie so fort, bis Sie alle Wörter eingegeben haben.

Gute Schlagwörter sind an erster Stelle die Überschrift, dann die Zwischenüberschrift und auch die Bildunterschriften. Begehen Sie keinesfalls den Fehler, zu viele Suchwörter einzugeben, um so das Suchmaschinenergebnis zu verbessern, das merken die Suchmaschinen schnell und werden Ihre Seite vielleicht nicht mehr beachten.

Die Schlüsselwörter sollten insgesamt inklusive Ihres Domainnamens nicht mehr als 100 Zeichen enthalten. Wenn Sie keine Schlagwörter eingeben, macht WordPress das von sich aus. Das ist auch gut, aber trotzdem sollten Sie Ihre Keywords immer manuell eingeben. Schlagwörter können Sie eingeben, wenn Sie sich in einem Beitrag oder direkt im Arbeitsbereich der Schlagwörter befinden.

Nehmen wir als Beispiel für das Eintragen von Schlagwörtern den Beitrag über Bad Staffelstein. Hier sind sicherlich folgende Wörter sinnvoll: Kloster Banz, Vierzehnheiligen, Staffelberg, Kurpark und Thermalbad. Diese Wörter müssen auch in Ihrem Text vorkommen. Die eingetippten oder ausgesuchten Schlagwörter werden angezeigt und mit einem Klick auf den Button *Speichern* mit dem Beitrag verbunden. Ein Klick auf das kleine Kreuz neben dem Schlagwort entfernt es wieder.

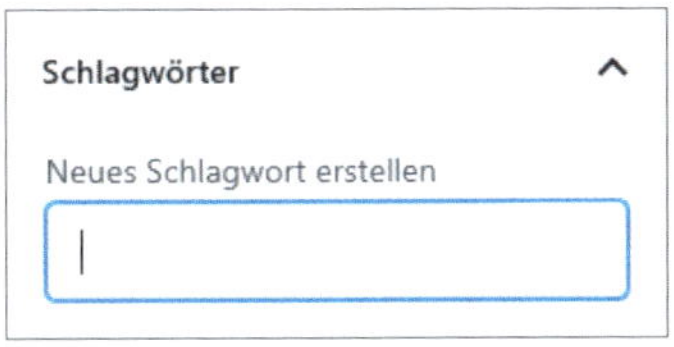

Geben Sie hier die Schlagwörter ein *Die Schlagwörter wurden vergeben* *Hier geht es zurück*

Wechseln Sie über den Pfeil links oben wieder zu der Übersicht der Beiträge, öffnen Sie im Menü *Beiträge* das Untermenü *Schlagwörter*. Hier werden Ihnen im rechten Bereich alle erstellten Schlagwörter angezeigt.

Hier können Sie Schlagwörter bearbeiten oder löschen. Wenn Sie ein Schlagwort mit dem Mauszeiger berühren, wird der Link *QuickEdit* geöffnet. Mit einem Klick darauf können Sie das Schlagwort und die Titelform in Sekundenschnelle ändern, wobei es immer besser ist, bestehende Schlagwörter nicht mehr zu ändern, das sollten Sie nur in speziellen Einzelfällen tun.

Begrenzen Sie den Einsatz von Schlagwörtern auf maximal fünf pro Beitrag und maximal 30 pro Blog. Bei zehn Beiträgen, die mit Schlagwörtern versehen sind, genügen also drei pro Beitrag. Bei 15 Beiträgen reichen sogar zwei. Unter zwei sollten Sie allerdings nicht gehen. Am sinnvollsten ist es, die Schlagwörter gleich während des Schreibens anzulegen, es geht aber auch hinterher. Suchen Sie Wörter aus, die Ihrer Meinung nach auch in Suchmaschinen eingegeben werden.

Verwenden Sie keine ähnlichen Schlagwörter wie »Berg« und »Berge«. Nutzen Sie auch keine Wörter mit unterschiedlicher Schreibweise. Wenn Sie mal einige Dutzend Schlagwörter für verschiedene Beiträge angelegt haben, greifen Sie besser immer wieder auf diese zurück, bevor Sie neue hinzufügen. Schlagwörter sollten immer zum Thema passen und viel Aussagekraft besitzen.

Hier können Sie auch nach Schlagwörtern suchen. Bereits vorhandene Schlagwörter finden Sie über den Link *Wähle aus den häufig genutzten Schlagwörtern*.

Geben Sie die passenden Wörter ein

19. Bibliotheken

Sollten Ihnen die Blöcke, die Gutenberg standardmäßig in WordPress zur Verfügung stellt, nicht genügen, können Sie auf Bibliotheken zurückgreifen, um Ihre Blockauswahl zu erweitern. Gutenberg hat zwar von Haus aus viele Blöcke zu bieten, aber sollte das dem einen oder anderen nicht ausreichen, kann er Blockbibliotheken nutzen. Diese Art von Bibliotheken wird als Plug-in installiert.

Für die Beschreibung und Anwendung von Bibliotheken habe ich einen neuen Blog mit dem Namen *pop-und-rock.de* erstellt. Darin geht es um Sängerinnen und Sänger, Gruppen, Auszeichnungen, Gewinne von Songwettbewerben und vieles mehr. Sozusagen ein Lexikon der Musik. Für diesen Blog habe ich das Theme *Astra* verwendet.

19.1 Blockbibliotheken

Wenn einer dieser neu installierten Blöcke das erste Mal genutzt wird, erscheint er als neue Auswahl im Menü der Blöcke. Die Bibliotheken sind sich zwar im Umfang ähnlich, aber im Design gibt es gravierende Unterschiede.

Advanced Gutenberg

Diese Bibliothek bietet interessante Blöcke für die Arbeit mit dem Gutenberg-Editor. Insgesamt stehen Ihnen 20 davon zur Verfügung. Einige davon will ich in meinem neuen Blog nutzen.

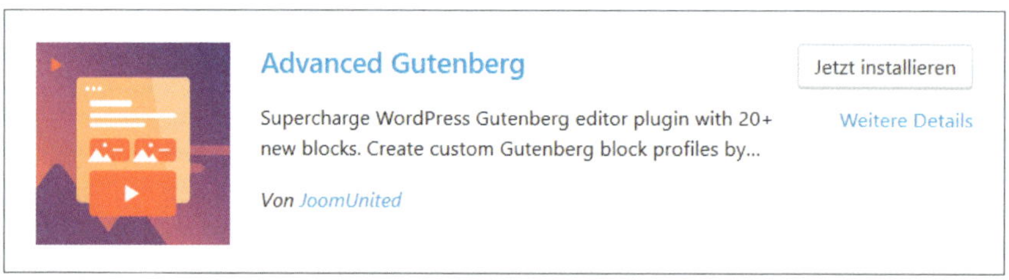

Dieses Plug-in bietet eine Auswahl an zusätzlichen Blöcken

Ich starte einen neuen Beitrag, verwende dafür das bereits vorhandene Muster und gebe die Überschrift und die Einleitung ein. In der Blockauswahl steht jetzt ein neuer Bereich mit der Bezeichnung *Advanced Gutenberg*.

Ich möchte, dass dem Leser in diesem Block auf den ersten Blick nur die Überschriften angezeigt werden, so erhält er gleich beim Aufruf eine Übersicht über den gesamten Inhalt des Artikels. Für diesen Zweck füge ich den Block *Advanced Accordion* ein.

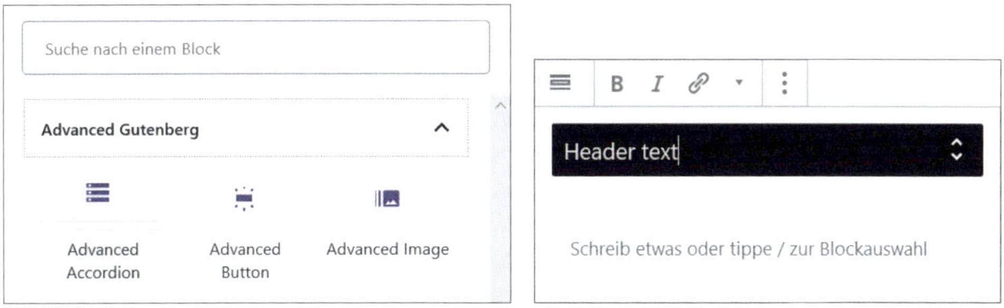

Die Auswahl aus einem neuen Blockbereich, die Eingabefelder für die Überschrift und den Text

Der Block wird angezeigt. Ich gebe die Überschrift und den dazugehörigen Text ein. Durch Klick auf einen der beiden Pfeile am Rand kann der Leser den Text darunter einblenden und nach dem Lesen auch wieder ausblenden. Auf diese Weise sind für ihn alle bereits gelesenen Textbereiche nicht mehr sichtbar. Sehen wir uns das Ganze in der Vorschau an.

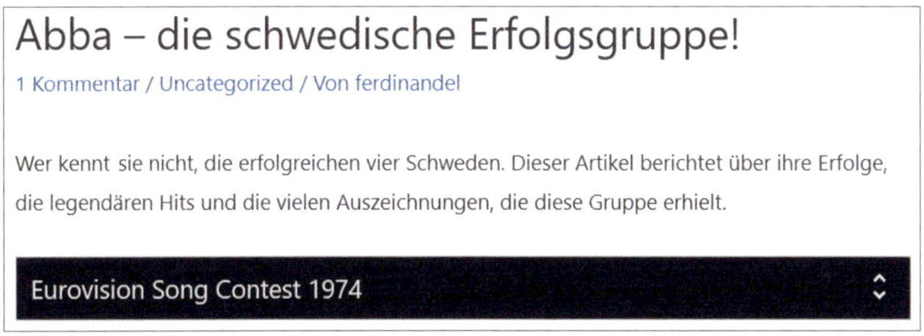

Der Text zu dieser Unterschrift wird unterdrückt

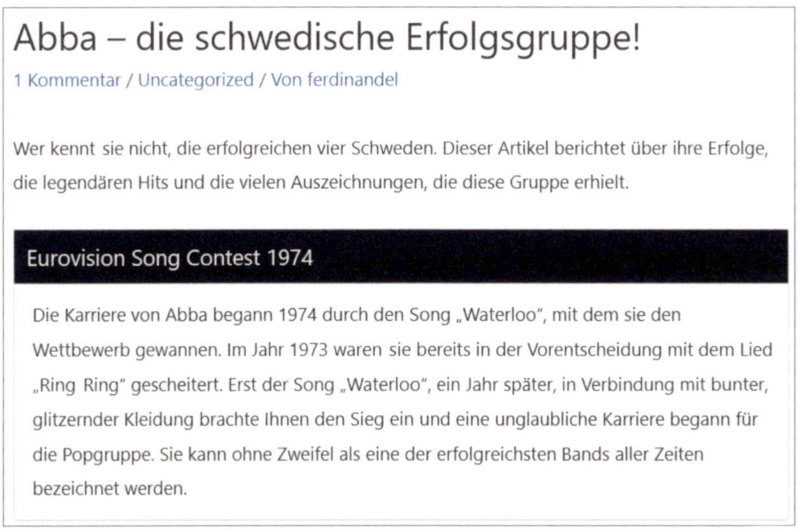

Der Text wurde durch Mausklick geöffnet

Zusätzlich will ich bei einigen Beiträgen eine Tabelle mit den Nummer-1-Hits der jeweiligen Interpreten in einem bestimmten Jahr in Deutschland, Großbritannien und den USA einbauen. Dafür nutze ich den Block *Advanced Table* und füge ihn direkt in den aktuellen Block ein. Nachdem ich die Spalten und Zeilen, die ich benötige, angegeben und auf *Create* geklickt habe, wird die Tabelle eingefügt, und ich kann die Spaltenüberschriften und die dazugehörigen Texte eingeben.

Der Weg zur Tabellenerstellung

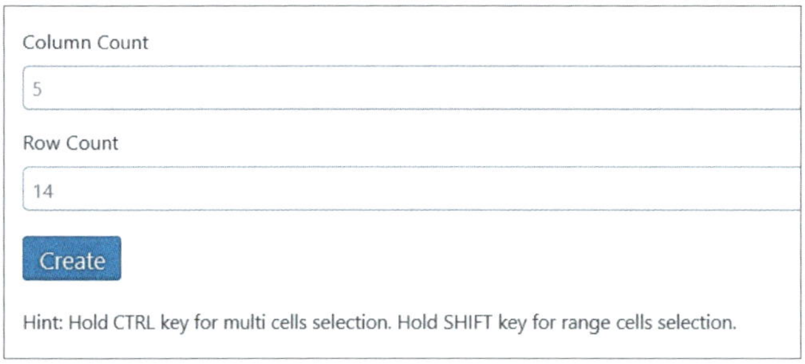

Bestimmen Sie die Anzahl der Spalten und Zeilen für die Tabelle

Titel	Jahr	BRD	GB	USA
Waterloo	1974	x	x	-
S.O.S.	1975	x	-	-
Mamma Mia	1976	x	x	-
Fernando	1976	x	x	-
Dancing Queen	1976	x	x	-
Money, Money, Money	1976	x	-	-

Die Tabelle mit den Jahreszahlen und Länderangaben

Speichern Sie die Tabelle ab und werfen Sie wieder einen Blick in die Vorschau. Jetzt haben wir bereits zwei Blöcke gleicher Art eingefügt. Sie können immer nur einen Block öffnen. Wenn der obere geöffnet wird, bleibt der untere geschlossen und umgekehrt.

Wichtig!

Bei Verwendung des Blocks *Advanced Accordion* kann immer nur einer der vorhandenen Blöcke in einem Artikel geöffnet werden.

Sicherlich ist es auch interessant, alle wichtigen Songs der Gruppe in einer Liste zu zeigen. Dafür verwende ich den Block *Advanced List* – natürlich wieder mit dem dazugehörigen Überschriftenblock *Advanced Accordion*.

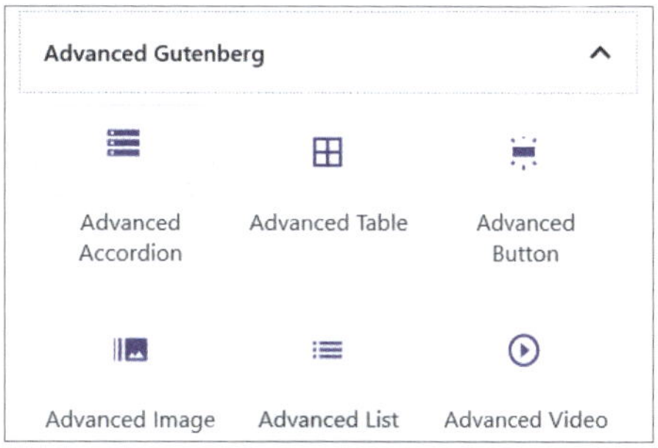

Eine Liste soll erstellt werden

Wenn Sie den ersten Titel eingegeben haben und die ↵-Taste drücken, springt der Cursor automatisch in die nächste Zeile. Wenn alle Titel eingegeben sind, muss wieder über den Button *Aktualisieren* gespeichert werden, und auch dieses Ergebnis können Sie sich in der Vorschau ansehen.

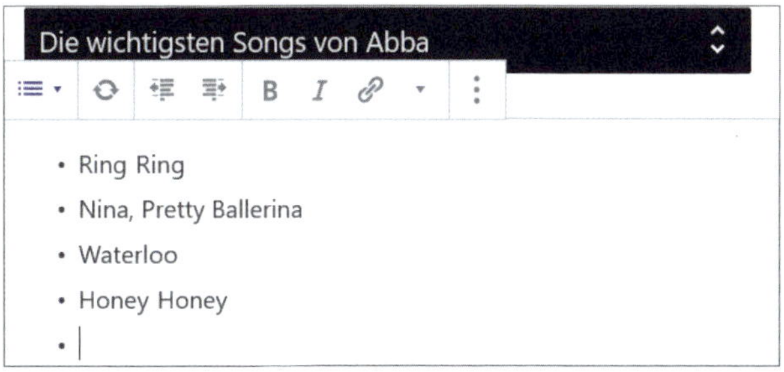

Die Songs werden fortlaufend eingetippt

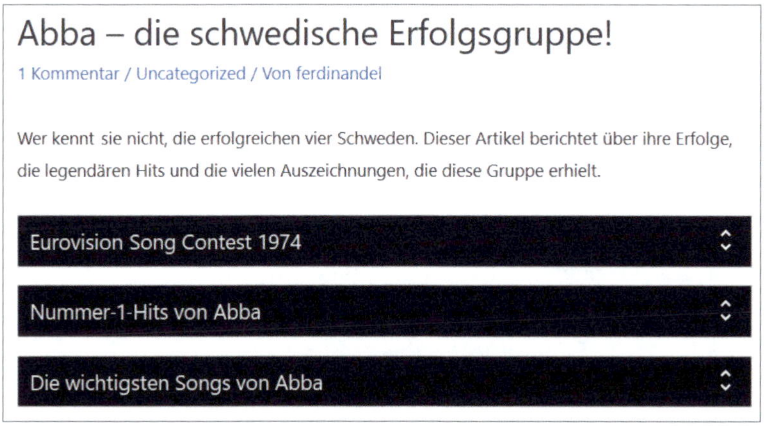

Alle drei eingefügten Blöcke in der Vorschau im geschlossenen Zustand

Jetzt ist es an der Zeit, noch ein Bild einzufügen. Ich verwende dazu den Block *Advanced Image*. Wenn ich diesen Typ in der Auswahl der Blöcke anklicke, wird ein Fenster in den Beitrag eingefügt. Ein Klick in diesem Fenster auf den Button *Choose image* führt direkt in die Mediathek. Dort habe ich bereits ein Foto abgespeichert, das ich mir vorher von *Pixabay* heruntergeladen habe. Ich übernehme dieses Foto in den Block und gebe einen Titel sowie Untertitel für das Foto ein.

Verwenden Sie diesen Block für das Einfügen eines Bildes

Jetzt füge ich noch ein Kontaktformular über den Block *Contact Form*, eine kurze Beschreibung meiner Person mit dem Block *Testimonial* und einen Besucherzähler mit *Count Up* ein. Bei dem Kontaktformular verwende ich nochmals den Typ *Advanced Accordion* für die Überschrift und auch, um es erst mal auszublenden. Die Info über mich und der Besucherzähler sollen immer zu sehen sein.

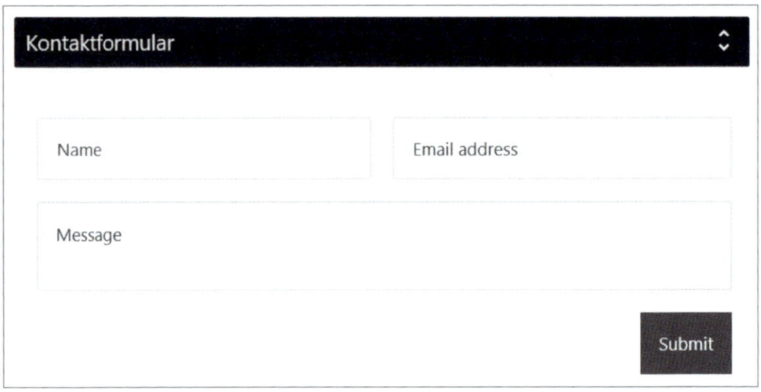

Das Kontaktformular steht bereit

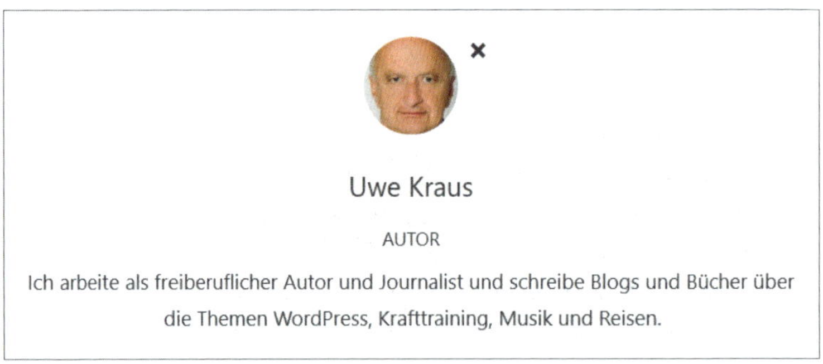

Eine kurze Info über den Autor ist immer hilfreich

Natürlich ist der Beitrag an dieser Stelle noch nicht fertig für die Veröffentlichung. Es muss noch einiges an Text und vielleicht noch ein Bild eingefügt werden. Die Grundlagen dazu haben Sie jetzt kennengelernt.

Wir wenden uns lieber gleich der nächsten Bibliothek zu. Dafür lege ich wieder einen neuen Beitrag an, um Ihnen einige weitere Blöcke vorzustellen.

Atomic Blocks

Dieses Plug-in enthält 15 verschiedene Blöcke zur Auswahl. Besonders interessant sind dabei der Typ für Layouts und derjenige, mit dem eine Vorschau auf einen anderen Beitrag ermöglicht wird.

Eine kleine Kollektion an Blöcken für Gutenberg

Für die Arbeit mit dieser Bibliothek lege ich wieder einen neuen Beitrag an, gebe die Überschrift und den einleitenden Text ein. Dann füge ich den Block *AB Layouts* in den Beitrag ein und klicke das gewünschte Layout an. Das Layout wird in den Beitrag integriert.

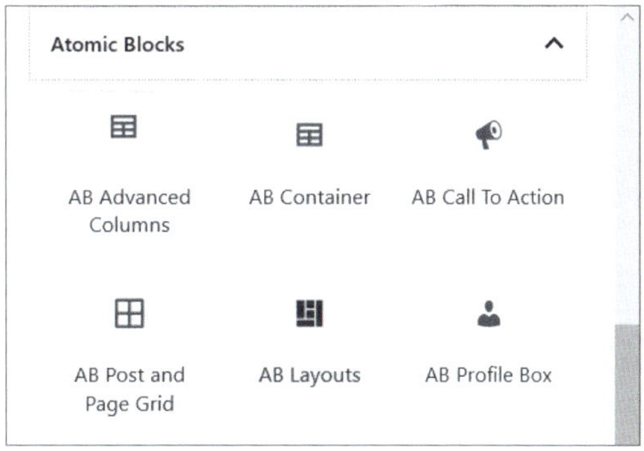

Das Plug-in für die Layouts wird ausgewählt

Das Layout besteht aus mehreren Blöcken, von denen sich jeder separat bearbeiten lässt. Im linken oberen Block gebe ich jetzt Text ein. Dieser soll insgesamt nicht mehr Platz als die Höhe des Bildes rechts daneben einnehmen. Dies kann ich durch Verwendung einer kleineren Überschrift im ersten Block und Drücken der ⏎-Taste im zweiten Block erreichen. Dadurch wird die Schrift in beiden Blöcken kleiner, und die Höhe der beiden Blöcke passt sich entsprechend der Bildhöhe an.

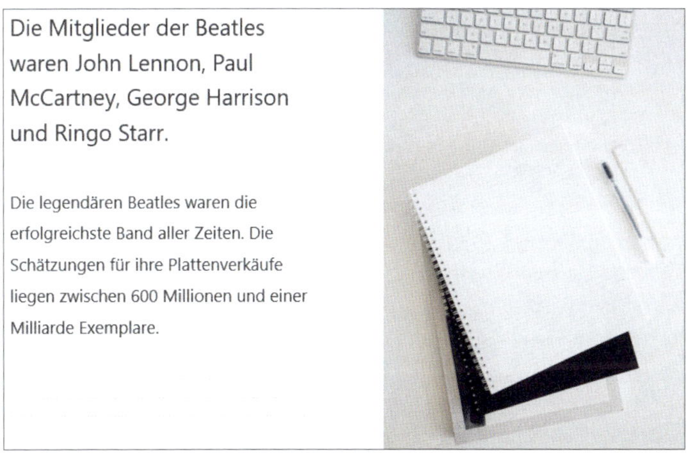

Die ersten Blöcke im Layout wurden mit Text gefüllt

Im nächsten Schritt klicke ich das Foto an. Mithilfe der blauen Kreise rechts und unten kann die Größe des Fotos verändert werden, indem man mit gedrückt gehaltener linker Maustaste auf einen der Punkte klickt und für eine Vergrößerung nach außen und für eine Verkleinerung nach innen zieht. Wenn die gewünschte Größe erreicht ist, muss die Maustaste wieder losgelassen werden.

Ein Klick auf den Button *Bearbeiten* im Menü über dem Foto führt zur Mediathek. Von hier aus füge ich ein Foto ein, das ich vorher dort gespeichert habe. Nachdem ich unter dem Foto die Beschriftung eingegeben habe, wende ich mich der weiteren Texteingabe in den drei Blöcken weiter unten zu.

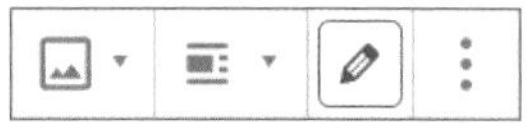

Dieser Button führt zur Mediathek

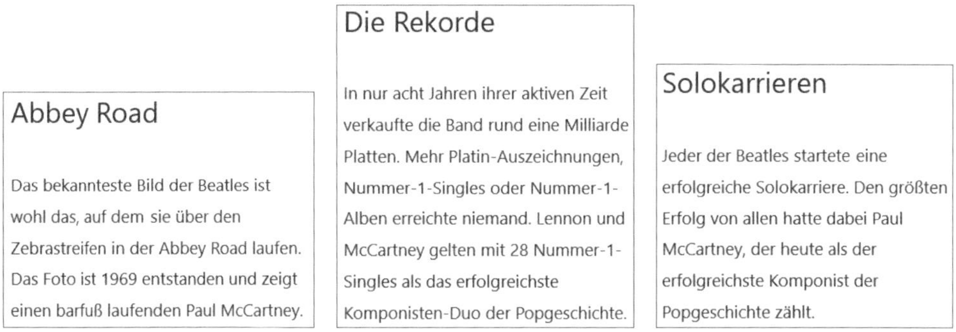

Weitere Textblöcke

Wenn dies erledigt ist, füge ich einen weiteren Block ein, und zwar *AB Post and Page Grid*. Damit füge ich eine Vorschau auf den zuvor erstellten Beitrag ein. Durch Klick auf das Listensymbol über dem Text kann ich den Beitrag in weiter Breite anzeigen lassen. Ein Klick auf den Link *Continue Reading* führt direkt zum Beitrag.

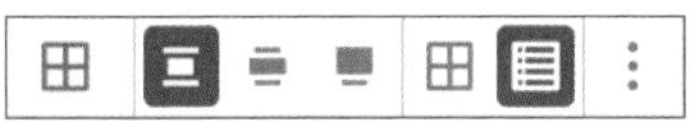

Hier wird ausgewählt, wie der Text angezeigt werden soll

Der Text in langer Darstellung und in breiter Darstellung

Jetzt füge ich noch den Typ *AB Profile Box* ein und kopiere aus der Mediathek mein Foto in den Block. Neben dem Foto gebe ich den Text über mich ein.

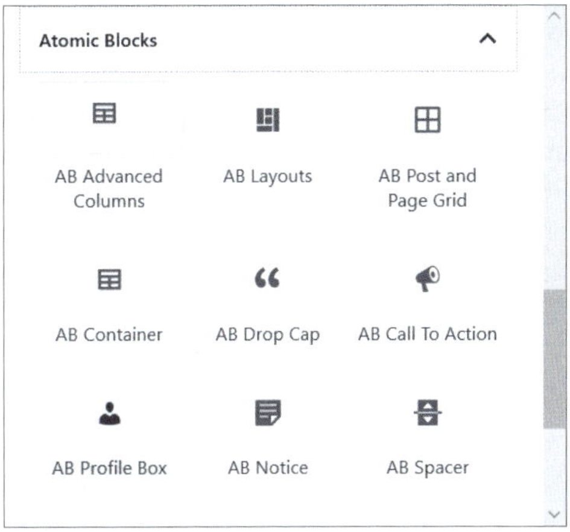

Die Auswahl der Profilbox

Das Profil mit Foto und Text ist angelegt

19.2 Designbibliotheken

Diese Art von Bibliotheken bietet ein komplett vorbereitetes Layout, das sich aus einzelnen Blöcken zusammensetzt. Wie eine derartige Bibliothek in einem bestimmten Theme aussieht, muss getestet werden. Sie müssen also ein wenig experimentieren.

Wir beschäftigen uns in diesem Abschnitt näher mit einer Designbibliothek und erstellen einen einfachen Beitrag mit zwei Spalten und zwei Fotos.

Gutenberg Blocks Design Library

Ein außergewöhnliches Symbol

Diese Bibliothek bietet einige interessante Bestandteile an. Nach der Installation und Aktivierung gibt es zuerst mal etwas Neues: eine Möhre als Symbol im Menü oben rechts. Ein Klick darauf öffnet ein Menü mit den Optionen *Designs*, *Styles* und *Einstellungen*. Unter *Designs* können Sie 50 davon importieren, die in verschiedene Bereiche unterteilt sind. Klicken Sie auf den Button *Import 50 free designs*.

Testen wir jetzt ein Beispiel aus dem Block *Features*. Mit *Aesthetic* und *Unobtrusive* können Sie einen Block in einen Beitrag einfügen, der zwei Spalten enthält. Diese sind wiederum aufgeteilt in jeweils ein Bild, eine Überschrift und einen Textabsatz als insgesamt sechs Blöcke. Ein weiterer steht zwar noch über den Spalten, aber diesen entfernen wir, weil er nicht benötigt wird. Inhalte sind in den einzelnen Blöcken bereits vorgegeben und müssen nur entsprechend Ihren Wünschen geändert werden.

Hier gibt es 50 Designobjekte, unterteilt in elf Bereiche

Testen wir jetzt ein Beispiel aus dem Block *Features*. Mit *Aesthetic* und *Unobtrusive* können Sie einen Block in einen Beitrag einfügen, der zwei Spalten enthält. Diese sind wiederum aufgeteilt in jeweils ein Bild, eine Überschrift und einen Textabsatz als insgesamt sechs Blöcke. Ein weiterer steht zwar noch über den Spalten, aber diesen entfernen wir, weil er nicht benötigt wird. Inhalte sind in den einzelnen Blöcken bereits vorgegeben und müssen nur entsprechend Ihren Wünschen geändert werden.

Klicken Sie auf das linke Bildsymbol und anschließend auf das Symbol *Bild bearbeiten* im Menü über dem Bild. Sie wechseln in die Mediathek. Suchen Sie das gewünschte Foto aus, und fügen Sie es in den Beitrag ein. Wiederholen Sie den Vorgang mit dem rechten Bildsymbol.

Fügen Sie ein Bild auf der linken und auf der rechten Seite ein

20. Fachblogs

Fachblogs berichten über ein bestimmtes Thema wie Fitness oder Reisen. Einen Blog zum Thema Fitness haben Sie bereits kennengelernt, und der Blog über die Pop- und Rockmusik ist ja eigentlich auch ein Fachblog.

Es ist unbedingt nötig, bei Fachblogs gründlich zu recherchieren. Die Artikel müssen von hoher Qualität sein, dem Leser muss fachliches Wissen vermittelt werden. Im Text sollten Sie nicht zu viele Fachbegriffe verwenden, aber auch nicht zu einfach schreiben. Wenn Sie in Ihrem Thema Fortgeschrittener sind, schreiben Sie für Anfänger, sind Sie Profi, schreiben Sie für Fortgeschrittene.

Beim Schreiben von Fachartikeln sollten Sie auch über die Keywords nachdenken. Nutzen Sie ein Keyword-Tool, um herauszufinden, welche Schlüsselwörter Ihres Themas am meisten gesucht werden. Unter Keyword versteht man ein Schlüsselwort, das dazu genutzt wird, etwas zu finden, oder dazu, dass man gefunden wird.

Für Fachblogs sind eher längere Artikel geeignet, um alles ausführlich zu erklären. Bei einem Fitnessblog ist das Design zweitrangig, wichtiger ist der Inhalt. Bei einem Reiseblog sieht das dagegen ganz anders aus. Hier sind viele Fotos Pflicht.

Ein Artikel sollte übersichtlich aufgebaut und mit Zwischenüberschriften versehen sein. Ich verwende für diesen Blog nur Beitragsfotos, also pro Beitrag ein Foto. Bei Fachblogs kann es länger dauern, bis Sie bekannt werden. Versuchen Sie daher, über die Suchmaschinenoptimierung Stammleser zu gewinnen.

20.1 Texte für den Fachblog

Für die weiteren Erklärungen greife ich auf meinen neuen Blog zurück. Darin schreibe ich über Berge, Seen, Flüsse, Schlösser und Städte. Ich habe für diesen Blog eine neue Domain mit dem Namen *urlaubswege.de* bestellt und installiert und der Seite den gleichen Titel gegeben. Danach habe ich den Benutzer angelegt und ein Passwort vergeben. Ich entscheide mich wieder für die Installationsart *Managed WordPress*.

Der neue Blog wird vorbereitet

Im nächsten Fenster klicke ich auf *Website bearbeiten* und werde nach meinem Benutzernamen und Passwort gefragt. Nach der Eingabe dieser Daten komme ich in die Auswahl der Themes. Ich wähle ein beliebiges aus und gelange in WordPress.

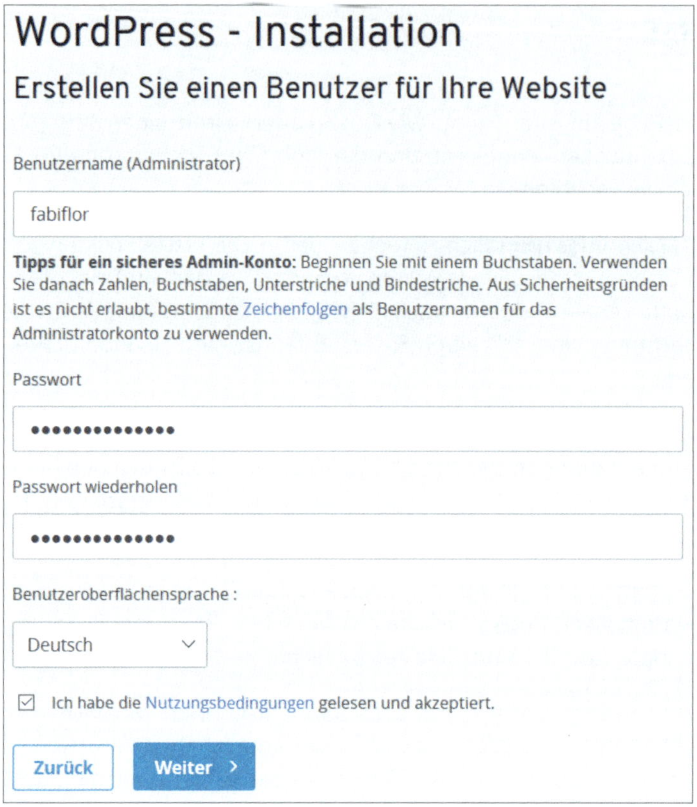

Benutzername und Passwort wurden vergeben

Mit einem Klick auf den Button *Starten* komme ich in den *Customizer*-Bereich von WordPress. Ein Klick auf das kleine Kreuz rechts oben führt mich in das Menü dieses Blocks. Ein Klick auf das Menü *urlaubswege/Dashboard* führt mich zum Menü des Dashboards.

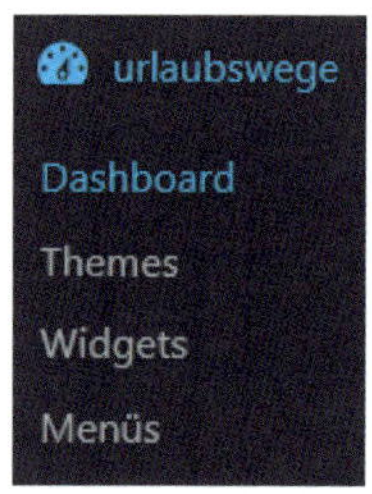

Starten Sie das Dashboard-Menü

Ein passendes Theme finden

Jetzt muss ein Design über das Menü *Design/Themes* ausgesucht werden. Da ich unter den angezeigten kein passendes zum Thema finde, hole ich mir über den Button *Hinzufügen* noch weitere in die Sammlung.

Die Themes werden in verschiedene Bereiche aufgeteilt. Dort werde ich auch schnell fündig und entscheide mich für das schöne Theme *Lovecraft*, in dem der Gutenberg-Editor bereits enthalten ist. Ich installiere das Theme und aktiviere es.

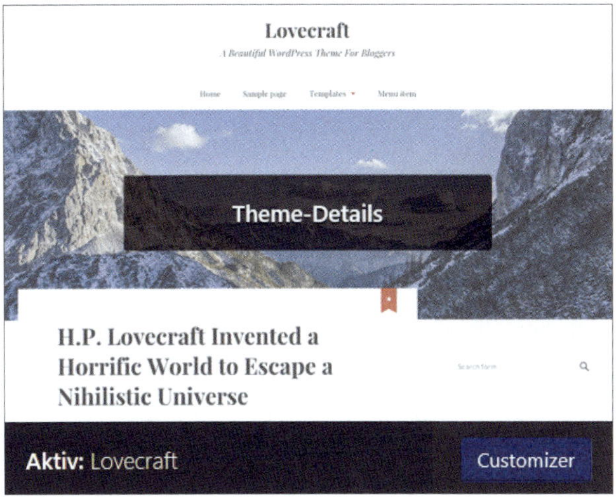

Das neue Theme wurde aktiviert

Plug-ins auswählen

Ich sehe mir die Plug-ins an und lösche *Akismet Anti-Spam*, denn ich habe ja *Antispam Bee*. Dann deaktiviere und lösche ich *The Events Calendar*, weil ich keine Termine anzeigen lassen möchte.

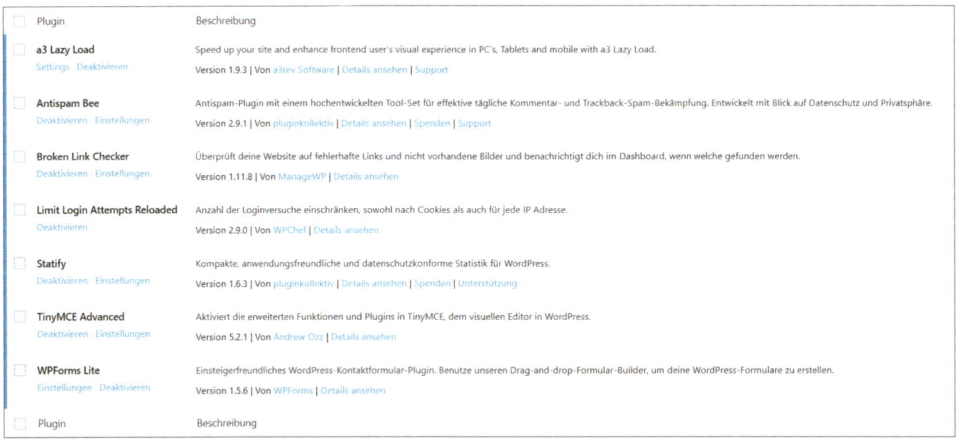

Plugin	Beschreibung
a3 Lazy Load Settings Deaktivieren	Speed up your site and enhance frontend user's visual experience in PC's, Tablets and mobile with a3 Lazy Load. Version 1.9.3 | Von a3rev Software | Details ansehen | Support
Antispam Bee Deaktivieren Einstellungen	Antispam-Plugin mit einem hochentwickelten Tool-Set für effektive tägliche Kommentar- und Trackback-Spam-Bekämpfung. Entwickelt mit Blick auf Datenschutz und Privatsphäre. Version 2.9.1 | Von pluginkollektiv | Details ansehen | Spenden | Support
Broken Link Checker Deaktivieren Einstellungen	Überprüft deine Website auf fehlerhafte Links und nicht vorhandene Bilder und benachrichtigt dich im Dashboard, wenn welche gefunden werden. Version 1.11.8 | Von ManageWP | Details ansehen
Limit Login Attempts Reloaded Deaktivieren	Anzahl der Loginversuche einschränken, sowohl nach Cookies als auch für jede IP Adresse. Version 2.9.0 | Von WPChef | Details ansehen
Statify Deaktivieren Einstellungen	Kompakte, anwendungsfreundliche und datenschutzkonforme Statistik für WordPress. Version 1.6.3 | Von pluginkollektiv | Details ansehen | Spenden | Unterstützung
TinyMCE Advanced Deaktivieren Einstellungen	Aktiviert die erweiterten Funktionen und Plugins in TinyMCE, dem visuellen Editor in WordPress. Version 5.2.1 | Von Andrew Ozz | Details ansehen
WPForms Lite Einstellungen Deaktivieren	Einsteigerfreundliches WordPress-Kontaktformular-Plugin. Benutze unseren Drag-and-drop-Formular-Builder, um deine WordPress-Formulare zu erstellen. Version 1.5.6 | Von WPForms | Details ansehen
Plugin	Beschreibung

Die Plug-ins zum Theme wurden ausgewählt

Da die Symbolleiste im Bereich des Textes bei WordPress nicht gerade viele Funktionen enthält, hilft das Plug-in *TinyMCE Advanced*. Es ist bereits aktiviert und bietet die Änderung der Schriftgröße oder der Schriftart, die in WordPress standardisiert sind und ohne Hilfsmittel wie dieses Plug-in nicht geändert werden können.

Dies wird durch den zusätzlichen Block *Classic Block* ermöglicht, der zusammen mit dem Plug-in aktiviert wird. Dieser erweitert nach seiner Auswahl die Symbolleiste im Bearbeitungsbereich des Textes um ein komplettes Menü und einige neue Symbole. Dieses Menü enthält Drop-down-Listen, aus denen Sie etliche Befehle zur Bearbeitung des Textes auswählen können.

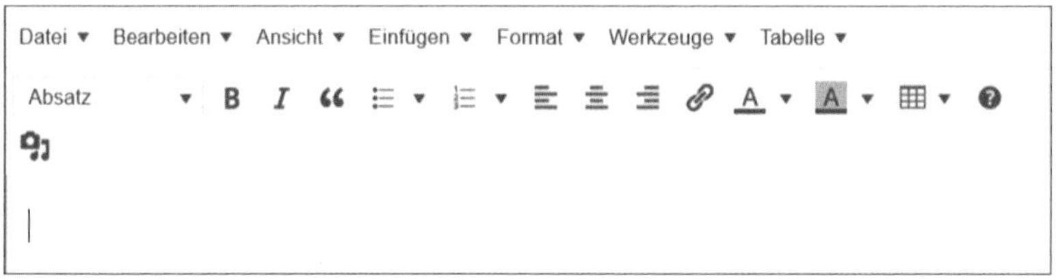

Eine Menüleiste wurde zur Symbolleiste hinzugefügt

Über das Menü *Datei* können Sie ein Dokument ausdrucken. Das Menü *Bearbeiten* enthält die bereits aus Word bekannten Befehle wie *Ausschneiden*, *Kopieren* und *Einfügen*.

Mithilfe des Menüpunkts *Ansicht* können Sie sich visuelle Hilfen, den Quelltext, Blöcke in Ihrem Text oder unsichtbare Zeichen anzeigen lassen. Der Menüpunkt *Format* enthält bekannte Funktionen, aber auch neue zum Unterstreichen oder Durchstreichen eines Textes.

Außerdem gibt es noch die Möglichkeit, Tabellen einzufügen und zu bearbeiten. Diese Funktion ist auch als Symbol in der Leiste unter dem Menü vorhanden. Über zwei weitere Drop-down-Menüs können Sie die Textfarbe und die Hintergrundfarbe ändern.

Ein Menü können Sie übrigens auch selbst an Ihre Bedürfnisse anpassen. Über den Link *Einstellungen/TinyMCE Advanced* können Sie sich Ihr eigenes Menü oder Ihre eigene Symbolleiste basteln. Sie können die einzelnen Buttons zur Formatierung per Drag-and-drop beliebig verschieben.

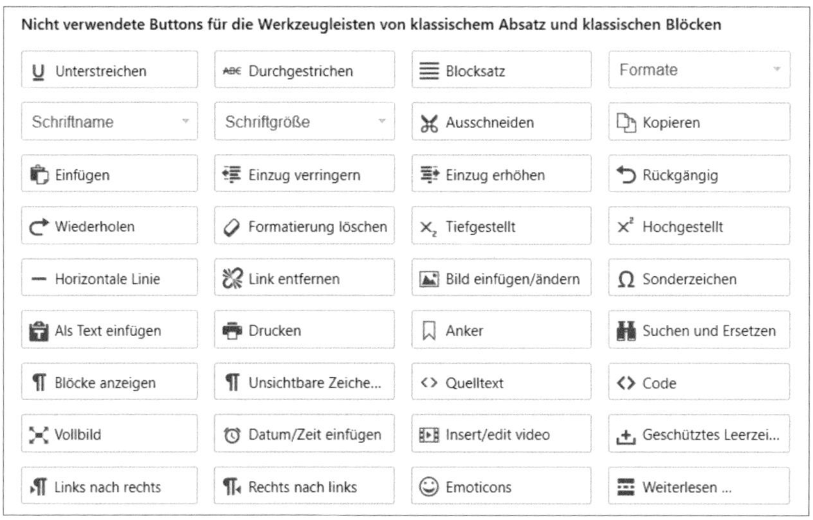

Viele Buttons stehen noch zum Einsatz bereit

Für die Erweiterung der Leiste schiebe ich das Symbol für *Schriftname* und *Schriftgröße* hinein. Dadurch habe ich 17 Schriftarten und sieben Schriftgrößen zur Verfügung. Die Auswahl der Schriftgrößen könnte ich noch auf 14 erhöhen, indem ich unter *Optionen* den Bereich *Schriftgröße* durch Mausklick in das Kästchen aktiviere.

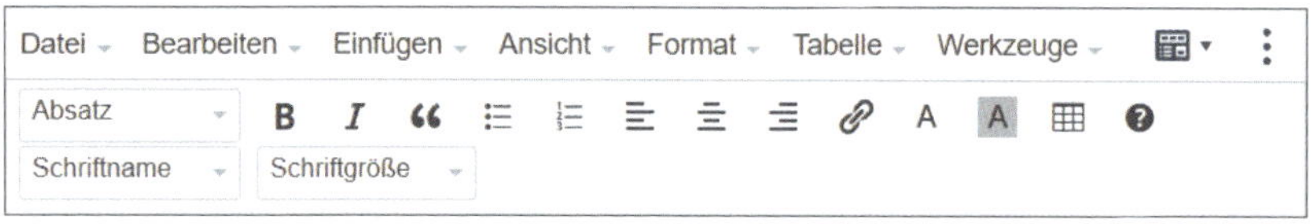

Die Symbolleiste wurde um zwei Buttons erweitert

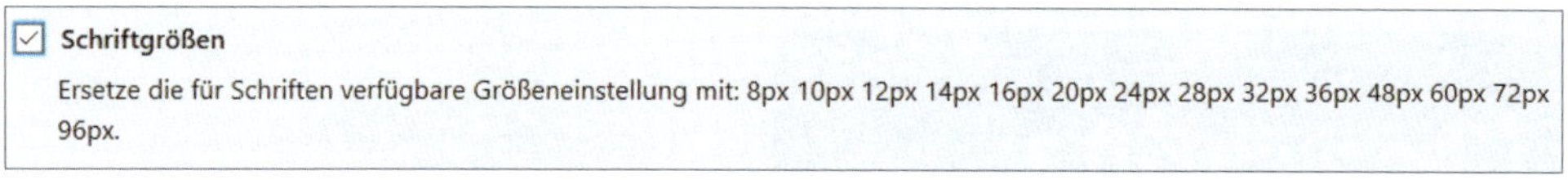

Wenn nötig, erweitern Sie die Schriftgrößen

Mithilfe dieses Plug-ins starte ich nun einen neuen Beitrag, gebe den Titel und die Einleitung für diesen Beitrag ein. Dann füge ich den Block *Classic Absatz* ein und gebe eine Überschrift und den Text für diesen Block in den Beitrag ein.

Titel des Beitrags und Text im Gutenberg-Format

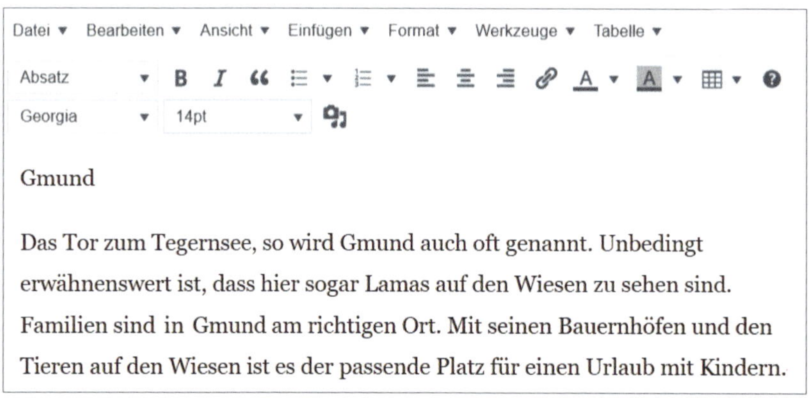

Überschrift und Text im Rohformat

20.2 Überschrift und Text formatieren

Für die Formatierung der Überschrift markiere ich diese und wähle aus der Drop-down-Liste *Absatz* die *Überschrift 1* aus. Da mir die Schrift des Standardtextformats von WordPress zu blass und zu groß ist, nehme ich hier eine Änderung vor. Ich markiere den gesamten Text und ändere die Schriftart über die gleichnamige Drop-down-Liste in *Arial*. Die Harmonie und Größe des restlichen Textes passen. Daher ändere ich an der Schriftgröße nichts.

Falls Sie in einem Text die Größe ändern wollen, tun Sie das über den Button *Schriftgröße*, und wählen Sie aus der Drop-down-Liste die gewünschte Größe aus.

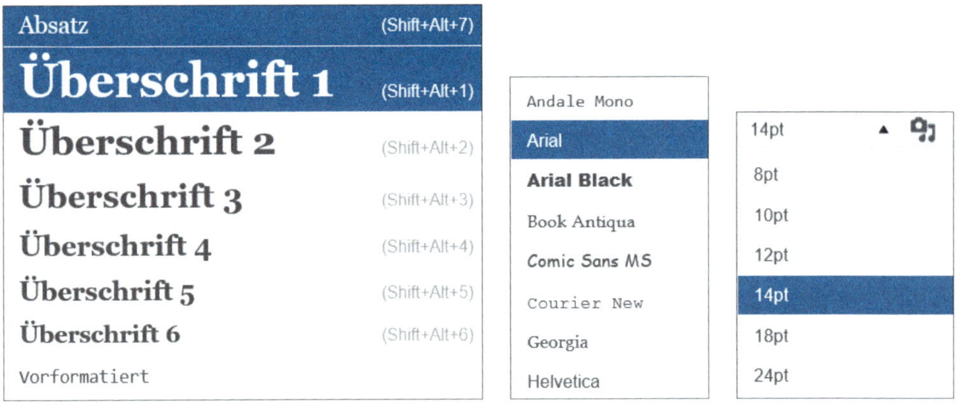

Die Formate für Überschriften, Schriftarten und Schriftgrößen

Im nächsten Schritt formatiere ich über das Menü *Format/Align/Blocksatz* den Text in Blocksatz um und schaue mir das Ergebnis an.

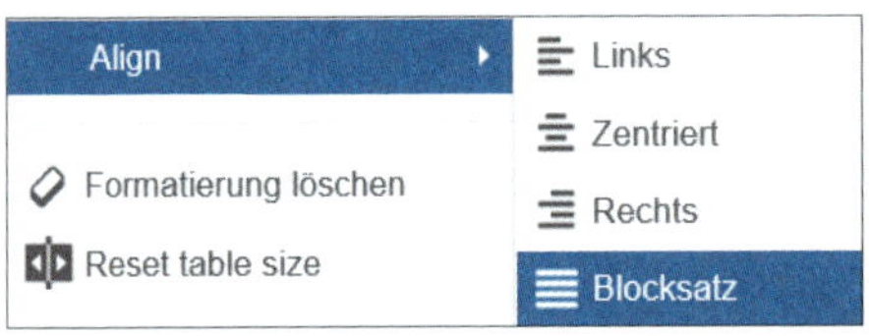

Der Text soll im Blocksatz formatiert werden

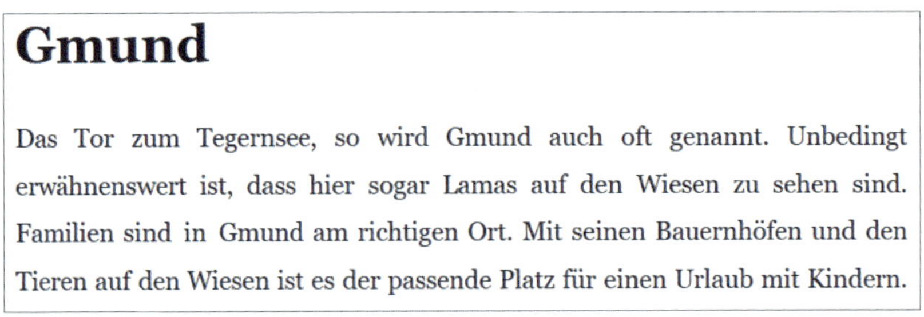

Durch die Formatierungen des Textes ergibt sich jetzt ein besseres Bild für den Textaufbau

20.3 Mehrere Beiträge bearbeiten

Auf diesem Blog lege ich jetzt einige weitere Beiträge an, aber nur mit den Überschriften. Diese Beiträge habe ich angelegt, um Ihnen zu demonstrieren, wie man mehrere Beiträge gleichzeitig bearbeiten kann, denn besonders bei Fachblogs kann es ja sein, dass Sie an einem Artikel arbeiten und Ihnen plötzlich zu einem anderen Beitrag etwas einfällt, das Sie schnell noch ändern wollen. Damit dies funktioniert, versehen Sie jeden Beitrag mit einem Häkchen. Klicken Sie dann über der Liste der Beiträge auf das Pop-up-Menü *Mehrfachaktionen* und in der aufklappenden Liste auf *Bearbeiten*. Ein weiterer Klick auf den Button *Übernehmen* rechts daneben bringt Sie in ein Fenster mit dem Titel *Mehrfachbearbeitung*, in dem alle ausgesuchten Beiträge nochmals angezeigt werden.

Die Liste mit den Beiträgen, die gleichzeitig bearbeitet werden können

Zur Bearbeitung der Beiträge und zur Übernahme der Bearbeitung

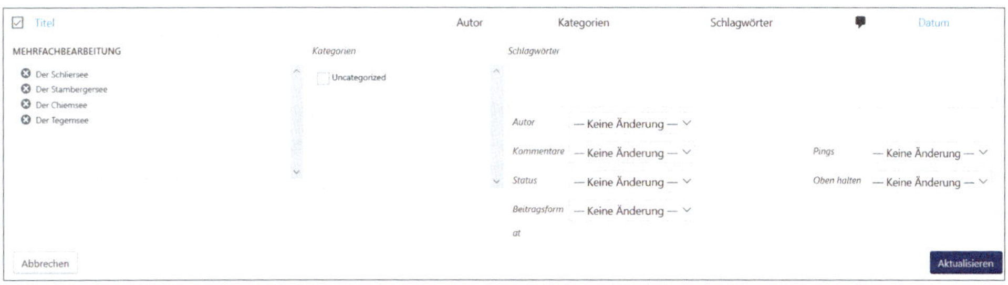

Das Massenbearbeitungsfenster mit den ausgewählten Beiträgen

Sie können nun Änderungen vornehmen, die allerdings dann für alle ausgewählten Beiträge gültig sind. Für Schlüsselwörter ist das wahrscheinlich nicht so ideal, denn diese weichen sicherlich in jedem Beitrag voneinander ab. Änderungen müssen Sie über den Button *Aktualisieren* bestätigen. Wie Sie bereits festgestellt haben werden, bezieht sich die Bearbeitung nicht auf den Inhalt der Beiträge, sondern nur auf die Verwaltung.

Beiträge mit QuickEdit bearbeiten

QuickEdit hilft Ihnen, wie der Name schon sagt, schnell einen Beitrag zu bearbeiten, ohne ihn aufzurufen. Wenn Sie mit der Maus in der Liste der Beiträge auf einen Beitragstitel gehen, wird unter dem Titel ein Menü angezeigt. Klicken Sie auf *QuickEdit*, und der gleichnamige Bereich wird aufgerufen. Das Fenster ähnelt dem der Massenbearbeitung.

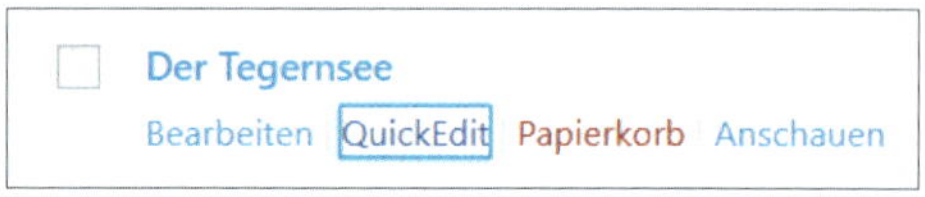

Von hier aus starten Sie die schnelle Bearbeitung

Hier können Sie den Titel oder die Titelform ändern, ein Passwort für diesen Beitrag vergeben, entscheiden, ob der Beitrag einer Kategorie zugeordnet werden soll, Kommentare erlauben oder nicht und den Status festlegen. Änderungen müssen Sie wie gehabt mit *Aktualisieren* bestätigen.

20.4 Bilder für den Fachblog

Bilder sind für bestimmte Arten von Fachblogs unentbehrlich. Sie lockern den Text auf, sind zusätzlich zu Beschreibungen nützlich und vertiefen den Informationsgehalt eines Blogs. Natürlich sollten die Bilder auch einen Bezug zu dem Beitragsinhalt haben.

Bilder übertragen

Bevor ich die Bilder vom PC in die Mediathek kopiere, betitle ich diese. In diesem Buch wurde zwar schon darauf hingewiesen, aber weil es sehr wichtig ist, hier nochmals zur Wiederholung: Vergeben Sie für jedes Bild einen Titel, denn wenn Sie irgendwann mehrere Hundert Bilder in Ihrer Mediathek haben, finden Sie ein Bild mit einem Titel leichter und schneller als eines mit einer Nummer und ersparen sich langes Suchen.

Damit die Bilder gleich während des Hochladens komprimiert werden, setze ich wieder das Plug-in *Compress JPEG & PNG images* ein. Wenn alle Bilder in der Mediathek sind, beginne ich mit der Verarbeitung der Fotos.

Ein Klick auf *Medienübersicht* zeigt Ihnen eine Übersicht über die komprimierten Bilder an. Im Bereich *Komprimieren* sehen Sie, wie viele Bildgrößen komprimiert wurden. Wenn Sie die Ersparnis nach dem Kopieren jedes einzelnen Bildes sehen wollen, klicken Sie bei dem jeweiligen Bild auf *Details*. Hier sehen Sie die Einsparung jeder Variante des Bildes und die gesamte Einsparung.

Die Info über komprimierte Bildgrößen

Nun bringe ich alle Bilder, die seitlich oder auf dem Kopf stehen, in die richtige Lage und komprimiere diese nochmals alle. Dafür aktiviere ich das Kontrollkästchen neben dem Link *Datei* durch Mausklick.

Hier wird alles markiert

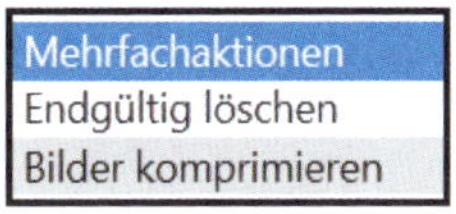

Alle Bilder sollen komprimiert werden

Danach öffne ich das Pull-down-Menü darüber und wähle die Option *Bilder komprimieren*. Nach einem Klick auf den Button *Übernehmen* rechts daneben startet die erneute Komprimierung. Diese zweite Komprimierung ist wichtig, da die bearbeiteten Bilder den Speicherbedarf wieder erhöhen.

Bilder nutzen

Weil das für diesen Blog ausgesuchte Theme *Lovecraft* die Möglichkeit bietet, jedes Beitragsbild gleichzeitig als Header-Bild anzuzeigen, nutze ich dieses Angebot. Dafür müssen Sie in Ihrem Beitrag ein Beitragsbild festlegen. Ich füge eines aus der Mediathek in den Bereich *Beitragsbild* in der rechten Spalte ein, klicke auf den Button *Aktualisieren* am oberen rechten Rand und sehe mir das Ganze in der Vorschau an.

Das Header-Bild wurde durch das Beitragsbild ausgetauscht

Ein Bild neben den Textblock stellen

Sicherlich haben Sie sich schon oft gefragt, wenn Sie einen Blog anschauen, wie die Leute das geschafft haben, ein Bild neben mehreren Zeilen Text zu platzieren, ohne dass sich die Textzeilen verschieben, also Leerzeilen zwischen den Texten erscheinen.

Da gibt es einen einfachen Trick: Setzen Sie den Cursor über den Textabschnitt, in dem Sie das Bild haben wollen, und fügen Sie es ein. Sie erinnern sich: Button *Dateien hinzufügen* in der Symbolleiste anklicken, dann auf *Dateien auswählen* klicken und das gewünschte

Bild aus der Mediathek aussuchen. Ein weiterer Klick auf den Button *In den Beitrag einfügen* übernimmt das Bild in den Beitrag.

Fügen Sie über diesen Weg ein Bild ein. Dieses Icon platziert ein Bild rechtsbündig

Aber hier soll es ja nicht hin. Daher klicken Sie jetzt auf das Bild, sodass die Symbolleiste über dem Bild angezeigt wird. Klicken Sie auf das *Rechtsbündig*-Icon, das Bild wird wie von Zauberhand neben dem Text, der jetzt noch unter dem Bild steht, platziert. Verkleinern Sie das Bild nun noch proportional, bis es etwa die Größe des Textabsatzes hat. Speichern Sie den Vorgang über den Button *Aktualisieren* ab.

Genau hier soll das Bild platziert sein

Die Galerie

Ich füge dem Beitrag jetzt Bilder als Galerie hinzu. Sie erinnern sich? Cursor an die Stelle im Text setzen, an der die Galerie stehen soll, dann auf *Dateien hinzufügen* und in der Mediathek auf den Link *Galerie erstellen* klicken und per Mausklick die Bilder auswählen, die in die Galerie sollen. Ein weiterer Klick auf *Galerie erstellen* führt in den Bereich *Galerie bearbeiten*. Hier müssen die einzelnen Bilder noch beschriftet werden.

Die Beschriftung für die Bilder fehlt noch

Auf der rechten Seite neben den Bildern finden Sie den Bereich für die Einstellungen der Galerie, eine zufällige Sortierung ist ebenfalls möglich. Sie können hier festlegen, wohin die Galerie verlinkt werden soll, in wie vielen Spalten sie angezeigt wird, und eine Größe bestimmen. Ein Klick auf den Button *Galerie einfügen* übernimmt diese in den Text.

Legen Sie hier weitere Einstellungen fest. Die Galerie wird eingefügt

Wenn Sie die Galerie nach der Übernahme in den Text anklicken, wird sie blau umrandet, und am oberen Rand zeigen sich zwei Symbole, eines für die Bearbeitung der Galerie und das andere für die Löschung.

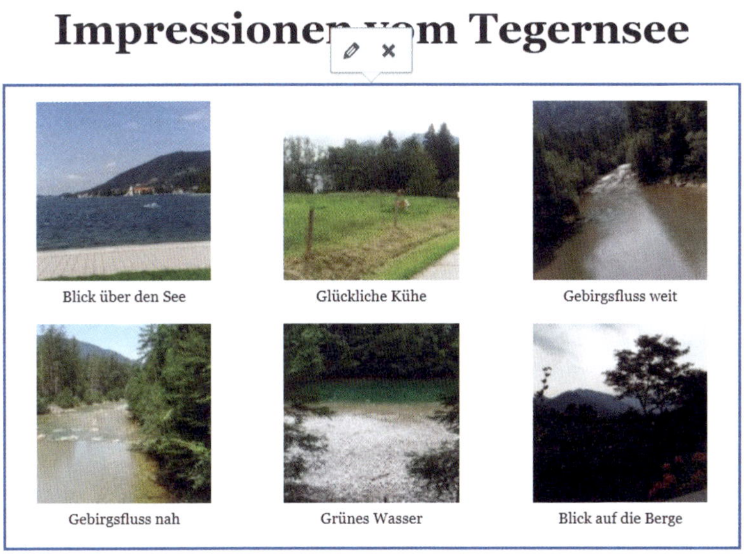

Die Bilder wurden in den Beitrag eingefügt. Zwei wichtige Symbole in Bezug auf die Galerie

Die Lightbox

Zusätzlich installiere ich das Plug-in *WP Featherlight – A Simple jQuery Lightbox*, das eine spezielle Anzeige der Fotos auf der Seite ermöglicht. Mithilfe der Lightbox lassen sich Bilder optisch besser darstellen. Die Lightbox ist bequem für den Anwender, sie muss nur aktiviert werden, und das war dann schon alles. Wenn das Plug-in aktiviert ist und Sie eines der Bilder auf der Seite anklicken, wird es vergrößert in einer Box mit schwarzem

Seitenrahmen angezeigt. In dieser Box können Sie sich durch Klick auf das Bild von einem Bild zum nächsten bewegen, mit der [Esc]-Taste schließen Sie die Lightbox wieder.

Das Bild wird in der Lightbox vergrößert präsentiert

Aber das ist noch nicht alles. Die Lightbox lässt sich in sieben verschiedenen Varianten anzeigen. Im Menü *Lightbox/Allgemein* finden Sie im Bereich *Standard-Lightbox* sieben verschiedene Möglichkeiten, die Lightbox anzuzeigen. Standardmäßig ist hier *SwipeBox* aktiviert.

Der Weg zur Lightbox

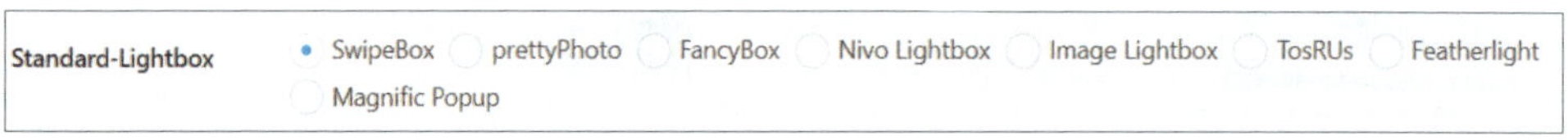

Der Weg zur Lightbox. Die unterschiedlichen Anzeigemöglichkeiten der Lightbox

Mit dem Button *Änderungen speichern* wird die ausgewählte Option aktiviert und ab jetzt in der Seite bei Mausklick auf ein Bild genutzt. Über den Button *Standard wiederherstellen* kommen Sie wieder zur letzten Einstellung zurück.

Speichern Sie Ihre Änderungen oder machen Sie sie wieder rückgängig

Bei der Variante *prettyPhoto* werden die Bilder in einem schwarzen Rahmen angezeigt. Zusätzlich sehen Sie am unteren Rand des Bildes eine Vorschau auf die folgenden. Mit den Pfeilen links und rechts am Bildrand wechseln Sie zwischen den Bildern hin und her. Mit den Pfeilen neben den Vorschaubildern können Sie die Ansicht dieser Bilder wechseln, und die Pfeile am unteren linken Rand zeigen das nächste oder vorangegangene Foto in großem Format an. Das Kreuz oben rechts zeigt das Bild vergrößert an, und mit dem Kreuz am unteren rechten Rand wechseln Sie wieder zur Galerie-Ansicht.

Die Lightbox zeigt Vorschaubilder

Bei *FancyBox* bewegt sich das Bild beim Scrollen immer mit. Das ist eher nervend für den Leser. Daher würde ich die Verwendung dieser Variante nicht empfehlen. *Nivo Lightbox* zeigt die Bilder ebenfalls in voller Bildschirmgröße. Bei schmaleren Bildern sind allerdings der Text des Beitrags und die Galerie zu sehen. Deswegen würde ich diese Option auch nicht nutzen.

Bei *Image Lightbox* werden die Bilder ebenfalls in voller Größe angezeigt. Durch Klick auf ein Bild kann man sich hier durch die Galerie bewegen. Allerdings wird auch hier im Hintergrund der Text angezeigt, und wenn man den Mauszeiger auf das Bild bewegt, kann im Beitrag nach oben oder unten gescrollt werden. Dabei ist je nach Bildgröße nur ein Teil davon zu sehen.

TosRUs springt automatisch alle paar Sekunden von einem Bild zum nächsten und zeigt am unteren Rand alle Bilder der Galerie an. Bei schmalen Bildern ist dabei im Hintergrund die Galerie zu sehen. Diese Variante würde ich nur empfehlen, wenn in der Galerie keine schmalen Bilder vorhanden sind, obwohl bei breiten Bildern ebenfalls ein Teil des Textes sichtbar ist. *Featherlight* legt einen weißen Rahmen um die Fotos. Wenn der Mauszeiger auf die linke oder rechte Seite des Fotos bewegt wird, zeigt sich ein Pfeil zum Bewegen zwischen den Fotos.

Bild mit weißem Rahmen und großem Pfeil zum Weiterbewegen

Magnific Popup bietet auch eine vergrößerte Ansicht der Bilder nach dem Anklicken und Pfeile. Diese Variante kann als Alternative zu *SwipeBox* verwendet werden.

Außer den verschiedenen Varianten für die Anzeige der Bilder werden auch noch unterschiedliche Möglichkeiten für die Anzeige der Galerie selbst angeboten. Diese finden Sie im Bereich *WordPress Galerie*. Aktuell ist *Standard* aktiviert. Die Option *Basis Gitter* zeigt die Bilder der Galerie versetzt und in unterschiedlichen Größen an. *Basic Slider* zeigt die Bilder automatisch nacheinander an, und *Basic Masonry* ist im Grunde das Gleiche wie *Basis Gitter*.

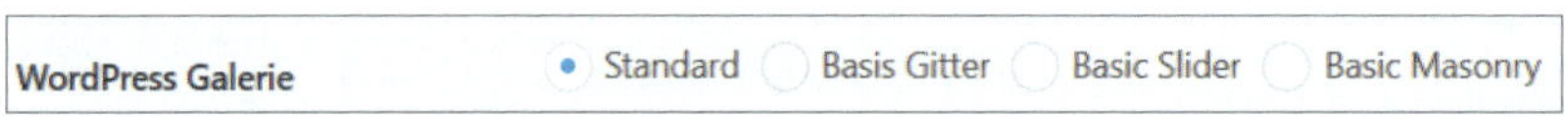

Die Auswahlmöglichkeiten für die Anzeige der Galerie

Nun ändere ich noch die Seite mit dem Link auf *Start* und lege die Seiten *Über mich, Kontakt, Datenschutz* sowie *Impressum* an, und zwar genau in dieser Reihenfolge. Dazu öffne ich die Webseite und klicke auf den Menüpunkt *Customizer*, um die Anpassungen für diese Seite zu öffnen. Dann öffne ich den Bereich *Menüs* und klicke auf den Button *Neues Menü erstellen*.

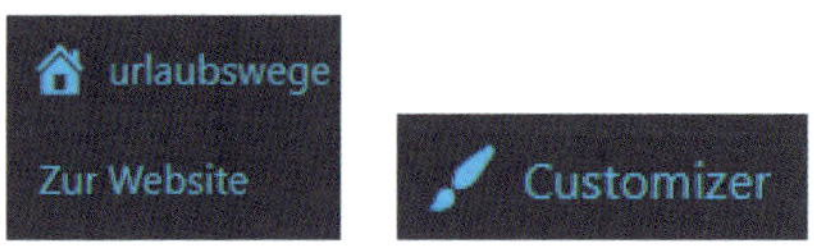

Starten Sie die Seite, dann geht es zu den Anpassungen

Der Weg zu den Menüs

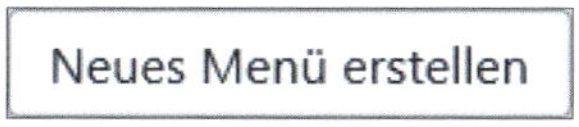

Hier wird ein neues Menü erstellt

Geben Sie den Namen des Menüs ein und aktivieren Sie die Option *Hauptmenü*. Klicken Sie auf *Weiter*. Es geht weiter mit einem Klick auf den Button *Einträge hinzufügen*. Rechts daneben öffnet sich eine Liste mit den vorher angelegten Seiten.

Klicken Sie die Namen der Seiten in der Reihenfolge an, in der sie im Menü stehen sollen. Jede Seite, die Sie anklicken, wird nach links übernommen.

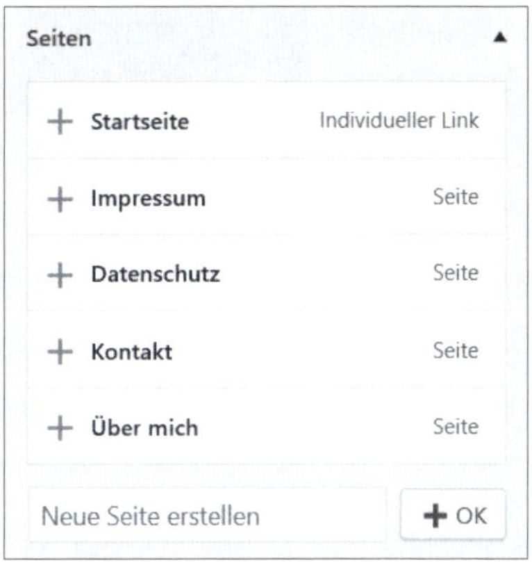

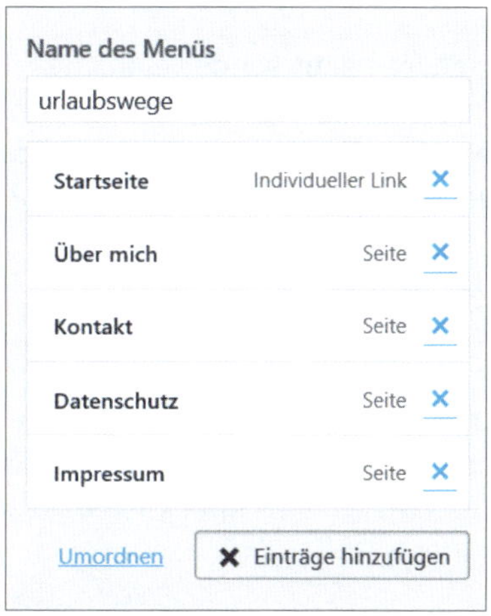

Die Auswahl über die angelegten Seiten. Die Seiten wurden in das Menü übernommen

Ein Klick auf *Veröffentlichen* zeigt Ihnen das Menü mit seinen fünf Menüpunkten in einer Vorschau an. Sie können jederzeit weitere Menüs hinzufügen.

21. Kontaktformulare

In WordPress-Beiträgen werden meist Kontaktformulare verwendet. Das wohl populärste *Contact Form 7* haben Sie bereits in Kapitel 11 kennengelernt. In diesem Kapitel möchte ich Ihnen noch zwei weitere vorstellen. Eines davon ist bereits im Theme *Lovecraft* enthalten. Wenden wir uns zuerst diesem zu.

21.1 WPForms

Mit *WPForms* können Sie relativ schnell einfache Formulare erzeugen. Dieses Plug-in ist bereits in dem verwendeten Theme enthalten und hat im Dashboard ein eigenes Menü. Klicken Sie auf *WPForms* und anschließend auf den Link *Einfaches Kontaktformular*.

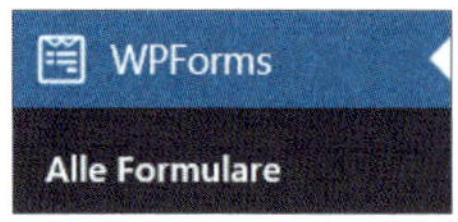

Der Weg zu den Formularen

Ein einfaches Formular genügt

Der Arbeitsbereich für das Formular wird geöffnet. Die wichtigsten Felder sind in dem Musterformular auf der rechten Seite bereits enthalten. Auf der linken Seite sehen Sie einige Felder, die Sie zusätzlich einfügen können, dies ist aber nicht nötig.

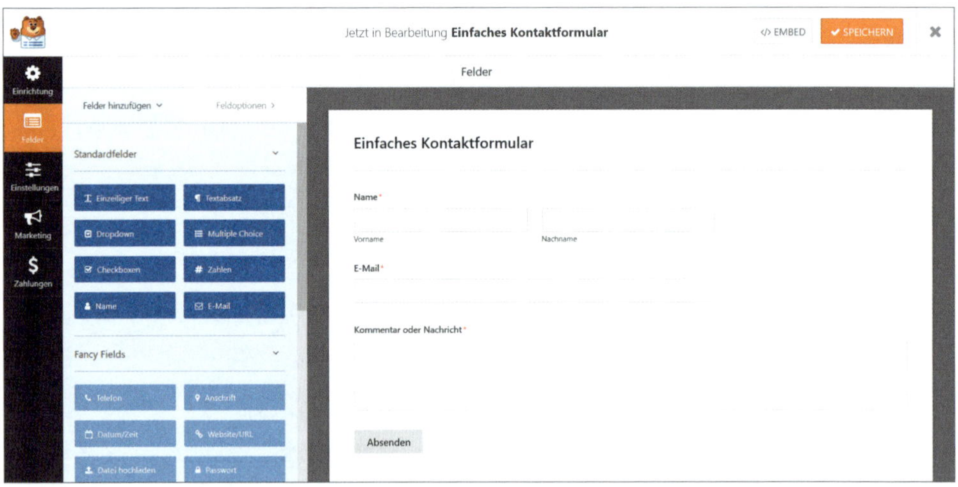

Normalerweise reichen diese Eingabefelder aus

Wenn Sie das Formular auf Ihrer Seite ansehen wollen, klicken Sie auf den Button *EMBED* am oberen rechten Rand. Daraufhin wird Ihnen ein Code angezeigt, den Sie in die Seite kopieren müssen. Öffnen Sie die Seite, und kopieren Sie den Code unter der Überschrift hinein. Speichern Sie den Vorgang ab, und sehen Sie sich das Formular in der Vorschau an.

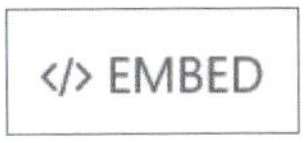

Ein wichtiger Button

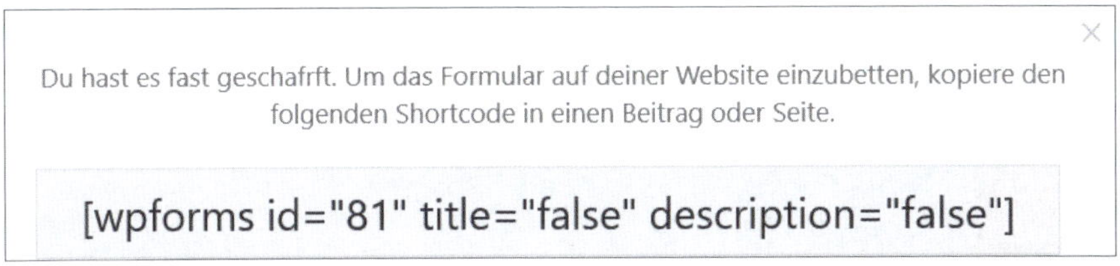

Der Shortcode muss kopiert werden

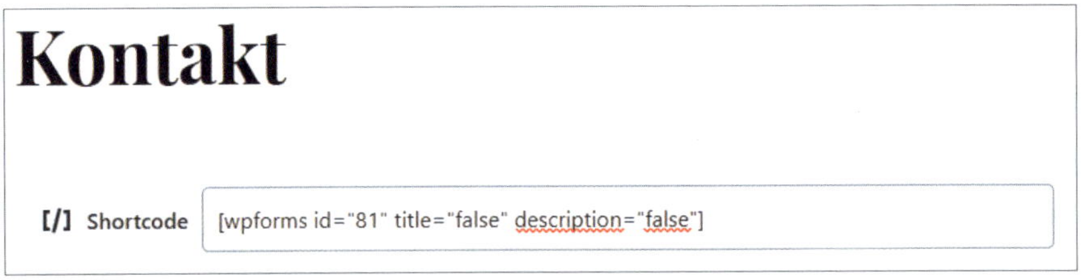

Der kopierte Code im Arbeitsbereich der Seite

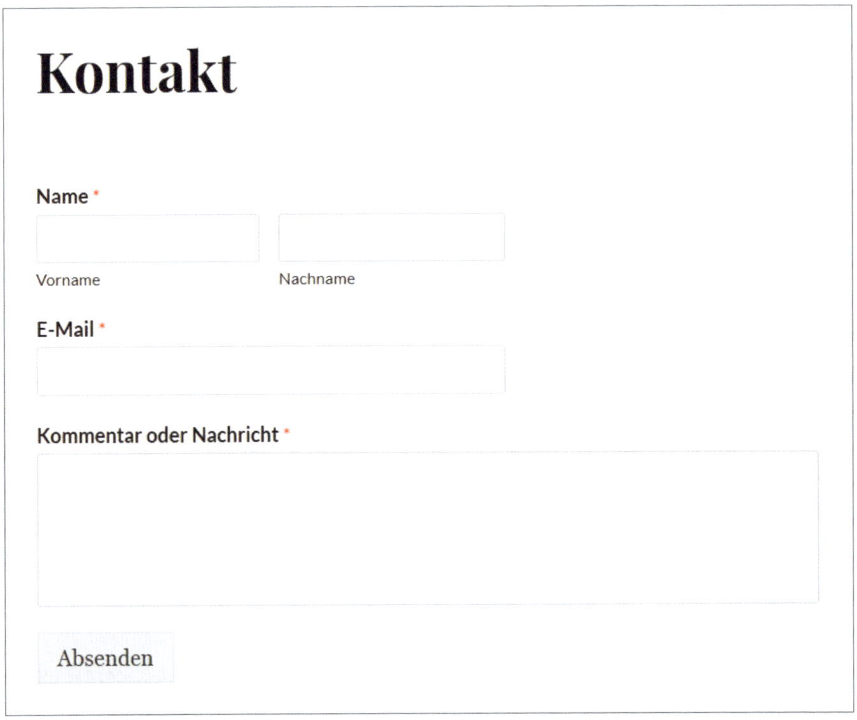

Diese Felder reichen normalerweise für das Kontaktformular aus

21.2 Ninja Forms

Mit *Ninja Forms* steht ein einfach zu bedienendes Kontaktformular zur Verfügung, mit dem sich ein Formular in Sekundenschnelle einrichten lässt. Nach der Aktivierung wird für das Plug-in ein eigenes Menü in der Sidebar eingerichtet.

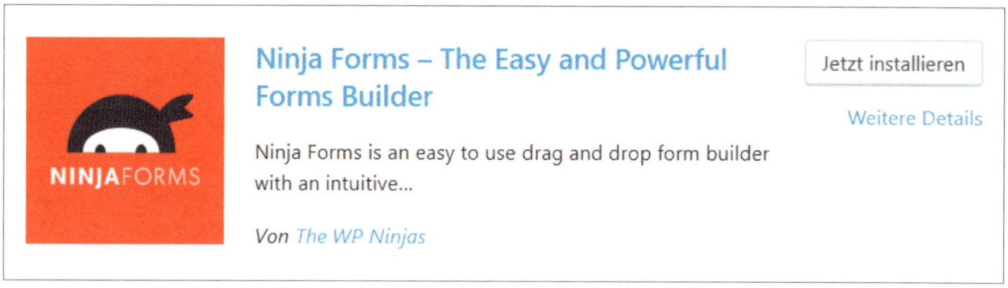

Ein weiteres Kontaktformular

Gestartet wird der Formularbereich von *Ninja Forms* über das Menü *Ninja Forms/Hinzufügen*. Ich wähle *Blank Form* durch Mausklick aus. Im Arbeitsbereich befindet sich links eine Seite, in die die Buttons auf der rechten Seite hineingeschoben werden können. Klicken Sie den Button an, den Sie nach links transportieren wollen, und ziehen Sie ihn mit gedrückt gehaltener Maustaste an seinen Platz auf der linken Seite. Durch das Verschieben eines Buttons in den leeren Bereich wird ein Eingabefeld erzeugt. Wiederholen Sie den Vorgang mit den anderen Buttons, die Sie verwenden wollen.

Der Weg zur Formularauswahl

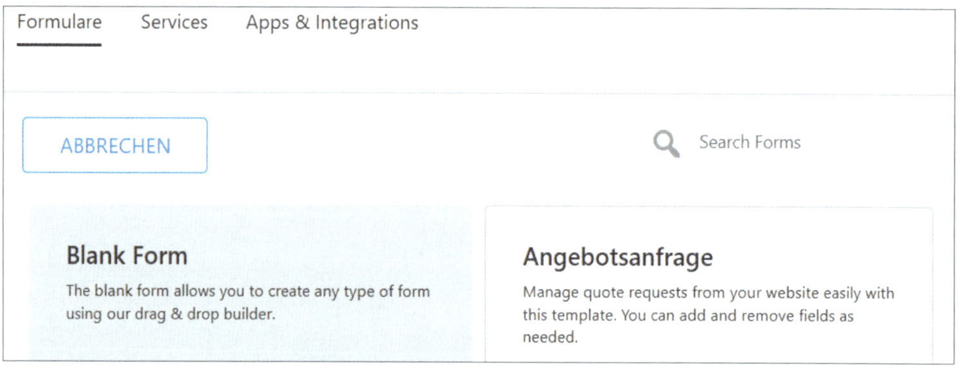

Suchen Sie hier eine Vorlage für das Formular aus

Verschieben Sie die sechs Buttons *Vorname, Nachname, E-Mail, Textabsatz, Stern-Bewertung* und *Absenden* in den linken leeren Bereich. Über den Button *Fertig* am oberen rechten Rand des Arbeitsbereichs bestätigen Sie die verschobenen Buttons für die Aufnahme in das Formular.

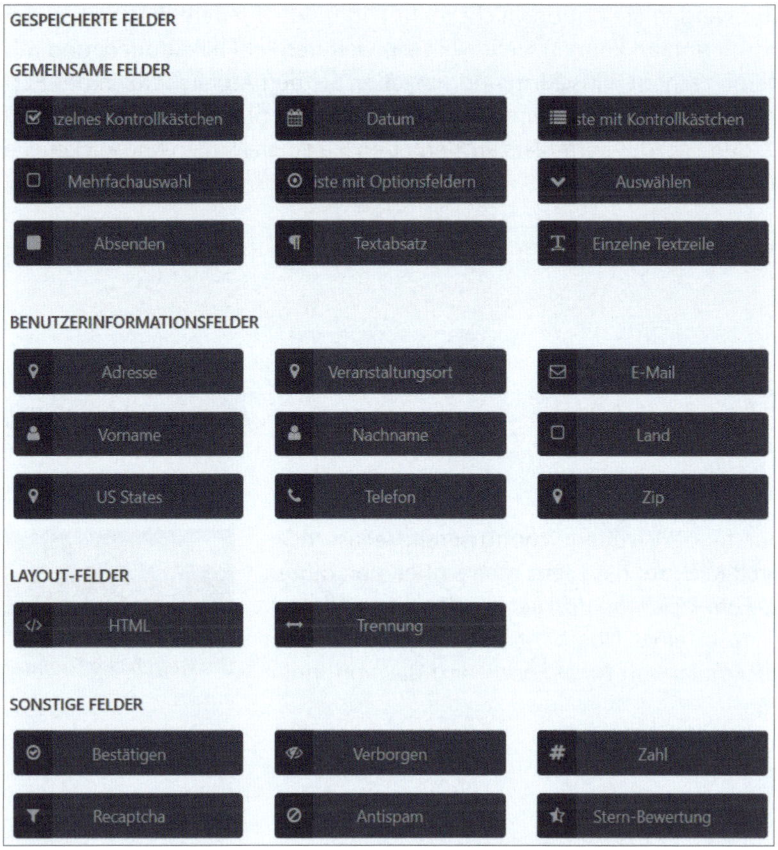

Hier stehen zahlreiche Buttons zum Erzeugen der Formularfelder bereit

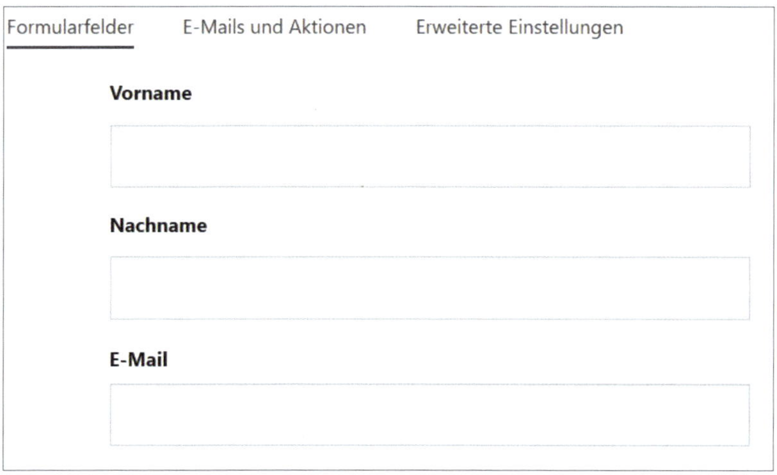

Einige der ausgesuchten Formularfelder in der Übersicht

Im nächsten Fenster werden die Buttons nicht mehr angezeigt. Mit dem Pluszeichen am unteren linken Bildschirmrand können Sie jeweils ein weiteres Feld hinzufügen, und mit dem Kreuz am oberen rechten Bildschirmrand schließen Sie den Arbeitsbereich des Formulars. Ein Klick auf den Button *Veröffentlichen* führt Sie in das nächste Fenster. Es zeigt ein Eingabefeld für den Titel des Formulars an. Vergeben Sie einen Namen und klicken Sie nochmals auf *Veröffentlichen*.

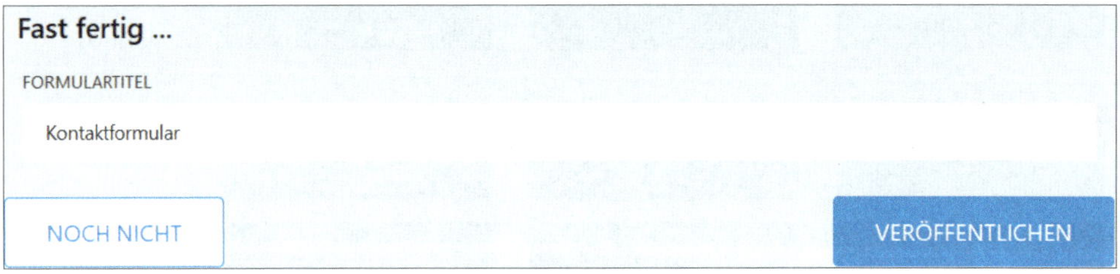

Der Name für das Formular wird vergeben

Das Formular ist nun für die Veröffentlichung bereit. Verlassen Sie diesen Bereich durch Klick auf das Kreuz rechts oben und öffnen Sie das Menü *Ninja Forms/Dashboard*. Hier werden Ihnen alle vorhandenen Formulare in einer Übersicht angezeigt. Momentan sind ein Standardformular von *Ninja Forms* und das von Ihnen erstellte vorhanden.

Der Weg zu den Formularen

Der Weg zu den Formularen. Die Formulare werden in einer Liste angezeigt

Durch einen Klick auf das Zahnrad am rechten Rand jedes Eintrags werden weitere Optionen zu dem Formular geöffnet. Sie können es bearbeiten oder duplizieren, in einer Vorschau betrachten oder die Einträge ansehen und löschen. Wenn Sie direkt auf den Namen klicken, wird das Formular geöffnet.

Nun müssen Sie den Shortcode Ihres erstellten Formulars markieren und in die Seite *Kontakt* einfügen. Nach einem Klick auf *Speichern* wird das Formular ab jetzt auf dieser Seite angezeigt. Über den Button *Vorschau* können Sie sich das Ergebnis ansehen.

Der wichtige Formularcode

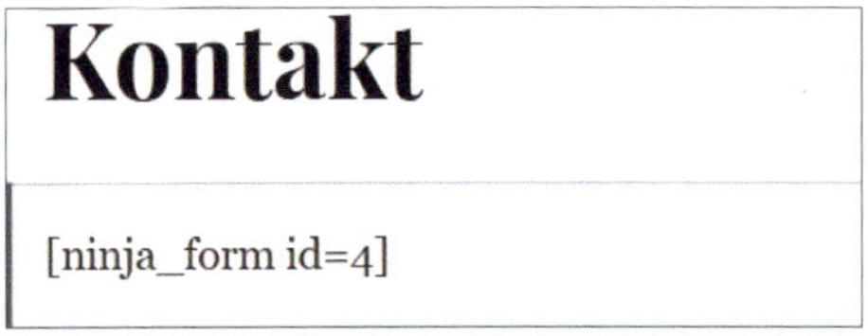

Der Code wurde in die Seite eingefügt

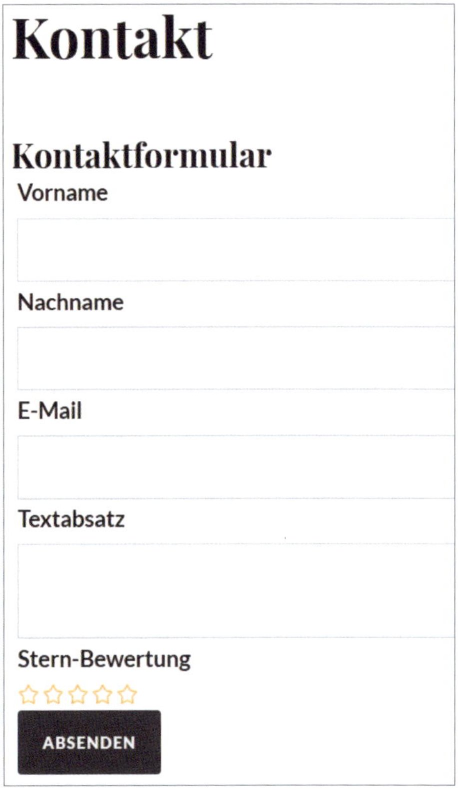

Das Kontaktformular steht für Eingaben bereit

22. Revisionen

Nach jeder neuen Änderung oder Ergänzung in Ihrem Beitrag erstellt WordPress nach dem Speichern eine Revision und speichert den aktuellen Stand in einer Datenbank zur Sicherheit ab.

Das hat den Vorteil, dass Sie immer wieder auf die letzte oder auch auf frühere Speicherungen zurückgreifen können. Wenn Sie einen Text ändern und am nächsten Tag denken, dass der alte Text doch besser war, können Sie Ihre Änderungen über die Revisionen wieder rückgängig machen.

Es gibt aber auch Nachteile: Wenn Sie einen ziemlich umfangreichen Blog mit 30 oder 40 Beiträgen haben und auf jeder Seite nur zehnmal Änderungen vornehmen, haben Sie bereits 300 bis 400 Revisionen.

Es ist also sinnvoll, regelmäßig die Revisionen bis auf die zwei oder drei neuesten in jedem Beitrag zu löschen, da jeder Provider nur begrenzt Speicherplatz zur Verfügung stellt und Ihr Blog mit vielen Revisionen nur unnötig aufgebläht wird.

Um das Ganze an einem Beispiel zu demonstrieren, gebe ich im Beitrag *Der Chiemsee* neuen Text ein. Wenn Sie sich vor der Texteingabe den Bereich *Dokument* anschauen, werden Sie feststellen, dass hier der Eintrag *Revisionen* noch nicht vorhanden ist, da es bisher in diesem Beitrag noch keine Änderungen oder Neueingaben gab.

Ich gebe den neuen Text ein und speichere ihn ab. Wenn Sie sich nun den Bereich *Dokument* anschauen, werden Sie sehen, dass der Eintrag *Revisionen* mit der Anzeige der Anzahl der Revisionen neu hinzugekommen ist. Aktuell haben sich bereits 13 davon angesammelt. Die Revisionen sehen Sie, wenn Sie direkt auf den Eintrag klicken.

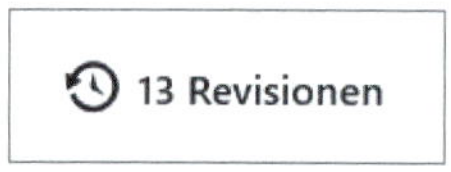

Anzeige der Revisionen nach dem Speichern

22.1 Revisionen anzeigen

Jetzt schauen wir uns diese Revisionen einmal genauer an. Zu jeder einzelnen Revision sehen Sie eine Übersicht mit dem Inhalt des ausgesuchten Textes. Darunter finden Sie die letzten beiden Revisionen zu diesem Beitrag. Neuer Text wird mit der Farbe Grün hinterlegt angezeigt.

Wie Sie sehen, wurde das Wort *kleine* durch ein *n* zu *kleinen* geändert und dem Text ein Satz hinzugefügt. Mit dem Schieberegler können Sie sich bis zu den ältesten Versionen zurückbewegen, indem Sie ihn mit gedrückt gehaltener linker Maustaste nach links ziehen.

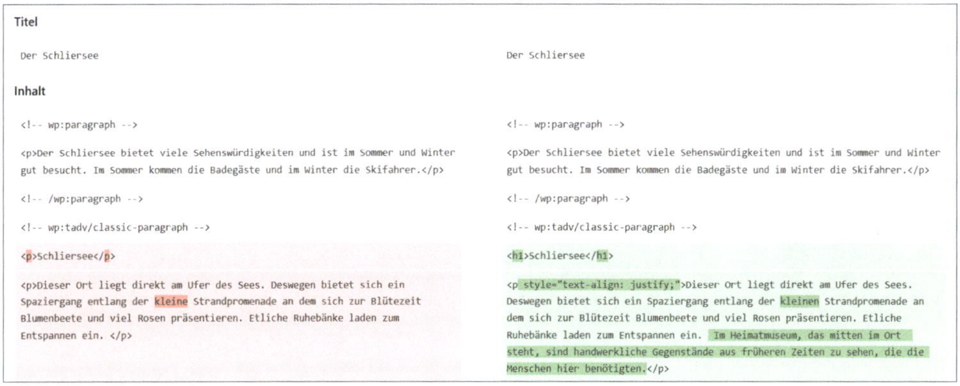

Die Anzeige der neuesten Revisionen

Der Schieberegler führt bis zu den ältesten Versionen

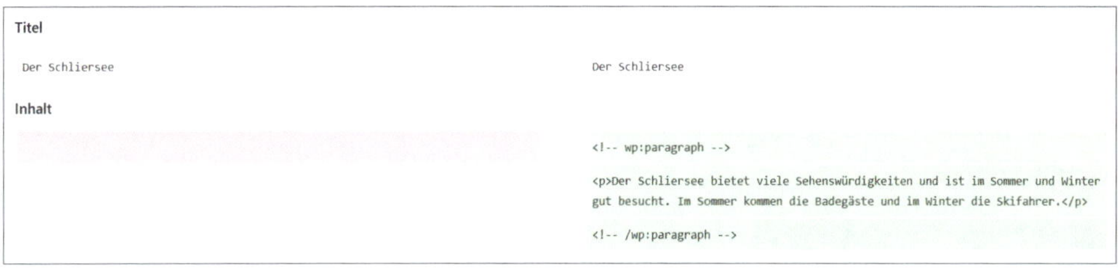

Nur die ersten beiden Revisionen werden angezeigt

Sie können auch zwei Revisionen miteinander abgleichen über die Option *Zwei beliebige Revisionen vergleichen*. Dadurch sehen Sie die Änderungen zwischen zwei Revisionen. Bei längeren Artikeln macht dies aber sicher wenig Sinn, da man keinen Überblick mehr hat. Bei kürzeren Texten ist es durchaus sinnvoll.

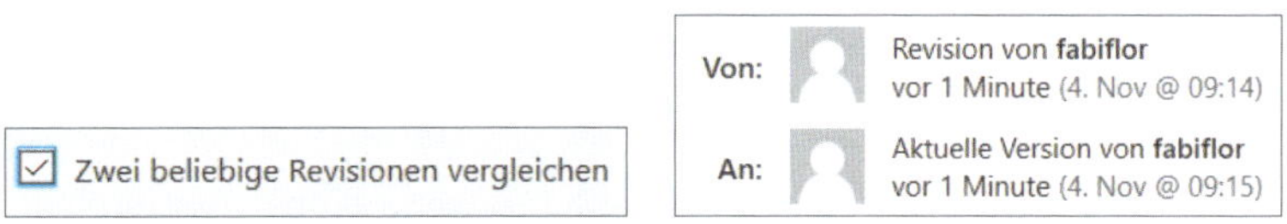

Vergleichen Sie die Revisionen. Die letzten beiden Versionen der Revisionen

Durch die Einstellung des Schiebereglers können Sie festlegen, welche beiden Versionen Sie vergleichen wollen – die letzte mit der ersten oder die letzte mit der vorletzten oder auch andere Varianten.

Stellen Sie einen direkten Vergleich mithilfe der Schieberegler an

Titel

```
Der Schliersee
```

```
Der Schliersee
```

Inhalt

```
<!-- wp:paragraph -->

<p>Der Schliersee bietet viele Sehenswürdigkeiten und ist im Sommer und Winter
gut besucht. Im Sommer kommen die Badegäste und im Winter die Skifahrer.</p>

<!-- /wp:paragraph -->
```

```
<!-- wp:paragraph -->

<p>Der Schliersee bietet viele Sehenswürdigkeiten und ist im Sommer und Winter
gut besucht. Im Sommer kommen die Badegäste und im Winter die Skifahrer.</p>

<!-- /wp:paragraph -->

<!-- wp:tadv/classic-paragraph -->

<h1>Schliersee</h1>

<p style="text-align: justify;">Dieser Ort liegt direkt am Ufer des Sees.
Deswegen bietet sich ein Spaziergang entlang der kleinen Strandpromenade an, an
dem sich zur Blütezeit Blumenbeete und viel Rosen präsentieren. Etliche
Ruhebänke laden zum Entspannen ein.  Im Heimatmuseum, das mitten im Ort
steht, sind handwerkliche Gegenstände aus früheren Zeiten zu sehen, die die
Menschen hier benötigten.</p>

<!-- /wp:tadv/classic-paragraph -->
```

Hier wird die zuerst erstellte Variante mit der letzten verglichen

Sie können die gewünschte Revision über den Button *Wiederherstellen* neu aktivieren. Der Vergleich zwischen zwei Revisionen darf dabei nicht aktiviert sein. Die gerade geänderte Version des Artikels haben Sie aber trotzdem noch, da davon ja auch wieder eine Revision erzeugt wurde.

Sie können immer nur ab der vorletzten Revision wiederherstellen, die aktuelle natürlich nicht, denn diese wird erst als revisionsfähig aktiviert, wenn die ältere Version wiederhergestellt wird.

Diese Revision wiederherstellen

Der Button zur Wiederherstellung

Für ein weiteres Beispiel wechsle ich wieder in den Beitrag *Der Schliersee*, lösche aus dem ersten Absatz einen Teil des Textes und speichere die Änderung ab. Dann sehe ich mir die Revisionen an.

Der gelöschte Teil ist nun in der alten Version, die links zu sehen ist, markiert, im rechten Bereich sehen Sie die neue Version. Durch Klick auf den Button *Diese Revision wiederherstellen* bekommen Sie den gelöschten Teil wieder in den Beitrag zurück.

```
<p style="text-align: justify;">Dieser Ort liegt direkt am Ufer des Sees.
Deswegen bietet sich ein Spaziergang entlang der kleinen Strandpromenade an, an
dem sich zur Blütezeit Blumenbeete und viel Rosen präsentieren. Etliche
Ruhebänke laden zum Entspannen ein.  Im Heimatmuseum, das mitten im Ort
steht, sind handwerkliche Gegenstände aus früheren Zeiten zu sehen, die die
Menschen hier benötigten.</p>
```

```
<p style="text-align: justify;">Dieser Ort liegt direkt am Ufer des Sees.
Deswegen bietet sich ein Spaziergang entlang der kleinen Strandpromenade an, an
dem sich zur Blütezeit Blumenbeete und viel Rosen präsentieren. Etliche
Ruhebänke laden zum Entspannen ein.  </p>
```

Eine Gegenüberstellung des gelöschten Textes mit der neuen Version ohne den gelöschten Text

22.2 Revisionen löschen

Wenn Sie jetzt überflüssige Revisionen löschen, kann dies die Zugriffsgeschwindigkeit auf Ihren Blog erhöhen. Für das Löschen der Revisionen sollten Sie auf das Plug-in *WP-Sweep* zurückgreifen. Installieren Sie dieses Tool und aktivieren Sie es. Über das Menü *Werkzeuge/ WP-Sweep* starten Sie den Arbeitsbereich des Plug-ins. Dort werden Ihnen die vorhandenen Revisionen angezeigt.

Ein wichtiges Tool zur Bereinigung doppelter Daten

Der Weg zum Plug-in

Am unteren Rand der Liste sehen Sie zwei Buttons. Über den rechten mit der Bezeichnung *Details* können Sie sich die einzelnen Revisionen anzeigen lassen. Wichtiger ist der blau markierte. Wenn Sie ihn anklicken, werden alle alten Revisionen mit den dazugehörigen Angaben aus der Datenbank entfernt. Bedenken Sie bitte, dass der Bereinigungsvorgang nicht rückgängig gemacht werden kann. Was gelöscht wird, ist weg. Sichern Sie deshalb vorher Ihre Daten durch ein Backup. Wie Sie dazu vorgehen, erfahren Sie im nächsten Kapitel. Lesen Sie sich das Kapitel also am besten vorher durch, bevor Sie Revisionen löschen.

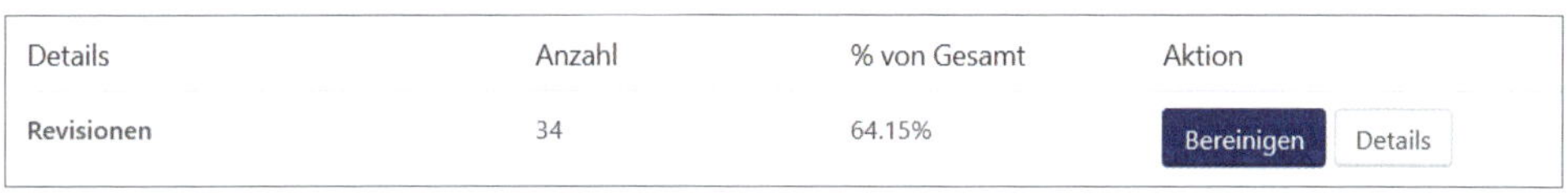

Prüfen Sie über diesen Weg Ihre Revisionen

Ein einziger Klick entfernt alle alten Revisionen

Wenn der Bereinigungsvorgang abgeschlossen ist, klicken Sie auf *Sweep*. Sie erhalten eine Mitteilung über die Anzahl der gelöschten Revisionen.

23. Backups und Absicherung

Die Backups werden von vielen Bloggern vernachlässigt, das kann gravierende Folgen haben. Wenn Sie kein Backup Ihres Blogs haben, kann dieser schnell wieder im Anfangsstadium stehen, wenn alle Daten weg sind. Die meisten Anbieter stellen heutzutage ein automatisches Backup zur Verfügung, aber allein darauf sollten Sie sich nicht verlassen.

Gewisse Bereiche sollte man als Blogger immer sichern, an erster Stelle sind hier die Datenbanken zu nennen, da sie den Hauptbereich des Blogs darstellen. An zweiter Stelle folgen die Blog-Dateien, die Sie aber nicht jeden Tag sichern müssen. Ebenfalls wichtig ist die Sicherung von E-Mails und Bildern. Es kann schon durch eine Änderung des Themes oder die Installation eines neuen Plug-ins passieren, dass Ihre Seite nicht mehr einwandfrei funktioniert.

23.1 Eine gute Datensicherung

Die Sicherung der Daten ist bei WordPress sehr wichtig. Sie sollten sich lieber ein bis zwei Stunden mit einem Backup vertraut machen, als die Daten aus wochenlanger Arbeit zu verlieren. Leider hat WordPress von Haus aus kein komplettes Backup für Themes, Plug-ins und andere Inhalte des Blogs anzubieten. Es sichert nur bestimmte Teile, aber keine Dateien und vor allem keine Daten in der Mediathek.

Für die Sicherung Ihrer Daten gibt es einige gute Plug-ins. In diesem Kapitel beschreibe ich *BackWPup*, das sehr schnell arbeitet und außer der Datenbank auch die Dateien auf Ihrem eigenen Webspeicher oder auf einem externen Server sichert. Wichtig bei den Plug-ins ist, dass Sie nicht nur eine Backup-Datei erstellen, sondern diese auch wiederherstellen können. Das Backup muss einwandfrei funktionieren. Wenn Sie einmal festgestellt haben, wie schnell Ihre Seite nicht mehr erreichbar sein kann, dann wissen Sie, wie wertvoll ein Backup ist.

Dropbox einrichten

Bevor Sie ein Backup erzeugen, sollten Sie sich einen Cloud-Speicher zulegen, falls Sie nicht schon einen haben. Es gibt verschiedene Anbieter, hier soll die Einrichtung exemplarisch anhand von Dropbox gezeigt werden. Diesen virtuellen Speicher für Ihre Daten bekommen Sie auf dropbox.com. 2 GB Speicherplatz sind kostenlos, falls Sie mehr Kapazität benötigen, können Sie sich Speicherplatz dazukaufen. Sie müssen zunächst einige Daten eingeben und den AGB zustimmen, dann können Sie sich registrieren. Sie erhalten nun eine E-Mail, die Sie bestätigen müssen. Dann können Sie sich anmelden.

Sie erhalten noch einige Informationen zu der Box und können dann Ihre Dateien speichern. In einer Liste werden Ihnen später alle gespeicherten Daten angezeigt. In diese Liste können Sie nun Dateien verschieben, und sie werden in der Cloud der Box gespeichert. Sie können die Dropbox-App auch auf Ihren anderen Geräten installieren, sodass Sie jederzeit von überall auf Ihre Daten zugreifen können.

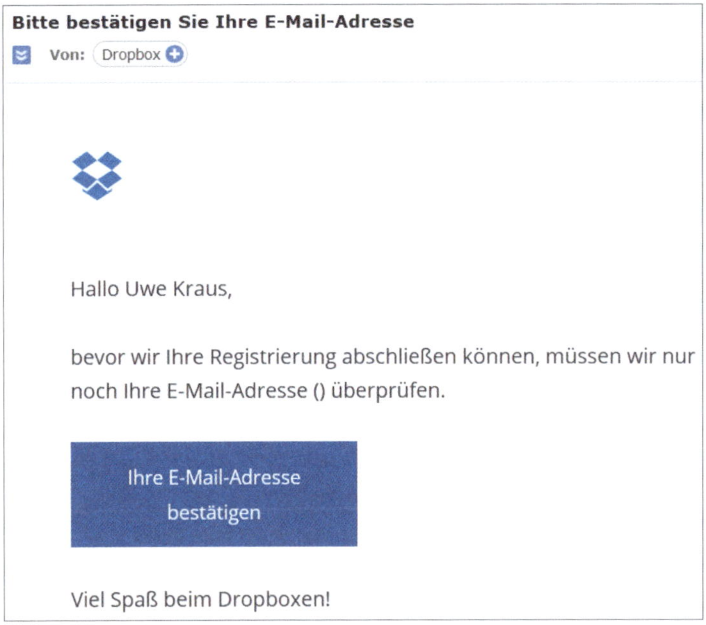

Die E-Mail-Adresse muss bestätigt werden

23.2 Ein Backup erstellen

Bei einem Backup werden Datenbanken und Dateien gesichert. Dafür nutzt man Plug-ins, die meist kostenlos angeboten werden. Diese Plug-ins sind einfach zu bedienen und beinhalten bereits alle wichtigen Funktionen. Ein Backup sollten Sie grundsätzlich immer vor einem Update Ihrer Seite durchführen. Wenn Sie täglich Ihren Blog ändern, müssen Sie auch täglich ein Backup starten. Sicherheitshalber sollten Sie die Daten zusätzlich auf einem externen Datenträger bzw. in einer Cloud wie Dropbox speichern.

Das Menü des Plug-ins

Anhand des Plug-ins *BackWPup* und meines Blogs *reisewege* beschreibe ich genau die Vorgehensweise bei einem Backup. Zuerst muss das Tool installiert und aktiviert werden. Ein neuer Menüpunkt mit dem Namen *BackWPup* wird in der Sidebar angelegt. Mit diesem Programm werden Sicherungen erzeugt und verwaltet. Das Tool startet mit einer umfangreichen Übersicht. Sie werden gefragt, ob einige Daten abgefragt werden dürfen, aber das müssen Sie nicht erlauben. Öffnen Sie über das Menü *BackWPup/Neuer Auftrag* den Bereich für das Anlegen eines Backups.

Ein bewährtes Plug-in für die Datensicherung

Sie gelangen in den Registerbereich *Allgemein*. Hier müssen Sie als Erstes einen Namen für diesen Auftrag vergeben, der natürlich Sinn ergeben sollte. Im Bereich *Auftragsdetails* sind bereits drei Optionen aktiviert.

Datenbanken und Dateien sollten immer gesichert werden, und wenn Sie dies tun, sind die Plug-ins in Ihre Sicherung eingeschlossen. Deswegen können Sie die *Liste der installierten Plugins* deaktivieren. Die Datenbanken enthalten alle Daten zu Ihrer WordPress-Installation, mit Dateien sind alle in WordPress erstellten Themes, Plug-ins und die Bilder in der Mediathek gemeint. Den *WordPress-XML-Export* benötigen Sie nur, wenn Sie Daten in eine andere Installation übertragen wollen. Ihre Datenbank-Tabellen sollten Sie ebenfalls prüfen lassen, denn dann wird während des Backups nach Datenfehlern gesucht, und diese Fehler werden dann auch repariert. Das legen Sie vorher im Register *Datenbank-Backup* fest. Alle aktivierten Auftragsdetails werden in der Registerkartenleiste angezeigt.

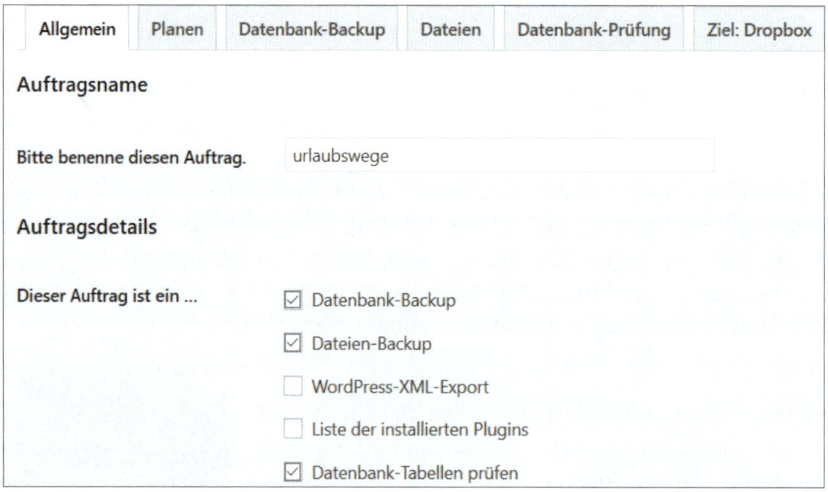

Ein Name für das Backup wurde eingegeben, die Backup-Optionen wurden ausgewählt

Nun folgt der Bereich *Archivname*, der dem Namen des Auftrags ähneln sollte, damit Sie später sehen, was Ihr Archiv beinhaltet. Hier ist bereits ein Name eingetragen. Die hinteren Buchstaben mit dem %-Zeichen davor sind Platzhalter für das Datum. An dieser Stelle wird nach dem Backup das Datum der Erstellung angezeigt.

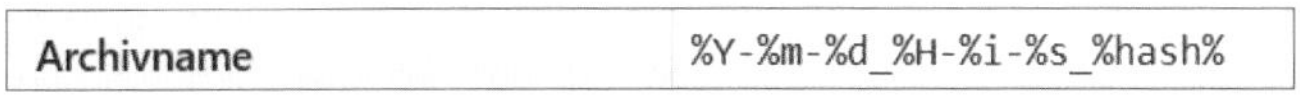

Der Archivname mit den Platzhaltern für das Datum

Bei *Archiv-Format* kann die voreingestellte Option *Zip* bleiben. Unter *Zielverzeichnis des Auftrags* geben Sie an, wo die Dateien gespeichert werden sollen. Alle aktivierten Zielverzeichnisse werden ebenfalls in die Registerkartenleiste aufgenommen.

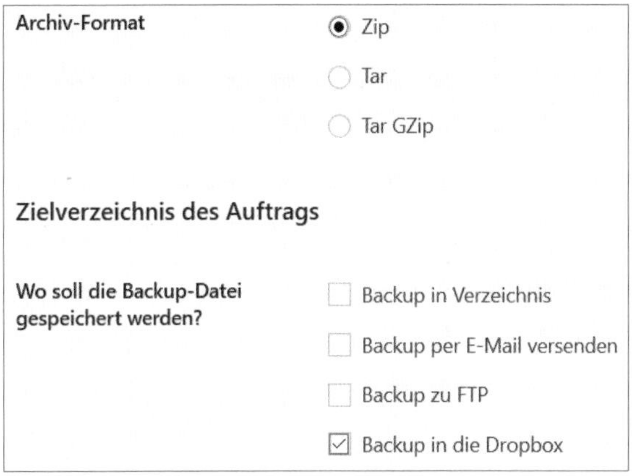

Ein Format und das Ziel der Speicherung wurden festgelegt

Im Bereich *Protokoll-Dateien* müssen Sie Ihre E-Mail-Adresse angeben, damit Ihnen ein Fehlerbericht gesendet werden kann. Dieses Protokoll sehen Sie auch im Backend. Im Fenster *VON-Feld der E-Mail* werden Ihnen nochmals der Name des Plug-ins, der Ihrer Seite und Ihre E-Mail-Adresse angezeigt. Mit *Änderungen speichern* schließen Sie den Vorgang ab.

Lassen Sie sich ein Protokoll des Backups senden

Unter dem Register *Planen* entscheiden Sie durch Anklicken der Option *mit WordPress Cron*, wann und wie oft ein Auftrag ausgeführt werden soll. Jetzt ändert sich der Inhalt der Seite, und der Planer wird angezeigt. Legen Sie fest, wann der Auftrag starten soll. Ideal ist eine Uhrzeit, zu der wenige Besucher online sind, also mitten in der Nacht. Klicken Sie auf *Änderungen speichern*, um Ihre Angaben zu sichern.

Nun zum Register *Datenbank-Backup*. In diesem Register sind alle Datenbanken aufgelistet, und durch Klick auf einen der drei Buttons über der Liste können Sie entscheiden, ob alle oder keine oder nur bestimmte Tabellen gesichert werden sollen. Im Feld *Datenbankname* ist bereits ein Name eingetragen. Sie können diesen in einen sinnvollen Namen ändern oder so lassen. Wenn Sie sehr viele Tabellen haben, sollten Sie im Bereich *Komprimierungsmethode für die Backup-Datei* die Option *GZip* aktivieren. Klicken Sie auch hier wieder auf *Änderungen speichern*.

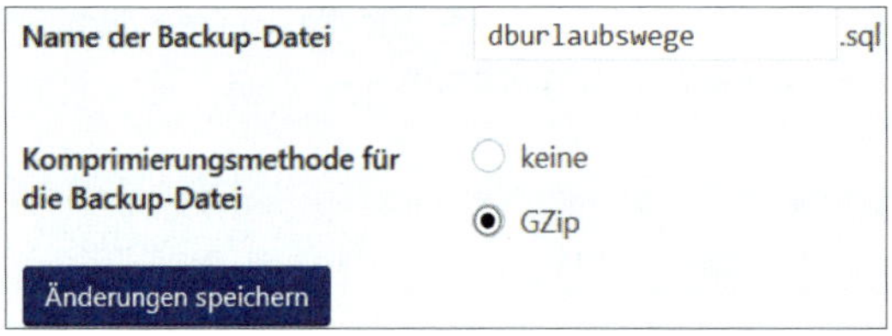

Legen Sie einen Namen und die Art der Komprimierung fest

Im Register *Dateien* legen Sie die zu sichernden Verzeichnisse fest. Dabei können Sie in jedem Verzeichnisbereich einige von der Sicherung ausschließen. Wählen Sie die hier dargestellten Einstellungen. Im Bereich *Plugins* sollten Sie ebenfalls nichts an den Einstellungen ändern, denn Sie haben sich ja diese Tools vorher ausgesucht, um sie zu verwenden, und dürfen sie daher auch nicht von der Sicherung ausschließen.

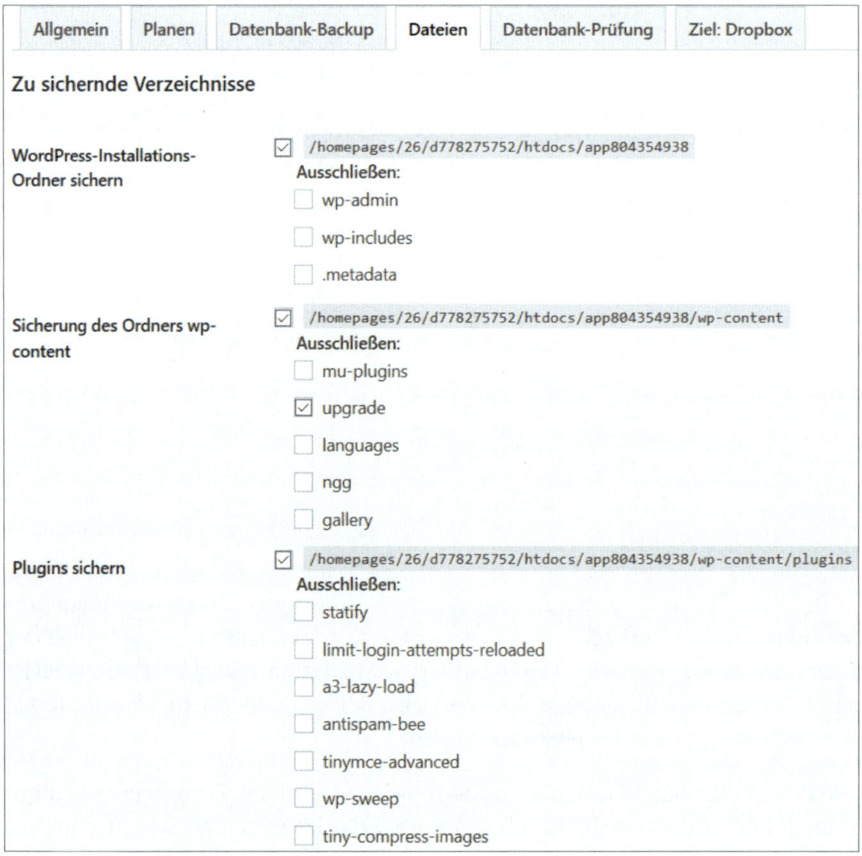

Bei der Verzeichnissicherung gibt es die Möglichkeit, bestimmte Dateiarten auszuschließen

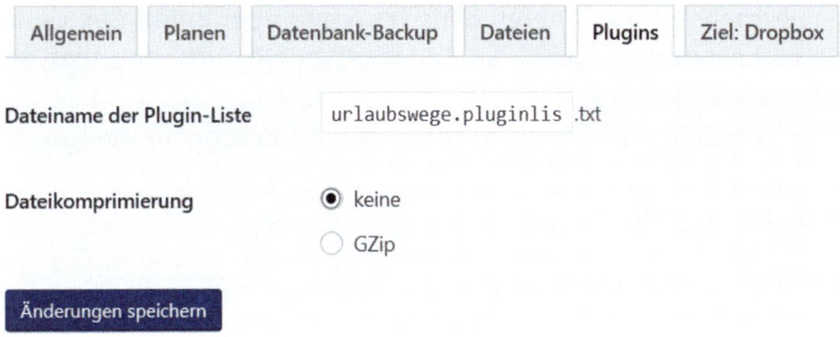

Die Plug-ins müssen mitgesichert werden

Im Register *Ziel: Dropbox* können Sie dem Programm Zugriff auf Ihre Dropbox genehmigen. Das funktioniert natürlich nur, wenn Sie Dropbox installiert haben. Das habe ich im vorangegangenen Abschnitt getan und setze sie jetzt zur Datensicherung ein. Mit dem Vermerk *Nicht authentifiziert* werden Sie darauf hingewiesen, dass Sie noch ein Konto erstellen müssen. Da ich bereits ein Konto habe, klicke ich auf den Button *Auth-Code für Apps-Ordner in Dropbox anfordern*.

Ich werde mit der Webseite dropbox.com verbunden und gefragt, ob ich einen Zugriff auf meinen App-Ordner in der Dropbox zulasse. Ich bestätige mit dem Button *Zulassen* und bekomme im nächsten Fenster den Code angezeigt, den ich nun in das Eingabefeld *App-Zugang zu Dropbox* kopieren muss.

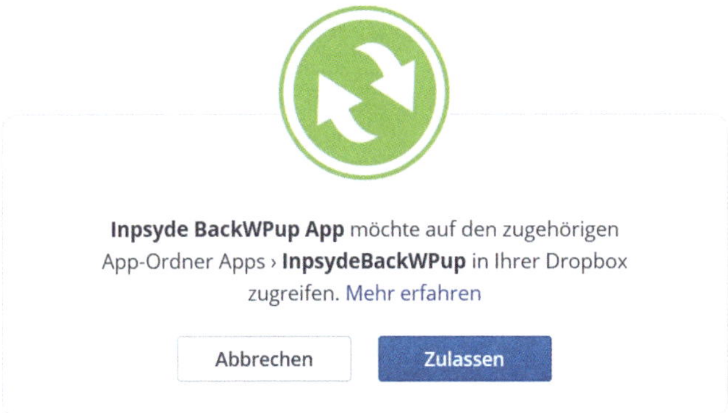

Eine allgemeine Abfrage für einen Zugriff

Der Code wurde erstellt

Ein Klick auf *Änderungen übernehmen* am unteren Bildschirmrand übernimmt den Code. Wenn der Code angenommen wurde, wird die Meldung *Authentifiziert* angezeigt. Im Bereich *Backup-Einstellungen* nehme ich keine weiteren Änderungen vor und klicke auf *Änderungen speichern*. Jetzt wird auch die Annahme der Authentifizierung angezeigt.

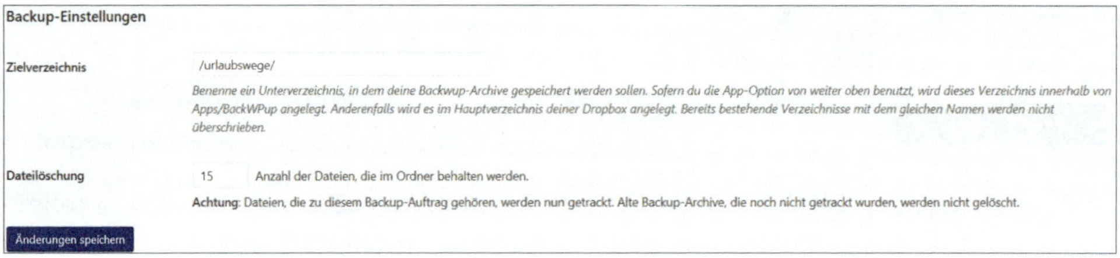

In diesem Bereich ändert sich nichts

Am oberen Rand des Bildschirms wird Ihnen die Sicherung der Änderungen mitgeteilt. Rechts daneben sind zwei Links zu sehen. Mit einem Klick auf *Auftragsübersicht* öffnet sich eine Liste mit den bisher erstellten Aufträgen, in der ich den von mir erstellten sehe. Der Standardauftrag kann entweder gelöscht oder für einen weiteren Auftrag genutzt werden.

Eine Mitteilung und zwei wichtige Links

Ein Überblick über die Aufträge

Wenn Sie den Mauszeiger auf den Eintrag bewegen, öffnen sich darunter einige Optionen, mit deren Hilfe Sie den Auftrag bearbeiten, kopieren oder löschen können.

Von hier aus kann das Backup gestartet werden

23.3 Ein WordPress-Backup testen

Ein Backup muss einwandfrei funktionieren, und das sollten Sie auf jeden Fall überprüfen. Das geschieht, indem Sie die Maus über einen Auftrag ziehen und dann auf *Jetzt starten* klicken. Am oberen Rand des Fensters sehen Sie dann, was gerade passiert. Wenn alles passt, gibt es im Protokoll keine Fehlermeldung. Auch die lokalen Dateien sollten Sie testen. Über den Link *Auftragslog anzeigen* ist ein Protokoll der Sicherung zu sehen. Ein Klick auf den Button *Auftragslog anzeigen* zeigt ein Protokoll des Auftrags an.

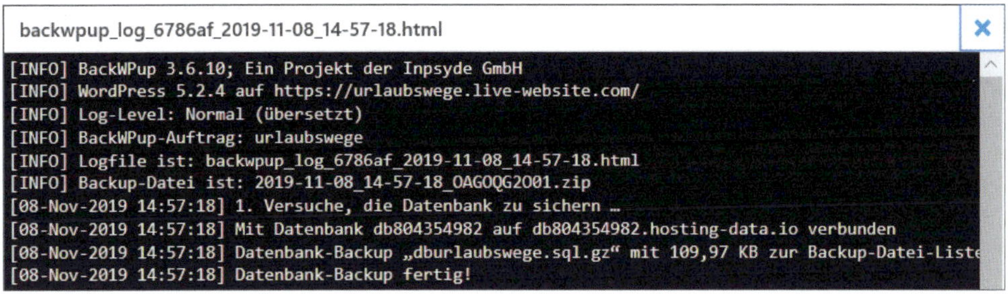

Ein Ausschnitt aus dem aufschlussreichen Protokoll

Die gesicherten Archive erreichen Sie über das Menü *BackWPup/ Backups*. Jedes hier abgelegte Archiv können Sie herunterladen. Dazu berühren Sie den Namen des Archivs mit der Maus, klicken dann auf den sich zeigenden Link *Herunterladen* und speichern die Datei ab. Am besten legen Sie dafür einen Ordner mit dem Namen *backups/WordPress* an.

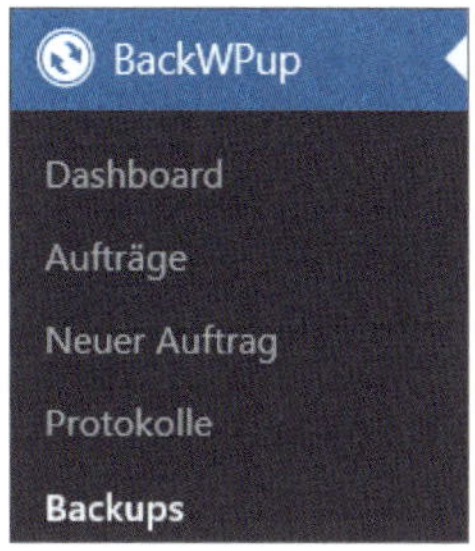

Öffnen Sie die Backups

Die erfolgten Backups werden angezeigt

Über das Untermenü *Protokolle* können die bisher angelegten Backups gesichtet werden, über den Link *Ansehen* wird der Inhalt geöffnet.

Über diesen Link bringen Sie die Sicherung auf Ihren PC

Die Möglichkeit zum Betrachten des Auftrags

23.4 Ein Backup wiederherstellen

Falls Ihre WordPress-Seite einmal nicht mehr online sein sollte, was ich Ihnen natürlich nicht wünsche, fragen Sie zuerst bei Ihrem Anbieter nach, ob es eine technische Störung gibt. Ist dies nicht der Fall, müssen Sie auf Ihr Backup zurückgreifen und das gespeicherte Archiv, das auf Ihrem PC oder außerhalb gesichert ist, entpacken.

Jetzt kommt *BackWPup* wieder zum Einsatz, um die Datenbank und samtliche Installationen von WordPress wiederherzustellen. An diesem Punkt haben Sie einen Vorteil, falls Ihr WordPress nicht vollgeladen war mit Themes oder Plug-ins, denn wenn das Backup-Archiv klein ist, lässt es sich auch schneller wieder hochladen.

Backup-Plug-ins erstellen eine ZIP-Datei der gespeicherten Daten. Diese Datei, die vorher aus dem Archiv von *BackWPup* heruntergeladen wurde, muss nun auf dem Rechner entpackt werden. Darin befinden sich weitere Dateien mit der Endung *.sql* oder *.sql.gz*, das sind die Sicherungen der Datenbank. Nun beginnt die Wiederherstellung der Daten mit phpMyAdmin, das fast bei allen Providern vorhanden ist. Bei meinem Anbieter sind die Datenbanken unter *MySQL-Datenbank* zu finden. Allerdings müssen diese erst angelegt werden.

Einrichtung einer Datenbank

Um eine Datenbank zu erstellen, müssen Sie in meinem Beispielfall auf der Seite von *Ionos* unter *Produkte* die Auswahl *Hosting* öffnen. Klicken Sie dann im Fenster *Datenbanken* auf *Datenbank erstellen*. Im folgenden Fenster müssen Sie eine Beschreibung und ein Passwort für diese Datenbank vergeben und auf *Speichern* klicken.

Vergeben Sie eine Beschreibung und ein Passwort

Die Einrichtung der Datenbank beginnt, alle Informationen darüber werden Ihnen in einem Fenster angezeigt. Nach einigen Minuten ist der Vorgang abgeschlossen, und im Fenster *Datenbanken* wird Ihnen die erstellte Datenbank angezeigt. Über den Button *Verwalten* können Sie sich eine Liste der erstellten Datenbanken anzeigen lassen.

Die erste Datenbank wurde erstellt

Ein Klick auf den Link *Öffnen* führt Sie direkt in die Einstellungen des phpMyAdmin-Bereichs. Klicken Sie auf den Menüpunkt *Importieren*.

Eine Übersicht über die Datenbanken

Suchen Sie dann durch Anklicken des Buttons *Durchsuchen* die entpackte SQL-Datei auf Ihrem PC, die wiederhergestellt werden soll. Im Bereich *Format* muss dabei *SQL* eingestellt sein. Ein Klick auf *OK* startet das Einspielen.

Nun heißt es, nur noch auf die Erfolgsmeldung zu warten, die besagt, dass der Import abgeschlossen ist.

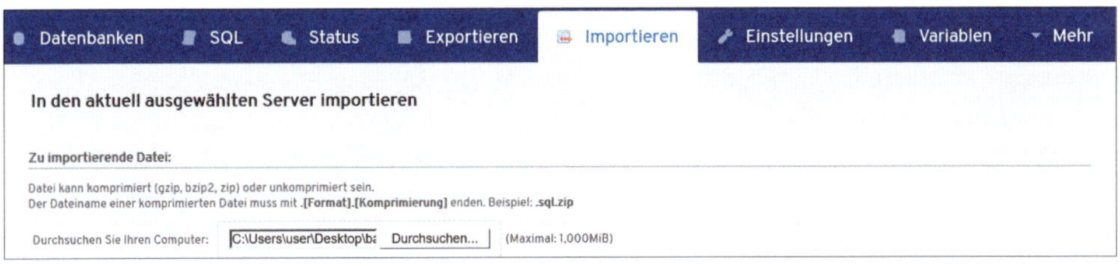

Die SQL-Datei wird importiert

23.5 Die Alternative: UpdraftPlus

Eine alternative einfache und schnelle Möglichkeit, ein Backup wiederherzustellen, bietet das Plug-in *UpdraftPlus*. Es ist ein häufig genutztes Backup-Tool, mit dem sich zeitgesteuerte und manuelle Sicherungen erstellen lassen.

Nach dessen Installation und Aktivierung wird es über *Einstellungen/UpdraftPlus* gestartet.

Ein empfehlenswertes Plug-in für Backups

Im Bereich *Backup/Restore* müssen Sie unter dem Register *Einstellungen* festlegen, in welchem Abstand die Dateien und die Datenbanken gesichert werden sollen. Hier genügt eine wöchentliche Routine. Wählen Sie den Speicherort aus, bestimmen Sie, welche Dateien Sie speichern möchten, und bestätigen Sie jeweils mit *Änderungen speichern*.

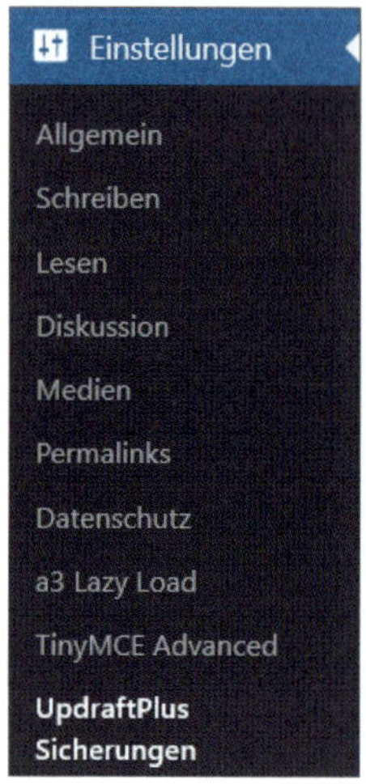

Der Weg zum Backup

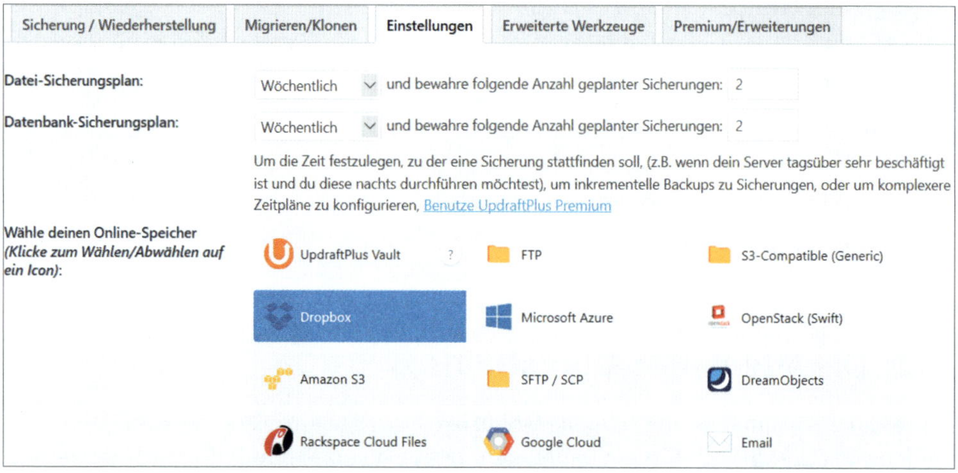

Das Backup soll in der Dropbox gespeichert werden

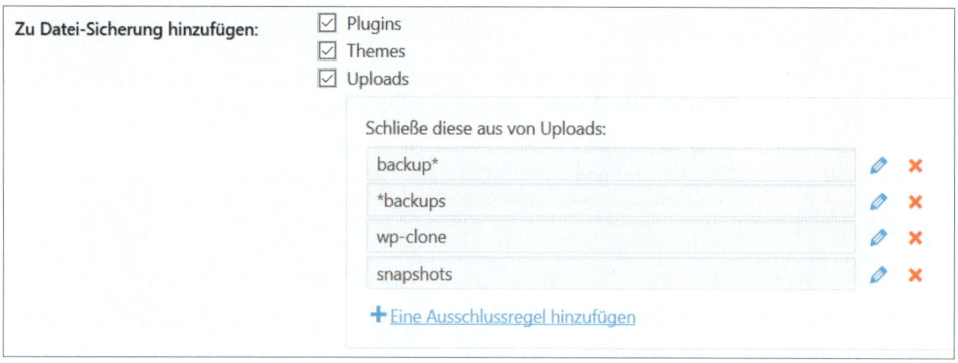

Eine Übersicht über die verschiedenen Dateien

Wechseln Sie in das Register *Sicherung/Wiederherstellung* und klicken Sie auf den Button *Jetzt sichern*.

Sie kommen in das Fenster *UpdraftPlus – Erstelle eine Sicherung*. An dieser Stelle können Sie nochmals entscheiden, was Sie sichern wollen. Klicken Sie auf den Button *Jetzt sichern*.

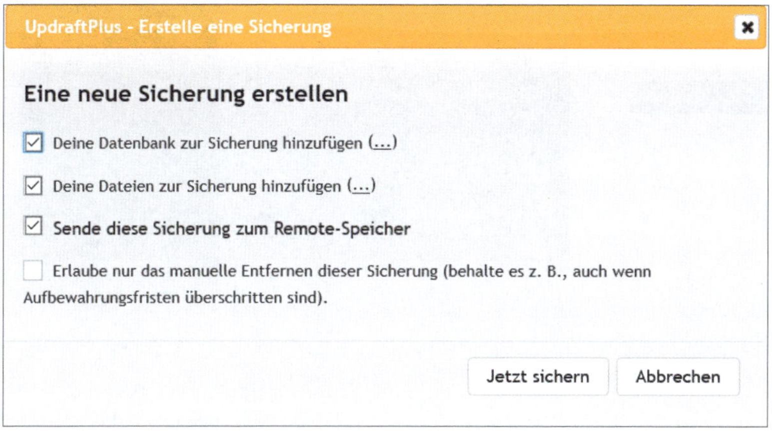

Wählen Sie die Bereiche für die Sicherung aus

Im Register *Existierende Sicherungen* können Sie auf alle Backups zugreifen, die gesichert wurden, und wählen dasjenige aus, das Sie wieder einspielen möchten.

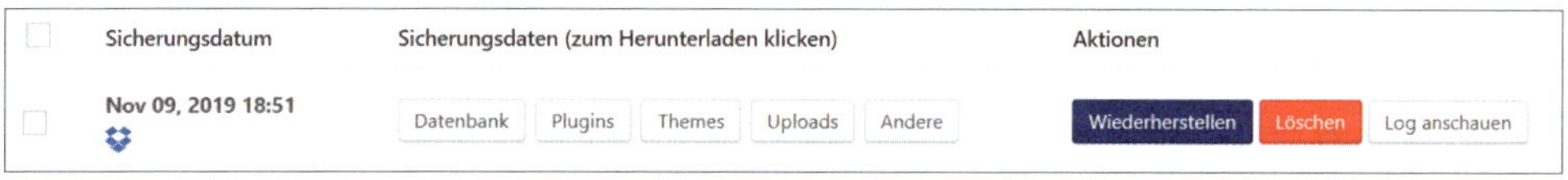

In diesem Bereich finden Sie die Sicherungen des Plug-ins

Nach einem Klick auf *Wiederherstellen* entscheiden Sie, ob das gesamte Backup oder nur Teile davon eingespielt werden sollen. Nachdem die Auswahl bestätigt wurde, klicken Sie nochmals auf *Wiederherstellen* und im nächsten Fenster ein weiteres Mal auf *Wiederherstellen*. Die bestehenden Daten werden jetzt mit denen aus der Sicherung überschrieben.

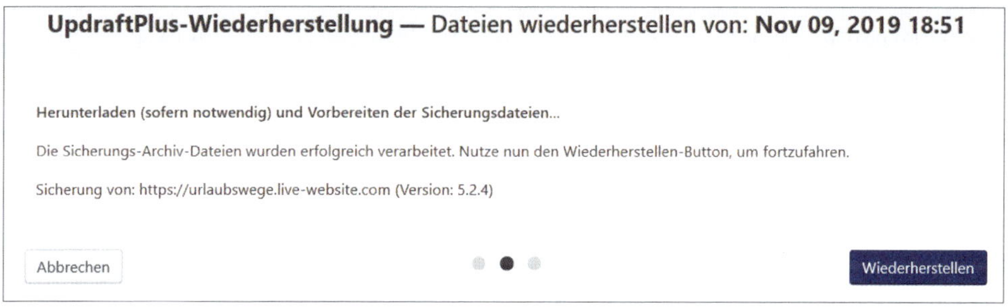

Die Wiederherstellung war erfolgreich

Die gesamten Prüfungsabläufe und Entpackungsabläufe werden angezeigt

Wenn Sie jetzt auf den Button *Zur UpdraftPlus-Konfiguration zurückkehren* klicken, sehen Sie das erste Backup und die Wiederherstellung zu einem späteren Zeitpunkt.

Das Backup und die Wiederherstellung auf einen Blick

23.6 Die richtige Absicherung

Ein WordPress-Blog ist schnell gestartet. Damit ist es aber nicht getan, man muss einiges für die Sicherheit des Blogs tun, und das von Anfang an. Um Ihren Blog gut abzusichern, müssen Sie die richtigen Zugangsdaten wählen, einen sinnvollen Benutzernamen und ein starkes Passwort. Der Benutzername sollte mit dem Namen Ihrer Seite absolut nichts gemeinsam haben und mit einer Zahlenkombination enden.

Beim Anlegen eines neuen Benutzers wird die Stärke des Passworts angezeigt. Hier sollte mindestens *Stark* stehen. Verwenden Sie das gleiche Passwort niemals woanders im Netz, denn wenn jemand das Passwort kennt, kann er auf alles zugreifen, bei dem Sie mit diesem Passwort angemeldet sind.

Geben Sie Ihre Zugangsdaten auf keinen Fall an irgendjemanden heraus. Auch regelmäßige Updates sind wichtig. Halten Sie Ihre Plug-ins stets aktuell.

Unter dem Link *Dashboard/Aktualisierungen* sehen Sie, ob Updates vorhanden sind, und können diese mit einem einzigen Klick installieren. Sie haben über den Button *Erneut überprüfen* auch jederzeit die Möglichkeit, alle Plug-ins nochmals auf Updates zu checken. Die Zahl der installierten Plug-ins sollte möglichst klein gehalten werden. Überflüssige sollten Sie löschen. Halten Sie Themes und Übersetzungen auch immer auf dem neuesten Stand.

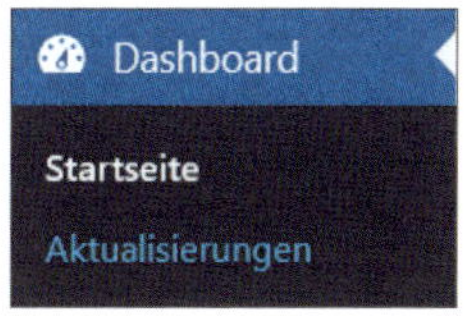

Der Weg zur Prüfung

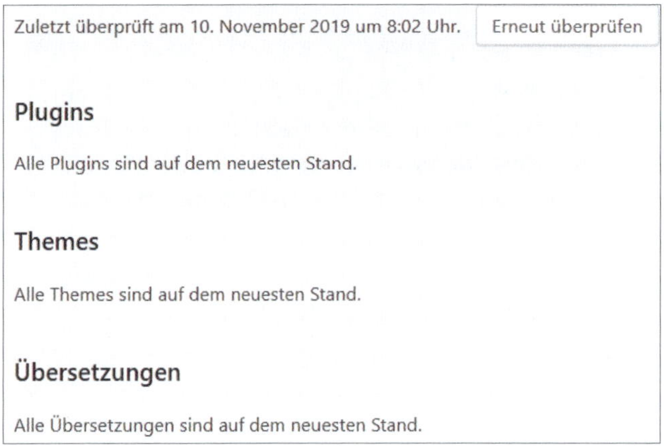

Aktuell ist alles auf dem neuesten Stand

Plug-in für das Updaten

WordPress bietet auch für diesen Bereich Plug-ins an. Der *Easy Updates Manager* sorgt für eine automatische Ausführung von Updates. Den Einstellungsbereich des Plug-ins erreichen Sie nach der Installation und Aktivierung über das Menü *Dashboard/Aktualisierungs-Optionen*. Die Einblendungen über der Registerkartenleiste, die nach jedem Start erscheinen, können Sie über den Link *Dismiss* in der oberen rechten Ecke der jeweiligen Info ausblenden. Das Plug-in startet mit dem Register *Allgemein*. Hier gibt es verschiedene Optionen für die Einstellung. Mit der ersten könnten Sie alle Updates deaktivieren. Dies sollten Sie aus Sicherheitsgründen allerdings nicht tun.

Der Weg zu den Optionen

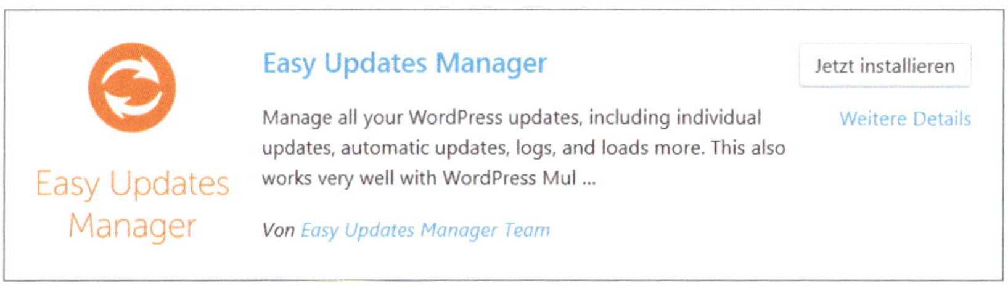

Mit diesem Tool managen Sie Ihre Updates

Die Registerkartenleiste des Managers

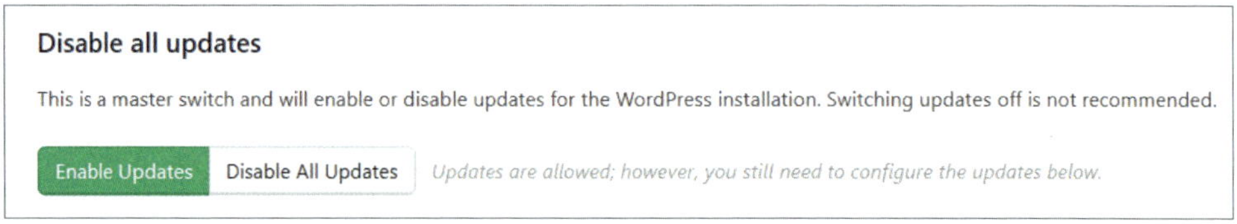

An dieser Einstellung verändern Sie besser nichts

Mit der zweiten Option können Sie die automatischen Aktualisierungen gezielter einstellen. Unter dieser Option gibt es auch die Möglichkeit, jeden Bereich einzeln zu deaktivieren. Falls Sie das tun, sind allerdings gar keine Updates mehr möglich, weder die automatischen noch die manuellen. Verändern Sie daher auch bei diesen Optionen nichts.

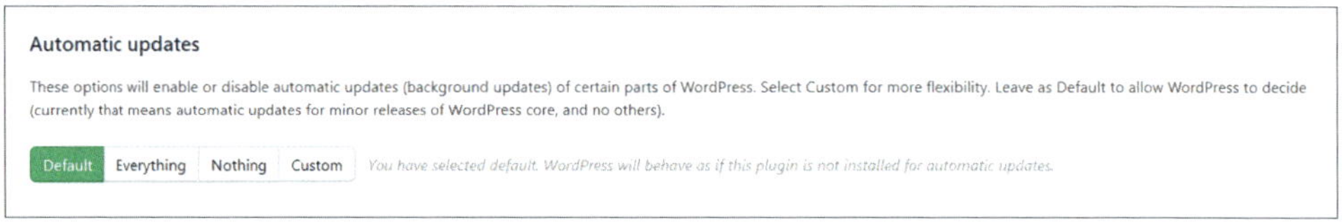

Lassen Sie auch hier alles unverändert

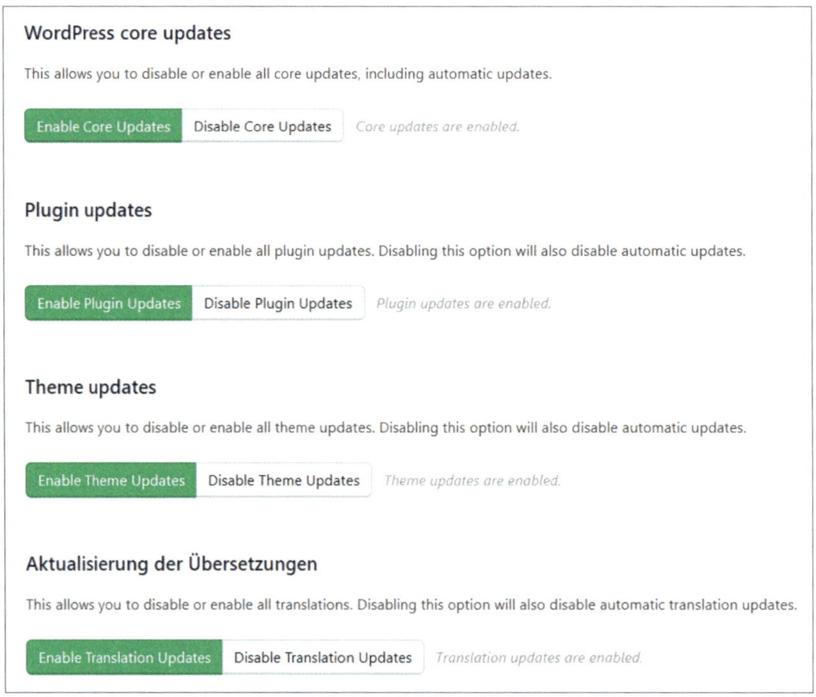

Die einzelnen Einstellungsbereiche

Unter dem Register *Log-Dateien* sehen Sie eine Aufstellung aller erfolgten Updates. Hier werden der Name des Benutzers, Name und Art der Aktualisierung und die Info, von welcher alten Version auf welche aktuellere upgedatet wurde, angezeigt.

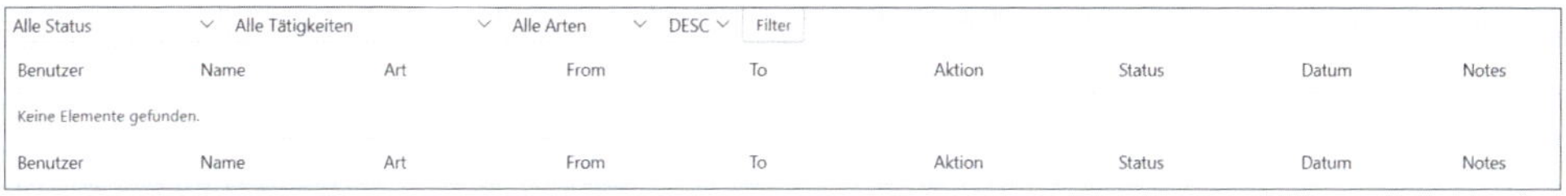

Die Aufstellung über die erfolgten Updates

Sie können die Updates auch für jedes Plug-in oder Theme einzeln aktivieren oder deaktivieren. Dazu müssen Sie das Register *Plug-ins* oder *Themes* öffnen und das jeweilige Tool auf *Blocked* umschalten.

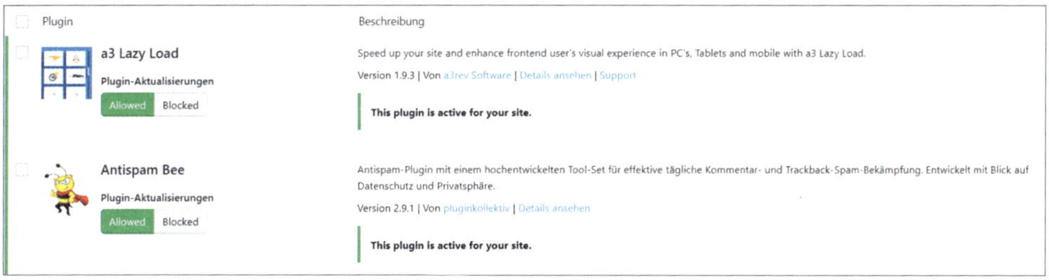

Die Liste mit den Plug-ins, die automatisch upgedatet werden

Ein Plug-in wurde blockiert

Plug-in für die Sicherheit

Wichtig ist zudem, ein Sicherheits-Plug-in zu installieren. Eine gute Wahl ist hier sicherlich *Wordfence*. Dieses Tool teilt dem Nutzer automatisch mit, wenn Updates für WordPress vorhanden sind. Außerdem blockiert es Nutzer, die mehrmals versucht haben, sich mit einem falschen Passwort einzuloggen. Es verfügt über einen Virenscanner und eine Firewall.

Ein interessantes Plug-in für die Sicherheit Ihrer Seite

Das Programm kann auch den Code von WordPress ohne Ihr Zutun bereinigen und Dateien, die gehackt wurden, löschen.

Während der Installation werden Sie nach Ihrer E-Mail-Adresse gefragt, damit Ihnen *Wordfence* Sicherheitswarnungen für Ihre Seite senden kann. Geben Sie diese ein, akzeptieren Sie die Nutzungsbedingungen, und bestätigen Sie mit *Continue*.

Nachdem Sie das Plug-in installiert und aktiviert haben, richtet es sich selbst ein Menü ein, über das Sie Einstellungen und Arbeitsgänge durchführen können. Einige Einstellungen sind empfehlenswert. Beginnen wir mit den Optionen. Öffnen Sie den Menüpunkt *All Options*. Die verschiedenen Optionsbereiche werden Ihnen angezeigt. Die Inhalte jeder einzelnen Option lassen sich durch Klick auf den kleinen Pfeil am rechten Rand neben dem Optionsnamen öffnen.

Das Menü des Plug-ins

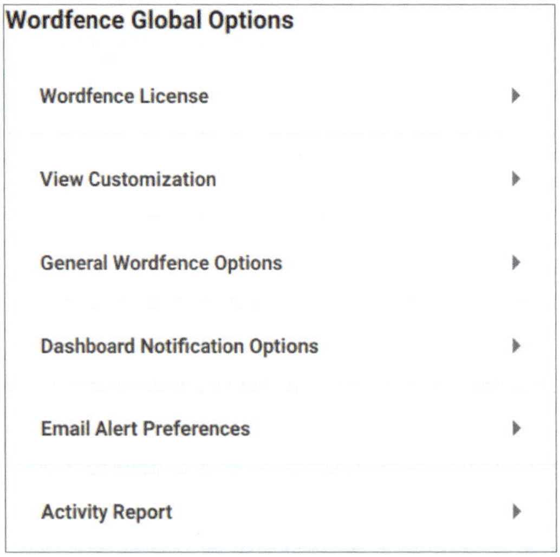

Eine kleine Auswahl aus den Optionen

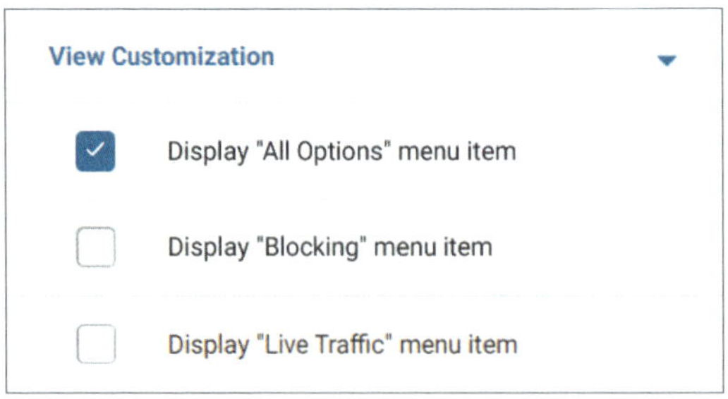

Verzichten Sie in diesem Bereich auf weitere Aktivierungen

Geben Sie unter *General Wordfence Options* bei *Where to email alerts*, falls nicht bereits bei der Installation geschehen, Ihre E-Mail-Adresse ein. Dorthin werden Ihnen ab jetzt von *Wordfence* alle Warnungen geschickt. Neue Updates bei einer neuen Version müssen Sie nicht aktivieren, denn dies haben Sie bereits mit dem *Easy Update Manager* eingerichtet.

Auch die Änderung der Option *How does Wordfence get IPs* ist wichtig. Wählen Sie in diesem Bereich *Use PHP's built in REMOTE_ADDR* ... aus der Drop-down-Liste aus. Dadurch gehen Sie sicher, dass Dinge, die Ihrer Seite schaden könnten, entdeckt werden.

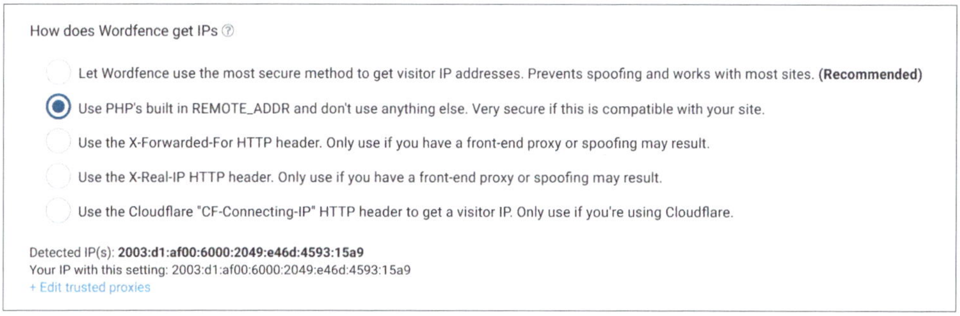

Lassen Sie das Plug-in Schädlinge erkennen

Nun zu den erweiterten Einstellungen. Lassen Sie hier im Bereich *Email Alert Preferences* alles so, wie es ist.

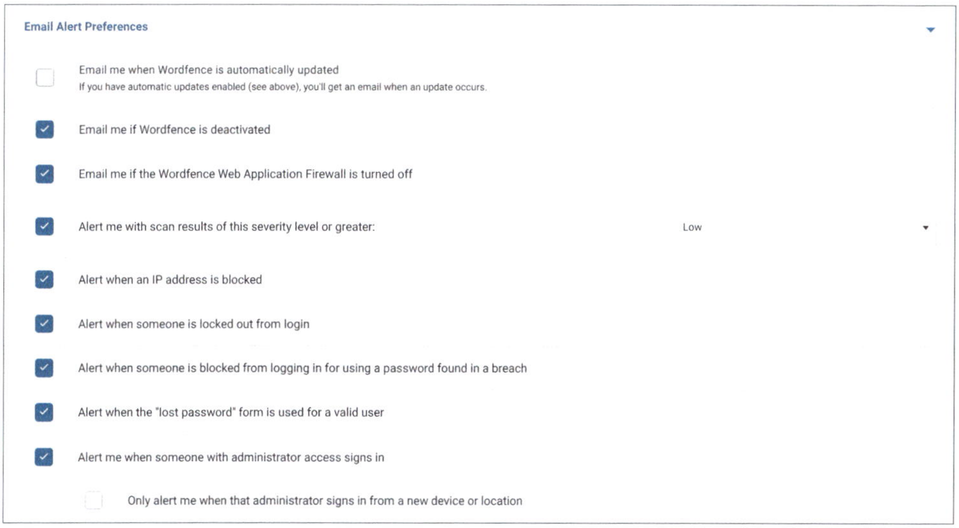

Verändern Sie auch in diesem Bereich nichts an den Einstellungen

Auch unter der Option *Activity Report* können Sie alle Einstellungen so lassen. Falls Sie die E-Mail allerdings nicht wöchentlich, sondern täglich oder monatlich erhalten möchten, müssen Sie dies in der Drop-down-Liste umstellen.

Lassen Sie sich die E-Mails zusenden

Unter *Basic Scan Type Options* können Sie zwischen vier verschiedenen Scan-Varianten auswählen. Die erste ist nur für die Einsteigerseite gedacht und ist bei der Erkennung von Problemen ziemlich begrenzt. Die zweite Variante dagegen ist für alle Arten von Webseiten empfehlenswert. Die dritte ist für Webseiteninhaber gedacht, die der Meinung sind, gehackt worden zu sein. Diese Variante ist genauer als die zweite, kann aber zu Problemen führen. Die letzte Version wird automatisch angewählt, wenn die allgemeinen Optionen für diese Seite angepasst wurden.

Suchen Sie eine Variante für Ihren Scan aus

Jetzt haben Sie alle wichtigen Einstellungen vorgenommen und müssen diese über den Button *Save Changes* oben rechts sichern. Der erste Scan kann starten. Klicken Sie dazu auf den Menüpunkt *Scan* im *Wordfence*-Menü und im Scan-Bereich dann auf den Button *Start new Scan*. *Wordfence* startet die Analyse und die Prüfung der Daten. Die Ergebnisse sehen Sie hinterher im Fenster *New Issues*.

Sichern Sie die Änderungen.

Der Button zum Scannen

- Wenn Sie die Meldung *The Theme needs an upgrade* oder *The plugin needs an upgrade* erhalten, heißt das einfach nur, dass das Theme oder das Plug-in nicht mehr auf dem aktuellsten Stand ist. Sie sollten es dann auf jeden Fall aktualisieren.
- Kommt die Meldung *Modified plugin file: XYZ*, ist damit gemeint, dass sich Dateien unterscheiden. Das ist aber meist eine Falschmeldung, denn *Wordfence* vergleicht die aktuelle Version des Plug-ins mit der älteren. Wenn Sie also ein Plug-in noch nicht aktualisiert haben, kommt dieser Hinweis.

- Wird der Hinweis *This file may contain malicious executable code* eingeblendet, wurde Ihr Blog mit ziemlicher Wahrscheinlichkeit gehackt. Falls Sie die englischen Hinweise nicht verstehen, suchen Sie sich jemanden, der das versteht, um das Problem zu lösen.

Nach diesem Scan wird empfohlen, alle löschbaren Dateien zu entfernen. Das Löschen einer Datei ist hier jedoch sicher keine gute Lösung, außer die Datei gibt es gar nicht. Darauf wird bei der Meldung hingewiesen. Wenn die Datei wiederhergestellt werden kann, ist das Löschen auch kein Problem. Wird allerdings die falsche Datei gelöscht, kann es passieren, dass Ihr WordPress nicht mehr funktioniert.

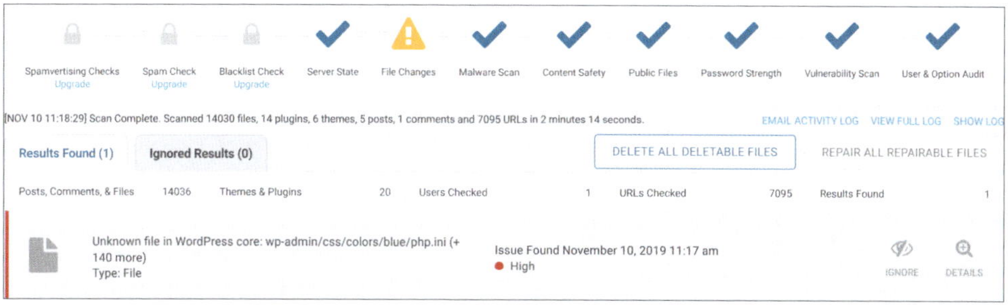

Alle wichtigen Bereiche wurden gescannt

Ebenfalls wichtig ist ein Plug-in, das Sie vor Kommentarspam schützt. Hier ist *Antispam Bee* die erste Wahl, das verdächtige Kommentare erkennt und sie als Spam kennzeichnet.

Dann sind da noch die Spambots, die im Internet nach E-Mail-Adressen suchen. Wurde Ihre Adresse gefunden, kann es Ihnen passieren, dass Sie in nächster Zeit Werbemails erhalten. Abhilfe schafft hier das Plug-in *Email Address Encoder*, das solche Spambots blockiert. Dies ist möglich, weil das Plug-in den Quellcode Ihrer E-Mail-Adresse in Beiträgen, Seiten und Kommentaren verschlüsselt.

Sie müssen das Tool nur installieren und aktivieren. Dann prüft es alle Inhalte auf das @-Zeichen und ersetzt E-Mail-Adressen durch einen Quelltext, der nicht lesbar ist. Für den Besucher sind die Mails lesbar, denn die Umwandlung erfolgt im Hintergrund. Zusätzliche Einstellungen sind bei diesem Plug-in nicht nötig.

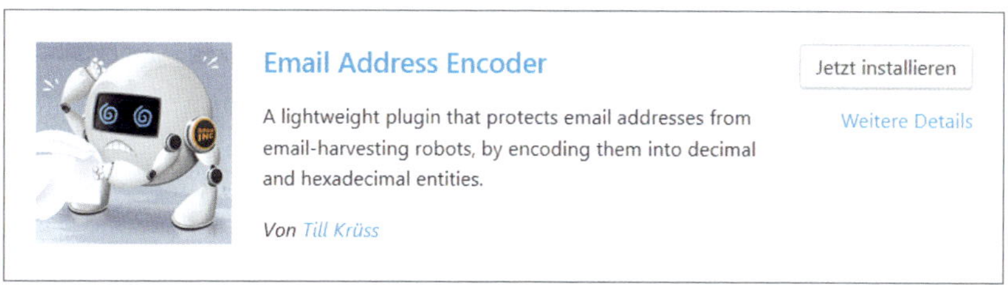

Mit diesem Plug-in blockieren Sie Spam

24. Der geschäftliche Blog

In einem geschäftlichen Blog sollen hauptsächlich die Leistungen oder Produkte einer Firma oder eines Freiberuflers präsentiert werden. In diesem Beispiel zeige ich Ihnen den Entwurf eines Blogs über von mir geschriebene Bücher. Dort füge ich Cover der Bücher, nähere Infos über das jeweilige Buch und den Autor, Inhaltsverzeichnisse und Probekapitel zum Hineinschnuppern und natürlich Bilder zur Auflockerung ein. Abgerundet wird das Ganze durch einen Blogroman, also praktisch eine Artikelserie als Roman.

Danach wähle ich ein passendes Theme und die Plug-ins aus, die ich benötige. Dann füge ich mein Bild in die Kopfzeile der Seiten ein, beginne mit der Bearbeitung des Blogs bei den Seiten und erstelle die Beiträge.

24.1 Das passende Design

Für diesen Blog habe ich mir das Design *Graphy* ausgesucht, das bestens zu meiner Arbeit passt. Das Theme wirkt nicht aufdringlich, die Typografie steht im Vordergrund. Es ist außerdem kompatibel mit Gutenberg.

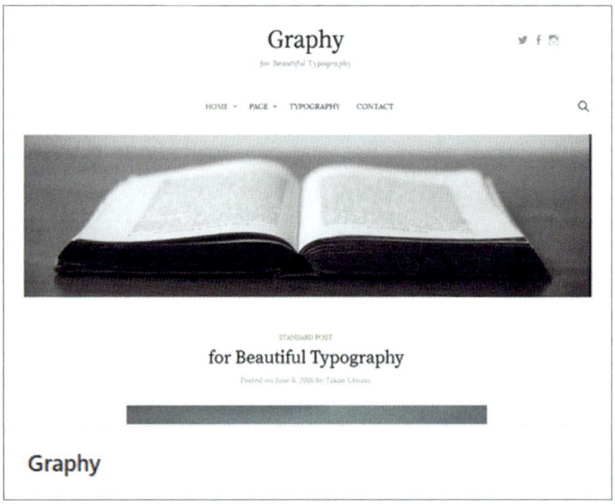

Ein zeitloses Design für den Blog

24.2 Die Plug-ins

Für diesen Blog aktiviere ich das bereits vorhandene Plug-in *TinyMCE Advanced* und installiere *Very Simple Contact Form* als einfaches Kontaktformular, *WPFormsLite* lösche ich. Außerdem nutze ich noch *Statify* für spätere Auswertungen des Blogs.

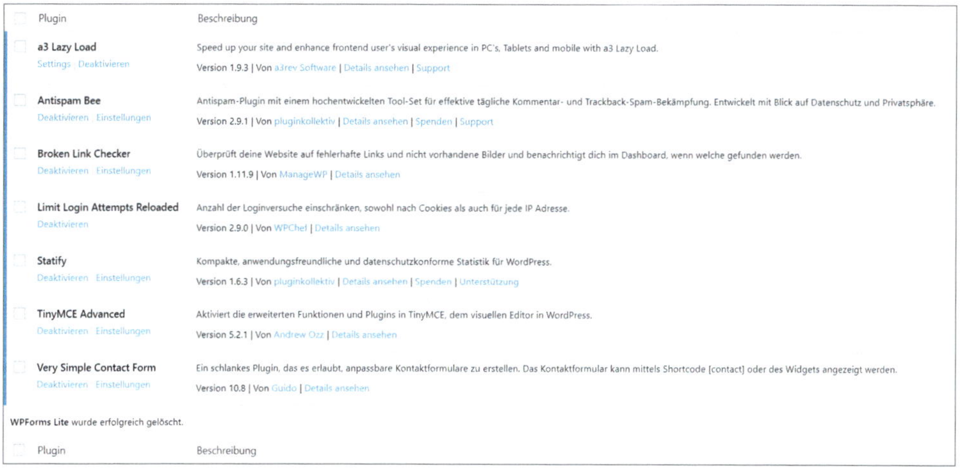

Die ausgewählten Plug-ins in der Übersicht

Ich beginne diesmal bei der Erstellung der Seiten. Als Erstes ändere ich den Titel der Startseite und gebe Text zur Info ein. Dann ändere ich den Titel *Sample Page* in *Über mich* und gebe auch hier Text ein. Den Permalink ändere ich ebenfalls entsprechend.

Der Permalink wird auch gleich geändert

24.3 Foto in Kopfzeile einfügen

Bei einem geschäftlichen Blog ist es empfehlenswert, ein Foto von sich im oberen Bereich der Seite zu platzieren. Dadurch gewinnt Ihre Seite an Seriosität, weil der Leser weiß, mit wem er es zu tun hat. Die meisten Themes unterstützen das Hochladen eines größeren Bildes in die Kopfzeile. Öffnen Sie dazu über das Menü *Design/Customizer/Logo* den Anpassungsbereich für das Logo, und laden Sie das Bild über den Button *Bild auswählen* von der Mediathek in die Seite.

Klicken Sie dazu das Bild in der Mediathek an und anschließend auf den Button *Bild wählen*. Das Bild wird in den Anpassungsbereich und in die Seite übernommen. Ein weiterer Klick auf den Button *Veröffentlichen* über dem Anpassungsbereich speichert das Bild ab. Es ist nun auf jeder Seite des Menüs zu sehen, auch auf denjenigen, die Sie neu anlegen.

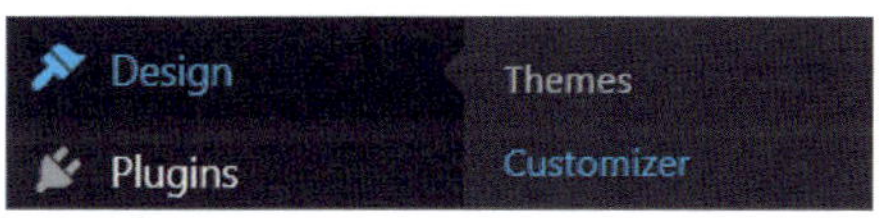

Hier geht es zum Anpassungsbereich

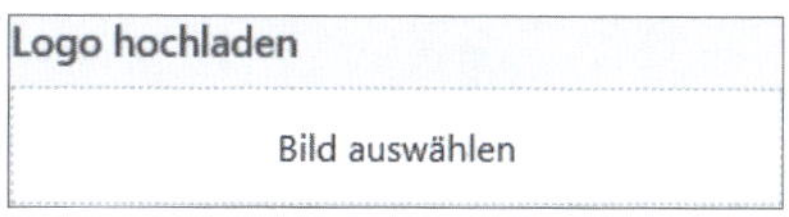

Suchen Sie ein Bild aus

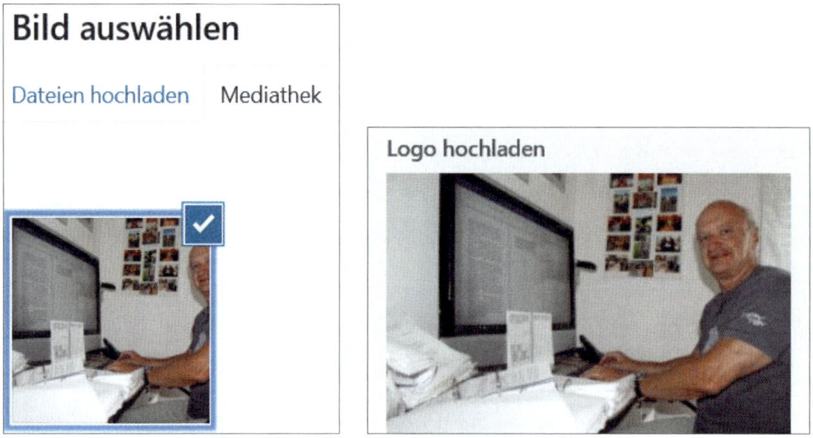

Ein Bild aus der Mediathek wird in den Anpassungsbereich übernommen

24.4 Die Seitengestaltung

Aber nun zur weiteren Bearbeitung der Startseite. Ich entferne erst mal den vorhandenen Text und gebe meinen eigenen ein. Über den Button *Aktualisieren* speichere ich die Änderungen ab und schaue mir das Ganze in der Vorschau an.

Der Text sollte auf einen Blick erfasst werden

Im nächsten Schritt vergebe ich noch einen Untertitel für die Seite. Das Eingabefeld für den Untertitel finden Sie über das Menü *Design/Customizer*. Sie gelangen in den Bereich für die Anpassungen. Wählen Sie den Eintrag *Website-Informationen*. Ich ersetze den vorhandenen Text im Feld *Untertitel* durch meinen eigenen und speichere die Änderungen über den Button *Speichern* am oberen Rand dieses Bereichs ab.

Hier geht es zu den Infos

Der Untertitel wurde festgelegt

Ein Icon könnte jetzt auch noch auf der Webseite platziert werden, aber da ja bereits das Foto vorhanden ist, verzichte ich darauf. Ich gebe Text auf der Seite *Über mich* ein und achte auch hier darauf, dass der komplette Text beim Aufruf auf einen Blick zu sehen ist, damit der Besucher nicht scrollen muss.

Ich lege noch die Seite *Kontakt* sowie das Impressum und die Datenschutzseite an und weise dieser die dritte Stelle in der Platzierung des Menüs zu. Für den Datenschutz und das Impressum verwende ich ein Plug-in und platziere diese beiden Seiten im Footer-Bereich. Rufen Sie nach dem Anlegen der Seiten die Vorschau auf, und testen Sie, ob sich die jeweilige Seite problemlos starten lässt, damit es nach der Veröffentlichung keine Schwierigkeiten gibt.

24.5 Das Kontaktformular

Um den Lesern den Kontakt zu mir zu ermöglichen, benötige ich noch ein Kontaktformular. Dafür habe ich das Plug-in *Caldera Forms* installiert, das sich jetzt einen festen Platz im Menü gesichert hat. Von dort aus können Sie es über *Caldera Formulare/Formulare* starten. Klicken Sie im Menüband auf *Neues Formular* und wählen Sie eines aus den vorgegebenen Mustern aus.

Das Plug-in für die Kontakte

Der Weg zum Formular

Über diesen Button wird ein neues Formular erzeugt

Auf der rechten Seite sehen Sie verschiedene Angaben zum Formular. Ändern Sie im Feld *Name* den Text in *Vor- und Nachname*.

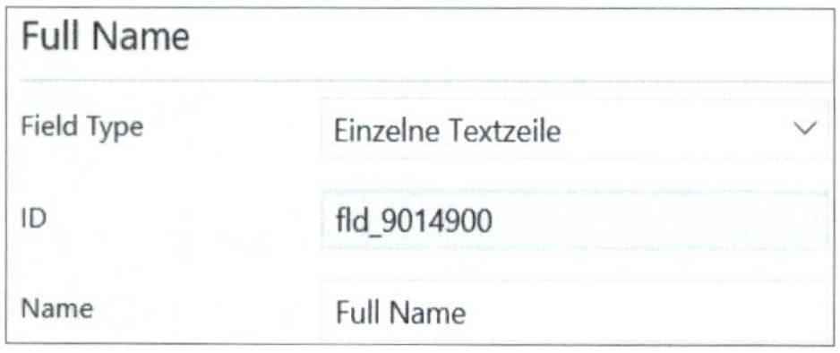

Die englischen Begriffe wurden in deutsche geändert

Bewegen Sie den Mauszeiger auf das Feld mit den Sternen, klicken Sie auf das Bearbeitungssymbol und ändern Sie auch hier im rechten Bereich den Text auf Deutsch.

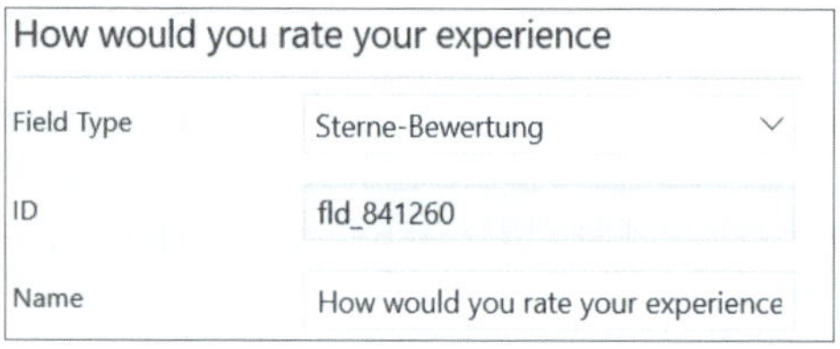

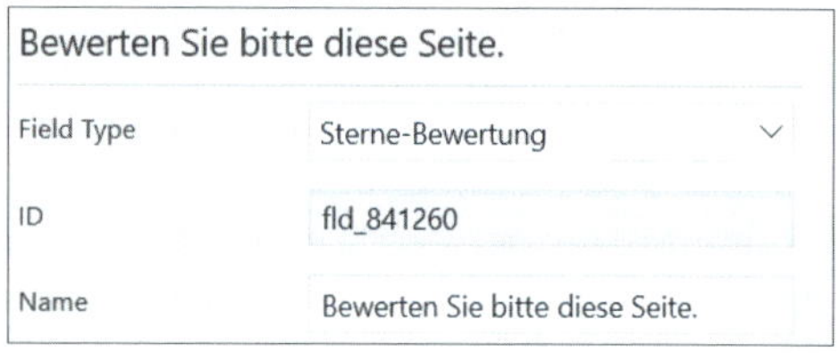

Auch hier wurde von Englisch auf Deutsch geändert

Bewegen Sie den Mauszeiger dann noch auf das Feld, in das der Besucher seinen Text eintippen kann, klicken Sie auch hier auf das Bearbeitungssymbol und ändern Sie die Sprache. Speichern Sie alle Änderungen über den Button *Save Form* im Menüband.

Dieser Button dient zum Speichern

Alle Texte wurden auf die deutsche Sprache geändert

Nun muss der Shortcode in die Seite eingefügt werden. Klicken Sie im Menü unter dem Menüpunkt *Caldera Formulare* auf *Formulare*. Die angelegten Formulare werden im linken Bereich angezeigt. Ein weiterer Klick auf den Eintrag *Get Shortcode* zeigt den Code an.

Rufen Sie den Shortcode ab

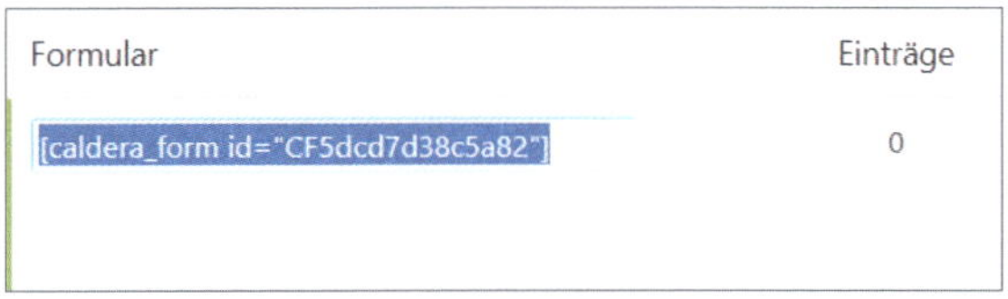

Der Shortcode wird angezeigt

Markieren Sie den Code, öffnen Sie die Seite *Kontakt* und fügen Sie ihn dort ein. Speichern Sie und sehen Sie sich das fertige Formular in der Vorschau an.

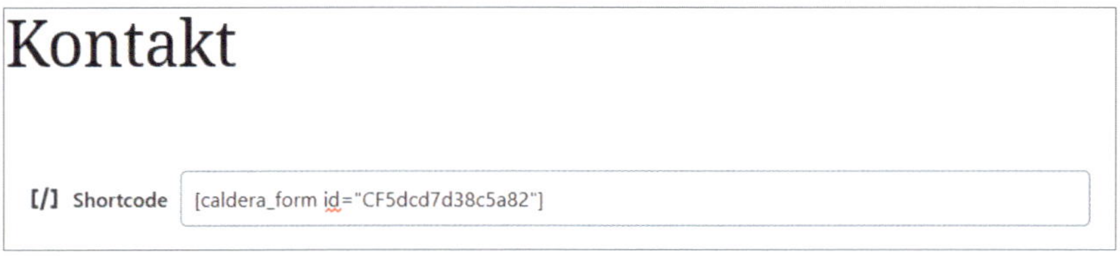

Der Code wurde in die Seite eingefügt

Das Kontaktformular in der Vorschau-Ansicht

Nun weise ich bei den Anpassungen im Bereich *Menüs* die Seiten *Startseite*, *Über mich* und *Kontakt* zu und aktiviere unter *Menü-Positionen* die Option *Haupt-Navigation*, speichere das Ganze ab und teste in der Vorschau, ob ich von jeder Seite zu jeder anderen ohne Probleme wechseln kann, ob sich jede Seite problemlos öffnen lässt und vor allem ob jede Seite den richtigen Inhalt hat. Ich lege noch die Seiten *Impressum* und *Datenschutz* an, wechsle zum Menü *Seiten* und kopiere die vorher generierten Texte hinein.

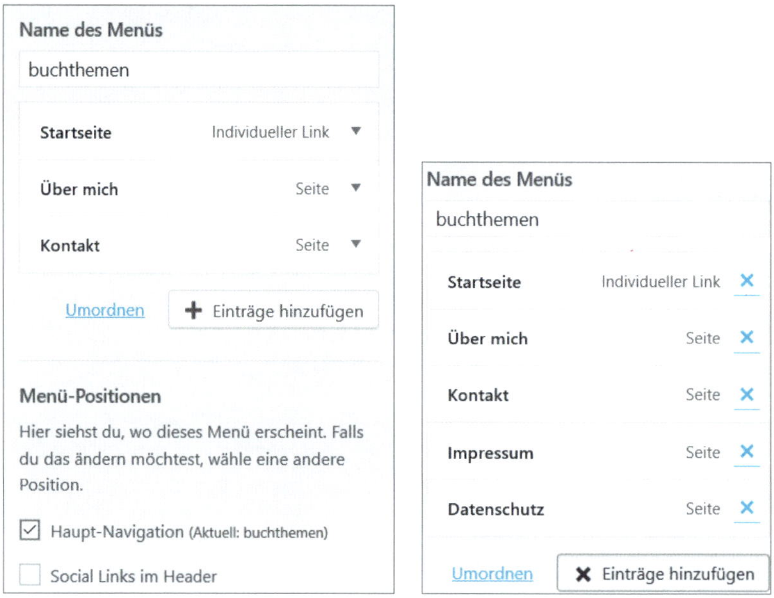

Ein neues Menü mit drei Positionen und zwei neue Menüpunkte

Die neuen Menüs sind im Menüband dazugekommen

24.6 Die Beiträge

Beschäftigen wir uns nun mit den Beiträgen. Natürlich will ich auf diesem Blog nur Beiträge veröffentlichen, die mit meiner Arbeit in Verbindung stehen. Dafür starte ich mit einem Beitrag zu diesem Buch. Ich öffne das Menü *Beiträge/Alle Beiträge*. Standardmäßig ist bereits ein Beitrag mit dem Namen *Hello World* vorhanden. Ich öffne den Musterbeitrag über den Link *Bearbeiten*, ändere die Überschrift und gebe den ersten Text ein.

Dann füge ich einen neuen Block ein, diesmal allerdings den *Classic Block*, damit ich neben einem Foto Text platzieren kann. Nun füge ich die Daten des Buches ein, einen Link zu Markt+Technik für diejenigen, die das Buch bestellen wollen, und dann das Titelcover des Buches.

Den Beitrag ergänze ich noch mit weiterem Text zum Buch und speichere die Eingaben über *Aktualisieren* ab. Die Kategorie ändere ich in *Computerbücher*. Das Ergebnis sehe ich mir in der Vorschau an.

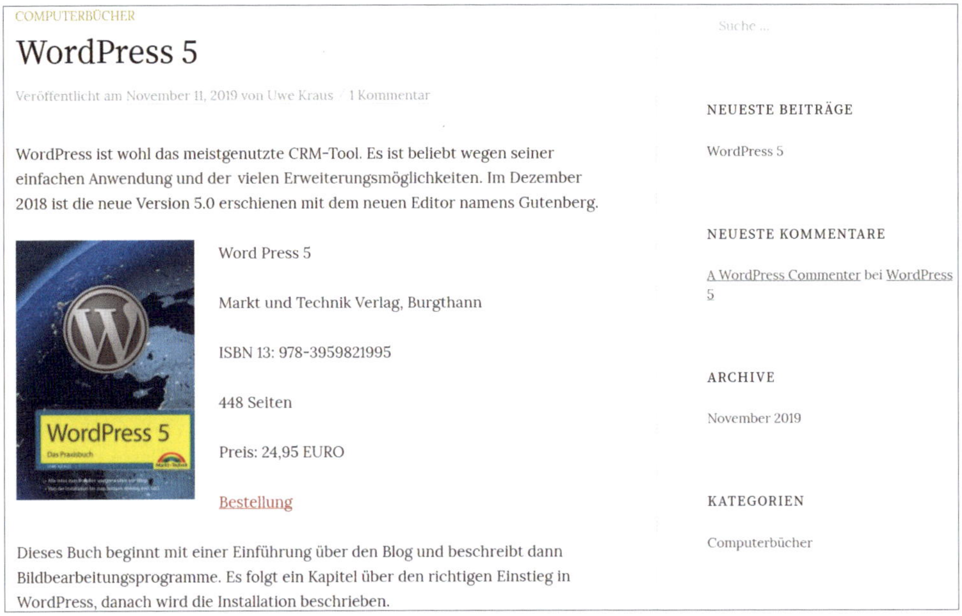

Die Vorstellung eines Buches als Beitrag mit der Angabe der Kategorie

Nun erstelle ich ein Inhaltsverzeichnis für dieses Buch. Dies ist bei einem Fachbuch besonders wichtig, um dem Leser einen Überblick über den Inhalt zu geben. Dafür lege ich einen neuen Beitrag an und gebe den Titel ein. Dann füge ich aus der Blockauswahl aus dem Bereich *Allgemeine Blöcke* den Block *Liste* ein.

Als Nächstes gebe ich die Überschrift des ersten Kapitels und die Unterkapitel ein. Bei den Unterkapiteln und den Absätzen, die dazugehören, rücke ich den Text jeweils mithilfe des Symbols *Listenelement einrücken* ein Stück ein, speichere ab und sehe mir den Entwurf in der Vorschau an. Überschrift, Unterüberschriften und dazugehörige Absätze sind jetzt mit unterschiedlichen Aufzählungszeichen vor dem Text gekennzeichnet.

Um zum Inhaltsverzeichnis zu verlinken, öffne ich die Vorschau, markiere den Link in der Browser-Zeile und wechsle wieder in den Beitrag *WordPress 5*. Dort füge ich den Link am Ende des Beitrags ein, indem ich das Linksymbol in der Werkzeugleiste anklicke und den Link des Beitrags in das leere Feld hineinkopiere.

Das Symbol zum Verlinken

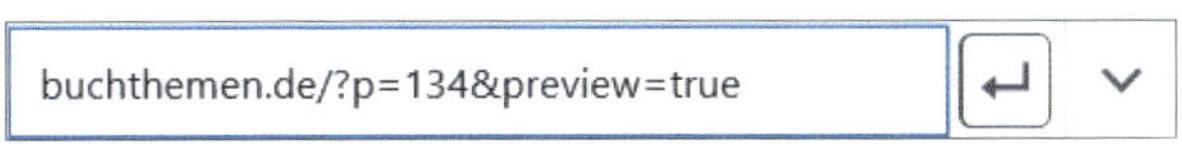

Der Link zum Inhaltsverzeichnis wurde gesetzt

Den öffentlichen Namen ändern

Der Name im Beitrag, der in der Vorschau angezeigt wird, wirkt nicht gerade seriös. Hier handelt es sich um den öffentlichen Namen. Dieser lässt sich aber schnell über das Menü *Benutzer/Dein Profil* ändern.

Veröffentlicht am November 11, 2019 von fandrian / 1 Kommentar

Dieser Name ist nicht gut geeignet für eine Veröffentlichung

Ich wähle im Arbeitsbereich *Profil* im Drop-down-Menü *Öffentlicher Name* einen passenderen Namen aus – meinen eigenen – und aktualisiere das Profil.

Veröffentlicht am November 11, 2019 von Uwe Kraus / 1 Kommentar

Mit diesem Namen wirkt es besser

Jetzt lege ich einen Beitrag für ein weiteres Buch an, beginne wieder mit der Überschrift und einem einführenden Text. Dann gebe ich wie im letzten Beispiel die Daten dazu ein, füge wieder das Titelcover ein, lege eine neue Kategorie namens *Trainingsbücher* an und weise sie dem Beitrag zu. Das Ergebnis sehe ich mir in der Vorschau an.

TRAININGSBÜCHER

Masse und Kraft – Effektives Training

Veröffentlicht am November 18, 2019 von Uwe Kraus / 0 Kommentare

Dieses Buch richtet sich an alle, die Muskeln aufbauen wollen. Die Auswahl des richtigen Studios wird beschrieben und die Ausrüstung, die benötigt wird. Dutzende von Trainingsprogrammen für Anfänger, Fortgeschrittene runden das Werk ab. Viele Tipps und Tricks zum Training helfen dem Sportler weiterzukommen. Über die richtige Ernährung und Nahrungsergänzungen wird ebenfalls ausführlich berichtet.

Masse und Kraft – Effektives Training

BOD, Norderstedt

ISBN-13: 978-3752806922

292 Seiten

Preis Buch: 19,95 EURO, Preis E-BOOK: 7,49 EURO

Bestellung

Die Daten zum zweiten Buch

Ein Teil des Inhaltsverzeichnisses in der Vorschau

Dann lege ich ein Inhaltsverzeichnis in der gleichen Art wie beim letzten Buch an und weise es der Kategorie *Trainingsbücher* zu. Nach dem Speichern werfe ich auch hier wieder einen Blick in die Vorschau.

Bei diesem Buch füge ich zusätzlich noch zwei Bilder von mir und Text über mich ein. Für das Einfügen der beiden Bilder greife ich auf den Block *Spalten* zurück. Dann wähle ich das zweispaltige Layout.

Jetzt ist dieser Block nützlich

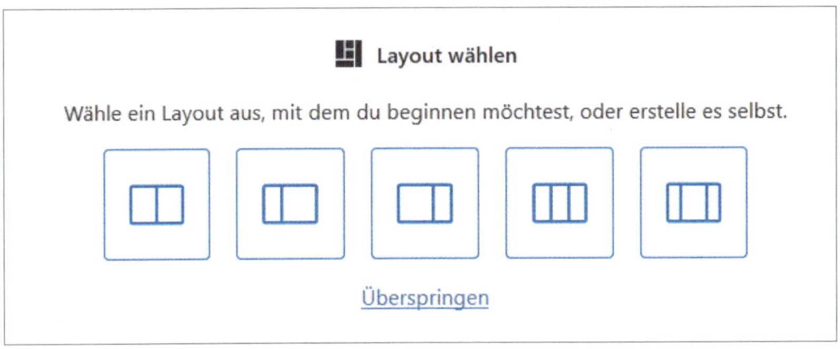

Hier wird eine Variante der Spalten ausgewählt

Nachdem die zweispaltige Rohfassung in den Beitrag eingefügt ist, klicke ich in der ersten Spalte auf das Pluszeichen und wähle den Block *Bild* aus. Dann füge ich aus der Mediathek ein Bild ein.

Nach dem Einfügen beschrifte ich es und verkleinere es etwas mithilfe der kleinen blauen Kreise am rechten und unteren Rand. Jetzt klicke ich in die zweite Spalte und füge das nächste Bild ein. Auch hier gebe ich eine Bildunterschrift ein. An der Größe ändere ich nichts. Wenn Sie unter eines der Bilder klicken, werden Ihnen die beiden Spalten von einem Rahmen umrandet angezeigt.

Bankdrücken 2012 in Coburg

Bankdrücken 2019 in Schleusingen

Die Ansicht beider Spalten

Nun lege ich auf die gleiche Weise noch einen Beitrag für ein drittes Buch an. Diesmal allerdings ohne Inhaltsverzeichnis, denn bei einem Roman ist das nicht nötig. Ein Probekapitel ist allerdings sinnvoll, um dem Leser einen Einblick in das Buch zu geben. Empfehlenswert ist auch das Einfügen von Bildern der Orte, an denen das Buch spielt.

Manolito - Abenteuer in Südafrika

Dieses Buch erzählt die Geschichte eines jungen Mannes, der mit seinem Rucksack durch Südafrika zieht und verrückte Typen kennenlernt. Dabei erlebt er aufregende und spannende Abenteuer mit korrupten Polizisten und Rebellen. Seine Reise führt von Kapstadt über Durban bis Johannesburg. Er kommt vom Strand des Indischen Ozeans bis in den Dschungel.

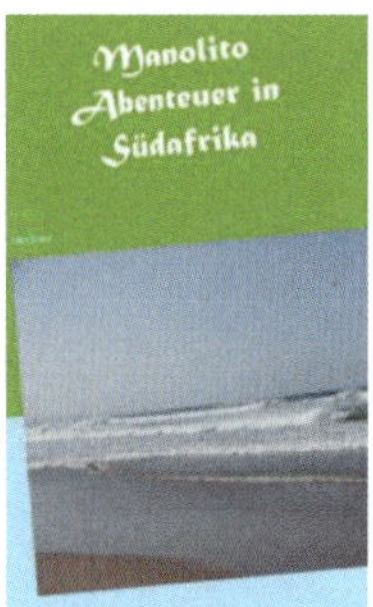

Manolito - Abenteuer in Südafrika

BOD, Norderstedt

ISBN-13: 978-3748111436

280 Seiten

Preis Buch 14,50 EURO, Preis E-Book: 6,99

Bestellung

Die Daten zum dritten Buch wurden angelegt

Für die Bilder lege ich eine Galerie an. Diese habe ich vorher in die Mediathek geladen und beschriftet. Im Beitrag füge ich den Block *Galerie* unter den Daten des Buches ein. Über den Button *Mediathek* wähle ich die Bilder dort aus und füge sie über den Button *Neue Galerie erstellen* in den Beitrag ein.

Für das Probekapitel lege ich wieder einen neuen Beitrag mit dem Namen *Probekapitel* an und gebe den Titel ein. In den Abschnitt darunter kopiere ich den Text aus dem Manuskript. Dann speichere ich, öffne die Vorschau und markiere den Link.

Nun wechsle ich wieder zum Beitrag des Buches zurück und füge unter der Galerie einen Link zu dem Probekapitel ein, indem ich den Eintrag markiere, das Linksymbol in der Werkzeugleiste anklicke und den Link des Beitrags in das leere Feld hineinkopiere. Nach dem Speichern sehe ich mir das Ergebnis in der Vorschau an.

Der Link führt direkt zum Probekapitel

25. Widgets

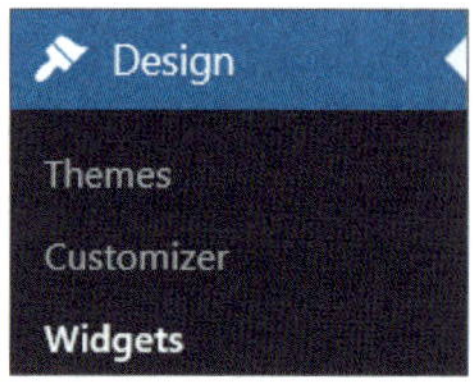

Der Weg zu den Widgets

Widgets sind kleine Programme, die ohne eine entsprechende Umgebung nicht eigenständig funktionieren können. Die Umgebung ist in diesem Fall WordPress. Sie besitzen bestimmte Funktionen, die sich gezielt einbauen lassen, und sie zeigen Ihnen bestimmte Inhalte in einem Bereich Ihrer Seite, der vorher festgelegt wurde. Mit ihnen lässt sich eine Webseite schnell verändern. Wo diese kleinen Tools auf Ihrer Seite gezeigt werden, entscheiden Sie selbst. Es gibt drei Möglichkeiten: in der Seitenleiste oder am unteren linken oder rechten Rand der Seite. Widgets finden Sie im Dashboard im Menü *Design/Widgets*.

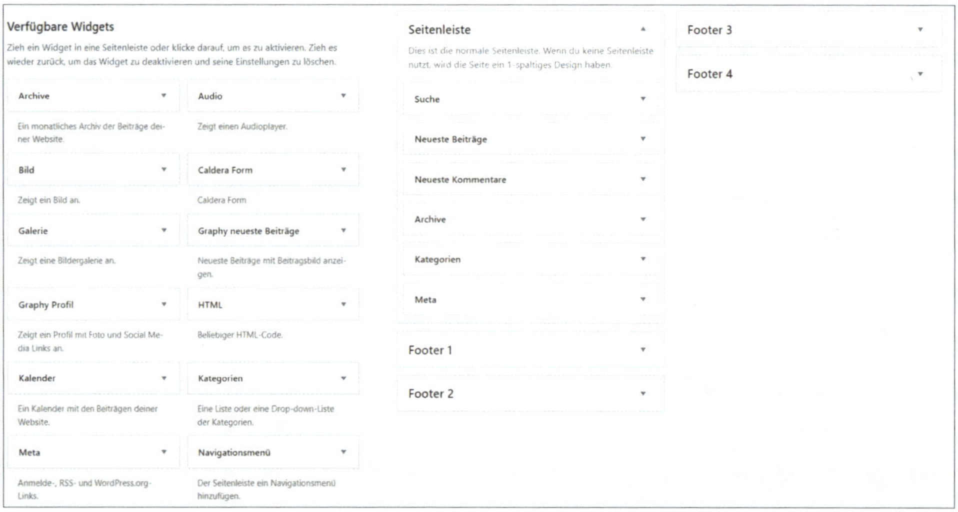

Der Bereich der verfügbaren Widgets und die Seitenleiste für das Einfügen der Widgets

Sie können übrigens per Drag-and-drop die Reihenfolge der Widgets auch innerhalb der Seitenleiste ändern. Mit dem kleinen Pfeil auf der rechten Seite der Widgets können Sie diese öffnen, um Einstellungen vorzunehmen, und auch wieder schließen.

25.1 Widgets in die Sidebar einfügen

Die kleinen Programme können Sie ganz einfach einfügen. Im Bereich *Widgets* finden Sie unter *Verfügbare Widgets* alle Widgets, die standardmäßig in Ihrem ausgewählten Theme vorhanden sind. Von hier aus können Sie das gewünschte Widget an den gewünschten Ort, also in die Sidebar oder in Footer A oder B, schieben (der Footer ist der Fußbereich der Seite).

Das von Ihnen neu aktivierte Widget wird dann im Blog an der betreffenden Stelle angezeigt. Jedes Widget ist mit einer kurzen Beschreibung versehen und erklärt sich normalerweise von selbst. Es gibt viele dieser Helferlein, die meisten sind sehr nützlich. In dem von mir ausgewählten Theme *Graphy* stehen Ihnen die im Folgenden vorgestellten Widgets zur Verfügung.

Archive

Dabei handelt es sich um eine Übersicht über die Artikel der einzelnen Monate. Hier werden Ihre Artikel automatisch archiviert und fein säuberlich nach Monaten zusammenfasst. Dabei können Sie für das Archiv unter *Titel* einen individuellen Namen vergeben, der anstelle des Titels *Archive* angezeigt wird. Dieses Widget ist bereits in der Seitenleiste Ihres Blogs vorhanden und dadurch in Ihre Seite integriert. Sie können es aber noch erweitern.

Klicken Sie auf den kleinen Pfeil neben dem Namen des Widgets in der Seitenleiste, um ein Menü zu öffnen. Wenn Sie das Wort *Archive* nicht auf Ihrer Seite anzeigen wollen, können Sie es im Eingabefeld *Titel* durch ein anderes ersetzen. Wenn Sie ein Häkchen bei der Option *Als Drop-down-Liste anzeigen* setzen, wird das Archiv als Drop-down-Menü angezeigt, in dem ein Monat ausgewählt werden kann. Beachten Sie bitte, sinnvollerweise nur die Monate aufzulisten, in denen auch Artikel veröffentlicht wurden.

Falls Sie vor *Beitragsanzahl anzeigen* ein Häkchen setzen, wird hinter dem Monat die Anzahl der Artikel in Klammern angezeigt, die in dem entsprechenden Monat veröffentlicht wurden. Sichern Sie alles über den Button *Speichern* und klicken Sie auf *Veröffentlichen*. Wenn Sie nun einen bestimmten Monat anklicken, werden Ihnen die Artikel, die in diesem Monat erschienen sind, angezeigt. In diesem Blog sind zwar bereits mehrere Beiträge angelegt. Angezeigt werden jedoch nur die bereits veröffentlichten.

Eine neue Archivvariante wird angelegt

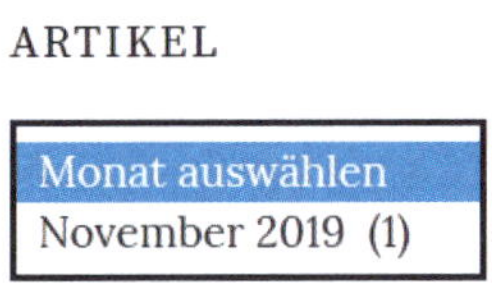

Das Drop-down-Menü des Archivs

Das Archiv ist für die erste Zeit sicher eine elegante Lösung. Wenn Ihr Blog aber länger besteht und immer umfangreicher wird, dann sieht das Ganze nicht mehr übersichtlich aus und bremst außerdem die Geschwindigkeit der Sidebar. Übersichtlicher und professioneller ist dann sicherlich eine Archivseite. Wenden wir uns nun dem nächsten Widget zu.

Audio

Mithilfe des *Audio*-Widgets lassen sich Songs von Plattformen wie SoundCloud zum Abspielen in Ihre Seite integrieren. Um dieses Widget zu aktivieren, halten Sie den Mauszeiger über das Widget. Er verwandelt sich in ein Kreuz mit vier Pfeilen. Drücken Sie die linke Maustaste und ziehen Sie das Widget mit gedrückt gehaltener Maustaste in die Fläche der Sidebar auf der rechten Seite. Genau an der Stelle, über die Sie das Widget halten, erscheint ein gestricheltes Rechteck, das Ihnen anzeigt, wo das Widget eingefügt wird, wenn Sie die Maustaste wieder loslassen.

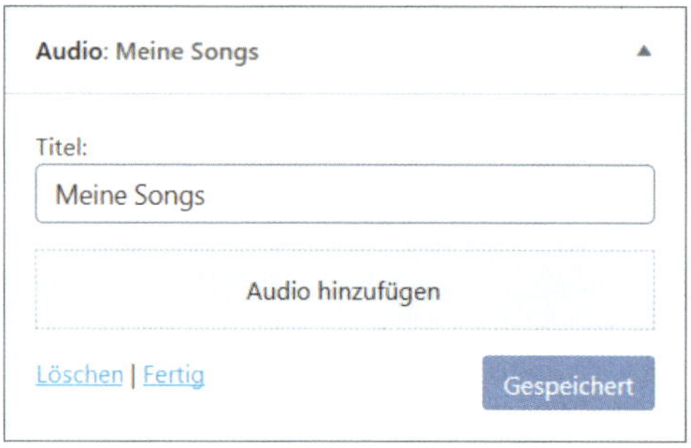

Geben Sie einen Titel ein und klicken Sie dann auf den Button *Audio hinzufügen*. Der Bereich *Von URL einfügen* wird geöffnet. Im Eingabefeld steht bisher nur *http://*. Dies muss durch einen Code ergänzt werden.

Legen Sie einen Titel für das Widget fest

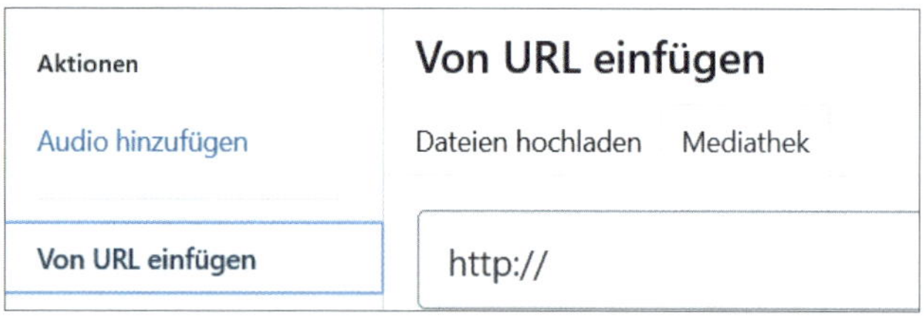

In dieses Feld muss der Code des Songs kopiert werden

Um diesen Code zu bekommen, müssen Sie den Song, der in Ihre Seite soll und den Sie bei SoundCloud gespeichert haben, aufrufen. Klicken Sie dort den Link *Teilen* an. Ein Menü öffnet sich. Klicken Sie auf *Einbetten*, um weiter unten den Code angezeigt zu bekommen.

Das Symbol führt zu diesem Menü

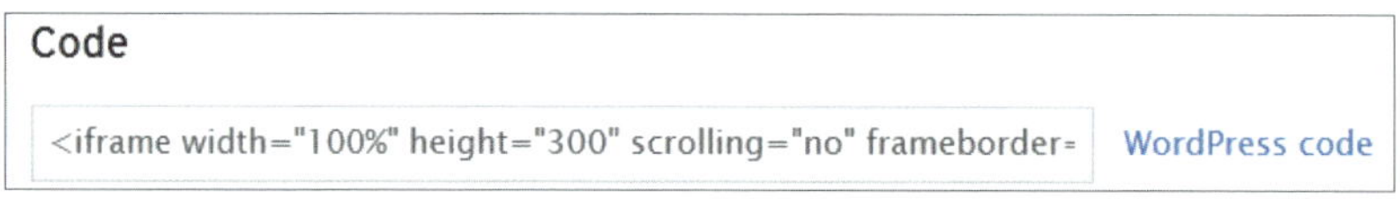

Der WordPress-Code für den Song in HTML

Markieren Sie nun den Code. Kopieren Sie den Code in das Eingabefeld neben dem Eintrag *http://*. Klicken Sie unten rechts auf den Button *Zu Widget hinzufügen* und im Widget auf *Speichern*. Jetzt wird ein Audioplayer angezeigt, mit dem Sie den Song abspielen können.

Über den Button *Audio bearbeiten* kommen Sie in den Bereich *Audio-Details*. Hier können Sie noch weitere Einstellungen vornehmen wie das Abspielen von MP3-Dateien oder das automatische Abspielen eines Songs. Auch das Abspielen des Songs in einer Schleife ist möglich. Falls Sie hier etwas aktivieren, speichern Sie dies über den Button *Aktualisieren* ab.

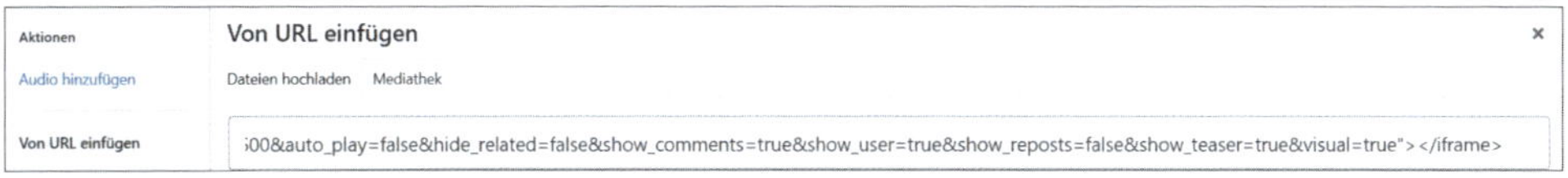

Hierhin muss der Code kopiert werden

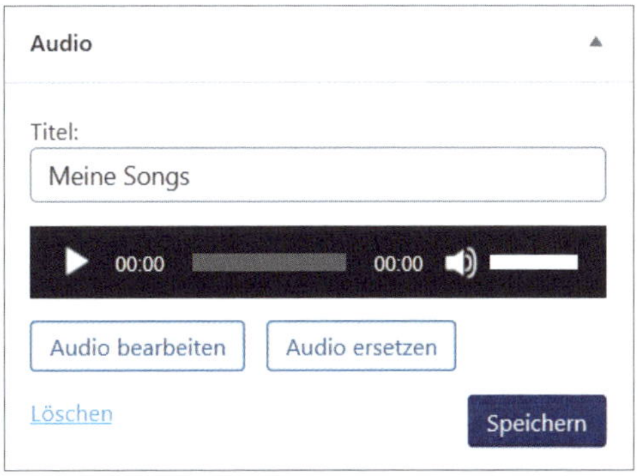

Der Audioplayer wurde installiert

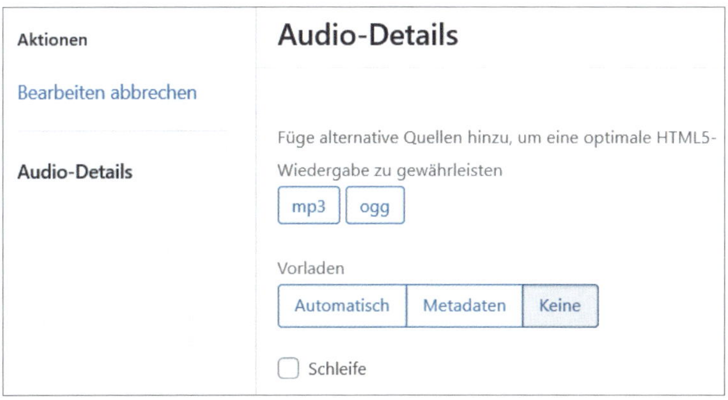

Hier können Sie noch weitere Details hinzufügen

Urheberrecht beachten

Beachten Sie bitte, dass auf Songs ein Urheberrecht existiert, das 70 Jahre besteht. Sie können Lieder nicht einfach veröffentlichen. Downloads, die meist kostenpflichtig sind, sind zum Privatgebrauch erlaubt. Auf der sicheren Seite sind Sie, wenn Sie jemanden kennen, der selbst Lieder schreibt und komponiert und Ihnen die Genehmigung zur Veröffentlichung auf Ihrer Seite gibt.

Bild

Für einen Blickfang auf jeder Seite Ihres Blogs können Sie in der Seitenleiste ein Bild einfügen. Ich verwende dafür das Titelbild des WordPress-5-Buches, damit der Leser auf jeder Seite darauf aufmerksam gemacht wird. Ich füge das Widget dafür in der Seitenleiste direkt unter der Suche ein, vergebe einen Titel und klicke auf den Button *Bild hinzufügen*.

Nun wähle ich das Bild auf meinem PC oder aus der Mediathek aus und schicke es über den Button *Zu Widget hinzufügen* zu dem Widget. Das Bild wird im Widget angezeigt. Jetzt vergebe ich noch einen Titel für das Bild und füge einen Link zu Markt+Technik ein. Mit einem Klick auf *Speichern* übernehme ich es in meinen Blog. Über den Button *Bild bearbeiten* können Sie weitere Einstellungen in Bezug auf das Bild vornehmen, und über den Button *Bild ersetzen* lässt es sich jederzeit austauschen. Jetzt schaue ich mir das Ergebnis in der Vorschau an. Wie Sie unschwer erkennen können, ist das Bild nun auf jeder Seite des Blogs sichtbar und so ein Hingucker für die Besucher.

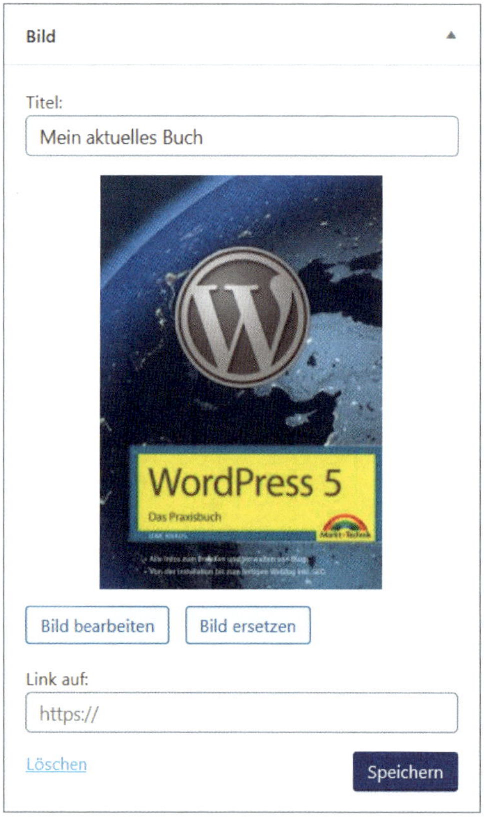

Das Widget wurde mit Text und Link gefüllt

Das Bild ist auf dem Blog

Caldera Form

Hier handelt es sich um ein Kontaktformular, das ich bereits auf der Seite *Kontakt* für diesen Blog verwendet habe. Falls Sie es lieber in der Seitenleiste haben wollen, können Sie es von hier aus in einen Bereich der Seitenleiste schieben. Dies ergibt jedoch wenig Sinn, denn zu dem Formular sollte ein eigener Link führen, und auf diesem Weg wird es komplett in der Seitenleiste angezeigt und beansprucht dort einiges an Platz. Außerdem ist der Platz zum Eingeben des Textes sehr beengt.

Galerie

Dieses Widget gehört nicht in die Seitenleiste, denn auch sie benötigt viel Platz. Eine Galerie sollte direkt in einem Beitrag stehen.

Graphy neueste Beiträge

Dieses Widget steht bereits in der Seitenleiste und hat unter der Suche einen optimalen Platz. Daher muss es nicht weiter berücksichtigt werden.

Graphy Profil

Mithilfe dieses Widgets können Sie ein Profil mit einem Link zu einem oder mehreren Social-Media-Accounts anzeigen lassen.

HTML

Auf dieses Widget gehe ich nicht näher ein, da wir uns in diesem Buch mit HTML-Code nicht weiter beschäftigen.

Kalender

Dieses Widget präsentiert einen Kalender auf Ihrer Seite. Diesen können Sie mit einem Namen versehen. Schieben Sie das Widget *Kalender* in die Seitenleiste und geben Sie einen Titel dafür ein.

Betiteln Sie den Kalender mit dem aktuellen Jahr

Auf Ihrem Blog wird anschließend ein kleiner Kalender mit dem aktuellen Monat eingeblendet. Über den Kalender können Besucher dann datumsorientiert nach Beiträgen suchen. Sie können sich im Kalender zwischen den Monaten hin- und herbewegen und Beiträge eines bestimmten Monats anzeigen lassen. Die Zahlen im Monat, die fett markiert sind, weisen darauf hin, dass an diesem Tag ein Artikel veröffentlicht wurde.

Das Aussehen des Kalenders im Blog

Kategorien

Mit dem *Kategorie*-Widget listen Sie Ihre Kategorien auf. Neben der Titeleingabe stehen noch drei weitere Optionen zum Aktivieren bereit:

- Über die Option *Als Drop-down-Liste anzeigen* können Sie festlegen, dass die Kategorien über ein Auswahlmenü dargestellt werden sollen.
- Damit Sie sehen, wie viele Beiträge schon in eine Kategorie einsortiert wurden, müssen Sie ein Häkchen bei *Beitragsanzahl anzeigen* setzen.
- Und wenn unter der Hauptkategorie weitere Unterkategorien angezeigt werden sollen, müssen Sie die Option *Hierarchie anzeigen* aktivieren.

Meta

Dieses Widget benötigen Sie auf Ihrem Blog nicht. Es stiftet nur Verwirrung. Entfernen Sie es durch einen Klick auf *Löschen* aus der Sidebar.

Trotzdem will ich dieses Widget kurz beschreiben. Mit seiner Hilfe können Sie mehrere Links in Ihre Webseite einfügen. Jeder dieser Links führt Sie zum Login-Bildschirm. Dadurch können Sie sich aus jedem Bereich von dieser Seite im Backend anmelden, für Besucher sind diese Links nicht sichtbar. Es gibt auch noch einen Link für Beiträge und einen für Kommentare.

Navigationsmenü

Mit diesem Widget können Sie ein Navigationsmenü erstellen. Vorher müssen Sie aber den Arbeitsbereich über das Menü *Design/Menüs* öffnen und auf den Link *Erstelle ein neues Menü* klicken. Nun können Sie einen Namen für das neue Menü eingeben. Klicken Sie auf *Menü erstellen*.

Im Bereich *Beiträge* sehen Sie alle bisher erstellten Beiträge. Aktivieren Sie die Kästchen der Beiträge, die in dieses Menü kommen sollen, und klicken Sie auf den Button *Zum Menü hinzufügen*. Der aktivierte Beitrag wird in den Bereich *Menüstruktur* übernommen und angezeigt. Mit dem Button *Menü speichern* sichern Sie alle Eingaben.

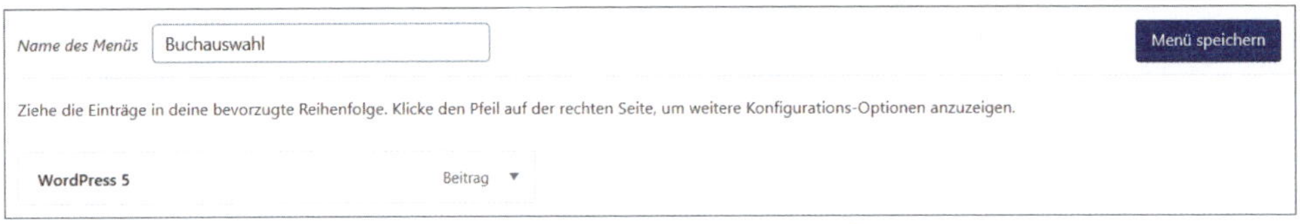

Die Menüstruktur wurde mit einem Eintrag gefüllt

Nun muss das neue Menü noch dem Widget zugewiesen werden. Gehen Sie wieder zu den Widgets und ziehen Sie das Widget *Individuelles Menü* in die Sidebar. Geben Sie bei *Titel* den Text *Buchauswahl* ein, und wählen Sie das Menü *Buchauswahl* aus der Drop-down-Liste aus. Bestätigen Sie mit *Speichern*.

Das ist vielleicht auf den ersten Blick etwas verwirrend, aber der eingegebene Text betitelt das Menü und wird dann auf der Seite angezeigt. Die Auswahl dagegen filtert nur das Menü heraus, das die Beiträge enthält. Schauen Sie sich das neue Menü in der Vorschau auf Ihrer Seite an.

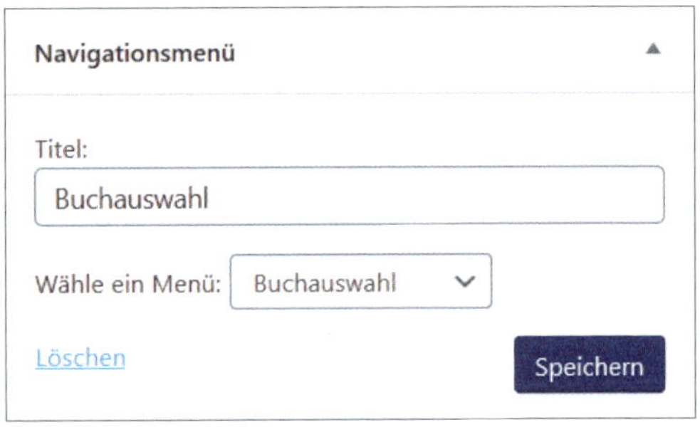

Ein neues Menü wird mit einem Widget erstellt

So sieht das neue Menü in der Vorschau aus

Solche zusätzlichen Menüs sind eigentlich nur für außergewöhnlich umfangreiche Seiten sinnvoll, die genauer gegliedert werden sollen. Für kleinere Blogs sind sie nicht zu empfehlen. Ich wollte Ihnen lediglich zeigen, wie Sie zusätzliche Menüs erzeugen und in den Blog integrieren können.

Neueste Beiträge

Dieses Widget ist bereits in der Seitenleiste enthalten. Sie können einen Titel vergeben und die Zahl der Beiträge festlegen, die angezeigt werden sollen. Mehr als zehn sollten das nicht sein, sonst wird es zu unübersichtlich. Zusätzlich lässt sich noch das Datum der Veröffentlichung mit anzeigen.

Neueste Kommentare

Auch dieses Widget ist bereits in der Sidebar enthalten. Auch hier können Sie entscheiden, wie viele Kommentare angezeigt werden sollen. Hier sollten es ebenfalls nicht mehr als zehn sein.

Legen Sie fest, wie viele Kommentare zu sehen sind

RSS

Mithilfe dieses Widgets können Sie Inhalte von anderen Webseiten auf Ihrem Blog einblenden. Dadurch können Blogger ihre Seiten gegenseitig weiter bekannt machen.

Ziehen Sie dazu das Widget in die Sidebar und öffnen Sie es. Kopieren Sie den Link des befreundeten Blogs in das Eingabefeld und vergeben Sie einen Titel. Klicken Sie auf *Speichern*. Der Link wird nun auf Ihrer Seite angezeigt. Ein Klick darauf führt den Besucher direkt zu dem Beitrag auf einer anderen Seite.

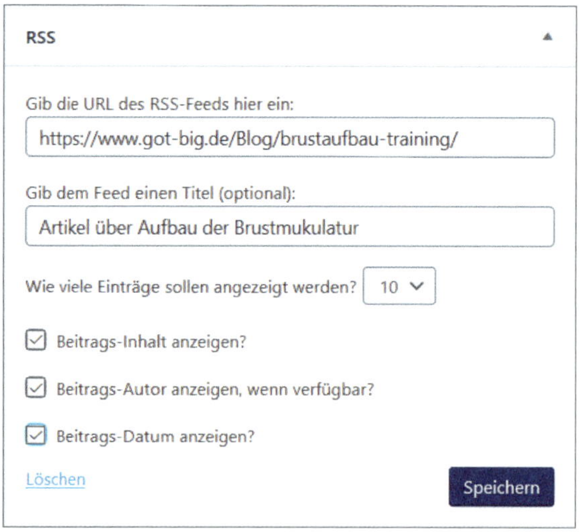

Verlinken Sie zu einem Beitrag auf einer anderen Seite

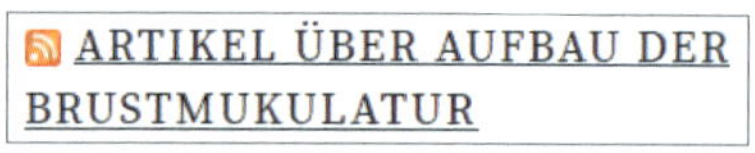

Der Link ist aktiv

Schlagwörter-Wolke

Mit diesem Widget binden Sie eine sogenannte Tag-Wolke in Ihren Blog ein. Im Drop-down-Menü unter *Taxonomie* können Sie auswählen, ob entweder die Schlagwörter angezeigt werden, die Sie in jedem Artikel individuell vergeben können, oder ob Ihre Kategorien angezeigt werden. Die Schlagwörter werden dann auf Ihrem Blog in einer Wolke in unterschiedlichen Größen angezeigt.

Diese Tags sind dazu gedacht, dass Leser Inhalte schneller finden. Die interne Verlinkung Ihrer Seite wird dadurch verbessert, und diese Tags sind auch suchmaschinenfreundlich. Mit einem Klick auf ein Schlagwort kann der Leser den damit verknüpften Artikel aufrufen.

Um dieses Widget zu aktivieren, ziehen Sie es in die Sidebar und öffnen es. Geben Sie einen Titel ein und wählen Sie aus dem Drop-down-Menü die Option *Schlagwörter*. Klicken Sie auf den Button *Speichern*.

Die Schlagwörter, die Sie vorher auf dieser Seite für Ihre Beiträge festgelegt haben, werden dem Besucher nun in einer Wolke angezeigt. Da dies bei vielen Schlagwörtern ziemlich durcheinander wirkt, verzichte ich auf dieses Widget und schiebe es zu den inaktiven Widgets.

Nutzen Sie die Wolke für Hinweise auf Beiträge

Seiten

Dieses Widget listet alle Ihre Seiten auf. Neben der gewohnten Eingabe eines Titels können Sie aus dem Drop-down-Menü eine Sortierung für Ihre Seiten wählen. Es bietet eine gute Möglichkeit, alle oder nur bestimmte Seiten nochmals im Footer, also am Ende Ihrer Seite, anzuzeigen, wie Sie es bestimmt schon manchmal bei anderen Seiten gesehen haben. Falls ein Besucher bis nach unten gescrollt ist, kann er nun auch von hier aus schnell zu einer anderen Seite wechseln.

Schieben Sie das Widget in einen der Footer und öffnen Sie es. Einen Titel zu vergeben, ist hier nicht nötig, weil die Überschrift *Seiten* ja bereits vorhanden ist. Im Drop-down-Menü

Sortiert nach sollten Sie die Option *Reihenfolge der Seiten* wählen, nur dann werden die Seiten in der gleichen Reihenfolge dargestellt wie vorher in der Seitenleiste. Wenn Sie die Option *Seitentitel* auswählen, werden die Seiten alphabetisch sortiert, sie werden also nicht in der gleichen Reihenfolge angezeigt wie in der Seitenleiste.

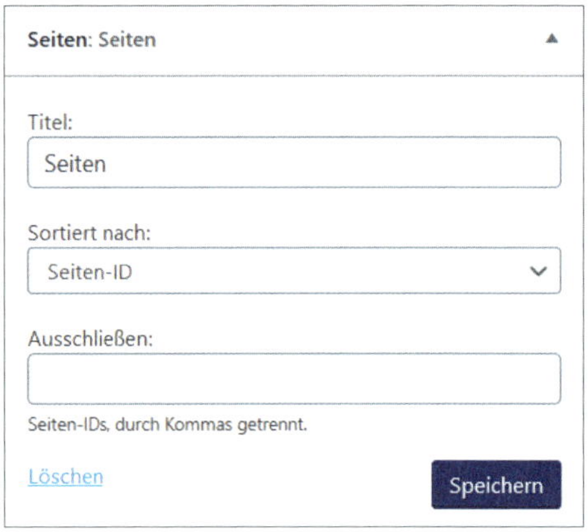

Hier können Sie die Art der Sortierung festlegen

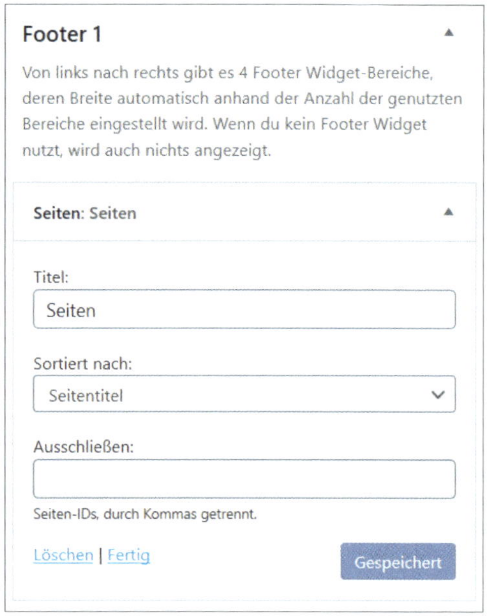

Die Seiten des Blogs sollen auch in den Fußbereich

Statistik

Auf die Verwendung dieses Widgets sollten Sie nicht verzichten. Es ist schon erstaunlich, was dieses Tool alles anzeigt. Sie sehen, wo Ihre Besucher herkommen, wie viele Seitenaufrufe erfolgt sind und wer einen Link zu Ihrer Seite gesetzt hat. Zudem erfahren Sie, wie und unter Verwendung welcher Suchbegriffe der Besucher Ihres Blogs Sie gefunden hat. Dann gibt es noch Statistiken, die Sie nach Tagen, Wochen oder Monaten verteilen können.

Schieben Sie auch dieses Widget in die Sidebar. Es gibt in dem Widget viele Optionen zur Auswahl. Da diese Seite neu ist, begnüge ich mich erst mal mit der Anzeige der Besucher der letzten sieben Tage und aller Besucher. Dann sehe ich mir die Statistik in der Seite direkt an. Mit dem Button *Fertig* speichere ich die ausgewählten Optionen.

Suchen

Weiter geht es mit dem Widget *Suchen*. Mit diesem Widget fügen Sie ein Suchfeld in Ihre Sidebar ein. Es ist bereits in die Sidebar eingefügt. Je nach Größe Ihres Blogs könnte es sinnvoll sein, dieses Widget mehrmals an geeigneten Stellen auf dem Blog zu haben.

Text

Dieses Widget ist besonders vielseitig einsetzbar. Zum einen können Sie einen einfachen Text darüber in Ihrer Seitenleiste platzieren oder dort HTML-Code einbinden. Zum anderen können Sie in das Widget einfach einen Titel eingeben und in das Feld darunter einen Text und anschließend auf *Speichern* klicken.

Gerade das *Text*-Widget ist prädestiniert dafür, öfter genutzt zu werden. Sie können es z. B. an verschiedene Stellen Ihrer Seitenleiste ziehen, um unterschiedliche kleine Texte darüber zu veröffentlichen. Selbstverständlich können Sie auch alle anderen Widgets mehrmals in der Sidebar platzieren, nur ist das bei den meisten nicht wirklich sinnvoll.

Selbst wenn Sie keine HTML-Kenntnisse haben, können Sie HTML-Text in das Widget einfügen und auf Ihrer Seite zeigen. Ziehen Sie dafür zuerst das Widget *Text* in die Seitenleiste. Wechseln Sie nun in das Menü *Beiträge/Beiträge erstellen*. Geben Sie keine Überschrift ein und in das Textfeld den Text, der später auf der Seite angezeigt werden soll. Ich gebe also ein: »Hier geht es zum Blog lichtenfelser-land«. Nun formatiere ich den Text mit Fettdruck. Dann zentriere ich den Satz noch mittig. Jetzt markiere ich den gesamten Text und wechsle wieder zum Widget *Text*.

Ein Text wurde eingegeben

Der Link zu der Seite

Im Widget kopiere ich den gesamten Text in das Textfeld und erstelle dann den Link zur Seite. Durch Klick auf das Symbol *Übernehmen* neben der Adresse wird diese eingefügt. Über den Button *Speichern* sichere ich das Ganze ab und schaue mir dann das Ergebnis in der Vorschau an.

Video

Mit dem Widget *Video* können Sie ein Video auf Ihrer Seite anbieten. Schieben Sie dieses Widget wieder wie gewohnt in die Sidebar und öffnen Sie es. Vergeben Sie einen Titel und klicken Sie auf den Button *Video hinzufügen*.

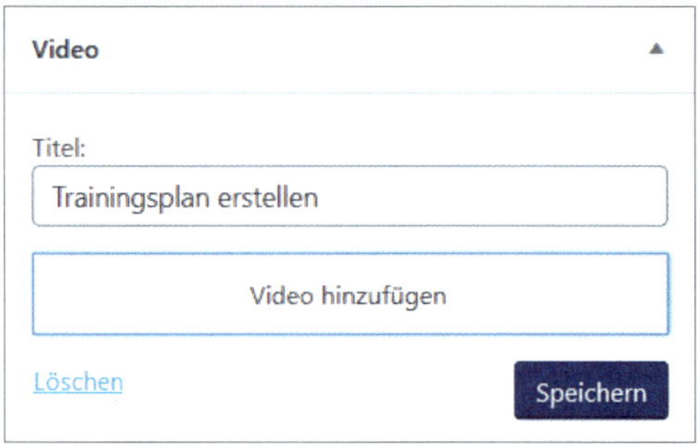

Von hier aus können Sie ein Video integrieren

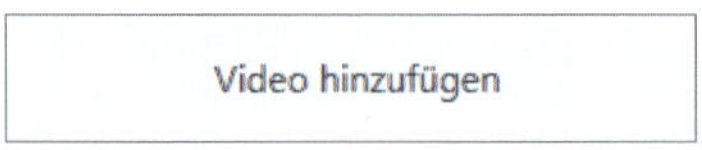

Ein Video soll in der Seitenleiste platziert werden

Sie kommen in die Mediathek. Öffnen Sie den Bereich *Von URL einfügen* und suchen Sie dann das Video auf YouTube aus. Klicken Sie in YouTube unter dem Video auf den Link *Teilen* und im Fenster *Teilen* dann auf *Kopieren*. Der Link wird farbig unterlegt und in die Zwischenablage kopiert.

Wechseln Sie wieder in die Mediathek, dort kopieren Sie den Link mit der Tastenkombination Strg+V in das Eingabefeld. Das Video wird im Widget angezeigt und kann hier auch abgespielt werden. Ein Klick auf *Speichern* sichert es zur Übernahme in die Seite. Hier kann es ebenfalls abgespielt werden.

Über den Button *Video bearbeiten* können Sie noch weitere Einstellungen vornehmen. Es besteht die Möglichkeit, eine alternative Quelle hinzufügen oder das Video in einer Schleife abzuspielen, was wiederum bedeutet, dass es ununterbrochen läuft. Das ist vielleicht bei einem Musikvideo interessant, allerdings auch dort nicht unbedingt geeignet, denn es wird auf Dauer die Besucher nerven. In diesem Fall sollten Sie ein Video verwenden, in dem mehrere Lieder hintereinander gespielt werden. Über den Button *Aktualisieren* werden die Änderungen aktiviert.

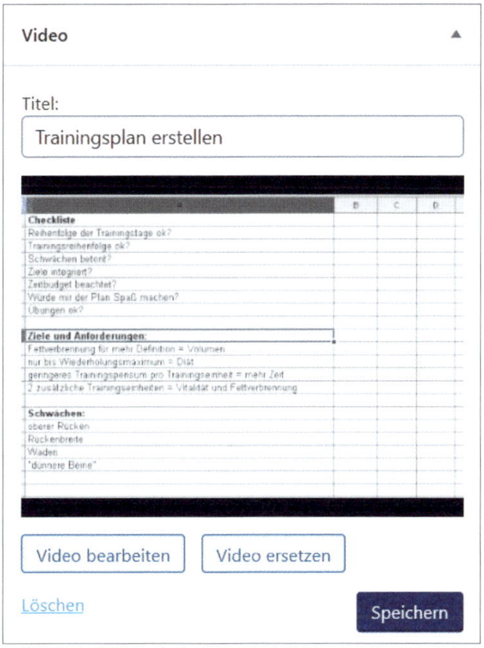

Das Video wurde in die Mediathek übernommen und in das Widget eingefügt

25.2 Inaktive Widgets

Widgets, die Sie bearbeitet haben und nicht löschen wollen, können Sie einfach per Drag-and-drop in das Feld *Inaktive Widgets* ziehen und dort parken. Die Einstellungen gehen dabei nicht verloren, und Sie können es jederzeit wieder aktivieren.

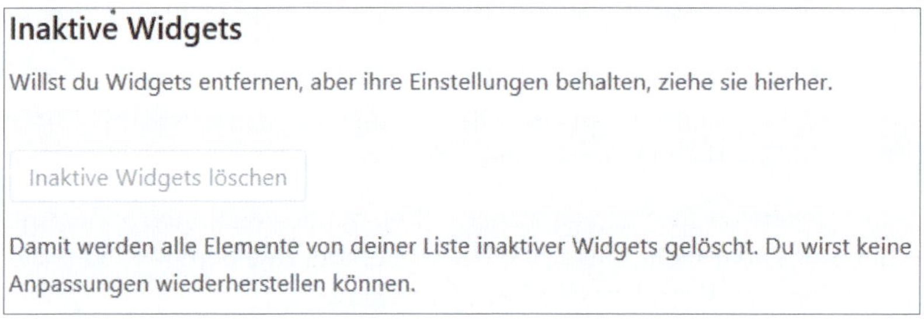

Hier kommen die nicht benötigten Widgets hin

26. Die Kommentare

Kommentare konnte man in Blogs schon immer hinterlassen. Dabei ging es meist um persönliche oder private Infos, auch der Blog selbst hatte meist nur private Inhalte. Wichtig war damals eigentlich nur, dass man sich austauschen konnte.

Die Blogs haben sich weiterentwickelt und auch das Internet hat sich verändert. Social Media und auch noch andere Alternativen sind dazugekommen. Kommentare sind aber trotzdem weiterhin wichtig. Manche Blogs haben zwar die Kommentarfunktion abgeschafft, aber ich halte das nicht für gut, denn das direkte Feedback zu den Artikelinhalten ist besonders bei Fachblogs sinnvoll. Außerdem können Sie als Blogbetreiber direkt antworten und bekommen vielleicht von den Lesern Ideen für neue Artikel. Die Leser sehen durch Ihre Antworten auch, dass der Blog aktiv ist, und das ist für sie ein gutes Zeichen.

Auch für Suchmaschinen sind viele Kommentare und Antworten gut, denn dann kommt ein bestimmtes Stichwort umso öfter vor und kann das Ranking nach oben treiben. Die Leser werden stärker an den Blog gebunden, weil die Diskussionen direkt dort erfolgen und nicht auf Social-Media-Plattformen, auf denen Sie auch nicht jeder findet.

Alle wichtigen Dinge wie Feedback, Meinungen, Kritik, Fragen und Antworten stehen an einer Stelle. Daher sollten Sie auch in Zukunft nicht auf Kommentare verzichten, selbst wenn Sie bei manchen Artikeln nur wenige Kommentare erhalten.

Kommentare machen aber auch nur Sinn, wenn Sie als Blogbetreiber darauf eingehen. Auf Fragen sollten Sie also immer schnell antworten. Daraus kann dann eine Diskussion entstehen. Auch daran sollten Sie sich beteiligen, denn durch diese Art der Kommunikation können Ideen für neue Artikel entstehen, weil sich durch Fragen zeigt, was den Leser interessiert. Kritische Kommentare sollten Sie zulassen, falls sie nicht persönlich werden.

Aus all diesen Gründen sollten Sie grundsätzlich die Kommentarfunktion von WordPress nutzen. Sicherheitshalber können Sie die Einstellung so vornehmen, dass neue Kommentare vor der Veröffentlichung erst von Ihnen freigegeben werden müssen.

Zugelassene Kommentare werden auf den einzelnen Seiten mit den Beiträgen angezeigt, auf der Startseite des Blogs aber nicht. Um sich die Kommentare zu einem Beitrag anzusehen, müssen Sie auf den jeweiligen Titel des Beitrags klicken.

26.1 Kommentare verwalten

Manchmal ist es aber sinnvoll, die Kommentarfunktion zu deaktivieren. Unter dem Link *Einstellungen/Diskussion* werden alle Einstellungen für Kommentare vorgenommen.

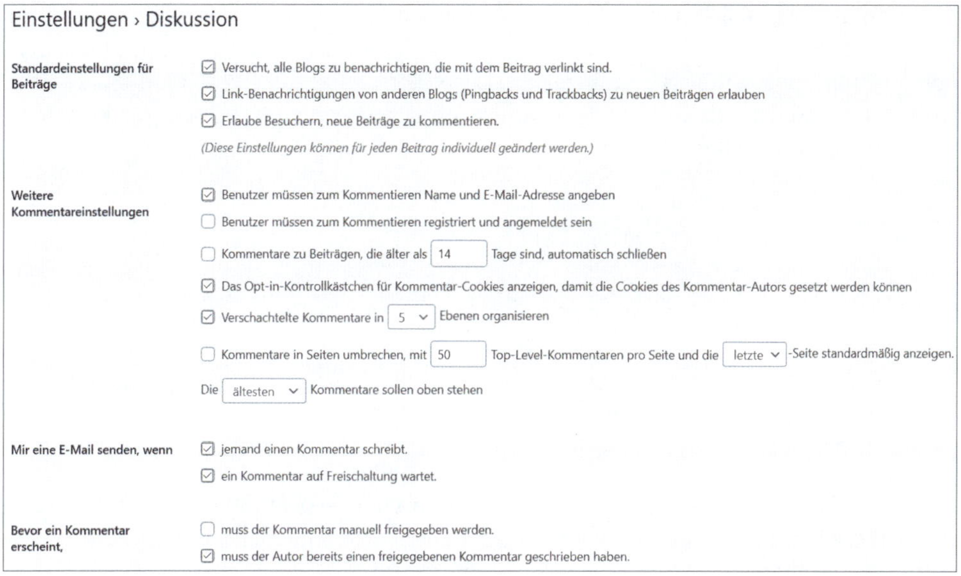

Hier werden alle Einstellungen zu Kommentaren festgelegt

Hier können Sie einstellen, ob Besucher neue Beiträge kommentieren können oder nicht. Diese Einstellung gilt nur für neue Beiträge und Seiten und ist nur sinnvoll, wenn Sie keine Kommentare mehr zu Ihren zukünftigen Beiträgen haben wollen. Auf bereits vorhandene Beiträge oder Seiten hat diese Änderung keinen Einfluss.

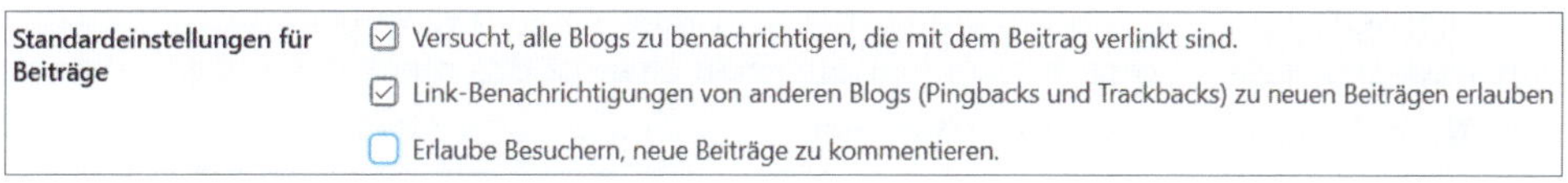

Verhindern Sie das Kommentieren von Beiträgen für die Zukunft

Sie können auch entscheiden, ob jeder oder nur ein registrierter Besucher einen Kommentar abgeben darf und ob er beim Abgeben eines Kommentars seinen Namen und seine E-Mail-Adresse angeben muss, ob auf andere Kommentare eine Antwort möglich ist und ob diese Antworten dann verschachtelt werden sollen. Verschachteln bedeutet, wie oft jemand auf die Antwort eines Kommentars wiederum antworten kann.

Außerdem können Sie festlegen, dass Kommentare nicht gleich der Öffentlichkeit gezeigt werden. Diese werden dann vorher von Ihnen oder einem Administrator geprüft und dann erst freigeschaltet oder als Spam markiert und eben nicht freigeschaltet. Damit der Besucher Bescheid weiß, bekommt er eine Mitteilung darüber, dass sein Kommentar erst geprüft und innerhalb kurzer Zeit freigeschaltet wird.

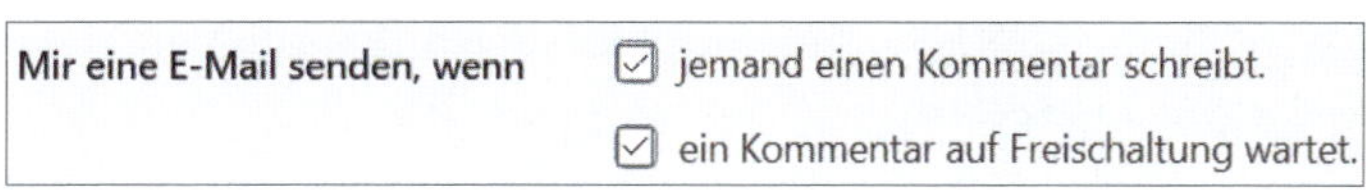

Erst den Kommentar prüfen, dann freischalten

Kommentare lassen sich auch sortieren. Sie können festlegen, ob der neueste oder der älteste Kommentar an oberster Stelle angezeigt werden soll. Normalerweise lässt man den ältesten Kommentar zuerst anzeigen, besonders wenn auf Ihrem Blog viel gefragt wird. Hat Ihr Blog allerdings sehr viele Kommentare, ist es sinnvoll, die neueren Kommentare nach oben zu stellen.

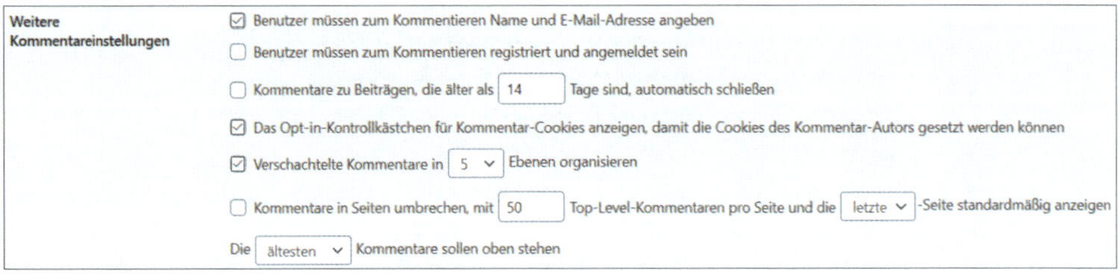

Weitere wichtige Einstellungen für die Kommentare

Außerdem können Sie entscheiden, ob ein Kommentar erst manuell bestätigt werden muss oder ob der Autor als Voraussetzung für eine Veröffentlichung bereits einen Kommentar geschrieben haben muss, der genehmigt wurde.

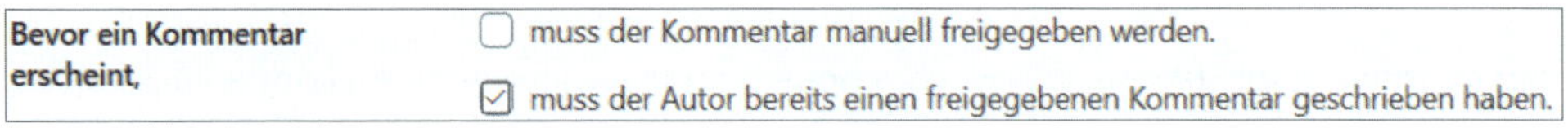

Einstellungen vor der Veröffentlichung eines Kommentars

Um Spam schon im Voraus zu vermeiden, haben Sie die Möglichkeit festzulegen, dass ein Kommentar, der mehr als zwei Links enthält, automatisch in die Warteschlange verschoben wird. Enthält ein Kommentar mehr als einen Link, ist das meist ein Hinweis darauf, dass er Werbung oder Spam als Link enthält.

Sie können noch angeben, dass ältere Kommentare nach einer gewissen Zeit automatisch geschlossen werden, und nach einer bestimmten Anzahl von Kommentaren einen Seitenumbruch festlegen.

Legen Sie fest, wann ältere Beiträge nicht mehr angezeigt werden sollen

Der Seitenumbruch ist standardmäßig auf 50 Kommentare eingestellt

Durch Klick auf den Button *Änderungen speichern* am Ende der Seite übernehmen Sie alle Ihre Änderungen.

Der Button zum Speichern

Ein Plug-in, das man auf jeden Fall in Verbindung mit Kommentaren nutzen sollte, ist *Antispam Bee*, das sehr gut für die Bekämpfung von Kommentarspam geeignet ist. Auch *Disqus* ist eine gute Alternative. Mit diesem Tool lassen sich Kommentare einfach verwalten, und es hilft auch gut gegen Spam.

Denken Sie aber immer daran, nur ein Tool für Kommentarspam zu installieren, denn sonst ist es wie bei Virenscannern, sie blockieren sich gegenseitig, wenn mehr als einer installiert ist.

26.2 Das Avatar-Bild

Ein Avatar ist ein kleines Bild, das jedem Nutzer zugeordnet ist. Avatar-Bilder können Sie kostenlos über den Avatar-Service www.gravatar.com beziehen. Auf dieser Seite haben Sie die Möglichkeit, ein Minibild zu erstellen und es hochzuladen.

Bei jedem, der dieses Angebot nutzt und einen Kommentar veröffentlicht, wird daneben das Avatar-Bild präsentiert. Ein derartiges Bild verschafft Ihren Beiträgen einen persönlicheren Status. Allerdings ist es kompliziert, auf dieser Seite einen Avatar zu erzeugen, und die Beschreibungen sind auf Englisch verfasst. Aber es gibt eine Alternative: ein Plug-in wie *WP User Avatar*.

Wenn Sie dieses Plug-in installiert und aktiviert haben, können Sie auch damit einen Avatar erzeugen. Das Plug-in legt ein neues Menü mit dem Namen *Avatare* in der Sidebar an.

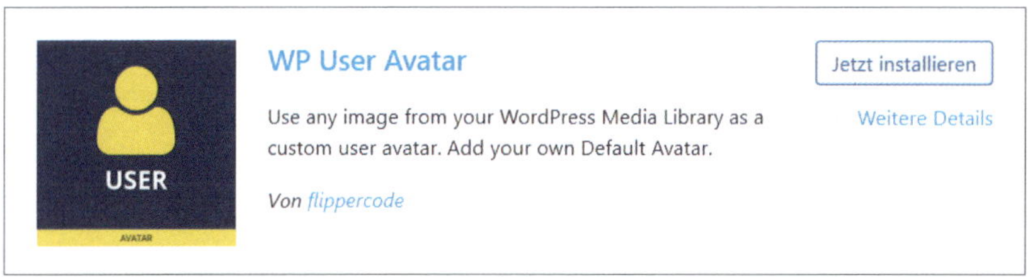

Das hilfreiche Plug-in für Avatare

Ein neues Menü wurde erzeugt

Unter diesem Menü entscheiden Sie im Bereich *Einstellungen*, ob Sie die kleinen Profilbilder anzeigen lassen wollen oder nicht, und legen die Optionen für die Anzeige fest.

Sie entscheiden, ob Ihr Bild jugendfrei sein soll und ob für Besucher, die keinen eigenen Avatar haben, ein Standardlogo angezeigt werden soll oder gar keines oder ob ein Bild generiert werden soll, das als Grundlage die E-Mail-Adresse des Besuchers verwendet.

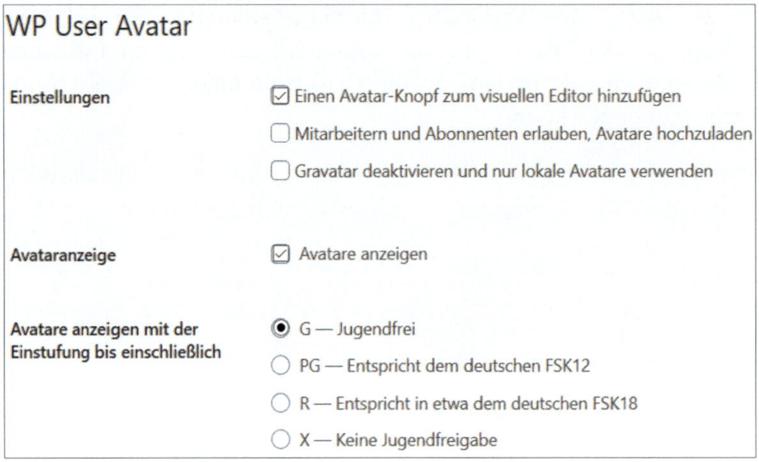

Die Einstellungen für den Avatar

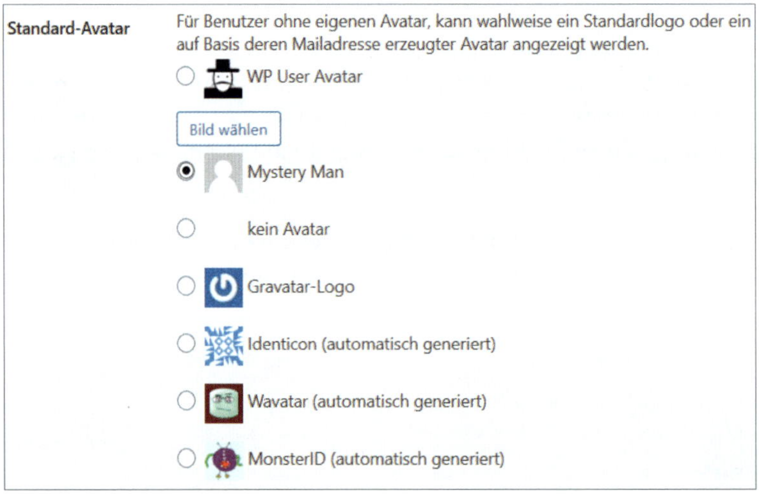

Die Optionen für das Avatar-Bild

Im Bereich *Einstellungen* ist es wichtig, dass die Option *Einen Avatar-Knopf zum visuellen Editor hinzufügen* aktiviert ist, denn dann wird im Editor ein neues Symbol eingefügt, mit dem Sie den Avatar direkt im Beitrag anzeigen lassen können. In diesem Bereich zeigt WordPress eine Auswahl im Bereich *Standard-Avatar* automatisch an. Es sind zahlreiche Optionen zu sehen. Wir wollen aber unser eigenes Bild angezeigt haben. Klicken Sie dazu auf den Button *Bild wählen*, um Ihren eigenen Avatar einzufügen. Dieses Bild können Sie bereits vorher vom PC in der Mediathek speichern und nun von dort laden. Sie sollten es aber vorher auf eine Breite von 80 px skalieren.

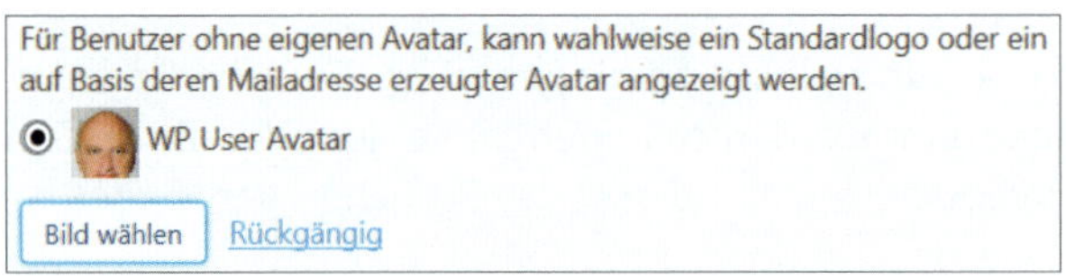

Ein Avatar wurde als Profilbild erzeugt

Das Avatar-Symbol

Speichern Sie Ihre Einstellungen wieder über den Button *Änderungen speichern* ab. Öffnen Sie nun einen Beitrag. Das Symbol für den Avatar wird in jedem Absatz in der Symbolleiste angezeigt, allerdings nur in klassischen Absätzen.

Wenn Sie das Symbol anklicken, öffnet sich ein Eingabefenster, in dem Sie Größe, Ausrichtung und Beschriftung des Avatars festlegen und ihn auch verlinken können.

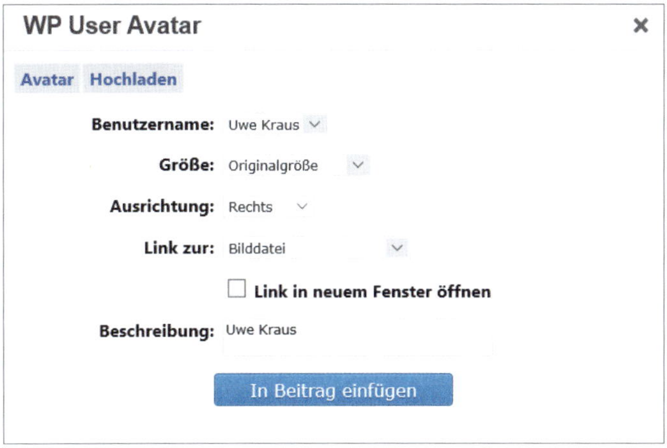

Geben Sie die Daten für den Avatar ein

Nachdem alle Daten ausgewählt sind, klicken Sie auf den Button *In Beitrag einfügen*. Der Link zum Bild wird in den Beitrag übernommen. Aktualisieren Sie den Beitrag und schauen Sie sich das Bild in der Vorschau an.

Das Avatar-Bild wird im Beitrag mit angezeigt

27. Newsletter und Abonnenten

Abonnenten sind ein wichtiger Bestandteil von Blogs, um die Besucherzahlen zu erhöhen. Für die Verwaltung der Abonnenten und das Erstellen von Newslettern ist ein Plug-in ideal geeignet.

27.1 Das Plug-in MailPoet

Für dieses Kapitel habe ich das Plug-in *MailPoet* aktiviert, das es ermöglicht, Newsletter zu versenden und Abonnenten zu bearbeiten. Mit diesem kostenlosen Plug-in, das viele Funktionen enthält und wenig technisches Verständnis erfordert, können Sie auf einfache Weise Formulare für Abonnenten und Newsletter erstellen.

Dieses Plug-in ist hilfreich bei E-Mails und Newslettern

Das Tool liegt komplett auf Deutsch vor und lässt sich dadurch leicht konfigurieren. Für größere Empfängerlisten ist es allerdings nicht geeignet, aber wer kann schon behaupten, dass er Tausende von Empfängern hat? Für kleine Empfängerlisten ist das Tool ideal. *MailPoet* fügt sich in die Sidebar mit einem eigenen Menü ein, das mehrere Untermenüs enthält.

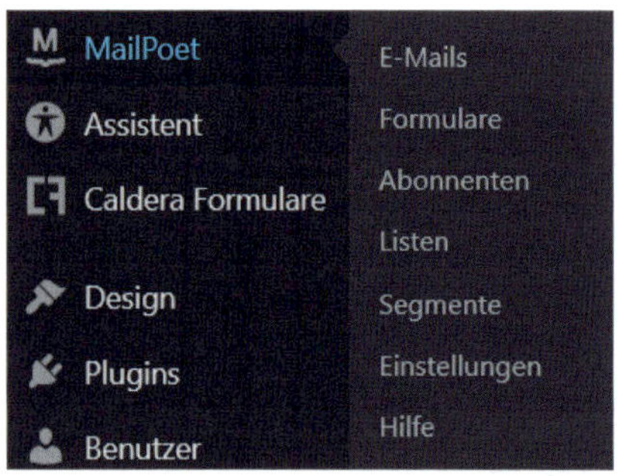

Das Plug-in mit seinen Menüs

Ein Formular anlegen

Damit Ihre Leser einen Newsletter bestellen können, ist ein Anmeldeformular nötig. Dieses lässt sich leicht mit *MailPoet* erstellen. Über den Menüpunkt *Formulare* im Menü *MailPoet* wird Ihnen ein Musterformular angezeigt. Widerstehen Sie unbedingt der Versuchung, beim Erzeugen des Formulars zu viel über den Nutzer zu erfragen. Fordern Sie nur wenige Daten an. In der Regel genügt die E-Mail-Adresse. Vor- und Nachname sind schon kritisch, sie dürfen nur verlangt werden, wenn verdeutlicht wird, dass dies keine Pflichtangabe ist. Geburtsdatum, die Adresse oder die Telefonnummer sollten Sie auf keinen Fall abfragen.

Sie können über den Link *Neu hinzufügen* am oberen linken Bildschirmrand ein komplett neues Formular anlegen oder ein bereits bestehendes über den Link *Bearbeiten* unter dem Formularnamen bearbeiten. Den Link sehen Sie, wenn Sie den Eintrag mit dem Mauszeiger berühren. Das Formular öffnen Sie durch Klick auf den Link mit dem Namen. Ändern Sie den Titel in *Anmeldung Newsletter*.

Das Formular können Sie im Fenster *Einstellungen* mit den unten am Rand angezeigten Elementen platzieren, um neue Felder erweitern und mit einem Stil versehen.

Das vorgefertigte Formular mit der von Ihnen geänderten Überschrift, einem Eingabefeld für die E-Mail-Adresse und dem Button für das Abonnieren wird angezeigt. Dieses Formular können Sie im Fenster *Einstellungen* mit den unten am Rand angezeigten Elementen platzieren, um neue Felder erweitern und mit einem Stil versehen.

Vergeben Sie einen Namen für den Newsletter

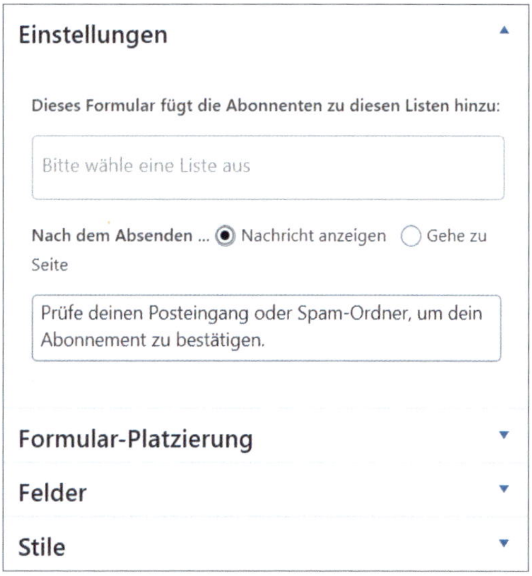

Die Einstellungen für ein neues Formular

Im Bereich *Felder* finden Sie verschiedene Felder vor, die Sie per Drag-and-drop in das angezeigte Formular auf der linken Seite ziehen und dadurch erweitern können. Drag-and-drop? Sie erinnern sich? Mit der linken Maustaste auf den Eintrag klicken, Taste gedrückt halten und den Eintrag in den Newsletter ziehen. In dem Moment, in dem Sie einen Eintrag mit der linken Maustaste berühren, werden im Anmeldebereich des Newsletters mehrere Felder erzeugt. In eines dieser Felder können Sie den Eintrag jetzt verschieben, er wird dort eingeklinkt. Schieben Sie den Eintrag *Trennlinie* per Drag-and-drop in den Newsletter über das Feld *E-Mail*. Speichern Sie das Formular dann.

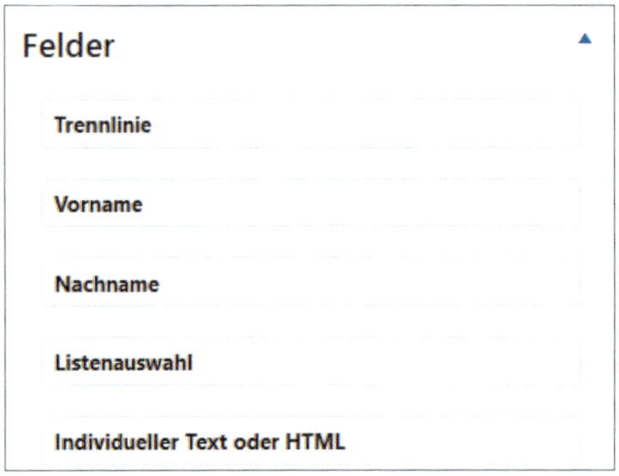

Suchen Sie hier ein Feld aus

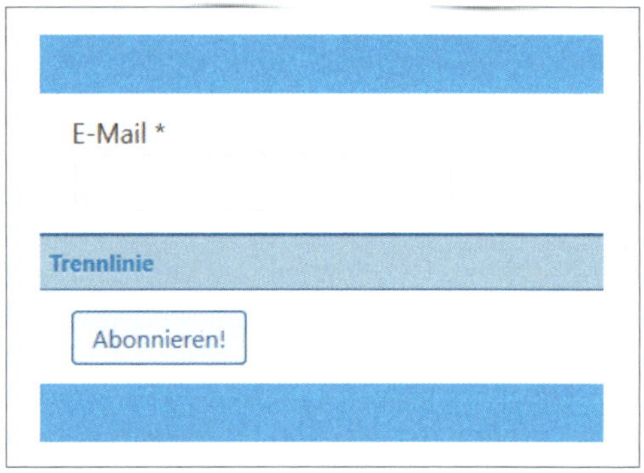

Die freien Plätze für das Einfügen der Felder

In Ihrem Formular sollten Sie den Leser darauf hinweisen, was er in Ihrem Newsletter zu Lesen bekommt. Dafür verwenden Sie das Feld *Individueller Text oder HTML*. Ziehen Sie es über den Button *Abonnieren*. Klicken Sie auf den Link mit dem Zahnrad und geben Sie die Info für den Abonnenten ein. Bestätigen Sie mit *Fertig*.

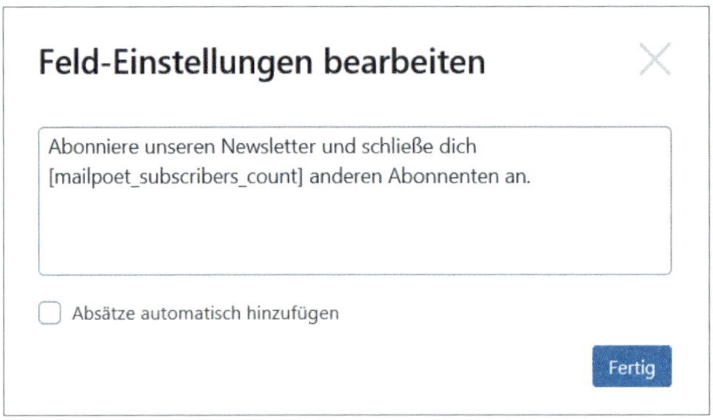

Der vorgegebene Text im Feld

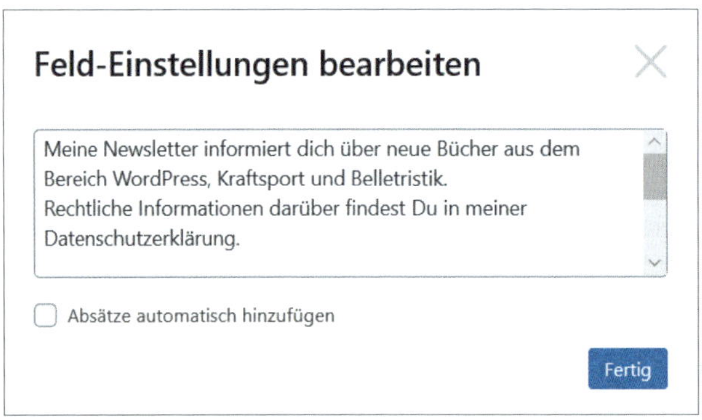

Der vorhandene Text wurde ersetzt

Damit ist es aber nicht getan. Sie müssen noch einen Link zu Ihrer Datenschutzseite erzeugen, in der der Leser darüber informiert wird, was mit seinen Daten geschieht. Dafür setzen Sie einen Link auf das Wort »Datenschutzerklärung«.

Dieser funktioniert mit dem folgenden HTML-Text:

```
<a href="http://wordpress.test/datenschutz/">Datenschutzerklärung</a>
```

Textmuster mit freundlicher Genehmigung von Hans Herbrand, web266.de

Dafür müssen Sie kein Profi in HTML sein. Den Code erzeugen Sie, indem Sie die <-Taste drücken. Diese finden Sie zwischen der ⇧-Taste und dem Y. Danach geben Sie »a href« ein. Nach dem Ausrufezeichen müssen Sie den Link von Ihrer Datenschutzseite hineinkopieren und mit einem weiteren Ausrufezeichen abschließen. Den korrekten Link erhalten Sie, wenn Sie das Menü *Seiten/Alle Seiten* und dann die Seite *Datenschutz* zur Bearbeitung öffnen. In der rechten Spalte sehen Sie jetzt im Bereich *Permalink* den Abschnitt *Seite ansehen* und darunter den Link zu der Seite. Ein Klick darauf führt Sie direkt zu der Seite. Im Browser-Feld wird Ihnen der Link angezeigt, den Sie jetzt markieren und in das Feld von *MailPoet* hineinkopieren müssen.

Klicken Sie auf den Link und markieren Sie diesen

Im HTML-Text kommt jetzt als Nächstes der Pfeil nach rechts, der mit der Tastenkombination ⇧+< erzeugt wird. Nach diesem Pfeil geben Sie das Wort »Datenschutzerklärung« ein und dahinter wieder den Pfeil, der nach links zeigt, dann den Schrägstrich und abschließend nochmals den Pfeil nach rechts. Wo zwischen den beiden Ausrufezeichen im unteren Bild jetzt noch der Mustertext steht, dort muss Ihr Link von der Datenschutzseite hin. Abschließend entfernen Sie das Wort »Datenschutzerklärung« am Ende des vorangegangenen Textes wieder. Er war nur zum besseren Verständnis dort, weil an seine Stelle der Link sollte.

Für das Akzeptieren der Datenschutzhinweise durch den Leser benötigen wir noch ein weiteres Feld. Ein neues Feld können Sie über den Button *Neues Feld hinzufügen* anlegen. Dort stehen verschiedene Feldtypen zur Auswahl bereit. Wählen Sie aus der Drop-down-Liste *Auswahlbox*.

Über diesen Button bekommen Sie ein neues Feld

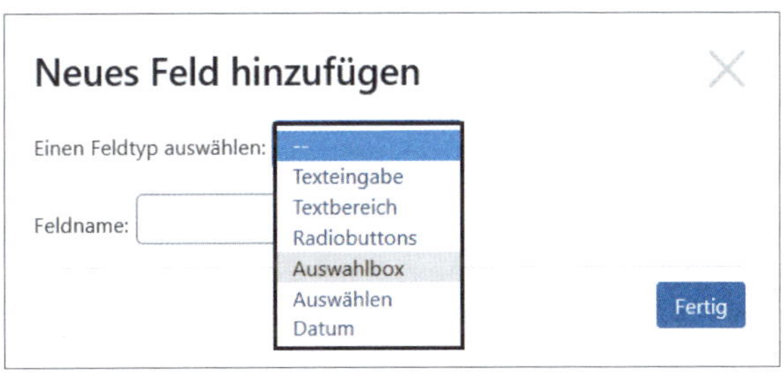

Wählen Sie hier ein neues Feld aus

Geben Sie im Eingabefeld *Feldname* Text ein und im Feld darunter ebenfalls. Klicken Sie bei der Frage nach dem Pflichtfeld *Ja* an. Bestätigen Sie Ihre Änderungen mit *Fertig*.

Feldtyp, Feldname und Pflichtfeld sind wichtig

Das neue Feld wird in den Bereich *Felder* übernommen. Schieben Sie es nach links in das Formular unter das Eingabefeld für die E-Mail-Adresse. Fügen Sie zur besseren Übersicht noch zwei Trennlinien ein. Speichern Sie ab.

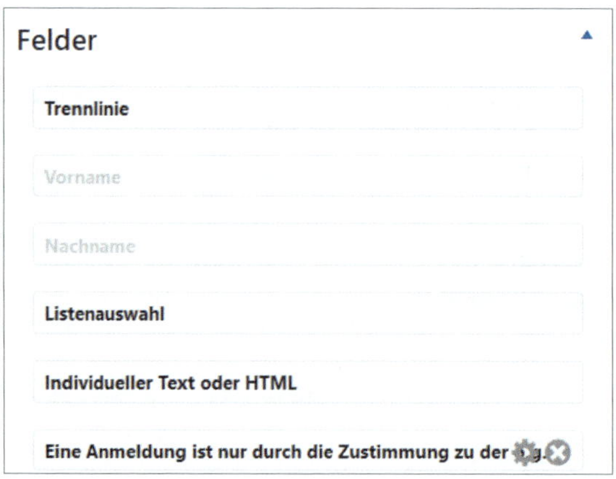

Ein weiteres Feld wurde erzeugt

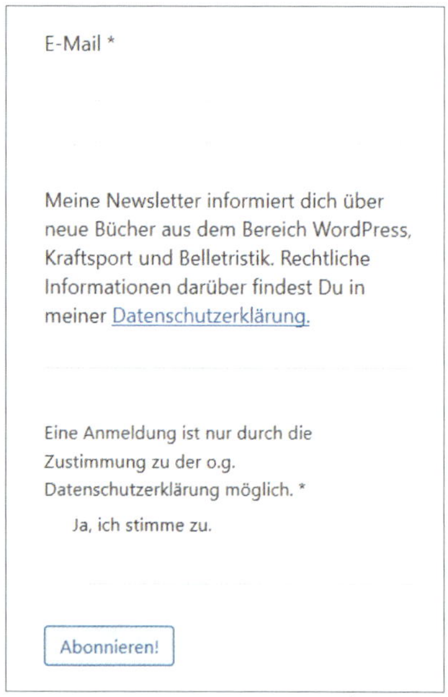

Das neue Formular ist fertig

Der Cursor springt zu den Einstellungen und Sie werden gebeten, eine Liste auszuwählen. Da noch keine vorhanden ist, speichern Sie ab und wechseln in das Menü *Listen*. Klicken Sie auf den Button *Neu hinzufügen* am oberen linken Bildschirmrand, vergeben Sie einen

Namen und eine Beschreibung für den Newsletter. Klicken Sie auf *Speichern*, um die neue Liste in das Listenverzeichnis aufzunehmen.

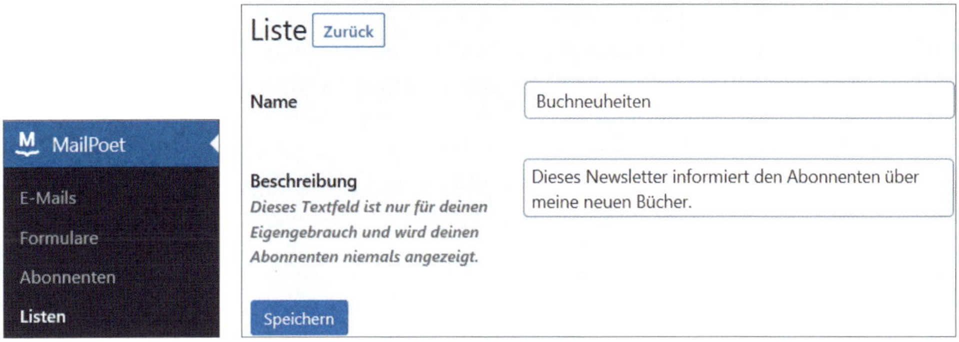

Hier geht es zu den Listen. Legen Sie eine neue Liste an

Durch Berühren des Namens in einer Liste öffnen Sie weitere Optionen. Sie können die Liste jetzt bearbeiten, duplizieren, die Abonnenten der Liste anzeigen oder sie in den Papierkorb verschieben. Wechseln Sie wieder zum Menü *Formulare*. Öffnen Sie das Formular *Anmeldung Newsletter* nochmals zur Bearbeitung. Wählen Sie im Bereich *Einstellungen* die Liste aus.

Die neuen Abonnenten werden ab jetzt in diese Liste eingefügt und bekommen dafür eine Nachricht angezeigt. Speichern Sie wieder ab. Wechseln Sie jetzt in den Bereich *Formularplatzierung*. Eine Platzierung ist entweder über ein Widget in der Seitenleiste oder im Footer-Bereich möglich. Als Alternative steht ein Shortcode zur Verfügung, der direkt in eine Seite eingefügt werden kann. Zusätzlich sind zwei weitere Versionen zum Einfügen vorhanden.

Beginnen wir für die Beschreibung des Einfügens mit den Widgets. Klicken Sie auf den Link *Widgets-Seite*, um in die Auswahl der Widgets zu gelangen. Ziehen Sie nun das Widget *MailPoet 3 Formular* in die Seitenleiste. Dessen Inhalt können Sie sich durch Klick auf den kleinen Pfeil am rechten Rand anzeigen lassen.

Die Möglichkeiten einer Platzierung

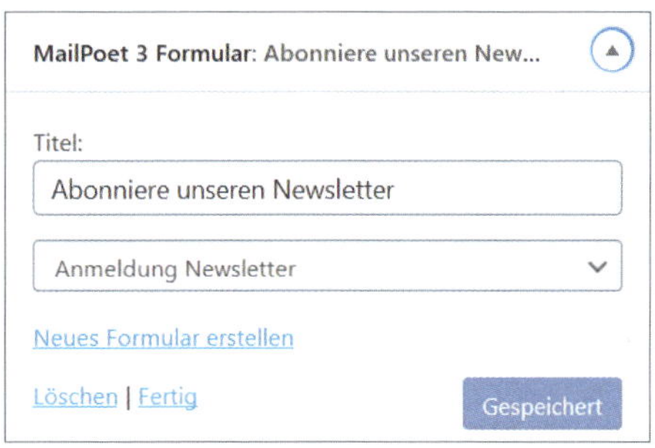

Der Inhalt des Widgets

Sehen Sie sich die Live-Vorschau über den Button *Verwalten mit Live-Vorschau* an. In dieser Vorschau können Sie nichts eingeben. Ein Test des Formulars ist nur möglich, wenn Sie das Menü *buchthemen/Zur Website* öffnen.

Geben Sie die Muster-E-Mail-Adresse ein, stimmen Sie der Datenschutzerklärung zu und klicken Sie auf *Abonnieren*. Es erfolgt der Hinweis, dass der Nutzer seinen Posteingang überprüfen und das Abonnement bestätigen soll. Dieser findet in seinem E-Mail-Account die Bitte, das Abonnement zu bestätigen, und muss dieser Bitte über den Link nachkommen. Darauf bekommt er umgehend eine Bestätigung. Gleichzeitig erhalten Sie per E-Mail einen Hinweis auf den neuen Abonnenten.

Der zukünftige Abonnent muss das Abonnement hier bestätigen

Er bekommt eine Bestätigung per E-Mail

Die zweite Möglichkeit, das Newsletter-Formular einzufügen, erfolgt über einen Shortcode. Klicken Sie dazu im Bereich *Formular-Platzierung* auf den Link *Shortcode*. Dieser wird angezeigt. Markieren Sie den Code und öffnen Sie den Beitrag oder die Seite, wo Sie ihn platzieren wollen, legen Sie einen neuen Absatz an und kopieren Sie ihn dort hinein.

Shortcode markieren und im Absatz

Klicken Sie auf den Button *Aktualisieren* und wechseln Sie in die Vorschau.

Führen Sie auch hier einen Test durch, indem Sie einen Fantasienamen eingeben, die Datenschutzrichtlinien akzeptieren und auf *Abonnieren* klicken. Im Grunde läuft es hier genauso ab, wie bereits oben beschrieben.

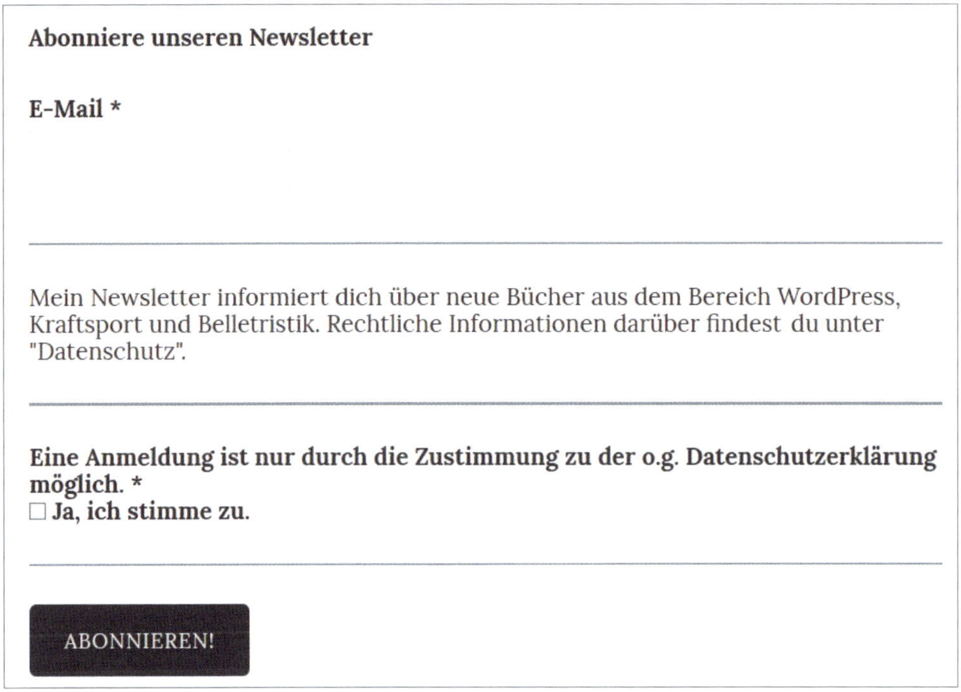

Das Formular wurde unter einem Beitrag eingefügt

27.2 Abonnentenlisten

Begeben wir uns jetzt direkt zu den Abonnenten. Über den Link *MailPoet/Abonnenten* können Sie sich eine Liste mit den bisher angemeldeten Abonnenten anzeigen lassen. Die beiden neuen Abonnenten wurden in diese Liste aufgenommen und können von hier aus bearbeitet werden. Bewegen Sie dazu den Mauszeiger auf den Eintrag und anschließend auf den sich zeigenden Link *Bearbeiten*.

Der Weg zu den Abonnenten

Wechseln Sie zur Bearbeitung

Im Fenster *Abonnent* werden die E-Mail-Adresse und der Status des Abonnenten angezeigt. Im Bereich *Listen* sehen Sie den Namen der Liste, der er zugeordnet ist. In diesem Fall ist es der zweite Abonnent. Sie können einen Abonnenten austragen oder aus Ihren Listen entfernen.

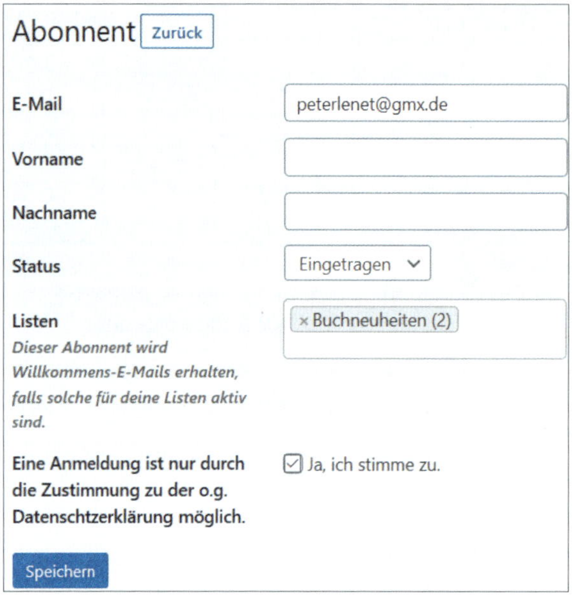

Der Bereich für die Bearbeitung der Abonnenten

Hier lässt sich auch der Status des Abonnenten festlegen: *Eingetragen*, *Unbestätigt*, *Ausgetragen*, *Inaktiv* oder *Bounced (Nicht zustellbar)*. Änderungen sichern Sie über den Button *Speichern*.

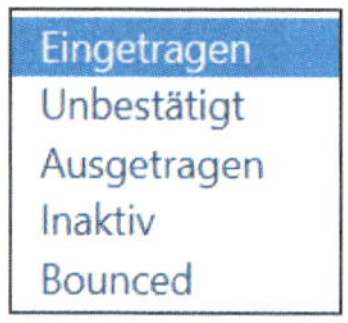

Auswahl des Status

Wechseln Sie nun nochmals ins Menü *Listen*. Eine haben Sie bereits angelegt. Nun legen Sie eine weitere an. Mindestens zwei Listen sind ratsam. Eine zum Testen, in die Sie sich oder mithelfende Autoren selbst eintragen, und natürlich die Liste für die Abonnenten. Legen Sie noch eine dritte an, um zu zeigen, wie die einzelnen Abonnenten dann einsortiert werden können. Sie haben jetzt insgesamt drei Listen. Eine, in der die Nutzer von WordPress automatisch eingetragen werden, und zwei zum Einfügen von Abonnenten.

Eine neue Liste erstellen Sie über den Button *Neu hinzufügen* am oberen linken Bildschirmrand. Geben Sie in der sich zeigenden Maske den Namen und eine Beschreibung ein und bestätigen Sie mit *Speichern*. Jetzt wird Ihnen eine Aufstellung aller Listen angezeigt.

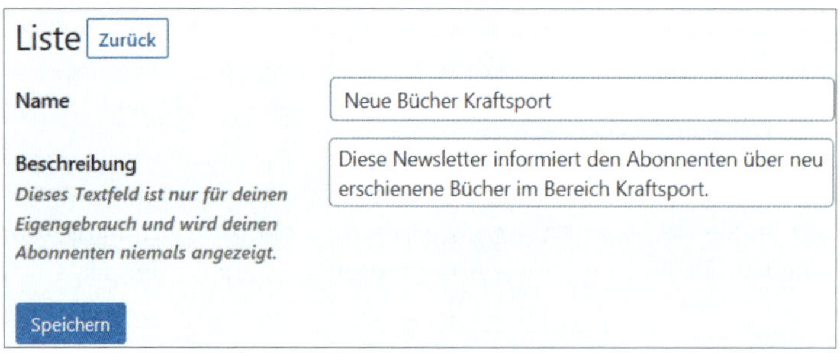

Eine neue Liste mit Beschreibung wurde erstellt

Öffnen Sie jetzt die Abonnenten einer Liste über den Link *Alle Abonnenten anzeigen* unter dem Listennamen. Hier können Sie für eine bessere Übersicht nur eine der Listen anzeigen lassen, wenn Sie diese aus dem Pull-down-Menü über der Liste auswählen und dann den Button *Auswahl einschränken* anklicken.

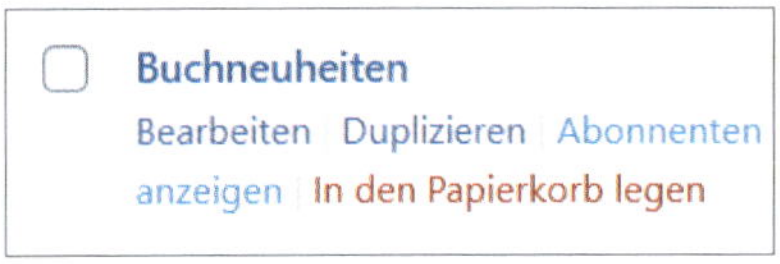

Wechseln Sie zu den Abonnenten

Wählen Sie eine der Listen aus

Wenn eine Ihrer Listen viele Abonnenten enthält, können Sie über die Suchfunktion einen bestimmten herausfiltern. Geben Sie dazu den Namen des Abonnenten in das Feld neben dem Button *Abonnenten suchen* ein und klicken Sie dann auf *Suchen*. Der gesuchte Abonnent wird Ihnen angezeigt.

Vorhandene Listen können bearbeitet, dupliziert oder gelöscht werden. Personen, die bei WordPress bereits angemeldet sind, werden automatisch in die Liste *WordPress-Benutzer* eingetragen. Die angelegten Listen lassen sich auch über eine Textbox importieren oder hochladen. Importieren Sie auf keinen Fall ungeprüfte oder unbekannte Listen.

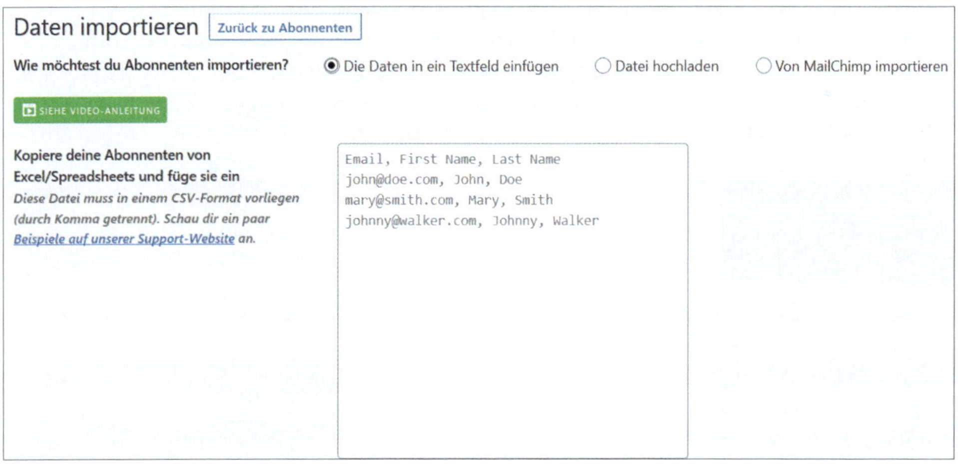

Hier werden Dateien importiert oder hochgeladen

Der Export vorhandener Abonnenten ist in eine CSV-Datei oder in Excel möglich. In eine CSV-Datei lassen sich Tabellen oder Listen kopieren. Beim Export können Sie entscheiden, aus welchen Listen Sie Abonnenten exportieren wollen, ob nur bestätigte Abonnenten und welche Felder exportiert werden sollen. Über den Button *Daten exportieren* schicken Sie die Abonnenten auf die Reise. Der Button *Zurück zu Abonnenten* bringt Sie jeweils wieder in die Abonnentenliste zurück.

Exportieren Sie die Abonnenten in eine CSV-Datei oder zu Excel

27.3 Newsletter erstellen und bearbeiten

Nun zum Newsletter selbst, dessen Vorlagen über das Menü *MailPoet/E-Mails* geöffnet werden. Hier gibt es etliche Muster. Ich entscheide mich für eine einfache Vorlage, die unter dem Menüpunkt *Einfacher Text* zu finden ist. Sie können aber auch eine Vorlage nutzen, indem Sie mit der Maus auf den betreffenden Newsletter zeigen und auf den Menüpunkt *Duplizieren* klicken.

Der Weg zum Newsletter

Die Möglichkeit zum Duplizieren

Doch wir wollen hier selbst einen neuen Newsletter anlegen. Deswegen erstellen wir ihn über den Button *Neu hinzufügen* am linken oberen Bildschirmrand.

Sie gelangen in die Auswahl der E-Mail-Typen. Klicken Sie bei *Newsletter* auf *Erstellen*.

Wählen Sie einen E-Mail-Typ aus

Sie kommen in die Auswahl für die Newsletter. Öffnen Sie in dem Menüband das Menü *Einfacher Text* und klicken Sie dort auf den Button *Auswählen*.

Der Newsletter wird angezeigt. Geben Sie den Betreff und eine Vorschau auf Ihren Text ein. Im Bereich *logo* können Sie Ihr Bild einfügen. Der Name des Abonnenten wird automatisch eingesetzt. Am Ende des Textes steht ein Aktionsbutton, mit dem Sie den Leser zum Handeln auffordern, etwa durch einen Link, der zur Bestellseite des Buches führt. Am rechten Rand sehen Sie verschiedene Symbole, die Sie zur Bearbeitung der Newsletter nutzen können.

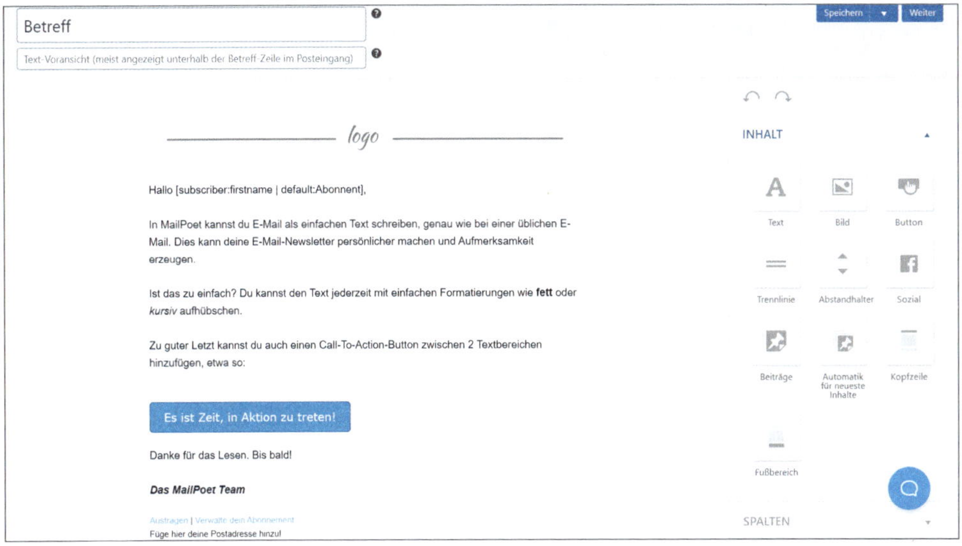

Ein erster Überblick über den Newsletter

Wenn Sie in den Logo-Bereich klicken, wird über dem Schriftzug eine Leiste mit verschiedenen Symbolen zur Bearbeitung des Logos geöffnet.

Der Arbeitsbereich für das Logo

Gleichzeitig zeigt sich rechts eine Spalte mit der Bezeichnung *BILD*. Klicken Sie darin auf den Button *Anderes Bild auswählen*. Sie wechseln in die Mediathek. Suchen Sie das gewünschte Bild aus und übernehmen Sie es in den Logo-Bereich. Unter *Breite* lässt sich das Bild vergrößern, wird dadurch aber unschärfer. Durch die Aktivierung der Option *Kein*

Innenabstand wird der Rand um das Bild entfernt. Für die Platzierung des Bildes stehen Ihnen im Bereich *Ausrichtung* die Optionen *Links* oder *Rechts* zur Verfügung. *Zentriert* ist bereits standardmäßig eingestellt. Bestätigen Sie die Auswahl mit einem Klick auf den Button *Fertig* am unteren Rand der Spalte. Das Bild wird anstelle des *logo*-Schriftzugs eingefügt.

Klicken Sie wieder in das Textfeld. Die Symbolleiste für das Bearbeiten von Text wird angezeigt. Löschen Sie den vorhandenen Mustertext, und geben Sie Ihren eigenen ein. Nutzen Sie dazu die Funktionen aus der Symbolleiste.

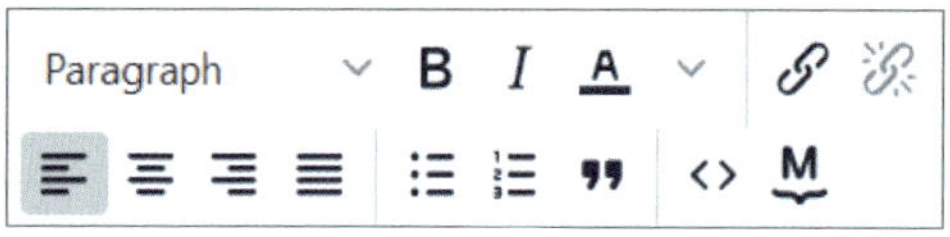

Die hilfreiche Symbolleiste

Wenn Sie den Text eingegeben haben, klicken Sie auf den Aktionsbutton. Die Spalte *BUTTON* wird rechts geöffnet. Ändern Sie den Text in der Zeile *Bezeichnung* und fügen Sie in der Zeile *Link* den Link zum Buch ein.

Sie können jetzt noch Platzierung, Schriftart und Schriftgröße ändern. Außerdem lässt sich die Farbe des Hintergrunds und des Rahmens ändern. Zusätzlich können Sie beim Rahmen die Größe ändern. Eine Abrundung der Ecken lässt sich ebenfalls bis auf ein ovales Erscheinungsbild ändern. Auch Breite und Höhe des Rahmens lassen sich verändern. Und mit der Schaltfläche *Stil auf alle Buttons anwenden* werden alle Einstellungen automatisch auf weitere Buttons angewandt.

Klicken Sie am Ende der Spalte auf den Button *Fertig*, um die Eingaben zu sichern. Klicken Sie in den letzten Absatz, der praktisch die Fußzeile des Newsletters darstellt. Eine weitere Symbolleiste wird angezeigt. Der wichtige Link zum Austragen aus dem Newsletter-Versand ist bereits standardmäßig vorhanden. Geben Sie Ihre Adresse ein.

Text und Link zum Buch sind vorbereitet

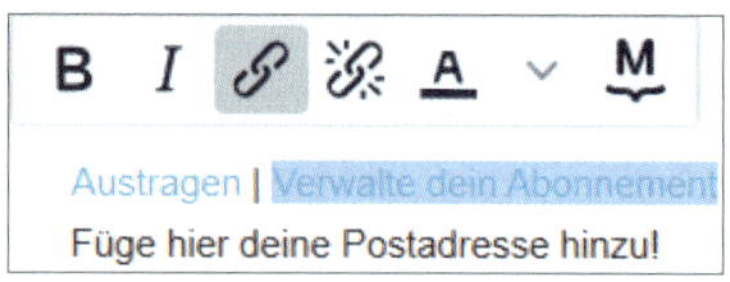

Weitere wichtige Punkte im Newsletter

Speichern Sie ab und sehen Sie sich das Ganze in der Vorschau an. Öffnen Sie dazu den Bereich *VORSCHAU* in der rechten Spalte unten und klicken Sie auf den Button *Im Browser anzeigen.*

Wenn der Besucher auf den Link *Verwalte dein Abonnement* klickt, kann er seine E-Mail-Adresse ändern, indem er sich austrägt und wieder neu anmeldet.

Sie könnten jetzt noch ein Bild einfügen. Da aber Empfänger von Newslettern meist Bilder blockieren, lassen wir weitere Bilder weg. Sicherheitshalber sollten Sie jedoch noch einen Infotext über den Newsletter-Versand einfügen. Dieser muss darauf hinweisen, was mit den Daten jedes Abonnenten geschieht.

Dafür nutzen Sie das bereits erwähnte Menü auf der rechten Seite des Bildschirms. Es enthält zahlreiche Optionen zur Gestaltung des Newsletters. Sie können damit einen weiteren Textblock in den Newsletter einfügen. Dafür genügt es, die Option *Text* per Drag-and-drop in den Newsletter zu ziehen. Geben Sie über dem Absatz Ihre Adresse ein.

Das Symbol lässt sich übrigens nur einfügen, wenn eine blaue Linie mit zwei Pfeilen am linken und rechten Ende dargestellt wird. In der Mitte wird das Symbol angezeigt.

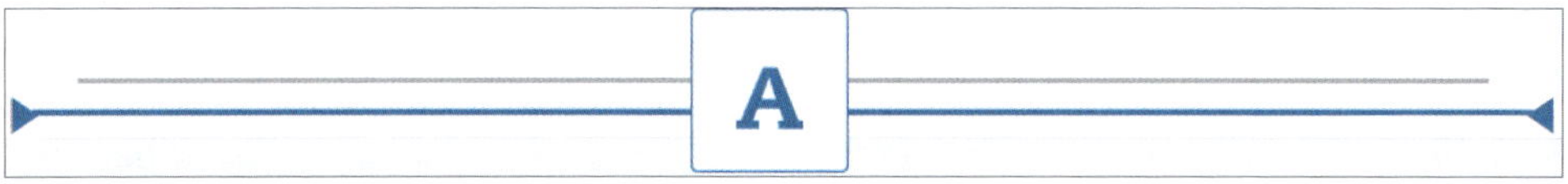

Nur bei Anzeige dieses Hinweises ist ein Einfügen möglich

Wählen Sie hier das Symbol aus

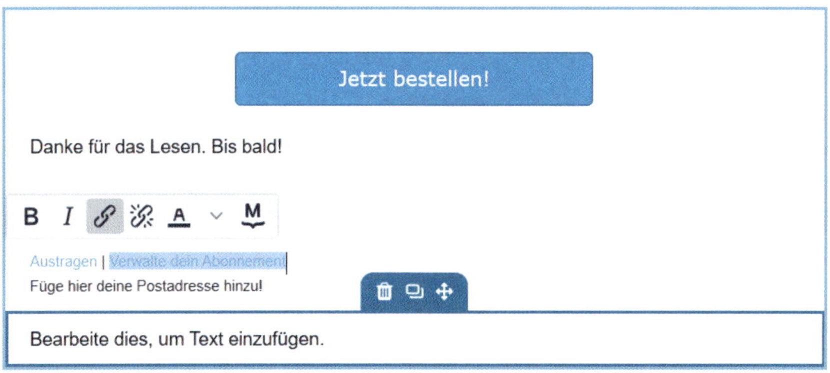

Geben Sie an dieser Stelle die Infos ein

Geben Sie den Text und nochmals Ihre Adresse ein. Fügen Sie den Link zum Impressum und zum Datenschutz ein. Dies ist zwingend notwendig. Geben Sie dazu die beiden Begriffe unter dem Infotext ein. Markieren Sie einen Begriff und klicken Sie das Symbol zum Verlinken in der Symbolleiste an.

Das Fenster für die Eingabe von Links wird angezeigt. Kopieren Sie die URL aus dem Impressum in das Fenster *URL* und klicken Sie auf *Save*. Vollziehen Sie den gleichen Schritt mit dem Eintrag *Datenschutz*.

Fügen Sie nach der Texterstellung und Verlinkung über und unter dem Text je eine Trennlinie ein, damit der Text sich etwas von dem restlichen Inhalt abgrenzt. Verwenden Sie dafür das Symbol *Trennlinie* aus der Spalte *INHALT*. Wenn Sie nach dem Einfügen die Trennlinie anklicken, öffnet sich rechts der Bereich *TRENNLINIEN*. Hier können Sie der Linie ein anderes Muster zuweisen, die Linie verstärken, ihr eine andere Farbe oder einen Hintergrund geben. Alle Einstellungen werden über den Button *Auf alle Trennlinien anwenden* für jede einzelne übernommen.

Speichern Sie ab, und werfen Sie nochmals einen Blick in die Vorschau im Browser. Diesmal aber über einen anderen Weg. Klicken Sie im Bereich *VORSCHAU* auf den Button *Vorschau versenden*. Dafür habe ich hier meine eigene E-Mail-Adresse ausgewählt. Sie können die Vorschau aber genauso gut zu einer Person Ihres Vertrauens mailen, um den Inhalt checken zu lassen.

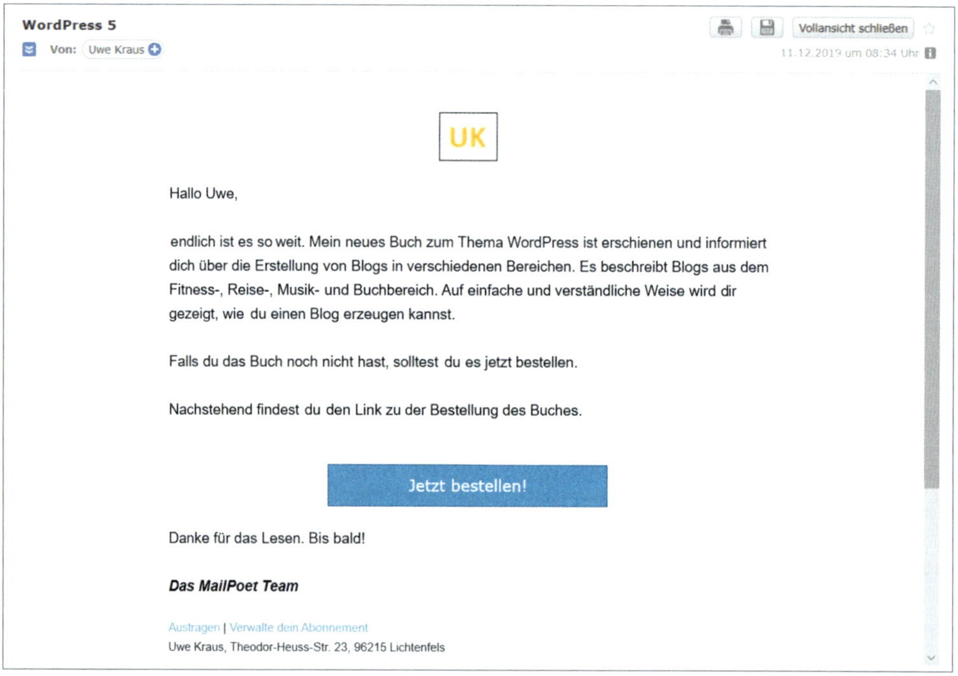

Die Vorschau als E-Mail

27.4 Beitrag in den Newsletter einfügen

Ein besonderes Highlight von *MailPoet 3* ist die Möglichkeit, einen WordPress-Beitrag in den Newsletter einzubauen. Der ausgewählte Beitrag wird dann als Aufmacher angezeigt. Damit können Sie die Leser regelmäßig auf Ihre neu erschienenen Beiträge aufmerksam machen. Bevor wir den Beitrag einbinden, erzeugen wir noch einen weiteren Trennbalken, um den Text des Newsletters optisch vom restlichen Text zu trennen.

Den WordPress-Beitrag fügen Sie ein, indem Sie den Button *Beiträge* aus der rechten Spalte unter die zuletzt erzeugte Linie ziehen. Dadurch öffnen Sie das Fenster *Beitragsauswahl* und können in dem Pull-down-Menü unter der Suche die vorhandenen Beiträge öffnen, indem Sie im linken Pull-down-Menü auf den Link *Beiträge* und im rechten auf *Entwurf* klicken. Wählen Sie den gewünschten Beitrag aus. Über den Button *Auswahl einfügen* übernehmen Sie diesen in den Newsletter. Über den Link *Anzeigeoptionen* können Sie zusätzliche Bearbeitungsmöglichkeiten für das Einfügen des Beitrags öffnen.

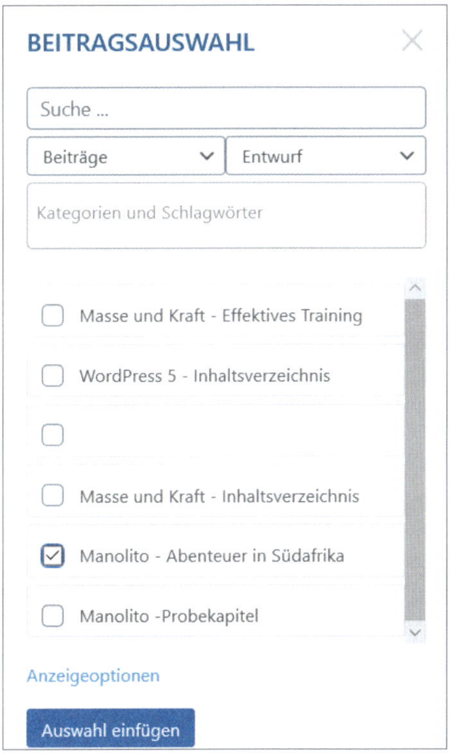

Suchen Sie den gewünschten Beitrag aus

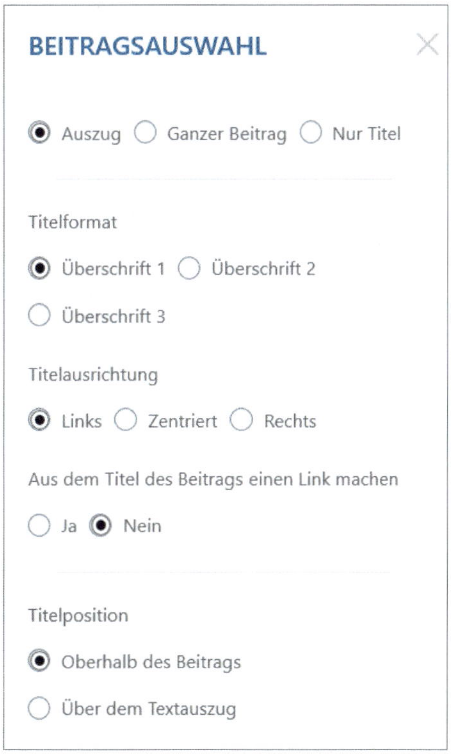

Hier gibt es viele Einstellungen für den Beitrag

Sie haben jetzt viele Möglichkeiten, den Beitrag zu präsentieren, entweder nur einen Auszug, den kompletten Beitrag oder nur den Titel. Den kompletten Beitrag zu zeigen, ist natürlich nicht empfehlenswert, da er viel zu viel Platz im Newsletter beansprucht.

Für den Titel des Beitrags haben Sie drei verschiedene Überschriften zur Auswahl und Sie können diesen links, mittig oder rechts setzen. Außerdem können Sie aus dem Titel einen Link erzeugen. Den Titel können Sie oberhalb des Beitrags oder über den Textauszug setzen. Ein Beitragsbild lässt sich mittig, links, rechts, als Alternative oder gar nicht platzieren.

Wenn Sie unter dem Text *Aus dem Titel eines Beitrags einen Link machen* die Option *Ja* anklicken, wird der Leser bei einem Klick auf den Titel direkt zu der Seite mit dem Beitrag weitergeleitet.

Setzen Sie einen Link zu dem Beitrag

Die Verlinkung ist erfolgt

Den Autor können Sie unter oder über dem Text oder gar nicht anzeigen lassen. Das Platzieren einer Kategorie ist über oder unter dem Text oder gar nicht möglich. Über einen Link oder einen Button lässt sich mehr Text anzeigen, und bei der Verwendung mehrerer Beiträge lässt sich automatisch eine Trennlinie zwischen diese einfügen.

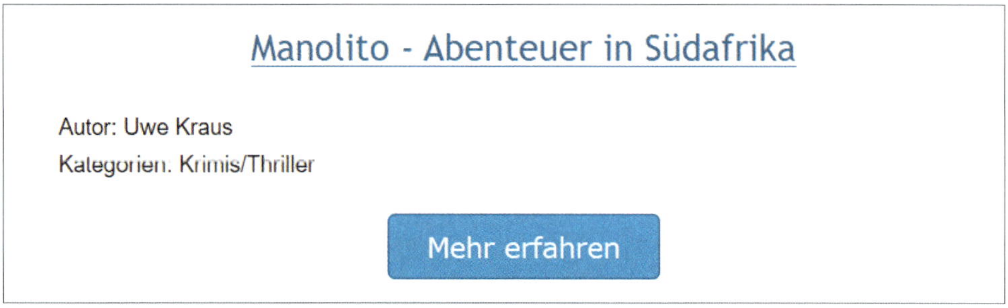

Der Titel und die Hinweise wurden durch einen Button ergänzt

Falls Sie sich irgendwann bei einer Social-Media-Plattform anmelden, können Sie einen Link dazu nachträglich in Ihren Newsletter einfügen, indem Sie den Button *Social* in den Newsletter ziehen. Bilder lassen sich ebenfalls mit dem gleichnamigen Button in den Newsletter einbauen. Aber darauf wollen wir ja aus den bereits genannten Gründen verzichten. Sie können jetzt Ihren Text mithilfe des Menüs unter dem Menüpunkt *STILE* noch gründlicher bearbeiten, indem Sie ihn z. B. mit anderen Schriftarten versehen oder die Schriftgröße ändern.

Falls Sie die Vorschau auf den Beitrag irgendwann wieder entfernen wollen, bewegen Sie den Mauszeiger auf den Text. Ein Rahmen zeigt sich, an dessen oberem und rechtem Rand ein Menü mit Symbolen zu sehen ist.

Wenn Sie auf das Symbol mit der Mülltonne am rechten Rand klicken, wird der komplette Bereich entfernt. Bei einem Klick auf die Mülltonne über einem Absatz wird nur der jeweilige Absatz entfernt.

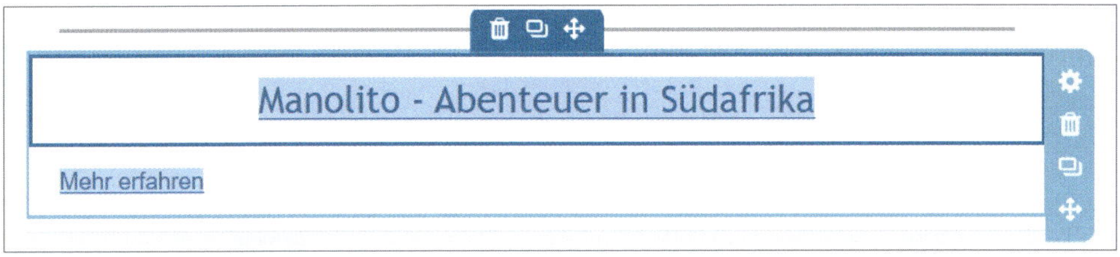

Entfernen Sie entweder den gesamten Bereich oder nur einen Absatz

Speichern Sie Ihre Änderungen und öffnen Sie das Menü *E-Mails* unter *MailPoet* erneut. Eine Liste, in der der neue Newsletter enthalten ist, wird angezeigt.

27.5 Newsletter versenden

Newsletter dürfen Sie grundsätzlich nur verschicken, wenn die Person, die diese erhalten soll, dem Versand zugestimmt hat. Für diesen Zweck wird das Double-Opt-in-Verfahren genutzt, das es ermöglicht, jedem neuen Leser nach seiner Anmeldung eine E-Mail zu senden, in der er gebeten wird, das Abonnement zu bestätigen. Dafür muss eine Option vorhanden sein, bei der er ein Häkchen setzt und damit zustimmt. Erst wenn dies geschehen ist, kommt er in den Verteiler für die Newsletter.

Gleichzeitig muss er sich auch jederzeit wieder abmelden können. Dies wird ihm durch einen Link im Newsletter ermöglicht, durch dessen Aktivierung er sich abmelden kann. Besonders wichtig ist es aus datenschutzrechtlichen Gründen, ein Impressum mit Hinweisen zum Datenschutz in den Newsletter einzubauen. Ein Link zum Impressum und zur Datenschutzseite genügt hier vollkommen, denn sicher will niemand den ganzen Datenschutztext Ihrer Seite in jedem Newsletter lesen.

Für das Versenden von Newslettern hält das Programm verschiedene Optionen bereit. Am einfachsten ist der Versand über den eigenen Provider. Dies sollte normalerweise problemlos funktionieren, wenn es nicht gerade um Tausende von Newslettern geht. Öffnen Sie dafür das Register *Senden mit* und klicken Sie im Fenster *Andere* auf den Button *Konfigurieren*. Diese Wahl sollte für die erste Zeit ausreichen, trotz negativer Mitteilungen in dem Fenster.

Sie können nun eine Methode, Ihren Webhoster und eine Sendesequenz bestimmen. Suchen Sie Ihren Webhoster aus dem Drop-down-Menü *Dein Webhoster* aus. Aktivieren Sie im Bereich *Sendefrequenz* die Option *Empfohlen*. Rechts daneben wird Ihnen nun angezeigt, wie viele E-Mails Sie bei Ihrem Provider am Tag oder innerhalb von fünf Minuten versenden können.

Ob der Versand Ihrer E-Mails funktioniert, lässt sich leicht herausfinden. Verwenden Sie dazu den Link *Eine Test-E-Mail senden*. Ihre E-Mail-Adresse ist bereits eingetragen. Im Bereich *Sendefrequenz* wird Ihnen angezeigt, ob Ihr Provider beim E-Mail-Versand ein Limit hat. Im Drop-down-Menü daneben können Sie festlegen, in welcher Zeit die maximale Zahl der Mails abgerufen werden soll.

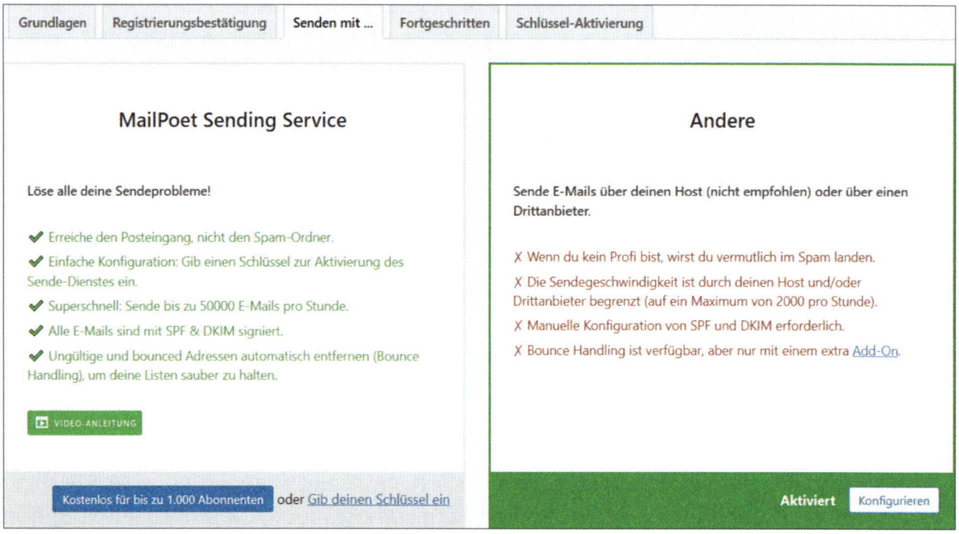

Zwei Möglichkeiten zur Auswahl für das Versenden von Newslettern

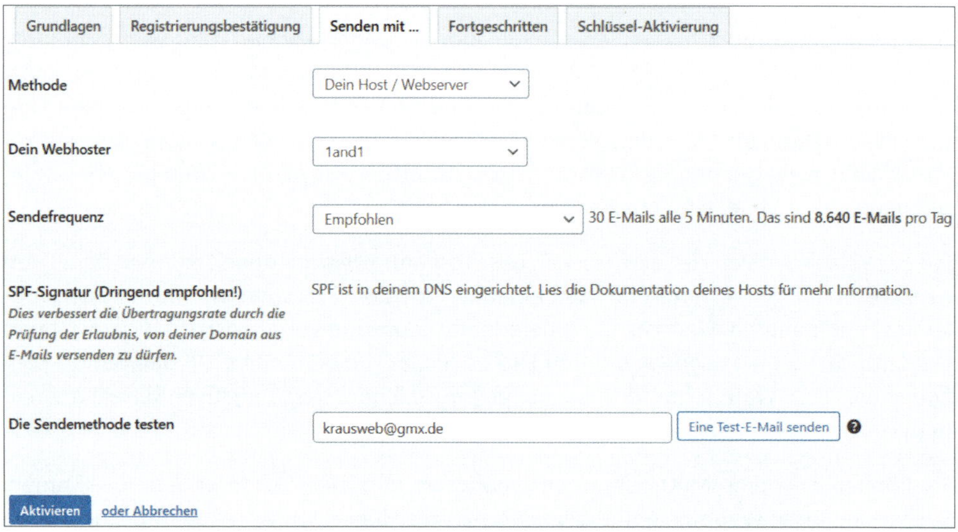

Entscheiden Sie, über wen und in welchem Umfang Sie die Newsletter versenden wollen

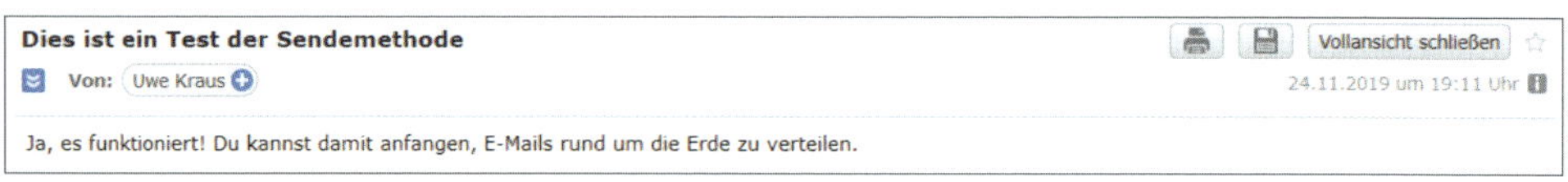

Entscheiden Sie, über wen Sie die Newsletter versenden wollen

Damit ist es noch nicht getan, denn der Newsletter soll ja nicht an Sie selbst, sondern an die Abonnenten gehen. In diesem Fall öffnen Sie den Newsletter und klicken in der rechten Spalte unten auf den Button *Weiter*. Das Fenster *Abschließender Schritt: Letzte Details* wird geöffnet. Wählen Sie im Bereich *Listen* diejenige aus, die die Abonnenten enthält, an die Sie den Newsletter versenden wollen, und klicken Sie auf *Senden*.

Im Bereich *Zeitversetzt senden:* können Sie einen Zeitpunkt innerhalb von 24 Stunden für das Versenden auswählen.

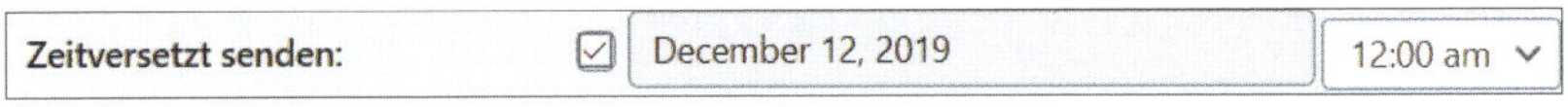

Entscheiden Sie selbst, um welche Uhrzeit Sie versenden wollen

Nach dem Versand wird Ihnen die Sendung an zwei Abonnenten bestätigt. Wenn Sie auf den Link klicken, sehen Sie die E-Mail-Adresse und den Namen der Abonnenten. Um zu vermeiden, dass der Abonnent mit »Abonnent« im Newsletter angesprochen wird, können Sie bei der Bestellung des Abos auch seinen Vornamen abfragen. Ob dies jedoch rechtlich erlaubt ist, bleibt fraglich. Besser wirkt es jedenfalls auf den Abonnenten, wenn er namentlich angesprochen wird. Und noch etwas: Wenn Sie Newsletter versenden, sollten Sie mit Ihrem Hosting-Anbieter einen Auftragsverarbeitungsvertrag abschließen. Dies funktioniert nur mit Anbietern in der EU.

Im Register *Fortgeschritten* können Sie Rollen verteilen und Berechtigungen vergeben, falls mehrere Autoren an diesem Blog arbeiten. Ist das der Fall, sollten Sie das Plug-in *Members* installieren. Dort legen Sie fest, wer Newsletter erstellen und Abonnenten verwalten darf. Das Plug-in wird nach der Installation und Aktivierung über das Menü *Einstellungen/Members* gestartet.

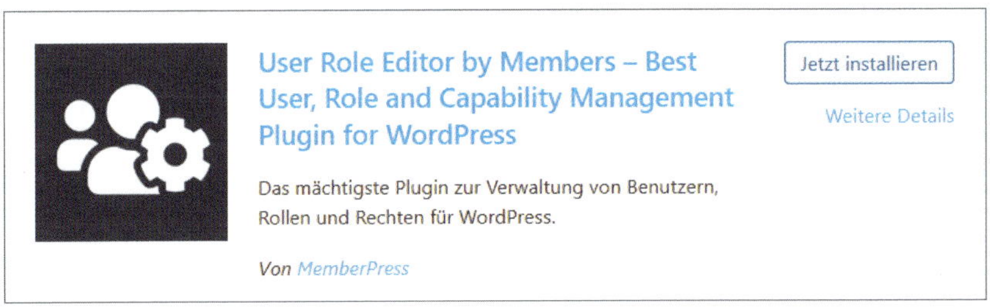

Ein wichtiges Plug-in, wenn mehrere Autoren mitarbeiten

27.6 Die Einstellungen von MailPoet

Wenn Sie über das Menü *MailPoet/Einstellungen* die Einstellungen öffnen, sehen Sie Register, mit denen Sie zwischen den einzelnen Bereichen wechseln können. Im Register *Grundlagen* legen Sie Dinge wie die Absender- und Antwortadresse fest. Ihr Name, die Absender- und Empfänger-E-Mail-Adresse sind bereits standardmäßig eingetragen. Die

E-Mail-Adresse ist dafür gedacht, dass bei einem Abonnement eines Besuchers eine Bestätigung mit einem Link zur Aktivierung der Anmeldung an diese Adresse gesandt wird.

Es besteht noch die Möglichkeit, die Option *Abonnieren in Kommentaren* zu aktivieren. Dadurch wird es Besuchern, die einen Kommentar abgeben, ermöglicht, einen Newsletter zu abonnieren. Diese Option sollten Sie aktivieren. Die Option *Über das Registrierungsformular abonnieren* ist automatisch deaktiviert.

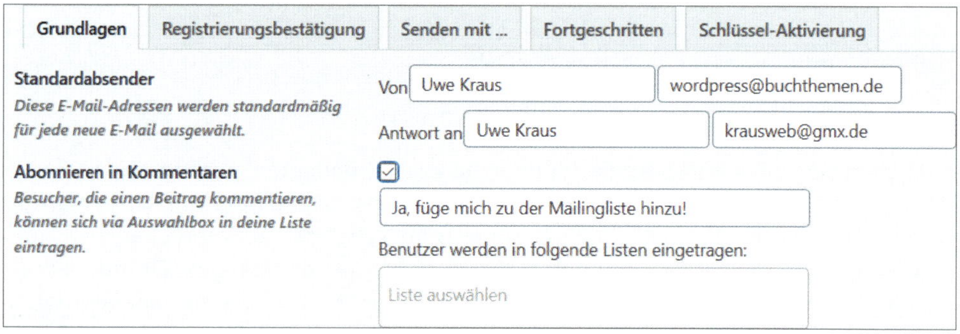

In diesem Bereich legen Sie einige grundlegende Einstellungen fest

Sie können festlegen, ob ein Link zur Browser-Version erzeugt werden soll, und den Text für das Austragen aus dem Newsletter ändern. Standardmäßig wird *MailPoet-Seite* angezeigt. Auf diese Seite ist eine Vorschau möglich. Dann haben Sie noch die Möglichkeit, den Besucher zu einer Seite Ihrer Wahl zu leiten, wenn er sich vom Newsletter abmeldet.

Der Bereich *„Abonnements verwalten"-Seite* und der Bereich *Austragen-Seite* führt jeweils zu den Seiten, zu denen Sie bereits im WordPress-5-Newsletter verlinkt haben. Wenn Sie neue Newsletter anlegen, in denen die beiden genannten Links nicht vorhanden sind, können Sie jeweils den angezeigten Shortcode dort hineinkopieren.

Die Info über die Austragung

Außerdem können Sie eine E-Mail-Adresse angeben, zu der Statistiken über empfangene Newsletter gesendet werden sollen. Wenn sich neue Abonnenten anmelden, können Sie sich ebenfalls eine Nachricht zu dieser E-Mail-Adresse senden lassen. Dies ist wichtig, da Sie ja die Bestätigung von neuen Abonnenten vorrätig haben sollten.

Für die Anzeige einer Liste aller bisher erstellten Newsletter steht ein Code zum Einfügen in die Archivseite bereit. Ein weiterer Shortcode zeigt die Gesamtzahl aller Abonnenten an. Zusätzlich stehen für den Datenschutz bei europäischen Abonnenten Infos auf Abruf bereit. Mit dem Button *Einstellungen speichern* sichern Sie Ihre Eingaben.

Wechseln Sie wieder in das Menü *Einstellungen* von *MailPoet*. Unter dem Register *Registrierungsbestätigung* können Sie den vorgegebenen Text nutzen oder ändern. Die Bestätigungsseite, die nach dem Aktivieren des Links angezeigt werden soll, können Sie hier festlegen. Abonnenten von Newslettern erhalten eine E-Mail zur Bestätigung. Erst wenn der Abonnent diese Mail bestätigt, wird er zum Empfang des Newsletters freigeschaltet. Dieses Verfahren ist in Deutschland gesetzlich vorgeschrieben. Es muss also unbedingt aktiviert werden.

Im Bereich *Bestätigungsseite* wird die Seite angezeigt, die den zukünftigen Abonnenten auf die Seite führt, die ihn als neuen Abonnenten begrüßt. Falls Sie hier etwas ändern, müssen Sie dies mit dem Button *Einstellungen speichern* sichern.

Wechseln Sie in das Register *Fortgeschritten*. Hier wird eine E-Mail-Adresse angezeigt, an die unzustellbare Mails gesandt werden. Im Bereich *Newsletter Task Scheduler (Cron)* muss natürlich die Option *Besucher deiner Webseite (empfohlen)* ausgewählt sein, denn diese sollen ja den Newsletter aktivieren. Den Bereich *Rollen und Berechtigungen* haben wir bereits besprochen.

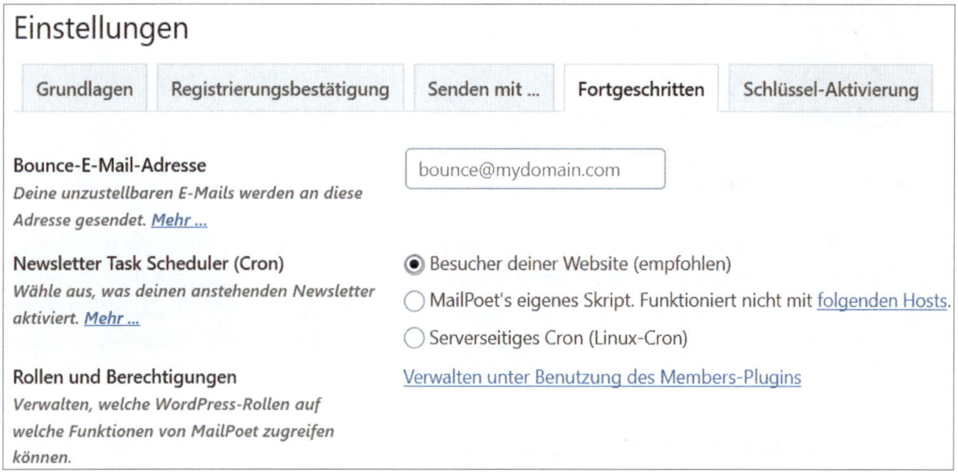

Die Adresse für unzustellbare Mails wird festgelegt

Den Bereich *Tracking für Öffnen und Klicken* sollten Sie auf jeden Fall deaktivieren, denn rechtlich ist die Verwendung nach EU-DSGVO-Richtlinien nicht erlaubt. Die Einstellung für den Versand der Mails kann auf der Standardmethode stehen bleiben. Der Bereich *Nicht länger an inaktive Abonnenten senden* ist automatisch deaktiviert, weil Tracking aktiviert wurde. Es bleibt noch die Auswahl der Option *Anonyme Daten teilen*. Belassen Sie es hier bei der Option *Nein*. Bei *Schütze deine Formulare gegen Spam-Einträge* ist es sinnvoll, das eingebaute Captcha zu verwenden. Von der Nutzung des Buttons *Jetzt neu installieren* sollten Sie allerdings absehen, denn dadurch wird *MailPoet* mit all seinen Daten gelöscht. Wenn Sie Änderungen vornehmen, bestätigen Sie dies durch *Einstellungen speichern*.

28. Yoast SEO

Nachdem wir schon einige Blogs erstellt haben, ist es an der Zeit, auch mal einen davon auf die Qualität für die Suchmaschine zu prüfen. Dazu verwenden wir das Plug-in *Yoast SEO*. Mithilfe von *Yoast SEO* können Sie das Ranking eines Beitrags in Suchmaschinen verbessern. Detaillierte Infos zum Thema Suchmaschinenoptimierung (SEO) bekommen Sie in Kapitel 33.

28.1 Die Grundlagen

Installieren und aktivieren Sie das Plug-in. Ein neues Menü wird in das Dashboard integriert.

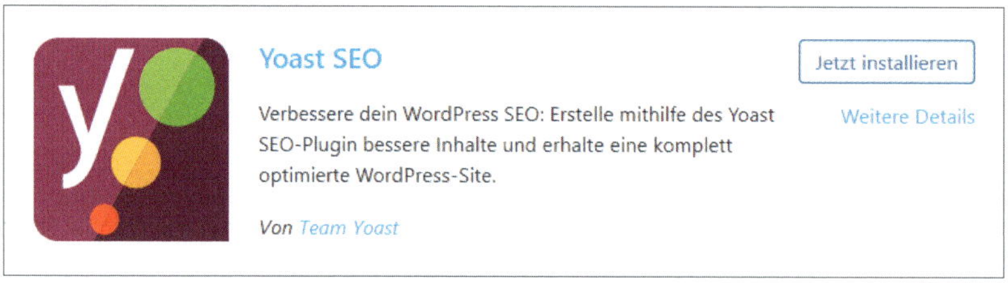

Ein hilfreiches Plug-in für die Suchmaschinenoptimierung

Klicken Sie auf *SEO/Allgemein* und starten Sie die Konfiguration über den Link *Konfigurationsassistenten*.

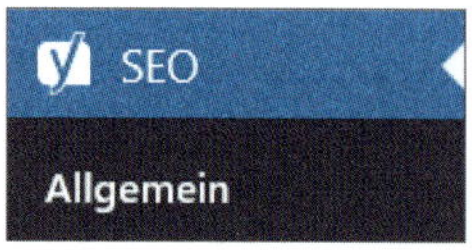

Der Weg zu den Einstellungen

Vor der Nutzung muss das Plug-in konfiguriert werden

Die Konfiguration startet im Fenster *Umgebung*. Hier müssen Sie angeben, ob Ihre Seite bereits veröffentlicht ist oder nicht. In unserem Fall ist die Wahl der *Option B: Meine Seite befindet sich im Aufbau und sollte nicht indiziert werden* korrekt, da die Seite ja noch nicht veröffentlicht wurde. Bestätigen Sie mit *Weiter*.

Im Fenster *Seiten Typ* müssen Sie die Art der Seite angeben. In diesem Fall ist *Ein Blog* die richtige Wahl. Bestätigen Sie wieder mit *Weiter*.

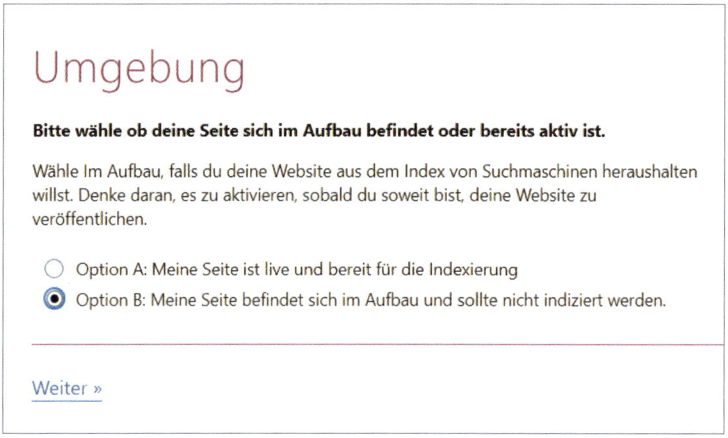

Geben Sie an, in welchem Stadium die Seite sich befindet, und wählen Sie den Seitentyp

Weiter geht es mit dem Fenster *Organisation oder Person*. Falls Sie hier die Option *Person* auswählen, müssen Sie noch den Namen dieser Person aus der Drop-down-Liste aktivieren. Klicken Sie auf *Weiter*. Nun wird gefragt, ob Ihre Beiträge und Seiten in den Suchmaschinen angezeigt werden sollen. Beides sollten Sie mit *Ja* beantworten, denn sonst findet Ihren Blog niemand.

Ein Klick auf *Weiter* führt in das Fenster *Mehrere Autoren*, in dem Sie angeben müssen, ob mehrere Autoren in Ihrem Blog Beiträge erstellen. Falls dies nicht der Fall ist, wählen Sie die Option *Nein* und bestätigen mit *Weiter*.

Im Fenster *Titel-Einstellungen* haben Sie die Möglichkeit, den Namen des Blogs zu ändern. Hier können Sie auch ein Trennzeichen auswählen, das zwischen Ihrem Beitragsnamen und dem Namen des Blogs eingefügt wird. So können die Suchmaschinen besser zwischen diesen beiden unterscheiden.

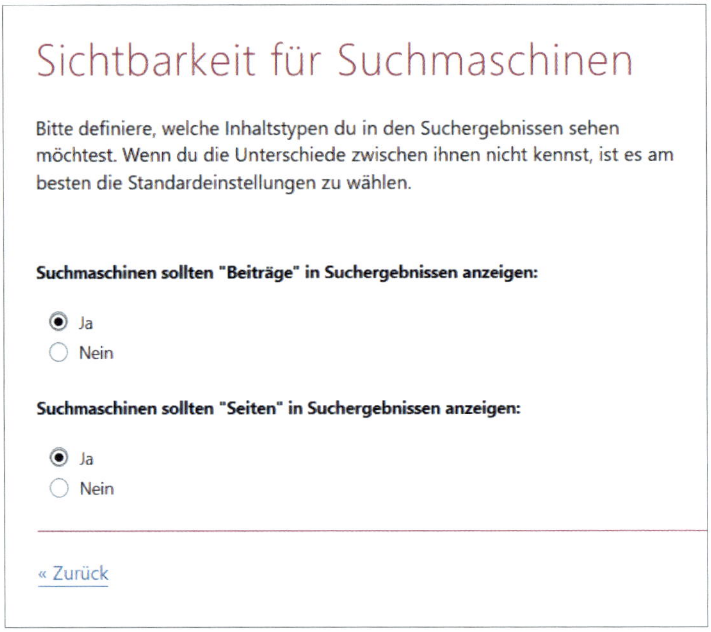

Geben Sie an, was in den Suchmaschinen zu sehen sein soll. Das Trennzeichen ist wichtig für die Suchmaschinen

Ein erneuter Klick auf *Weiter* führt Sie in das Fenster *Mehr lernen*. Hier können Sie sich zu einem kostenlosen SEO-Kurs anmelden. Klicken Sie auf *Weiter*. Das Fenster *Erfolgreich!* bestätigt die erfolgreiche Konfiguration. Geschafft! Klicken Sie auf *Schließen*.

Sie kommen automatisch wieder zu WordPress zurück. Wenn Sie jetzt einen Beitrag öffnen, ist an dessen Ende *Yoast SEO* eingefügt. Ein Problem wird angezeigt. Folgen Sie dem Link *Einstellungen „Lesen"* und deaktivieren Sie die Option *Suchmaschinen davon abhalten, diese Webseite zu indexieren*. Nach einem Klick auf *Änderungen speichern* wird Ihnen gemeldet, dass es keine Probleme mehr gibt.

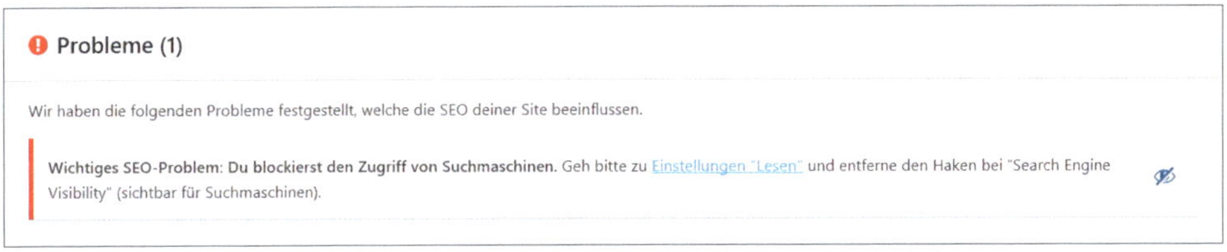

Die Blockierung der Suchmaschinen muss aufgehoben werden

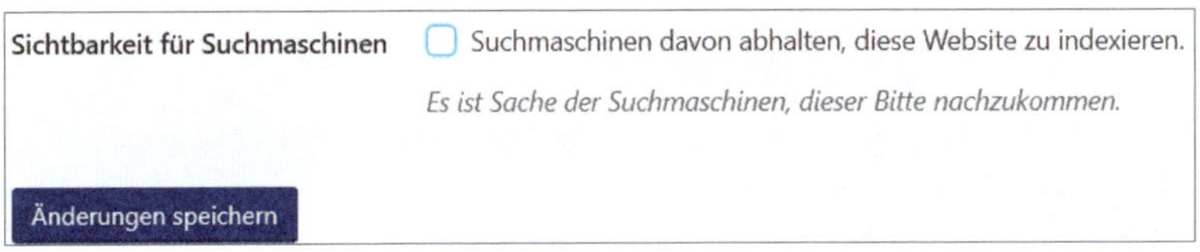

Deaktivieren Sie diese Option

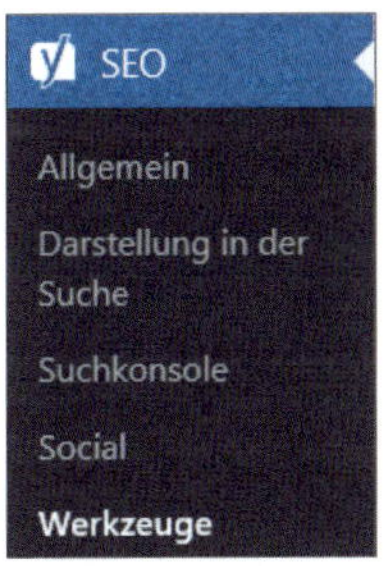

Öffnen Sie die Werkzeuge

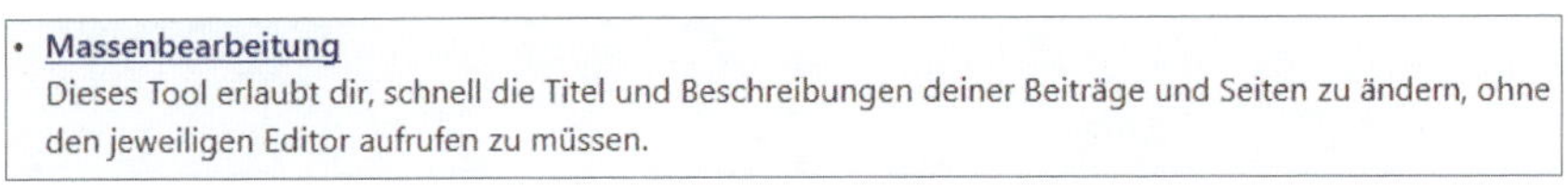

Die Massenbearbeitung ist ein praktisches Werkzeug

Für die Suchmaschinen optimieren

Wenn Sie jetzt einen Beitrag öffnen, ist an dessen Ende *Yoast SEO* eingefügt. Sie befinden sich im Register *SEO*. Beginnen wir mit dem SEO-Titel. Geben Sie in der Zeile unter *Fokus-Keyphrase* einen Begriff für das Ranking dieser Seite ein. Der Begriff kann auch aus mehreren Wörtern bestehen. Dieses Keyword benötigt *Yoast SEO*, um den Text zu begutachten. Anhand dieses Titels erkennt Google, worum es bei dieser Seite geht. Dieser Titel sollte nicht mehr als 90 Zeichen enthalten, da er sonst zu lang für eine optimale Suchmaschinenindizierung ist. Außerdem sollte er für jeden Beitrag Ihres Blogs anders lauten.

Bei der Eingabe wird Ihnen anhand eines Gesichts angezeigt, ob der Text zu kurz oder zu lang ist. Solange Sie ein orangefarbenes neutrales Gesicht sehen, ist der Text zu kurz. Erst wenn sich das lachende grüne Gesicht zeigt, passt die Länge.

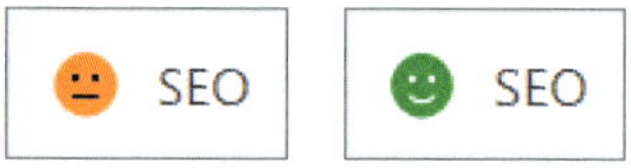

Yoast SEO neutral ... und zufrieden

Durch Klick auf den Button *Code-Schnipsel bearbeiten* kommen Sie in den Bereich *SEO Titel*. Hier können Sie einen Permalink und eine Meta-Beschreibung Ihrer Seite eingeben. Wenn beim Eintippen des Textes der Balken unter dem Fenster grün wird, ist der Text lang genug. Klicken Sie auf den Button *Ausschnitt-Editor schließen*.

Der Permalink und die Meta-Beschreibung sind zwei wichtige Punkte bei SEO

Unter dem Fenster *Vorschau des Snippets* sehen Sie zwei Symbole für die Ansicht. Es wird die Ansicht auf einem Mobiltelefon angezeigt. Über die Symbole unter dem Text können Sie zwischen dieser und der Desktop-Ansicht wechseln.

Die beiden Symbole für die Ansicht

Hinweise, wie Sie Ihren Beitrag noch verbessern können, finden Sie direkt im Bereich *SEO Analyse*. Wenn Sie auf den kleinen Pfeil rechts klicken, wird die Analyse geöffnet, und Sie erhalten Tipps dazu. Gehen Sie auf jeden Fall darauf ein, denn Sie verbessern dadurch die Qualität Ihres Artikels.

SEO arbeitet nach dem Ampelsystem. Probleme werden rot gekennzeichnet, Verbesserungsmöglichkeiten gelb und alles, was gut ist, grün. Im Idealfall sollte alles grün dargestellt werden. Wie Sie sehen, gibt es hier noch einiges zu tun. Gehen wir die Meldungen der Reihe nach durch. Zuerst muss eine Keyphrase festgelegt werden. Dazu gebe ich im Fenster *Fokus-Keyphrase* den Titel der Seite ein: *WordPress 5*.

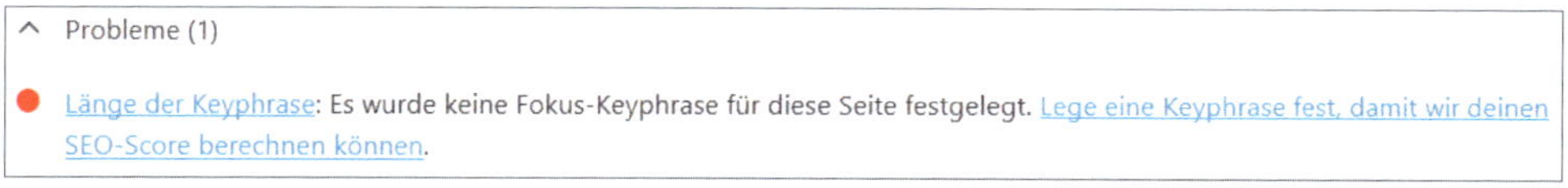

Die Farbe Rot zeigt Probleme an

Nach einem Klick auf *Aktualisieren* oben rechts werden jetzt zwei Probleme angezeigt. Um diese zu beheben, muss im Beitrag der gesamte Text *WordPress 5* mindestens zweimal vorkommen und in den Zwischenüberschriften ebenfalls.

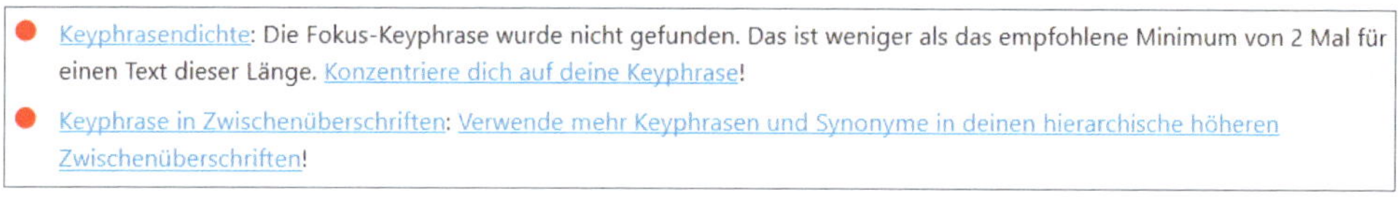

Die Probleme haben sich erweitert

Um diese Probleme zu beheben, gebe ich bei der Zwischenüberschrift *Der Inhalt* zusätzlich den Text *von WordPress 5* ein. Damit ist der komplette Text *WordPress 5* jetzt zweimal enthalten, einmal im Titel und das zweite Mal in der Zwischenüberschrift. Jetzt ergänze ich noch in den beiden nächsten Absätzen unter dieser Überschrift den Begriff *WordPress* durch die Zahl *5* und aktualisiere wieder. Die beiden Probleme werden nicht mehr angezeigt, und das Gesicht wechselt auf die Farbe Grün.

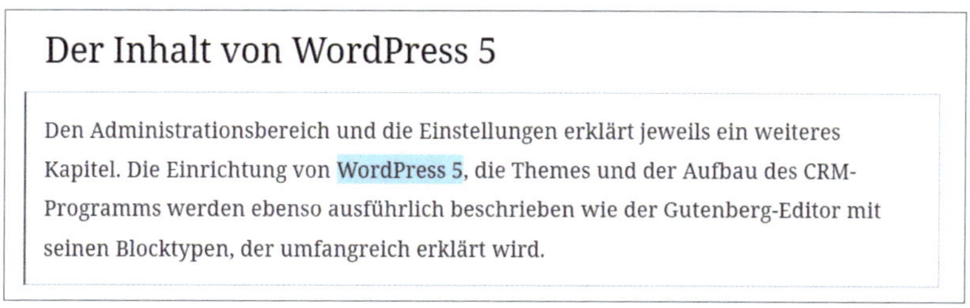

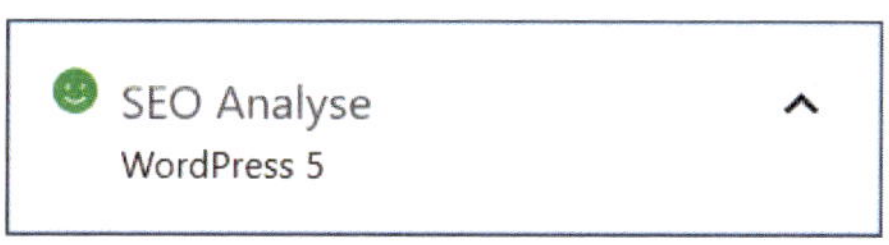

Ergänzen Sie die Begriffe in der Überschrift und in den Absätzen. Die Anzeige der Analyse hat sich positiv verändert

Wenden wir uns nun den Verbesserungen zu. Hier sind einige Dinge mehr zu bearbeiten als bei den Problemfällen.

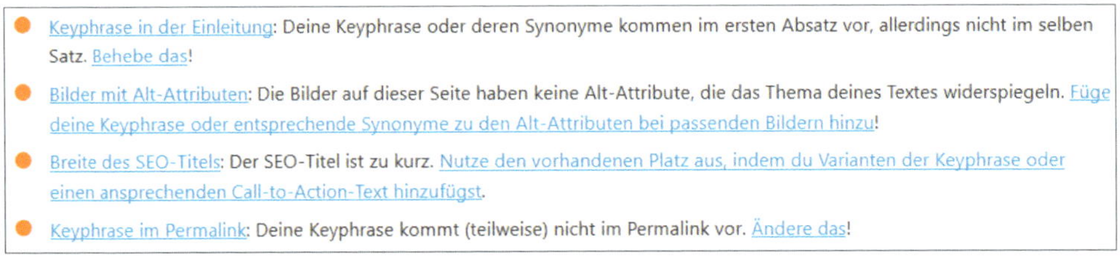

Die Meldungen im Bereich der Verbesserungen

Um die Verbesserungsvorschläge umzusetzen, ändere ich den ersten Absatz leicht um, damit der komplette Begriff *WordPress 5* angezeigt wird. Die zweite Verbesserung führe ich durch Klick auf das Foto des Buches aus und klicke in der Symbolleiste auf den Button *Bearbeiten*. Das Fenster *Bild-Details* wird geöffnet. Hier gebe ich bei *Alternativer Text* den Begriff *WordPress 5* ein und bestätige mit *Aktualisieren*. Nun erweitere ich den SEO-Titel mit dem Satz *Neue Blöcke erstellen*. Dann füge ich den Begriff in den Permalink ein und klicke wieder auf *Aktualisieren*.

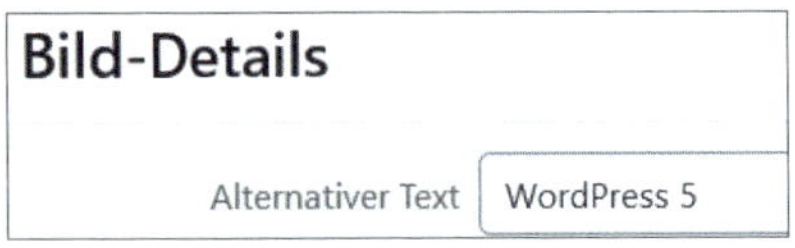

Das Alt-Attribut wurde eingegeben

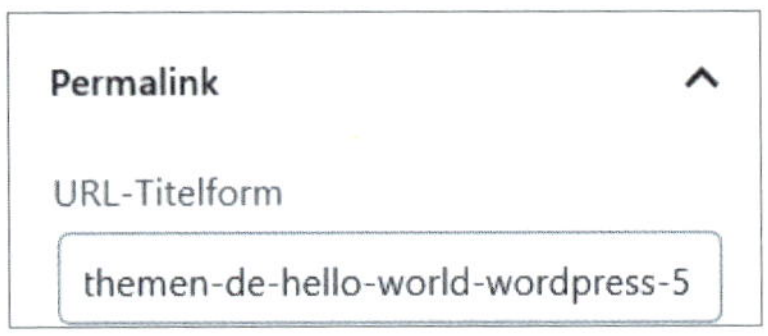

Ergänzen Sie den Permalink durch den Begriff

Ein erneuter Blick auf die Analyse zeigt, dass keine Verbesserungsvorschläge mehr angezeigt werden. Jetzt werden nur noch gute Ergebnisse angezeigt, alles steht auf Grün.

Öffnen Sie jetzt den Bereich *Cornerstone-Inhalt*. Cornerstones sind Eckpfeiler für Inhalte. Sie sollten in dem Beitrag, der Ihnen am wichtigsten ist, Verlinkungen zu anderen Beiträgen innerhalb des Textes einbauen, damit der Besucher direkt zu diesen wechseln kann. Klicken Sie daher auf den Eintrag *Als Cornerstone-Inhalt markieren*, um diese Funktion zu aktivieren. Dadurch kommt jetzt allerdings wieder zusätzliche Arbeit auf Sie zu, denn es entsteht ein neues Problem: Der Beitragstext ist jetzt zu kurz.

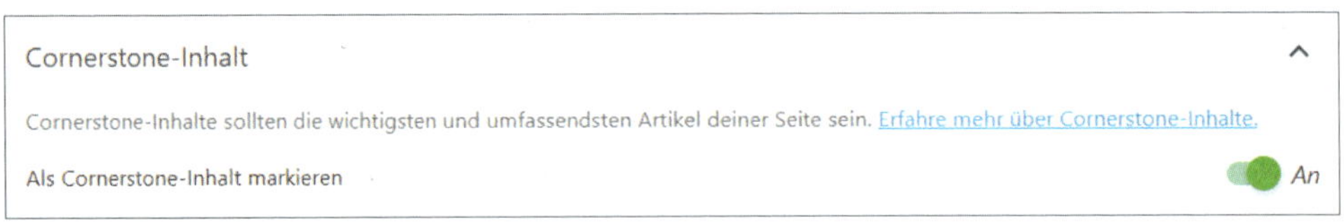

Die Markierung für wichtige Artikel wurde aktiviert

Geben Sie den zusätzlichen Text ein, denn mit einem langen Text von über 900 Wörtern haben Sie bessere Chancen, bei Google nach vorne zu kommen, weil die Suchmaschine in einem längeren Text mehr Hinweise bekommt, worum es in dem Text geht, als bei einem kurzen. Eine Seite mit wenig Inhalt wird von Google kaum beachtet.

Je länger Ihr Text ist, desto öfter können Sie Ihr Keyword darin und in Überschriften einsetzen. Übertreiben Sie es aber nicht bei dessen Verwendung. Mehr als einen Anteil von 2–3 % des gesamten Textes sollten die Keywords allerdings nicht beanspruchen, bei 900 Wörtern sind das 18–27 Keywords. Auf jeden Fall sollte das Keyword im Titel, in den Hauptüberschriften und mehrmals im Text stehen.

Die Lesbarkeit

Wenn Sie auf das Symbol neben *SEO* klicken, wird der Bereich *Lesbarkeit* geöffnet. Diesen Bereich sollten Sie nicht zu ernst nehmen, wenn Ihr Text gut strukturiert und leicht lesbar ist. Trotzdem gibt es einige Punkte, die zu beachten sind.

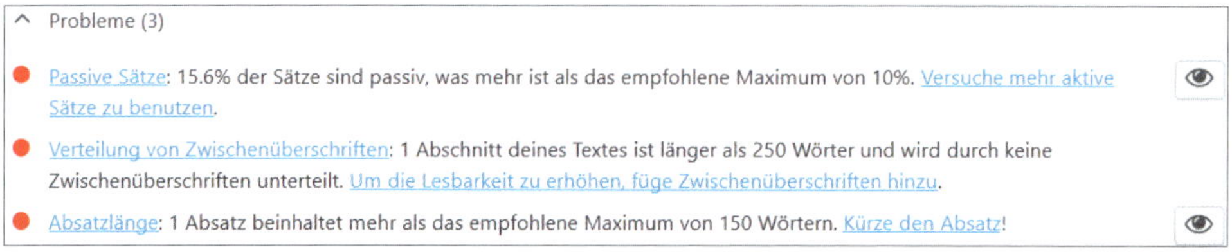

Bei der Lesbarkeit ist einiges zu verbessern

Ändern Sie zuerst einen passiven Satz um, setzen Sie weitere Zwischenüberschriften in den Text und kürzen Sie den genannten Absatz oder teilen Sie ihn auf zwei Absätze auf. Um die Problembereiche zu finden, müssen Sie nicht erst lange suchen. Klicken Sie auf das Augensymbol, um im Text die Problemstellen zu markieren. Suchen Sie die Stellen und ändern Sie den Text.

Jetzt zu den fehlenden Überschriften und dem zu langen Absatz. Setzen Sie eine Überschrift über den Text und teilen Sie ihn in Absätze auf.

Im Bereich *Erweitert* sind die ersten beiden Optionen wichtig. Sie erlauben Suchmaschinen, den Beitrag in ihren Ergebnissen anzuzeigen und den Links auf diesen Beitrag zu folgen.

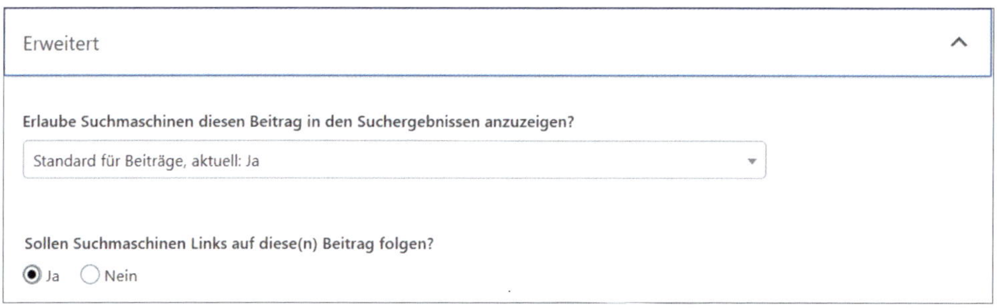

Diese beiden Einstellungen sind von besonderer Bedeutung für die Suchmaschinen

Im Bereich *Inhaltsberechtigungen* weisen Sie bestimmte Rollen zu, die beschränkten Zugriff auf die Inhalte haben.

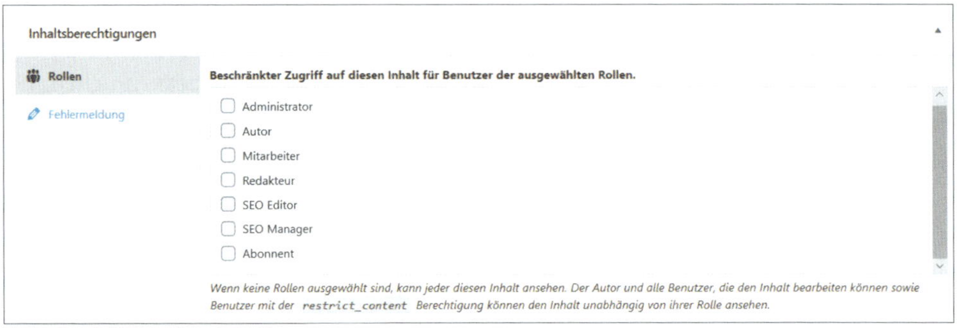

Vergeben Sie Zugriffsrechte

28.2 Yoast SEO direkt nutzen

Um Ihnen das Plug-in *Yoast SEO* umfassender zu beschreiben, lege ich einen neuen Beitrag an, bei dem ich bereits bei der Eingabe des Textes die Suchmaschinenoptimierung im Hinterkopf habe. Dies beginnt beim Titel. Dieser muss gut gewählt sein und einen Nebensatz enthalten. Dabei ist wichtig, dass das Keyword am Anfang des Titels steht.

Nun gebe ich den Text ein und achte darauf, das Keyword gleich im ersten Absatz einzufügen und es fett zu markieren. Das Keyword verwende ich pro 100 Wörtern ein- bis zweimal. Bei 300 Wörtern, die aus SEO-Sicht die absolute Untergrenze für einen Artikel darstellen, also drei- bis sechsmal. Außerdem nutze ich zusätzliche Begriffe, die im Zusammenhang mit dem Titel stehen. Nach der Texteingabe setze ich interne Links zu anderen Beiträgen.

Titel, Nebensatz und Keyword im ersten Absatz sind eingegeben

Bei Bildern in dem Beitrag gebe ich jeweils den Alternativtext ein und benenne sie wie das Keyword, weil dies wichtig für die Suchmaschinen ist. Bei jedem Bild, das nicht von mir ist, gebe ich die Quelle an. Außerdem achte ich darauf, dass das Keyword im Permalink steht.

Bankdrücken mit schwerem Gewicht
Quelle: pixabay/kaffee

Ein Bild ist immer interessant in einem Artikel

Der alternative Text ist ebenfalls wichtig

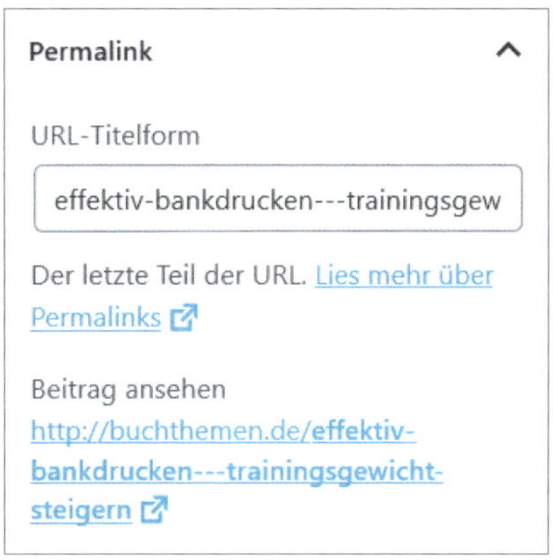

Das Keyword muss im Permalink stehen

Verlinkungen eingeben

Fügen Sie in Ihren Artikel eine interne Verlinkung zu einem anderen Artikel in Ihrem Blog und eine weitere Verlinkung zu einer externen Seite ein, die das gleiche Thema beschreibt. Durch die Verlinkung zu einer externen Seite erkennt Google noch besser, worum es auf Ihrer Seite geht.

In meinem Buch Masse und Kraft findest du weitere Infos zum Training.

Ein interner Link wurde gesetzt

Weitere Tipps für dein Brusttraining.

Ein externer Link wurde gesetzt

Da Suchmaschinen gern Metatags als Info haben wollen, gebe ich auch ein Metaag, z. B. das Haupt-Keyword, und eine Description, also eine Beschreibung, ein. Die Description beschreibt die Seite in zwei bis drei Sätzen. Bestätigen Sie die Eingabe durch Klick auf den Button *Speichern*.

Die wichtigen Infos für die Suchmaschine sind vorhanden

Nach der Eingabe nutze ich *Yoast SEO*, um die Qualität meines Textes zu prüfen. Hier ist alles bestens, alles grün. Wie Sie sehen, lässt sich bereits beim Erstellen eines Beitrags alles SEO-freundlich gestalten.

Wenn Sie auf das Augensymbol neben dem Link *Keyphrasendichte* klicken, werden Ihnen im Text die Keywords markiert angezeigt. Um die Markierung wieder zu entfernen, genügt ein erneuter Klick auf das Augensymbol.

Aktivieren Sie die Markierung hier

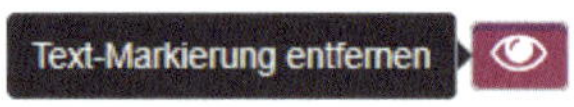

Deaktivieren Sie die Markierung ebenfalls hier

28.3 Die Einstellungen von Yoast SEO

Im Menü *SEO/Allgemein* finden Sie im Register *Funktionen* verschiedene Einstellungsmöglichkeiten. Der Bereich *SEO Analyse* sollte aktiviert bleiben, denn damit verbessern Sie Ihren Text und durch diese Verbesserung Ihre Platzierung in den Suchmaschinen. Die

Lesbarkeits-Analyse ist für bestimmte Bereiche interessant und muss deswegen aktiviert bleiben. Der *Cornerstone-Inhalt* ist für die Verbesserung von langer Texte wichtig. Lassen Sie diesen Bereich ebenfalls aktiviert. Der *Text Link Zähler* trägt auch zu einer Verbesserung Ihrer Seite bei, also lassen Sie diesen ebenfalls auf *An* stehen.

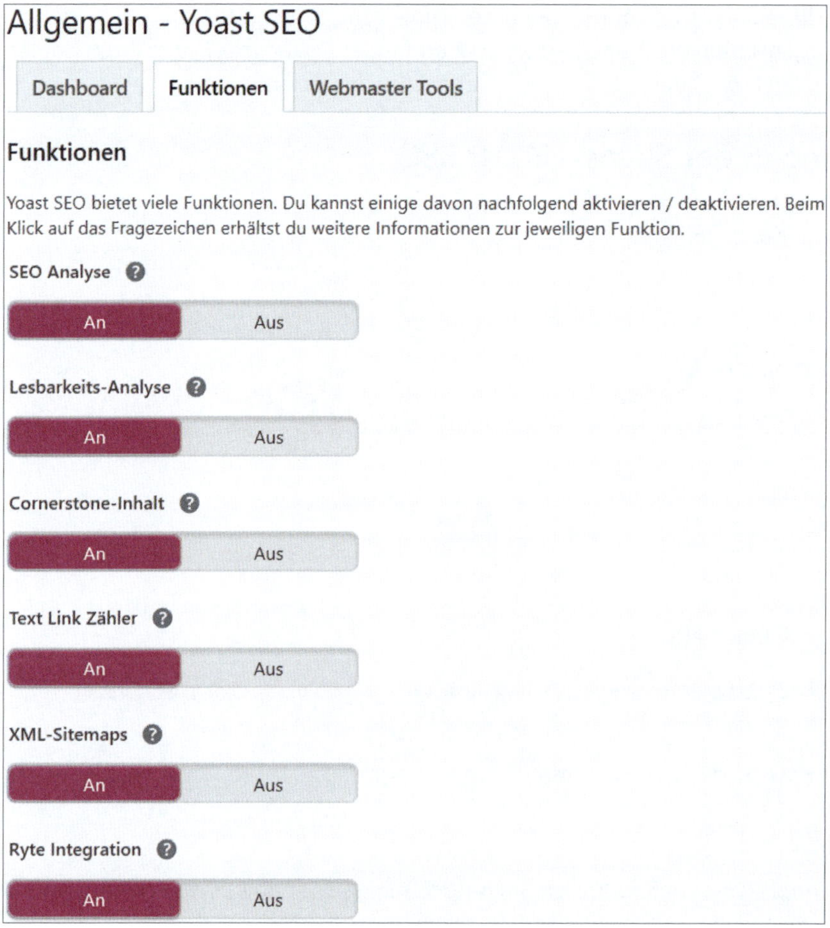

Der allgemeine Einstellungsbereich von Yoast SEO

Die *XML-Sitemaps* enthalten Kategorien und Schlagwörter und sind wichtig für Google und die Search Control. Eine XML-Sitemap ist eine Datei, in der wichtige Bereiche einer Seite gelistet werden. Durch diese Listung erhalten die Suchmaschinen Hinweise, welche Teile einer Webseite sie durchsuchen sollen. Die *Ryte Integration* ist ein zusätzliches externes Tool und wird nicht benötigt. Das *Adminbar-Menü* steht ganz oben im Menüband und öffnet den Konfigurationsassistenten, bietet ein Menü zur Keyword-Recherche und zeigt nochmals das komplette *Yoast-SEO*-Menü. Mit *Änderungen speichern* sichern Sie Ihre Änderungen ab.

Wenn Sie das Menü *Darstellung in der Suche – Yoast SEO* öffnen, befinden Sie sich im Register *Allgemein* und können hier ein Trennzeichen für einen Titel aussuchen, falls dieser Titel aus zwei Begriffen oder zwei Sätzen besteht. Wählen Sie dafür den kürzesten Strich.

Von hier aus können Sie auch die Startseite oder eine Blogseite öffnen und bearbeiten. Im unteren Teil dieses Bereichs können Sie unter *Knowledge Graph & Schema.org* angeben, ob Sie eine Organisation oder eine Person sind, und unter *Persönliche Daten* Ihren Namen eingeben und ein Logo hochladen.

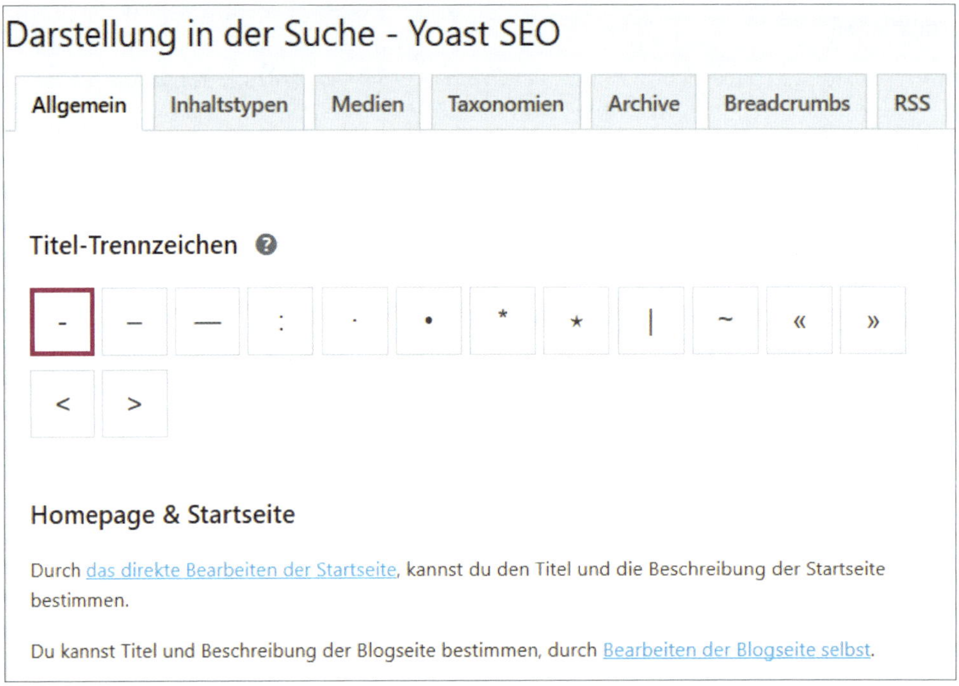

Nutzen Sie die Trennzeichen

Im Register *Inhaltstypen* befinden sich auch noch einige wichtige Einstellungen. Im Bereich *Beiträge* können Sie entscheiden, ob Beiträge in den Suchmaschinen angezeigt werden sollen oder nicht. Dass diese angezeigt werden sollen, versteht sich von selbst, denn sonst findet sie ja keiner. Außerdem kann ein Datum in der *Snippet-Vorschau* angezeigt werden, aber das ist nicht unbedingt nötig. Die Aktivierung dieser Option kann sich sogar negativ auswirken, weil dann auch alle alten Artikel angezeigt werden. Die *Yoast SEO Meta-Box* dagegen sollte angezeigt werden.

Im Bereich *Seiten*, *Produkte* und *MailPoet-Seiten* finden sich die gleichen Optionen wie im Bereich *Beiträge*. Hier kann im Grunde alles ebenfalls so bleiben, wie es eingestellt ist. Falls Sie Änderungen vornehmen, bestätigen Sie diese über *Änderungen speichern*. Im Register *Medien & Anhang URLs* gibt es nur eine Auswahlmöglichkeit, und diese sollte auf *Ja* stehen.

Im Register *Taxonomien* legen Sie fest, ob *Kategorien*, *Schlagwörter*, *Formate*, *Produkt-Kategorien*, *Produkt-Schlagwörter* und *Produkt-Versandklasse* angezeigt werden sollen. Hier können alle Einstellungen auf *Ja* stehen bleiben und bei der zusätzlichen Option *Yoast SEO Meta-Box* auf *Zeigen*. Die Auswahl unter *Kategorie-URLs* kann auf *Behalten* stehen bleiben. Wenn Sie alle Einstellungen vorgenommen haben, klicken Sie auf *Änderungen speichern*.

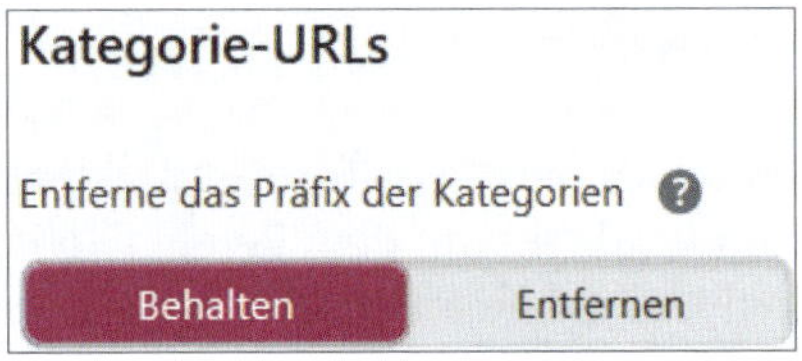

Die URL-Anhänge sollen zur Datei weitergeleitet werden. Diese Einstellung sollte bleiben

Wenn es nur einen Autor für den Blog gibt, ist es empfehlenswert, im Register *Archive* im Bereich *Autor-Archiv-Einstellungen* die vorhandene Option zu deaktivieren, weil dann das Autorenarchiv gleichzeitig die Homepage ist und dies kann zu Problemen führen. Im Bereich *Datum-Archiv-Einstellungen* sollten die Datumsarchive aktiviert sein, das Anzeigen in den Suchergebnissen allerdings nicht.

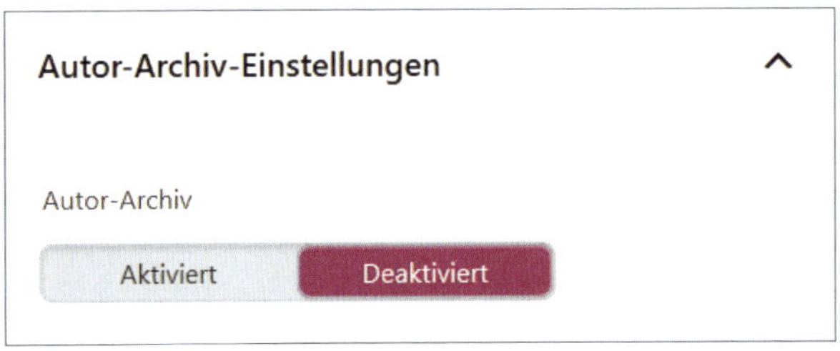

Diese Option sollte nicht aktiviert sein

Diese Archive sollen nicht in die Suchergebnisse kommen

Auf die Register *Breadcrumbs* und *RSS* gehe ich hier nicht weiter ein.

29. Ein Blog als Shop

Um Bücher zu verkaufen, ist ein Shop nötig. Die Bilder für den Shop sind ja bereits in der Mediathek. Ein paar Plug-ins sind noch nötig. Das sind in diesem Fall *WooCommerce*, *Germanized für WooCommerce* und *WooCommerce Admin*. Dann lösche ich das Plug-in *Akismet AntiSpam*.

29.1 Einen Shop einrichten

Im nächsten Schritt installiere und aktiviere ich das Plug-in *WooCommerce*. WooCommerce startet direkt mit dem Bereich *Konfiguration*. Nun muss ich angeben, in welchem Land sich meine Firma befindet, welche Adresse ich habe und welche Währung ich verwenden will. Nach diesen Angaben klicke ich auf *Los geht's* und bestätige das nachfolgende Fenster mit *Fortfahren*. Die Konfiguration wechselt in den Bereich *Zahlung*. Hier sind bereits zwei Zahlungsmethoden aktiviert. Ich entscheide mich trotzdem für PayPal. Unter *Offline-Zahlungen* können Sie noch weitere Zahlungsmethoden auswählen.

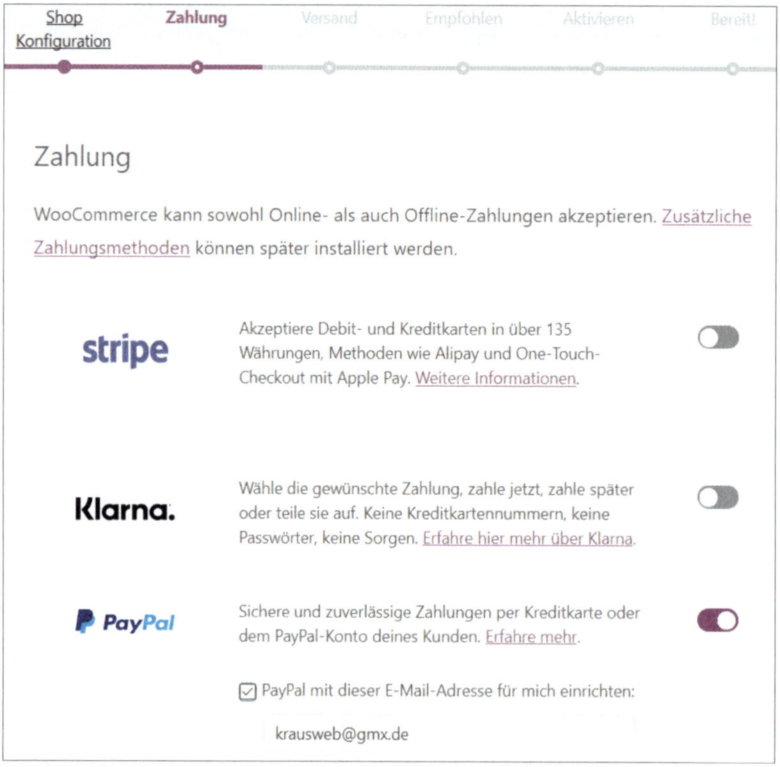

Diese Seiten werden für Ihren Shop benötigt

Es folgt ein Hinweis, dass weitere Plug-ins installiert werden. Nach einem Klick auf *Fortfahren* gelange ich in den Bereich *Versand*.

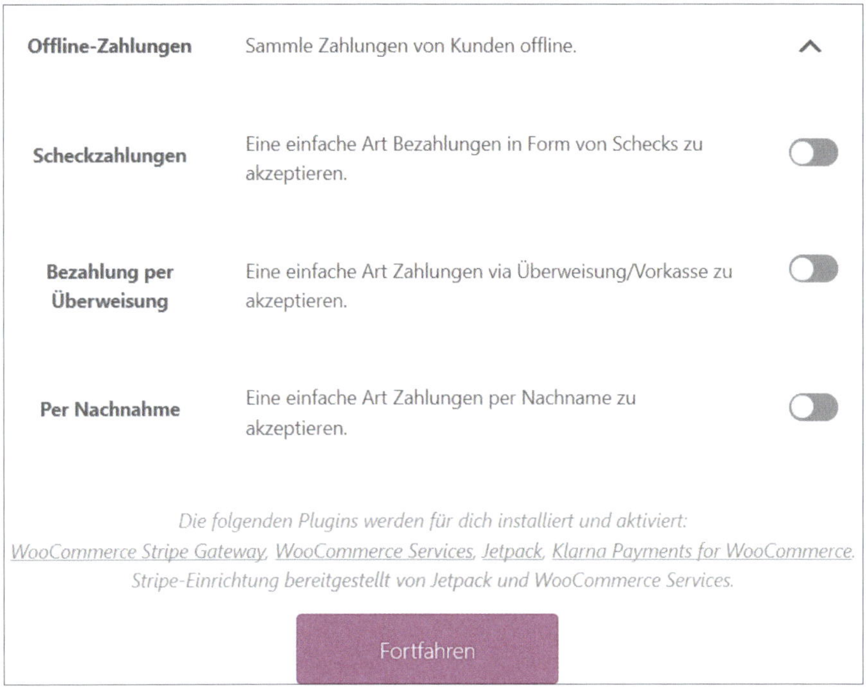

Hier lassen sich zusätzliche Zahlungsmöglichkeiten auswählen

Hier kann ich für zwei verschiedene Versandzonen die Versandart auswählen sowie den Versandpreis, die Gewichtsart und Abmessungen eingeben.

Mit einem Klick auf *Fortfahren* komme ich in den Bereich *Empfohlen*. Hier werden zusätzliche nützliche Tools zur Optimierung des Shops angeboten. Ich nutze alle Tools und werde auf weitere Installationen von Plug-ins hingewiesen. Mit einem Klick auf *Fortfahren* komme ich in den Bereich *Aktivieren*.

In diesem Bereich wird zur Verbindung des Shops mit *Jetpack*, einem weiteren Plug-in, aufgefordert. Dieser Aufforderung komme ich nicht nach, da es meiner Meinung nach immer noch datenschutzrechtliche Probleme bei der Nutzung dieses Plug-ins in Deutschland gibt.

Am unteren Rand des Fensters gibt es einen Link, der angeklickt werden muss, wenn das Plug-in *Jetpack* nicht verwendet werden soll. Daraufhin erhalte ich die Meldung, dass der Onlineshop nun bereit ist, und ich kann über den Button *Erstelle dein erstes Produkt* mit der Einrichtung des Shops beginnen.

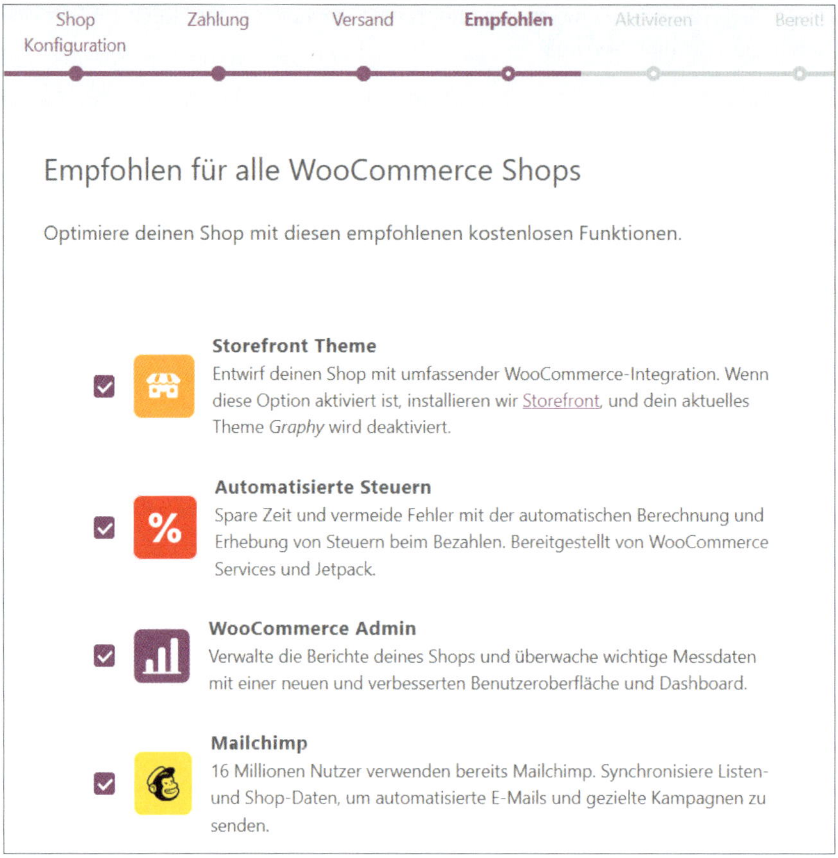

Hier werden zusätzliche Funktionen angeboten

Das Plug-in für den deutschen Markt

Jetzt installiere ich die Erweiterung für den deutschen Markt.

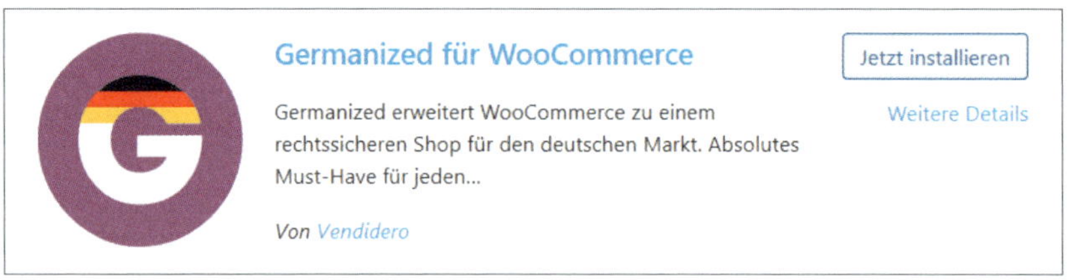

Die Erweiterung für den deutschen Markt

Das Plug-in startet mit dem Fenster für die Anpassungen. Hier lasse ich alles, wie es ist, und klicke auf *Weiter*. Das Fenster für die Einstellungen wird angezeigt. Hier besteht die Möglichkeit, die Kleinunternehmerregelung zu aktivieren.

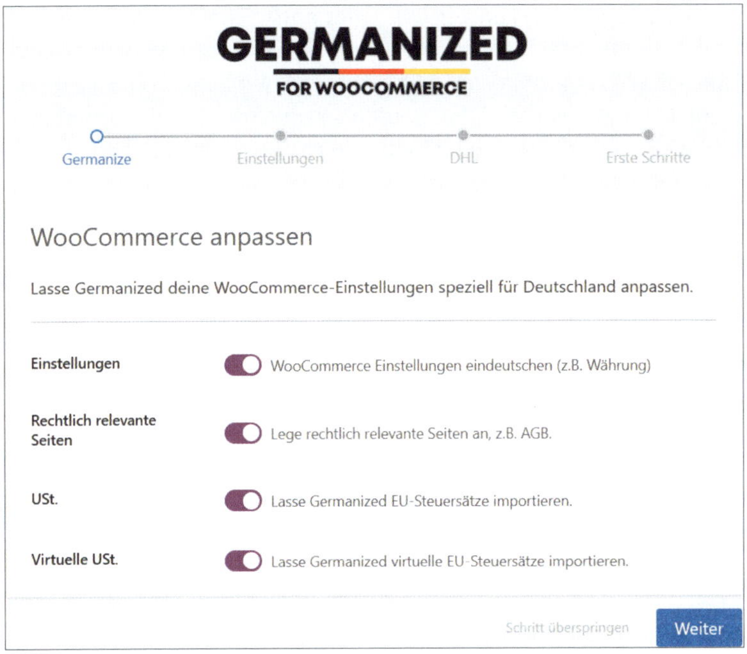

Einige wichtige Einstellungen sind hier zu sehen

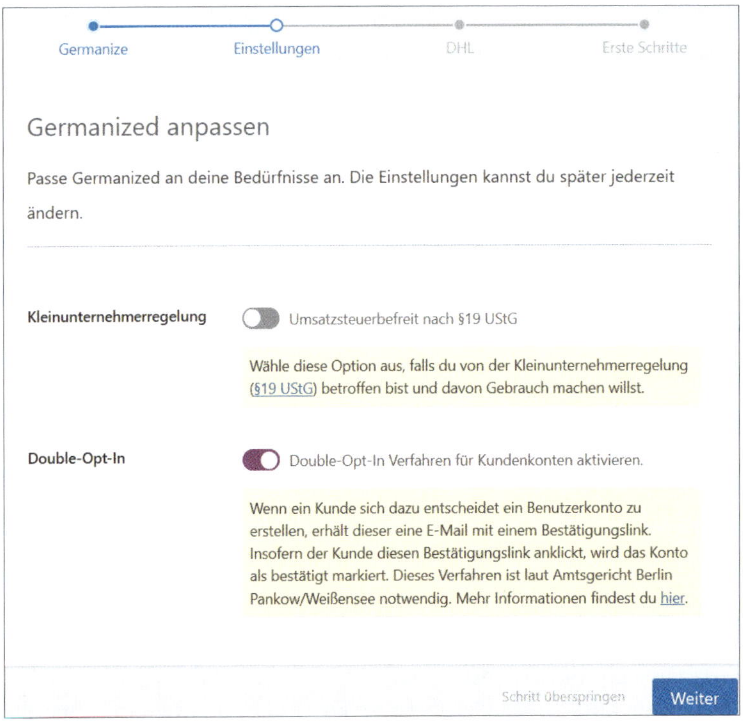

Wird die Kleinunternehmerregelung benötigt?

Ein erneuter Klick auf *Weiter* führt zum Fenster *DHL*. Hier entscheide ich, ob über DHL versandt wird, und nehme die entsprechenden Einstellungen vor. Nachdem die Entscheidung getroffen ist, klicke ich auf *Tutorial starten* und komme in den Bereich *Einstellungen*. Das angezeigte Info-Fenster kann ausgeblendet werden. Hier werden alle Informationen angezeigt, die rechtlich relevant sind. Weitere Links führen zu anderen Bereichen.

Ein Klick auf *Streitbeilegung* zeigt ein Fenster an, in dem festgelegt wird, ob man bereit ist, an einem außergerichtlichen Streitschlichtungsverfahren teilzunehmen. Weiter unten in diesem Fenster steht der Shortcode-Status. Dieser sollte über *Jetzt hinzufügen* eingebaut werden. Und ganz wichtig: In jedem Bereich werden Änderungen über den Button *Änderungen speichern* gesichert.

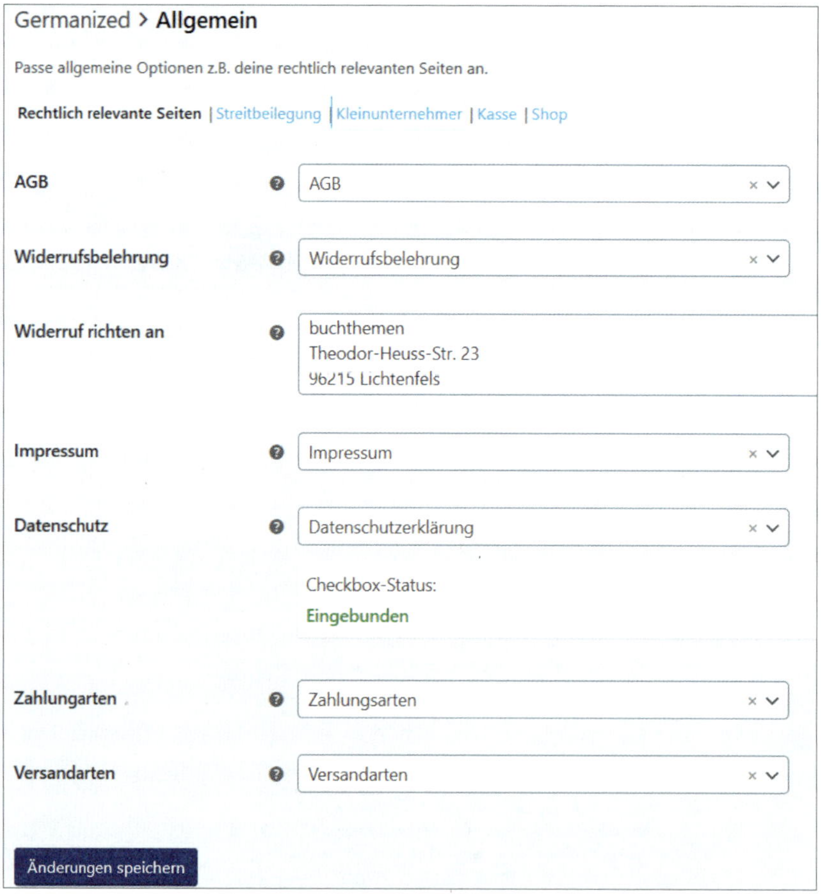

Alles, was rechtlich relevant ist, steht in diesem Bereich

Ein Klick auf *Kleinunternehmen* öffnet ein Fenster, in dem Sie nochmals die Möglichkeit haben, die Kleinunternehmerregelung zu aktivieren. Unter *Kasse* wird darüber entscheiden, ob die Telefonnummer des Kunden als Pflichtfeld abgerufen werden soll, ob der Kunde eine Anrede auswählen darf und ob das Stornieren von Bestellungen durch den Kunden möglich sein soll.

Unter dem Link *Shop* kann eine Preisspanne angezeigt und der Warenkorb-Button in den Produktlisten gezeigt oder durch einen Warenkorb-Link ersetzt werden.

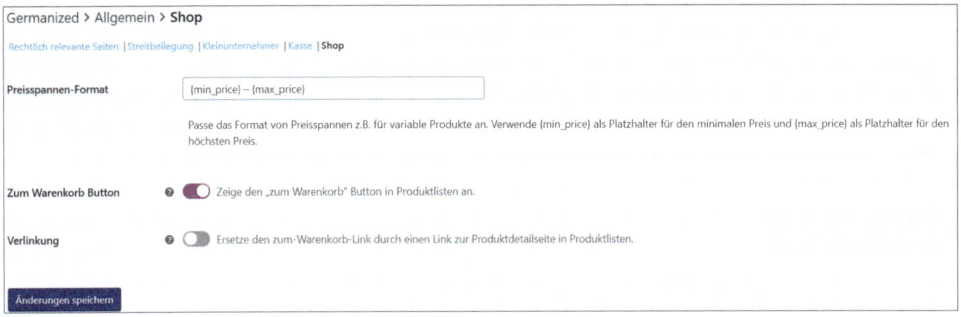

Hier wird eine Preisspanne festgelegt und über die Verwendung des Warenkorbs entschieden

29.2 Die Einstellungen des Shops

Im Dashboard ist jetzt ein neues Menü mit dem Namen *WooCommerce* eingefügt worden, und Sie können über den Menüpunkt *Einstellungen* das Plug-in bearbeiten. Der Bereich startet mit dem Register *Allgemein*. Hier ist die Adresse bereits eingetragen. Diese ist wichtig für die Berechnung der Versandkosten.

Unter *Allgemeine Optionen* wird nach den Ländern gefragt, in die verkauft werden soll. Diese können aus einer Liste ausgewählt werden. Für die Versandorte steht ebenfalls eine Liste bereit. Es muss nicht unbedingt ein voreingestellter Ort für die Kunden ausgewählt werden. Die Option für Steuersätze und Berechnungen ist bereits aktiviert. Dies ist wichtig für die Mehrwertsteuer. Wenn Sie Gutscheine anbieten wollen, muss die Option *Gutscheine aktivieren* genutzt werden.

Unter *Währungsoptionen* wird eingestellt, in welcher Währung verkauft wird und wo das Währungssymbol platziert werden soll, zudem können Trennzeichen und Anzahl der Dezimalstellen festgelegt werden, normalerweise sind das nur zwei. Mit *Änderungen speichern* sichern Sie alle vorgenommenen Einstellungen.

Wechseln Sie in das Register *Produkte*. Hier werden die Shop-Seite und der Warenkorb festgelegt. Es gibt einen Platzhalter für Bilder. Die Bezeichnungen für Gewicht und Abmessungen wurden bereits übernommen. Im Bereich *Bewertungen* können noch einige Optionen genutzt werden, etwa die Möglichkeit, Produkte zu bewerten und verifizierte Besitzer dabei anzuzeigen oder Sternchen bei der Bewertung zu aktivieren. Auch hier müssen alle Einstellungen wieder mit *Änderungen speichern* bestätigt werden.

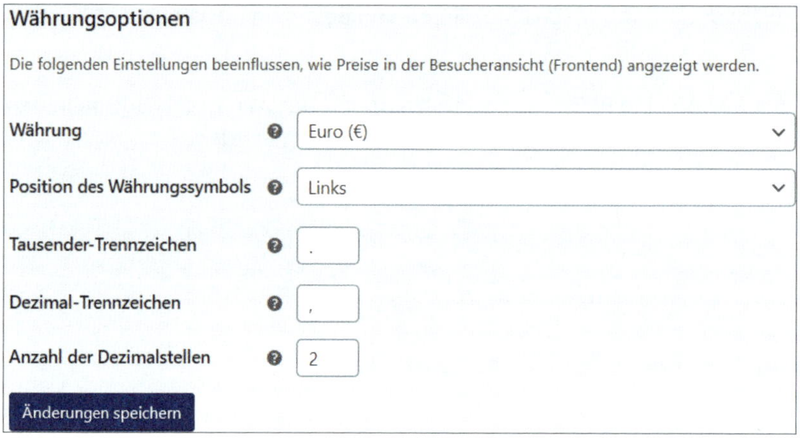

Entscheiden Sie sich für eine Währung und andere Dinge

Über den Link *Lagerbestand* öffnen Sie den Bereich, in dem Sie Ihre Produkte verwalten. Hier können Sie sich bei geringem Lagerbestand oder nicht vorrätiger Ware informieren lassen. Für beide Optionen lässt sich jeweils ein Wert festlegen. Auch hier gilt: Speichern Sie alle Änderungen.

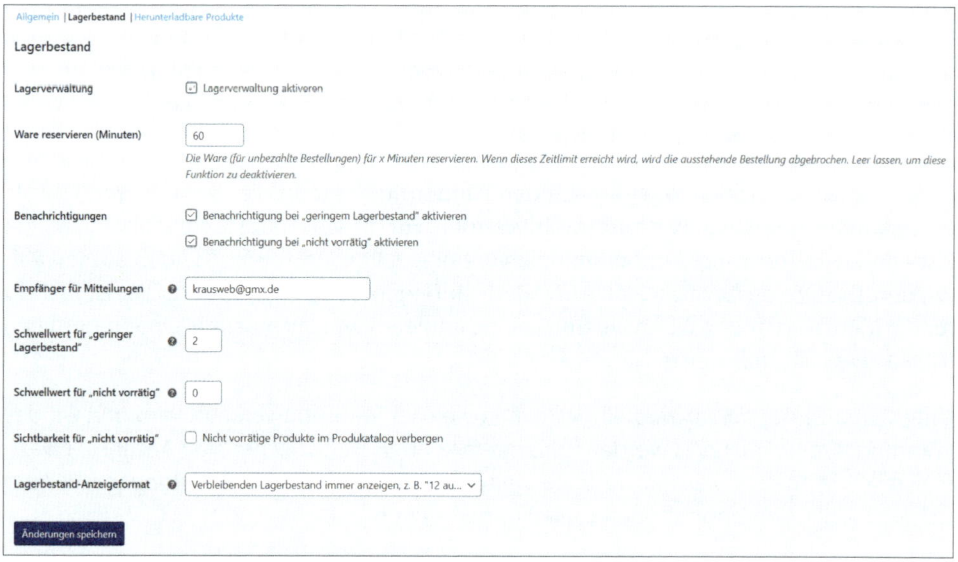

Hier geht es um den Lagerbestand

Den Bereich *Herunterladbare Produkte* benötigen Sie nur, wenn Sie etwas als Download verkaufen. Hier legen Sie die Methode des Downloads fest, ob die Downloads eine Anmeldung erfordern und ob ein Zugriff auf herunterladbare Produkte nach der Bezahlung möglich sein soll. Dadurch kann der Kunde das digitale Produkt direkt nach der Bezahlung herunterladen. Mit *Änderungen speichern* werden alle Änderungen gesichert.

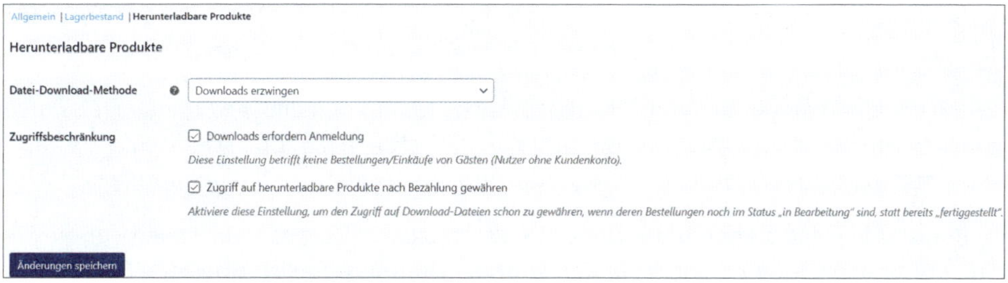

Hier finden Sie alles, was das Herunterladen betrifft

Jetzt geht es in das Register *Mehrwertsteuer*. Hier legen Sie fest, ob die Mehrwertsteuer bereits im Preis enthalten ist oder nicht. Außerdem bestimmen Sie, auf welcher Basis die Steuer festgelegt wird und worauf die Steuerklasse der Versandkosten basiert. Sie können entscheiden, ob die Steuer gerundet wird, und zusätzliche Steuerklassen einfügen. Bei den Preisen, die während des Bestell- und Bezahlvorgangs im Shop angezeigt werden, lässt sich anzeigen, ob die Steuer enthalten ist oder nicht.

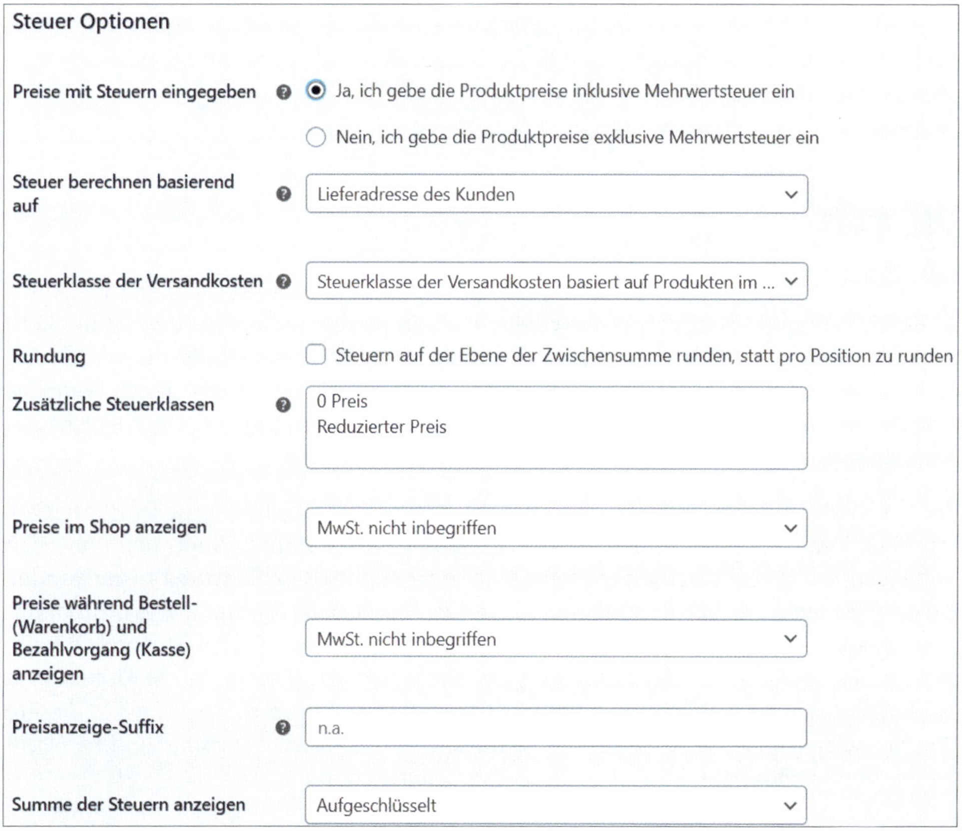

Hier wird alles eingestellt, was die Steuern betrifft

Als Suffix steht ein Hinweis auf die enthaltene Mehrwertsteuer zur Verfügung, die Summe der Steuern lässt sich aufgeschlüsselt oder in ihrer Gesamtheit anzeigen.

Da Bücher einen Steuersatz von 7 % haben, klicke ich auf den Link *Reduzierter Preis Raten* und aktiviere bei Deutschland (*DE*) die Option für 7 %. Falls der Shop in Deutschland, Österreich oder der Schweiz betrieben wird, ist die Angabe der Mehrwertsteuer übrigens Pflicht.

Im Register *Versand* stehen unter dem Link *Versandzonen* bereits zwei Zonen, für die Sie eine Versandkostenpauschale festlegen können. Diese lassen sich über den Button *Versandzone hinzufügen* erweitern. Wenn Sie auf einen der Namen der Zonen klicken, können Sie eine Versandkostenpauschale festlegen.

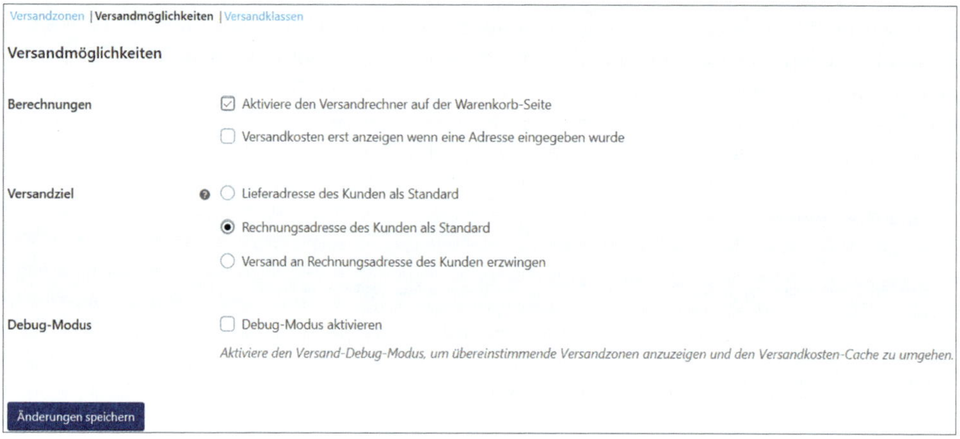

Entscheiden Sie hier, ob es eine Versandkostenpauschale geben soll

Im Bereich *Versandmöglichkeiten* entscheiden Sie, ob ein Versandrechner beim Warenkorb angezeigt werden und welche Adresse als Standard für den Versand gewählt werden soll. Im Register *Zahlungen* bestimmen Sie, auf welche Art der Kunde bezahlen soll. Wenn Sie eine Zahlungsmethode aktivieren, müssen Sie diese auch konfigurieren. Doch welche soll angeboten werden?

Bei der direkten Banküberweisung muss erst nach Zahlungseingang geliefert werden. Das kann jedoch Kunden von einer Bestellung abhalten, wenn Ihr Shop neu und noch unbekannt ist. Schecks werden so gut wie gar nicht mehr als Zahlungsmittel verwendet. Bei einer Zahlung per Nachnahme trägt der Käufer zusätzliche Kosten und es besteht das Risiko, dass er die Annahme verweigert. Die Konfiguration von PayPal ist ziemlich kompliziert. Die Verwendung der Bezahlung per Lastschrift birgt ebenfalls ein Risiko, denn der Käufer kann die Abbuchung innerhalb von sechs Wochen zurücknehmen. In diesem Beispiel nutze ich deswegen die Zahlungsweisen *Direkte Banküberweisung* und *Per Nachnahme* und konfiguriere diese über den Button *Konfiguration*.

Unter *Kontodetails* muss die eigene Bankverbindung eingegeben werden. Diese sieht der Käufer erst nach seiner Bestellung. Bestätigen Sie die Eingabe mit *Änderungen speichern*.

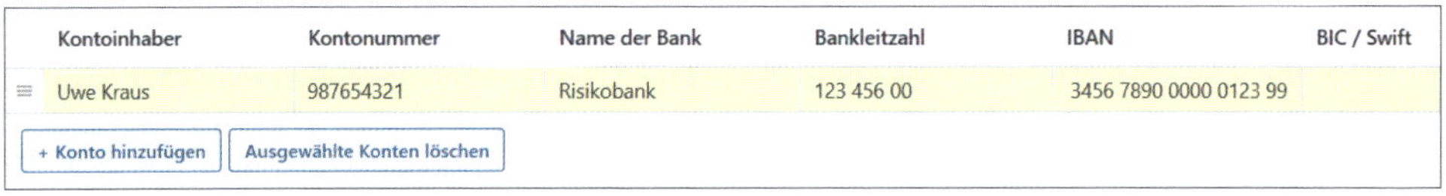

Die Bankverbindung ist wichtig für den Käufer

Bei der Zahlung per Nachnahme kann dem Käufer eine Gebühr für den Aufwand berechnet werden. Diese Zusatzgebühren sind heutzutage Standard. In diesem Bereich muss nichts geändert werden.

Wenn die Zahlungsmethoden konfiguriert sind, ändert sich in der Liste der Zahlungsmöglichkeiten hinter dem Namen der Zahlungsweise der Button auf *Verwalten*. Auch hier muss über *Änderungen speichern* gesichert werden.

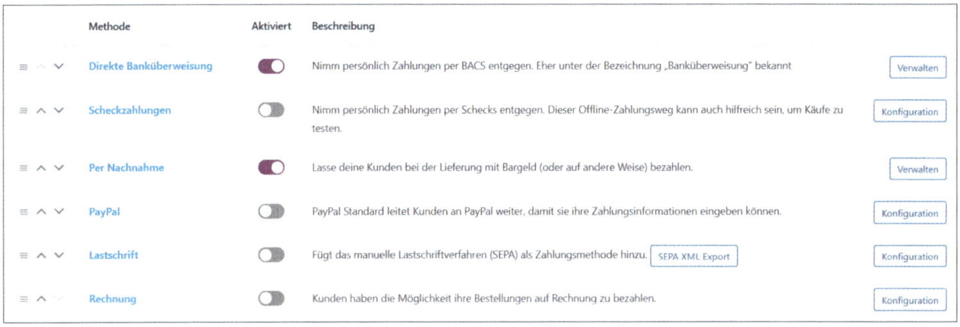

Zwei Zahlungsmöglichkeiten wurden ausgewählt

Im Register *Konten und Datenschutz* können Sie entscheiden, ob jemand als Gast einkaufen darf. Sie können den Besucher aber auch ein Konto erstellen lassen. Ein wichtiger Abschnitt ist die Datenschutzerklärung. Hier wählen Sie die Seite aus, die alle Infos zum Datenschutz und zur Registrierung und Bezahlung enthält. Für die Aufbewahrung personenbezogener Daten gibt es ebenfalls einige Optionen zur Auswahl.

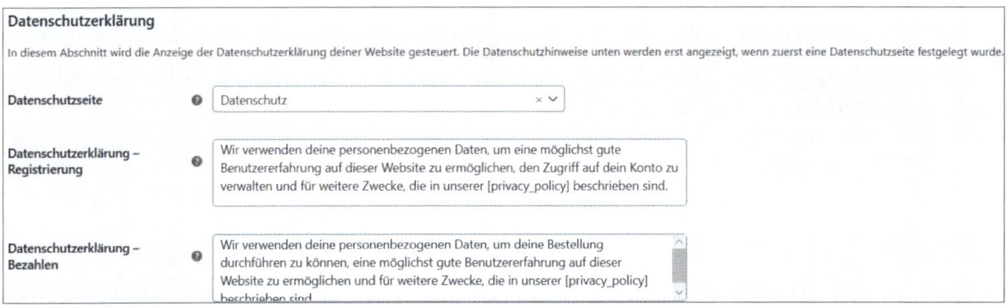

Ein wichtiger Bereich ist der Datenschutz

Im Register *E-Mails* finden Sie vorgefertigte Mustertexte für eine Antwort an den Kunden. Diese können Sie über den Button *Verwalten* öffnen und bearbeiten. Im unteren Teil sehen

Sie die Einstellungen für den E-Mail-Versender. Hier lässt sich auch die Farbe der E-Mails verändern.

Im Register *Erweitert* finden Sie einzelne Bereiche für die Seiteneinrichtung. Die allgemeinen Geschäftsbedingungen müssen Sie selbst erstellen. Sprechen Sie am besten vorher mit einem Fachanwalt darüber.

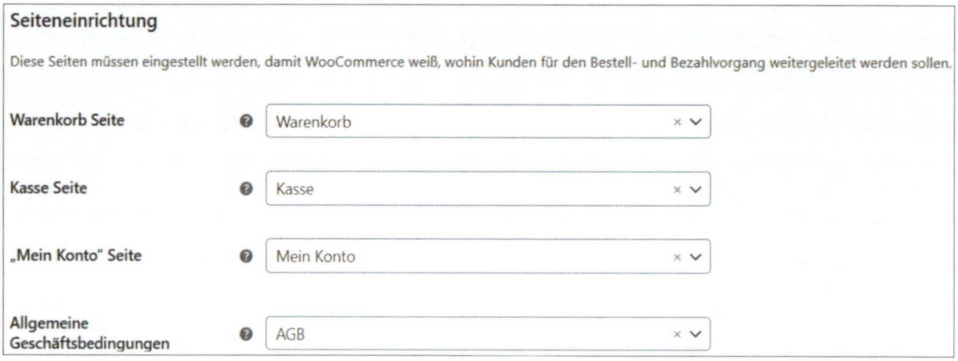

Wichtige Einstellungen bezüglich der einzelnen Seiten

In diesem Buch kann ich nicht alle Details der Einstellungen genau beschreiben, dafür wäre ein separates Buch notwendig. Aber mit dem bereits erstellten Shop und den Erklärungen im nächsten Abschnitt lässt sich leicht ein betriebsfertiger Verkaufsshop erzeugen. Alles, was Sie in den *Einstellungen* aktivieren, etwa die AGB, erscheint im Menü des Blogs.

29.3 Produkte anlegen

Neue Produkte für den Shop werden über das Menü *Produkte/Erstellen* angelegt. Ich gebe den Titel und den Text für das neue Produkt im Fenster *Neues Produkt hinzufügen* ein. Dann suche ich das Produktbild aus, indem ich auf der rechten Seite des Bildschirms im Bereich *Produktbild* auf den Link *Produktbild festlegen* klicke, dann das Produktbild aus der Mediathek aussuche und mit dem Button *Produktbild festlegen* in die Produktbeschreibung übernehme. Nachdem ich das Produktbild aus der Mediathek ausgewählt habe, wird es im Bereich *Produktbild* angezeigt. Nun weise ich dem Produkt noch eine Kategorie zu.

Nachdem ich weiter nach unten gescrollt bin, gebe ich unter *Produkt Kurzbeschreibung* nochmals einen kurzen Text ein. Dieser wird dann neben dem Produktbild angezeigt.

Nun begebe ich mich an die Bearbeitung der Produktdaten. Im gleichnamigen Bereich befinde ich mich in den Daten für ein einfaches Produkt. Der Link *Allgemein* ist geöffnet. Die Option *Virtuell* muss aktiviert werden, wenn Produkte angeboten werden, die nicht zum Käufer versendet werden – etwa E-Books. In diesem Fall werden keine Versandkosten berechnet. Gleichzeitig ist die Aktivierung der Option *Herunterladbar* wichtig für die Downloads.

Dann gebe ich den regulären Preis ein, bei E-Books kann dies auch ein Angebotspreis für eine bestimmte Dauer sein, gedruckte Bücher fallen unter die Buchpreisbindung und dürfen nur zum regulären Preis verkauft werden.

Nach Klick auf den Link *Aktionszeitraum* kann festgelegt werden, für welchen Zeitraum das Produkt verbilligt angeboten wird. Falls kein Zeitraum bestimmt wird, gilt der Aktionspreis so lange, bis er geändert wird.

Die Einstellungen bei *Steuerstatus* und *Steuerklasse* können so bleiben, wenn es keinen Angebotspreis gibt – falls doch, muss unter *Steuerklasse Reduzierter Preis* ausgewählt werden. Im nächsten Abschnitt können der alte und der neue Preis angezeigt werden. Mit der ersten Auswahl wird der alte Preis durchgestrichen angezeigt und mit der zweiten der Angebotspreis.

Hier ein unverbindliches Beispiel dazu. Ich gebe beim Aktionspreis 19,95 € ein und aktualisiere. Dann öffne ich die Vorschau. Hier wird nun der Artikel als Angebot mit dem offiziellen, durchgestrichenen und dem reduzierten Preis angezeigt. (Dies ist nur ein Beispiel, da für Bücher die Preisbindung gilt.)

Der Artikel wird mit dem Sonderpreis angepriesen

Ein Wechsel über den Link *Lagerbestand* führt zur Verwaltung des Lagers, hier kann eine Artikelnummer vergeben werden. Wenn in das Feld geklickt wird, zeigt sich automatisch die ISBN des Buches und kann übernommen werden. Die Option *Lagerbestand verwalten?* wird nicht benötigt, wenn der Artikel immer lieferbar ist.

Unter *Lagerstatus* wird eingestellt, ob der Artikel vorrätig ist oder nicht und ob ein Lieferrückstand besteht. Die Verwendung der Option *Nur einzeln verkaufen* ist zu empfehlen, wenn ein antiquarisches Buch angeboten wird, das nur einmal verfügbar ist.

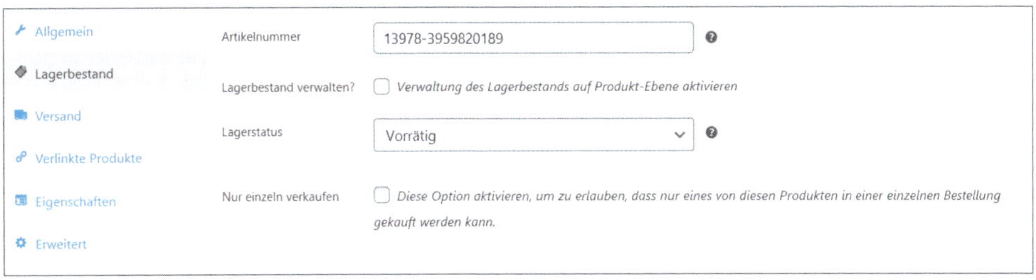

Die Artikelnummer und der Lagerstatus wurden festgelegt

Durch Klick auf den Link *Versand* wird ein Fenster für die Eingabe von Maßen geöffnet. Hier können Gewicht und Größe des Artikels angegeben werden. Dies hat weiter keine

Bedeutung und wird unter der Beschreibung des Artikels angezeigt. Die Option *Versand kostenlos?* sollte nur aktiviert werden, wenn keine Versandkosten berechnet werden.

Die angelegten Informationen werden dem Kunden angezeigt

Durch Klicken auf den Link *Verlinkte Produkte* wird ein wichtiger Bereich für die Werbung angezeigt. Hier kann im Fenster *Zusatzverkäufe* ein Artikel ausgewählt werden, der dem angebotenen ähnlich ist, und dem Besucher wird damit ein zusätzlicher Kaufreiz geboten. Im Fenster *Cross-Sells (Querverkäufe)* kann ein Artikel ausgewählt werden, der den angebotenen ergänzt. Bei dem WordPress-Buch wäre z. B. ein Buch über Themes und Plug-ins sinnvoll.

Wenn der Link *Eigenschaften* angeklickt wird, können durch Klick auf den Button *Hinzufügen* weitere Infos wie der Name und zusätzliche Hinweise angegeben werden. Alle Eingaben müssen mit *Eigenschaften speichern* gesichert werden.

Das Anklicken des Links ermöglicht das Eingeben von Hinweisen zum Kauf. Wenn die Option *Produktbewertungen erlauben* aktiviert ist, kann der Käufer Bewertungen zu dem gekauften Artikel abgeben. Speichern Sie alle Eingaben und Änderungen über den Button *Aktualisieren* ab.

Das Produktbild

Nun suche ich das Produktbild aus, indem ich auf der rechten Seite des Bildschirms im Bereich *Produktbild* auf den Link *Produktbild festlegen* klicke, dann das Produktbild aus der Mediathek aussuche und mit dem Button *Produktbild festlegen* in die Produktbeschreibung übernehme. Nachdem ich das Produktbild aus der Mediathek ausgewählt habe, wird es im Bereich *Produktbild* angezeigt. Nun weise ich dem Produkt noch eine Kategorie zu.

Hier geht es zur Auswahl des Bildes

Die passende Kategorie für das Produkt wird gewählt

Das Produkt wird allerdings erst im Shop angezeigt, wenn ich auf den Button *Veröffentlichen* klicke. Danach sehe ich mir die Seite über den Link *Vorschau der Änderungen* an. Wie Sie sehen, hat *WooCommerce* auch ein Menü erstellt. Wenn ich auf *Shop* klicke, wird das Produkt angezeigt. Ein Hinweis auf das Buch ist unter dem Beitragsbild zu finden. Über den Button *Weiterlesen* wird die Beschreibung des Produkts angezeigt.

Unter dem Beitragsbild wird ein Foto des Buches mit dem Titel angezeigt. Direkt unter dem Bild steht die Beschreibung des Buches. Mit einem Klick auf das Lupensymbol können Sie sich das Buch auch allein anzeigen lassen.

Das vorhandene Menü auf dem Blog ist nicht sinnvoll aufgebaut. Die Startseite steht immer am Anfang. Dann werden die vorhandenen Seiten alphabetisch sortiert angezeigt. Die Reihenfolge müsste sinnvollerweise jedoch anders sein. An zweiter Stelle sollte der Shop stehen, denn der Kunde wird immer zuerst den Shop besuchen. Dann kommt der Warenkorb, denn wenn der Kunde bestellt, wird er irgendwann zum Warenkorb kommen. Danach kommt die Kasse, da es vom Warenkorb aus zum Bezahlen geht, und zuletzt das Konto des Kunden, in dem seine Daten gespeichert sind. Es geht weiter mit dem Über-mich-Menü und zuletzt kommt der Kontakt. Zusätzlich haben sich die Menüpunkte aus den Einstellungen eingereiht.

Das Menü ist sehr umfangreich geworden

Aber wie lassen sich die Menüpunkte jetzt in der Reihenfolge verändern? Dazu öffnen Sie das Menü *Seiten/Alle Seiten*. Hier sind alle vorhandenen Seiten aufgelistet. Bewegen Sie die Maus über einen Seitennamen und klicken Sie auf *QuickEdit*.

Hier wird Ihnen die Reihenfolge der Seiten angezeigt. Standardmäßig steht dieser Wert auf 0. Sie können jetzt für die Startseite den Wert 1 vergeben, denn die Seite mit dem niedrigsten Wert steht immer an erster Stelle des Menüs. Seiten mit höheren Werten kommen erst danach. Vergeben Sie jetzt für die einzelnen Seiten die Platzierungen, je nachdem, an welcher Stelle diese jeweils im Menü stehen sollen, und bestätigen Sie jeweils mit *Aktualisieren*.

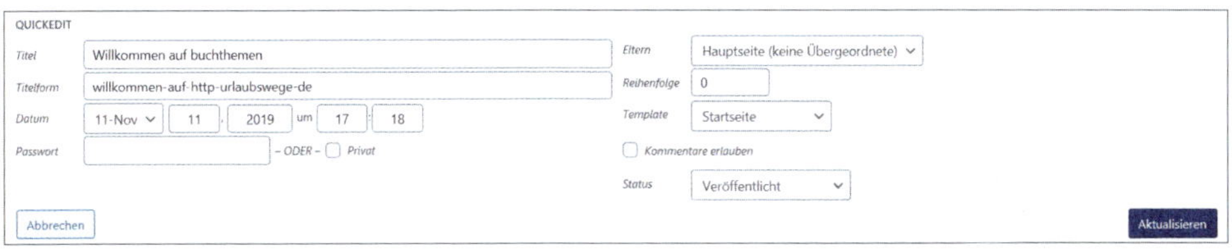

Der Bereich zur schnellen Bearbeitung einer Seite

Legen Sie die Reihenfolge der Seiten fest

Wenn wir jetzt nochmals die Vorschau von einer Seite aus anschauen, stehen die einzelnen Menüpunkte in der gewünschten Reihenfolge. Weitere lassen sich jederzeit einfügen, dann muss nur die Reihenfolge wieder neu vergeben werden.

Die ideale Reihenfolge der Seiten

Alle Seiten sind übrigens nochmals im Footer-Bereich untereinander aufgelistet und alphabetisch sortiert zu finden.

Nun lege ich meine beiden anderen Bücher als Produkt an. Beim Buch »Manolito« füge ich zusätzlich eine Produktgalerie ein, indem ich in der rechten Spalte im Bereich *Produktgalerie* auf *Produktgaleriebilder hinzufügen* klicke und diese aus der Galerie einfüge. Nachdem ich alle Bilder eingefügt habe, sehe ich mir die Vorschau an. Hier werden die Bilder unter dem Buchcover als Galerie mit einem matten Erscheinungsbild angezeigt. Durch Klick auf ein Bild ersetzt dieses das gerade aktive.

Auf diese Art werden Bilder eingefügt

Der Warenkorb

Jedes Buch, das im Shop gelistet ist, kann jetzt vom Besucher mit einem Klick auf den Button *In den Warenkorb* in diesen aufgenommen werden. Wenn dies geschehen ist, wird der Button *Warenkorb anzeigen* eingeblendet, über den der Inhalt des Warenkorbs überprüft werden kann.

Der Warenkorb wurde aktiviert

Der Hinweis auf das Einfügen eines Produkts in den Warenkorb

Um den Bestellvorgang zu beenden, muss der Kunde nun auf den Button *Weiter zur Kasse* klicken und kann dann im Bereich *Rechnungsdetails* seine Daten eingeben und festlegen, wie er bezahlen will. Nachdem er die AGB, Widerrufs- und Datenschutzbestimmungen akzeptiert und nochmals den Preis und die Versandkosten gesehen hat, kann er über den Button *Jetzt kaufen* die Bestellung abschließen.

Nach dem Kauf wird die Bestellbestätigung angezeigt. Hier sieht der Käufer nochmals das Bestelldatum und den zu zahlenden Gesamtpreis, außerdem die Bankverbindung des Verkäufers und detaillierte Angaben zur Bestellung.

Ein kurzer Überblick über die Bestellung

29.4 Nutzung weiterer Plug-ins

Für diese Seite nutze ich noch das Plug-in *Statify*. Mit diesem Tool lassen sich Seitenaufrufe übersichtlich anzeigen. Es ist ideal geeignet in Bezug auf das deutsche Recht zum Datenschutz, da es keine Cookies und auch keinen Drittanbieter nutzt. Es verarbeitet auch keine Daten von Personen wie die IP-Adresse, sondern orientiert sich nur an den Aufrufen, nicht an den Besuchern.

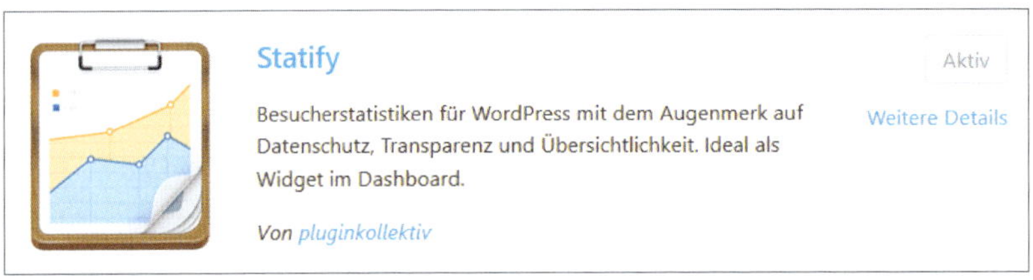

Ein nützliches Tool für Besucherstatistiken

Wenn Sie in der Liste der Plug-ins bei *Statify* auf den Link *Einstellungen* klicken, kommen Sie direkt zum Konfigurationsbereich dieses Plug-ins. Hier sehen Sie den Bereich *Auf einen Blick*, in dem alle fertigen Beiträge und die Anzahl der erstellten Seiten angezeigt werden. Im Bereich *Aktivität* werden der zuletzt angelegte Beitrag und – falls vorhanden – die neuesten Kommentare dargestellt.

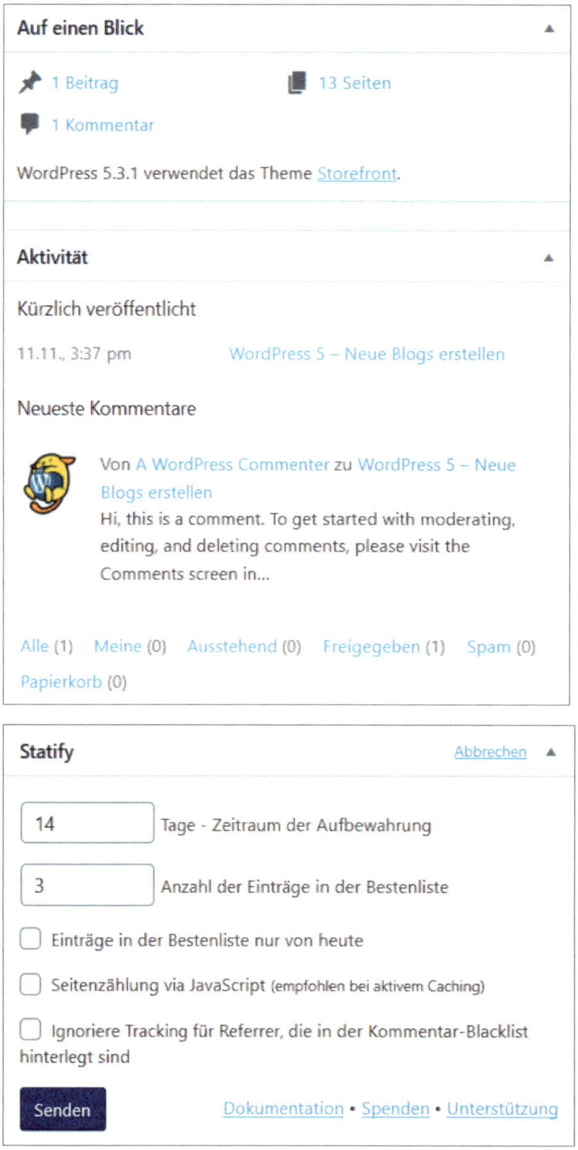

Ein kurzer Überblick und die Einstellungen für das Statistik-Tool

Im Bereich *Statify* können Sie angeben, wie lange Informationen gespeichert werden sollen. Daten können aber nur für einen bestimmten Zeitraum gespeichert werden, maximal

14 Tage, und das ist bereits eingetragen. Alternativ lässt sich auch nur eine Liste des aktuellen Tages anzeigen. Das Tool zählt keine Feeds oder Trackbacks mit, berücksichtigt auch nicht das Suchen oder Vorschauseiten. Aufrufe von eingeloggten Benutzern und fehlerhafte Seiten bleiben ebenfalls außer Acht. Ein Klick auf den Button *Senden* speichert die Einstellungen ab. Nun werden sie in grafischer Form dargestellt.

Im Bereich *Broken Link Checker* wird über fehlerhafte Links informiert, unter *WooCommerce Neueste Bewertungen* sind später einmal die Bewertungen der Produkte zu sehen.

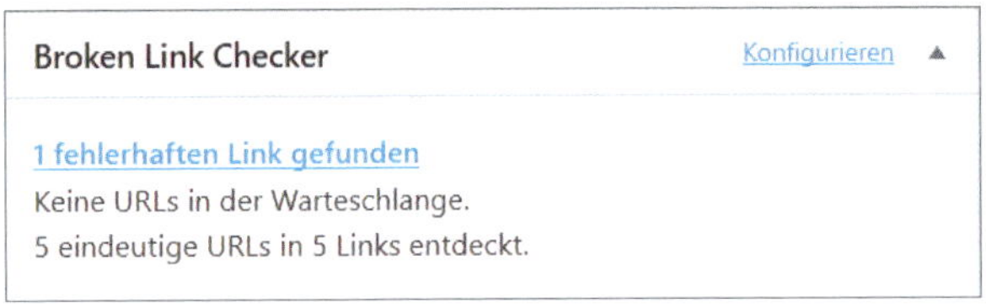

Ein fehlerhafter Link wurde gefunden

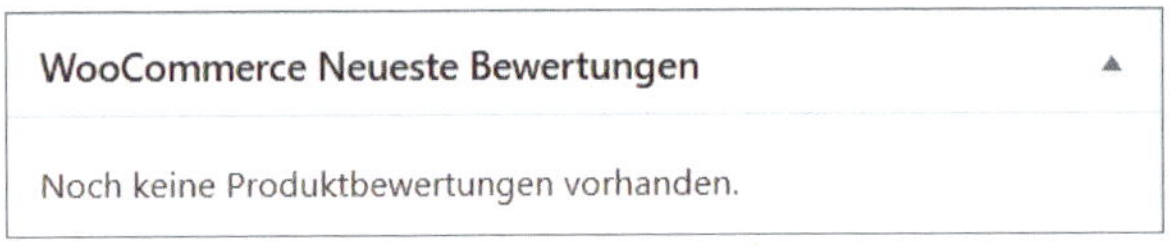

Hier werden die Bewertungen angezeigt

Unter *Yoast SEO Beitragsübersicht* wird über verbesserungswürdige Beiträge informiert, und *WooCommerce Status* zeigt den Nettoumsatz des Monats, das meistverkaufte Produkt und die Anzahl der Bestellungen an.

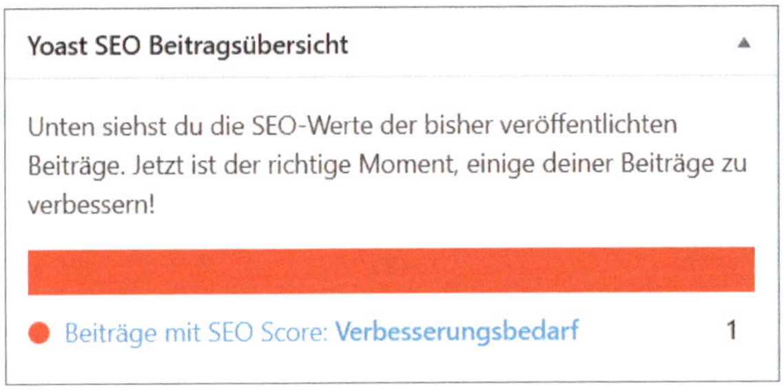

Bei einem Beitrag besteht Verbesserungsbedarf

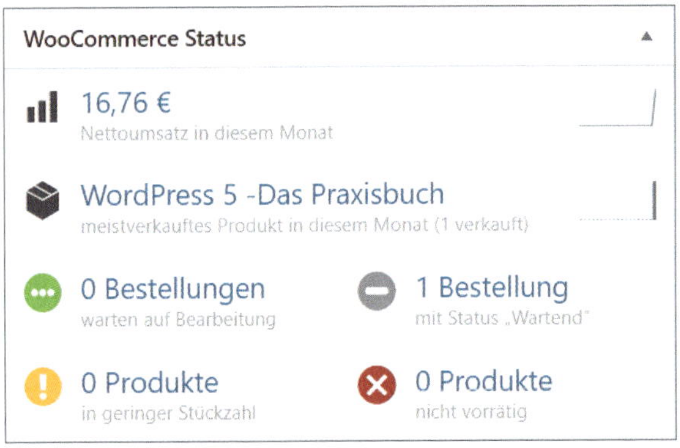

Ein Überblick über die verkauften Produkte

30. WordPress bereinigen

Bevor wir uns ausführlich mit Themen wie Performance, Caching und Suchmaschinenoptimierung beschäftigen, sollten Sie etwas Ordnung in Ihr WordPress bringen. Dies sollten Sie einmal pro Quartal tun.

In diesem Kapitel habe ich einige Dinge zusammengefasst, die für eine Bereinigung wichtig sind.

30.1 Artikel und Entwürfe entfernen

Die erste Aufgabe, um WordPress zu ordnen, ist auch gleich die schwierigste. Wer viele Artikel auf seinem Blog veröffentlicht hat, muss jetzt einige davon entfernen. Sicherlich haben Sie für jeden Ihrer Artikel eine Menge Zeit zum Recherchieren und zum Schreiben aufgewendet und trennen sich nicht gern von dem einen oder anderen.

Wichtiger ist jedoch, ob die Artikel überhaupt noch gelesen werden. Checken Sie also die Besucherzahlen der letzten Monate, und wenn Artikel kaum noch aufgerufen werden, entfernen Sie sie. Wenn weniger Artikel auf dem Blog stehen, bieten Sie Ihren Lesern eine bessere Übersicht.

Irgendwann sammeln sich in Ihrem Blog Dutzende von Entwürfen an, die Sie wahrscheinlich nie veröffentlichen. Wenn Sie einen nicht fertiggeschriebenen Artikel vor einem Jahr nicht veröffentlicht haben, werden Sie es auch heute nicht tun. Also weg damit.

30.2 Plug-ins entfernen bzw. aktualisieren

Wahrscheinlich haben sich in den ersten Wochen und Monaten Ihrer WordPress-Nutzung etliche Plug-ins angesammelt, von denen Sie einige gar nicht benötigen. Dies werden Sie erst nach einigen Wochen wissen. Entfernen Sie die nicht mehr notwendigen, denn je weniger Plug-ins gespeichert sind, desto besser. Das wirkt sich positiv auf den Speicherbedarf und auf die Geschwindigkeit Ihrer Seite aus.

Prüfen Sie zuerst, welche Plug-ins deaktiviert sind, und löschen Sie die, von denen Sie denken, dass sie nicht mehr benötigt werden. Wenden Sie sich dann den aktiven Plug-ins zu. Möglicherweise benötigen Sie auch diese gar nicht alle. Behalten Sie nur die wichtigsten Plug-ins.

Wenn Sie Ihr WordPress gereinigt haben, dann entfernen Sie alle Plug-ins wieder, die Sie dafür verwendet haben. Bei der nächsten Großreinigung installieren Sie sie dann wieder.

Nicht oft benötigte Plug-ins deaktivieren und anschließend löschen

Aktualisieren Sie alle Plug-ins, wenn dies möglich ist. Ältere Plug-ins sind nicht sicher, wenn eine neue Version existiert. Ob eine aktuellere Version vorhanden ist, wird Ihnen automatisch angezeigt.

30.3 Themes und Widgets löschen

In Ihrem Themes-Ordner befinden sich sicherlich etliche Themes, die Sie nur getestet haben, die Ihnen aber nicht gefallen haben. Entfernen Sie diese, denn sie sind nicht mehr nützlich für Sie. Mehr als eine Handvoll Themes braucht niemand. Ein Theme löschen Sie, indem Sie es im Menü *Design/Themes* öffnen und auf *Theme-Details* klicken. Ein weiterer Klick auf den Button *Löschen* unten rechts entfernt das Theme. Vorher werden Sie noch gefragt, ob es auch wirklich gelöscht werden soll. Bestätigen Sie mit *OK*.

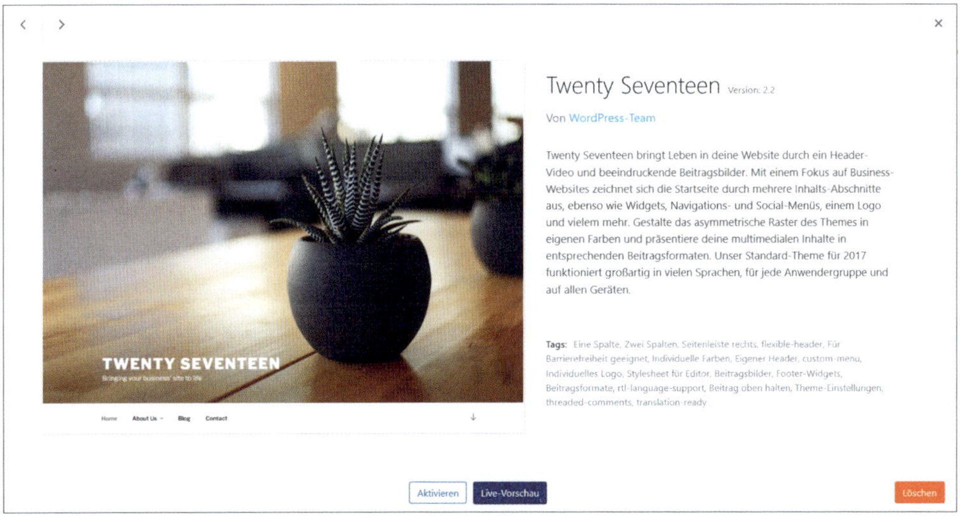

Unten rechts finden Sie den Button zum Löschen

Auch im Widget-Bereich finden sich bestimmt einige dieser kleinen Tools, die Sie nie benötigen. Deaktivieren Sie diese ebenfalls. Verschieben Sie dazu das Widget aus dem Bereich *Verfügbare Widgets* in den Bereich *Inaktive Widgets*. Wenn Sie alle nicht mehr notwendigen Widgets dorthin verschoben haben, entfernen Sie diese über den Button *Inaktive Widgets löschen*.

30.4 Links prüfen

Für diese Prüfung verwenden Sie das Plug-in *Broken Link Checker*. Falls es in Ihrem Theme noch nicht vorhanden ist, installieren Sie es. Lassen Sie es dann laufen, um zu prüfen, ob alle Links auf Ihrem Blog funktionieren.

Entfernen Sie nach der Prüfung alle nicht mehr erreichbaren Links oder ändern Sie diese. Dadurch verhindern Sie, dass ein Besucher Ihrer Seite auf einen Link stößt, der ins Leere führt, denn das wird ihm nicht gefallen. Um Platz zu sparen, löschen Sie das Plug-in nach dem Testen am besten wieder. Beim nächsten Test ist es schnell wieder installiert.

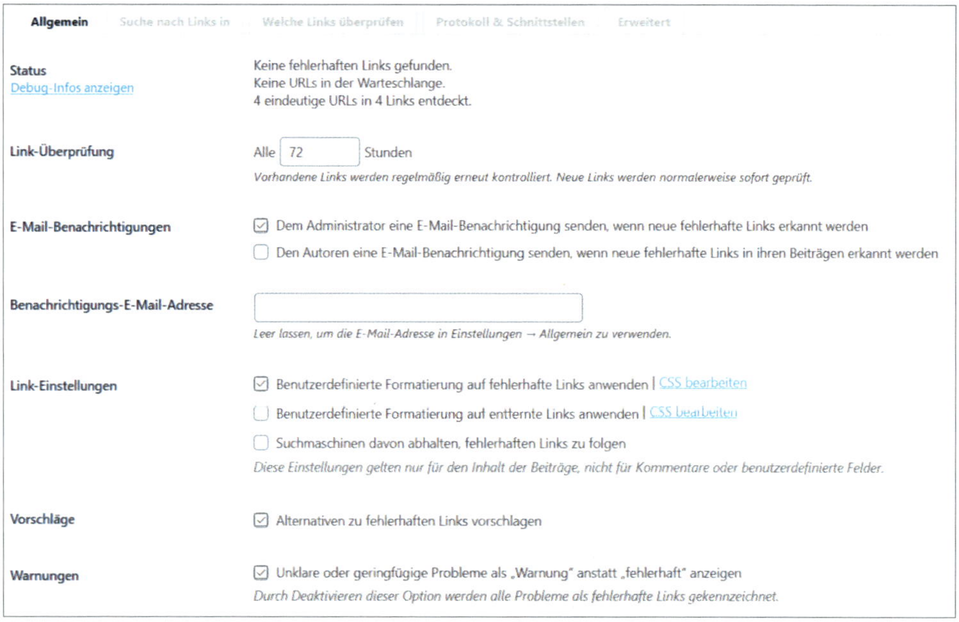

Dieses Plug-in spürt fehlerhafte Links auf

30.5 Spamkommentare löschen

Da jeder Spamkommentar in einer Datenbank gespeichert wird, ergibt sich im Laufe der Zeit eine riesige Datenmenge, die viel Speicherplatz benötigt. Das wiederum bremst die Geschwindigkeit. Darum löschen Sie besser regelmäßig den Spam, falls Sie die Kommentarfunktion verwenden.

Dafür können Sie das Plug-in *Antispam Bee* nutzen. Bei dessen Einstellungen können Sie bestimmen, nach welcher Zeit Spam automatisch gelöscht werden soll.

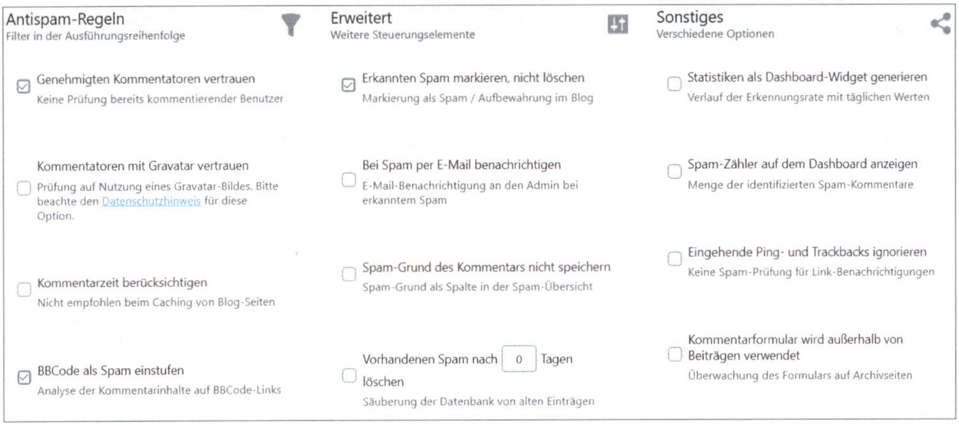

Hier werden alle Einstellungen, die den Spam betreffen, vorgenommen

30.6 Revisionen entfernen

WordPress legt von jedem einzelnen Beitrag automatisch Revisionen an. Diese sind zwar hilfreich, weil Sie Ihnen den Zugriff auf ältere Artikel ermöglichen, aber irgendwann werden sich Hunderte davon angesammelt haben. Sie können sich leicht ausrechnen, wie viele da bei mehreren Beiträgen im Laufe der Zeit zusammenkommen. Dadurch wird Ihre Datenbank schnell gefüllt sein, und irgendwann ist sie so voll, dass Sie nicht einmal mehr eine Seite öffnen können.

Für die Löschung von Revisionen ist ein Plug-in wie *WP-Sweep* hilfreich. Das Plug-in rufen Sie unter dem Menü *Tools* mit *Sweep* auf. Nun werden verschiedene Bereiche mit ihren Revisionen und deren Anzahl von WordPress in Listenform angezeigt. Ein Klick auf *Details* zeigt alle Beiträge an, die Revisionen enthalten.

Bevor Sie jetzt den Klick auf *Bereinigen* ausführen, um die Revisionen zu entfernen, sichern Sie vorher Ihre Datenbank. Nach der Bereinigung wird Ihnen angezeigt, wie viele Revisionen verarbeitet wurden, und die Anzahl der Revisionen steht auf 0, es sind also keine mehr vorhanden. Detailliert werden Revisionen in Kapitel 22 beschrieben.

30.7 Datenbank bereinigen

Die Datenbank muss regelmäßig überprüft werden, denn hier sind alle wichtigen Daten eines Blogs gespeichert, aber auch unwichtige Dinge wie Spamkommentare, unzählige Revisionen und Daten von älteren Plug-ins. Bereinigen Sie deshalb von Zeit zu Zeit die Datenbank. Ein gutes Plug-in für diesen Zweck ist auch in diesem Fall *WP-Sweep*, mit dem Sie Ihre Datenbank optimieren können. Wenn Sie in die Einstellungen des Plug-ins wechseln, wird Ihnen die Größe Ihrer Datenbank angezeigt, und Sie erfahren, wie viel Sie einsparen, wenn eine Bereinigung durchgeführt wird.

Das Tool bietet verschiedene Optionen zur Optimierung an. Das sind Revisionen, Beiträge oder Spamkommentare. Außerdem bietet es eine Auto-Clean-Einstellung, mit deren Hilfe Sie einen zeitlichen Plan für eine regelmäßige Reinigung erstellen können. Davon können Sie die Daten der letzten zwei bis zehn Wochen ausklammern.

Wichtig: Sichern Sie vor jeder Bereinigung die Datenbank!

Dafür können Sie das Plug-in *WP-DBManager* nutzen, mit dem sich ein komplettes Backup Ihrer Datenbank durchführen lässt. Zusätzlich können Sie die Datenbank damit reparieren oder wiederherstellen. Starten Sie das Plug-in über *Database/Backup DB* und klicken Sie am unteren Rand des Arbeitsfensters auf *Backup*. Nach Ablauf des Vorgangs wird Ihnen dies am oberen Rand des Bildschirms angezeigt.

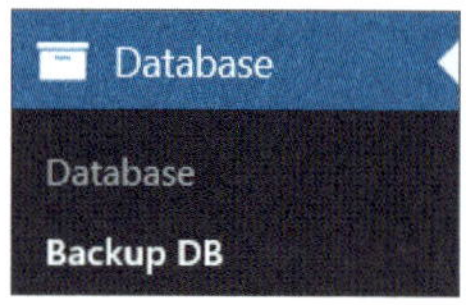

Der Weg zum Backup

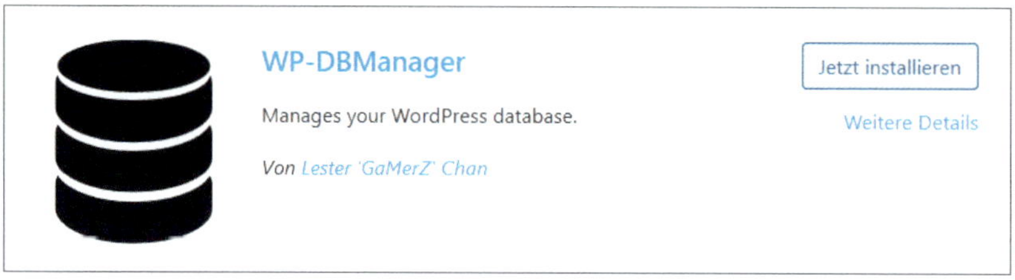

Der Manager für Ihre Datenbanken

Der Backup-Button

Die Meldung über das erfolgreiche Backup

Im Menü *Database/Manage Backup DB* wird Ihnen das erzeugte Backup angezeigt. Von hier aus können Sie es sich mailen lassen, downloaden oder löschen.

Hinter dem Menü *Database/Optimize DB* verbergen sich die Datenbanken, die optimiert werden können. Diese werden alle in einer Übersicht angezeigt. Unter der Liste finden Sie die Buttons *Optimize* und *Cancel* zur Auswahl.

Entweder optimieren oder abbrechen

Über das Menü *Database/Repair DB* erreichen Sie die gleiche Liste, diesmal jedoch zum Reparieren. Am Ende der Liste stehen hier die Buttons *Repair* und *Cancel* zur Auswahl.

Die Wahl zwischen Reparieren und Abbrechen

30.8 Ungenutzte Boxen entfernen

Im Laufe der Zeit steigt die Anzahl der angezeigten Boxen im Fenster für die Beitragserstellung an. Diese werden Sie sicher nicht alle nutzen. Löschen Sie daher diejenigen, die Sie nicht zum Erstellen eines Artikels benötigen. Klicken Sie auf *Ansicht anpassen* und entfernen Sie die Häkchen bei den Boxen, die nicht mehr angezeigt werden sollen.

Überprüfen Sie die Boxen regelmäßig

30.9 Kategorien und Tags entfernen

Sicherlich nutzen Sie in Ihren Beiträgen Kategorien und Tags und verwenden diese gar nicht alle. Wenn Sie welche haben, denen kein Beitrag zugewiesen ist, dann löschen Sie sie. So wird Ihr Artikel gleich übersichtlicher. Außerdem wird die Datenbank kleiner, und die Seite lädt schneller. Öffnen Sie die Kategorien über das Menü *Alle Beiträge/Kategorien*, um die vorhandenen zu sehen. Löschen Sie die nicht mehr benötigten, indem Sie mit dem Mauszeiger über den Namen fahren und dann auf *Löschen* klicken.

30.10 Mediathek checken

In der Mediathek können Sie viel Speicherplatz einsparen, indem Sie Bilder optimieren und nicht mehr benötigte entfernen.

Checken Sie alle Ihre Fotos auf deren Größe. Mit einem Klick auf das Bild können Sie das sehen. Sicherlich werden Sie einige finden, die noch komprimiert werden können. Dadurch wird Speicherplatz gespart und die Ladezeit verkürzt. Kein Bild sollte größer als 300 KB sein.

Oft ist es so, dass viele Bilder in die Mediathek geladen werden, die dann gar nicht alle benötigt werden. Wenn Sie also Bilder finden, die Sie gar nicht mehr nutzen, entfernen Sie diese. Öffnen Sie die Mediathek über *Medien/Medienübersicht* und klicken Sie auf *Nicht angehängt*. Dadurch werden Ihnen die Medien angezeigt, die mit keinem Beitrag verbunden sind.

Vor dem Löschen dieser Medien sollten Sie sicherheitshalber ein Backup erstellen. Falls Sie ein gelöschtes Bild vielleicht irgendwann doch noch benötigen, können Sie es dann wieder aktivieren. Vor einer endgültigen Löschung können Sie jedes Bild erst noch mal prüfen. Klicken Sie auf *Mehrfachauswahl*. Jetzt können Sie nochmals jedes Bild einzeln zum Löschen auswählen. Klicken Sie nach der Wahl auf *Endgültig löschen*.

30.11 Optionen prüfen

Wenn Sie Themes und Plug-ins in WordPress installieren, werden dazu auch immer bestimmte Optionen gespeichert. Diese Optionen vergrößern Ihre Datenbank und beeinflussen damit auch die Geschwindigkeit. Mit dem Plug-in *Clean Options* können Sie sich alle Optionen mit den dazugehörenden Infos anzeigen lassen. Dann entfernen Sie die Ihrer Meinung nach unwichtigen Optionen.

Das Plug-in wird über *Werkzeuge/Clean Options* gestartet. Die Anzahl der gefundenen Optionen wird angezeigt. Klicken Sie auf *Suche verwaiste Optionen*, um diese zu finden. Dieses Plug-in wird zwar seit Jahren nicht mehr aktualisiert, aber ich finde es trotzdem interessant. Ob Sie es verwenden wollen, müssen Sie selbst entscheiden.

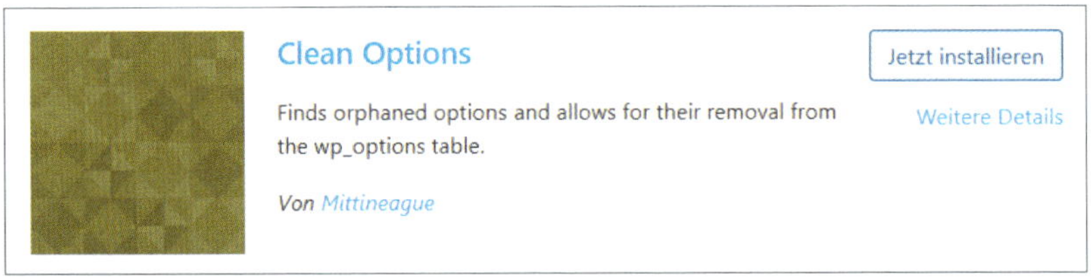

Dieses Plug-in ist für die Optionen zuständig

Sie erhalten einige Infos und eine lange Liste mit möglicherweise verwaisten Optionen. Über den Button *Alle auswählen* am Ende der Liste können Sie alle auf einmal markieren.

Eine ganze Menge Optionen wurde aufgespürt

Wenn Sie auf den Button *Informationen über ausgewählte Optionen anzeigen* klicken, werden Ihnen detaillierte Infos zu jeder einzelnen ausgewählten Option angezeigt. Am Ende der Liste können Sie dann selbst entscheiden, ob Sie alle ausgewählten Optionen löschen wollen oder nicht.

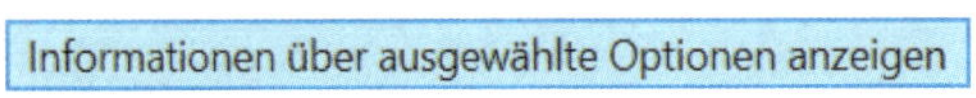

Hier erhalten Sie nähere Infos zu den Optionen

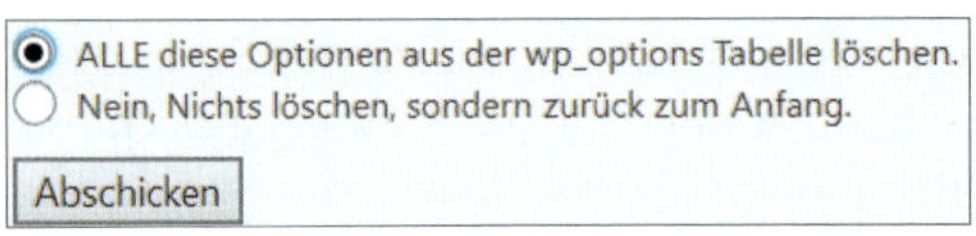

Entscheiden Sie über eine Löschung

30.12 Multifunktion nutzen

Wenn Sie alle bisher genannten Punkte abgearbeitet haben, sollten Sie trotzdem noch ein multifunktionales Plug-in wie *WP Optimize* einsetzen. Damit entfernen Sie den ganzen noch übrigen Rest an Plug-ins, Themes und anderen Tools. Nebenbei optimiert das Plug-in auch noch die Datenbank und verbessert damit die Geschwindigkeit von WordPress. Nutzen Sie dieses Plug-in für eine regelmäßige Reinigung und löschen Sie es danach wieder.

Das ideale Plug-in zum Optimieren

Der Bereich für die Optimierung der Datenbanken wird über das Menü *WP-Optimize/Database* gestartet.

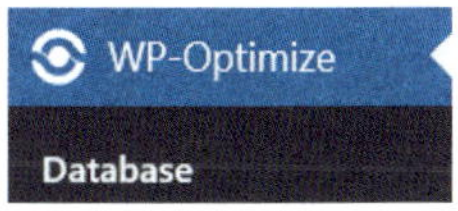

Hier geht es zur Optimierung

In einer Liste sehen Sie alles, was optimiert werden kann. Jeder Eintrag kann einzeln über den Button *Run optimization* optimiert werden.

Dieser Button startet die Optimierung

Datenschutz checken

Überprüfen Sie Ihre Datenschutzerklärung. Ist darin die Verwendung von Plug-ins angegeben, die Sie vielleicht gar nicht mehr nutzen? Dann entfernen Sie diese Erklärung.

30.13 Inhalte überprüfen

Wenn alle vorher genannten Dinge erledigt sind, prüfen Sie nochmals alle Inhalte – die Beiträge daraufhin, ob sie aktualisiert werden müssen oder vielleicht gar nicht mehr benötigt werden, weil zu wenige Zugriffe darauf erfolgen. Prüfen Sie auch die Seiten noch mal.

31. Performance der Webseite

Google achtet bei der Vergabe des Rankings für eine Seite sehr auf die Ladezeit. Daher ist es wichtig, dass sich Ihre einzelnen Seiten im Netz schnell öffnen und der Besucher relativ zügig von einer Seite zur nächsten kommt.

Der Besucher soll möglichst lange auf Ihrer Seite verweilen, und wenn hier alles langsam vor sich geht, wird er die Seite schnell wieder verlassen. Die optimale Ladezeit sollte bei etwa einer Sekunde liegen.

Sie müssen keineswegs auf viele Bilder verzichten, diese sollten aber immer vorher auf die optimale Größe komprimiert werden. Ihre Seitenzahl sollten Sie niedrig halten und sparsam bei der Verwendung von Plug-ins sein, denn so lässt sich kostbare Ladezeit sparen.

31.1 Die Leistung des Blogs testen

Um die Performance Ihrer Seiten zu verbessern, müssen Sie auf Caching-Plug-ins zurückgreifen. Bevor Sie diese Cache-Programme allerdings aktivieren und einstellen, sollten Sie die Leistung Ihrer Seite mit Programmen im Internet testen. Sie verschaffen Ihnen einen Überblick über die Performance Ihrer Seite und finden schnell Problembereiche.

Pingdom

Dies geht relativ einfach mit dem kostenlosen Programm *Pingdom*, das Sie unter tools.pingdom.com finden. Dieses Tool checkt Ihren Blog in Sekundenschnelle und zeigt Ladezeit sowie Seitengröße an. Zusätzlich bietet es noch eine Statistik für die einzelnen Bereiche in Form eines Wasserfalls.

Wenn Sie die Seite aufgerufen haben, wird Ihnen ein Eingabefeld präsentiert, in das Sie den Namen der Seite eintragen müssen, die Sie testen wollen. Im Feld rechts daneben bestimmen Sie einen Server, von dem der Test gestartet werden soll. Wählen Sie hier einen Server aus Europa aus: *Europa – Germany – Frankfurt*. Tests über einen Server aus den USA sind langsamer und liefern nicht die richtigen Werte, um die Geschwindigkeit des Blogs zu beurteilen. Klicken Sie nach der Wahl des Servers auf den Button *START TEST*. Nach einigen Sekunden wird Ihnen eine Übersicht des Testergebnisses angezeigt. Darin finden Sie verschiedene Angaben.

Der *Performance grade* ist eine Bewertung Ihrer Seite. Hier werden alle möglichen Inhalte Ihrer Seite bewertet, aber nicht die Geschwindigkeit. Unter *Load time* sehen Sie die Zeit, die die Seite zum Laden braucht. Dieser Wert ist sehr wichtig, er sollte unter zwei Sekunden liegen, am besten aber unter einer Sekunde. Hier heißt die goldene Regel: je schneller, desto besser. Eine Ladezeit von zehn Sekunden wird jeden Besucher verärgern.

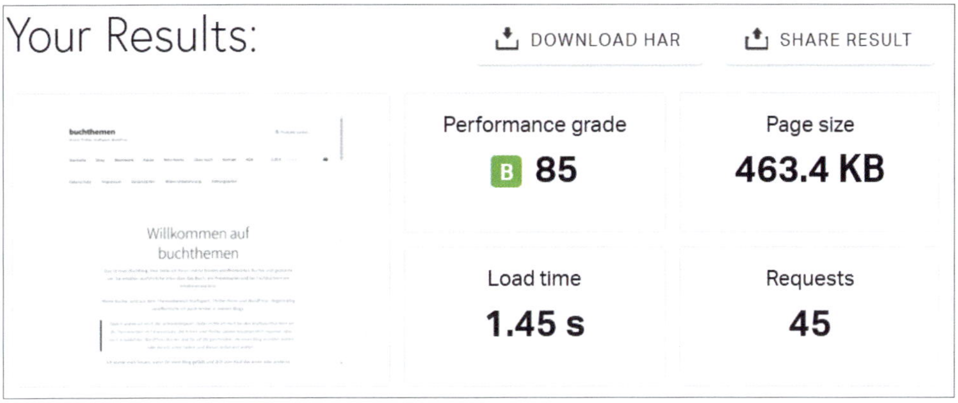

Die Testwerte der einzelnen Bereiche

Unter *Page size* sehen Sie die Datenmenge, die Ihre Seite benötigt, um gezeigt zu werden. Auch dieser Wert sollte möglichst niedrig sein. Wenn Ihr Blog allerdings viele Fotos hat, werden Sie diesen Wert nicht so weit reduzieren können wie bei einem Blog mit reinem Text. Halten Sie den Wert auf jeden Fall unter 5 MB. Wie viele Teile Ihrer Seite geladen werden müssen, um diese komplett darzustellen, zeigt *Requests* an. Dies errechnet sich aus den Bildern, den Skripten, den CSS-Dateien, den HTML-Dateien und einigen weiteren Dingen.

Alle diese Angaben zusammen ergeben den Wert 45. Hier gibt es keinen Richtwert, der nicht überschritten werden sollte. Es kann sein, dass ein einziger Bestandteil die Leistung bremst und zwanzig andere überhaupt keinen Einfluss auf die Ladezeit haben.

In der Tabelle *Improve page performance* sehen Sie die einzelnen Bereiche, aus denen sich der Grad der Performance errechnet. Hier sollte nur die Farbe Grün zu sehen sein, dann ist alles bestens. Wenn die Werte trotz grüner Anzeige keine 100 % anzeigen, klicken Sie auf den Pfeil rechts neben der Anzeige. Hier sehen Sie, welche Dinge noch nicht im optimalen Bewertungsbereich liegen.

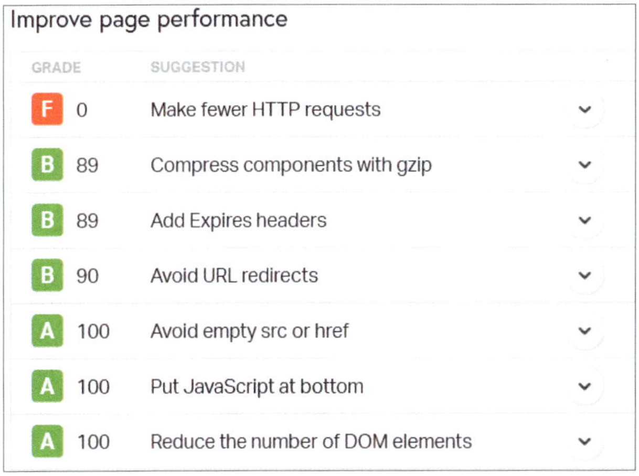

Improve page performance

GRADE		SUGGESTION
F	0	Make fewer HTTP requests
B	89	Compress components with gzip
B	89	Add Expires headers
B	90	Avoid URL redirects
A	100	Avoid empty src or href
A	100	Put JavaScript at bottom
A	100	Reduce the number of DOM elements

Das Ergebnis ist zufriedenstellend, aber nicht optimal

In unserem Test sind das nur Kleinigkeiten, außer natürlich bei der ersten Anzeige. Wenn Ihre Gesamtbewertung nahe der 100 %-Marke liegt und die Seite schnell startet, müssen Sie hier nichts mehr verbessern. Die Bereiche, die rot markiert sind, werden mithilfe des Caching-Plug-ins optimiert. Im Bereich *Response codes* werden Ihnen Fehlermeldungen angezeigt, falls bestimmte Teile der Seite nicht zu erreichen sind.

Im Bereich *Content size by content type* sehen Sie Infos über die Größe und im Bereich *Requests by content type* Infos über die Anzahl der einzelnen Typen, die Ihre Seite beinhaltet. Das ist nur interessant, um einmal zu sehen, welche Mengen an Daten von welchem Modul geladen werden.

Die Bereiche *Content size by domain* und *Requests by domain* sind dagegen äußerst interessant, denn hier sehen Sie, von welchen Domains beim Aufbau Ihrer Seite Daten geladen werden. Hier sollte Ihre eigene Domain an erster Stelle stehen. Es kann sein, dass noch andere Domainnamen auftauchen, von denen Schriften geladen oder Daten für eine Statistik übertragen werden. Diese Zugriffe auf andere Domains sollten so gering wie möglich gehalten werden, denn das kostet wertvolle Ladezeit.

In unserem Beispiel haben die Statistik-Domains keinen so hohen Anteil, trotzdem sind sie wichtig. Schauen Sie auch einmal nach, ob Sie vielleicht mehrere Statistik-Plug-ins installiert und aktiviert haben, und deaktivieren und löschen Sie diese dann bis auf das eine, das Sie verwenden wollen. Starten Sie dann nochmals den Test. Die Statistik ist aber sicher nicht das hauptsächliche Problem. Da gibt es andere Dienste außerhalb Ihrer Seite, die die Geschwindigkeit ausbremsen können.

Content size by domain

CONTENT TYPE	PERCENT	SIZE
buchthemen.de	81.73%	363.8 KB
fonts.gstatic.com	17.97%	80.0 KB
fonts.googleapis.com	0.29%	1.3 KB
www.buchthemen.de	0.00%	0.0 B
Total	100.00%	445.1 KB

Requests by domain

CONTENT TYPE	PERCENT	REQUESTS
buchthemen.de	84.44%	38
fonts.gstatic.com	11.11%	5
www.buchthemen.de	2.22%	1
fonts.googleapis.com	2.22%	1
Total	100.00%	45

Der Anteil der Statistik-Domain ist etwas hoch

Die bisher beschriebenen Bereiche sind alle gut geeignet, um eine Übersicht über die eigene Seite zu bekommen. Am besten ist aber die Aufstellung in Form eines Wasserfalldiagramms mit einzelnen Balken. Aus diesen Balken können Sie ersehen, welcher Teil der Seite wann geladen wird und wie lange dieses Laden dauert. So finden Sie am besten heraus, wer die Geschwindigkeit bremst. Hier gilt die Regel: je länger ein Balken, desto schlechter!

Sie sehen hier die Ladezeiten sowie die Dateigrößen und unter dem jeweiligen Namen eines Elements auch noch die Quelle als Pfad auf Ihrem Blog oder einer externen Domain. Aus all diesen einzelnen Werten errechnen sich die Gesamtbewertung, die Gesamtladezeit und die Anzahl der Requests. Wenn Sie diese drei Anzeigen verbessern wollen, müssen Sie hier prüfen, wo Sie etwas optimieren können.

Die einzelnen Bestandteile der Seite mit den Ladezeiten

Der erste Balken in der Liste zeigt einen langsamen Server oder ein nicht vorhandenes bzw. fehlerhaftes Caching an. Falls hier mehr als 0,5 Sekunden angezeigt werden, muss nachgebessert werden. An erster Stelle der Verbesserung steht natürlich das Caching. Sie müssen nicht gleich den Anbieter wechseln. Wenn nach dem Caching das Problem immer noch besteht, kann es auch am Server liegen.

GTmetrix

Ein weiteres Analyseprogramm ist *GTmetrix*, zu finden unter www.gtmetrix.com. Dieses Tool checkt Ihren Blog genauer, dafür dauert das dann auch ein paar Minuten. Mit *GTmetrix* lässt sich die Performance Ihrer Webseite einfach analysieren.

In *GTmetrix* werden die Werte von *Google PageSpeed* und *YSlow* zusammengefasst und als Grafik in einer Übersicht angezeigt. Dafür wird von beiden Tools ein Index von 1 bis 100 verwendet und das amerikanische Notensystem von A bis Z, wobei hier A Note eins bedeutet und F Note sechs. Das Programm gibt Tipps zur Optimierung und zeigt eine Timeline, die in Form eines Wasserfalls den Ladevorgang Schritt für Schritt anzeigt. Geben Sie auf der Startseite des Programms Ihre URL ein und klicken Sie auf *Analyze*. Dann lassen Sie das Tool seine Arbeit tun.

Wenn alles abgearbeitet wurde, zeigt das Programm den Score von *Google PageSpeed* und von *YSlow* in jeweils einem extra Tab sowie einige weitere Daten an. Die erreichten Grade A und B sind schon mal ein sehr gutes bzw. ein gutes Ergebnis.

Neben dem jeweiligen Tab befindet sich ein kleiner Pfeil. Wenn dieser mit grüner Farbe nach oben zeigt, ist das Ergebnis des Tests besser als der Durchschnitt, wenn ein gelber Doppelpfeil angezeigt wird, bedeutet dies, dass das Testergebnis im Mittelfeld liegt, und ein roter Pfeil ist gar nicht gut, denn hier liegt man unter dem Durchschnitt. Die angezeigte Ladezeit sollten Sie nicht so ernst nehmen, denn es handelt sich hier nicht um die

Echtzeit eines deutschen Nutzers, da die Server dieses Tools in Kanada stehen. Wichtig ist hier nur, dass Sie später einen Vergleichswert haben.

Die Ergebnisse der Auswertung auf einen Blick

Unter der Übersicht finden Sie ein Menü, mit dem sich die einzelnen Bereiche noch genauer anzeigen lassen. Im Menü *PageSpeed* sehen Sie hinter den einzelnen Bereichen verschiedene Symbole. Ein grüner Pfeil signalisiert, dass alles in Ordnung ist, bei einer orangefarbenen Raute ist etwas verbesserungsfähig. Neben den Symbolen werden Ihnen noch der Typ sowie die Priorität des getesteten Bereichs angezeigt.

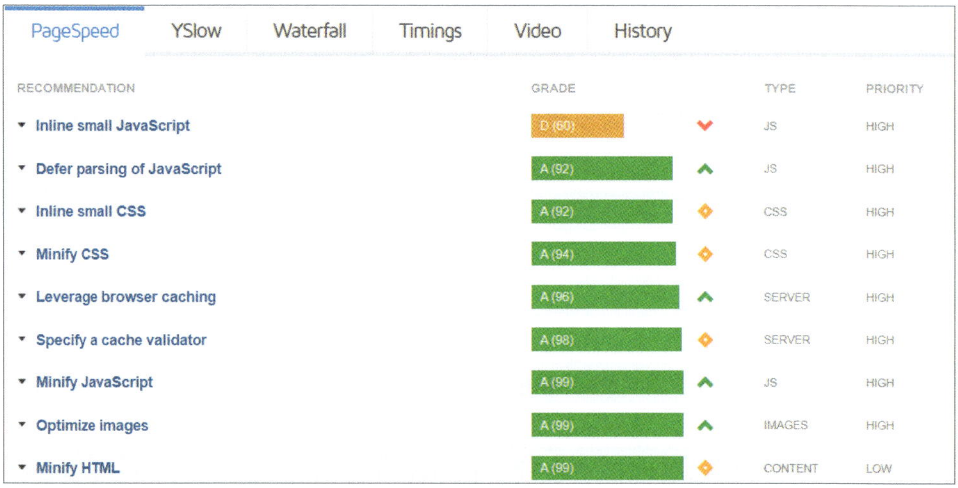

Eine Gesamtübersicht mit den entsprechenden Symbolen

Wenn Sie auf den kleinen Pfeil vor dem Eintrag klicken, sehen Sie den kompletten Inhalt.

Im Menü *YSlow* finden Sie weitere Angaben. Wenn Sie hier einen roten Pfeil sehen, ist das nicht so gut. Bei einem grünen Pfeil ist alles okay, und bei der Anzeige des orangefarbenen Symbols ist eine Verbesserung möglich. Die Zahlen in Klammern zeigen jeweils den Grad in Prozent an. Hier ist das Optimum 100 %, mehr kann nicht erreicht werden. Wenn ein Balken hier in grüner Farbe angezeigt wird, ist das auch noch ein ausreichender Wert für den getesteten Bereich.

Sie müssen nicht in jedem Bereich die volle Punktzahl erreichen, aber Sie sollten auf jeden Fall etwas tun, damit Ihre Seite schneller wird. Sie sehen alles im Überblick und können so die Teile, die schlecht abgeschnitten haben, auf einen Blick erkennen und verbessern. Denken Sie immer daran: Ihr Ziel ist eine schnelle Webseite!

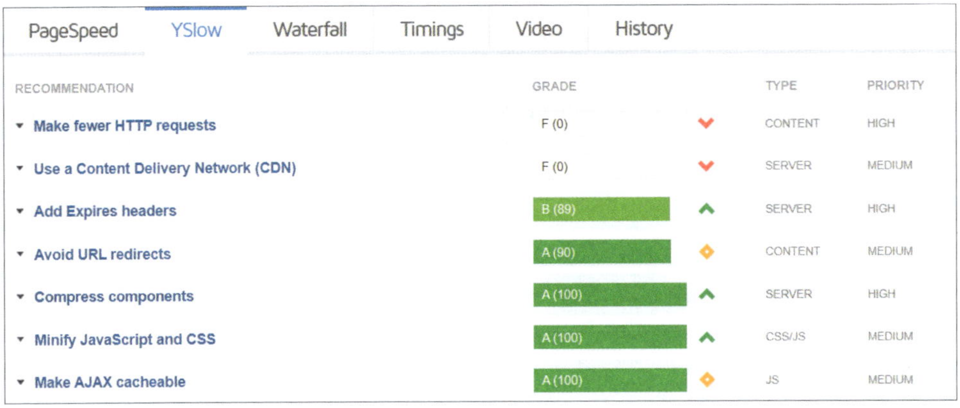

Diese Übersicht ist wichtig

Mit dem kleinen schwarzen Pfeil neben dem Eintrag können Sie sich wieder den gesamten Inhalt anzeigen lassen, und neben den Symbolen finden Sie den Typ und die Priorität des Bereichs. Auch die einzelnen Bereiche werden Ihnen nochmals komplett in einer Liste angezeigt.

Unter *Waterfall* sehen Sie den Wasserfall, der die Ladedauer der einzelnen Ressourcen mit der Dateigröße sowie der Ladegeschwindigkeit anzeigt. Wenn Sie auf das kleine Plus vor der jeweiligen Zeile klicken, erhalten Sie in einer Übersicht genauere Infos zu diesem Eintrag. Im Menü *History* lassen sich Testergebnisse chronologisch miteinander vergleichen. Auf die Menüs *Timing* und *Video* gehe ich nicht näher ein, sie sind nicht so wichtig.

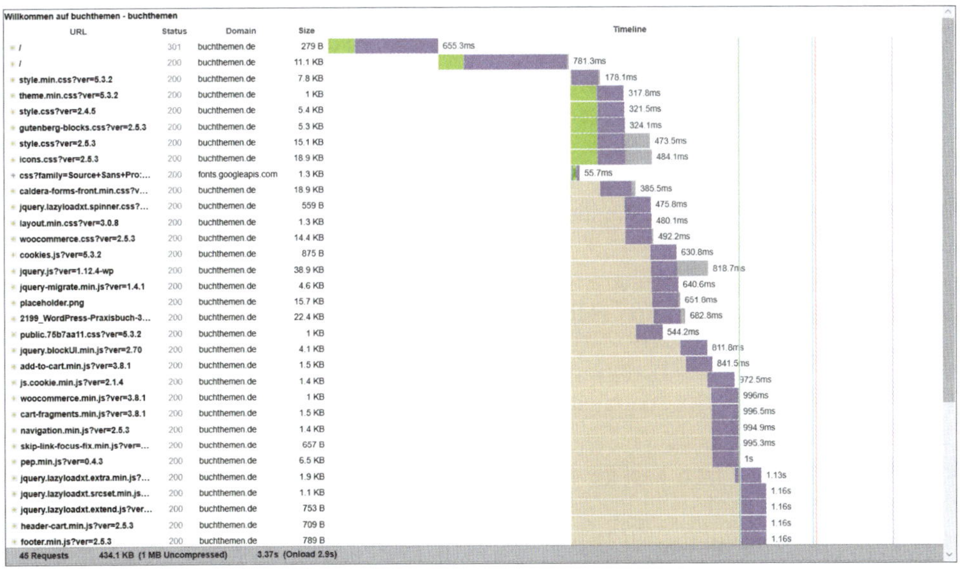

Die einzelnen Charts sind aufgelistet

WebPagetest

Da aller guten Dinge drei sind, möchte ich Ihnen auch noch das Programm *WebPagetest* ausführlicher vorstellen, das Sie unter www.webpagetest.org finden und das es bereits seit längerer Zeit gibt. Es ist ziemlich ausgereift und stellt Auswertungen sehr übersichtlich dar. Der Standort und der Browser-Typ können frei ausgewählt werden. Es ist ein großer Unterschied, ob die Seite in Deutschland oder in den USA geöffnet wird.

Die Auswahl des Browser-Typs ist sehr interessant im Hinblick darauf, zu sehen, wie die verschiedenen Browser reagieren und ob es unterschiedliche Probleme bei dem jeweils ausgewählten Browser gibt. Das Programm enthält besonders ausführliche Statistiken. Die Einstellungsmöglichkeiten sind umfangreich, daher ist das Tool auch nur für fortgeschrittene Anwender geeignet. Vor dem Start des Tests lassen sich bereits unterschiedliche Einstellungen vornehmen, um das Ergebnis zu erhalten, das man sich vorstellt.

Rufen Sie das Programm auf und geben Sie den Namen der zu testenden Seite ein. Wählen Sie den Standort und den Browser für den Test aus. Dann geht es zu den erweiterten Einstellungen, die Sie über den Link *Advanced Settings* am unteren Rand des Fensters öffnen können.

In der Drop-down-Liste *Connection* sollten Sie es bei der standardmäßigen Einstellung *Cable (5/1 Mbps 28ms RTT)* belassen. Geben Sie im Eingabefeld *Number of Tests to Run* mindestens *3* ein, denn wenn beim ersten Start Probleme angezeigt werden, können diese beim zweiten oder dritten Start bereits verschwunden sein. Dadurch ersparen Sie sich eine unnötige Fehlersuche.

Durch die Aktivierung von *Repeat View* wird auch eine bereits gecachte Version Ihrer Seite gemessen. Nachdem Sie alle Einstellungen vorgenommen haben, bestätigen Sie mit dem Button *START TEST*. Der Vorgang startet und wird zweimal wiederholt. Nach einigen Minuten werden Ihnen die Testergebnisse angezeigt, die ziemlich ausführlich sind. Nach Ablauf des Tests sehen Sie an erster Stelle alle Bereiche aufgelistet, die für den Test herangezogen wurden. Hier sollte möglichst alles grün angezeigt werden, dann ist es in Ordnung. Bei Orange gibt es Optimierungsbedarf, bei Rot muss unbedingt etwas unternommen werden.

Falls in diesem Bereich Fehler angezeigt werden, führen Sie am besten nochmals einen neuen Test durch. Die Anzeige orientiert sich wieder am amerikanischen Schulnotensystem, A = Note 1, B = Note 2 bis zu F, das Note 6 darstellt. Bei diesem Test ist also viermal die Note 1 und einmal die Note 6 erzielt worden, das ist insgesamt gut.

Eine Bewertung nach Buchstaben

An zweiter Stelle finden Sie alle wichtigen Daten für Ihre Seitenladezeit, und zwar für die gecachte und die ungecachte Seite. Hier wird aber jeweils nur ein Wert für die gecachte und für die ungecachte Seite aus einem der drei Tests angezeigt. In unserem Fall für die ungecachte der zweite Lauf neben dem Bereich *First View* und für die gecachte der erste Lauf neben dem Bereich *Repeat View*.

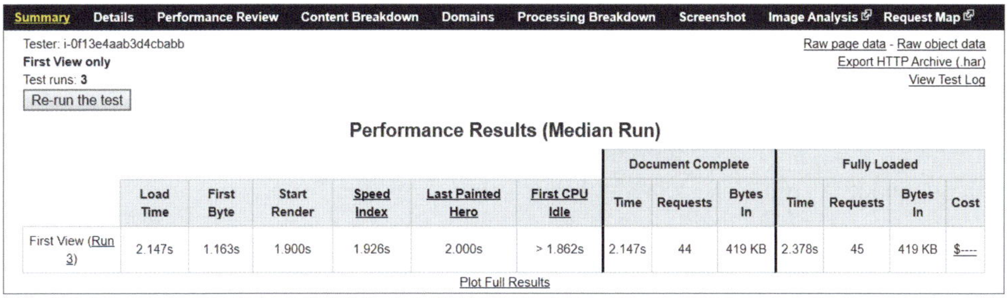

							Document Complete			Fully Loaded			
	Load Time	First Byte	Start Render	Speed Index	Last Painted Hero	First CPU Idle	Time	Requests	Bytes In	Time	Requests	Bytes In	Cost
First View (Run 3)	2.147s	1.163s	1.900s	1.926s	2.000s	> 1.862s	2.147s	44	419 KB	2.378s	45	419 KB	$----

Eine Übersicht über die Werte, die beim Test erreicht wurden

In dieser Übersicht muss auf alle sechs Bereiche und deren Werte besonderes Augenmerk gelegt werden. Beginnen wir mit *Load Time*. Damit ist die Zeit gemeint, die eine Seite zum Laden braucht, bis sie der Besucher vollständig sieht. Unter *First Byte* versteht man die Zeit, die vergeht, bis das erste Byte an Daten vom Client zum Server übertragen, also empfangen wird. Ideal ist es, wenn dieser Wert unter 250 liegt, in unserem Test ist er also zu hoch.

Der Wert *Start Render* zeigt die Zeit an, die eine Webseite benötigt, bis dem Besucher die ersten Daten angezeigt werden und er nicht nur eine leere weiße Seite sieht. Natürlich sollte auch dieser Wert möglichst gering sein, am besten unter zwei Sekunden. *Start Render* und *Load Time* sind ein wichtiger Maßstab für die Bewertung der Geschwindigkeit einer Seite. Nichts ist ärgerlicher für einen Besucher, als wenn er sekundenlang eine leere weiße Seite sieht.

Während *Start Render* den Beginn des sichtbaren Ladens Ihrer Seite anzeigt, markiert *Document Complete* genau das Gegenteil – das Ende des Ladens der sichtbaren Seite. Wenn dieses Laden fertig ist, kann der Besucher auf Ihrer Seite klicken und scrollen. *Document Complete* zeigt den gleichen Wert an wie *Load Time*. Dieser sollte bei *Document Complete* unter fünf Sekunden bleiben. Nachdem *Document Complete* fertig ist, werden die Bilder und andere Elemente des Hintergrunds geladen. Der Wert für die Requests zeigt an, wie viel von diesen Ihr Browser dem Server zur Verfügung stellen muss. Ein Request ist dafür zuständig, bestimmte Dateien oder Bilder anzufordern. Hier gilt die Faustregel: je weniger Requests, desto besser!

Am wichtigsten sind aber bei der Auswertung der *Speed Index* und die Anzahl der DOM-Teile. Ein DOM-Teil gehört zu HTML. Wenn Ihr Browser nicht mehr so viele dieser Teile laden muss, wird Ihre Seite im Umfang geringer und auch schneller. Auch durch Änderungen an den Themes und deren Plug-ins lässt sich die Zahl der DOM-Teile reduzieren. Jeder Teil eines HTML-Gerüsts, der in spitzen Klammern steht, ist ein DOM-Element. Der *Speed Index* zeigt die Ladezeit an. Auch hier sind geringe Werte besser als hohe. Der *Speed Index* kann am besten für einen Vergleich genutzt werden. Wenn Ihre Seite einen kleineren Index hat als eine andere, dann sind Sie natürlich bei den Besuchern im Vorteil.

Der Wert *Fully Loaded* zeigt Ihnen den Zeitpunkt an, an dem die Seite komplett mit allen Teilen geladen ist und dem Benutzer angezeigt wird. Der Wert *Cost* ist nicht weiter wichtig. Hier wird ein durchschnittlicher Wert für das mobile Laden in unterschiedlichen Ländern genannt. Die angegebenen Zeiten, die nicht unterschritten werden sollten, sind natürlich nur Richtwerte; je nach Seitenumfang, etwa bei einer Seite mit vielen Bildern, müssen sie etwas nach oben korrigiert werden. Weiter unten finden Sie die Übersicht über den Seitenaufbau mit Balkendiagrammen, Screenshots und Tortengrafiken.

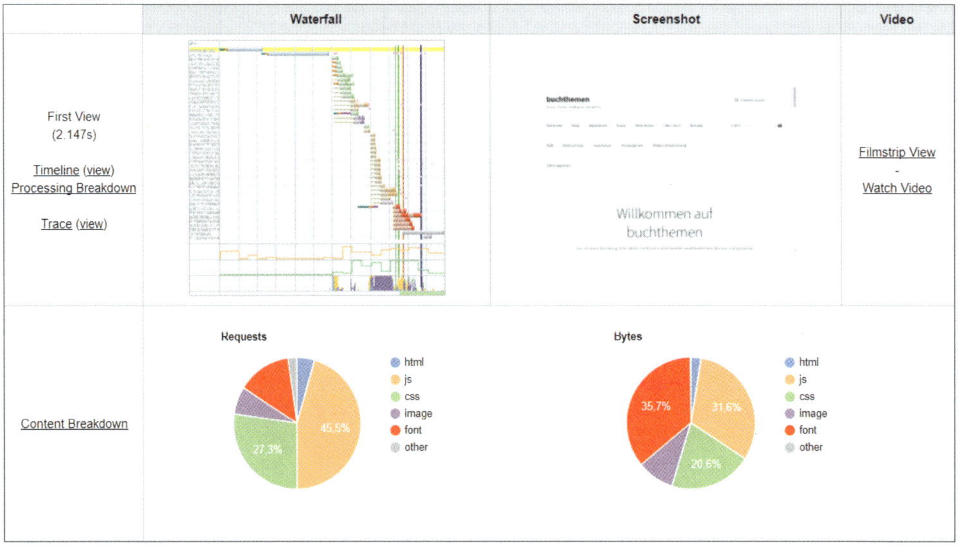

Die Anzeige des ersten Laufs und der Wiederholung im zweiten Durchlauf

Mithilfe des Links *Watch Video* am rechten Rand können Sie sich ein Video im Zeitlupentempo über Ihren Seitenaufbau ansehen. Sie sehen dann auch, was Ihre Besucher zu sehen bekommen und ob die Seite verbessert werden muss. Hier wird Ihnen im Bereich von Zehntelsekunden gezeigt, wie Ihre Seite aussieht.

Wie bereits beschrieben, zeigt die Übersicht nur das Ergebnis einer Messung an. Sie haben aber drei Messungen durchführen lassen. Um jetzt den Durchschnitt dieser Messungen zu sehen, müssen Sie auf den Link *Plot Full Results* direkt unter der Übersicht für die *Performance Results* klicken, um alle drei Ergebnisse in einem Diagramm angezeigt zu bekommen. In diesem Diagramm sehen Sie drei rote Punkte, das sind die Plots. In der Spalte *Mean* der Tabelle, die über dem Diagramm steht, sehen Sie den Durchschnittswert aller drei Durchläufe.

Diese Einstellungen können Ihnen zwar Probleme auf Ihrer Seite anzeigen, aber nicht deren Ursachen. Diese sehen Sie in den Wasserfalldiagrammen und in der Potenzialanalyse. In dem Diagramm finden Sie jeden einzelnen HTTP-Request, den der Browser vom Webserver verlangt. Bei einer schnellen Seite enthält das Diagramm nur wenige kurze Requests. Es sind also die Länge des Diagramms und die Länge der Balken in den einzelnen Zeilen wichtig.

Im Wasserfalldiagramm gibt die horizontale Achse den Zeitverlauf an, die vertikale zeigt die Objekte an, die nacheinander geladen wurden, und zwar von oben nach unten. Die Balken im Diagramm haben unterschiedliche Farben, um die verschiedenen Vorgänge anzuzeigen, die der Browser während des Ladens der Daten und Objekte durchführt. Balkendiagramme sind besonders gut dafür geeignet, Dinge zu finden, die das Laden einer Webseite verlangsamen. Hier gilt die Regel: je breiter das Balkendiagramm, desto langsamer die Ladezeit.

Die *Performance Review*, zu der Sie über das Menü am oberen Rand des Programms gelangen, zeigt über Infos an, wie gut die Performance auf Ihrer Seite bereits optimiert ist.

Das Menü der Testergebnisse

Alles, was mit einem grünen Häkchen versehen ist, passt, bei einem gelben Dreieck sind Verbesserungen nötig, bei einem roten Kreuz sind Probleme vorhanden.

Full Optimization Checklist

Step_1	Keep-Alive 100%	GZip 100%	Compress Img 100%	Progressive 0%	Cache Static 96%	CDN Detected 12%
1: www.buchthemen.de - /						
2: buchthemen.de - /	✓	✓				
3: buchthemen.de - style.min.css	✓	✓			✓	✗
4: buchthemen.de - theme.min.css	✓	✓			✓	✗
5: buchthemen.de - style.css	✓	✓			✓	✗
6: buchthemen.de - gutenberg-blocks.css	✓	✓			✓	✗
7: buchthemen.de - style.css	✓	✓			✓	✗
8: buchthemen.de - icons.css	✓	✓			✓	✗
9: buchthemen.de -...-forms-front.min.css	✓	✓			✓	✗
10: buchthemen.de -...yloadxt.spinner.css	✓	✓			✓	✗
11: buchthemen.de - layout.min.css	✓	✓			✓	✗
12: buchthemen.de - woocommerce.css	✓	✓			✓	✗
13: buchthemen.de - cookies.js	✓	✓			✓	✗
14: buchthemen.de - jquery.js	✓	✓			✓	✗
15: buchthemen.de - jquery-migrate.min.js	✓	✓			✓	✗
16: fonts.googleapis.com - css	✓	✓			⚠	✗
17: buchthemen.de - placeholder.png	✓		✓		✓	✗
18: buchthemen.de -...xisbuch-324x324.jpg	✓		✓	✗	✓	✗
19: buchthemen.de - public.75b7aa11.css	✓	✓			✓	✗

Die Checkliste für die einzelnen Bereiche

Ein wichtiger Teil des Programms ist die Möglichkeit, mehrere Webseiten miteinander zu vergleichen. Über das Menü *Visual Comparison* auf der Startseite des Programms öffnen Sie ein Fenster, in dem bereits ein Eingabefeld vorhanden ist. Geben Sie in die erste Zeile des ersten Feldes den Namen Ihrer Seite ein und in die Zeile rechts daneben die URL. Über den Button *Add* können Sie weitere Eingabefelder hinzufügen und so zwei oder auch mehr Seiten miteinander vergleichen.

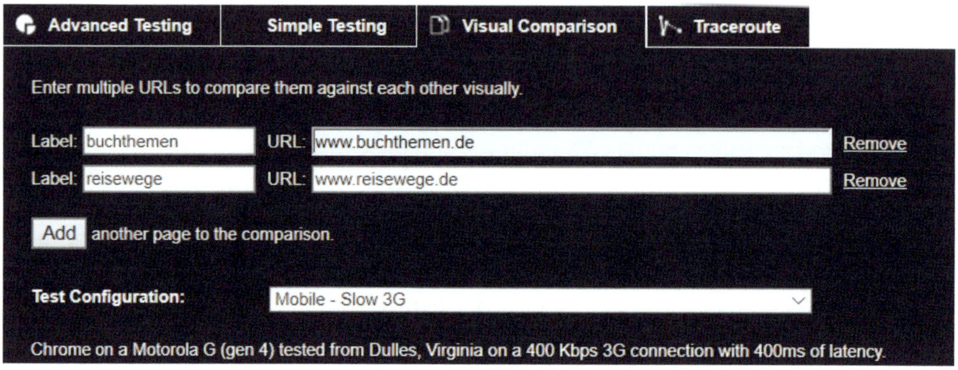

Zwei Seiten sind für einen Vergleich vorbereitet

Mit dem Ergebnis können Sie dann die Seiten anhand verschiedener Parameter vergleichen. Der Referenzwert lässt sich auch ändern, damit andere Werte wie *Fully Loaded* oder *Document Complete* auch angezeigt werden.

Über das Menü *TEST HISTORY* können Sie die Testergebnisse der Vergangenheit bis zu einem Jahr zurück einsehen. Ein Klick auf eine URL zeigt nochmals alle Testdaten der Vergangenheit an. Außerdem können Sie einzelne Tests markieren und miteinander vergleichen.

Wenn Sie Ihre Seiten anhand der Caching-Plug-ins und deren Einstellungen, wie ich sie in Kapitel 32 beschreibe, gecheckt haben, dann sollten Sie den Test mit einem der hier vorgestellten Programme nochmals durchführen und auf jeden Fall eine Verbesserung der Werte bemerken. Falls dies wider Erwarten nicht der Fall sein sollte, führen Sie den Test alternativ mit einem anderen Programm durch und vielleicht auch mit einem dritten. Das ist auf jeden Fall sinnvoller, als einige Zeit nach Fehlern zu suchen, die es vielleicht gar nicht gibt oder die das eine Programm nicht anzeigt, das andere aber schon.

31.2 Alternative Programme für den Performancetest

Es gibt noch einige weitere interessante Tools, um die Performance zu testen, auf die ich mit einer kurzen Beschreibung eingehen möchte. Sie sind alle für den Test der Performance Ihrer Seite geeignet. Probieren Sie auch diese aus, und entscheiden Sie sich dann, welches Tool Sie einsetzen wollen.

Google PageSpeed Insights

Auf jeden Fall gehört *Google PageSpeed Insights* zu den erwähnenswerten Programmen, die für jeden zugänglich sind und eine Seite ziemlich schnell auf ihre Geschwindigkeit und Probleme untersuchen können. Es testet auch die Erreichbarkeit auf mobilen Geräten, indem es die URL zweimal abruft.

Geben Sie auf der Startseite des Programms die URL der zu testenden Seite ein, und warten Sie das Ergebnis ab, das ein Resultat für die mobilen Geräte und eines für den PC anzeigt. Im Ergebnis gibt es eine Bewertung von 0 bis 100 Punkten. Logischerweise ist eine hohe Punktzahl besser als eine niedrige. Ab 85 Punkten ist Ihre Seite gut in der Leistung.

Für jeden getesteten Bereich ist eine Priorität in Form eines farbigen Symbols angegeben. Ein grünes Häkchen bedeutet ein sehr gutes Ergebnis. Bei einem gelben Ausrufezeichen sollte das Problem behoben werden, wenn möglich. Bei einem roten Ausrufezeichen wird sich eine Beseitigung des Problems unmittelbar auf die Leistung der Seite auswirken.

Im Bereich *Mobil* wurden 53 Punkte erreicht, das ist gerade noch akzeptabel, aber auf jeden Fall verbesserungswürdig. Am unteren Ende der Auswertung sehen Sie eine Übersicht über die Optimierungen, die gefunden und durchgeführt wurden, sowie bestimmte Empfehlungen. Über den Link neben jedem beschriebenen Arbeitsschritt sehen Sie nähere Informationen. Wenn Sie diese Anweisungen befolgen, können Sie die Wertigkeit Ihrer Webseite verbessern.

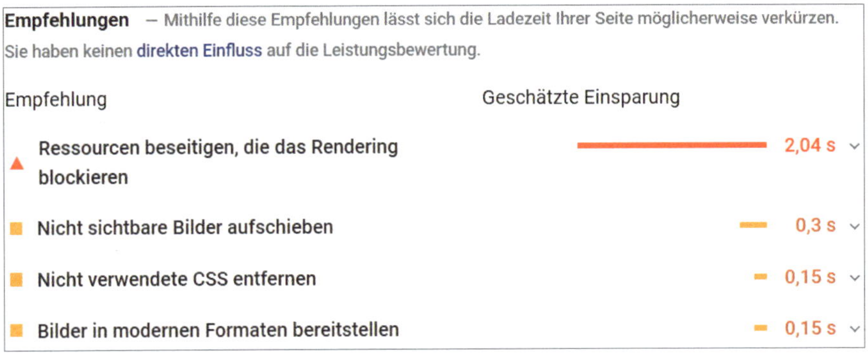

Einige Informationen für die Verbesserung der Seitenperformance

Nun zum Bereich *Desktop*. Hier wurden 83 Punkte erreicht, was schon ziemlich gut ist. Es muss nur wenig nachgebessert werden.

In der Übersicht für die Optimierungen wird Ihnen auch für diesen Bereich angezeigt, was optimiert und in diesem Fall auch priorisiert wurde, und Sie erhalten Empfehlungen sowie Informationen zur Verbesserung Ihrer Seite. Auch hier können Sie Ihre Seite verbessern, wenn Sie den Empfehlungen und Infos folgen.

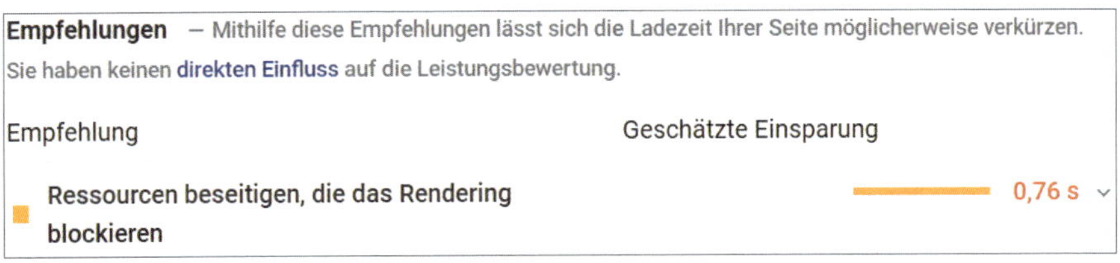

Die gefundenen Optimierungsmöglichkeiten für den PC

Pagespeed

Das Tool *Pagespeed* (www.pagespeed.de) ist ebenfalls ein paar Sätze wert. Es ist besonders für Anfänger geeignet, da man sich hier um nichts kümmern muss und die Infos über die Seite gut verständlich sind. Zahlreiche Messungen werden in einer Übersicht angezeigt, und es gibt Hinweise zur Optimierung der Seite. Geben Sie auch hier, wie bereits gewohnt, den Namen der Seite ein, die Sie testen wollen, und warten Sie das Ergebnis ab. Nach dem Ablauf des Tests werden Ihnen als Erstes die *Server-Daten* und darunter die *Website-Daten* angezeigt. Hier sehen Sie auf einen Blick, was verbessert werden kann.

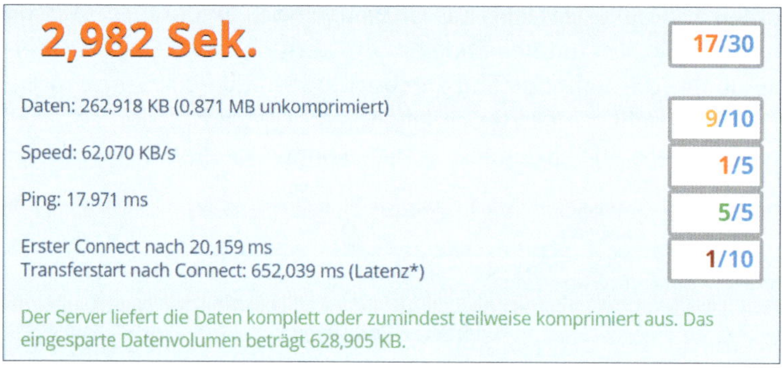

Die Geschwindigkeit ist nicht akzeptabel

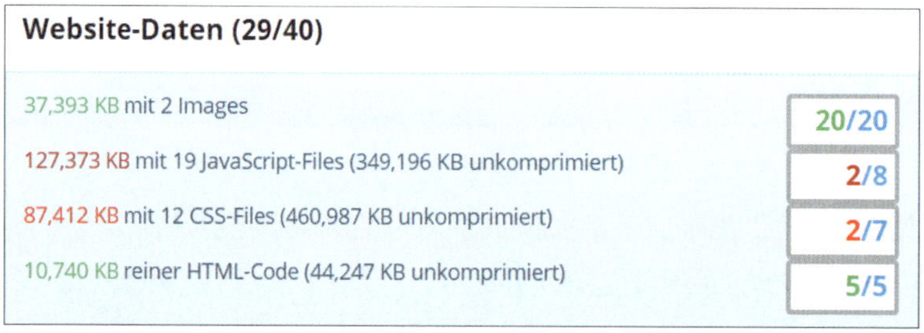

Bei den JavaScript-Dateien besteht Verbesserungsbedarf

Dann gibt es noch eine Zusammenfassung mit Hinweisen, falls etwas verbessert werden kann. Das Programm ist hilfreich, sich einen Überblick über die Performance der Seite zu verschaffen, und Sie werden schnell herausfinden, warum Ihre Webseite so langsam ist, und die Probleme dann beheben können. Ein Ergebnis von insgesamt mindestens 75 Punkten ist hier noch im Normbereich.

Which loads faster?

Nun zum nächsten Programm. Das Test-Tool *Which loads faster?* (whichloadsfaster.zomdir.com) deutet bereits durch seinen Namen an, dass man hier zwei Seiten miteinander vergleichen kann. Sie können zwei Adressen eingeben und anschließend sehen, welche schneller ist. Geben Sie die URLs der beiden Seiten ein, die Sie vergleichen wollen, und klicken Sie auf den Button *Go*. Die beiden Seiten werden in einer Gegenüberstellung angezeigt. In der Mitte des Bildschirms weist ein Feld mit einem Pfeil darauf hin, welche Seite die schnellere ist.

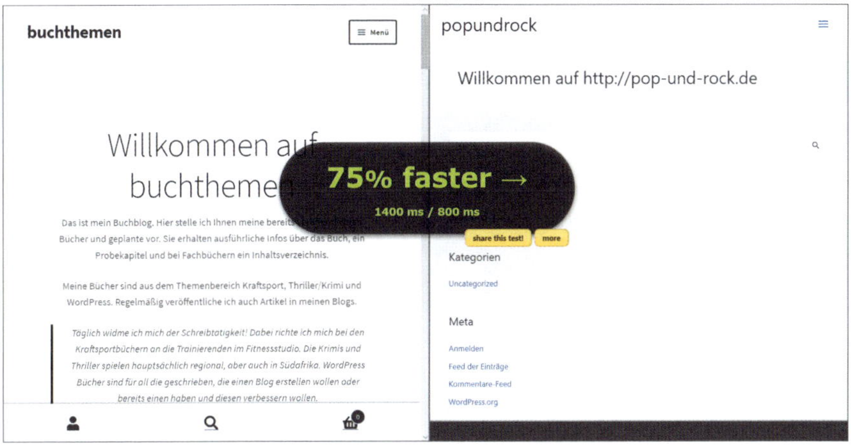

Die beiden Seiten im Geschwindigkeitsvergleich

Website Speed Ranker

Der *Website Speed Ranker* (websitespeedranker.com) arbeitet ähnlich wie *Which loads faster?*, vergleicht aber die Geschwindigkeit Ihrer Seite mit der von vier anderen. Das Ergebnis wird allerdings nur per E-Mail mitgeteilt. Den Test können Sie automatisch jeden Tag oder jede Woche wiederholen. In fünf Kategorien wird Ihnen angezeigt, wie die Seite im Vergleich zu den drei anderen abschneidet. Dabei erfolgt eine Einteilung in *Load-Time*, *Render-Time*, *Page-Size*, *Requests* und *Errors*. Den Report erhalten Sie dann je nach Einstellung regelmäßig zugesandt.

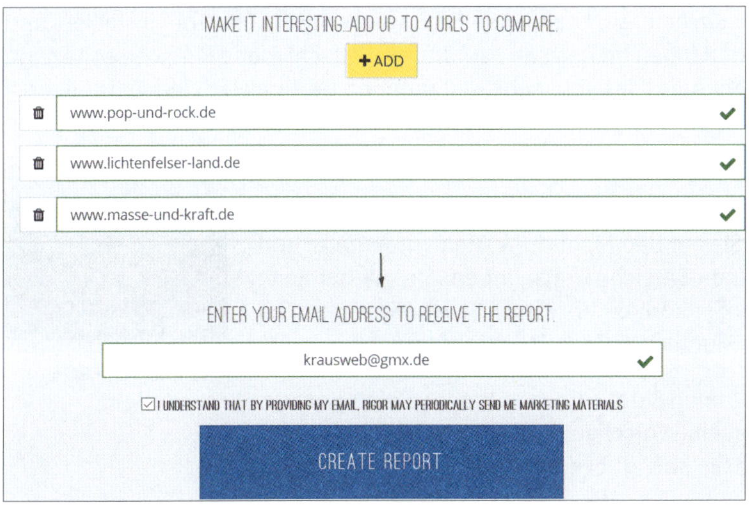

Hier werden die Seiten eingegeben, mit denen verglichen werden soll

Wie Sie sehen, ist die Auswahl der Programme für das Messen der Performance und die Analyse der Webseite groß.

32. Das Caching

Von Caching spricht man, wenn eine einmal geladene Ressource in einem Zwischenspeicher (Cache) bereitgehalten wird, die dann ohne eine weitere Abfrage aus der eigentlichen Quelle direkt zur Anzeige bereitsteht, und zwar so lange, bis sich etwas verändert hat und die Abfrage erneut gestartet werden muss, damit die Anzeige aus dem Cache die neuen Änderungen zeigt.

32.1 Caching mit Plug-ins

Für ein gutes Caching bieten sich verschiedene Plug-ins an. Beginnen wir mit *W3 Total Cache*, dem wohl bekanntesten, beliebtesten und ältesten Caching-Tool überhaupt. Dieses Programm ist umfangreich und kompliziert zu konfigurieren. Aber es gibt ja auch noch Alternativen, doch dazu später.

Ein Urgestein unter den Caching-Tools

Das Plug-in *W3 Total Cache* besitzt sehr viele Features. Wenn Sie das Tool installiert und aktiviert haben, werden Ihnen im Register *Performance* verschiedene Bereiche angezeigt. Wie bereits beschrieben, ist das Tool sehr umfangreich und besitzt viele Einstellungsmöglichkeiten. Die wichtigsten Einstellungen, die Sie vornehmen sollten, beschreibe ich im Folgenden.

Das Tool richtet sich nach der Installation ein eigenes Menü in der Sidebar ein. Klicken Sie auf den Menüpunkt *General Settings*, und gehen Sie die einzelnen Bereiche durch, indem Sie auf der Seite nach unten scrollen. Sie können aber auch jeden einzelnen Bereich direkt über die Menüleiste *General Settings* anwählen.

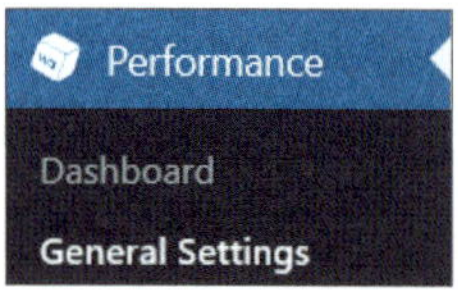

Hier geht es zu den Einstellungen

Im Bereich *General* können Sie alle Cache-Optionen ein- und ausschalten, und es kann eine Vorschau der Cache-Funktionen angezeigt werden, auf die Sie aber gut verzichten können.

Im Bereich *Page Cache* finden Sie die wichtigste Funktion. Dieser Cache ist am sinnvollsten und sollte auf jeden Fall verwendet werden. Er speichert die in WordPress angelegten Seiten als HTML-Version auf einem Server. Öffnet man nun eine dieser Seiten erneut, wird auf die Kopie zugegriffen. Dadurch geht der Aufruf schneller, und die Seite muss nicht jedes Mal neu generiert werden.

Aktivieren Sie die Option *Enable*, damit Ihre Seiten nicht dynamisch, sondern statisch in den Cache geladen werden. Standard für dieses Form des Cachings ist die Auswahl *Disc: Enhanced*. Im Grunde genügt es, wenn Sie diese eine Caching-Option verwenden. Beim Page Caching sendet der Browser an den Server eine URL als Anfrage, und der Server findet im Zwischenspeicher ein fertiges Dokument für diese URL. Er schickt dann dieses HTML-Dokument an den Browser.

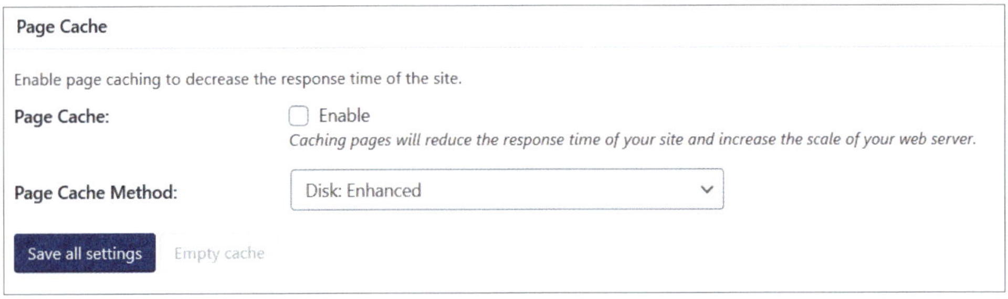

Wählen Sie hier die richtige Methode für das Caching

Der Bereich *Minify* sorgt dafür, dass bestimmte Dateien von unnötigen Zeilenumbrüchen, Leerzeichen und Kommentaren befreit werden. Dadurch werden diese Dateien kleiner, und die Ladezeit der Seite wird verbessert. Setzen Sie den *Minify mode* auf *Auto* und die *Minify Cache Method* auf *Disk*. Lassen Sie bei *HTML minifier*, *JS minifier* und *CSS minifier* alle Einstellungen, wie sie sind, und klicken Sie auf den Button *Save all settings*.

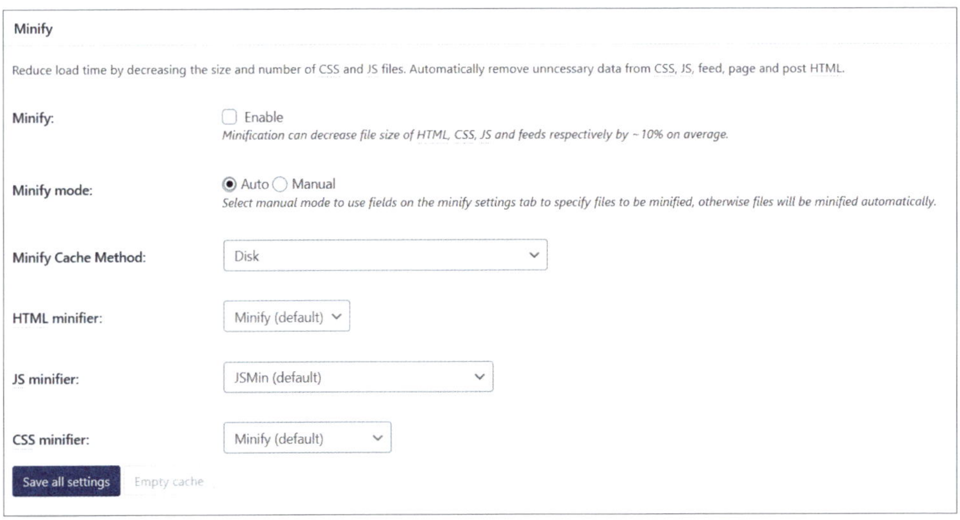

In diesem Bereich sind mehrere Einstellungen wichtig

Der Bereich *Opcode Cache* legt den PHP-Code in einen Zwischenspeicher. Dort wird dieser abgearbeitet und in einen Code geändert, der auf dem Server ausführbar ist. Der fertige Code wird bei dieser Form des Cachings abgespeichert.

Im Bereich *Database Cache* geht es um die Datenbanken. Die Datenbank ist der Tresor von WordPress, in dem die Inhalte liegen. Datenbanken benötigen ziemlich viel Speicherplatz, weil sie für jede Anfrage Daten verschicken – und das sind meist immer wieder die gleichen. Die Aktivierung dieses Cache lohnt sich auf jeden Fall, da häufig genutzte Abfragen der Datenbank in einem Zwischenspeicher gelagert werden und so die Datenbank nicht mehr belasten. Wählen Sie hier ebenfalls die Cache-Methode *Disk*.

Der Bereich *Object Cache* steht in Verbindung mit den Plug-ins. Er sichert deren Daten in einem Zwischenspeicher, damit effektiver mit den Plug-ins gearbeitet werden kann. Er ist nützlich und sollte bei einer umfangreichen Seite ebenfalls aktiviert werden. Auch hier bietet sich die Cache-Methode *Disk* an.

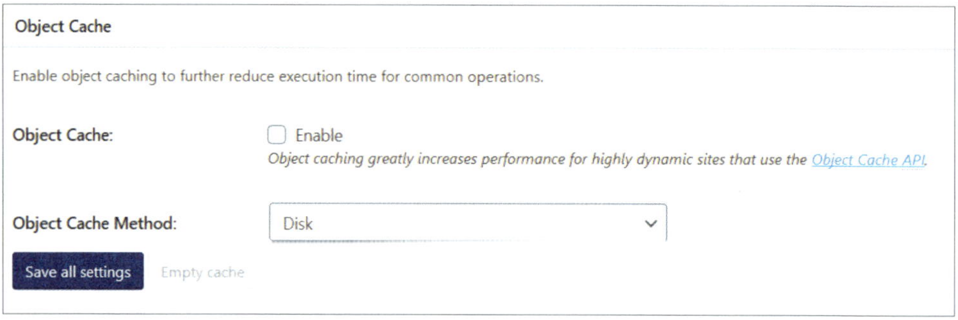

Der Einstellungsbereich für den Object Cache

Der Bereich *Browser Cache* regelt, dass bestimmte Inhalte nicht immer wieder neu vom Browser geladen werden müssen. Außerdem komprimiert er die gesendeten Daten. Beim *Browser Cache* werden die einmal geladenen Dateien in einem Zwischenspeicher gelagert, dadurch kann sich der Ladevorgang enorm verkürzen, wenn der Browser einige der herunterzuladenden Dateien bereits in seinem eigenen lokalen Cache findet und von dort abruft. Auf diese Weise kann eine Datenbankabfrage, die normalerweise ein paar Sekunden dauert, auf den Bruchteil einer Sekunde verkürzt werden und die HTML-Seite steht superschnell im Browser. Für Browser Caching gilt das Gleiche wie für Page Caching: Hier können ziemlich einfach Ressourcen gespeichert werden. Der *Browser Cache* sollte bereits aktiviert sein, falls nicht, aktivieren Sie ihn.

Mit *CDN* (Count Delivery Network) können Bilder, Themes und Videos vom eigenen Server auf einen CDN-Server ausgelagert werden. Das hat den Vorteil, dass ein CDN-Server wesentlich schneller ist als der eigene. Bei sehr großen Blogs ist diese Auslagerung zu empfehlen, denn dann kommen Inhalte normalerweise viel schneller an. Der Nachteil ist, dass dies Kosten verursacht, und wenn der CDN-Server einmal ausfällt, dieser auch nichts mehr ausliefert.

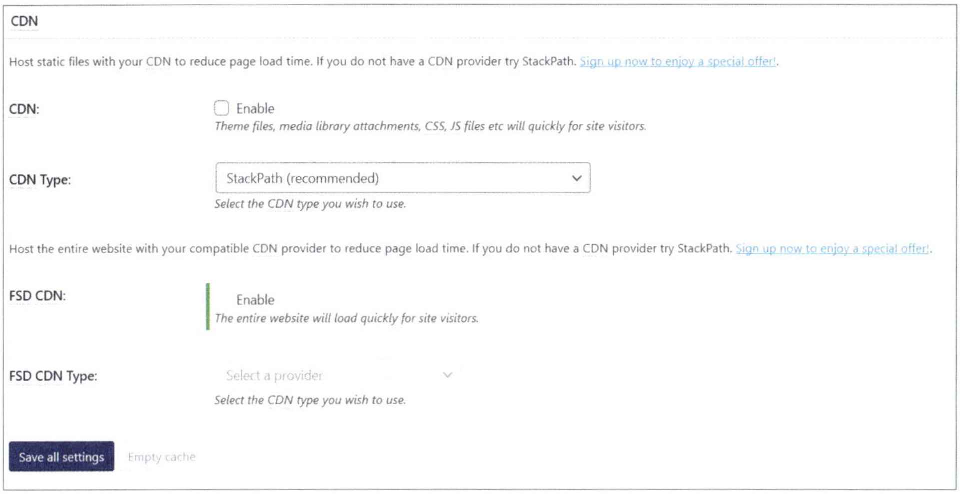

Falls Ihre Seite sehr groß ist, lagern Sie bestimmte Bereiche aus

Unter *Miscellaneous* gibt es noch weitere Einstellungsmöglichkeiten. Da wären zuerst die Dashboard-Optionen, die man deaktivieren sollte, wenn der eigene Speicherplatz keine so gute Leistung bringt. Die Option *Verify rewrite rules* sollte aktiviert sein. Das war es dann bereits für diesen Bereich. Unter *Reverse Proxy* werden bestimmte Regeln festgelegt. Diese werden in einem Server gespeichert. Dieser wiederum sendet ein Verzeichnis an einen anderen Server.

Unter *User Experience* wird durch eine Aktivierung der Option *Lazy Loading* eine schnellere Ladezeit Ihrer Seite erzeugt. Im Bereich *Statistics* müssen Sie nichts aktivieren. Dieser Bereich ist nicht so wichtig. Unter *Fragment Cache* wird etwas zwischengespeichert, das häufig Anwendung findet. Es kann dann später schnell gezeigt werden. Hier können Sie selbst eine Methode für diese Art des Cachings auswählen. Für den Bereich *Licensing* benötigen Sie einen Lizenzkey.

Der Bereich *Debug* ist nur nützlich, wenn das Plug-in während des Cachings Fehler erzeugt. Ist dies nicht der Fall, kann hier alles deaktiviert bleiben. Unter *Import / Export Settings* lässt sich eine Konfiguration importieren oder exportieren.

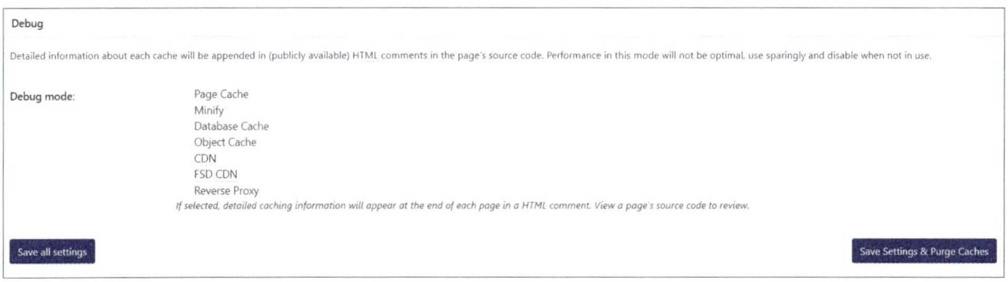

Ein wichtiges Caching-Teil bei Fehlern des Plug-ins

Speichern Sie alle Einstellungen jeweils über den Button *Save all settings*, wenn Sie etwas an den Grundeinstellungen geändert haben. Nun zu den erweiterten Einstellungen. Jede der beschriebenen Einstellungen hat noch eine Unterseite, die noch mehr Einstellungen zulässt. Die Links dazu sehen Sie in der Sidebar unter dem Menü *Performance*. Es macht wenig Sinn, diese hier alle zu beschreiben, ich will nur kurz auf einige eingehen. Starten Sie die Seite *Page Cache*.

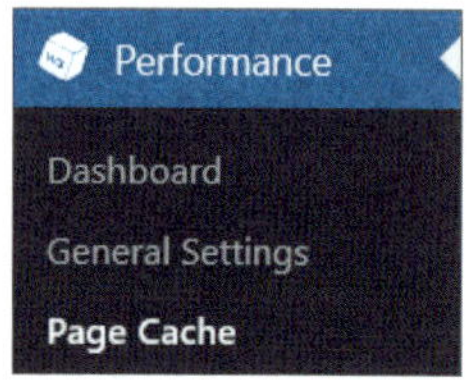

Öffnen Sie einen weiteren Bereich

Auf dieser Unterseite können Sie im Bereich *General* einstellen, ob die Startseite oder die Feeds gecacht werden sollen. Aktivieren Sie beide Optionen: *Cache posts page* und *Cache feeds: site, categories, tags, comments*. Auch *Cache SSL (HTTPS) requests* sollte aktiviert sein. Wichtig ist auch die Option *Don't cache pages for logged in users*.

Falls dort ein Häkchen gesetzt ist, werden die Seiten für eingeloggte Autoren und Benutzer nicht gecacht. Sie können auch Seiten angeben, die niemals gecacht werden sollen. Bestätigen Sie Ihre Einstellungen über den Button *Save all settings*.

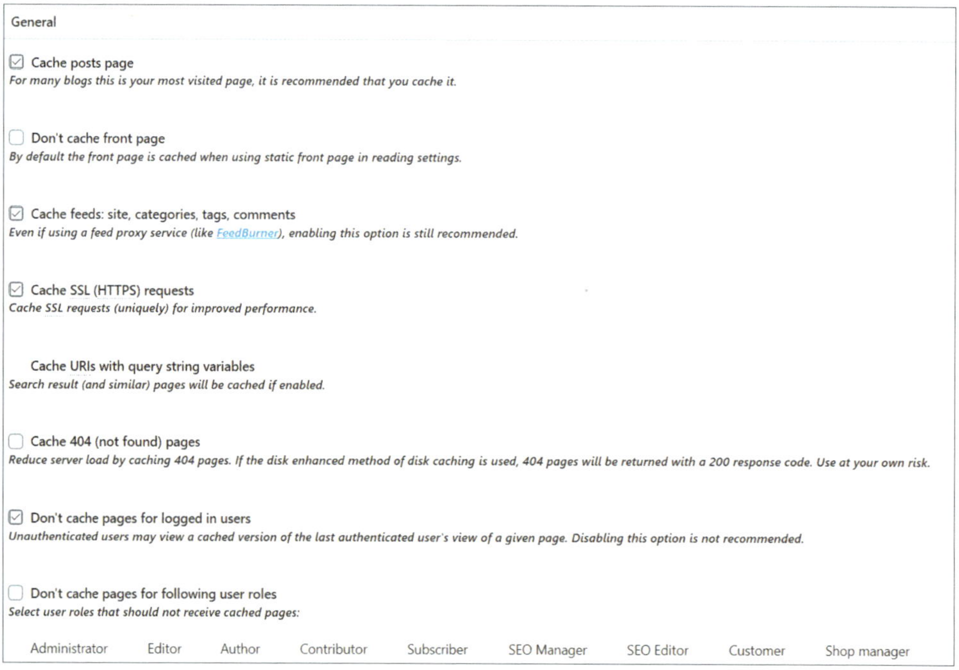

Auch hier sind verschiedene Einstellungen möglich

Im Bereich *Cache Preload* aktivieren Sie die Option *Automatically prime the page cache* und tragen die URL Ihrer Sitemap in das dafür vorgesehene Feld ein. Aktivieren Sie auch die Option *Preload the post cache upon publish events*. Bestätigen Sie auch hier wieder mit einem Klick auf *Save all settings*.

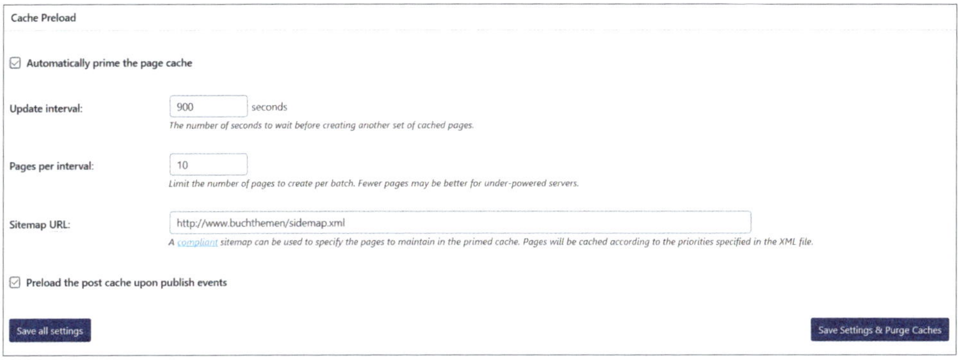

Auch in diesem Bereich sind einige Änderungen nötig

Auch die Unterseite *Minify* bietet noch verschiedene Einstellungsmöglichkeiten, die Sie nutzen sollten. Hier ist es erst einmal empfehlenswert, im Bereich *General* die Optionen *Rewrite URL structure* und *Disable minify for logged in users* deaktiviert zu lassen. Im Bereich *HTML & XML* sollten *Enable* sowie die Auswahlen *Inline CSS minification* und *Inline JS minification* aktiviert sein. Auch *Line break removal* sollten Sie aktivieren. Sichern Sie wieder alles über den Button *Save all settings*.

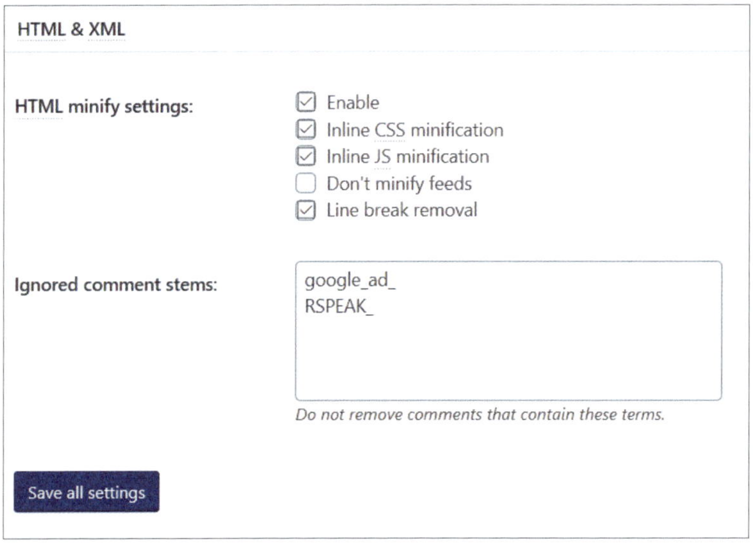

Hier muss einiges an den Einstellungen geändert werden

Im Bereich *JS* ist es sinnvoll, die Optionen *Minify*, *Preserved comment removal* und *Line break removal* ebenfalls zu aktivieren. Bestätigen Sie Ihre Änderungen.

Im Bereich *CSS* ist es angebracht, bei *CSS minify settings* die Optionen *Preserved comment removal* und *Line break removal* anzuklicken. Auch *Enable* sollte aktiviert sein.

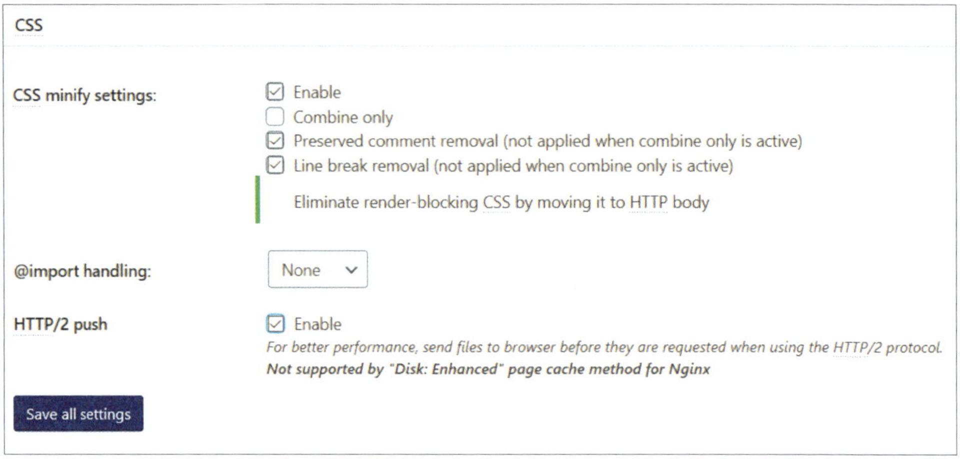

Die Voreinstellungen genügen auch hier nicht

Wechseln Sie jetzt im Menü zur Unterseite *Browser Cache*. Hier sollten Sie einige Einstellungen vornehmen. Im Bereich *General* ist bereits die Option *Set entity tag (ETag)* aktiv. Aktivieren Sie noch *Set Last-Modified header, Set expires header, Set cache control header, Set W3 Total Cache header* und *Enable HTTP (gzip) compression*. Bestätigen Sie wieder mit *Save all settings*.

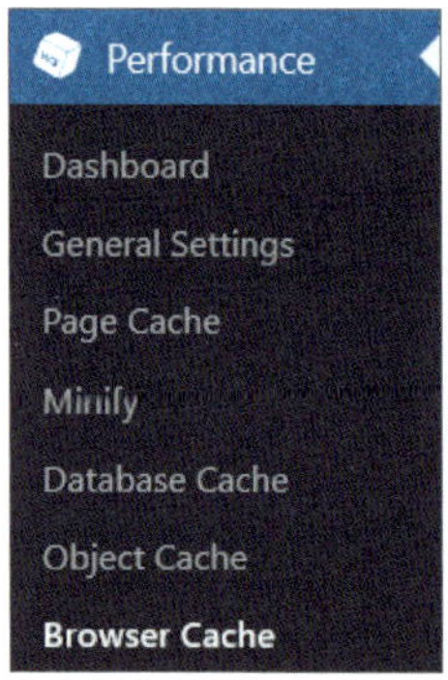

Hier geht es zum Caching des Browsers

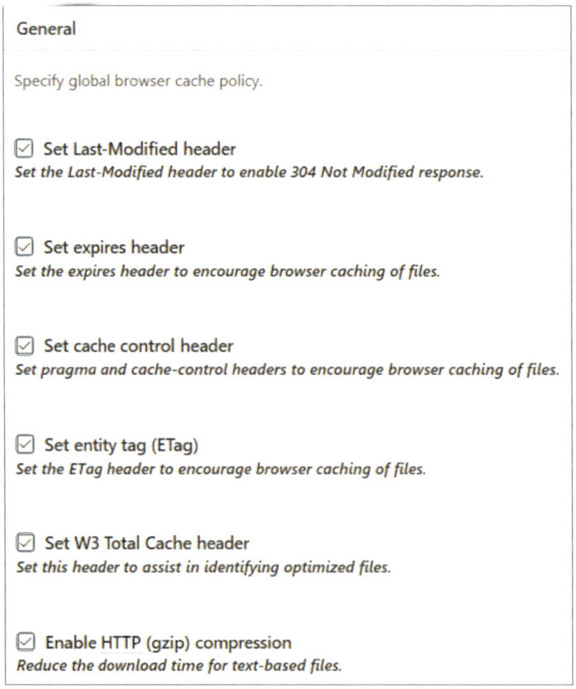

Hier genügt die Voreinstellung ebenfalls nicht

Im Bereich *CSS & JS* sollten *Set Last-Modified header, Set expires header, Set cache control header, Set entity tag (ETag), Set W3 Total Cache header* und *Enable HTTP (gzip) compression* aktiviert sein. Sichern Sie die Änderungen, wenn Sie alle Einstellungen vorgenommen haben.

Im Bereich *HTML & XML* aktivieren Sie *Set Last-Modified header, Set expires header, Set cache control header, Set entity tag (ETag), Set W3 Total Cache header* und *Enable HTTP (gzip) compression*. Speichern Sie wieder ab.

Im Bereich *Media & Other Files* sollten Sie *Set Last-Modified header, Set expires header, Set cache control header, Set entity tag (ETag), Set W3 Total Cache header* und *Enable HTTP (gzip) compression* aktivieren. Speichern Sie erneut Ihre Änderungen.

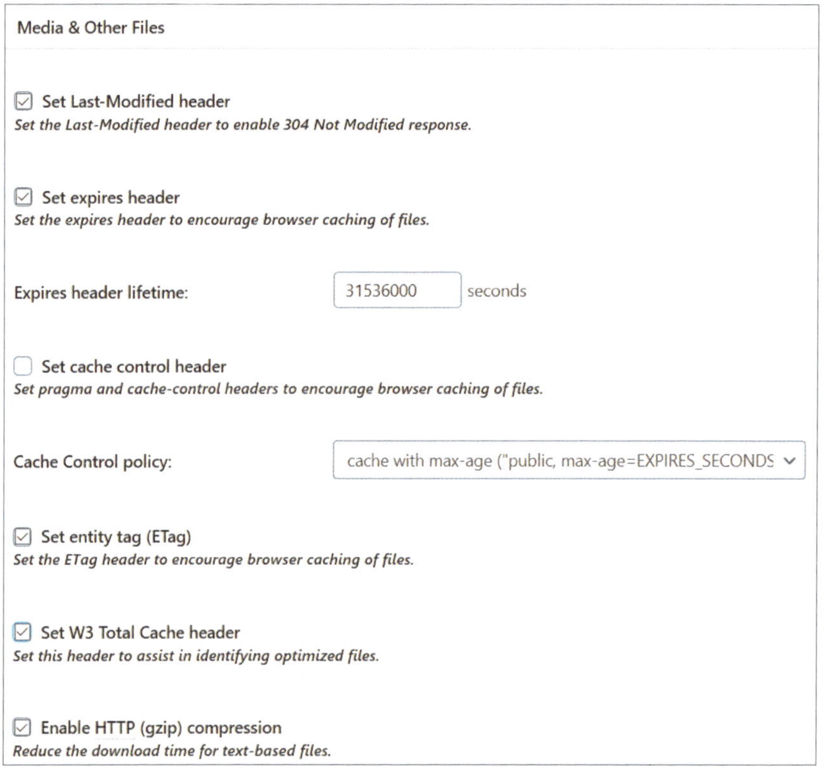

Und wieder sind einige Einstellungen zu ändern

Es reicht bei diesem Plug-in aus, nur einen Teil der Features zu nutzen. *Page Cache, Minify* und *Browser Cache* sind dabei wichtig. Die anderen sind nicht unbedingt notwendig. Zugegeben, die Beschreibung dieses Plug-ins ist etwas langatmig, aber ich wollte Ihnen dieses Tool auf keinen Fall vorenthalten. Nach jeder Änderung auf Ihrer Seite ist es zu empfehlen, den Cache zu leeren. Dazu klicken Sie im Menü in der oberen Leiste Ihrer Seite auf *Performance* und dann auf *Purge All Caches*.

Sie haben vor den vorgenommenen Einstellungen in *W3 Total Cache* die Performance des Blogs mit dem Programm *Pingdom* getestet. Wiederholen Sie den Test jetzt, um die Leistung erneut zu testen. Die Performance sollte eine deutliche Steigerung aufweisen. Wie Sie sehen, hat sich die Arbeit gelohnt. Die Ladezeit hat sich von 1,45 Sekunden auf 1,27 Sekunden reduziert.

32.2 Das Inkognito-Fenster

Nach der kompletten Optimierung führen Sie einen Check Ihrer Seite durch, und zwar über das Inkognito-Fenster, das Ihre Seite genau so zeigt, wie sie ein Besucher sehen würde. In Microsoft Edge kommen Sie über die drei Punkte am oberen rechten Bildschirmrand und einen anschließenden Klick auf den Menüpunkt *Neues InPrivate-Fenster* in den privaten Bereich.

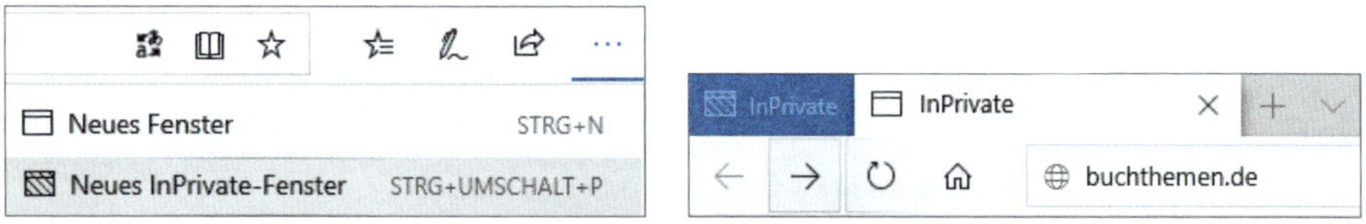

Der Weg zur ungestörten Prüfung und zum privaten Browser

Geben Sie den Namen Ihrer Seite ein und klicken Sie auf den kleinen Pfeil am Ende des Eingabefeldes, um auf Ihre Seite zu gelangen. Sehen Sie sich hier jede Kleinigkeit genau an, und führen Sie diesen Test regelmäßig durch. Das Gute daran ist, dass hier wirklich alles anonym abläuft, alle Daten, die sich während des Tests ansammeln, werden beim Schließen wieder gelöscht.

Im Browser Firefox finden Sie das private Fenster im Hamburger-Menü (das Symbol mit den drei Strichen) unter dem Menüpunkt *Neues privates Fenster*.

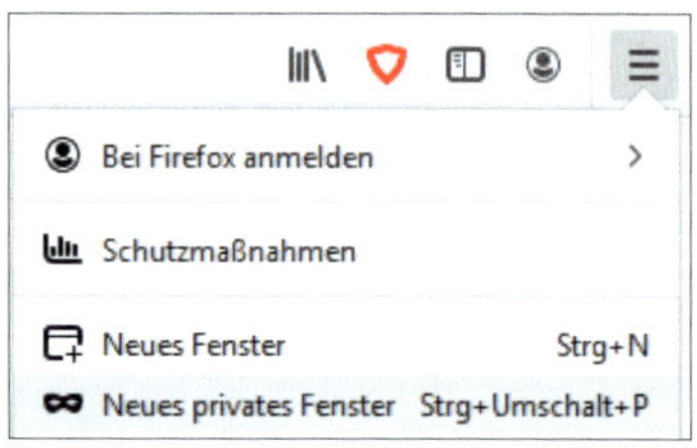

Der Weg zum anonymen Surfen in Firefox

32.3 Weitere Caching-Tools

Nun aber zu den angedeuteten Alternativen. Da ist erst mal noch *WP Super Cache* im Angebot, das für schnellere Ladezeiten und eine stabile Seite sorgt. Bevor Sie dieses Programm installieren, sollten Sie andere Caching-Tools deaktivieren. Nach der Installation und Aktivierung können Sie das Tool in der Plug-in-Liste über den Link *Einstellungen* starten.

Ein hilfreiches Tool für schnelles Caching

Der Weg zum Caching-Plug-in

Die Einstellungen des Plug-ins mit sieben verschiedenen Registern werden geöffnet. Unter *Einfach* befinden sich nur einige Optionen. Sie können in diesem Bereich das Caching ein- und ausschalten. Hier sollte *Caching An* ausgewählt sein. Wenn Sie hier etwas ändern, müssen Sie dies über den Button *Status aktualisieren* speichern. Daraufhin wird der Button *Cache testen* aktiviert, durch dessen Nutzung sehen Sie, ob der Cache arbeitet. Mit dem Button *Cache leeren* können Sie den Cache leer räumen. Normalerweise ist das aber nicht nötig.

Im Register *Erweitert* finden Sie recht viele Einstellungsmöglichkeiten. Aktivieren Sie hier im Bereich *Caching* die Option *Cache aktivieren*. Bei der Auswahl *Cache-Auslieferungsmethode* aktivieren Sie am besten die Option *Einfach*. Unter *Sonstiges* geht es um Sonderfälle, und im Bereich *Erweitert* finden sich, wie der Name schon sagt, die erweiterten Einstellungen.

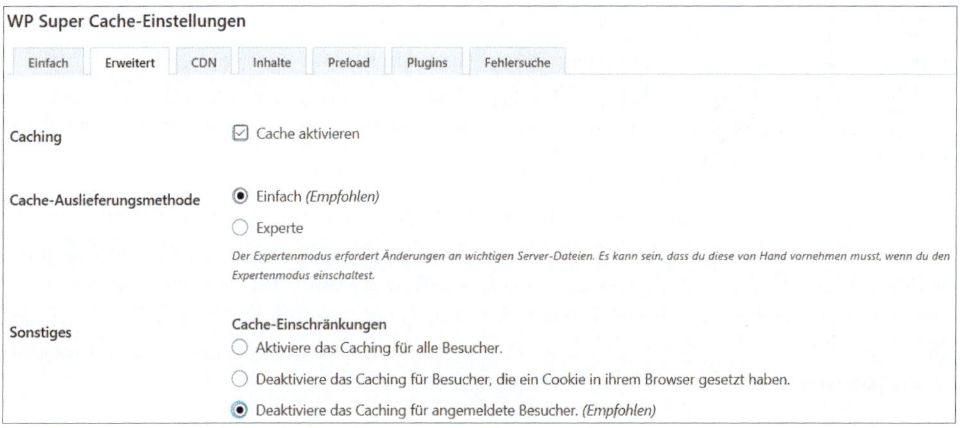

Dieses Register enthält etliche Möglichkeiten zur Einstellung

Der Inhalt des Registers *CDN* ist nicht so wichtig. Es handelt sich dabei um ein Netzwerk, über das man Dateien ausliefern kann. Auf dem Register *Inhalte* sehen Sie Informationen über das Caching. Sie können die Cache-Statistik über den Link *Regeneriere Cache-Statistik* neu erstellen lassen, um zu sehen, wie viele Seiten im eigenen Cache und wie viele im Super-Cache liegen. Außerdem können Sie alle oder nur die abgelaufenen Cache-Dateien löschen.

Im Register *Preload* können Sie dafür sorgen, dass gecachte Seiten ausgeliefert werden. Wenn Sie den Preload-Modus aktivieren, werden von dem Plug-in alle Seiten durchlaufen und es erstellt selbstständig die Cache-Dateien.

Unter dem Register *Plugins* finden Sie Informationen zu Caching-Plug-ins. Das Register *Fehlersuche* enthält Funktionen, um bei Problemen zu testen, wie *WP Super Cache* funktioniert. Hier lassen sich zusätzlich Dateien zum Caching ausgeben, und die Startseite kann regelmäßig überprüft werden.

Hier können Sie ein Protokoll erstellen

Ein weiteres interessantes Plug-in ist *WP Fastest Cache*. Nehmen wir an, Ihre Seite wird häufig besucht, dann kann es passieren, dass sie langsamer wird, denn wenn Sie bei einem Provider angemeldet sind, haben Sie ja dessen Server nicht für sich allein, sondern teilen ihn mit vielen anderen Kunden. Damit Sie nicht jedes Mal bei Ihrem Anbieter nachfragen müssen, warum Ihre Seite langsamer wird, gibt es *WP Fastest Cache*, das die dynamischen Inhalte Ihrer Seite in statische umwandelt. Dadurch wird der Server Ihres Anbieters weniger belastet.

Das Plug-in bietet ziemlich viele Funktionen, lässt sich aber trotzdem leicht bedienen. Sie können den Server optimieren, veralteten Cache löschen, ebenso den Cache für Administratoren oder den der minimierten CSS- und JS-Dateien. Außerdem lässt sich für bestimmte Inhalte das Caching auch verhindern. Sie können veraltete Caching-Dateien und den Cache bestimmter Seiten zeitgesteuert löschen und das Caching für mobile Geräte und für angemeldete WordPress-Nutzer benutzergesteuert einrichten.

Der Weg zum Plug-in

Das SSL-Protokoll und die hiesigen CDN-Netzwerke werden unterstützt. Das Caching aller Seiten wird im Voraus geladen, und es gibt ein benutzerdefiniertes Caching für einzelne Seiten und Browser-Agenten. Wenn Sie dieses Tool zusätzlich testen wollen, deaktivieren Sie vorher *WP Super Cache*, denn Sie sollten immer nur ein Caching-Tool gleichzeitig installieren. Nach der Installation und Aktivierung von *WP Fastest Cache* wird ein neuer Menüpunkt in der Sidebar angelegt, über den Sie die Optionen des Plug-ins öffnen können.

Ein imposantes Plug-in für das Caching

Einige Menüpunkte im Register *Einstellungen* sind nicht so kräftig dargestellt wie die anderen, da sie nur in der Version verfügbar sind, die bezahlt werden muss. Aber die hier verfügbaren genügen vollkommen. Sie können diese auch ruhig alle aktivieren.

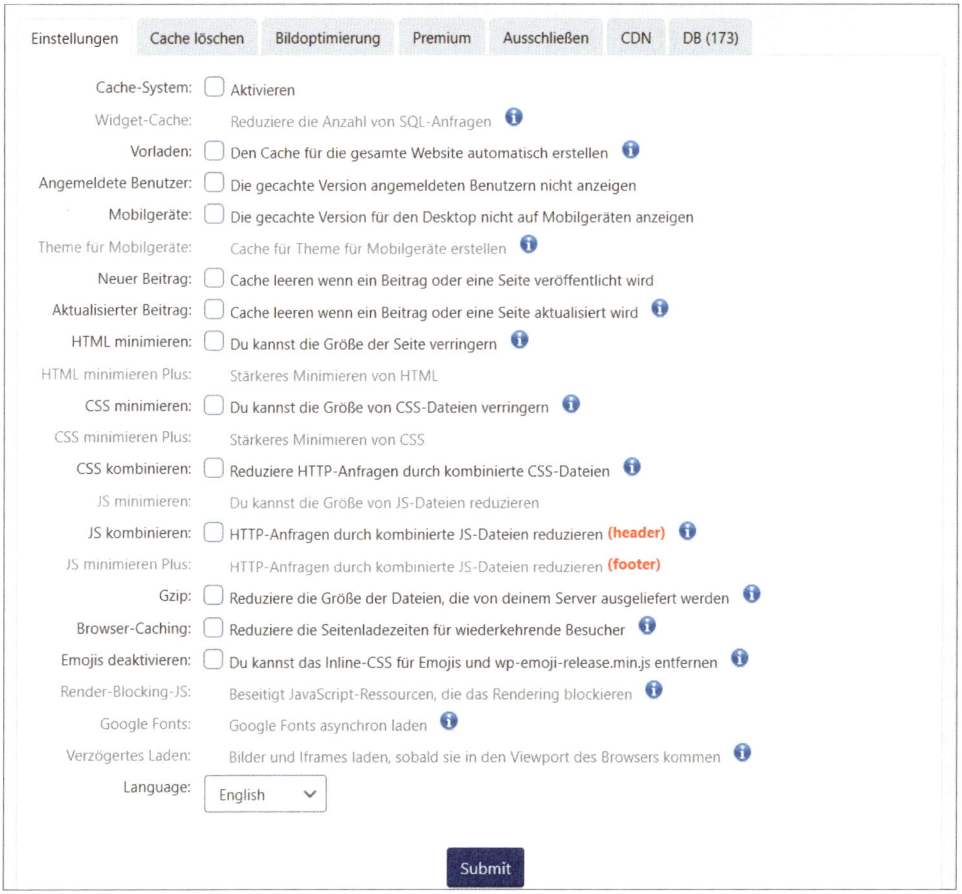

Hier gibt es viele Möglichkeiten zum Caching

32.4 Was bremst die Geschwindigkeit?

Mangelhaft programmierte Themes können zu Problemen führen. Manche davon enthalten Features, die nie benötigt werden, sich aber nicht deaktivieren lassen. Schon ein einziges Plug-in kann dafür sorgen, dass die Geschwindigkeit stark gebremst wird, auf der anderen Seite können aber auch etliche installierte Plug-ins zu gar keinen Problemen führen. Selbst ein Blog mit 20 oder 30 Plug-ins kann durchaus gute Ladezeiten haben, wenn die richtigen ausgewählt wurden.

Um das herauszufinden, gibt es einen einfachen, aber ziemlich aufwendigen Weg. Deaktivieren Sie alle Plug-ins und führen Sie einen Speedtest durch. Dann aktivieren Sie nur ein Plug-in und starten nochmals den Test und testen auf diese Weise jedes Plug-in für sich, also ohne die anderen zu aktivieren. Behalten Sie dabei auch immer die Anzahl der Requests und die Seitengröße im Auge.

Nach dem Test aller Plug-ins sollten Sie sich von denjenigen trennen, die sich negativ auf die Ladezeit auswirken. Vielleicht finden Sie auch eine Alternative eines anderen Anbieters. Wenn Sie ab jetzt neue Plug-ins installieren, testen Sie vor und nach der Installation die Seitengeschwindigkeit. Wenn diese sich negativ verändern sollte, entsorgen Sie das Plug-in gleich wieder.

Eine weitere enorme Geschwindigkeitsbremse ist es, viele Banner und Widgets auf der Seite zu haben. Das sollten Sie optimieren, indem Sie die Logos von Bannern als Datei in Ihren Webspeicher laden und dann von Hand einen Link daraufsetzen.

Nun zu den Kommentaren. Es ist super, wenn Sie viele Kommentare erhalten. Aber Sie sollten auch daran denken, dass viele Kommentare auch viele Avatar-Bildchen liefern können. Das können Sie ändern, indem Sie in den Einstellungen zu den Kommentaren nur die ersten 20 oder 30 anzeigen lassen. Dadurch können Sie Beiträge mit vielen Kommentaren wesentlich schneller machen.

Auch Bilder können eine große Geschwindigkeitsbremse sein, wenn sie zu groß sind. Eine Datei mit 2 MB Speicherplatz für ein Bild ist definitiv zu groß. Mehr als 200 KB sollte ein Bild nicht haben. Zur Darstellung im Web sind meist 100 KB pro Bild ausreichend. Bedenken Sie aber auch, dass eine reduzierte Dateigröße zu einem schlechteren Ranking führen kann, denn Suchmaschinen sehen die optimierten Bilder als neue Dateien an.

Wenn Sie einen Shop betreiben, in dem Sie keine eigenen Produkte anbieten, sind Sie auf andere Anbieter und deren externe Daten angewiesen. Diese Daten sollten Sie in besonders schwachen Onlinezeiten aktualisieren, also am besten mitten in der Nacht.

Nicht zu viel Werbung

Werbung auf Ihrer Seite bremst ebenfalls die Geschwindigkeit. Eine Faustregel besagt: Setzen Sie nicht mehr als drei Werbebanner auf eine Seite.

Statistiken sollten Sie nur intern führen und möglichst nicht extern. Besonders die Statistik-Tools aus den USA können die Geschwindigkeit Ihrer Seite enorm verringern.

32.5 Voraussetzungen für ein gutes Caching

Ich fasse nun nochmals alle Punkte für ein gutes Caching zusammen: Die einzelnen Seiten im Browser sollten sich schnell aufbauen, und innerhalb der Seiten sollte sich der Besucher schnell bewegen können. Eingaben müssen schnell funktionieren und Klicks sofort starten. Es ist wichtig, dass die Besucher möglichst lange auf der Seite bleiben, und bei Seiten, die langsam laden, wird das nicht der Fall sein. Dann ist Ihre Seite nicht interessant, und die Besucher werden sich schnell wieder entfernen. Außerdem werden lange Ladezeiten gnadenlos von den Suchmaschinen mit einem schlechteren Ranking bestraft. Eine erfolgreiche Webseite braucht also kurze Ladezeiten. Verzichten Sie auf animierte Seitenübergänge, weil diese zu lange laden und den Besucher nur nerven. Außerdem verdecken sie den Inhalt einer neuen Seite, bis diese vollständig geladen wurde.

Auch das schönste Design nützt Ihnen wenig, wenn die Performance fehlt und die Besucher schon wieder weg sind, bevor sie die ganze Schönheit Ihrer Seite genießen konnten. Für eine optimale Performance gilt eine Ladezeit von etwa einer Sekunde. Diese Ladezeit sollte nicht durch irgendwelchen Schnickschnack verzögert werden. Die Seite sollte logisch aufgebaut sein. Das heißt aber nicht, dass sie wenig Inhalt haben muss, aber alle diese Inhalte wie Bilder und Videos müssen optimiert werden und auch vom Aufbau her gut durchdacht sein.

Um Ihre Seite zu optimieren, sollten Sie immer, wenn möglich, die aktuelle PHP-Version nutzen. Fragen Sie ruhig vor dem Abschluss eines Vertrags bei Ihrem Anbieter nach, ob er diese regelmäßig aktualisiert. Beginnen Sie bei der Erstellung Ihrer Webseite so klein wie möglich. Halten Sie das Seitenvolumen gering und verwenden Sie nur die wirklich notwendigen Plug-ins. Komprimieren Sie alle Bilder.

32.6 WordPress säubern

Für eine gute Performance von WordPress ist es wichtig, das Programm alle paar Monate zu reinigen. Dies sollte aber nicht auf die Schnelle geschehen, sondern wirklich gründlich. Vor der Reinigung sollten Sie auf jeden Fall ein Backup aller Daten erstellen. Nun entfernen Sie alle Themes, die nicht genutzt werden, das sind ja normalerweise alle bis auf das verwendete. Auch deaktivierte Plug-ins müssen weg, denn je weniger Plug-ins, desto besser. Löschen Sie nun noch alle Bilder, die Sie nicht mehr benötigen.

Spielen wir das Ganze anhand meiner Seite *buchthemen.de* durch. Nach dem Backup überprüfen Sie als Nächstes Ihre Links mit dem *Broken Link Checker*. Das Tool checkt die Erreichbarkeit Ihrer Links auf der Seite. Nach dem Check sollten Sie alle nicht mehr erreichbaren Links entfernen. Dadurch wird die Seite zwar nicht schneller, aber benutzerfreundlicher und auch besser optimiert für die Suchmaschinen. Nichts ist uninteressanter als ein Link zu einer Webseite, die gar nicht mehr existiert. Führen Sie den Check alle paar Monate einmal aus, das genügt vollkommen.

Wenn Sie im Bereich des Plug-ins auf *Einstellungen* klicken, wird Ihnen die Zahl der fehlerhaften Links als Link angezeigt, falls es welche gibt. Wenn Sie auf diesen Link klicken, wird Ihnen der Name des oder der fehlerhaften Links angezeigt. Über *Link entfernen* entfernen Sie den Link.

Um sicherzugehen, ob ein Link auch wirklich nicht mehr funktionsfähig ist, können Sie auch ein oder zwei Tage warten und den Checker dann nochmals starten. Bei einem Link zu einer fremden Seite kann es sein, dass hier gerade gewartet wird, oder es gibt andere Gründe für den nicht funktionierenden Link. Wenn der Link nach zwei Tagen immer noch nicht funktioniert, sollten Sie ihn endgültig löschen.

Es sind keine fehlerhaften Links vorhanden

Starten Sie nun noch einmal *WP-Optimize*, um sämtliche Reste, die nicht gefunden wurden, zu entfernen, und sichern Sie auch alles nochmals mit *UpdraftPlus*, bevor Sie die Optimierungen ausführen. Löschen Sie nun sämtliche Cleaning-Plug-ins, und installieren Sie diese wieder nach Bedarf. Denken Sie an die regelmäßige Pflege Ihrer WordPress-Seiten. Das Programm wird es Ihnen danken.

Mit dem Programm *Dr. Link Check* können Sie ebenfalls die Links prüfen. Geben Sie Ihre Domain ein, um nach fehlerhaften Links zu suchen. Falls welche gefunden werden, korrigieren Sie das auf Ihrer Seite.

33. Suchmaschinenoptimierung (SEO)

In meinem letzten Buch über WordPress ist das Kapitel über SEO etwas kurz geraten. Deswegen bespreche ich das Thema in diesem Buch wesentlich ausführlicher. Doch vorher will ich kurz erklären, was SEO überhaupt bedeutet. Es steht als Abkürzung für **S**earch **E**ngine **O**ptimization. Unter SEO ist alles zu verstehen, was hilft, eine Seite für die Suchmaschinen zu optimieren. Das Ziel ist, eine Seite im Ranking möglichst weit nach vorne zu bringen, denn je besser das Ranking, desto mehr Besucher haben Sie auf Ihrer Seite. Dabei sollten Sie wissen, dass Google nicht Ihre gesamte Webseite auf einmal indiziert, sondern jede Seite einzeln. Daher ist es wichtig, die einzelnen Seiten im Ranking nach vorne zu bringen. Dafür muss jede Seite einen anderen Titel und eine andere Meta-Beschreibung haben.

Wenn Sie alle in diesem Kapitel empfohlenen Dinge beherzigen, werden Sie eine Webseite mit kurzer Ladezeit erzeugen. Trotzdem brauchen Sie viel Geduld, bis Sie im Ranking erfolgreich sein werden. Es kann Monate dauern, bis Google auf Ihre Seite aufmerksam wird. Doch nun zur Praxis.

33.1 Grundlegendes

- **Das richtige CMS-Tool:** Wenn Sie wenig Zeit in die Suchmaschinenoptimierung investieren wollen, wählen Sie WordPress aus. Es kann durch viele Plug-ins erweitert werden, die Ihnen bei der Optimierung für die Suchmaschinen helfen.
- **Der Seitenaufbau:** Sorgen Sie dafür, dass Ihre Seite unverzüglich startet, und geben Sie ihr einen ordentlichen, übersichtlichen und einfachen Aufbau. Der Besucher darf nicht lange nach etwas suchen müssen. Die Seiten zum Impressum und Datenschutz müssen immer leicht zu finden sein. Die Schriften müssen groß und gut lesbar sein.
- **Die URL:** Wenn Sie mit Ihrer Seite auffallen wollen, verwenden Sie keine Zahlen oder Sonderzeichen für Ihre URL. Sie sollte einfach, gut lesbar, auffällig und möglichst kurz sein und das Keyword enthalten, denn dieses wird in den Suchergebnissen dann fett angezeigt. Falls zwei Wörter getrennt werden müssen, verwenden Sie das Minus als Trennzeichen. Schreiben Sie alles klein und verzichten Sie auf Füllwörter.
- **Das Title-Tag:** Die richtige Wahl des Titels ist äußerst wichtig, denn die Suchmaschine erkennt anhand des Titels den Inhalt einer Seite. Er sollte also zum Inhalt Ihrer Seite passen. Das Tag Ihrer Seite ist im Browser zu sehen. Jede URL sollte ihr eigenes Tag mit einem Keyword am Anfang haben. Das Tag sollte idealerweise mindestens 40 und maximal 70 Zeichen haben und so gut sein, dass es den Besucher zum Aufruf der Seite bewegt. Alles, was beim Title-Tag über 70 Zeichen hinausgeht, wird von Google durch ... ergänzt.
- **Der Permalink** ist die URL, unter der Ihr Artikel gespeichert wird. Die Einstellungsmöglichkeiten für Permalinks finden Sie im Menü *Einstellungen/Permalinks*. Wenn Ihr

Beitrag kurz vor der Veröffentlichung steht, vergessen Sie den Permalink nicht. Im Permalink sollte immer möglichst ein Keyword aus dem Titel enthalten sein. Die Struktur der Permalinks muss richtig eingestellt sein.

33.2 Die Metatags

Die Metatags haben zwar keinerlei Einfluss auf das Ranking. Trotzdem sollten Sie diese nicht unbeachtet lassen. Eine gute Meta-Beschreibung hat auch eine indirekte Wirkung auf die Suchmaschinen, denn diese zeigen die Meta-Beschreibung in ihren Suchergebnissen an. Die Meta-Beschreibung informiert über den Inhalt Ihrer Seite und sollte deswegen mit dem Inhalt harmonieren. Bieten Sie in der Meta-Beschreibung Wissen für den Leser an. Eine gute Meta-Beschreibung sollte aus wenigen Worten, aus mindestens 80 und maximal 150 Zeichen bestehen. Bei mehr als 150 Zeichen wird von Google der übrige Text durch ... ersetzt. Zu Beginn der ersten 80 Zeichen und noch ein zweites Mal innerhalb dieser 80 Zeichen sollten Sie ein Keyword platzieren, denn wenn diese Wörter in die Beschreibung eingefügt sind, werden sie in den Suchmaschinen fett angezeigt. Geben Sie immer eine Meta-Beschreibung ein, denn wenn nicht, bastelt Google selbst eine zusammen, und das kann nachteilig für Sie sein.

33.3 Optimierung für mobile Geräte

Wenn Sie Ihre Seite nicht für Smartphones und Tablets optimiert haben, bestehen nur geringe Chancen, bei Google gefunden zu werden.

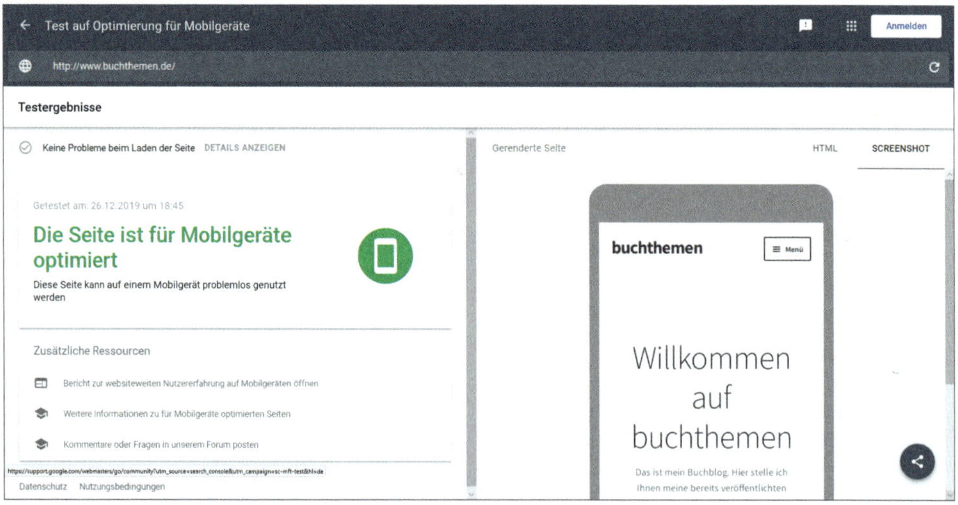

Checken Sie Ihre Seite auf die Tauglichkeit für mobile Geräte

Die Anzahl dieser Nutzer wird immer größer, daher sollten Sie immer darauf achten, Ihre Seite mithilfe des Responsive Designs in jeder Bildschirmgröße gut aussehen zu lassen. Ob Ihre Seite für mobile Geräte gut genug optimiert ist, können Sie mit dem Tool *Mobile Friendly* feststellen.

33.4 Verlinkungen

Achten Sie immer darauf, interne Verlinkungen zu gleichartigen Inhalten in Ihre Seite zu integrieren. Dieser Vorgang wird Pingback genannt. Dieser Pingback zeigt Ihnen auch an, wenn Ihr Artikel anderweitig verlinkt wurde. Pingbacks sind hilfreich dabei, Artikel unter Bloggern auszutauschen.

Eine ähnliche Aufgabe wie Pingbacks haben die Trackbacks. Sie teilen dem Betreiber eines Blogs mit, dass auf einer anderen Seite Infos über ihn stehen. Beides funktioniert jedoch nur, wenn dies unter *Einstellungen/Diskussionen* aktiviert ist.

Dazu müssen Sie im Bereich *Standardeinstellungen für Beiträge* die Option *Link-Benachrichtigungen von anderen Blogs (Pingbacks und Trackbacks) zu neuen Beiträgen erlauben* aktivieren.

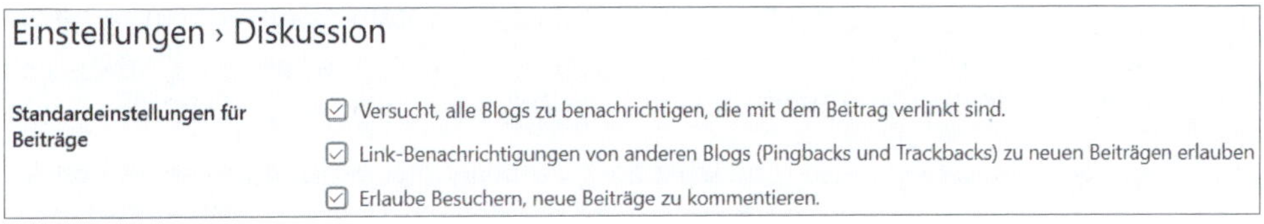

Hier wird die Einstellung für Pingbacks und Trackbacks festgelegt

Versuchen Sie auch, Backlinks, also Links von fremden Seiten zu Ihrer eigenen, zu bekommen, denn die Qualität dieser Seiten kann einen erheblichen Einfluss auf das Ranking haben. Wenn Sie keine Backlinks bekommen, verlinken Sie auf Seiten, die sich mit dem gleichen oder einem ähnlichen Thema befassen und gute Qualität haben. Informieren Sie den Betreiber über die Verlinkung. Möglicherweise gefällt ihm Ihr Artikel und er setzt einen Backlink. **Wichtig: Für einen Backlink sollten Sie nie etwas bezahlen!**

33.5 Texte mit Keywords optimieren

Konzentrieren Sie sich in Ihren Artikeln auf wenige Keywords. Fügen Sie diese im Titel des Beitrags, im Text und im Permalink ein. Verwenden Sie Synonyme für das Wort.

Ihr erstes Keyword sollte immer der Titel eines Artikels sein. Bauen Sie das Keyword in Ihre erste Überschrift ein. Dieser sollte die Überschrift 2 zugewiesen werden. Das Keyword sollte im Titel nur einmal vorkommen. Im Artikel selbst ist es ideal, wenn das Keyword dreibis fünfmal enthalten ist. Einmal davon ist ein Fettdruck empfehlenswert. Verwenden Sie auch ähnliche Keywords.

Schreiben Sie das Keyword in ein Bild oder legen Sie es als Alt-Tag an. Setzen Sie es auch in die URL des Beitrags ein und halten Sie dessen Namen kurz. Geben Sie es ebenfalls in der Meta-Beschreibung ein, um die Klickrate des Beitrags zu erhöhen und dadurch das Ranking zu verbessern.

Es ergibt nach wie vor Sinn, sich bei der Optimierung eines Blogartikels auf ein Haupt- oder Fokus-Keyword zu konzentrieren. Dieses bauen Sie an den wichtigsten Stellen ein, wie z. B. Beitragstitel (H1-Überschrift), Meta-Titel, Meta-Beschreibung, Fließtext und Permalink.

Platzieren Sie das Keyword auch am Ende des Artikels noch mal, entweder am Ende des Textes oder im Footer-Bereich. Schreiben Sie z. B.: »Sie sind gerade auf der Seite ...!«

33.6 Überschriften optimieren

Überschriften sind ein wichtiger Bestandteil eines Beitrags. Diese sind in eine Hierarchie von H1 bis H6 eingeteilt, wobei die Verwendung von H1 bis H3 in den meisten Fällen genügen dürfte. Die H1-Überschrift sollte dabei nur einmalig vorkommen. Verwenden Sie für die Überschriften H2 und H3 themenverwandte Keywords. Strukturieren Sie die Überschriften in der richtigen Reihenfolge, also nicht H3, dann H2, sondern erst H2 und dann H3.

Eine Überschrift ist idealerweise möglichst kurz, auffällig und informativ. Verwenden Sie in der Überschrift ein Keyword, oder nutzen Sie das Keyword selbst als Überschrift. Verwenden Sie Bindestriche und nehmen Sie von Leerzeichen Abstand.

Setzen Sie Zahlen in Ihrer Überschrift ein und sprechen Sie den Leser direkt an. Verwenden Sie Wörter wie »einfach«, »garantiert«, »kostenlos«, »schnell« oder »sicher«. Überschriften sollten nie langweilig sein, nicht zu kurz und auf gar keinen Fall zu lang. Wenn Ihnen Ihre Überschrift gefällt, bedeutet das nicht gleichzeitig, dass sie auch Ihren Lesern gefällt.

33.7 Hochwertige Inhalte schreiben

Der Inhalt ist das Wichtigste an Ihrer Seite. Ein guter Inhalt wird von einer Suchmaschine auch angezeigt, ein weniger guter eher nicht. Wenn Sie viele Besucher auf Ihre Seite ziehen wollen, sollten Sie schon ziemlich viel über das Thema wissen, über das Sie schreiben. Das wird Ihnen zu Stammlesern verhelfen, denn Google erkennt, ob eine Seite interessante Inhalte für den Leser bietet.

Schreiben Sie außergewöhnliche Texte mit mindestens 300 Wörtern, die dem Leser einen Nutzen bieten. Achten Sie dabei auf eine ordentliche und sinnvolle Struktur beim Aufbau des gesamten Textes. Versuchen Sie, Ihren Lesern zu helfen. Ergänzen Sie den Text durch Tabellen, Checklisten, Videos oder E-Books.

Schreiben Sie lieber einen langen Artikel als mehrere kurze. Der Leser hat gern alles in einem Beitrag gebündelt. Markieren Sie wichtige Wörter mit Fettdruck oder unterstreichen Sie diese.

Verwenden Sie bei einem langen Text ein Inhaltsverzeichnis, bei dem der Leser direkt per Klick zu einem Abschnitt springen kann. Dafür müssen Sie zu jeder Zwischenüberschrift einen Link setzen, womit Sie auch gleich wieder die wichtigen internen Verlinkungen schaffen. Schreiben Sie keine Texte für die Suchmaschinen, sondern für Ihre Leser!

Überprüfen Sie Ihre Artikel in regelmäßigen Abständen von zwei bis drei Monaten. Vielleicht ist etwas in dem Artikel nicht mehr aktuell, und es gibt stattdessen Neues zu berichten. Wenn ein Artikel wieder neu veröffentlicht wird, hat er auch ein aktuelleres Datum, und das ist wiederum gut für die Suchmaschinen.

33.8 Die Verwendung von PDF-Dateien

Für die Veröffentlichung von Artikeln haben Sie zwei Möglichkeiten: Sie können sie entweder direkt veröffentlichen oder in einer PDF-Datei als Download. Die bessere Variante ist wohl die, dem Leser den Artikel direkt zu präsentieren, denn sonst müsste er sich ja erst die Datei herunterladen und dann lesen. Ohne den Download ist es einfacher für den Leser, denn dann weiß er gleich, ob ihn der Artikel überhaupt anspricht.

Trotzdem sollten Sie Ihre Artikel zusätzlich als Download anbieten, sozusagen als Dienst am Kunden. Diese PDF-Dateien werden ebenfalls von Google gefunden. Sie haben den Vorteil, dass Leser sie bevorzugt abspeichern, vielleicht irgendwann wieder lesen und dann auch Ihren Blog erneut besuchen. Eine Weitergabe der Artikel ist ebenfalls möglich, wenn Sie dies genehmigen.

Der schnellste Weg zu einer PDF-Datei funktioniert folgendermaßen: Öffnen Sie die Vorschau eines Beitrags, markieren Sie den gesamten Inhalt und kopieren Sie diesen in ein leeres Word-Dokument. Speichern Sie dieses Word-Dokument dann als PDF-Datei ab.

Eine PDF-Datei lässt sich bequem und schnell in einen Beitrag einfügen. Klicken Sie an der Stelle im Beitrag, an der Sie den Download einfügen wollen, auf *Datei hinzufügen*, suchen Sie auf Ihrem PC die abgespeicherte Datei aus, und fügen Sie diese in die Mediathek ein.

Führen Sie einen Doppelklick auf das Dateisymbol aus. Sie kommen in den Bereich *Anhang-Details*. Der vorher vergebene Name für die PDF-Datei wird in die Zeile *Titel* übernommen. Sie können diesen hier auch noch ändern. Achten Sie darauf, dass die Datei nicht zu groß ist. Legen Sie dann noch einen Text für die Beschriftung und die Beschreibung fest. Die Eingaben werden automatisch abgespeichert. Markieren Sie die URL im Fenster *Link kopieren*.

Geben Sie die Daten zu der Datei ein

Öffnen Sie den Beitrag, in den die PDF-Datei eingefügt werden soll, und legen Sie am Ende des Textes einen neuen Absatz an. Setzen Sie den Mauszeiger in den Absatz und klicken Sie das Symbol *Link* in der oberen Werkzeugleiste an. Kopieren Sie den vorher markierten Link in das leere Feld und bestätigen Sie mit dem Pfeil-Symbol für *Übernehmen*, um den Link zu aktivieren. Die PDF-Datei wird in den Beitrag geladen. Ein Klick auf *Aktualisieren* speichert die Datei, und der Besucher kann sie öffnen.

Die URL der PDF-Datei wird kopiert

Der Link zur PDF-Datei in der Vorschau

Das Plug-in *Print Friendly & PDF* eignet sich ebenfalls gut, um eine druckbare Ausgabe eines Artikels zu erstellen. Mit diesem Plug-in können Sie in einen Beitrag oder in eine Seite einen Button für das Drucken einfügen. Deaktivieren Sie vor der Verwendung andere PDF-Plug-ins. Nach der Installation und Aktivierung wird im Menü *Einstellungen* ein Untermenü für das Plug-in angelegt. Von hier aus können Sie die Einstellungen öffnen.

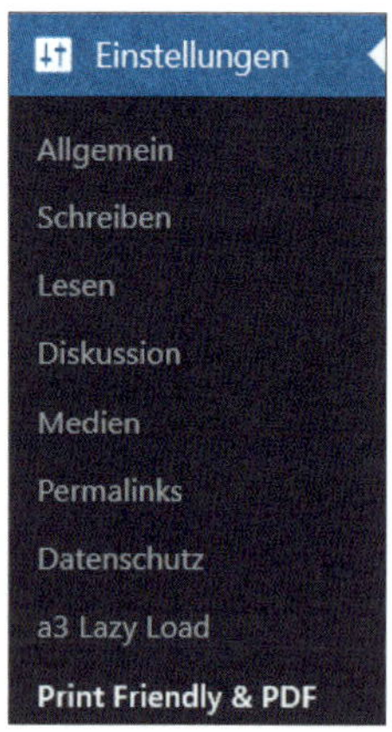

Der Weg zum Plug-in

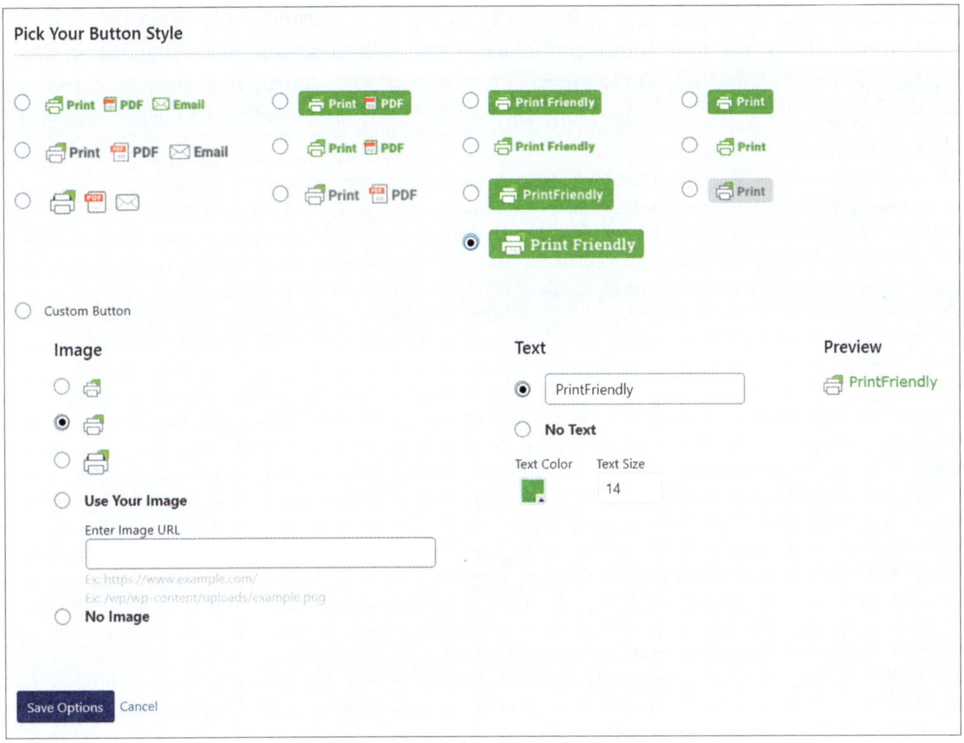

Einige Einstellungsmöglichkeiten des Plug-ins

In den Einstellungen des Tools können Sie im Fenster *Text* festlegen, was für ein Text neben dem Drucksymbol zu sehen sein soll. Die Farbe und die Schriftgröße dieses Textes können Sie ebenfalls bestimmen. Das Erscheinungsbild des Buttons wird Ihnen in einer Vorschau rechts daneben angezeigt. Sogar eine eigene Grafik kann als Drucksymbol verwendet werden. Dafür müssen Sie die URL in das Feld *Use Your Image* im Bereich *Image* eingeben. Sichern Sie alle Eingaben über *Save Options*.

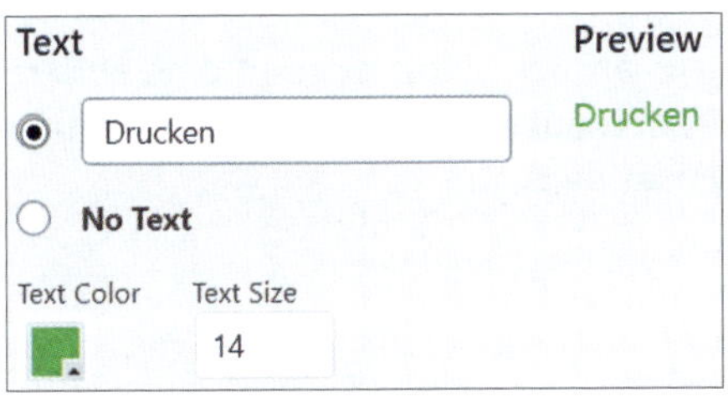

Ändern Sie den Text des Buttons

Verwenden Sie Ihren selbst erzeugten Button

Über die Platzierung des Buttons im Beitrag kann ebenfalls frei entschieden werden. Sie können ihn rechts oder links platzieren, wobei ich persönlich rechts bevorzuge. Er kann unter allen Beiträgen und Seiten veröffentlicht werden oder nur auf bestimmten.

Der Button kann unter allen Beiträgen und Seiten veröffentlicht werden oder nur auf bestimmten. Nach meiner Meinung reicht es, ihn bei den Beiträgen zu platzieren, denn es wird sich kaum jemand Ihre Seiten ausdrucken wollen. Falls Sie nur einen bestimmten Beitrag ausdrucken lassen wollen, verwenden Sie den Shortcode und setzen diesen in den gewünschten Beitrag ein.

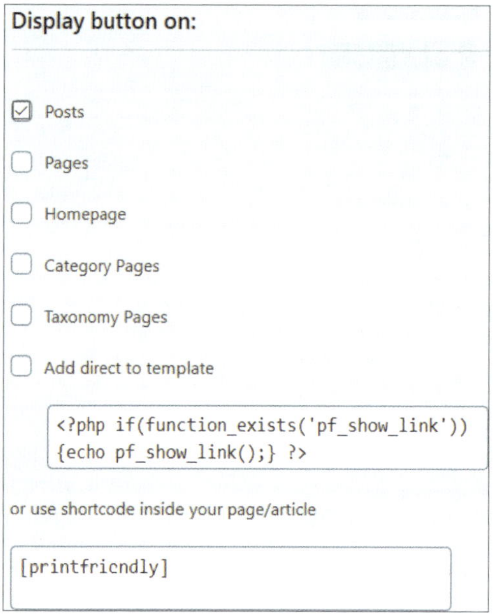

Bestimmen Sie die Druckbereiche

Dieser Shortcode ist manchmal nützlich

Wenn der Leser in Ihrem Beitrag auf den Button *Drucken* klickt, öffnet sich ein Fenster, in dem er einige Highlights findet: Er kann vor dem Ausdruck eines Artikels die Bilder entfernen, die darin enthalten sind, und auch bestimmte Textbereiche löschen, die er nicht benötigt. Dazu muss er lediglich den Text mit dem Mauszeiger berühren und dann auf den Papierkorb klicken.

Außerdem kann er einen Beitrag direkt von hier aus an sich selbst oder an eine andere E-Mail-Adresse senden. Er kann ihn auch als PDF-Datei auf seinem PC abspeichern und dort zum Lesen öffnen oder als PDF-Datei weiterversenden.

33.9 Beiträge optimieren

Wenn Ihr Blog bereits ein paar Monate oder Jahre besteht, werden sich mehrere ähnliche Beiträge zu einem Thema angesammelt haben. Wenn deren Inhalte noch aktuell sind, ergänzen Sie jeden einzelnen durch neue Infos, und fügen Sie dann alle zu einem langen Beitrag zusammen.

Wenn Sie Beiträge in Ihrem Blog haben, die veraltet sind und seit Monaten nicht mehr aufgerufen werden, dann löschen Sie diese. Sie müssen nicht jeden älteren Artikel löschen, doch ab und zu sollten Sie sich einen herausgreifen und entfernen.

Veröffentlichungsdatum ändern

Ändern Sie in einem Artikel das Veröffentlichungsdatum und die URL. Schreiben Sie den Text minimal um, indem Sie Begriffe durch ähnliche austauschen. Verändern Sie das Aussehen der Seite leicht. Wenn Sie all dies tun, haben Sie aus der Sicht von Google eine neue Seite und Sie werden im Ranking steigen.

Das Datum können Sie in der rechten Spalte im Bereich *Dokument* ändern. Klicken Sie auf den Link mit dem Datum. Ein Kalender öffnet sich, und Sie können aus diesem das aktuelle Datum auswählen.

Beitragsbilder

Jeder Ihrer Beiträge sollte ein Beitragsbild enthalten. Aber nur irgendein Bild einzufügen genügt nicht, es muss Aufmerksamkeit erregen. In der Regel finden Sie solche Bilder in kostenlosen Bilddatenbanken.

Es gibt keinen Zweifel, dass Bilder in einem Blog wichtig sind. Nutzen Sie möglichst viele davon. Ein Bild in einen Beitrag einzufügen, stellt kein großes Problem dar. Doch damit ist es nicht getan. Die Bilder müssen auf die richtige Weise optimiert werden, damit Google sie besser findet.

Bilder können die Geschwindigkeit, mit der Ihre Webseite geladen wird, enorm bremsen. Es ist nicht empfehlenswert, unbearbeitete Bilder im Internet zu veröffentlichen. Bedenken Sie bitte, dass immer noch nicht jeder über schnelles Internet verfügt, und wenn jemand mehrere Minuten warten muss, bis sich die Bilder aufgebaut haben, wird er Ihre Seite schnell wieder verlassen.

Doch nicht nur das – Google wird Ihre Seite mit langen Ladezeiten bei seinem Ranking bewerten. Dies wird sich negativ auf Ihre SEO auswirken. Dabei ist es gar nicht schwer, Bilder zu optimieren.

Die gängigsten Formate für Bilder im Internet sind JPEG und PNG. Die Digitalkamera und das Smartphone nutzen JPEG. Für Grafiken oder Logos wird dagegen eher das PNG-Format verwendet.

Die Wahl der richtigen Bildgröße ist wichtig, wenn eine Webseite aufgerufen wird. Dabei sollten Bilder niemals in der Größe veröffentlicht werden, die von der Digitalkamera oder dem Smartphone auf den PC gespeichert wird. Dies kann riesige Datenmengen und sehr lange Ladezeiten verursachen. Eine Bilddatei sollte eine maximale Größe von 500 KB haben. Reduzieren Sie mit einem Bildbearbeitungsprogramm die Größe eines jeden Bildes, bevor Sie es online stellen. Eine Auflösung von 300 dpi ist im Web nicht nötig. Hier reichen 72 dpi vollkommen aus. Lediglich für einen Druck werden 300 dpi benötigt. Mehr als eine Breite von 1.600 Pixeln werden Sie selten benötigen. Manchmal reichen sogar 800 Pixel aus, aber es kommt immer auf das jeweilige Bild an, das lässt sich nicht pauschal sagen.

Der Name der Datei wirkt sich auf die SEO aus. Verwenden Sie unbedingt einen kurzen, aussagekräftigen Namen ohne Leerzeichen, Sonderzeichen oder Umlaute. Verwenden Sie nur Kleinbuchstaben für den Namen, und falls der Name aus mehreren Wörtern besteht, trennen Sie diese durch Bindestriche, weil Linux im Gegensatz zu Windows genau zwischen Groß- und Kleinschreibung unterscheidet.

Der Alt-Text

Wenn Sie Bilder optimiert, eingefügt und platziert haben und eine Bildunterschrift vergeben haben, dann müssen Sie sich dem Alt-Text zuwenden. Dies ist sehr wichtig, weil dieser Text von Google und den anderen Suchmaschinen gecheckt wird. Deswegen muss er besonders aussagekräftig sein. Geben Sie einen passenden Namen ein. Dieser sollte ein Keyword enthalten. Noch besser ist es, wenn das Keyword gleichzeitig der Bildname ist.

Bildeinstellungen checken

Wenn Sie alle Optimierungen für ein Bild vorgenommen haben, können Sie dies nochmals im visuellen Editor prüfen. Wenn Sie die Maus dort über das Bild bewegen und den sich zeigenden Stift anklicken, öffnet sich ein Fenster mit zahlreichen Optionen. Hier können Sie nochmals Änderungen am Bild vornehmen.

Eine noch bessere Bildoptimierung können Sie durch die Nutzung von Plug-ins erreichen. Besonders empfehlenswert sind hier die Plug-ins *Smush* oder *Imagify*.

Keywords in Bildern

Bilder sind für SEO wichtig. Wenn Anwender nach einem Bild suchen, benutzen sie dafür ein Schlüsselwort. Deswegen sollten Sie aussagekräftige Schlüsselwörter im Namen des Bildes verwenden.

Die Ladezeit

Bilder und Videos belegen bekanntlich den größten Speicherplatz einer Webseite. Der Browser eines Besuchers muss diese aber alle abarbeiten, und das kostet Zeit. Um diese Zeit zu verkürzen, sollten Sie ein Lazy-Load-Plug-in einsetzen. Dieses Tool optimiert Ihre Webseite, indem es erst mal nur die wirklich notwendigen Inhalte lädt, und erst, wenn der Besucher nach unten scrollt, die restlichen. Bilder und Videos werden also erst dann geladen, wenn der Leser sich zu diesen hinbewegt. Dies hat einen enormen Einfluss auf die

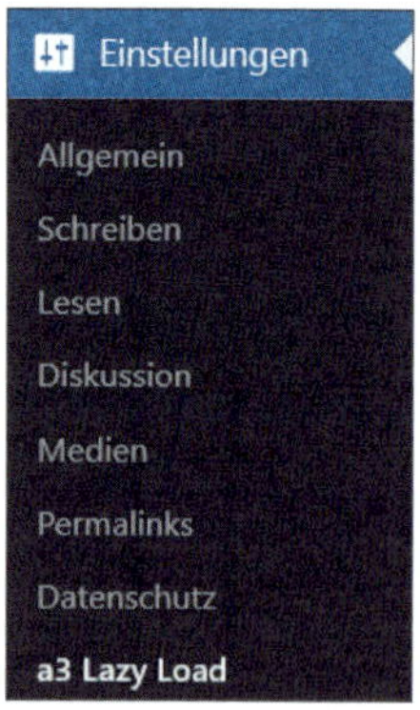

Hier geht es zum Plug-in

Geschwindigkeit Ihrer Seite. Das Plug-in *a3 Lazy Load* ist bereits im Theme von *buchthemen* integriert und kann für diesen Zweck genutzt werden.

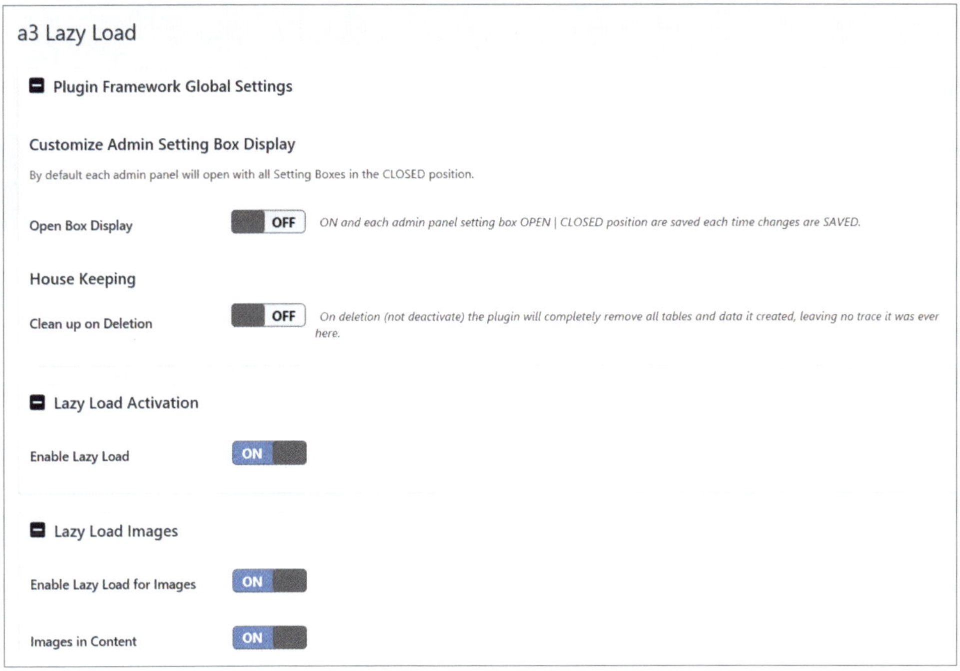

Legen Sie fest, was alles geladen werden soll

33.10 Plattformen und Portale

Setzen Sie von Ihnen erzeugte Fotos bei *Pixabay* und anderen Plattformen ein. Geben Sie sich als Urheber an und die Bilder zur Verwendung frei. Weisen Sie auf diesen Portalen in irgendeiner erlaubten Form auf Ihre Seite hin. Dadurch können Sie mehr Besucher bekommen.

Blogplattformen

Nutzen Sie Blogplattformen wie *Blogger*, um dort Kopien Ihrer Artikel zu veröffentlichen. Das ist kostenlos, und Ihre Artikel erhalten Aufmerksamkeit durch die Besucher dieser Seiten.

Blogkataloge

Tragen Sie Ihre Artikel in Blogkataloge wie *Bloggerei* oder *Blogbox* ein, wenn Sie Backlinks bekommen wollen. Achten Sie aber darauf, dass im Gegenzug keine Linkpflicht besteht, damit Sie keine unerwünschten Links in Form von bunten oder leuchtenden Buttons auf Ihre Seite stellen müssen. Unter bloggen24.com können Sie Ihren Blog unter einer bestimmten Kategorie mit einer kurzen Beschreibung eintragen.

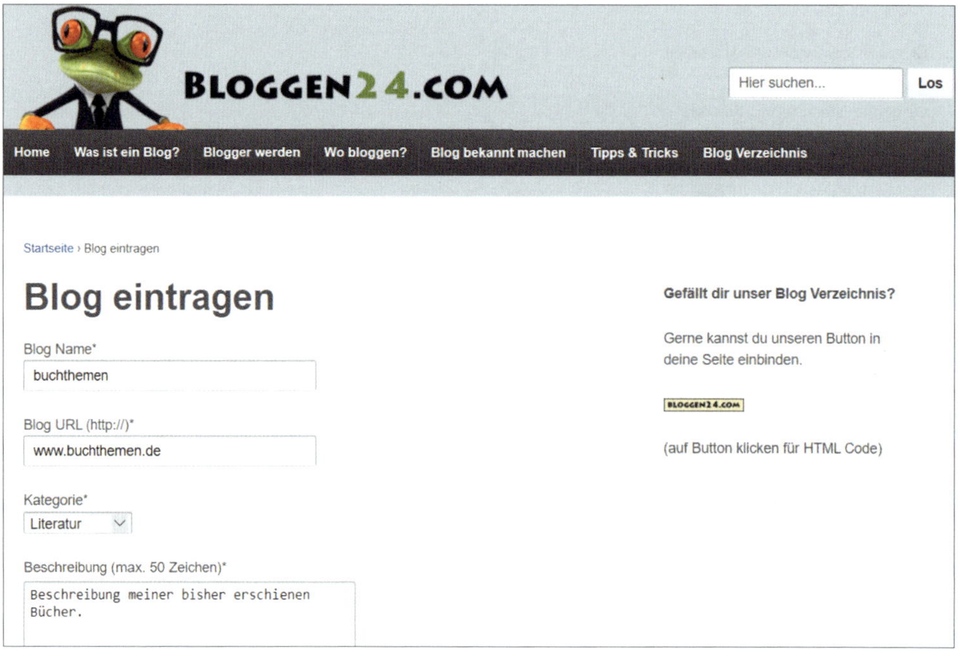

Melden Sie Ihren Blog in einem Verzeichnis an

Blogparaden

Bei einer Blogparade wird ein bestimmtes Thema genannt, über das die Teilnehmer dann schreiben. Dies bringt wieder neue Besucher auf Ihre Seite, denn derjenige, der die Blogparade veranstaltet, verlinkt jeden Teilnehmer. Wenn die Parade beendet ist, wird eine Zusammenfassung geschrieben.

Sie können auch selbst eine Blogparade veranstalten, um den Bekanntheitsgrad Ihres Blogs zu steigern. Veröffentlichen Sie einen Artikel zu einem bestimmten Thema und bitten Sie die Leser, selbst einen Beitrag zu diesem Thema innerhalb einer bestimmten Zeit zu schreiben. Sie können auch selbst Artikel für andere Seiten verfassen.

Blogroll

Eine Blogroll sind Links zu anderen Seiten, die normalerweise im Footer-Bereich platziert werden. Wenn Ihnen Blogs oder Seiten besonders gut gefallen, verlinken Sie dorthin, und teilen Sie dies dem Inhaber mit. Vielleicht bekommen Sie dadurch einen Gegenlink. Falls nicht, können Sie den Link ja auch wieder löschen.

Nehmen Sie Kontakt zu anderen Bloggern auf, und bitten Sie diese, Ihren Blog in eine Blogroll zu integrieren. Entgegenkommenderweise müssen Sie dann ihre Blogs auch in Ihre Blogroll aufnehmen. Dazu müssen Sie auf Ihrer Seite natürlich erst mal eine Blogroll erstellen. Um eine Blogroll einzurichten, ziehen Sie aus dem Menü *Design/Widgets* das Widget *Links* in die Sidebar.

Frage-und-Antwort-Portale

Melden Sie sich bei einem Portal wie *Quora* oder *wikiHow* an und liefern Sie Artikel, die Sie als Experten darstellen.

Nutzen Sie Frage-und-Antwort-Portale

33.11 Sonstiges

In diesem Abschnitt sind nochmals verschiedene Punkte zusammengefasst, die wichtig sind. Nehmen Sie diese alle nicht auf die leichte Schulter und beachten Sie sie.

Die Datenbank

Die Optimierung der Datenbank wurde bereits besprochen. Versuchen Sie es auch mal zur Abwechslung mit dem Plug-in *Advanced Database Cleaner*, denn dieses Tool entfernt auch die letzten Reste von bereits gelöschten Plug-ins.

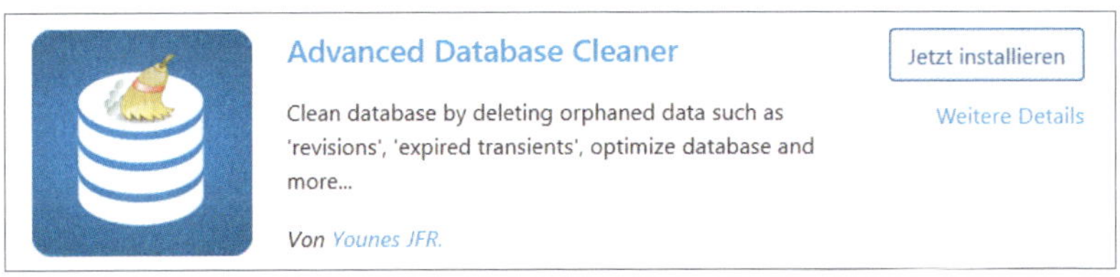

Ein Plug-in für die Reinigung der Datenbank

Eine Reinigung in regelmäßigen Abständen lässt sich damit ebenfalls einrichten. Das Plug-in richtet sich nach seiner Installation und Aktivierung einen eigenen Menüpunkt im Dashboard ein. Von hier aus können Sie dessen Konfiguration starten.

Das Menü des Plug-ins

Im Register *Allgemeine Reinigung* werden Ihnen in einer Liste alle Elemente angezeigt. Wenn bei einem Element eine Reinigung möglich ist, wird die Anzahl in roter Schrift angezeigt. Setzen Sie per Mausklick ein Häkchen in das Kontrollkästchen vor dem jeweiligen Element.

Aktivieren Sie im Pull-down-Menü *Mehrfachaktionen* die Option *Bereinigen* und klicken Sie auf *Übernehmen*. Es erfolgt die Empfehlung, die Datenbank zu sichern, bevor Sie fortfahren. Ein Klick auf *Continue* schließt die Aktion ab, und das Ergebnis wird Ihnen angezeigt.

Einige Elemente sollen bereinigt werden

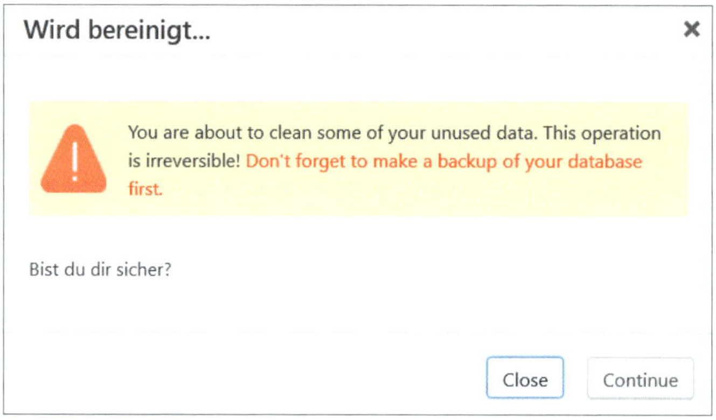

Vor der Reinigung noch eine Sicherheitsabfrage. Die Meldung über die erfolgreiche Reinigung

Die Geschwindigkeit

Verbessern Sie die Geschwindigkeit Ihrer Seite mithilfe von Plug-ins, denn jeder Besucher erwartet eine Seite, die schnell lädt. Wenn Sie eine schnellere Seite als Ihre Mitbewerber haben, sind Sie klar im Vorteil. Entfernen Sie alles, was Ihre Seite verlangsamt.

Die Sicherheit

Verwenden Sie für Ihre Seite unbedingt eine SSL-Verschlüsselung, dadurch wird sichtbar, dass Sie sich um die Sicherheit Ihrer Seite kümmern. Bei einem SSL-Zertifikat handelt es sich um eine Verschlüsselung Ihrer Seite. Nicht verschlüsselte Seiten werden von den Browsern mit diesem Hinweis als nicht sicher angezeigt. Jeder Hosting-Anbieter hat SSL im Angebot.

33.12 Soziale Netzwerke nutzen

Die sozialen Netzwerke mit den bekannten Accounts von Facebook, Twitter, Instagram und anderen helfen dabei, dass man auf Ihren Blog aufmerksam wird. Außerdem können Sie viele Leute über neu veröffentlichte Artikel informieren. Hier lässt sich über die verschiedenen Kanäle ein Netzwerk aufbauen, und die Zahl Ihrer Leser vergrößert sich.

Beginnen wir mit Facebook, dem weltweit größten sozialen Netzwerk. Mit diesem Kanal können Sie Ihre Besucherzahlen um eine drei- oder sogar vierstellige Prozentzahl steigern. Voraussetzung ist erst mal eine eigene Facebook-Seite. Erzeugen Sie in dieser eine Fanpage, indem Sie auf Ihrem Profil den Link *Seite erstellen* anklicken. Wählen Sie dann aus den verschiedenen Kategorien unter *Marke* oder *Produkt* die Kategorie *Webseite*. Geben Sie hier den Namen Ihres Blogs ein und richten Sie die Fanpage ein, indem Sie die Beschreibung ausfüllen, einen Link zu Ihrem Blog erzeugen und Ihr Profil sowie ein Titelbild hochladen.

Auch durch die Teilnahme an Facebook-Gruppen wird die Bekanntheit Ihres Blogs gesteigert, denn andere Blogger werden Ihre Beiträge teilen und verlinken. Neue Beiträge sind relativ schnell gepostet, und das verursacht auch keine Kosten. Schicken Sie neue Beiträge idealerweise wochentags von Montag bis Donnerstag zwischen 7 und 9 Uhr und am Abend zwischen 18 und 20 Uhr, denn zu diesen Zeiten sind normalerweise viele Leute im Netz unterwegs. Beachten Sie aber immer die Regeln einer Gruppe. Posten Sie verschiedene Beiträge in einer Woche und testen Sie, welche am besten angenommen werden. Natürlich sollten Sie auch selbst andere Beiträge teilen. Besonders bei Facebook beschäftigen sich viele Nutzer mit dem Thema Bloggen und WordPress.

Weiter geht es mit Twitter. Melden Sie sich auch hier an und twittern Sie Ihre Beiträge mit Hashtags, das sind Schlagwörter, die mit dem Rautezeichen # ausgestattet sind. Über diese Hashtags sprechen Sie dann auch andere an, die am gleichen Thema Interesse haben.

Mit Pinterest steht ein weiterer Kanal zur Verfügung. Wenn Sie in Pinterest Pinnwände erzeugen, benennen Sie diese am besten wie die Keywords in Ihrem Blog, denn dann wird von Pinterest ein Permalink mit diesem Keyword erzeugt, und es erfolgt auch ein Ranking in Google. Außerdem kann man auf Pinterest auch eine Fangemeinde aufbauen.

Dann bietet sich auch noch bei Instagram ein Account an. Hier besteht die Möglichkeit, den Blog durch Fotos bekannt zu machen.

Nun noch ein paar Sätze zu YouTube. Ein gutes, aussagekräftiges Video bei YouTube kann viele Besucher bringen. Dafür werden allerdings eine gute Kamera, eine deutliche Aussprache des Redners und ein idealer Platz für die Aufnahme benötigt. Geben Sie bei dem Video auf jeden Fall einen Link zu Ihrer Seite an und fügen Sie diesen oben ein. Um ein Video auf Google hochzuladen, müssen Sie einen Kanal auf YouTube erstellen und dort den Link zu Ihrem Blog eingeben. Erwarten Sie aber nicht gleich Tausende von Zugriffen. Wenn Sie jedoch mehrere Videos hochladen und auf jedes dieser Videos greifen nur

50 Besucher in der Woche zu, dann sind das bei zehn Videos bereits 500 Besucher pro Woche und 2.000 im Monat.

Social-Media-Gruppen

Treten Sie in eine Social-Media-Gruppe ein, die sich mit Ihrem Blogthema beschäftigt. Wenn Sie dort als Experte anerkannt werden, können Sie mehr Besucher auf Ihrer eigenen Seite erwarten.

Social-Media-Buttons

Verwenden Sie diese Buttons, aber übertreiben Sie es nicht. Überlegen Sie sich eine oder zwei Plattformen, zu denen Sie mit einem Button verlinken wollen. Bei mehreren wird das Ganze zu unübersichtlich und vor allem viel zu bunt.

33.13 Weitere Optimierungen

Downloads

Wenn Sie kostenlose Downloads auf Ihrem Blog anbieten, haben Sie ein weiteres Plus bei Ihren Lesern. Sie könnten ein E-Book als Download anbieten, das nicht unbedingt viel Umfang haben muss, da können schon 20 Seiten reichen. Ein kostenloses E-Book ist auf jeden Fall gefragter als ein Artikel im Blog. Es ist auch möglich, mehrere Artikel, die bereits erschienen sind, zu einem E-Book zusammenzufassen; wenn diese schon älter sind, sollten sie allerdings vorher nochmals überarbeitet werden.

Eine Alternative zu E-Books sind Kurse, die Sie im PDF-Format per E-Mail auf Anforderung hin verschicken, natürlich gratis. Teilen Sie einen Kurs in mehrere Lektionen auf, und versenden Sie jede Lektion in einem regelmäßigen Abstand von mehreren Tagen. Für den Inhalt der Lektionen können Sie Ihre Artikel, E-Books oder Bücher nutzen, deren Inhalte Sie veröffentlichen dürfen.

Gastautoren

Suchen Sie Gastautoren mit einem gut besuchten Blog oder viel Bewegung auf deren Social-Media-Kanälen. Jeder, der schreibt, wird gern sein Ergebnis veröffentlichen. In den Anfangszeiten Ihres Blogs sollten Sie sich nach Gastautoren auf anderen Blogs umschauen. Ist Ihr Blog einmal bekannt, werden sich die Gastautoren von selbst melden.

Als Gast bloggen

Ebenfalls wichtig sind Artikel auf Ihrer Seite von anderen Bloggern, die sich bereits einen Namen in der Bloggerszene gemacht haben. Bitten Sie diese, einen Artikel für Ihre Seite zu schreiben, und veröffentlichen Sie ihn. Umgekehrt können Sie auch Artikel anbieten, um sie auf bekannten Seiten zu publizieren und die Reichweite dieses Blogs zu nutzen. Das Thema, über das geschrieben wird, sollte natürlich zum eigenen und zu den anderen Blogs passen. Wenn über Ihren Artikel, der auf anderen Blogs veröffentlicht wurde, Links zu Ihrem eigenen Blog gesetzt werden, kann das Ihren Bekanntheitsgrad erheblich steigern. Außerdem wird der andere Blogger Ihren Artikel auf seinem Netzwerk an Facebook und andere Kanäle weitergeben und dadurch dafür sorgen, dass Sie weitere Klicks erhalten.

Wenn Sie beliebte Blogs mit vielen Zugriffen entdecken, fragen Sie an, ob Artikel gewünscht sind. Sie müssen hier gute Qualität liefern, um den Betreiber des Blogs nicht zu verärgern. Dieses Gastbloggen kann Ihnen neue Leser bringen, da Sie ja im Artikel auf Ihren Blog verlinken können.

Foren

Die vielen Foren im Netz sind trotz Social-Media-Kanälen immer noch gut besucht. Daher sollten Sie sich regelmäßig in Foren bewegen und Ihre Meinung zum Besten geben. Suchen Sie sich eine bestimmte Zielgruppe aus und geben Sie in einem passenden Forum Ihren Text mit Ihrer Signatur und einem Link zu Ihrem Blog ein. Verfassen Sie nur Texte, die anderen weiterhelfen, und halten Sie sich mit Werbung für Ihren Blog zurück.

Kommentare

Auch eine Kommentarfunktion auf Ihrem Blog ist eine sinnvolle Einrichtung für den Besucher. Sie sollten aber auch selbst möglichst viele Kommentare auf themenverwandten Seiten abgeben und einen Link zu Ihrem Blog in dem dafür vorgesehenen Feld einfügen.

Newsletter

Newsletter gehören eigentlich schon zu den Oldies in der modernen Welt des Internets. Trotzdem sind sie immer noch sinnvoll, denn Sie bekommen die E-Mail-Adresse des Lesers und können ihn dann auch direkt ansprechen. Newsletter erinnern den Abonnenten daran, Ihre Seite mal wieder zu besuchen. Im Laufe der Zeit werden auch wieder Abonnenten abspringen. Vergessen Sie nicht, in den Mails Ihre URL anzugeben. Wenn Sie den Newsletter-Service anbieten, sollten Sie die Newsletter auch mit einer gewissen Regelmäßigkeit verschicken. Mit Newslettern können Sie gute Erfolge erzielen, aber unbedingt notwendig sind sie nicht.

Problemlösungen

Die Artikel in Ihrem Blog sollten Menschen weiterhelfen können. Suchen Sie sich einen Fachbereich, in dem Sie sich gut auskennen, und schreiben Sie darüber Artikel. Wenn diese qualifiziert sind, dann werden Ihre Besucherzahlen bald ansteigen.

Veröffentlichungen

Eine weitere Möglichkeit, Ihren Blog bekannter zu machen, ist das regelmäßige Veröffentlichen von Artikeln, am besten alle 14 Tage einen neuen. Artikel, die Sie veröffentlichen, sollten idealerweise an die 500 Wörter haben. Beiträge mit weniger als 500 Wörtern lohnen sich nicht für eine Veröffentlichung. Artikelserien sind sehr beliebt und sorgen für Wiederkehrer auf Ihrer Seite. Beginnen Sie die Serie zu einem bestimmten Thema mit einem Einstiegsartikel, und weisen Sie hier bereits auf die Titel der nächsten Artikel in dieser Serie hin.

Die Medien

Über die Medien haben Sie ebenfalls die Möglichkeit, den Bekanntheitsgrad Ihrer Seite zu steigern. Teilen Sie die Veröffentlichung Ihrer Seite ausgesuchten Medien mit.

Presseportale

Melden Sie Ihre Artikel bei Presseportalen an. Es besteht zwar nur eine geringe Chance, dass ein Redakteur darauf aufmerksam wird, aber Sie sollten diese Möglichkeit trotzdem nicht ungenutzt lassen.

Gedruckte Medien

Versuchen Sie auch, in Fachzeitschriften oder der regionalen Presse einen Artikel über Ihren Blog unterzubringen. Regionale Zeitungen veröffentlichen gern Artikel über einheimische Autoren oder Blogger, vor allem wenn der Blog über die Umgebung berichtet. Im Idealfall bekommen Sie sogar Geld dafür. Dabei gilt die Regel: je höher die Auflage, desto besser.

Flyer

Diese Art von Werbung ist sicherlich nur interessant, wenn Ihr Blog sich auf die Region bezieht oder es genügend Plätze in Ihrem Umkreis gibt, an denen Sie die Flyer anbieten und auslegen können. Flyer erhalten Sie heutzutage sehr günstig. Eine größere Menge sollten Sie verteilen lassen, das ist nicht teuer. Wenn Sie nur an ein paar Dutzend Stellen verteilen wollen, können Sie das selbst tun.

Funk und Fernsehen

Als Blogger in einen regionalen Radiosender zu kommen dürfte wesentlich einfacher sein, als im Fernsehen in Erscheinung zu treten. Das ist eher unwahrscheinlich. Fragen Sie also bei den Radioanstalten in der Umgebung nach, ob man ein Interview mit Ihnen bringen will. Allerdings müssen Sie dafür geeignet sein, im Radio oder Fernsehen zu sprechen, denn nicht jeder kann das.

34. Social Media

Im letzten Kapitel haben wir Social-Media-Buttons eingefügt. Jetzt wird es Zeit, näher auf dieses Medium einzugehen. Mittlerweile ist Social Media für Privatpersonen und für Firmen gleichermaßen interessant. Im privaten Bereich, um aktuelle Infos schnell weiterzugeben, und für Firmen als Marketinginstrument. Die wichtigsten Plattformen möchte ich Ihnen nun vorstellen.

34.1 Facebook

Die am meisten verbreitete Social-Media-Plattform ist wohl Facebook. Wer Social-Media-Kanäle nutzen will, sollte es nicht unbeachtet lassen. Als angemeldeter Benutzer können Sie Mitteilungen veröffentlichen. Wer diese Inhalte einsehen kann, bestimmen Sie selbst. Auch ein kleiner privater Chat funktioniert über Facebook.

Ursprünglich war Facebook eigentlich für die Kommunikation in Familien und unter Freunden gedacht. Doch das hat sich schnell geändert. Für Unternehmen gehört Facebook heutzutage zur Standardausrüstung, denn immer mehr potenzielle Kunden informieren sich über eine Firma bei Facebook. Die meisten Unternehmen in Deutschland sind bereits dort vertreten. Facebook wird von jeder Altersgruppe genutzt, deswegen ist diese Plattform auch der Gigant unter den Social-Media-Kanälen.

34.2 Instagram

Dieser Kanal gehört zu den sogenannten Bildnetzwerken. Hier steht das Sehen im Mittelpunkt, nicht das Lesen. Der Schwerpunkt liegt auf Fotos und Videos, Texte sind eher kurz. Instagram ist der bekannteste Kanal für Fotos und Videos. Das liegt daran, dass hier andere Prioritäten als bei Facebook gesetzt werden. Hier steht das Bild eindeutig im Fokus. Viele Tools für die Bildbearbeitung kräftigen die Stellung von Instagram in diesem Bereich. Daher wird Instagram auch gern von Agenturen genutzt. Bilder bei Instagram haben in der Regel eine quadratische Form und einen starken Kontrast. Die Bilder können problemlos mit anderen Social-Media-Netzwerken geteilt werden. Beiträge werden hier über Hashtags mit einer Beschreibung sortiert.

Relativ neu ist das Tool *Instagram Stories*, mit dem Nutzer Bilder und Videos zu einer Geschichte zusammenfügen können. Diese Geschichte ist aber nur kurz vorhanden, nach 24 Stunden wird das Ganze automatisch gelöscht. Dies erhöht das Interesse der Besucher, weil sie ja nur einen Tag Zeit haben, um sich die Mitteilung anzusehen. Firmen können Werbeanzeigen schalten. Über Instagram ist das Interesse an Werbung groß. Influencer sind wichtig für diese Plattform. Was sie empfehlen, wird häufig gekauft.

34.3 Pinterest

Pinterest gehört ebenfalls zu den Bildnetzwerken und ist wie eine Pinnwand aufgebaut. Der Bereich Kommunikation ist hier nicht so stark ausgeprägt wie bei Facebook. Jeder Nutzer sammelt Bilder und Beiträge von anderen Nutzern auf seiner Pinnwand und kann diese nach Themen ordnen und jedem Thema einen eigenen Namen zuweisen.

Sie können selbst Bilder hochladen und auf Ihrer Pinnwand speichern oder die von den Pinnwänden anderer Nutzer verwenden. Immer auf dem aktuellen Stand bleiben Sie, wenn Sie andere Profile und deren Pinnwände regelmäßig ansehen. Durch das Einfügen eines Follow-Buttons bekommt man immer die neuesten Infos der Personen, denen man folgt.

34.4 Snapchat

Auch Snapchat lässt sich unter den Bildnetzwerken einordnen. Die Fotos und Videos können zusätzlich mit Animationen oder Grafiken geschmückt werden. Dabei gibt es hier eine Funktion, die verschickte Aufnahmen bereits einige Sekunden nach der Wiedergabe automatisch wieder löscht. Wie bei Instagram kann auch hier eine Geschichte veröffentlicht werden, die sich ebenfalls nach 24 Stunden automatisch wieder löscht. Auch Textnachrichten können verschickt werden. Chats in Gruppen von bis zu 16 Personen mit Bild und Ton sind möglich. Dieser Kanal richtet sich hauptsächlich an die jugendliche Zielgruppe, die diese Plattform in Deutschland bekannt gemacht hat. Dies können sich auch Firmen zunutze machen, die bevorzugt an Jugendliche Produkte verkaufen wollen, denn die Nutzerzahl von Snapchat wächst mit rasanter Geschwindigkeit. Um Snapchat zu nutzen, benötigt man ein Smartphone für die Anmeldung und die Nutzung.

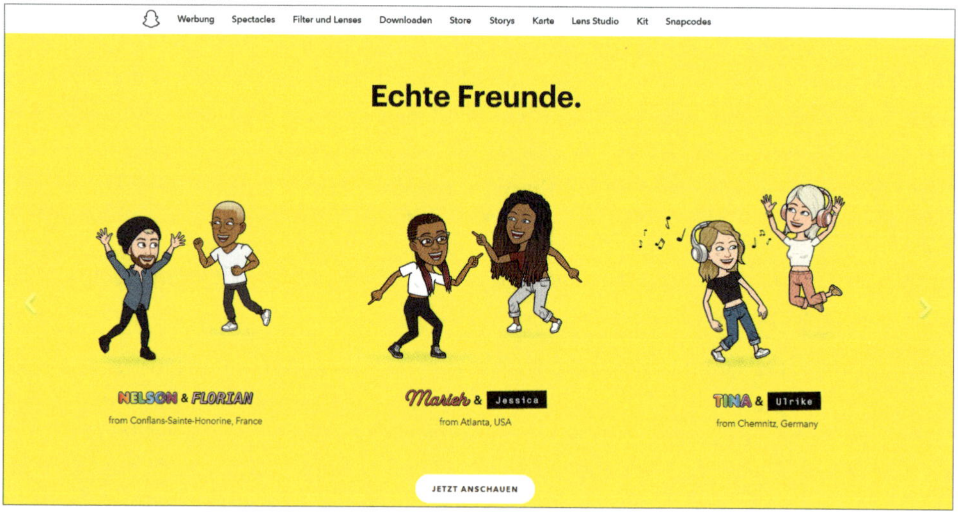

Die Startseite von Snapchat

34.5 TikTok

TikTok ist ähnlich wie Snapchat, es wird überwiegend von Jugendlichen genutzt. Diese stellen Videos ein, die sie selbst gedreht haben, oder sehen sich Videos von anderen an. Wenn eine Firma sich verstärkt an Jugendliche wenden will, ist diese Plattform sehr interessant.

34.6 Flickr

Dieser Kanal gehört zu den ältesten seiner Art. Bilder und Videos lassen sich hochladen, für die Videos können Sie Infos und Schlagwörter verwenden. Daten lassen sich archivieren und kommentieren und zwischen den Nutzern austauschen. Für PR-Aktionen, die Bilder von Produkten zeigen, kann Flickr gut genutzt werden. Mit einer speziellen Suchfunktion können Sie nach Bildern eines bestimmten Stils suchen. Um nach Bildern zu suchen und sie anzusehen, müssen Sie sich nicht registrieren, für das Hochladen von Bildern schon. Die Suchmaschine Google zeigt Bilder von Flickr bevorzugt an.

34.7 Twitter

Der Nachrichtendienst Twitter gehört zu den Kanälen, die aus dem Blogging entstanden sind, dafür aber aktuell nicht mehr genutzt werden. Hier sind sowohl Unternehmen und Medien als auch Privatpersonen aktiv, um Neuigkeiten zu teilen. Da es bei der Vielzahl an Tweets viele unwichtige Infos gibt, bietet Twitter eine Filterfunktion an.

Ähnlich wie bei Facebook sehen bei Twitter angemeldete Nutzer Inhalte auf ihrer Timeline. Auch nicht angemeldete Besucher können Inhalte einsehen. Für eine eigene Nutzung ist allerdings eine Anmeldung notwendig. Die Abonnenten der Tweets nennt man Follower. Sie wollen regelmäßig mit Neuheiten versorgt werden. Deshalb muss man auf diesem Kanal schnell reagieren. Besonders bei Redakteuren ist Twitter wegen der schnellen Verbreitung täglicher Ereignisse so beliebt. Dabei sind Live-Berichte von Augenzeugen dramatischer Vorkommnisse besonders gefragt. Mittlerweile nutzen auch viele Prominente Twitter, um News über sich zu verbreiten.

34.8 Tumblr

Dieser Kanal gehört zu den klassischen Blogging-Plattformen. Tumblr wird überwiegend von Jugendlichen zum Kommunizieren und Teilen von Beiträgen genutzt, ist allerdings nicht so verbreitet wie etwa Twitter. Es stehen viele Tools zur Bearbeitung von Bildern und Videos zur Verfügung.

34.9 XING

XING gehört zu den professionellen sozialen Netzwerken und wird eher im beruflichen Umfeld für die Jobsuche und die Verwaltung beruflicher Kontakte genutzt. Hier suchen auch Firmen nach Spezialisten innerhalb einer bestimmten Branche. Wenn Sie angemeldet sind, können Sie berufliche und private Daten in ein Profil eintragen. Ein Profil in XING ist die Grundlage für die Stellensuche in Deutschland, Österreich und der Schweiz. Kontakte lassen sich in XING auch jederzeit wieder löschen.

34.10 LinkedIn

Dieses Netzwerk, das mittlerweile zum Microsoft-Konzern gehört, ist quasi die internationale Alternative zu XING. Es ist in drei Bereiche gegliedert, *Network*, *Opportunity* und *Knowledge*. Sicherlich ein interessantes Netzwerk, um Kontakte zu Firmen in der gesamten Welt aufzubauen.

34.11 SlideShare

Dieses Netzwerk eignet sich gut für professionelle Präsentationen von Inhalten, die Firmen oder den eigenen Beruf betreffen und getauscht und archiviert werden können. Diese Inhalte können aus PowerPoint, OpenOffice oder als PDF-Datei hochgeladen und als öffentlich einsehbar oder als privat gekennzeichnet werden. Sie lassen sich auch von Besuchern abrufen, die nicht angemeldet sind. Die Informationen, die hochgeladen werden, können Leser bewerten und kommentieren.

34.12 YouTube

Der Videokanal YouTube ist mit Sicherheit der meistgenutzte Kanal in diesem Medienbereich. Hier zeigen Prominente und Unternehmen ihre Videos und erreichen damit hohe Abonnentenzahlen, einige durchbrechen sogar die Millionengrenze. Aber auch Privatpersonen können ihre Produktionen hochladen. Eine Anmeldung ist nicht nötig. Viele haben sogar eine Karriere durch YouTube gestartet. Mittlerweile wird YouTube auch als Suchmaschine genutzt und nach Google am meisten für die Suche aufgerufen.

34.13 Vimeo

Dieser Kanal ist ebenfalls eine Videoplattform, im Gegensatz zu YouTube allerdings nur für professionelle Aufnahmen. Videos mit schlechter Qualität wird man hier nicht finden.

Alles ist übersichtlicher als bei YouTube und somit für den Nutzer einfacher zu handhaben. Jeder kann sich die Videos anschauen, aber nur, wer angemeldet ist, kann sie bewerten und kommentieren.

34.14 Reddit

Bei Reddit finden Sie vor allem Fotos und Videos. Der Aufbau der Seite ähnelt einem Forum. Es gibt sehr viele Bereiche, die von den Nutzern mit Inhalten gefüllt werden. Alle Beiträge werden nach ihrer Wichtigkeit sortiert. Reddit ist eine interessante Seite für Marktforschung.

Reddit ist allerdings nur für Erwachsene geeignet. Da niemand die Foren verwaltet, können auch pornografische Inhalte auftauchen oder Bilder und Videos, die für die Augen von Jugendlichen nicht geeignet sind.

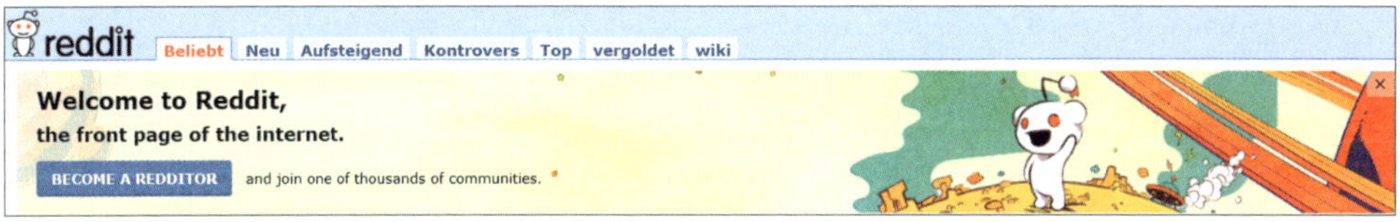

Eine Plattform mit überwiegend visuellen Elementen

34.15 Vero

Ebenso wie bei Facebook steht auch auf dieser Plattform das Teilen im Mittelpunkt. Die Nutzer können Fernseh-, Film-, Video- und Musiklinks sowie Links zu Büchern oder empfehlenswerten Orten teilen. Dabei lässt sich eine Community in vier Kategorien aufteilen: enge Freunde, Freunde, Kumpels und Follower. Dadurch können verschiedene Inhalte zu verschiedenen Zielgruppen geschickt werden. Diese Plattform gehört zu den relativ neuen im Netz.

34.16 WhatsApp

WhatsApp gehört eigentlich nicht zu den klassischen Social-Media-Netzwerken, sondern ist ein Instant-Messaging-Dienst zum schnellen Austausch von Textnachrichten, Bildern und Videos. Da das Ganze kostenlos ist, wird WhatsApp vor allem als Alternative zu SMS genutzt. Auch für Firmen wird dieser Kanal immer wichtiger, etwa um schnell Fragen zu Produkten beantworten zu können.

35. Mit Bloggen Geld verdienen

Wenn Sie mit dem Bloggen ein Nebeneinkommen erzielen möchten oder sogar davon leben wollen, sind eine langfristige Planung, eine hohe Motivation und viel Wissen über unterschiedliche Themen unerlässlich. Es lohnt sich jederzeit, einen Blog zu betreiben, denn immer mehr Menschen greifen auf die digitalen Medien zurück, um sich zu informieren. Im Internet kann man sich 24 Stunden am Tag bewegen und nach Infos suchen. Die Auswahl der Themen ist unbegrenzt.

Suchen Sie sich interessante Themen aus. Ein lokaler Blog kann viele Besucher und Stammleser bringen, denn wer sich einmal über seine Heimatstadt informiert, wird es immer wieder tun. Sie können über Vereine und Feste berichten oder über bestimmte Personen, die etwas Besonderes geleistet haben, wie Sportler, die eine Meisterschaft gewonnen haben, oder Autoren, die einen Preis für ihr Buch bekommen haben.

35.1 Ziele setzen

Als Profiblogger müssen Sie sich kurzfristige und langfristige Ziele setzen. Übertreiben Sie es nicht bei der Anzahl der Artikel, die Sie planen. Ein guter Maßstab für einen neuen Blogger, der erfolgreich sein will, sind im ersten Jahr zwei Artikel im Monat, abzüglich acht Wochen für Urlaub bzw. Zeit für Recherche ergibt das 20 Artikel pro Jahr. Das kurzfristige Ziel ist also, zwei Artikel im Monat zu schreiben, und das langfristige Ziel 20 im Jahr. Wenn Sie nach einem Jahr merken, dass die ganze Sache was bringt, können Sie auf einen Artikel pro Woche übergehen; abzüglich zwei Wochen Urlaub ergibt das 50 Artikel im zweiten Jahr. Sie haben also nach zwei Jahren 70 Artikel geschafft.

Denken Sie daran, dass Sie sich um die Blogs auch kümmern müssen, indem Sie Fragen beantworten, Fehler korrigieren und vielleicht den Blog erweitern. Legen Sie auch immer einen Tag fest, an dem Sie Ihren Artikel veröffentlichen, denn ein gewisses Maß an Druck ist nötig, um erfolgreich zu werden. Die vorgeschlagene Anzahl von Artikeln gilt nur für diejenigen, die beruflich bloggen wollen.

Schreiben Sie zu festen Zeiten und dann auch nur maximal eine Stunde. Das können Sie auch mehrmals am Tag tun, aber halten Sie diese eine Stunde ein, weil Sie sich nach dem Ablauf einer Stunde erfahrungsgemäß nicht mehr gut konzentrieren und dann voraussichtlich keinen guten Text mehr verfassen können. Ziele sind gut für die Planung und motivieren Sie immer wieder aufs Neue. Manchmal kann es sein, dass Sie ein Ziel nicht erreichen, aber das ist ganz normal, machen Sie sich darüber nicht zu viele Gedanken, und versuchen Sie, so viele Ziele wie möglich zu erreichen. Notieren Sie sich für jeden Monat des Jahres die Blogbeiträge, die Sie in diesem Monat schreiben und veröffentlichen wollen, am besten mit dem jeweiligen Veröffentlichungstermin, und versuchen Sie, sich daran zu halten.

35.2 Schreiben

Um mit dem Bloggen Geld zu verdienen, müssen Sie regelmäßig schreiben und natürlich auch veröffentlichen, denn viele Artikel bringen auch viele Besucher. Außerdem erwarten die meisten Stammgäste Ihrer Seite regelmäßig Neues. Regelmäßiges Schreiben bringt Ihnen auch viel Erfahrung, und Sie benötigen für jeden neuen Artikel weniger Zeitaufwand. Viel zu schreiben kann aber auch stressig werden, vor allem, wenn man dies nebenbei tut. Das kann sich dann auch auf die Qualität Ihrer Artikel auswirken.

Bedenken Sie bitte auch, dass Sie viel Zeit zum Nachdenken und Recherchieren und natürlich auch zum Schreiben einplanen müssen. Wenn Sie viele Artikel veröffentlichen, besteht die Gefahr, dass Sie sich nicht mehr um jeden einzelnen Artikel intensiv kümmern können.

Wenn Sie von Ihrem Blog leben wollen, ist es wichtig, die Besucherzahlen zu steigern, das kann Ihnen mit vielen Beiträgen gelingen, aber auch mit nur wenigen, wenn es interessante Themen sind. Denken Sie auch darüber nach, was Ihren Lesern wichtig sein könnte. Die einen wollen kurze Infos, die anderen lieber ausführliche, Sie müssen da eine gute Mischung finden.

Unter Zeitmangel sollten Sie auf keinen Fall leiden, wenn Sie viel schreiben wollen. Zeit kann man immer irgendwo einsparen. Entweder man verzichtet öfter auf den einen oder anderen Film oder man schränkt das Surfen im Internet ein (natürlich nicht für die Recherche seiner Blogs). Oder man zweigt mal vom Schlaf die eine oder andere Stunde ab, steht mal eine Stunde früher auf oder geht eine Stunde später zu Bett, um zu schreiben.

Um vom Bloggen leben zu können, genügt es nicht, nur in der Freizeit zu schreiben, das ist ein Fulltime-Job. Neben einer normalen Berufstätigkeit ist das kaum möglich.

35.3 Affiliate-Programme

Vielleicht haben Sie den Begriff Affiliate schon einmal irgendwo gehört. Hier beschreiben Sie bestimmte Produkte und bauen dann Links zum Anbieter dieser Produkte in Ihren Blog ein. Das wohl bekannteste dieser Programme möchte ich hier als Beispiel beschreiben: das Amazon-Partnerprogramm. Am Amazon-Partnerprogramm können Sie jederzeit mit Ihrer Seite teilnehmen. Sie müssen sich dafür unter https://partnernet.amazon.de/ anmelden und Ihre Daten und die Ihrer Seite angeben. Die Teilnahme am Partnerprogramm ist kostenlos.

Nach der Anmeldung erhalten Sie eine ID, die in jedem Link oder Werbebanner, den Sie irgendwann auf Ihrer Seite einfügen, integriert wird. Anhand dieser ID erkennt Amazon, welche Kunden über Ihre Seite zu Amazon gekommen sind. Wenn ein Besucher, der sich vorher über Ihre Seite zu Amazon verlinkt hat, etwas kauft, bekommen Sie Ihre Provision.

Da Amazon bekanntlich fast alles anbietet, können Sie für alles Mögliche werben und dabei auf den Inhalt Ihrer Artikel hinweisen. Wenn Sie einen Blog betreiben, in dem Sie Rezensionen für Bücher veröffentlichen, können Sie auf diese Bücher bei Amazon verlinken. Oder Sie stellen als Fachjournalist neue Software vor. Dann können Sie auch auf diese neue Version bei Amazon verlinken.

35.4 E-Books

Digitale Bücher eignen sich gut zum Anbieten auf Ihrem Blog. Ein derartiges Buch sollte sich an der Thematik des Blogs orientieren. Das Buch sollte die Artikel im Blog als Grundlage haben und alles natürlich noch viel ausführlicher beschreiben, dann werden die Leser auch auf das Buch zugreifen.

35.5 Backlinks

Mit dem Einfügen von Backlinks in Ihren Blog haben Sie eine weitere Einnahmequelle. Bei verschiedenen Anbietern können Sie sich Links vermitteln lassen. Pro Link können Sie etliche Euro im Monat bekommen. Dafür gibt es spezielle Portale, auf denen Sie sich mit Ihrer Seite anmelden können. Das Portal www.backlinkseller.de ist wohl das interessanteste, denn hier wird auf Ihrer Seite ein bestimmter Platz für Backlinks reserviert, die Werbeanzeigen erhalten. Das Portal platziert dann dort automatisch Anzeigen. Die Banner dieses Portals gibt es in unterschiedlichen Größen.

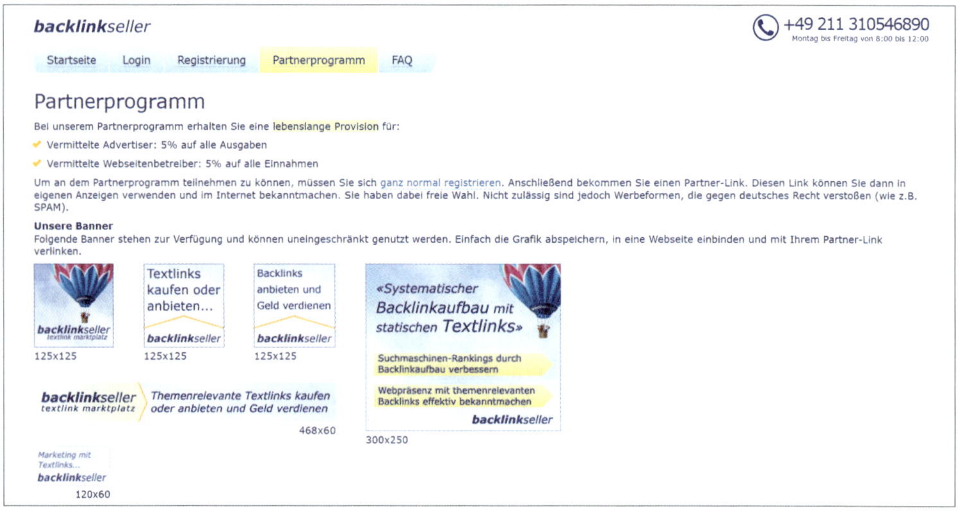

Die Auswahl der Banner in unterschiedlichen Größen

Backlinkseller arbeitet mit einem Pageranking, das die Popularität Ihrer Seite anzeigt, Ihre Seite muss einen Rank haben. Das Portal zahlt Ihnen 5 % aus den Einnahmen, die es durch die Platzierung der Backlinks auf Ihrer Seite erzielt. Für eine Anmeldung Ihres Blogs muss die Domain mindestens seit sechs Monaten online sein, gepflegt ausschauen und seriöse Inhalte haben. Außerdem muss die Seite PHP unterstützen, um einen PHP-Code einbauen zu können. Ein Impressum muss Ihr Blog ebenfalls haben. Der Inhalt muss in deutscher Sprache verfasst sein und darf nicht gegen deutsches Recht verstoßen.

Bei der Plattform *Seeding up* läuft das anders ab. Hier müssen Sie nach der Anmeldung warten, bis sich ein Auftraggeber meldet. Sie können hier selbst nicht aktiv werden.

Melden Sie sich als Publisher an

35.6 Schreibaufträge

Wenn Sie gern schreiben, und das werden Sie als Blogger tun, sollten Sie mal überlegen, ob Sie nicht nur für Ihren eigenen Blog, sondern auch für andere Blogs schreiben. Für Schreibaufträge gibt es etliche Anbieter im Internet. Von diesen erhalten Sie für einen Auftrag eine vorher vereinbarte Summe. Wenn der Blog, für den Sie schreiben, ziemlich bekannt ist und der Anbieter genug finanzielle Mittel zur Verfügung hat, können Sie im besten Fall mit einigen Hundert Euro rechnen. Das ist aber eher die Ausnahme von der Regel und wird auch nur passieren, wenn Sie sich bereits einen Namen gemacht haben. Normalerweise erhalten Sie zwischen 20 und 50 Euro, je nach Textumfang. Die Schreibaufträge werden von Portalen im Internet angeboten, auf denen Sie als der Betreiber eines Blogs und die Auftraggeber sich kostenlos anmelden können. Die Auftraggeber bieten dann auf diesem Portal Schreibaufträge zu allen möglichen Themen an.

Meist ist es dann so, dass Sie einen Link von Ihrem Blog aus zu dem Auftraggeber setzen müssen. Bei den Texten, die Sie schreiben sollen, handelt es sich in den meisten Fällen um Werbetexte. Diese sollten vom Inhalt her zu Ihrem Blog passen und von Ihnen auch als Werbung markiert werden. Ein sehr großes Angebot an Schreibaufträgen bietet *Blogmission*, das zuvor *Blogatus* und davor *Rankseller* hieß. Hier legen Sie den Preis für eine Veröffentlichung selbst fest. Außerdem können Sie sich auf Kampagnen bewerben, die die Auftraggeber zur Verfügung stellen. Sie können gezielt nach Themen suchen, die Ihnen liegen, und sich mit Ihrem Blog bewerben.

Das Portal für Blogger und Auftraggeber

Auch bei *RankSider* ist das Angebot ziemlich umfangreich. Hier läuft die Auftragsabwicklung ebenfalls über Kampagnen.

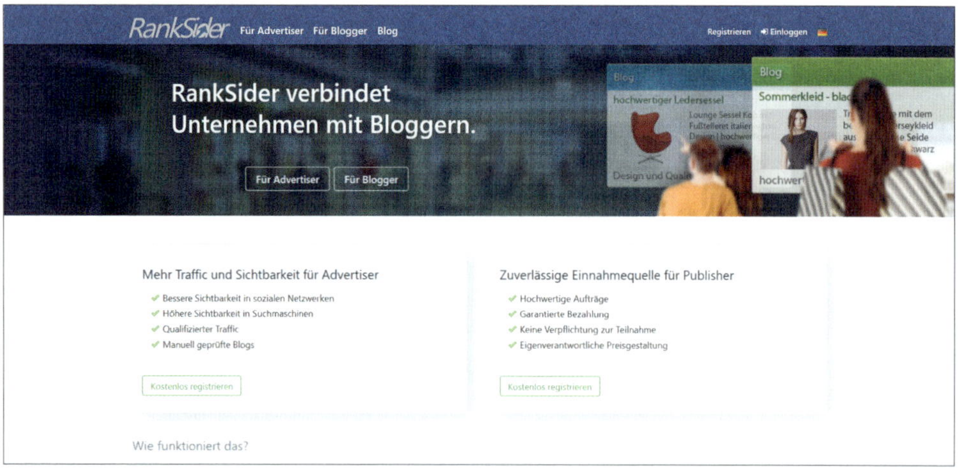

Auch auf diesem Portal finden Sie Aufträge

Sie können aus dem Angebot einer dieser Kampagnen auswählen und ein Gebot abgeben. Die Höhe des Gebots können Sie dabei selbst wählen. Wenn der Auftraggeber Ihr Gebot bestätigt, wird der Auftrag abgeschlossen, und Sie erhalten den Betrag von *RankSider*.

Ein weiterer Anbieter steht mit *DomainBoosting* zur Verfügung. Melden Sie sich am besten bei allen an und auch noch bei weiteren, um die Chance auf einen Auftrag zu erhöhen. Bei diesem Anbieter gibt es drei verschiedene Vertriebswege: Der Blogger kann sich auf Angebote eines Auftraggebers direkt bewerben. Er kann aber auch die Directlinks nutzen. Bei dieser Variante muss sich der Blogger lediglich um das Recherchieren und Schreiben kümmern, für alles andere sorgt der Anbieter.

Für die Nutzung der Directlinks müssen Sie Ihr Angebot auf dem Portal einstellen und einen Directlink erzeugen lassen und diesen dem Auftraggeber zusenden. Dieser sieht dann auf einen Blick alle wichtigen Infos und kann bei dem Portal das Angebot bestellen. Dann gibt es noch einen Marktplatz, auf dem alle angebotenen Seiten anonym mit einer Beschreibung angezeigt werden. Wenn Sie als Blogger nun eine Anfrage aus diesem Marktplatz erhalten, können Sie diese annehmen oder auch ablehnen.

Ein weiteres Portal, das Bloggern zu Aufträgen verhilft

Es kann sein, dass manche Auftraggeber auch Backlinks in den Texten zu den Auftraggebern haben wollen, und, wie bereits beschrieben, zu viele dieser Backlinks sind bei Google nicht gern gesehen. Eine gute Lösung wären hier Nofollow-Links, falls diese angeboten werden.

35.7 Werbung

Eine weitere Möglichkeit, Einnahmen zu erzielen, ist das Einfügen von Werbebannern auf Ihrem Blog. Dafür muss Ihr Blog aber schon recht gut besucht werden. Das lohnt sich erst ab sechsstelligen Besucherzahlen, wir sprechen hier von einer Zahl ab 100.000. Das wird sich für die meisten Blogbetreiber nicht lohnen. Es gibt verschiedene Anbieter im Internet, die Werbung von Firmen für Ihren Blog anbieten. Die Portale blogads.de, blogfoster.com und plista.com bieten Werbung für Ihren Bog an, um damit Einkommen zu erzielen.

Falls Sie sich bei Google AdSense angemeldet haben, können Sie die angebotenen Texte und Grafikbuttons nach Ihren Wünschen gestalten und in Ihre Seite einfügen. Pro Seite Ihres Blogs dürfen Sie drei Werbeanzeigen einfügen. Wer dann auf Ihrer Seite wirbt, wissen Sie allerdings nicht, darauf haben Sie keinen Einfluss. Für jeden Klick erhalten Sie Geld, der Betrag kann sich zwischen einigen Cent und mehreren Euro pro Klick bewegen. Klicken Sie auf keinen Fall selbst auf diese Buttons, denn dann kann Google AdSense das als Betrug ansehen und Sie vom Programm ausschließen. Wenn Sie die Anzeigen auf Ihrem Blog platziert haben, sollten Sie sich diese auch ab und zu anschauen. Sie liefern manchmal Inspiration für neue Artikel.

35.8 VG WORT

Die VG WORT bietet Bloggern eine jährliche Vergütung für veröffentlichte Beiträge und PDFs an. Dafür müssen Sie einen Wahrnehmungsvertrag mit der Verwertungsgesellschaft Wort abschließen, der keine Kosten verursacht. Ab Januar bis spätestens 1. Juli des Folgejahres können Sie alle Texte aus dem vorherigen Jahr im Internet melden, deren Urheber Sie sind und die die Voraussetzungen für eine Meldung erfüllen. Ein Zählungsjahr ist drei Jahre meldefähig, je nachdem, ab wann Sie den Wahrnehmungsvertrag abgeschlossen haben.

In dem Jahr der Meldung bekommen Sie dann in der zweiten Septemberhälfte Ihren Anteil an der Ausschüttung für alle fristgerecht und korrekt eingegangenen Meldungen überwiesen. Bei einer umfangreichen Artikelanzahl kommen da leicht ein paar Hundert Euro zusammen. Wie hoch diese Vergütung genau ausfällt, hängt von den Einnahmen der VG WORT ab und davon, auf wie viele Autoren diese Einnahmen verteilt werden müssen. Weitere Infos zu Anmeldung und Ausschüttung erhalten Sie auf der Webseite der VG WORT: www.vgwort.de.

Bei den Meldungen ist es wichtig, die Zeichen eines einzelnen Beitrags mitzuteilen. Die Meldung kann auch online erfolgen. Dafür müssen Sie sich bei T.O.M. (Texte Online Melden) in VG WORT registrieren. In Ihrem Text muss ein Zähler der VG WORT mit einer Nummer eingebaut sein. Die Nummern können Sie kostenlos bei der VG WORT anfordern. Sie erhalten pro Bestellung 100 Nummern und insgesamt 1.000 je Person. Sie können aber auch darüber hinaus Zählmarken auf Antrag erhalten. Die Nummern sollten Sie als CSV- oder PDF-Dateien downloaden.

Nach dem Aufruf der Seite von VG WORT sehen Sie rechts oben den blau hinterlegten Bereich namens *T.O.M.*, der in den METIS-Bereich führt. Ein Klick auf *METIS (reguläre Ausschüttung)* öffnet das Fenster für die Bestellung der Zählmarken.

Geben Sie hier die Anzahl der gewünschten Zählmarken ein und klicken Sie auf den Button *Zählmarken bestellen*. Wählen Sie den Download als CSV-Datei, denn dann können Sie diese in einer Excel-Datei speichern und weiterbearbeiten. Jede Zählmarke besteht aus drei verschiedenen Zahlen: dem HTML-Code, dem PDF-Code und einem privaten Identifikationscode. Diesen benötigen Sie zunächst nicht, erst wenn Sie Ihre Texte bei VG WORT melden.

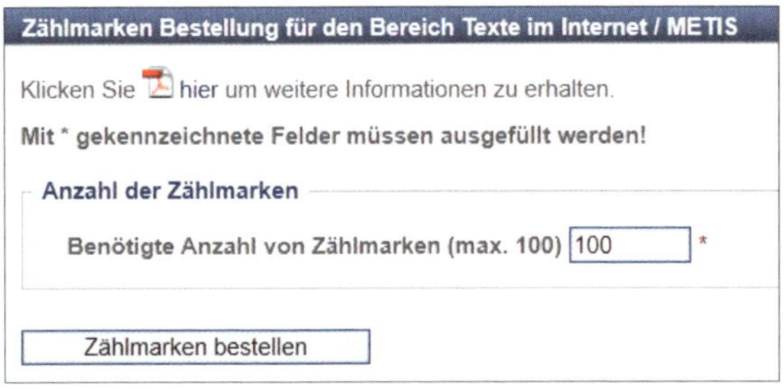

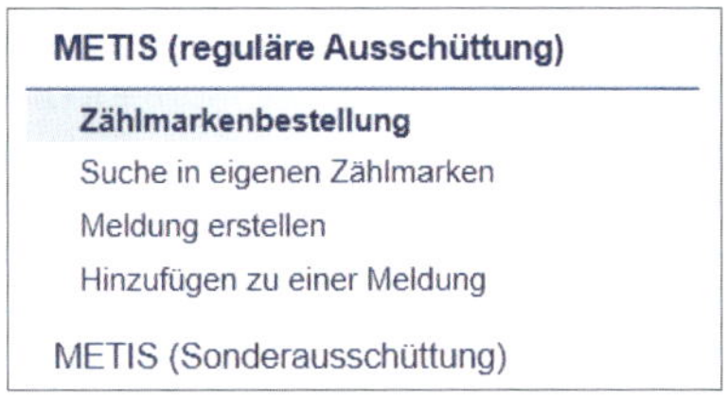

Hier werden die Zählmarken bestellt. Dieser Link führt zur Bestellung der Zählmarken

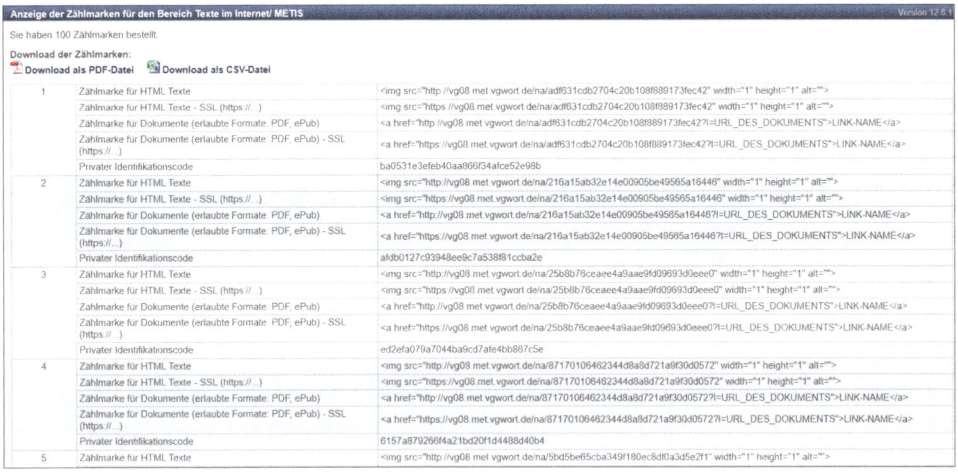

Anzeige der Zählmarken für den Bereich Texte im Internet/ METIS — Version 12.6.1

Sie haben 100 Zählmarken bestellt.

Download der Zählmarken:
Download als PDF-Datei Download als CSV-Datei

1	Zählmarke für HTML Texte	<img src="http://vg08.met.vgwort.de/na/adf631cdb2704c20b108f889173fec42" width="1" height="1" alt="">
	Zählmarke für HTML Texte - SSL (https://...)	<img src="https://vg08.met.vgwort.de/na/adf631cdb2704c20b108f889173fec42" width="1" height="1" alt="">
	Zählmarke für Dokumente (erlaubte Formate: PDF, ePub)	<a href="http://vg08.met.vgwort.de/na/adf631cdb2704c20b108f889173fec42?l=URL_DES_DOKUMENTS">LINK-NAME</a>
	Zählmarke für Dokumente (erlaubte Formate: PDF, ePub) - SSL (https://...)	<a href="https://vg08.met.vgwort.de/na/adf631cdb2704c20b108f889173fec42?l=URL_DES_DOKUMENTS">LINK-NAME</a>
	Privater Identifikationscode	ba0531e3efeb40aa866f34afce52e98b
2	Zählmarke für HTML Texte	<img src="http://vg08.met.vgwort.de/na/216a15ab32e14e00905be49565a16446" width="1" height="1" alt="">
	Zählmarke für HTML Texte - SSL (https://...)	<img src="https://vg08.met.vgwort.de/na/216a15ab32e14e00905be49565a16446" width="1" height="1" alt="">
	Zählmarke für Dokumente (erlaubte Formate: PDF, ePub)	<a href="http://vg08.met.vgwort.de/na/216a15ab32e14e00905be49565a16446?l=URL_DES_DOKUMENTS">LINK-NAME</a>
	Zählmarke für Dokumente (erlaubte Formate: PDF, ePub) - SSL (https://...)	<a href="https://vg08.met.vgwort.de/na/216a15ab32e14e00905be49565a16446?l=URL_DES_DOKUMENTS">LINK-NAME</a>
	Privater Identifikationscode	afdb0127c93948ee9c7a538f81ccba2e
3	Zählmarke für HTML Texte	<img src="http://vg08.met.vgwort.de/na/25b8b76ceaee4a9aae9fd09693d0eee0" width="1" height="1" alt="">
	Zählmarke für HTML Texte - SSL (https://...)	<img src="https://vg08.met.vgwort.de/na/25b8b76ceaee4a9aae9fd09693d0eee0" width="1" height="1" alt="">
	Zählmarke für Dokumente (erlaubte Formate: PDF, ePub)	<a href="http://vg08.met.vgwort.de/na/25b8b76ceaee4a9aae9fd09693d0eee0?l=URL_DES_DOKUMENTS">LINK-NAME</a>
	Zählmarke für Dokumente (erlaubte Formate: PDF, ePub) - SSL (https://...)	<a href="https://vg08.met.vgwort.de/na/25b8b76ceaee4a9aae9fd09693d0eee0?l=URL_DES_DOKUMENTS">LINK-NAME</a>
	Privater Identifikationscode	ed2efa079a7044ba9cd7afe4bb867c5e
4	Zählmarke für HTML Texte	<img src="http://vg08.met.vgwort.de/na/87170106462344d8a8d721a9f30d0572" width="1" height="1" alt="">
	Zählmarke für HTML Texte - SSL (https://...)	<img src="https://vg08.met.vgwort.de/na/87170106462344d8a8d721a9f30d0572" width="1" height="1" alt="">
	Zählmarke für Dokumente (erlaubte Formate: PDF, ePub)	<a href="http://vg08.met.vgwort.de/na/87170106462344d8a8d721a9f30d0572?l=URL_DES_DOKUMENTS">LINK-NAME</a>
	Zählmarke für Dokumente (erlaubte Formate: PDF, ePub) - SSL (https://...)	<a href="https://vg08.met.vgwort.de/na/87170106462344d8a8d721a9f30d0572?l=URL_DES_DOKUMENTS">LINK-NAME</a>
	Privater Identifikationscode	6157a879266f4a21bd20f1d4488d40b4
5	Zählmarke für HTML Texte	<img src="http://vg08.met.vgwort.de/na/5bd5be65cba349f180ec8df0a3d5e2f1" width="1" height="1" alt="">

Die Übersicht über die bestellten Zählmarken

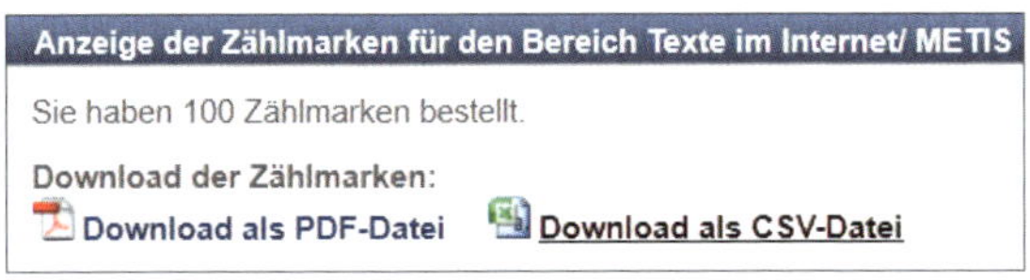

Entscheiden Sie, welche Art von Datei Sie wollen

Die Zählmarken fügen Sie an einer von Ihnen ausgesuchten Stelle in Ihren HTML-Text ein, also nicht unter der visuellen Einstellung, sondern im Quellcode. Das sollte bei jedem Beitrag die gleiche Stelle sein, am besten am Ende des Textes. Eine Zählmarke müssen Sie pro Artikel nur einmal einfügen, nicht jedes Jahr wieder neu. Von der VG WORT wird der Zähler nach Ablauf des Jahres oder nach der Meldung automatisch wieder auf null gestellt.

Für Texte, die online veröffentlicht werden, wird von der VG WORT nur ein kleiner Teil im Verhältnis zu Büchern ausgeschüttet. Ihr Text muss allerdings einige Voraussetzungen für eine Ausschüttung mitbringen. Er muss einen Mindestumfang von 1.800 Zeichen inklusive Leerzeichen haben und 1.500-mal im Jahr aufgerufen worden sein. Die Texte müssen kopierfähig sein. Sonst gibt es kein Geld. Bei Texten, die über 10.000 Zeichen haben, genügt auch bereits die Hälfte der Zugriffe, also 750. Die Auszahlung pro Beitrag wird jedes Jahr von der VG WORT neu festgelegt.

Für die Korrektheit dieser Angaben kann ich nicht garantieren, da sich immer etwas ändern kann. Falls jetzt jemand auf die glorreiche Idee kommt, Freunde und Bekannte aufzufordern, einen seiner Artikel öfter mal anzuklicken, wird das vom Zählsystem der VG WORT bemerkt. Das bringt also nichts.

Außer der regulären Ausschüttung mit dem Zugriffszähler und der Anzahl der Aufrufe gibt es noch die Sonderausschüttung. Diese Sonderausschüttung findet einmal pro Jahr statt. Texte für die Sonderausschüttung, die bis zum 31.12. eines Jahres erschienen sind, können bis zum 31.01. des Folgejahres gemeldet werden.

Meldungen für die Sonderausschüttung sind nur möglich, wenn sich auf der zu meldenden Seite keine Zählmarke der VG WORT befindet. Alle meldefähigen Texte werden in einer Meldung zusammengefasst. Bei der Meldung müssen Sie den Namen Ihrer Domain angeben.

Die PDF-Zählmarke muss vor dem Kopieren angepasst werden. Sie müssen die URL des Artikels und den Linknamen eingeben. Die PDF-Zählmarke muss an dem Platz im Text eingefügt werden, an dem auf das PDF verlinkt werden soll. Nach zwei Tagen ist die Zählmarke im *T.O.M.* unter der Zählmarkenübersicht gelistet.

Im Juni können Sie im Bereich *METIS* unter *T.O.M.* sehen, welche Ihrer Texte die Anforderungen wie Länge und Zugriffszahl anhand des VG-Wort-Zählers erreicht haben. Sie bekommen von der VG WORT im Juni auch eine Mitteilung, wenn bei einem Artikel die Mindestanzahl der Zugriffe erreicht wurde. Diesen können Sie dann melden. Wichtig ist dabei, diese Meldung zu bestätigen, denn sonst erhalten Sie keine Tantiemen.

Für diejenigen, die die Anforderungen nicht erreicht haben, ergibt das keinen Sinn. Bis zum 1. Juli des Jahres, das auf die Zählung folgt, müssen diese Texte bei der VG WORT gemeldet werden. Für die Meldung müssen Sie den privaten Identifikationscode des Zählers eingeben, der in Ihren Beitrag eingefügt ist.

Bei der Meldung müssen Sie jede der infrage kommenden Zählmarken einzeln aufrufen und folgende Daten eintragen: die URL, die Überschrift des Artikels und den Text des Artikels. Gehen Sie für die Meldung auf die Zählmarkenübersicht von VG WORT, klicken Sie die Zählmarke an, die die geforderten Zugriffszahlen erreicht hat, und klicken Sie auf *Meldung erstellen*. Den gleichen Vorgang führen Sie bei den anderen Zählmarken durch, die gemeldet werden können. Um die Übersicht über Ihre eingebauten Zählmarken zu behalten, können Sie sich eine Excel-Tabelle anlegen, in die Sie die fortlaufende Nummer der Zählmarke sowie die URL des Artikels und das aktuelle Datum eintragen. So wissen Sie immer auf einen Blick, wann Sie bei welchem Artikel eine Zählmarke eingefügt haben.

Um die Zählmarken in Ihre Seite einzufügen, können Sie auch auf das Plug-in *Prosodia* zurückgreifen. Mit dem Plug-in verwalten Sie die Zählmarken und deren Zuordnung zu Beiträgen. Dadurch können Sie kontrollieren, ob Zählmarken fehlen oder doppelt vergeben wurden. Dies werden Sie zu schätzen wissen, wenn die Zahl Ihrer Beiträge ziemlich hoch geworden ist. Sie können Zählmarken direkt aus CSV-Dateien von der VG WORT importieren. Für PDFs ist keine Zuordnung von Zählmarken möglich. Ein Datenschutzhinweis bezüglich der Zählmarken ist ebenfalls vorhanden und sollte in Ihre Seite eingefügt werden.

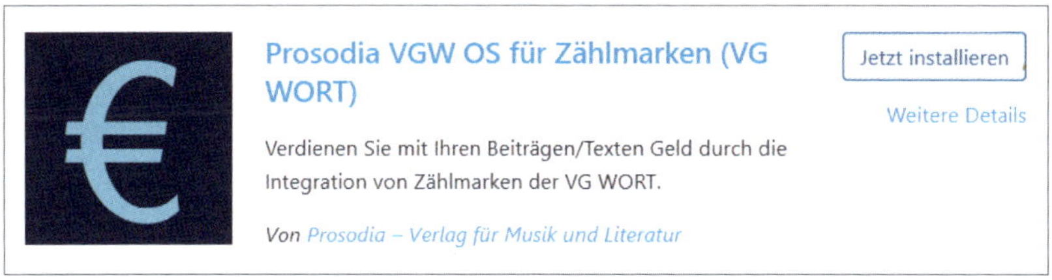

Ein praktisches Tool für den Einbau von Zählmarken

Nach der Installation und Aktivierung wird ein neues Menü von diesem Plug-in im Dashboard angelegt. Starten Sie das Tool über *Prosodia/Zählmarken*. Nun müssen Sie noch einige Einstellungen vornehmen. Welche dies sind, wird Ihnen durch Links angezeigt.

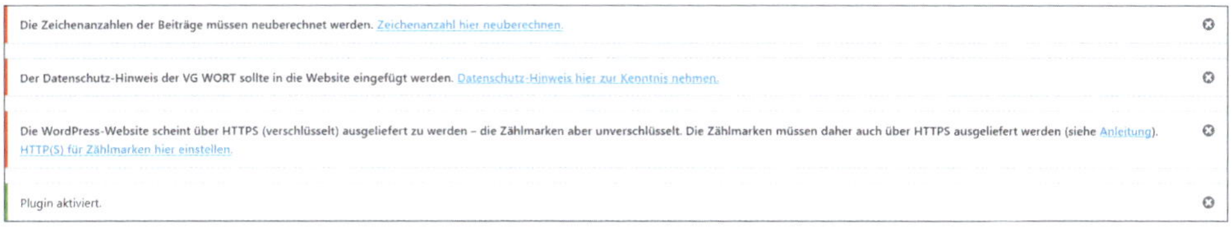

Diese Links informieren Sie über die weitere Vorgehensweise

Der erste Hinweis kann durch Klick auf den Eintrag entfernt werden. Vorher müssen Sie allerdings festlegen, für welche Bereiche die Zählung aktiv werden soll, und diese Auswahl dann mit dem Button *Beitrags-Typen zulassen* bestätigen. Sie erhalten eine Meldung über die erfolgreiche Neuberechnung.

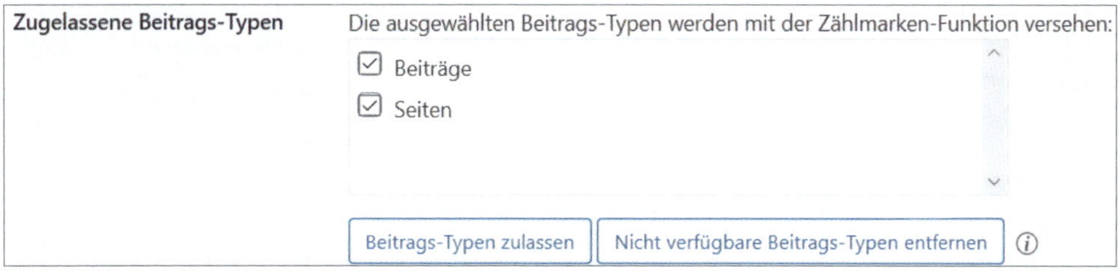

Die ausgewählten Typen werden mit Zählmarken versehen

Falls Sie irgendwann einen Beitrag erweitern oder ändern, müssen Sie das dann wieder über den Button *Zeichenanzahl aller Beiträge neuberechnen* mitteilen.

Der zweite Hinweis ist sehr wichtig, denn wenn Sie Zählmarken von der VG WORT in Ihre Seite einfügen, müssen Sie das in der Datenschutzerklärung mitteilen. Klicken Sie hier auf den Link. Sie kommen in den Bereich *Datenschutz*. Hier sehen Sie eine fertige Datenschutzerklärung für die Nutzung der Zählmarken von VG WORT. Diese müssen Sie jetzt in Ihre Datenschutzerklärung kopieren und danach unter der Erklärung die Option *Datenschutz-Hinweis zur Kenntnis genommen und ggf. auf der Webseite eingefügt* aktivieren, denn sonst wird Ihnen die Meldung weiterhin angezeigt. Entfernen Sie vor dem Kopieren den roten Eintrag. Nun müssen Sie noch der Datenschutzerklärung für die Nutzung des Plug-ins zustimmen und mit *Einstellung speichern* alles bestätigen.

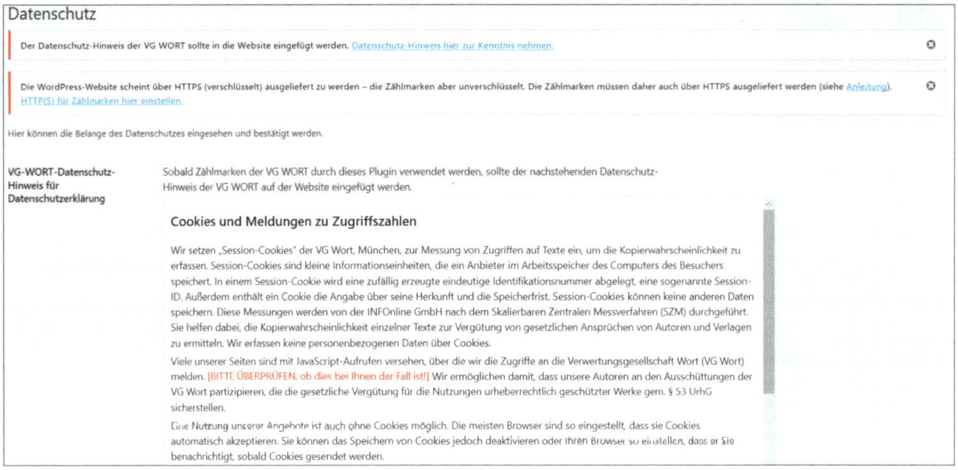

Hier finden Sie die Datenschutzerklärung der VG WORT

Der dritte Link weist auf die SSL-Verschlüsselung Ihrer Seite hin, die jede Seite haben sollte. Wenn Sie diese haben, müssen Sie in den Einstellungen des Plug-ins etwas ändern. Klicken Sie auf den Link und aktivieren Sie im Abschnitt *Zählmarken-Ausgabe* die Option *Verschlüsselte Verbindungen (TLS) verwenden (HTTPS)*, sonst werden die Zählmarken ihre Aufgabe nicht erfüllen. Bestätigen Sie dies mit *Einstellungen speichern*.

Wenn Sie jetzt das Menü *Beiträge* öffnen, sehen Sie in der Liste der Beiträge eine neue Spalte namens *Zeichen*. Hier werden Ihnen von jedem einzelnen Beitrag die enthaltenen Zeichen angezeigt. In diesem Beispiel sind überall genug Zeichen für das Einfügen einer Zählmarke vorhanden.

Wenden wir uns nun dem Import der Zählmarken zu. Öffnen Sie das Menü *Prosedia/Import*. Klicken Sie in das Feld rechts neben *CSV-Datei* und kopieren Sie die Datei von Ihrem PC in das Feld. Auf diese Weise haben Sie alle 100 Zählmarken in den Blog kopiert. Falls Sie mehrere Blogs betreiben, müssen Sie für jeden einzelnen zusätzlichen Blog weitere Zählmarken bestellen.

Falls der Import der Zählmarken über den Button *Durchsuchen* nicht funktioniert, können Sie die Zählmarken auch in das Fenster unter *Zählmarken aus CSV-Text (von VG WORT)* kopieren, entweder einzeln oder alle zusammen. Nachdem Sie die Marken importiert haben und einen Beitrag öffnen, sehen Sie nach dem Text einen Hinweis auf die Möglichkeit der Zuordnung einer Zählmarke, Sie müssen diese nur noch aktivieren. Wenn Sie diese Option aktivieren, öffnen sich zwei weitere Optionen zur Auswahl. Hier müssen Sie entscheiden, ob die Zählmarke automatisch oder manuell zugeordnet werden soll. Ein Klick auf *Speichern* schließt den Vorgang ab.

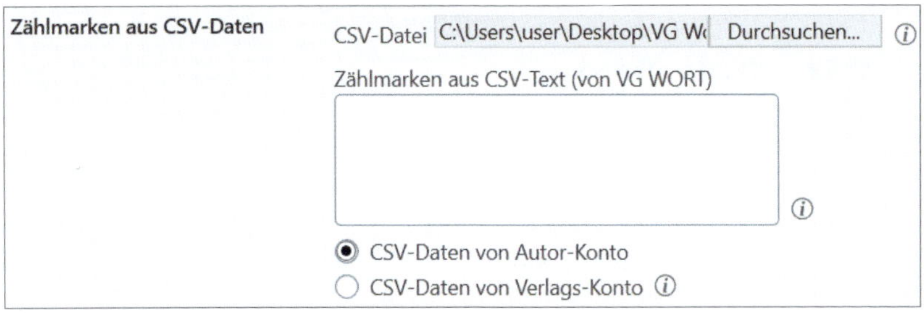

Alle Zählmarken wurden zum Import ausgewählt

> **Hinweis**
> Die Zählmarke wird erst aktiv, wenn der Beitrag veröffentlicht wurde.

35.9 Besucherzähler aus dem Internet

Wenn Sie unabhängig von den Zählmarken der VG WORT prüfen wollen, wie viele Besucher Ihr Blog hat, sollten Sie über die Installation eines Besucherzählers nachdenken. Diese erhalten Sie kostenlos im Netz. Sie können damit entweder nur die Anzahl aller Besucher anzeigen lassen oder auch die von heute, die von gestern und alle zusammen und natürlich diejenigen, die aktuell auf Ihrer Seite sind.

Ein Zähler aus dem Internet ist einfach und schnell installiert. Auf der Seite www.gratis-besucherzaehler.de/# finden Sie einige zur Auswahl. Durch einen Klick auf den Link *Den will ich!* können Sie einen davon auswählen. Nach der Auswahl wird ein Code angezeigt, den Sie in Ihre Startseite und in Ihre Beiträge einfügen sollten, damit Sie auch wirklich sehen, ob man nur Ihre Seite besucht hat oder auch Ihre Beiträge. Wenn Sie den Zähler nur in die Startseite einfügen, werden auch nur die Besucher der Startseite gezählt, die von den Unterseiten nicht.

Aufgrund der neuen DSGVO müssen Sie auch für den Besucherzähler einen Text über dessen Nutzung in die Datenschutzerklärung einfügen.

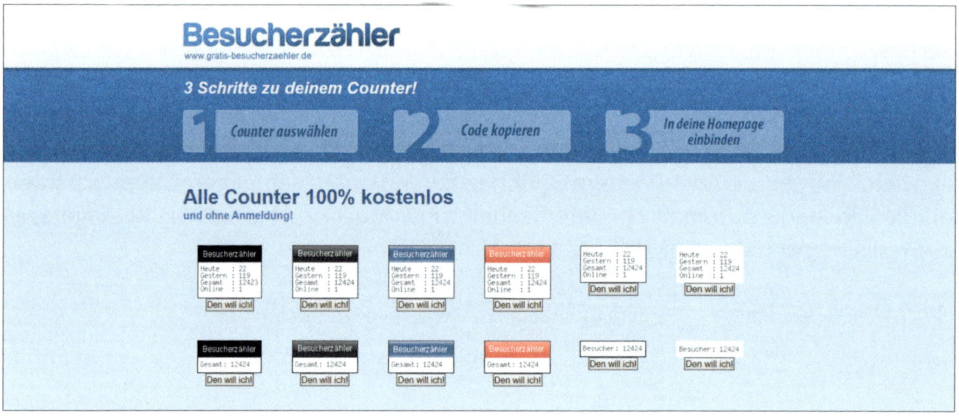

Hier gibt es kostenlose Besucherzähler

35.10 VG Bild-Kunst

Diese Verwertungsgesellschaft zahlt genauso wie die VG WORT Tantiemen an Künstler aus, nämlich für Fotos, Illustrationen, Grafiken, Comics und Karikaturen. Sie erhebt ebenfalls Pauschalen für Kopien von Fotos von den Herstellern von Druckern und anderen Geräten, die ein Kopieren ermöglichen. Sie nimmt als Treuhänder die Rechte und Ansprüche ihrer Mitglieder wahr und schüttet ihre Erlöse nach Abzug der Verwaltungskosten anteilig an ihre Mitglieder aus.

Um Mitglied in der VG Bild-Kunst zu werden, müssen Sie Urheber visueller Werke, ein Verlag oder eine Bildagentur sein. Die Urheber haben die Wahl zwischen drei Berufsgruppen:

- Berufsgruppe I – Bildende Künstler
- Berufsgruppe II – Fotografen, Karikaturisten, Designer
- Berufsgruppe III – Regisseure, Kameraleute, Editoren, Filmarchitekten, Szenenbildner, Kostümbildner, Trickfilmzeichner und Produzenten von freien (Co-)Produktionen

Um Mitglied zu werden, müssen Sie einen Wahrnehmungsvertrag mit der VG Bild-Kunst abschließen. Diesen Vertrag können Sie online anfordern, verschickt wird er per Post, denn es können nur Originalverträge abgeschlossen werden. Den Vertrag müssen Sie ausgefüllt und unterschrieben in doppelter Ausführung zusammen mit dem beiliegenden Ergänzungsblatt und mit einer Kopie Ihres Personalausweises wieder zurückschicken. In der Kopie sollten Sie die Berechtigungsnummer schwärzen, da diese für die VG Bild-Kunst nicht von Bedeutung ist.

Für Ihren Antrag in der Berufsgruppe I benötigt die VG Bild-Kunst zusätzlich einen Ausstellungsflyer oder Ausstellungskatalog und, falls vorhanden, den Nachweis der Mitgliedschaft in der Künstlersozialkasse.

Der Antrag in der Berufsgruppe II erfordert das Mitsenden eines Buches mit ISBN und dem Nachweis, dass mindestens 250 Stück verkauft wurden, bei einem Buch, das im Book-on-Demand-Verfahren vertrieben wird, ist der Nachweis von mindestens 200 verkauften Exemplaren nötig. Falls vorhanden, kann auch hier der Nachweis einer Mitgliedschaft in der Künstlersozialkasse mitgeschickt werden. Bei juristischen Personen wie Künstlerteams, einer GbR oder einer Bildagentur ist zusätzlich ein amtlicher Nachweis über das Gewerbe nötig. Ob weitere Nachweise erforderlich sind, sollten Sie bereits bei der Vertragsanforderung erfragen.

Nur in der Berufsgruppe II können als Alternative zu den Honorarmeldungen Einzelbildveröffentlichungen auf Webseiten gemeldet werden. Es können maximal 200 Bilder pro Jahr gemeldet werden, diese können auch auf verschiedenen Domains veröffentlicht worden sein. Sobald auf einer Domain 200 oder mehr Einzelbilder veröffentlicht wurden, genügt die Angabe dieser einen Domain, denn bereits dann ist die maximal meldbare Zahl von Einzelbildern erreicht. Die Bilder müssen im Vorjahr der Meldung mindestens seit sechs Monaten auf der Domain stehen und können jedes Jahr neu gemeldet werden. Doppelte Bilder auf einer Domain können nicht gemeldet werden.

Wenn Sie in die Berufsgruppe III gehören, müssen Sie einen zusätzlichen Fragebogen zu Ihrer Tätigkeit ausfüllen. Für den Beweis, dass Sie der Urheber der Bilder sind, muss Ihr Name direkt beim Bild stehen oder in einem Verzeichnis der Bilder am Ende des Buches. Wenn Sie alle Fotografien in einem Buch erstellt haben, genügt die Nennung Ihres Namens im Impressum, wie z. B. in meinem Fall: *Fotos: Uwe Kraus*. Zusätzlich sollten Sie die Seitenzahlen angeben, auf denen Ihre Fotos zu sehen sind.

Da ein Screenshot kein urheberrechtlich geschütztes Werk ist, können diese nur gemeldet werden, wenn darauf Werke zu sehen sind, deren Urheber Sie sind, etwa ein von Ihnen gemaltes Bild oder eine von Ihnen erschaffene Skulptur.

Bei Meldungen für Onlineveröffentlichungen müssen Sie den Domainnamen angeben und der Inhaber der Domain sein. Das muss anhand des Impressums nachgewiesen werden. Sie müssen auch angeben, ob die Webseite privat oder gewerblich ist. Die Anzahl der Bilder, die Sie zeigen, müssen Sie dann noch in ein Formular eintragen und nach drei Kategorien gliedern: Foto, Illustration und Kunst. Fotos auf Social-Media-Seiten können nicht gemeldet werden. Es können auch Bilder gemeldet werden, die auf anderen Webseiten abgebildet sind. Dort muss aber Ihr Name unter dem Bild stehen. Bilder, die durch ein Passwort oder einen Filter geschützt sind, können Sie nicht melden. Doppelte Bilder werden ebenfalls nicht anerkannt.

Bildagenturen und Verlage haben keine eigenen Ansprüche. Sie können nur von Urhebern im Nachhinein abgetretene Ansprüche melden. Ist ein Urheber Mitglied der VG Bild-Kunst, kann er seine Ansprüche nicht an eine Bildagentur oder einen Verlag abtreten. Verkaufsportale haben keinerlei Meldemöglichkeiten. Sie können nur Veröffentlichungen in Deutschland melden und Auftraggeber mit deutschem Firmensitz. Diese Voraussetzungen können sich jederzeit ändern. Genauere Infos erhalten Sie auf der Seite der VG Bild-Kunst: www.bildkunst.de.

36. Rechtliche Aspekte

Im Internet gibt es immer mehr rechtliche Aspekte zu beachten, auch bei Blogs. Ein Blog muss bestimmte rechtliche Anforderungen erfüllen, sonst gibt es Probleme, meist in Form von Abmahnungen. Jeder Blog und jede Webseite – egal, ob privat oder geschäftlich – muss gekennzeichnet sein. Sobald Sie nur ein einziges Werbebanner auf Ihrem Blog integrieren, müssen Sie ein Impressum haben, in dem die wichtigsten Daten über den Betreiber stehen. An zweiter Stelle ist die Datenschutzerklärung zu nennen, die auf einer separaten Seite stehen muss, also nicht im Impressum. In dieser Erklärung müssen alle Dienste, die Sie in Ihrem Blog nutzen, angegeben sein.

Werbung, die sich auf Ihrem Blog befindet, muss speziell gekennzeichnet sein, denn in Deutschland müssen Inhalte und Werbung strikt getrennt sein. Kennzeichnen Sie Werbung auf Ihrem Blog also immer als solche. Dann gibt es noch das Urheberrecht, das besagt, dass Texte und Fotos nicht ohne die Genehmigung des Urhebers veröffentlicht werden dürfen. Außerdem dürfen Sie niemanden beleidigen oder verleumden. Kontrollieren Sie auch Ihre erhaltenen Kommentare auf diese Dinge. Am besten genehmigen Sie eine Veröffentlichung erst, nachdem Sie den Kommentar gelesen haben.

Falls Sie Newsletter versenden, müssen Sie die Abonnenten mit dem Double-Opt-in-Verfahren verifizieren, die Abonnenten müssen also bestätigen, dass sie die Newsletter auch wollen, denn unerwünscht versendete Mails sind abmahnbar. Achten Sie bei der Auswahl Ihres Domain- und Blognamens darauf, dass Sie keine Markenrechte verletzen.

Und beachten Sie auch das Leistungsschutzrecht, das besagt, dass Sie keine Texte aus anderen Veröffentlichungen kopieren dürfen. Genau aus diesem Grund sollten Sie Gastautoren eine Vereinbarung unterzeichnen lassen, aus der hervorgeht, dass der gelieferte Artikel nicht irgendwo kopiert wurde. Halten Sie sich bei der Verwendung des Statistik-Plug-ins *Google Analytics* an den deutschen Datenschutz. Auch auf den Social-Media-Kanälen müssen Sie einige rechtliche Dinge beachten. Wenn Sie all das beherzigen, haben Sie viele Probleme im Voraus vermieden.

36.1 DSGVO

Ende Mai 2018 wurde die bestehende Datenschutz-Grundverordnung in ihrer neuen Form veröffentlicht. Die neuen Gesetze sind für Firmen in der EU gedacht. An erster Stelle steht hier der Schutz personenbezogener Daten. Dies hatte zur Folge, dass Onlinedienste neue AGB erstellen mussten. Diese müssen zwar von den Besuchern dieser Plattformen nicht akzeptiert werden, aber das führt dazu, dass sie auch nicht genutzt werden können.

Seit Inkrafttreten der neuen DSGVO können Nutzer jederzeit ihre Daten bei den Social-Media-Portalen oder bei Unternehmen löschen lassen. Das lässt sich allerdings nicht überprüfen. Sie können sich im Internet selbst umfangreich über die neue DSGVO informieren, wenn Sie die Muße dazu haben. Ist nach Ihrer Recherche im Netz immer noch etwas unklar, dann wenden Sie sich am besten an einen Fachanwalt für Medienrecht.

36.2 Plug-ins für DSGVO

Alternativ zur Verwendung der Impressum- und Datenschutzgeneratoren im Internet können Sie ein Plug-in für die Erstellung dieser Texte nutzen. Beachten Sie bitte dabei, dass die Plug-ins Ihnen keine Garantie für absolute Rechtssicherheit geben können. Das Plug-in *DSGVO All in one for WP* ist gut für die Erstellung der Datenschutzangaben geeignet. Nach dessen Installation und Aktivierung wird ein neues Menü dafür im Dashboard angelegt.

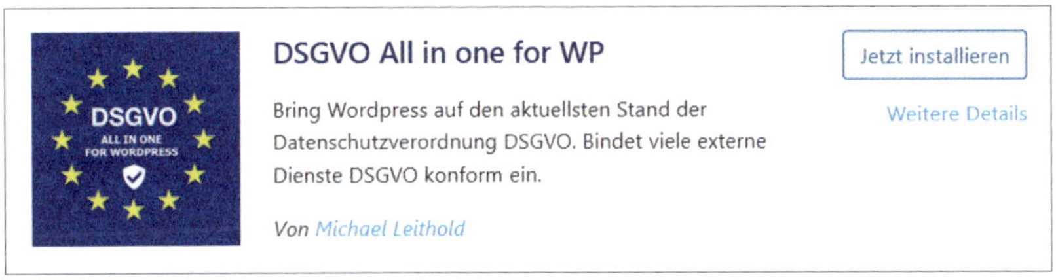

Ein wichtiges Plug-in für den Datenschutz

Der Weg zu den Einstellungen

Über den Link *DSGVO AIO/DSGVO AIO* gelangen Sie in den Arbeitsbereich. Nachdem Sie Ihre Daten eingegeben haben (natürlich mit Steuernummer), können Sie angeben, ob Sie Zähldienste nutzen. Falls Sie die Zählmarke der VG WORT einsetzen, aktivieren Sie die entsprechende Option und kopieren dann den angegebenen Shortcode in Ihre Datenschutzerklärung. Diese muss allerdings vor einer Veröffentlichung nochmals gesichtet und angepasst werden. Alternativ dazu können Sie entscheiden, ob eine 2-Klick-Lösung angewandt werden soll.

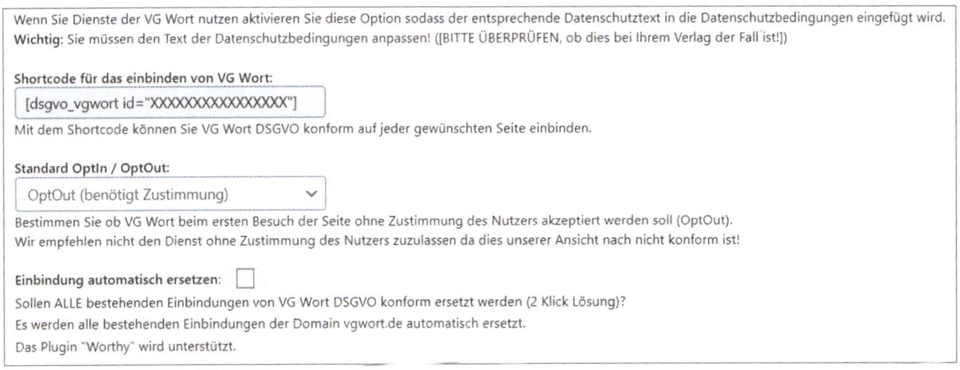

Der Shortcode zum Einbinden in die Datenschutzerklärung

Im nächsten Fenster werden die Cookies eingestellt. Wenn die Cookie-Meldung aktiviert ist, wird der Besucher mit einem Text darüber informiert, dass Cookies genutzt werden. Gleichzeitig wird er über Ihre Datenschutzbedingungen informiert, wenn Sie *#3* auswählen. Für den Button-Text über die Cookies können Sie aus verschiedenen Farben wählen. Die vorgeschlagenen Button-Texte lassen sich ändern. Zusätzlich können Sie einen Button aktivieren, mit dem der Besucher die Verwendung von Cookies ablehnen kann.

Außerdem können Sie festlegen, für welche Dauer die Zustimmung zu Cookies festgelegt werden soll. Die DNT-Einstellung muss aktiviert sein, damit rechtlich alles stimmt. In einem Fenster unter dieser Zustimmung sehen Sie den vorgeschlagenen Text für die Zustimmung zu den Cookies. Dieser lässt sich auch ändern.

Weiter geht es mit dem Bereich für die Kommentare. Wenn Sie wollen, dass für die Abgabe eines Kommentars die Datenschutzbestimmungen akzeptiert werden müssen, dann aktivieren Sie die Option *Blog Datenschutzbestimmungen akzeptieren*. In dem leeren Fenster können Sie einen Hinweistext eingeben.

Im nächsten Bereich geht es um die Datenschutzseite. Sie können die Seite auswählen, auf der sie erscheinen soll. Mit dem angezeigten Shortcode kann sie dort eingefügt werden. Hier finden Sie auch eine bereits vorgefertigte Datenschutzerklärung zur Verwendung, die sich ändern lässt. Weiter unten finden Sie zusätzlich die Datenschutzbedingungen für WordPress und Plug-ins. Unter diesen Bedingungen erhalten Sie noch einen Hinweis, dass die Datenschutzbedingungen der bei Punkt 1 aktivierten Dienste mitgeladen werden.

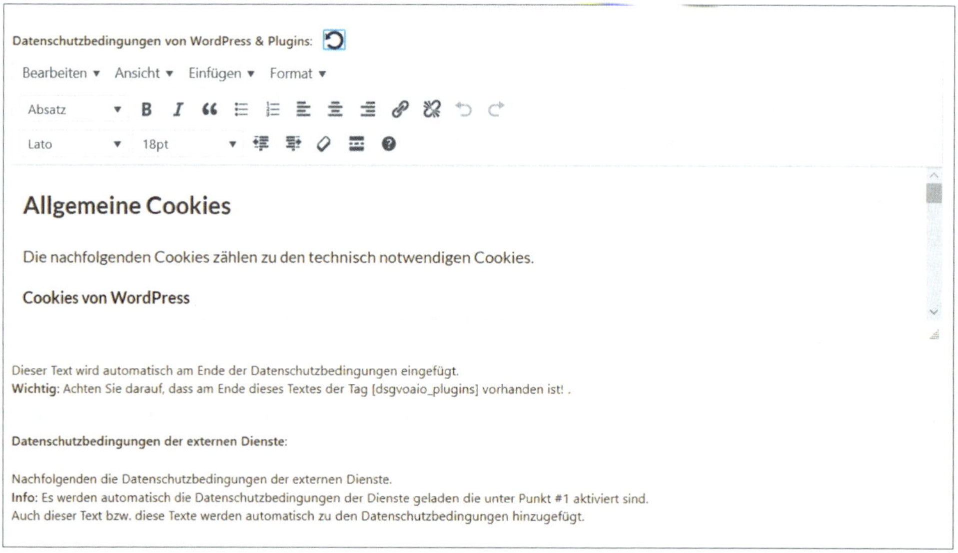

Die Datenschutzbedingungen für WordPress und Plug-ins

Wenn Sie den Code eingefügt haben, klicken Sie auf *Aktualisieren* und werfen einen Blick auf die Vorschau.

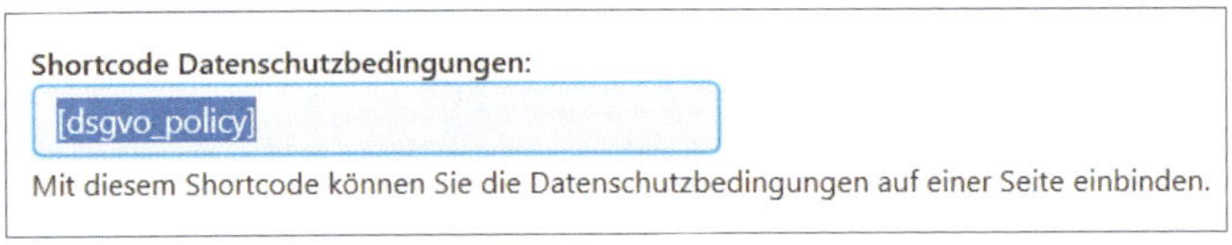

Der Code zum Einfügen des Textes über den Datenschutz

Der Code wurde eingefügt

Auf die Bereiche *#5* und *#6* gehe ich nicht näher ein, da sie nicht von besonderer Bedeutung für den Besucher sind. Wichtig sind jedoch die Bereiche *#7* und *#8*.

Im Bereich *#7* finden Sie einen Shortcode zum Einfügen. Dieser Code zeigt dem Besucher an, welche externen Dienste er zugelassen hat.

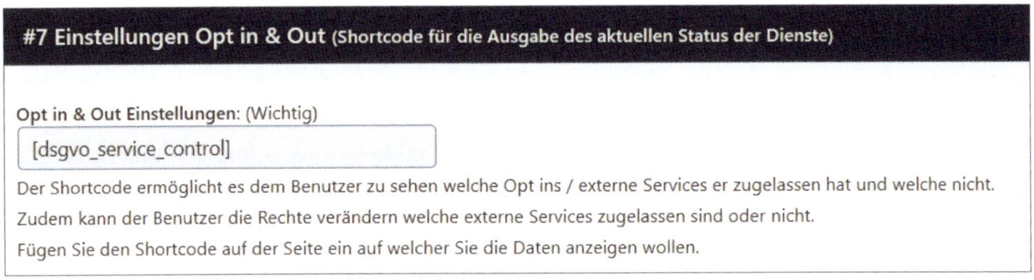

Ein wichtiger Shortcode für einen Hinweis an die Besucher

Im Bereich *#8* können Sie IP-Adressen von Besuchern regelmäßig löschen oder direkt beim Speichern anonymisieren und automatisch löschen. Sichern Sie die Änderungen über *Änderungen speichern*.

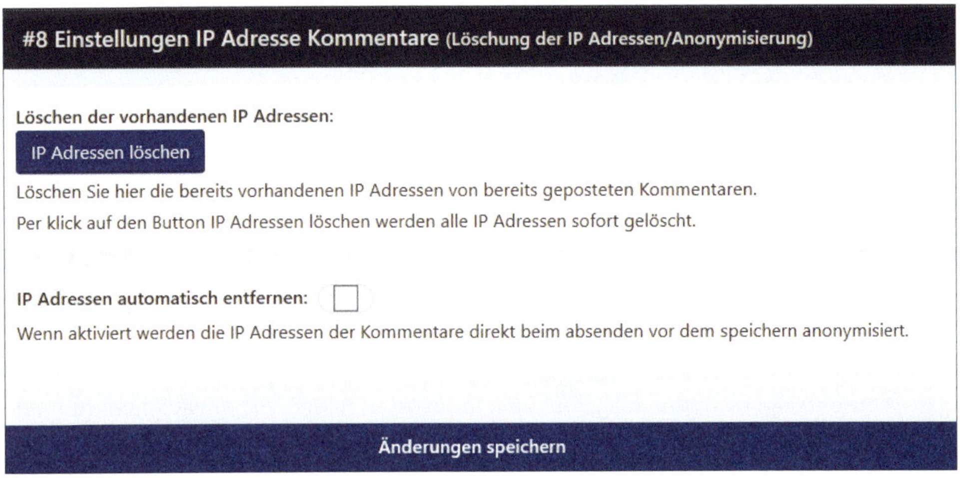

Hier entscheiden Sie, wie Sie mit IP-Adressen umgehen

36.3 Nutzung von Plug-ins

Die Verwendung von Plug-ins ist zwar praktisch, aber es gibt etliche, die aus Sicht des Datenschutzes bedenklich sind, wie *Jetpack*, *Google Analytics* und *Akismet*. Nutzen Sie anstelle von *Akismet* lieber *Antispam Bee*.

Plug-ins sind leider nicht der einzige kritische Bereich. Wenn Sie Avatare nutzen, werden bei Kommentaren diese kleinen Bildchen angezeigt und mit der dazugehörigen E-Mail-Adresse verknüpft. Deswegen sollten Sie Avatare deaktivieren. Öffnen Sie dazu das Menü *Einstellungen/Diskussion/Avatare*.

Achten Sie bei Plug-ins für Kontaktformulare und Kommentare darauf, die Speicherung von IP-Adressen nicht zu erlauben. Die Plug-ins *Contact Forms 7* und *Ninja Forms* speichern keine Daten auf dem Server. Die Verwendung von *Disqus* würde ich nicht empfehlen, denn hier ist es möglich, dass IP- und E-Mail-Adresse weitergegeben werden. Von der Nutzung des Plug-ins *Compress JPEG & PNG* würde ich Ihnen ebenfalls abraten.

Wenn Sie Newsletter versenden, sollten Sie mit Ihrem Hosting-Anbieter einen AV-Vertrag haben. Bei bestimmten Sicherheits-Plug-ins wie *Wordfence* ist dieser Vertrag ebenfalls wichtig, da diese Daten auf dem Server des Anbieters speichern.

Plug-ins für das Backup wie *BackWPUp* oder *UpdraftPlus* speichern ebenfalls personenbezogene Daten mit ab, wenn diese vorhanden sind. Auf die Sicherung Ihrer Backups in Clouds sollten Sie ganz verzichten, denn auch hier werden Daten auf Servern gespeichert. Auch Plug-ins für Foren wie *BuddyPress* und für E-Commerce wie *WooCommerce* speichern Daten auf dem Server. Von *Jetpack* ist komplett abzuraten, es ist aus der Sicht des Datenschutzes bedenklich und zudem speicherhungrig.

Fragen Sie am besten immer, wenn Sie Zweifel haben oder nicht wissen, ob ein Plug-in datenschutzkonform ist, beim Entwickler nach.

36.4 Das Impressum

Fast jede Webseite muss ein Impressum haben. Wer Waren zum Verkauf oder zur Vermietung anbietet, benötigt ein Impressum, ebenso Freiberufler. Wer regelmäßig redaktionelle Texte veröffentlicht, braucht ebenfalls ein Impressum. Blogger sollten immer ein Impressum haben.

Jede Webseite, die nicht privat ist, muss ein Impressum haben. Als privat gelten nur jene Seiten, die sich ausschließlich auf die privaten Inhalte und die Familie beziehen. Im Zweifelsfall sollten Sie auch auf einer privaten Seite ein Impressum einfügen, da sich ja auch Ihr privater Blog an die Öffentlichkeit wendet. Eine Abmahnung müssen Sie aber hier nicht befürchten, da Sie ja bei einem privaten Blog – anders als bei einem geschäftlichen – keine Mitbewerber haben.

Das Impressum muss als solches leicht erkennbar, unmittelbar erreichbar und ständig verfügbar sein. Für das Impressum sollten Sie immer einen eigenen Menüpunkt anlegen, der von jeder Seite aus erreichbar ist. Diesen sollten Sie mit dem Namen *Impressum* versehen. Im Impressum muss die aktuelle Adresse stehen, die Umsatzsteuernummer oder die Steuernummer und eine E-Mail-Adresse. Wenn Sie diese Dinge nicht berücksichtigen, kann man Sie wegen eines Impressum-Verstoßes abmahnen.

36.5 Die Datenschutzerklärung

Eine Datenschutzerklärung muss jede Webseite haben, da ja auf den Seiten Daten für den Zugriff erzeugt werden und Kontakte erfolgen. Sie müssen den Besuchern verschiedene rechtliche Informationen geben. Tun Sie das nicht, kann eine Anzeige beim Datenschutzbeauftragten die Folge sein. Sie müssen auch mitteilen, was Ihre Plug-ins tun.

Für das Erstellen des Impressums und der Datenschutzerklärung gibt es im Internet kostenlose Generatoren, die Ihnen das schnelle Erzeugen dieser beiden Texte ermöglichen. Dabei wird auch abgefragt, welche Plug-ins Sie benutzen, und auf deren Aktivitäten hingewiesen.

36.6 Versenden von Newslettern

Beim Versand von E-Mail-Werbung und Newslettern müssen Sie in Deutschland das Opt-in-Verfahren nutzen. Dieses Verfahren besagt, dass der Empfänger dem Kontakt per E-Mail zustimmen muss. Schicken Sie dem Empfänger unerlaubt auch nur eine einzige Mail, können Sie abgemahnt werden. Die Zustimmungen der Empfänger müssen Sie natürlich jederzeit nachweisen können, also genau protokollieren. Sie müssen beweisen können, dass Sie das Double-Opt-in-Verfahren angeboten haben, und ebenfalls den Klick des Empfängers auf den Link in der Bestätigungsmail.

Sie dürfen vom Empfänger nur so wenige Daten wie nötig anfordern, also am besten nur die E-Mail-Adresse. Diese muss genügen, damit der Empfänger Newsletter erhält. Außerdem muss er die Möglichkeit haben, sich vom Newsletter-Versand wieder abzumelden. Dafür sollten Sie am Ende der E-Mail einen Link einfügen, der es ihm ermöglicht, den Newsletter-Versand abzubestellen. Natürlich muss er sich auch per E-Mail oder Telefon abmelden können.

Es besteht übrigens auch beim Versand von Newslettern die Impressumspflicht. Auch in diesem müssen Ihr Name, Ihre Anschrift und eine E-Mail-Adresse stehen. Alternativ genügt es aber auch, wenn das Impressum über maximal zwei Klicks erreicht wird. Wenn Sie also in der Mail einen Link zum Impressum auf Ihrem Blog einfügen, reicht das ebenfalls aus.

Eine vom Empfänger erteilte Einwilligung kann auch wieder erlöschen. Die erste E-Mail muss dann zeitnah beim Empfänger eintreffen, also nicht erst ein Jahr später.

Eine Ausnahme von den bisher genannten Regeln gibt es, wenn der Empfänger Stammkunde ist. Dann dürfen Sie ihm Newsletter auch ohne Einwilligung schicken, wenn Sie ihm Ware verkauft haben und dadurch seine Postadresse bekommen haben und Sie diese Adresse zur Bewerbung für ähnliche Waren oder Dienstleistungen verwenden, die der Kunde gekauft hat. Außerdem darf der Kunde der Nutzung seiner Adresse nicht widersprochen haben, und natürlich muss er auch darauf hingewiesen werden, dass er der Nutzung jederzeit widersprechen kann, ohne dass ihm Kosten entstehen. Sicherheitshalber sollten Sie eine Einwilligung verlangen, dass der Kunde dem Zusenden von E-Mail-Werbung nach Aufnahme einer Geschäftsbeziehung zustimmt.

Geben Sie auch immer die Preise plus Liefer- und Versandkosten korrekt an. Wenn Sie einen Shop betreiben, müssen Sie angeben, dass der Preis eines Artikels die gesetzliche Mehrwertsteuer enthält und dass zusätzliche Liefer- und Versandkosten anfallen. Dies müssen Sie auch in einem Newsletter zu einem Produkt angeben, wenn Sie den Preis nennen.

36.7 Das Urheberrecht

Im Internet ist so gut wie alles urheberrechtlich geschützt: von Bildern und Fotos über Videos bis zu Liedern und Texten. Wenn Sie irgendetwas aus dem Netz einfach kopieren, müssen Sie mit einer Abmahnung rechnen. Wollen Sie etwas verwenden, müssen Sie sich vom Urheber die Verwendung genehmigen lassen. Bilder und Texte, die von Ihnen selbst fotografiert oder geschrieben wurden, können Sie natürlich jederzeit verwenden.

36.8 Bilder veröffentlichen

Wenn Sie Bilder ins Netz stellen, sollten diese auf keinen Fall fremde Personen ohne deren Einwilligung zeigen. Bei Verwendung von Bildern aus Archiven sollten Sie sich an die Lizenzbedingungen halten. Vor allem die Nennung des Urhebers ist wichtig. Tun Sie dies nicht, ist Ihre Lizenz nicht mehr gültig, und Sie können abgemahnt werden.

Für die Nutzung von fremden Bildern oder Videos benötigen Sie einen Vertrag entweder mit dem Urheber, einer Agentur oder einem Bilderportal. Dabei gibt es verschiedene Arten von Verträgen für eine Lizenz: zeitlich eingeschränkt oder auf ein bestimmtes Medium beschränkt, mit dem Recht, die Bilder zu bearbeiten, oder für redaktionelle Zwecke.

Besondere Sorgfalt sollten Sie wahren, wenn Sie Bilder mit fremden Personen veröffentlichen, denn keiner muss es akzeptieren, sein Bild ungenehmigt im Web zu sehen. Bilder dürfen nicht ohne Erlaubnis der abgebildeten Person veröffentlicht werden. Die einzigen Ausnahmen sind, wenn die Personen für das Foto bezahlt wurden oder – auch als Panoramafreiheit bezeichnet – wenn sie nicht zu erkennen sind, weil auf dem Foto Dutzende von Leuten sind, die aus einer gewissen Entfernung fotografiert wurden. Auch Berühmtheiten aus der Geschichte dürfen Sie zeigen, aber keine Prominenten.

Falls Sie sich in einem Museum befinden, müssen Sie sich an die Hausordnung halten oder beim Eigentümer nachfragen, ob Sie Bilder veröffentlichen dürfen. Für jedes Foto, das Sie nutzen, besonders kommerziell, tragen Sie auch das Risiko.

Hinweis

Sind Nummernschilder von Autos zu sehen, müssen Sie diese verpixeln.

Bilder können Sie bei Fotoportalen wie *Pixabay* zum größten Teil kostenlos herunterladen, wo sie zur kommerziellen Nutzung freigegeben sind. Sehen Sie sich bei diesen Seiten trotzdem erst die Lizenzbedingungen an, bevor Sie die Bilder nutzen. Sicherheitshalber sollten Sie bei solchen Fotos auch immer den Urheber angeben.

Bei *Adobe Stock* (stock.adobe.com/de/) finden Sie Bilder in den Bereichen Fotos, Illustrationen und Vektoren. Die Bilder sind allerdings nicht kostenlos.

Ein weiteres Portal, das Bilder und Videos anbietet, allerdings meist zu nicht sehr günstigen Preisen, ist *Getty Images* (www.gettyimages.de, www.istockphoto.com/de). Eine Besonderheit bei diesem Anbieter ist, dass Sie eine Pinnwand zum Abspeichern von Bildern erstellen können. Dazu müssen Sie nur nach einem Begriff suchen, in der Auswahl das gewünschte Bild anklicken und auf der Pinnwand speichern.

Beachten Sie bei kostenlosen Fotos, dass diese ebenfalls einen Urheber haben und Sie diesen nennen müssen. In vielen Fällen ist die Verwendung nur auf private oder redaktionelle Zwecke eingeschränkt. Für Werbung dürfen Sie diese Bilder nicht verwenden. Wenn Sie dies tun wollen, müssen Sie auch die gewerbliche Nutzung gestatten lassen. Klären Sie vorab auch, ob Sie die Bilder bearbeiten dürfen, meistens ist das nicht so. Den Namen des Fotografen müssen Sie immer direkt unter dem Bild angeben.

36.9 Die Social-Media-Logos

Die Logos von Facebook und anderen Social-Media-Kanälen sind urheberrechtlich und markenrechtlich geschützt. Bei Facebook dürfen Sie das Logo und den Gefällt-mir-Button nur unter bestimmten Bedingungen nutzen. Diese finden Sie unter www.facebookbrand.com.

Bei Twitter haben Sie die Möglichkeit, verschiedene Logos oder Icons zu nutzen, aber nur unter Einhaltung verschiedener Bedingungen. Auch bei YouTube gibt es verschiedene Logos, die aber nur unter bestimmten Bedingungen genutzt werden dürfen.

Wenn Sie diese Buttons nutzen wollen, verwenden Sie dazu das Plug-in *Shariff Wrapper*. Es beinhaltet Buttons, die die Privatsphäre der Besucher schützen und mit der DSGVO harmonieren. Damit lassen sich Buttons für bestimmte Social-Media-Kanäle in verschiedenen Designs auswählen und am Anfang oder Ende von Beiträgen, Seiten oder Kontaktformularen platzieren.

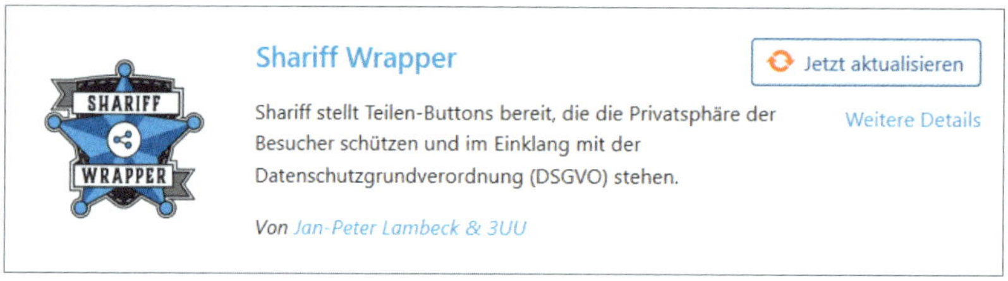

Ein grundsolides Plug-in für die Nutzung von Teilen-Buttons

Einige Social-Media-Buttons zum Teilen

36.10 Quellenangaben

Wenn Sie etwas aus einer fremden Quelle kopieren oder zitieren, müssen Sie die Quelle angeben. Dazu gehören der Name des Urhebers, der Titel der Quelle und das Jahr der Veröffentlichung. Wenn eine oder mehrere der Angaben nicht zu finden sind, dann vermerken Sie »Unbekannt« oder »ohne Jahr«. Die Angabe der Quelle muss so präzise wie möglich sein. Die Angabe der Quelle finden Sie in Büchern auf den ersten Seiten, in Zeitungen und Zeitschriften direkt beim jeweiligen Artikel.

Im Internet gestaltet sich die Suche nach der Quelle da schon etwas schwieriger, denn hier fehlen meist die Angaben für das Erscheinungsjahr. Daher geben Sie am besten das Datum an, an dem Sie die Seite zuletzt besucht haben. Dann haben Sie den aktuellen Inhalt wiedergegeben, der sich ja später ändern kann. Bei der Nennung von Webseiten müssen Sie die vollständige Adresse angeben, also die komplette URL.

Die Quellenangaben sollten bei einem Beitrag immer am Ende stehen, bei einem Artikel ebenfalls. Bei einem wörtlichen Zitat oder einem Bild sollte die Angabe direkt darunter stehen. Wörtliche Zitate müssen Sie in Anführungszeichen setzen.

Ich weise darauf hin, dass für alle rechtlichen Hinweise in diesem Buch keine Garantie übernommen werden kann. Besonders im Medienrecht ändern sich öfter Gesetze oder es kommen neue hinzu. Im Zweifelsfall sollten Sie sich an einen Rechtsanwalt für Medienrecht wenden.

37. Anhang

37.1 Die besten Tipps zum Blog

- Versehen Sie Ihren Blog mit einem besonderen Aussehen.
- Vermeiden Sie Rechtschreibfehler.
- Versehen Sie Ihre Beiträge immer mit Bildern und Videos.
- Bieten Sie regelmäßig neue Artikel.
- Schreiben Sie in flüssigem Stil.
- Teilen Sie Ihren Blog in Kategorien ein.
- Antworten Sie auf Kommentare immer schnell.
- Lernen Sie, mit Kritik umzugehen.
- Verzichten Sie auf Werbung, solange Sie nicht genug Besucher auf Ihrem Blog haben.
- Bauen Sie Social-Media-Buttons in Ihren Blog ein.
- Nutzen Sie Plug-ins.
- Verwenden Sie Shortcuts, um Zeit zu sparen.

37.2 Blogs, Themes und Plug-ins

Blog

- http://www.got-big.de von Thomas Bluhm

Themes

- Twenty Nineteen von WordPress.org
- Misty Lake von Automattic
- Hemingway von Anders Norèn
- Lovecraft von Anders Norèn
- Graphy von Takao Utsumi

Plug-ins

- Antispam Bee von pluginkollektiv
- TinyMCE Advanced von Andrew Ozz
- Contact Form 7 von Takayuki Miyoshi
- TablePress von Tobias Bäthge

- WP Statistics von VeronaLabs
- Classic Editor von WordPress Contributors
- Gutenberg von Gutenberg Team
- Gutenberg Ramp von Automattic, Inc.
- Disable Gutenberg von Jeff Starr
- Enhanced Media Library von wpUXsolutions
- NextGEN Gallery von Imagely
- Featured Image Caption von Christiaan Conover
- Featured Video Plus von Alexander Höreth
- Force Regenerate Thumbnails von Pedro Elsner
- Reading Time WP von Jason Yingling
- ADS-WpSiteCount von ad-software
- Easy Table of Contents von Steven A. Zahm
- Smush von WPMU DEV
- Compress JPEG & PNG images von TinyPNG
- Advanced Gutenberg von joomUnited
- Atomic Blocks – Gutenberg Blocks Collection von atomicblocks
- WP Featherlight – A Simple jQuery Lightbox von Cipher
- WPForms von WPForms
- Ninja Forms von The WP Ninjas
- WP-Sweep von Lester 'GaMerZ' Chan
- BackWPup von Inpsyde GmbH
- UpdraftPlus von UpdraftPlus.Com, David Anderson
- Easy Updates Manager von Easy Updates Manager Team
- Wordfence Security von Wordfence
- Email Address Encoder von Till Krüss
- Caldera Forms von Caldera Labs
- WP User Avatar von ProfilePress
- MailPoet 3 von MailPoet
- Yoast SEO von Team Yoast
- WooCommerce von Automattic
- Germanized für WooCommerce von vendidero
- Statify von pluginkollektiv
- WP-DBManager von Lester 'GaMerZ' Chan
- Clean Options von Mittineague

- WP Optimize von Daniel Anderson, Ruhani Rabin, Team Updraft
- W3 Total Cache von BoldGrid
- WP Super Cache von Automattic
- WP Fastest Cache von Emre Vona
- Advanced Database Cleaner von Younes JFR.
- Prosodia VGW OS von Prosodia
- DSGVO All in one for WP von Michael Leithold

M

N

O

P

Y

Z